Die größten Luftkriege

Vom Ersten Weltkrieg bis zur Invasion im Irak

Alexander & Malcolm Swanston

Die größten Luftkriege

Vom Ersten Weltkrieg bis zur Invasion im Irak

tosa

Erstveröffentlichung in Großbritannien 2009
unter dem Titel „Atlas of Air Warfare"
Copyright © 2009 by Amber Books Ltd

Für Red Lion Media:
Konzept und Design: Jonathan Young, Malcolm
Swanston, Alexander Swanston
Text: Malcolm Swanston und Alexander Swanston
Kartografien: Jonathan Young, Jeanne Radford,
Alexander Swanston und Malcolm Swanston
Strichzeichnungen: Peter Smith

Für Amber Books:
Projektmanagement: James Bennett
Redaktion: Siobhan O'Connor
Luftfahrt-Fachberatung: Robert Jackson
Zusätzlicher Text: Robert Jackson

Umschlaggestaltung:
SAMMÜLLER KREATIV GmbH
Übersetzung: Mag. Caroline Klima/Die Textwerkstatt,
Langenlois

Genehmigte Lizenzausgabe
tosa GmbH •
Fränkisch-Crumbach 2010
www.tosa-verlag.de

ISBN (13) 978-3-86313-201-9

Der Inhalt dieses Buches wurde von Autor und
Verlag sorgfältig erwogen und geprüft. Es kann
keine Haftung für Personen-, Sach- und/oder
Vermögensschäden übernommen werden.

Kein Teil dieses Werkes darf ohne schriftliche
Einwilligung des Verlages in irgendeiner Form
(inkl. Fotokopien, Mikroverfilmung oder anderer
Verfahren) reproduziert oder unter Verwendung
elektronischer oder mechanischer Systeme
verarbeitet, vervielfältigt oder verbreitet werden.

Bildnachweis:
Alle Karten mit freundlicher Genehmigung von Red Lion Media.
Alle Fotos mit freundlicher Genehmigung von Art-Tech/Aerospace außer:
Luftaufnahmen: 100 (u.); Alfred R. Ward: 10; BAe: 92 (o.), Boeing: 90, 91;
British Airways: 77 (u.); Bibliothek für Zeitgeschichte: 50 (l.); Bundesarchiv:
37, 46, 50 (r.), 82; Charles Brown: 111, 113, 114; Corbis: 119, 141, 143;
Creative Commons: 47; Fleet Air Arm Museum: 29, 79 (o.); Flight International Archives: 16; George Hall: 219; Imperial War Museum: 36, 40, 41,
44, 50, 51, 66, 140, 146 (o.), 155, 190; Library of Congress: 11, 12, 14, 68 (o.),
74; MacClancy Collection: 139; Musee de L'Air: 21; Public Domain: 15,
18, 30, 32, 34, 43, 57, 68, 70, 75, 103, 104, 122, 157; Private Sammlung: 27,
28, 80 (o.); RAF Museum: 54; Red Lion Media: 42 (o. l.), 43 (o. r.), 64, 70 (u.);
Rolls Royce: 73, 92 (u.), 93 (o.); Smithsonian: 77 (o.); TRH: 159, 170 (o.);
USAF: 78, 149, 178, 179, 194, 201(u.); US Department of Defence: 216;
US Navy: 72, 79 (u.), 127; US Naval Historical Centre: 132 (o.)

INHALT

EINLEITUNG	6
DIE ANFÄNGE DER LUFTFAHRT	10
DIE ERSTEN LUFTSTREITKRÄFTE: 1914–18	18
LUFTSCHIFFE: 1914–18	30
JAGDFLUGZEUGE: 1914–18	40
BOMBER: 1916–18	56
AMERIKA MACHT MOBIL: 1917	64
LETZTE SCHLACHTEN: 1918	66
DIE ZWISCHENKRIEGSZEIT	70
LUFTHERRSCHAFT	76
MARINELUFTFAHRT	78
DIE GEBURTSSTUNDE DER LUFTWAFFE	80
DER SPANISCHE BÜRGERKRIEG: 1936–39	84
DER JAPANISCH-CHINESISCHE KRIEG: 1937–41	88
LANGSTRECKENBEFÖRDERUNG 1934–39	90
BRITISCH-FRANZÖSISCHE AUFRÜSTUNG	92
LUFTSTREITKRÄFTE IN ALLER WELT: 1939	94
DER BLITZKRIEG: Polen 1939	96
SKANDINAVIEN: Finnland 1939–40	98
SKANDINAVIEN: Dänemark und Norwegen 1940	100
INVASION IM WESTEN: 1940	102
SCHLACHT UM ENGLAND: Juni–Oktober 1940	106
BOMBEN: Großbritannien und Deutschland 1940–41	110
SEEPATROUILLEN-FLÜGE: 1940–41	112
DAS MITTELMEER: 1940–42	114
DER BALKAN: Der Fall von Kreta	118
„BARBAROSSA" UND BOMBARDIERUNG MOSKAUS	120
PEARL HARBOR: Dezember 1941	124
DER FALL SÜDOSTASIENS: 1942	128
DIE SCHLACHT IM KORALLENMEER: 1942	130
DIE SCHLACHT BEI MIDWAY: 1942	132
DER KAUKASUS UND SÜDRUSSLAND: 1942	136
STALINGRAD: 1942–43	138
DIE LUFTFAHRTINDUSTRIE IM KRIEG	140
GUADALCANAL: 1943	142
OPERATION „CARTWHEEL"	144
DIE BOMBARDIERUNG DEUTSCHLANDS: 1942–44	146
ZIEL BERLIN: 1944	150
NORDAFRIKA UND DAS MITTELMEER	152
SIZILIEN UND SÜDITALIEN	154
OSTFRONT: Sowjetische Initiative 1943	156
KURSK: 1943	158
UKRAINE UND KRIM	160
FLUGZEUGTRÄGER IM PAZIFIK	162
„TRUTHAHNJAGD" AUF DEN MARIANEN	164
DER „ISLAND-HOPPING"-FELDZUG	166
DIE LÜCKE SCHLIESST SICH: Patrouillen im Atlantik	168
D-DAY: Der Angriff	170
D-DAY: Die Nachwirkungen	172
„MARKET GARDEN" UND „VARSITY": 1944–45	174
SÜDOSTASIEN: 1944–45	176
CHINA: 1941–45	178
„BAGRATION" UND BEFREIUNG DER WEST-UDSSR	180
SPEZIALEINSÄTZE: Hilfe für Partisanen	182
DAS ENDE DES DRITTEN REICHS	184
B-29: Entwicklung und Einsatz	186
ATOMKRIEG	190
DIE WELT NACH DEM KRIEG	192
DIE BERLINER LUFTBRÜCKE	194
KOREA: 1950–53	196
NEUORDNUNG DER WELT	198
DIE KUBAKRISE	200
INDOCHINA UND VIETNAM	202
ARABISCH–ISRAELISCHE KRIEGE	206
DER FALKLAND-KRIEG	212
GOLFKRISE	214
AFGHANISTAN	218
REGISTER	220
KARTENVERZEICHNIS	224

Die größten Luftkriege

EINLEITUNG

ERSTE BOMBEN
Zieleinrichtungen waren zu Beginn des Ersten Weltkriegs sehr einfach. Es gab rasche Fortschritte, doch die Sprengkraft der Bomben blieb in diesem Konflikt relativ gering.

Das Schießpulver mag die Schlachten verändert haben, doch das Flugzeug veränderte den Krieg selbst. Die Entwicklung der Luftfahrt hatte starke Auswirkungen sowohl auf die Kämpfenden als auch auf die Zivilbevölkerung. Bald nach den ersten erfolgreichen Flügen zu Beginn des 20. Jahrhunderts erkannten Visionäre deren revolutionäres Potenzial in Bezug auf die Kriegsführung. In seinem Roman *Der Luftkrieg* ließ H. G. Wells Supermächte gewaltige Luftflotten aufrüsten. In der Realität entwickelte sich die Luftfahrt noch beeindruckender.

Leichter als Luft

Schlichte Ballons eröffneten eine noch nie dagewesene Perspektive auf das Schlachtfeld. Solch innovative Geräte wurden in den französischen Revolutionskriegen und im Amerikanischen Bürgerkrieg ebenso eingesetzt wie im Ersten Weltkrieg. Da man Ballone jedoch nicht steuern konnte, waren sie nur von beschränktem Nutzen: man sah bloß ein wenig über den Horizont hinaus.

Mit Luftschiffen – starren oder halbstarren, mit Gas gefüllten und von Motoren gesteuerten Ballons – konnte die Aufklärung hinter die feindlichen Linien vordringen. Luftschiffe konnten beliebig gelenkt werden, sie waren aber langsam. Die ersten für den Lufteinsatz produzierten Waffen kamen von einem Luftschiff aus zum Einsatz – im Italienisch-Türkischen Krieg in Libyen 1911.

GRÖSSER UND BESSER
Gegen Ende des Ersten Weltkrieges stellte die RAF die Handley Page Type 0/400 in Dienst. Dieser Langstreckenbomber konnte bis zu 750 kg Bombenlast transportieren.

Erst mit der Entwicklung von lenkbaren Luftfahrzeugen, die schwerer waren als Luft, erfüllten sich die Verheißungen der Schriftsteller und Heeresvisionäre für die militärische Luftfahrt. Als der Flyer der Gebrüder Wright 1903 erstmals abhob, zeigte das US-Militär wenig Interesse, doch andere Großmächte, allen voran Frankreich, verfolgten die Dinge mit Begeisterung. Sechs Jahre später, 1909, demonstrierte Louis Blériot mit der Überquerung des Ärmelkanals die dynamischen und strategischen Möglichkeiten des Flugzeugs.

Dynamische Möglichkeiten

Fünf Jahre danach, im August 1914, befand sich die Welt im Krieg. Zu Beginn des Ersten Weltkriegs setzte man Flugzeuge nur zur Aufklärung ein. Aufstellung und Versorgungslinien des Feindes, aus denen man auf seine Absichten schließen konnte, waren nun klar zu erkennen und konnten kartografiert werden. Als Gegenmaßnahme bewaffneten sich die Piloten zunächst mit Revolvern und Gewehren, dann auch mit Maschinengewehren, um ihre Gegner abzuschießen und damit zu verhindern, dass sie Informationen sammeln konnten. Die Maschinen flogen immer schneller und immer höher. Bald war klar, dass man den Feind am besten vernichten konnte, wenn man das eigene Flugzeug direkt auf ihn richtete und ein fix montiertes MG auf ihn abfeuerte. Bei Maschinen mit rückwärtigem Propeller ging das auch problemlos, doch am Bug befindliche Propeller lagen natürlich in der Schusslinie. Der holländische Flugzeugbauer Anton

Einleitung

Fokker löste das Problem mittels eines Unterbrechergetriebes, das den Propeller mit dem Maschinengewehr synchronisierte, sodass man durch ihn hindurch feuern konnte. Dies war die Geburtsstunde des echten Kampfflugzeugs.

Der totale Krieg

Als die Flugzeuge immer größer und leistungsfähiger wurden, entwickelten die meisten Nationen eine Art strategischen Bomber. Die Deutschen setzten sie regelmäßig neben Luftschiffen ein. Dabei richteten sie kaum physischen Schaden an, doch die psychologische Wirkung war enorm. Auch in seinem Heim schien nun kein Mensch mehr sicher: die Geburtsstunde des totalen Krieges.

In den vier Jahren des Ersten Weltkriegs hatte sich das Flugzeug vom taktischen Aufklärungsgerät zur ultimativen strategischen Waffe entwickelt, die hoch über Armeen und Flotten hinwegzog, um den Feind in seinem industriellen und emotionalen Kern zu treffen und damit sein Kriegsführungspotenzial zu vernichten. Die Theorie vom Langstreckenbomber als effektivster Waffe schlug ihre Wurzeln.

In den Jahren nach dem Ersten Weltkrieg verlangsamte sich die Entwicklung der militärischen Luftfahrt. Im zivilen Bereich wurde das Flugzeug jedoch in Sachen Reichweite und Höhe an seine Grenzen getrieben. Nun, da man die Ozeane überqueren konnte, wurde die Welt kleiner, und die Kolonien rückten näher an die Großmächte heran.

Schreckliche Bedrohung

Zur Zeit der Entwicklung von Langstreckenflugzeugen in den 1930er-Jahren glaubte man, man könnte jeden Punkt der Erde erreichen. Von all den Kriegen, die in den 1920ern und 1930ern ausgetragen wurden, diente vor allem der Spanische Bürgerkrieg als Übungsfeld für die Theorien über den Luftkrieg. Den Bomber hielt man nach wie vor für wichtig, viele waren jedoch der Ansicht, dass er am nützlichsten in der taktischen Unterstützung von Bodentruppen wäre. In diesem Konflikt kamen auch erstmals Ganzmetall-Einflüglerflugzeuge zum Einsatz: im Nahkampf zwischen der republikanischen Polikarpow I-16 und der nationalistischen Messerschmidt Bf 109. Beide Flugzeuge wurden bis zum Zweiten Weltkrieg weiter verfeinert.

Am 1. September 1939 durchbrach die deutsche Kriegsmaschinerie die Grenze zu Polen. Die mittleren Bomber der deutschen Luftwaffe dienten als Wegbereiter, während die Jagdfliegerstaffeln die Luftüberlegenheit sicherten, indem sie die Gegner am Boden und in der Luft vernichteten. Die allgegenwärtige Junkers Ju 87 „Stuka" spielte eine große Rolle als fliegende Artillerie. All das, im Verband mit effizienten Bodentruppen, brachte einen raschen Sieg – der *Blitzkrieg* war geboren. Diese Ereignisse sollten sich in Norwegen, den Niederlanden und Frankreich wiederholen.

In der Luftschlacht um England zeigte sich im Sommer 1940, dass eine starke Abwehr aus Jagdflugzeugen, Radar und ein effizientes Befehlssystem eine wirkungsvolle Verteidigung gegen eine Bomberoffensive darstellten.

RAF-TRAINING
Eine Staffel britischer Hawker-Hurricane-Piloten bei einer Besprechung zu einem Übungsflug kurz vor dem Zweiten Weltkrieg

FLOTTE WENDE
Rasch lädt die deutsche Luftwaffen-Bodenmannschaft an der Ostfront eine SC500-Bombe in eine Heinkel HE 111.

Die größten Luftkriege

US-MUSKELSPIEL
Hier sieht man eine P-51D aus der 374. Fighter Squadron auf Bodenangriffsmission, bestückt mit zwei 226-kg-Bomben.

Die britische RAF war in der Lage, die deutschen mittelschweren Bomber abzuwehren, doch erst mithilfe der USA gelang es, den Krieg nach Deutschland zu tragen. Nach dem Überfall Japans auf Pearl Harbor, der den Eintritt der USA in den Krieg zur Folge hatte, flogen Bomberformationen der USAAF und der RAF Tag und Nacht Einsätze gegen zentrale Ziele im von den Nazis besetzten Europa. Die Theorie dazu lautete, dass die Bombardierung der deutschen Produktionszentren das militärische Potenzial des Feindes schwächen würde. Doch obwohl deutsche Städte und Industriegebiete großflächig verwüstet wurden, beeinträchtigte dies den Kampfwillen der Soldaten an der Front nicht, wie viele es erwartet hatten.

Das Potenzial der Marineluftfahrt wurde beim Angriff auf Pearl Harbor unter Beweis gestellt. Nur durch einen glücklichen Zufall waren die Flugzeugträger der US Navy an diesem Tag nicht im Hafen. Genau diese bildeten später den Kern der amerikanischen Kriegsflotte im Pazifik.

SPIONAGEFLUGZEUG
Die SR-71 Blackbird, ein Überschallaufklärungsflugzeug, ist das schnellste reguläre Flugzeug aller Zeiten, auch wenn sie 1998 außer Dienst gestellt wurde.

Einleitung

Das taktische Bombardement, insbesondere in Verbindung mit Aufklärung auf dem Boden, erwies sich als überaus erfolgreich, in den offenen Ebenen im Westen Russlands ebenso wie in der Heidelandschaft der Normandie 1944 und bei den letzten Vorstößen der Alliierten in Europa und Asien.

Geschwindigkeit und Zerstörungskraft

Am Ende des Zweiten Weltkriegs hatte sich die Luftfahrt spektakulär verändert. Die neuen Düsenflugzeuge erreichten Geschwindigkeiten von mehr als 800 km/h, man konnte Raketen auf hunderte Meilen weit entfernte Städte abfeuern und eine einzelne Atombombe konnte eine ganze Stadt nahezu ausradieren. Stärke in der Luft, insbesondere mit Bombern, hatte zumindest bis zur Entwicklung von Langstreckenraketen wieder oberste Priorität.

Mit steigendem Misstrauen zwischen den ehemaligen Verbündeten USA und Sowjetunion trat die Welt in den „Kalten Krieg" ein, der Jahrzehnte andauern sollte. Atomwaffen hielten die Großmächte davon ab, in einen direkten Konflikt einzutreten, doch das hinderte sie nicht daran, Stellvertreterkriege zu führen; so versuchten die USA in Korea und Vietnam, die kommunistische Einflusssphäre einzudämmen. In Vietnam setzten sie Bomber sowohl strategisch als auch taktisch ein, mit wechselndem Erfolg. Das Bombardement im Norden war jedenfalls nicht ausreichend, um größere Auswirkungen zu haben. Die Kampfmoral der Nordvietnamesen blieb ungebrochen wie ihre Fähigkeit, ihren Feind mit Krieg zu überziehen. Ohne Unterstützung der US-Bevölkerung und angesichts eines Gegners, der für seine politischen Ziele schreckliche Härten auf sich nahm, mussten die USA ihre Anstrengungen in Vietnam schließlich einstellen.

Militärische Luftfahrt heute

Flugzeuge haben in der modernen Kriegsführung noch immer hohe Priorität. Wie im Zweiten Weltkrieg rufen auch heute die Bodentruppen in Afghanistan Kampfflugzeuge und Bomber zur Unterstützung. Bodenoffensiven werden wie im Ersten Weltkrieg durch Luftaufklärung verbessert und auf dem Laufenden gehalten. Doch nun sind die Fluggeräte unbemannt und mit hochtechnologischen, ausgefeilten Waffensystemen bestückt.

Aus der Luft allein kann man zwar keinen Krieg gewinnen, aber stark beeinflussen. In naher Zukunft wird man immer noch Bodentruppen benötigen, um Land zu besetzen und zu kontrollieren. Doch heute können Kommandanten Flugzeuge ausschicken, die es ihnen mit einer Vielfalt an Sensoren ermöglichen, hügeliges Gelände zu überblicken und präzise gelenkte Schläge auszuführen, ohne das Leben eines einzigen Soldaten zu riskieren.

Dieses Buch stellt dar, wie das Flugzeug in erstaunlich kurzer Zeit in der Lage war, militärische Konflikte zu beherrschen – und bis zu einem gewissen Grad auch unser aller Leben.

BOMBARDIERUNG VIETNAMS
Eine Staffel F-105 Thunderbird wirft unter der Führung einer B-66 Destroyer über Nordvietnam Bomben ab.

MACHTDEMONSTRATION
Eine Staffel israelischer F-15 Eagle überfliegt die antike Festung Masada.

Die größten Luftkriege

DIE ANFÄNGE DER LUFTFAHRT

*US-BÜRGERKRIEG, BEOBACHTUNGSBALLON
Ab November 1861 diente eine umgebaute Kohlenbarke, die G.W. Parke Custis, zum Transport der Ballone der Unionsarmee auf dem Fluss Potomac. Der hier zu sehende Ballon Washington wurde zur Unterstützung der Truppen beim Halbinsel-Feldzug von General George B. McClellan im Mai und Juni 1862 eingesetzt, vor allem in der Schlacht von Seven Pines.*

Die Vorstellung vom Fliegen beschäftigt den Menschen seit Jahrhunderten. Noch bevor die Chinesen im 2. Jahrhundert n. Chr. den Heißluftballon erfanden, strebten Menschen nach der Eroberung des Luftraums. Dieses Ziel erreichten sie schließlich Ende des 19. Jahrhunderts, als eine neue Generation von Erfindern daran ging, neue Materialien und vor allem neue Antriebe, die auf dem Verbrennungsmotor beruhten, zu verwenden. Doch noch bevor es Flugzeuge gab, lenkte man Leichter-als-Luft-Gefährte durch den Äther.

Auf, auf und davon ...

Die ersten ernstzunehmenden Ballondesigns entstanden Ende des 18. Jahrhunderts. 1783 fand in Paris der erste registrierte erfolgreiche Flug von Menschen in einem Ballon statt. Mit Jean-François Pilâtre de Rozier und François Laurant d'Arlandes an Bord schwebte ein von den Brüdern Montgolfier entworfener Heißluftballon rund acht Kilometer weit; er wurde durch die heiße Abluft eines Feuers in der Luft gehalten und konnte nicht gesteuert werden. Angestrengt wurde an der Entwicklung eines steuerbaren Ballons, eines Luftschiffes, gearbeitet. Der Franzose Henri Giffard baute einen mit Dampf betriebenen lenkbaren Ballon, mit dem er 1852 24 km weit fuhr. 1884 absolvierte die elektrisch betriebene „La France", entwickelt unter Aufsicht der französischen Armee, den ersten kontrollierten, steuerbaren Flug über 8 km. Die meisten frühen Luftschiffe waren nicht besonders stabil und stark untermotorisiert. Echte Fortschritte wurden erst durch die Erfindung von Leichtmetalllegierungen und des Verbrennungsmotors möglich.

In all dieser Zeit versuchten sich Menschen auch am Schwerer-als-Luft-Flug. Sir George Cayley, Félix du Temple de la Croix, Francis Wenhan, Otto Lilienthal, Clement Ader, Samuel P. Langley – sie alle leisteten wichtige Beiträge zum Flugzeug wie wir es heute kennen. Die Brüder Orville und Wilbur Wright verwirklichten schließlich den Traum vom Fliegen. 1903 bauten sie einen Verbrennungsmotor in einen ihrer Gleiter ein, mit dem sie am 14. Dezember den ersten Flug absolvierten – für die meisten der erste kontrollierte, längere, bemannte Flug. Sie entwickelten ihre „Flyer" so lange weiter, bis sie sicher waren, damit über längere Zeit fliegen zu können. Ihre Beharrlichkeit und ihre Vision veränderten die Welt. Doch noch beherrschte das Luftschiff die Ära, und es stand fest, dass man es im Krieg nutzen wollte.

Im revolutionären Frankreich empfahl der Rat für die Öffentliche Sicherheit die Verwendung von Ballons zur Luftaufklärung. Die Wissenschaftler Charles Coutelle und N. J. Conté führten am Stadtrand von Paris geheime Experimente zur Verbesserung von Ballondesigns durch. Aus dem Wasserstoffballon entwickelten sie ein Gefährt, das den meisten Wetterbedingungen standhielt. Er wurde von einer Bodenmannschaft gelenkt und hatte zwei Passagiere an Bord: den Piloten und einen Beobachter. Letzterer hatte die Aufgabe, feindliche Stellungen und Truppenbewegungen über eine Leitung zu melden.

Krieg aus der Luft

Am 29. März 1794 wurde die erste Luftwaffenformation gebildet, die „Compagnie d'Aérostiers", die mit dem Wasserstoffballon „L'Entrepenant" bestückt war. Im Juni wurden die „Luftschiffer" in Maubeuge stationiert, wo die Revolutionsarmee auf ihren österreichischen Gegner traf. In der nun folgenden Schlacht von Fleurus schwebten Charles Coutelle und sein Beobachter General Morlot die gesamten zehn Stunden, die der Konflikt dauerte, im Ballon und lieferten genaue Angaben über die gegnerischen Positionen – ein entscheidender taktischer Vorteil für die französische Armee. Am 26. Juni 1794 lieferte Luftaufklärung also zum ersten Mal in der Geschichte einen entscheidenden Beitrag zum Sieg in einer Schlacht. Die Österreicher beklagten sich, dass der Einsatz eines Ballons „unehrenhaft" wäre, gegen die Regeln der Kriegsführung.

Die Franzosen bauten noch drei weitere Ballons: „Intrepide, Hercule und Celeste". Jeder davon wurde zwischen 1795 und 1796 mit seiner eigenen Bodenmannschaft in verschiedenen Gefechten eingesetzt. 1797 überredete man Napoleon, die „Aérostiers" auf seinen Ägyptenfeldzug mitzunehmen, doch deren Einsatz wurde schlecht koordiniert, sodass es den Briten gelang, die Ballone zu zerstören. Bei seiner Rückkehr 1799 löste Napoleon die „Aérostiers" auf und beendete damit das französische Interesse an der Luftfahrt für mehr als 40 Jahre.

1849 hatten die Österreicher ihre Ansichten über Ballone geändert. Bei der Verteidigung ihrer Interessen in Norditalien ließen sie 200 unbemannte, mit Bomben bestückte Heißluftballone steigen, die mit einem Zeitzünder detonierten. Das Projekt lief furchtbar schief, denn der Wind schlug um und trug die Ballone über die österreichischen Linien. Die Idee wurde verworfen und erst 95 Jahre später von den Japanern im Zweiten Weltkrieg wieder aufgegriffen. Sie setzten hoch fliegende Ballone ab, die mittels eines schlecht entwickelten Düsenantriebs an die Westküste der USA gesteuert werden sollten. Auch dieses Vorhaben scheiterte.

Zu Beginn des amerikanischen Bürgerkriegs waren Ballonfahrer und Wissenschaftler eifrig bemüht, einen Beitrag zum Krieg zu leisten. Die Föderationsregierung ernannte Professor Thaddäus Lowe zum „Chief Aeronaut" des Ballonkorps der Unionstruppen. Eine seiner wichtigsten Aufgaben war die Unterstützung der Vermessungsingenieure der US Army bei der Kartografierung. Mithilfe des erhöhten Blickwinkels und der Fotografie konnten die Karten der Armee bedeutend verbessert werden. Das Ballonkorps nahm auch an mehreren Konflikten teil, vor allen bei Fair Oaks, Sharpsburg, Vicksburg und Fredericksburg. Während eines Kampfes startete der Ballon „Eagle", gesteuert von Professor Lowe, von Fort Corcoran, Virginia, und spähte das nahegelegene Konföderationslager aus. Mittels vereinbarter Flaggensignale dirigierte Lowe den Beschuss der konföderierten Stellungen sehr präzise. Dieser vermutlich erste Einsatz einer vorgelagerten Artillerieaufklärung revolutionierte die Artillerie.

Mittlerweile erwachte auch das französische Interesse an der Luftfahrt neu. Im Deutsch-Französischen Krieg 1870–71 umstellten deutsche Truppen unter der Führung Preußens Paris. Während der langen Belagerung schlugen Luftfahrer vor, Ballone zur Kommunikation mit dem Rest Frankreichs zu nutzen. Am 23. September startete Jules Durouf, ein professioneller Aeronaut, von der Place St. Pierre in Montmartre in seinem Ballon „La Neptune" – zusammen mit 103 kg Briefen. Drei Stunden später landete er bei Château de Craconville, weit hinter den preußischen Linien. Sein Ballon wurde einfach vom Wind gesteuert, ebenso wie die anderen, die ihm folgten. Einziges Ziel war es, die Linien des Gegners zu überfliegen, egal, in welcher Richtung. Der Erfolg entfachte die Begeisterung: Es wurden 66 Ballone gebaut, von denen 58 wohlbehalten landeten. Sie beförderten zwei Millionen Poststücke, 102 Menschen, mehr als 500 Brieftauben und fünf Hunde. Letztere waren darauf trainiert, mit kleinen Mikrofilmbehältern nach Paris zurückzukehren, doch keiner von ihnen erreichte seinen Besitzer. Am bekanntesten wurde die Flucht eines Ministers der neuen französischen Regierung, Leon Gambetta, am

7. Oktober 1870. Mithilfe seines Chefassistenten Charles Louis de Saulces des Freycinet landete er hinter den deutschen Stellungen und errichtete in Tours im unbesetzten Teil Frankreichs eine provisorische Hauptstadt.

Nach dem Krieg wurde die Commission des Communications Aériennes gebildet, die drei Jahre später die Einrichtung einer ständigen militärischen Abteilung empfahl. Andere Länder schlossen sich rasch an: Großbritannien 1879, Deutschland 1884 und Österreich-Ungarn 1893. Russland gründete eine Luftfahrtausbildungsstätte bei St. Petersburg.

Der Aufstieg des Zeppelins

Graf Ferdinand von Zeppelin hatte für die deutsche Armee 1863 als Aufklärer im Ballonkorps der Union gedient. Im Deutsch-Französischen Krieg erlebte er mit, wie erfolgreich die Franzosen die Ballone einsetzten. Überzeugt von deren Potenzial gründete Zeppelin sein eigenes Unternehmen. Die Arbeiten an seinem ersten Luftschiff „Zeppelin" oder LZ 1 begannen 1889. Am 2. Juli 1900 absolvierte der LZ 1 seinen Erstflug. Nach einigen Änderungen flog er abermals im Oktober 1900, doch obwohl er wendiger und schneller war als die „La France", erregte er wenig Interesse. Zeppelin trieb die Finanzierung für den Bau des LZ 2 auf, doch dieser wurde durch einen Sturm zerstört. Unerschrocken sammelte Zeppelin die verwendbaren Teile ein und machte sich an den Bau von LZ 3, der ein wirklich erfolgreiches Luftschiff wurde. Bis 1908 flog er mehr als 45 Mal, die Gesamtdistanz betrug 4400 km.

Betrieben wurden die Zeppeline von der Deutschen Luftschifffahrts-AG, der ersten Fluglinie der Welt. Auf planmäßigen Flügen wurden vor dem Ersten Weltkrieg Tausende Menschen und Luftpost in ganz Deutschland befördert. Die deutsche Heeresverwaltung kaufte den LZ 3 und benannte ihn in Z 1 um. Noch vor dem Ausbruch des Krieges stellte Zeppelin 21 zuverlässige Luftschiffe fertig.

In der Zwischenzeit waren in aller Welt Flugmaschinen gebaut und getestet worden – mit wechselndem Erfolg. Das Zeitalter des kontrollierten motorisierten Dauerfluges zog herauf.

LZ 1

Die LZ 1, hier bei Tests über dem Bodensee, war das erste der zahlreichen von Graf Zeppelin gebauten Luftschiffe. Am 21. Oktober 1900 absolvierte es seinen dritten und letzten Flug; bald danach wurde es abgewrackt.

Die größten Luftkriege

*DER KURZE HÜPFER DER GEBRÜDER WRIGHT
Am 17. Dezember 1903 war es kalt und windig, als die Brüder Wright ihren ersten erfolgreichen Motorflug unternahmen. Orville Wright saß am Steuer, während Wilbur neben der Maschine herlief, um eine Tragfläche zu stabilisieren. Nach 12 m erhob sich der „Flyer" in die Luft und flog über eine Distanz von 37 m bei Windspitzen bis zu 43 km/h. Der gesamte Flug dauerte nur 12 Sekunden.*

Das Jahr 1903 schien für die Luftfahrt ein bemerkenswertes Jahr gewesen zu sein. Richard Pearse, ein Bauer aus Neuseeland, baute einen Eindecker und flog damit angeblich am 31. März. Preston Watson soll mit seiner Maschine im Sommer in der Nähe von Dundee an der Ostküste von Schottland geflogen sein. Karl Jatho aus Hannover, Deutschland, absolvierte im August einen kurzen, aber instabilen Flug. Doch ein Name sticht aus der Geschichte hervor: der der Gebrüder Wright. Wilbur und Orville Wrights Flug am 17. Dezember wurde observiert, aufgezeichnet und fotografiert. Damit wurde er zum Meilenstein in der Luftfahrthistorie.

Nach ihrem erfolgreichen Flug 1903 und ihren Weiterentwicklungen bis 1905 gingen bei den Wright-Brüdern die ersten Bestellungen aus den USA ein: eine vom Fernmeldekorps der US Army und eine von einer Vereinigung französischer Kaufleute. Beide Kunden wollten ein Flugzeug, das einen Passagier befördern konnte. So wurde das Modell „Flyer III" adaptiert und mit einem stärkeren Motor versehen. Unter Geheimhaltung wurden die neuen Modelle am Ort des historischen Erfolges in Kittyhawk, North Carolina, getestet. Zwischen 1908 und 1909 ging Wilbur nach Europa, wo er europäischen Regierungen und begeisterten Menschenmengen die neuen Flugzeuge vorführte.

Ein europäischer Pionier

Auch in Europa gab es Luftfahrtpioniere, darunter den in Brasilien geborenen Alberto Santos-Dumont, der den Großteil seines Lebens in Frankreich verbrachte. Sein Interesse an der Luftfahrt war so groß, dass er ein lenkbares Luftschiff konstruierte. Er absolvierte zwar nicht den ersten Lenkflug – diese Ehre gebührt Charles Renard und Arthur Krebs für ihren erfolgreichen Flug der „La France" 1884 –, doch er wurde weltberühmt. Am 19. Oktober 1901 stellte er unter Beweis, dass kontrollierter Flug möglich war, indem er mit seinem Luftschiff über den Köpfen der erstaunten Pariser den Eiffelturm umrundete.

Neben Fluggeräten nach dem Prinzip „Leichter als Luft" entwarf und baute Santos-Dumont auch Flugzeuge. Mit einem davon, der „14-bis", absolvierte er am 23. Oktober 1906 den ersten erfolgreichen öffentlichen Flug in Europa. Die Konstruktion sah merkwürdig aus: Die Haupttragflächen des schachtelförmigen Designs befanden sich hinten, das Höhenruder vorne. Die „14-bis" konnte ohne Katapult oder andere Startvorrichtungen starten und gilt bei Vielen als das wichtigste Flugzeug der frühen Fluggeschichte. In Brasilien wird Santos-Dumont noch immer als „Vater der Luftfahrt" verehrt.

Santos-Dumont war ein Wegbereiter der Querruder – Klappen an den hinteren Kanten der Tragflächen, mit denen man das Rollen des Flugzeugs steuert –, die man zuvor nur an Gleitflugzeugen kannte. Er verbesserte auch das Leistung-Gewicht-Verhältnis von Flugmotoren. Seine letzten Entwürfe, die „Demoiselle"-Flugzeuge mit den Nummern 19, 20, 21 und 22, entfernten sich vom „Schachteldesign" der „14-bis" und entsprachen schon eher heutigen Vorstellungen. Bei einer Spannweite von 5,1 m und einer Länge von 8 m waren auch sie sehr instabil. Der Pilot saß unter den Tragflächen an deren Verbindung mit dem Rumpf, die steuerbaren Ruder befanden sich am Heck. Der wassergekühlte Duthuil-&-Charmers-Motor, der vor und über dem Piloten montiert war, leistete ursprünglich 20 PS. Für ihre Zeit zeigte die „Demoiselle" außergewöhnliche Leistungen, etwa eine Geschwindigkeit von bis zu 100 km/h. An ihr arbeitete Santos-Dumont mehrere Jahre.

Wissen teilen

In seiner Überzeugung, dass die Luftfahrt eine neue Ära des Friedens und Wohlstands einläutete, gab Santos-Dumont seine Designs kostenlos weiter. 1910 flog Roland Garros, ein berühmter Flugpionier von der Insel Reunion im Indischen Ozean, die „Demoiselle" in den USA. Im selben Jahr veröffentlichte *Popular Mechanics* die vollständigen Entwurfszeichnungen. Später wurde Santos-Dumont wegen des Einsatzes von Flugzeugen zu Kriegszwecken zunehmend depressiv.

Während also der Brasilianer seine Entwicklungen weitgehend öffentlich vorantrieb, zogen die Wright-Brüder eine gewisse Geheimhaltung vor, um ihre Patente

Die Anfänge der Luftfahrt

zu schützen. Erst 1909 flog Wilbur vor einer großen Menschenmenge über den Hafen von New York, der erste öffentliche Flug in seinem Heimatland – und die Brüder wurden zu Stars. Immer mehr Flugzeuge wurden bestellt, die Wrights gründeten Fabriken in den USA und Europa und eröffneten Flugschulen.

Nachdem nun die Wright-Designs öffentlich zu sehen waren, gab es mehrere Versuche, sie zu kopieren oder zu adaptieren. Das führte zu einer Reihe von zeitraubenden und kostspieligen Prozessen um ihre Patente. Der vielleicht berühmteste davon betraf Glenn Curtiss. Zu seiner Verteidigung lieh sich Curtiss Samuel Langleys erfolgloses Aerodrome-Flugzeug vom Smithsonian Institute, um zu beweisen, dass das Aerodrome noch vor dem „Flyer" der Gebrüder Wright flugtauglich gewesen sei. Er steckte so viel Zeit und Aufwand in den Versuch, das fragwürdige Gerät zum Fliegen zu bringen, dass das Vorhaben scheiterte. Das Gericht entschied zugunsten der Wrights, was anhaltende Spannungen zwischen den Brüdern und dem Smithsonian zur Folge hatte.

In der Zwischenzeit entwickelten die Wrights den „Military Flyer", und am 14. Mai 1908 fand der erste anerkannte Zwei-Mann-Flug der Welt statt. Der erste Passagier der Welt war Charlie Furnas. Noch im selben Jahr wurde Thomas Selfridge der erste Mensch, der bei einem Unfall mit einem Motorflugzeug ums Leben kam, als Orville mit seinem Zweisitzer bei Fort Myer, Virginia, abstürzte.

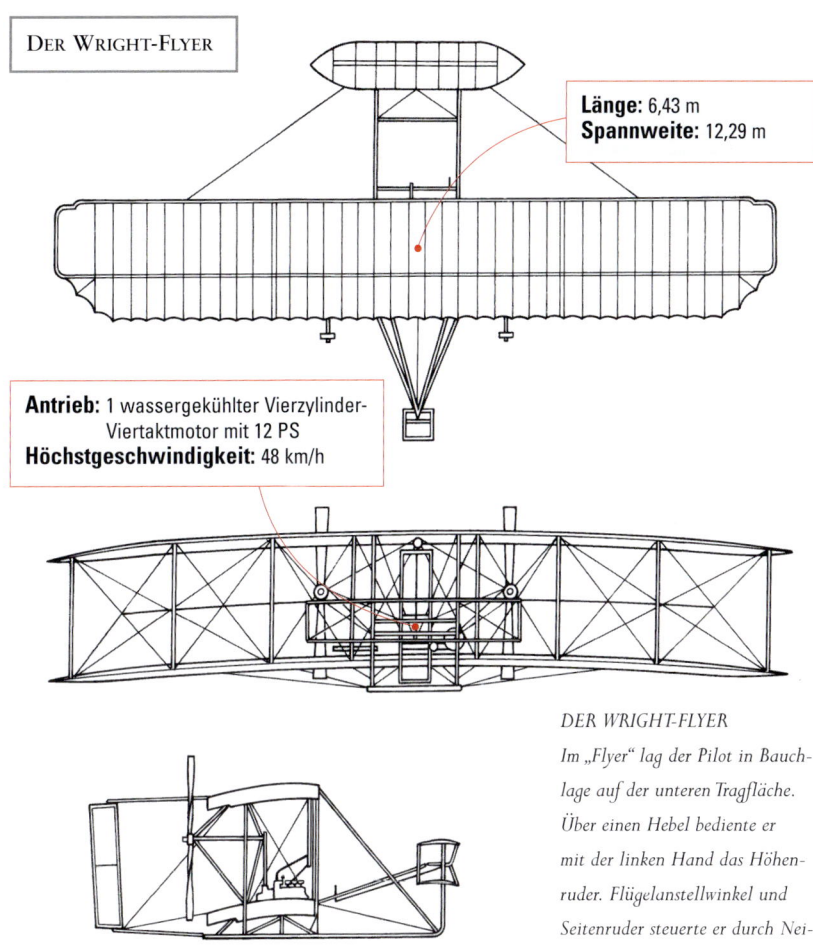

DER WRIGHT-FLYER

Länge: 6,43 m
Spannweite: 12,29 m

Antrieb: 1 wassergekühlter Vierzylinder-Viertaktmotor mit 12 PS
Höchstgeschwindigkeit: 48 km/h

*DER WRIGHT-FLYER
Im „Flyer" lag der Pilot in Bauchlage auf der unteren Tragfläche. Über einen Hebel bediente er mit der linken Hand das Höhenruder. Flügelanstellwinkel und Seitenruder steuerte er durch Neigen seines Körpers.*

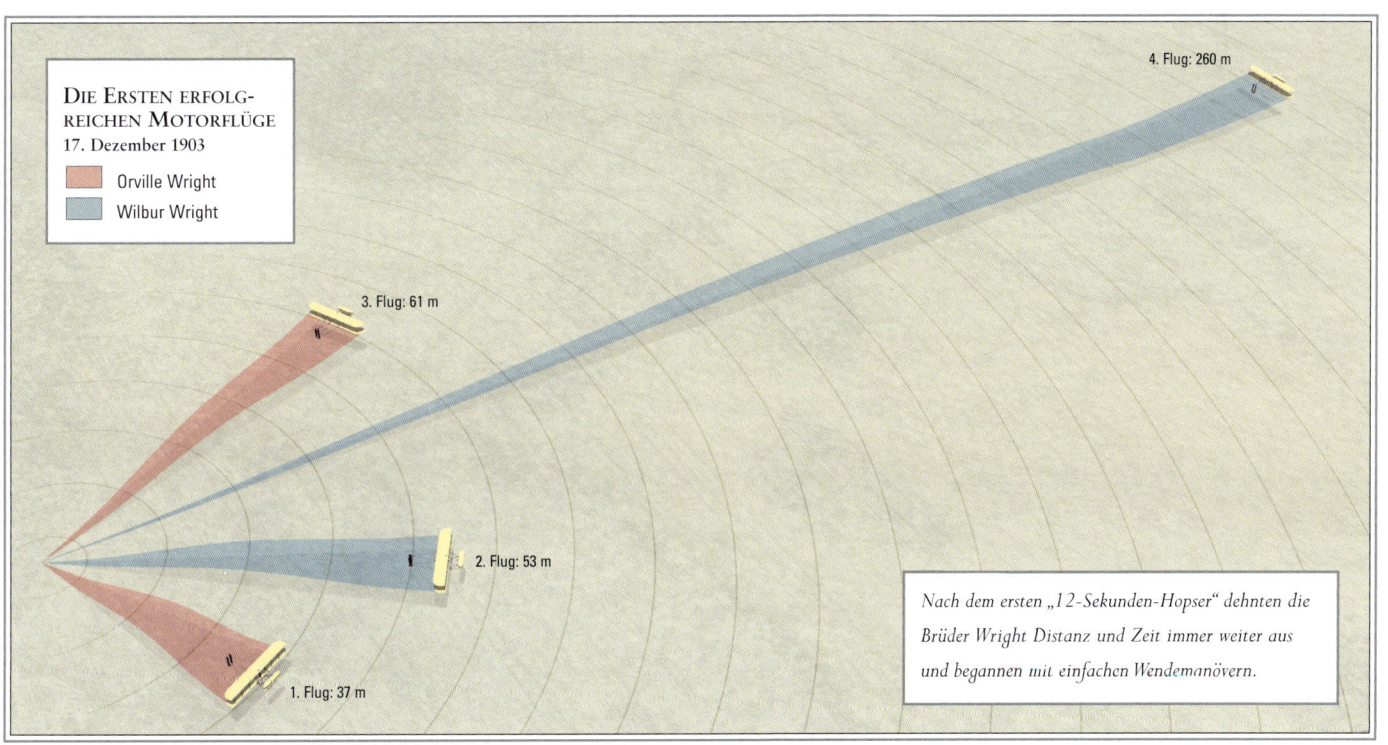

Nach dem ersten „12-Sekunden-Hopser" dehnten die Brüder Wright Distanz und Zeit immer weiter aus und begannen mit einfachen Wendemanövern.

Die größten Luftkriege

LOUIS BLÉRIOT
Louis Blériot hatte seit 1908 mehrere experimentelle Flugzeuge gebaut. Drei davon stellte er im Dezember 1908 beim Salon d'Automobile et de l'Aeronautique in Paris aus. Seine dritte Maschine, die Blériot XII, sollte ihm Ruhm und Reichtum einbringen.

In Europa arbeitete Louis Blériot an seinem Vorhaben, den Ärmelkanal zu überfliegen und sich die von der Londoner *Daily Mail* dafür ausgeschriebenen 1000 Pfund zu holen. Blériot hatte an der „École Centrale Paris" Technik studiert und danach ein erfolgreiches Unternehmen zur Produktion von Scheinwerfern für Automobile gegründet. Einen Teil seines Profits steckte er in den Entwurf und Bau eines Fluggeräts. 1900 testete er den „Ornithopter", der leider nicht abhob. Unbeirrt entwickelte er mehrere instabile Fluggeräte. Nach Experimenten mit verschiedenen Formen baute er schließlich den ersten erfolgreichen Eindecker der Welt, die „Blériot V." Dieses Modell war noch recht instabil, doch die „Blériot XI" von 1909 war weitaus stabiler und zuverlässiger.

Rivalen um die Kanalüberquerung

Das Preisgeld von 1000 Pfund zog auch zwei Konkurrenten an. Der eine, Hubert Lantham, startete am 19. Juli als Favorit in Sangatte in der Nähe von Calais, Frankreich, doch sein Flugzeug, eine Antoinette IV, bekam nur 9,6 km vor der Küste von England Motorprobleme; Lantham musste notwassern. Er wurde gerettet und fuhr, sobald er wieder trocken war, schnurstracks nach Paris, um eine neue Antoinette zu bestellen. Diese wurde jedoch erst nach Sangatte geliefert, als Blériot schon für seinen Versuch bereit war.

Blériots zweiter Rivale war ein russischer Aristokrat französischer Abstammung namens Charles de Lambert. Da er sich bei einem Testflug jedoch schwer verletzte, musste er sich aus dem Wettstreit zurückziehen. Auch Blériot blieb bei seinen Testflügen nicht unverletzt; als eine Benzinleitung brach, erlitt er am Fuß schwere Verbrennungen. Doch wie immer beschloss er weiterzumachen.

Sein Flugzeug, eine Blériot XI, wog ohne Pilot 300 kg und hatte einen wassergekühlten Dreizylinder-Hubkolbenmotor mit 25 PS von Anzani, der einen zweiblättrigen Propeller mit nur 2 m Durchmesser antrieb. Die Flügelspannweite betrug 7,8 m, die Länge 8 m.

Im Morgengrauen des 25. Juli 1908 stationierte die französische Marine zur Beobachtung und, wenn nötig, zur Unterstützung einen Zerstörer im Ärmelkanal. Um 4:35 Uhr, nachdem der Motor kurz warmgelaufen war, startete Blériot von Calais und flog nach Nordwesten. Später erinnerte er sich:

Zehn Minuten sind vergangen. Ich habe den Zerstörer passiert und versuche festzustellen, ob ich in der richtigen Richtung unterwegs bin. Es ist erstaunlich. Ich sehe nichts, weder den Zerstörer noch Frankreich noch England. Ich bin allein. Ich sehe gar nichts. Zehn Minuten lang bin ich orientierungslos. Das ist merkwürdig: führungslos, ohne Kompass, in der Luft

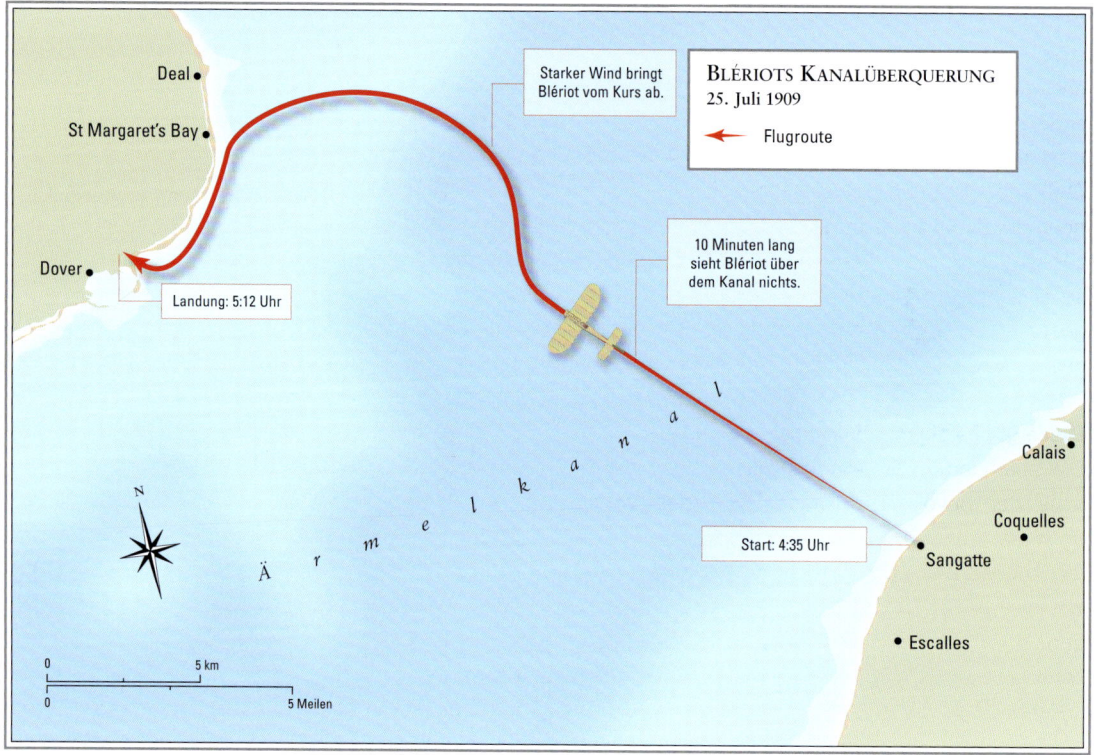

BLÉRIOTS KANALÜBERQUERUNG
Die Vollendung seines Fluges über den Ärmelkanal verdankte Blériot mehr dem Glück als geschickter Navigation.

Die Anfänge der Luftfahrt

mitten über dem Kanal. Meine Hände und Füße ruhen auf den Hebeln. Ich überlasse das Flugzeug seinem Kurs. Und dann, 20 Minuten nachdem ich die französische Küste verlassen habe, sehe ich die Klippen von Dover, die Burg und den Weg zu jenem Punkt im Westen, wo ich landen wollte. Was tun? Offensichtlich hat mich der Wind vom Kurs abgebracht ... Ich drücke mit meinem Fuß auf den Hebel und drehe nach Westen. Jetzt habe ich wirklich Probleme, denn der Wind hier bei den Klippen ist viel stärker und bremst meine Geschwindigkeit und ich kämpfe dagegen an ... Ich sehe eine Lücke zwischen den Klippen. Obwohl ich sicher bin, dass ich noch eineinhalb Stunden weiterfliegen oder nach Calais zurückkehren könnte, kann ich der Chance nicht widerstehen, auf diesem grünen Fleck zu landen ... Ich fliege in die Lücke und befinde mich über Land. Ich weiche dem roten Gebäude zu meiner Rechten aus und versuche zu landen, doch der Wind erfasst mich. Ich stelle den Motor ab.

36 Minuten nach seinem Start war Blériot auf englischem Boden gelandet, wobei der Propeller und das Fahrwerk zu Bruch gingen. Die Wirkung setzte sofort ein. Der Autor H. G. Wells schrieb:

... trotz unserer Flotte ist dies, vom militärischen Blickwinkel her gesehen, keine unzugängliche Insel mehr.

Blériot war weniger ergriffen. Er genoss ein festliches Mahl mit seiner Gattin und kehrte per Schiff nach Frankreich zurück. Die *Daily Mail* hatte jedoch andere Pläne. Um das Preisgeld von 1000 Pfund zu erhalten, musste Blériot in England als Gast der *Daily Mail* an einem Luxusdinner im Hotel Savoy teilnehmen. Kaum hatte er gespeist, holte ihn die französische Tageszeitung *Le Matin* nach Paris zurück, wo sein Flugzeug vor erstaunten und stolzen Bürgern ausgestellt wurde. Frankreich hatte seine Führungsrolle in Sachen Luftfahrt bestätigt.

Diese großartigen Männer ...
Die Überquerung des Ärmelkanals konnte in der Fantasie der Bevölkerung kaum übertroffen werden, doch bei der ersten Luftfahrtmesse vom 22. bis 29. August 1909 in Reims konnte man feststellen, wie weit die Luftfahrt in den bloß sechs Jahren seit dem Erstflug der Gebrüder Wright bereits gekommen war. Vor 200 000 Zuschauern flogen bei der „Grande Semaine d'Aviation de la Champagne" sieben Tage lang 23 der besten Piloten dieser Zeit neun verschiedene Flugzeugtypen, um die begehrten Preise zu gewinnen. Zwei Piloten, George Cockburn aus Großbritannien und Glenn Curtiss aus den USA, stammten aus dem Ausland, doch das Publikum war vor allem wegen der französischen Luftfahrer gekommen. Über eine eigens verlegte Linie wurden die Besucher vom Bahnhof in Reims nach Bétheny gebracht, wo die große Show stattfand. Unter ihnen befanden sich auch der ehemalige Präsident der USA Teddy Roosevelt und der britische Politiker David Lloyd George. Ebenso hatten sich zahlreiche hochrangige Militärs unter die Menge gemischt, begierig, die Möglichkeiten dieser neuen Maschinen auszuloten.

Zunächst herrschte schlechtes Wetter, doch später klarte sich der Himmel auf und die Flüge konnten beginnen. Einige glückliche Besucher durften sogar einen Flug als Passagier erleben, darunter die Engländerin Gertrude Bacon. Sie war nicht die erste Frau, die flog – diese Ehre hatte Thérèse Peltier im Juli 1899 –, trotzdem löste sie Unruhe im Publikum aus. Später rief sie:

Der Boden war uneben und hart, und als wir darüberfuhren ... erwartete ich, durchgeschüttelt zu werden. Doch die Bewegung war wunderbar sanft und dann plötzlich war da ein neues unbeschreibliches Erleben, ein Auftrieb! Eine Leichtigkeit! Ein Leben!

Zahlreiche Zwischenfälle hielten die Menge in Atem. An einem war der Ärmelkanal-Champion Blériot beteiligt, als seine XII Feuer fing – wieder eine gebrochene Benzinleitung. Er konnte die brennende Maschine landen, verletzt wurde nur sein Stolz. All die vorgeführten Fluggeräte waren sehr instabil und hatten unzuverlässige Motoren – der Fluch des motorisierten Fluges in den kommenden Jahren. Nun jedoch gab es drei Tests zu bestehen: Geschwindigkeit, Höhe und Distanz.

Den Distanz-Preis, den Grand Prix de la Champagne, gewann Henri Farman, der 180 km weit flog. Das Publikum verfolgte immer aufgeregter, wie er drei Stunden lang einen abgesteckten Rundkurs flog. Motor und Publikum überhitzten sich und die Polizei war besorgt, als Farman das Benzin ausging und er landen musste. Der Geschwindigkeitspreis wurde vom Zeitungsherausgeber Gordon Bennett ausgesetzt. Bei diesem Wettbewerb gab es zwei Finalisten: den Amerikaner Curtiss in seiner „Reims Racer" und Blériot in einer seiner eigenen Maschinen. In einem knappen Finale gewann Curtiss um magere sechs Sekunden bei einer Geschwindigkeit von 75 km/h.

*GLENN CURTISS
Am 30. Juni 1910 warf der amerikanische Flugpionier Glenn Curtiss aus einer Höhe von 15 m Bombenattrappen auf einen mit Bojen markierten Bereich in der Größe eines Kriegsschiffes auf dem Keuka-See, New York, ab. Damit demonstrierte er schon früh das Potenzial des Flugzeugs als Kriegsgerät.*

Die größten Luftkriege

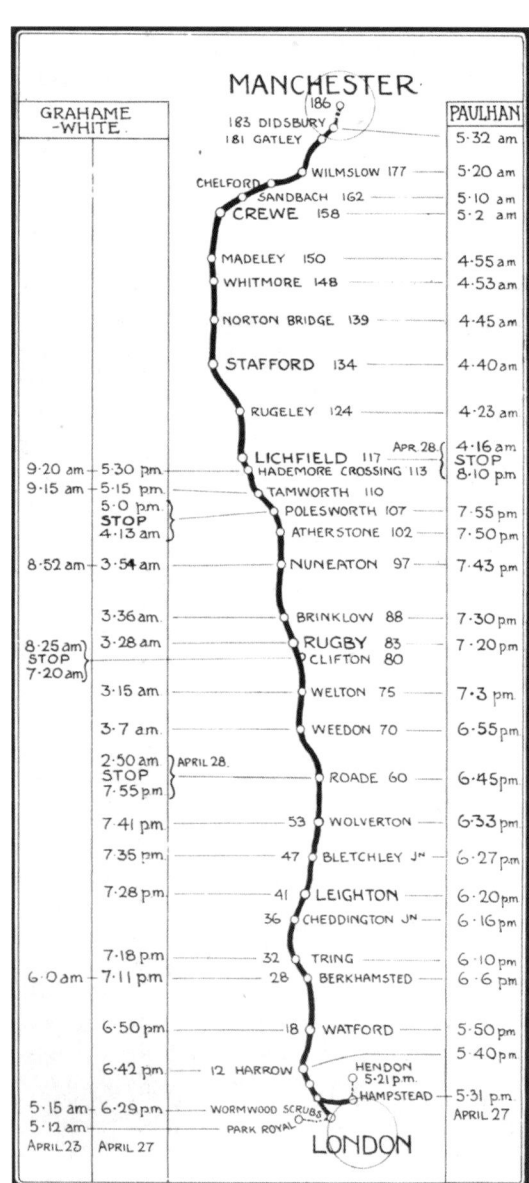

*AIR-RACE-DIAGRAMM
Diese Grafik zeigt die Route und die Zeiten der beiden Konkurrenten Claude Grahame-White und Louis Paulhan bei ihrem Rennen von London nach Manchester. Obwohl er noch bei Dunkelheit startete, verlor Graham-White viel Zeit mit einer erzwungenen Landung aufgrund von Motorproblemen und wurde schließlich von Paulhan geschlagen.*

Über einer enttäuschten Menge flatterte das Sternenbanner des Siegers. Den Höhenwettbewerb entschied Hubert Latham für sich, Blériots Konkurrent bei der Überquerung des Kanals. Er erreichte eine Höhe von 180 m, während die meisten Piloten damals etwa 20 m hoch flogen.

Das Interesse am Flugwesen nahm rasch zu. In ganz Europa fanden Treffen und Wettkämpfe statt. Einer der berühmtesten Wettbewerbe, das London-Manchester-Flugrennen im April 1910, wurde abermals von der *Daily Mail* gesponsert. Die beiden Kontrahenten, Louis Paulhan aus Frankreich und Claude Grahame-White aus England, kämpften um das gewaltige Preisgeld von 10 000 Pfund. Das Wetter war für einen britischen Frühlingstag typisch: Regen und Wind. Doch am frühen Abend des 27. April besserte es sich. Der Franzose stieg zuerst hoch, der Engländer knapp dahinter. Beide flogen Doppeldecker von Farman. Damals folgten Piloten den Eisenbahngleisen. In weiser Voraussicht hatten Paulhan und sein Team einen eigenen Zug gemietet, dem er nun von London aus nach Norden folgte. Auch Grahame-White folgte den Schienen, doch sein Team fuhr in Automobilen. Rund um die Zeitungsredaktionen in Manchester, London und Paris versammelten sich Menschen, um sich über den Stand des Rennens zu informieren. Als es dunkel wurde, landeten beide Piloten neben den Gleisen, denn Nachtflug war 1910 noch unbekannt. Der Engländer beschloss, bei Mondlicht zu starten, um so seinen Rivalen zu überholen, doch sein Mut brachte ihm nichts ein. Der Franzose startete beim ersten Licht und erreichte Manchester am 28. April um 5:32 Uhr. Er hatte vier Stunden, 18 Minuten in der Luft verbracht. Die Pariser waren in Ekstase: Abermals hatte die französische Luftfahrt einen wichtigen Wettstreit für sich entschieden.

Verbissene Entschlossenheit

In den USA war die Flugbegeisterung lange nicht so groß wie in Europa. Trotzdem gab es große Veranstaltungen in Boston, Belmont Park, New York und Los Angeles. Der Zeitungsverleger William Randolph Hearst setzte die gigantische Summe von 50 000 Dollar für den ersten Flug von Küste zu Küste quer über die USA aus. Im September 1911 nahm Calbraith Perry Rodgers, ein ehemaliger College-Footballstar, die Herausforderung an. In seinem Wright „Flyer" wurde er von einem eigens gemieteten Zug geleitet, doch sein Flug war eine Kette von Unglücksfällen. Bis nach Kalifornien benötigte er 49 Tage, in denen er 19 Mal abstürzte. Beim letzten Absturz brach er sich nur 14,5 km vor Kalifornien beide Beine und das Schlüsselbein. Vom Krankenbett aus gab er seine Entschlossenheit bekannt, „diesen Flug zu beenden." Während seiner Genesung hatte sein Team sein Flugzeug liebevoll restauriert – von der Maschine, die am 17. September in Sheepshead Bay, New York, gestartet war, waren nur noch ein Ruder und zwei Flügelstreben übrig. Als er das Krankenhaus verlassen konnte, trat er die letzte Etappe tatsächlich an und erreichte 84 Tage nach seinem Start Long Beach in Kalifornien. Leider hatte er sich damit nicht für das Preisgeld qualifiziert, doch sein Sponsor, die „Armour Company of Chicago", Produzent des kohlensäurehaltigen Drinks Vin Fiz, nach dem sein Flugzeug benannt war, hatte in den 84 Tagen, in denen die nationale Presse Rodgers „rekordverdächtigen" Flug verfolgte, gratis Publicity genossen.

Es wurden weitere Rekorde aufgestellt. Beim Belmont Park Flugmeeting im Oktober 1910 flog Claude Grahame-White in einem Blériot-Eindecker mit einem 100-PS-Gnome-Umlaufmotor mit einer Durchschnittsgeschwindigkeit von 98 km/h und holte sich den Gordon-Bennett-Geschwindigkeitspreis, der nun jedes Jahr vergeben wurde. In Europa wurde der aus Peru stammende Franzose Jorge Chávez von dem vom „Aero Club" von Mailand ausgelobten Preis für die Überquerung der Alpen angelockt. 1911 startete Chávez in einer Blériot von der Schweizer Stadt Brig in Richtung des 2013 m hohen Simplon-Passes. Er navigierte mithilfe eines speziellen Blinklichts am Pass und gewann so viel Höhe, dass er ihn mit 30 m Spielraum vor einer begeisterten Menschenmenge überflog. Als sich das kleine Flugzeug jedoch in den Sinkflug zur italienischen Stadt Domodossola begab,

Die Anfänge der Luftfahrt

stürzte es plötzlich ab. Chávez wurde zwar geborgen, starb jedoch vier Tage später im Krankenhaus. In ganz Europa lobte man seinen Heldenmut.

Zunehmend zuverlässig

Es gab immer mehr Rekorde, doch nach und nach wurde das Flugzeug eine stabile, kontrollierbare Maschine. Auch Regierungen meldeten Interesse an, als sich in vielen Oberkommandos die Idee von einer der Armee oder Flotte vorausgehenden Aufklärung herumsprach. Dazu gehörte auch der junge, erst 1870 gegründete Staat Italien, der 1910 über eine kleine Lufteinheit innerhalb seiner Streitkräfte verfügte. Gegen die wachsende Macht Frankreichs in Nordafrika beanspruchte Italien die Osmanischen Besitzungen in Libyen. Im darauf folgenden Krieg setzte Italien seine elf Flugzeuge – alle im Ausland gebaut – in Unterstützung seiner Armeen ein, vor allem zur Aufklärung. Doch am 1. November 1911 warf Leutnant Giulio Gavotti aus seiner Blériot vier Granaten auf türkische Stellungen in der Oase Tagiura ab: der erste Bombenangriff der Geschichte.

1912–1913 kauften die europäischen Regierungen Flugzeuge und Luftschiffe in großem Stil. Beim Bau von Letzteren war Deutschland führend, was zu Lasten des Flugzeugs ging. Mit den Bestellungen wuchsen die Flugzeugfabriken. 1914 zählte der französische Motorenfabrikant Gnome 1000 Mitarbeiter. In Europa machte sich die Aufrüstung breit und man maß die Stärke von Lufteinheiten in Hunderten. In den USA war das anders. Da die USA keine politischen und militärischen Rivalen hatte, beschäftigte die Luftfahrtindustrie weniger als 200 Personen; die Luftwaffe besaß 15 Flugzeuge.

1912 brach der erste Balkankrieg aus. Der Balkanbund – Serbien, Montenegro, Griechenland und Bulgarien – führte einen Feldzug gegen das zerfallende Osmanische Reich, wobei die Bulgaren ihre kleine Luftwaffe gegen die türkischen Stellungen einsetzten. Der Bund erreichte seine Ziele, doch der Balkan blieb ein Pulverfass.

*ITALIENISCH-TÜRKISCHER KRIEG
Italiens Kriegserklärung an die Türkei am 29. September 1911 folgte ein Marinebombardement der Küste bei Tripolis. Neben zwei Luftangriffen mit Flugzeugen am 10. März 1912 absolvierten die italienischen Luftschiffe P.2 und P.3 Luftaufklärung über den türkischen Stellungen. Die Besatzung warf mehrere Granaten ab. Am 13. April blieben sie bei einer weiteren Aufklärungsmission 13 Stunden in der Luft. P.2 und P.3 waren kleine Prallluftschiffe, die der Ingenieur Enrico Forlanini entworfen hatte.*

Die größten Luftkriege

DIE ERSTEN LUFTSTREITKRÄFTE: 1914–18

Im Frühsommer 1914 war Europa von politischen und militärischen Rivalitäten beherrscht. Um eine gewisse Sicherheit zu garantieren, schlossen sich Nationen und Reiche quer über den ganzen Kontinent zusammen. Das altersschwache Österreich-Ungarische Kaiserreich verbündete sich mit dem potenten, erst 45 Jahre jungen Deutschen Reich. Frankreich,

BLÉRIOT XI
Bei einem bemerkenswerten Einsatz am 14. August 1914 bombardierten Leutnant Cesari und Oberst Prudhommeaux von der französischen „Aéronautique Militaire" mit einer „Blériot XI" die deutschen Luftschiffhangars in Metz-Frescaty.

das nach dem Deutsch-Französischen Krieg noch immer seine Wunden leckte, schloss ein Bündnis mit dem Russischen Zarenreich und 1904 auch mit dem Vereinigten Königreich. Russland sah sich als den mächtigeren Bruder der Balkan-Slawen und daher als deren Beschützer. Zu Beginn des 20. Jahrhunderts rivalisierten auf dem Balkan ethnische, religiöse und politische Gruppen. 1878 hatte Österreich-Ungarn Bosnien annektiert und es 1908 formell in sein Reich eingegliedert.

Ein Schuss, den die ganze Welt hörte

Am sonnigen Morgen des 28. Juni 1914 erschoss der junge, südslawische Nationalist Gavrilo Princip den österreichischen Thronfolger Franz Ferdinand. Daraufhin stellte Österreich an Serbien wegen des Verdachts der Beteiligung inakzeptable Forderungen. Serbien erfüllte alle bis auf eine, doch Österreich war nicht an Verhandlungen interessiert und erklärte am 28. Juli den Krieg. Nach kurzem Zögern machte Russland gemäß den existierenden Bündnissen gegen Österreich-Ungarn und Deutschland mobil, woraufhin Deutschland Russland den Krieg erklärte. Nachdem es das Recht zum Truppendurchmarsch gefordert hatte, eröffnete Deutschland gemäß dem Schlieffen-Plan am 23. August die Kampfhandlungen in Frankreich. Aufgrund der Verletzung des belgischen Staatsgebietes durch die Deutschen wurden nun auch die Briten aktiv. Europa – und damit auch all seine Verbündeten und Besitzungen in aller Welt – befand sich im Krieg.

Eine neue Aufgabe in der Luft

In ganz Europa wurden Streitkräfte mobil gemacht. Während man Soldaten und Seeleute in Tausenden zählte, gab es nur einige hundert Flieger. Die Vorkriegsstars der Luft stellten sich ihren Streitkräften zur Verfügung, doch diese hatten wenig Verwendung für Kunstflieger. Man brauchte zuverlässige Piloten, die in feindliches Gebiet fliegen und über die Stellungen dort berichten konnten – Aufklärung eben, wie sie traditionell von der Kavallerie ausgeführt wurde. Daher galten junge Männer aus gutem Hause, wenn sie reiten konnten, als ideale Wahl.

Es gab da einen sehr netten jungen Offizier der Kavallerie, der mögliche Kandidaten für das Royal Flying Corps befragte. Er bemerkte meine Schulterabzeichen und meinte: „Ah, Sie gehören zur Gloucester Yeomanry. Können Sie reiten?" Ich sagte: „Ja." – „Wissen Sie, wo der Polarstern ist?" – „Ja", sagte ich, „ich denke, den finde ich." – „Das werden Sie", sagte er.
Frederick Winterbotham, 1914

Für diese neue Rolle musste das Flugzeug robust und zuverlässig sein und von Männern aus allen Gesellschaftsschichten geflogen werden können. Handwerker wurden als Mechaniker eingesetzt. In Großbritannien stammten die Flugbesatzungen größtenteils aus „anständigen Schulen".

Im August 1914 waren nahezu sämtliche Flugzeuge der kriegführenden Parteien waffenlos, nur Deutschland besaß sieben Luftschiffe, die eine beachtliche Bombenlast abwerfen konnten. Angesichts der kleinen Zahl an Luftschiffen und Flugzeugen spielten diese sieben Zeppeline in den ersten Kriegswochen eine überraschend wichtige Rolle. Im August erwarteten und planten die Militärkommandanten einen kurzen, schnellen Krieg – bis Weihnachten würde alles vorüber sein …

Die ersten Luftstreitkräfte: 1914–18

Die größten Luftkriege

DER SCHLIEFFEN-PLAN
1914
- Deutscher Vorstoß
- Deutsche Positionen
- Original-„Plan 17"
  20. Mai 1913
- XXXX Armee

DER SCHLIEFFEN-PLAN
Der Schlieffen-Plan war ein Meisterwerk der Militärstrategie, doch die deutschen Hoffnungen auf einen raschen Sieg wurden durch den hartnäckigen Widerstand der Entente zunichte gemacht.

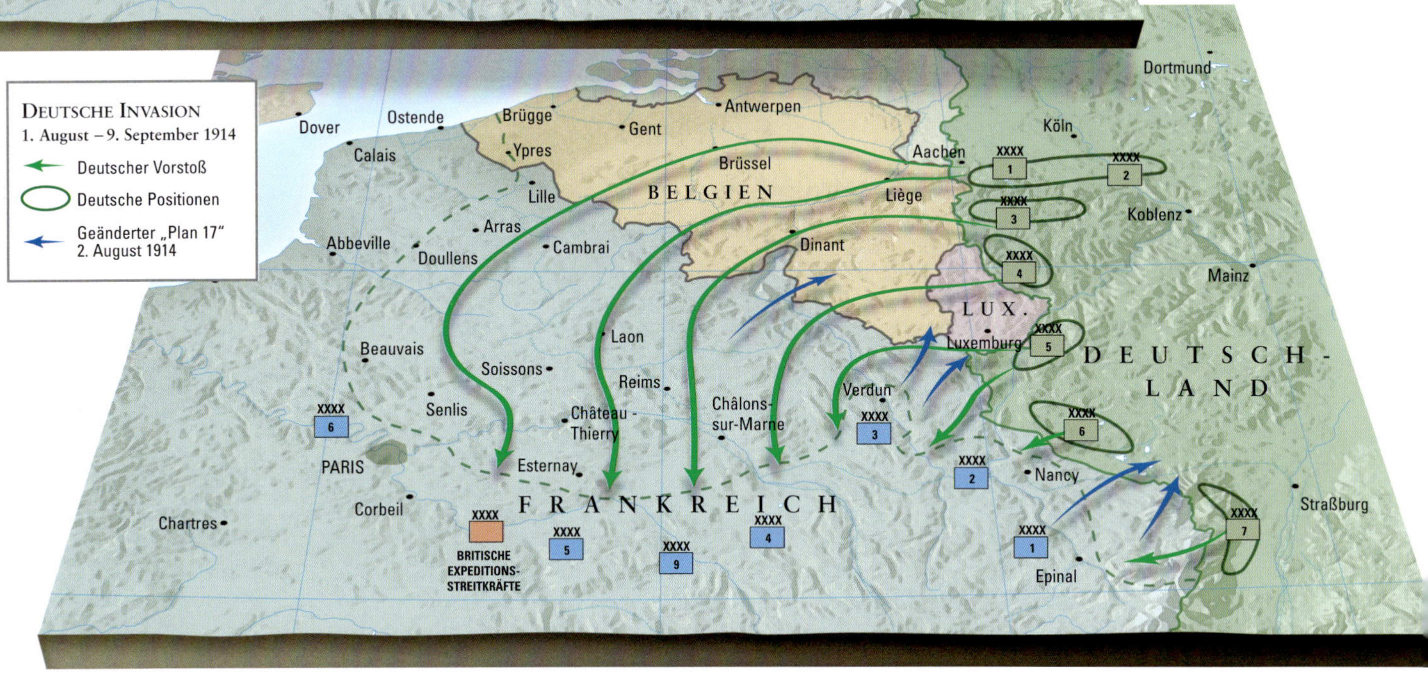

DEUTSCHE INVASION
1. August – 9. September 1914
- Deutscher Vorstoß
- Deutsche Positionen
- Geänderter „Plan 17"
  2. August 1914

ALFRED VON SCHLIEFFEN
Gemäß Schlieffens Plan sollte Frankreich innerhalb weniger Wochen durch einen Blitzkrieg ausgeschaltet werden.

Tatsächlich verliefen die ersten Wochen des Ersten Weltkrieges wie geplant. Im Westen marschierten gewaltige deutsche Armeen durch Belgien nach Nordfrankreich. Der ursprüngliche Plan von Generalfeldmarschall Alfred von Schlieffen sah einen großen Schwenk durch Belgien vor, dann einen Vorstoß nach Paris. Doch man wollte hier nicht Halt machen, sondern die Hauptmacht der französischen Truppen und deren statische Verteidigungsanlagen umgehen. Alles sollte in sechs Wochen vorüber sein. Dann könnte sich Deutschland nach Osten wenden und Russland erledigen.

In der Zwischenzeit hatten die Franzosen eine Reihe von Festungen an ihrer Nord- und Ostgrenze errichtet. 1914 galt jedoch die Offensive als beste Verteidigung. Die Hauptstreitmacht sollte in Richtung Elsass-Lothringen angreifen, die Deutschen über den Rhein zurückwerfen und sich dann nach Norden wenden, um die deutschen Versorgungslinien zu unterbrechen. Das war „Plan 17".

Gemäß diesem Plan mobilisierte die französische Armee, stellte sich auf und griff in Elsass-Lothringen an, jener Provinz, die man 1870/71 an Deutschland verloren hatte. Die Franzosen waren allerdings schlecht ausgerüstet, ihre Karten veraltet und die Aufklärung lückenhaft. Die französischen Soldaten stürzten sich mit Elan in die Schlacht, waren aber in ihren roten Hosen und blauen Jacken von den gut vorbereiteten Verteidigern in Grau leicht auszumachen. Mit 330 000 Toten zahlte die französische Armee im Elsass einen hohen Blutzoll und konnte kaum Gebietsgewinne verzeichnen.

Die ersten Luftstreitkräfte: 1914–18

Im Norden und im Westen verlief für die Deutschen alles nach Plan. Als die Hauptmacht aus 1., 2., 3. und 4. Armee durch Belgien marschierte, bombardierten Zeppeline von ihrer Basis in Köln aus die belagerte Stadt Liège. Dem Vormarsch voraus flogen Rumpler-Taube-Aufklärungsflugzeuge, die ihre Informationen an die deutsche Heeresleitung übermittelten. Die verbündeten Franzosen und Briten wichen zurück, die belgischen Truppen wurden hinweggefegt. Es kam zu Schlachten in den Ardennen, entlang der Sambre und der Maas sowie bei Mons, La Cateau und Guise. Doch der deutsche Plan hatte eine fundamentale Schwäche: die Versorgung und die Kommunikation mit dem Oberkommando.

Falsche Zuversicht

Auf den Oberbefehlshaber Helmuth von Moltke wirkten die Siege an der Grenze zu Elsass-Lothringen so überzeugend, dass er die Chance sah, die französische Armee zweifach einzukesseln. Rechts außen kamen die deutschen Einheiten schneller voran als die langsamen Versorgungstruppen. Aufgrund von missverständlicher Kommunikation stellte sich die Lage für das Hauptquartier jedoch viel rosiger dar, als es war. Daher befahl Moltke der 6. und der 7. Armee, sich auf eine Offensive in Elsass-Lothringen vorzubereiten, anstatt wie ursprünglich geplant die Hauptstreitmacht zu unterstützen. Die rechte Flanke sollte weiter nach Paris vorstoßen.

Inzwischen versuchte die französische 5. Armee unter General Charles Lanrezac bei Guise, mit einem Angriff auf die Flanke der deutschen 1. Armee, das britische Expeditionskorps (BEF) zu entlasten. Auch die deutsche 2. Armee wurde angegriffen und zum Stillstand gebracht; sie wandte sich mit der Bitte um Hilfe an die äußerste rechte Flanke. Die Reste von Schlieffens Originalplan standen vor dem Scheitern.

Am 29. August näherten sich die deutschen Truppen Paris und dem Marne-Tal. Den Sieg vor Augen, flog ein einzelnes deutsches Flugzeug rund um den Eiffelturm. Über dem „Gare de l'Est" warf der Pilot fünf Bomben ab, von denen drei nicht explodierten, doch eine tötete eine Frau beim Einkaufen. Dann fiel eine Notiz vom Himmel.

> *Die deutsche Armee steht vor den Toren von Paris. Ihnen bleibt nur, sich zu ergeben.*
>
> **Leutnant von Heldsen**

Als es seine Nachricht überbracht hatte, floh das Flugzeug nordwärts hinter die deutschen Linien.

HENRI FARMAN
Henri Farman (vorne), der Sohn eines englischen Zeitungskorrespondenten, arbeitete in Paris. 1909 gründete Farman seine eigene Flugzeugproduktion und die Farman-Doppeldecker wurden immer besser, bis sie schließlich die zuverlässigsten Flugzeuge ihrer Zeit wurden, nicht nur in Europa, sondern in aller Welt.

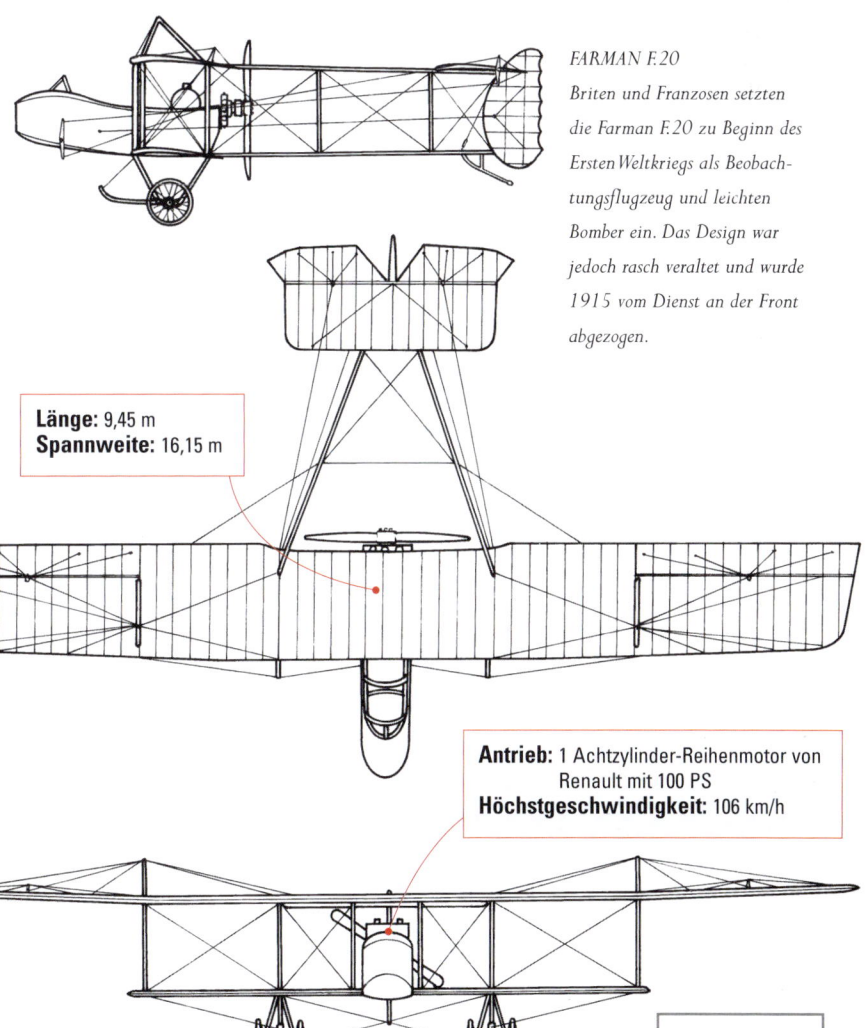

FARMAN F.20
Briten und Franzosen setzten die Farman F.20 zu Beginn des Ersten Weltkriegs als Beobachtungsflugzeug und leichten Bomber ein. Das Design war jedoch rasch veraltet und wurde 1915 vom Dienst an der Front abgezogen.

Länge: 9,45 m
Spannweite: 16,15 m

Antrieb: 1 Achtzylinder-Reihenmotor von Renault mit 100 PS
Höchstgeschwindigkeit: 106 km/h

FARMAN F.20

Die größten Luftkriege

Die Franzosen dachten, die Deutschen würden innerhalb weniger Tage in Paris eintreffen. Doch zur Verwunderung des französischen Kommandanten wandte sich die deutsche 1. Armee nach Südosten, weg von der Stadt. Am 2. September meldete ein deutsches Flugzeug, geflogen von Korporal Louis Breguet, dass die Deutschen nach Osten marschierten. Diese Nachricht wurde mehrfach bestätigt. General Joseph-Simon Galliéni, der Kommandant der Pariser Garnison und starker Verfechter der Luftfahrt, setzte sofort seine so wichtige Aufklärung ein und brachte Ereignisse ins Rollen, die als das „Wunder an der Marne" bekannt wurden.

Das Blatt wendet sich

Inzwischen hatte General Joffre, der Oberbefehlshaber der französischen Armee, seine Offensive zum Stehen gebracht; er wollte nur genügend Truppen zurücklassen, um die Ostgrenze zu bewachen. Seine Hauptstreitmacht verlegte er nach Westen in Richtung Paris. Dadurch veränderte sich die Lage.

Joffres neu formierte 6. Armee wurde teilweise in Pariser Taxis an die Front verlegt, wo sie die Flanke der deutschen 1. Armee angriff. Daraufhin wandte sich diese nach Westen, gegen den Angreifer. Nun griffen die Franzosen ihrerseits die deutsche 2. Armee an. Zwischen den zwei deutschen Armeen tat sich eine Lücke auf, in welche die Franzosen und das BEF vorstießen. Um die zunehmend exponierte Lage der 1. Armee unter General Alexander von Kluck zu retten, mussten die deutschen Kommandanten den Rückzug befehlen. Doch um die Flanken nicht preiszugeben, mussten sich die Deutschen in einer Linie zurückziehen. Daher fiel der rechte Flügel der deutschen Armee auf die Anhöhen beim Fluss Aisne zurück, womit sämtliche Hoffnungen auf einen raschen Sieg im Westen begraben waren. Die Deutschen bezeichneten diesen Zug als „Neugruppierung," nach welcher der Vormarsch weitergehen sollte, doch die Verteidigungsstellungen, welche die Deutschen über dem Aisne-Tal errichteten, waren dunkle Vorboten der zukünftigen Ereignisse.

Ende September erstreckte sich die Front von der Aisne bis an die Schweizer Grenze. Alliierte und Deutsche beobachteten einander von ihren „temporären" Schützengräben aus. Die einzige offene Flanke befand sich im Nordwesten. In diese Richtung unternahmen beide Seiten eine Reihe von Vorstößen, die fälschlich als „Wettrennen ans Meer" bekannt wurden. Tatsächlich versuchten beide Kontrahenten, den Krieg in Bewegung zu halten, indem sie die Flanke des jeweils anderen umgingen. Wie das hätte gehen sollen, wo doch beide Armeen am äußersten Ende ihrer Versorgungslinien standen, bleibt fraglich.

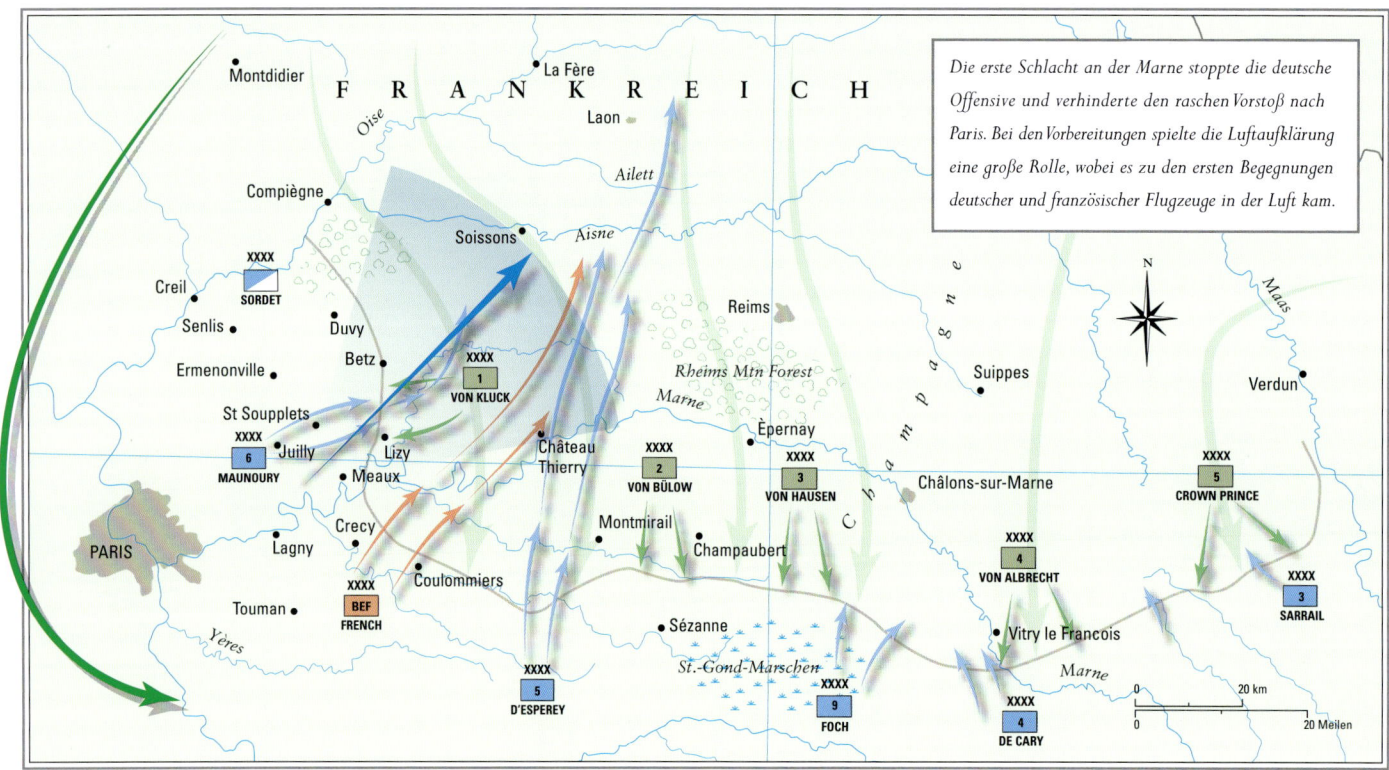

Die erste Schlacht an der Marne stoppte die deutsche Offensive und verhinderte den raschen Vorstoß nach Paris. Bei den Vorbereitungen spielte die Luftaufklärung eine große Rolle, wobei es zu den ersten Begegnungen deutscher und französischer Flugzeuge in der Luft kam.

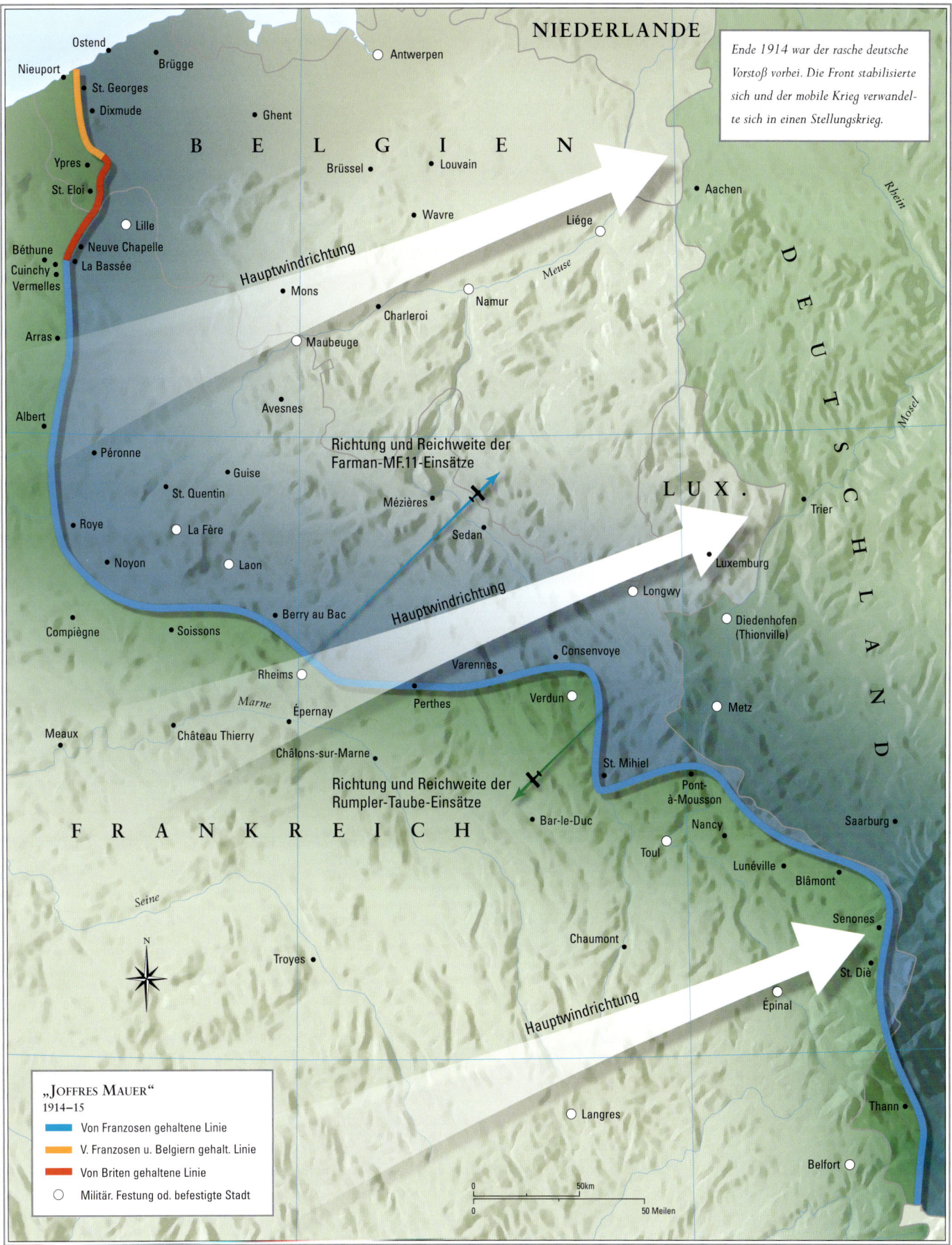

Die größten Luftkriege

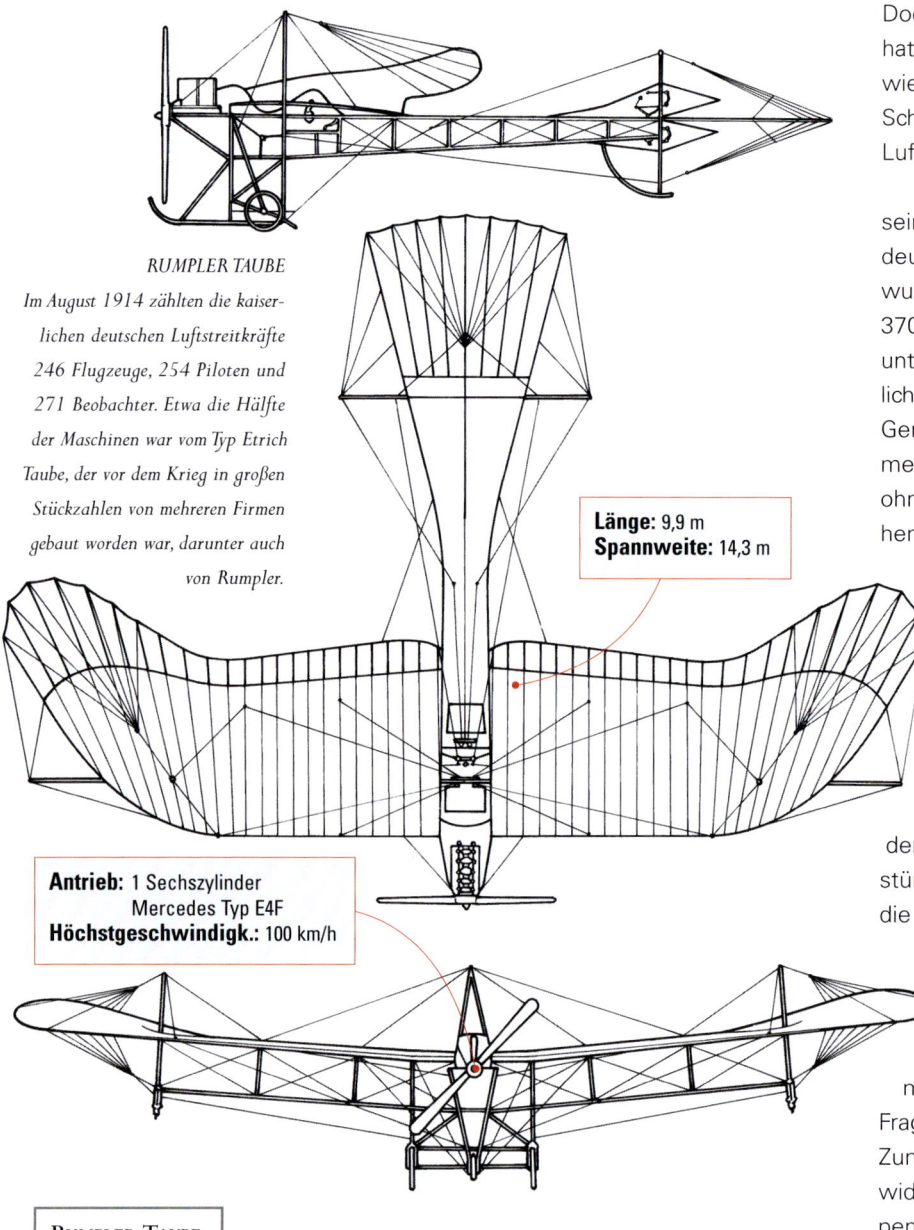

RUMPLER TAUBE
Im August 1914 zählten die kaiserlichen deutschen Luftstreitkräfte 246 Flugzeuge, 254 Piloten und 271 Beobachter. Etwa die Hälfte der Maschinen war vom Typ Etrich Taube, der vor dem Krieg in großen Stückzahlen von mehreren Firmen gebaut worden war, darunter auch von Rumpler.

Länge: 9,9 m
Spannweite: 14,3 m

Antrieb: 1 Sechszylinder Mercedes Typ E4F
Höchstgeschwindigk.: 100 km/h

RUMPLER TAUBE

Doch die Kavallerie wartete vergebens. Allerdings hatten inzwischen die Flugzeuge ihren Wert bewiesen. Innerhalb eines Monats nach der Marne-Schlacht verdoppelte die französische Armee ihre Luftstärke auf 65 Geschwader.

An der Ostfront machte das Russische Reich seine Streitkräfte weit schneller mobil, als das der deutsche Plan vorgesehen hatte. Ostpreußen wurde von zwei russischen Armeen mit rund 370 000 Mann bedroht. Die russische 1. Armee unter General Paul von Rennenkampf stieß nördlich der Masurischen Seen vor, die 2. Armee unter General Alexander Samsonow im Süden. Die Armeen operierten unabhängig voneinander, nahezu ohne Abstimmung. Dieses stümperhafte Vorgehen wurde ergänzt mit unkodierten Funksprüchen der russischen Kommandanten, die von den deutschen Funkern eifrig interpretiert wurden. Als der russische Plan halbwegs klar war, organisierte man Rumpler-Taube-Aufklärungsflugzeuge. Nun lag es an den deutschen Piloten, die Lage zu retten.

Die deutsche Ostfront wurde nun unter das Kommando der Generäle Paul von Hindenburg und Erich Ludendorff gestellt. Nahezu stündlich überflogen deutsche Taube-Flugzeuge die russischen Armeen, um über Zahlen und Marschrichtungen zu berichten. Im Besitz dieser Informationen entwarf das deutsche Duo einen Plan, der vorsah, sich der beiden russischen Armeen getrennt anzunehmen, was die Probleme der Deutschen auf eine Frage der numerischen Unterlegenheit reduzierte. Zunächst wollte man sich der russischen 2. Armee widmen, während Kavallerie und Landsturm-Truppen die 1. Armee im Auge behalten sollten. Die Schlacht begann am 26. August bei Tannenberg; die russische Armee wurde rasch ausmanövriert und eingekesselt.

Die deutsche 8. Armee tötete an die 30 000 russische Soldaten und machte rund 100 000 Gefangene, womit die russische 2. Armee effektiv zerschlagen war. Ihr Befehlshaber, General Samsonow, verkraftete die Niederlage nicht und erschoss sich. Nun wandten sich die Deutschen der russischen 1. Armee zu. Rennenkampf stand der gesamten deutschen 8. Armee gegenüber und hatte keine andere Wahl, als auf russisches Gebiet zurückzuweichen. Ostdeutschland war trotz der ungünstigen Ausgangslage von den Invasoren befreit. General Hindenburg meinte bloß:

Zum Schluss gab es keine offene Flanke mehr. Unglaublich rasch erreichte man die belgische Küste und es entstand eine durchgehende Linie aus Schützengräben, befestigt mit Stacheldraht, Maschinengewehren und Artillerie. Diese Front erstreckte sich von Belgien bis zur Schweiz. Aus dem Krieg war ein Stellungskrieg geworden, den beide Seiten in den folgenden drei Jahren immer wieder zu durchbrechen versuchten. Der Manöverkrieg war, zumindest im Westen, verschwunden.

In der Luft in Richtung Sieg
Auf beiden Seiten suchten die Befehlshaber verzweifelt nach dem „Durchbruch": einem Vorstoß durch die feindlichen Linien, gefolgt von der Kavallerie, um wieder Bewegung in den Krieg zu bringen.

Die ersten Luftstreitkräfte: 1914–18

ÜBERLEGENE TAKTIK

Bei den Schlachten bei Tannenberg und den Masuranischen Seen zeigte sich die Überlegenheit der deutschen Taktik und Feuerkraft gegenüber der Armee des russischen Zaren.

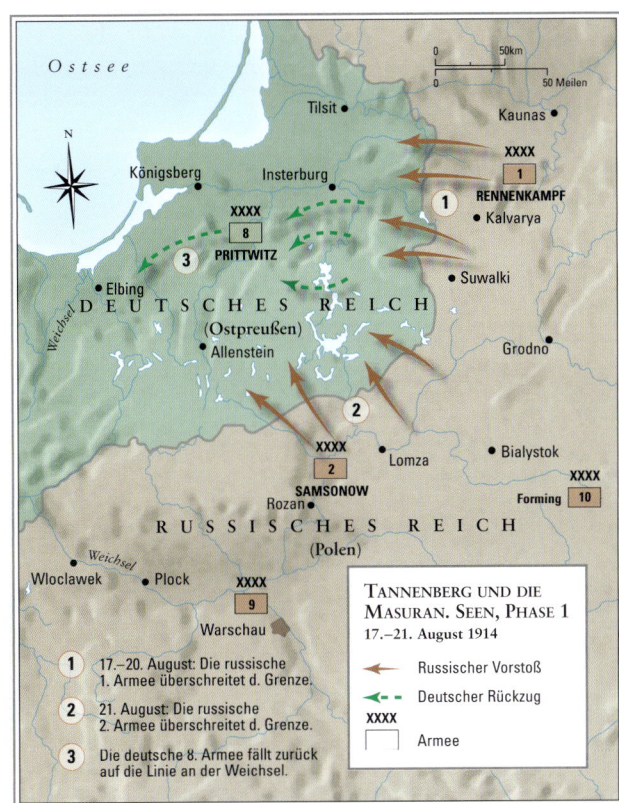

TANNENBERG UND DIE MASURAN. SEEN, PHASE 1
17.–21. August 1914

1. 17.–20. August: Die russische 1. Armee überschreitet d. Grenze.
2. 21. August: Die russische 2. Armee überschreitet d. Grenze.
3. Die deutsche 8. Armee fällt zurück auf die Linie an der Weichsel.

→ Russischer Vorstoß
⇢ Deutscher Rückzug
XXXX Armee

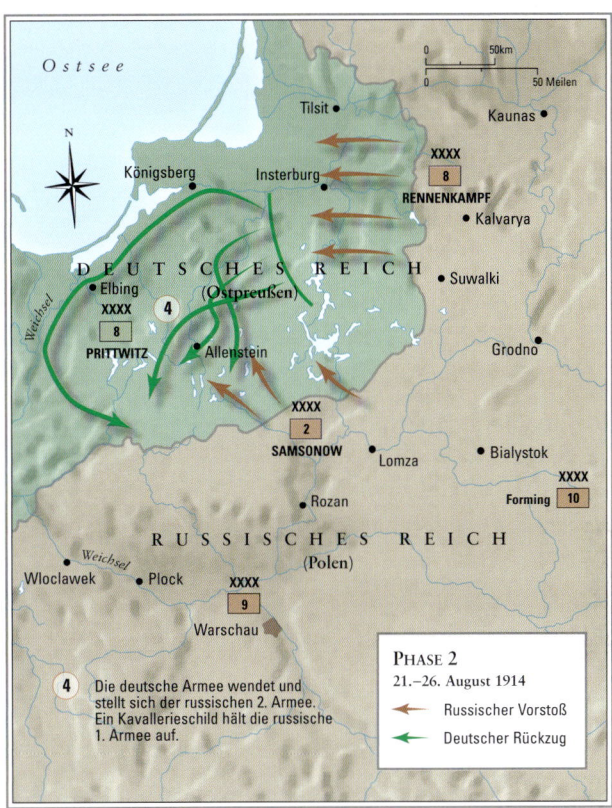

PHASE 2
21.–26. August 1914

4. Die deutsche Armee wendet und stellt sich der russischen 2. Armee. Ein Kavallerieschild hält die russische 1. Armee auf.

→ Russischer Vorstoß
→ Deutscher Rückzug

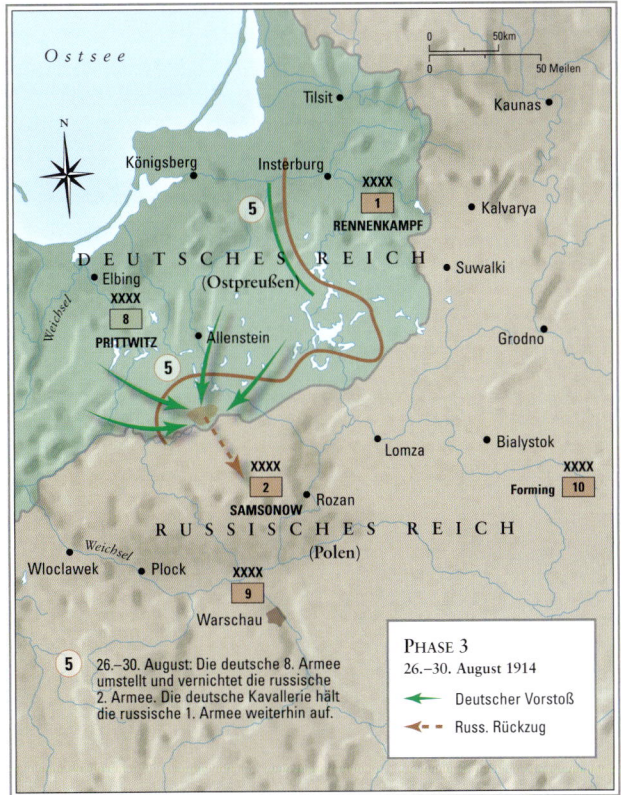

PHASE 3
26.–30. August 1914

5. 26.–30. August: Die deutsche 8. Armee umstellt und vernichtet die russische 2. Armee. Die deutsche Kavallerie hält die russische 1. Armee weiterhin auf.

→ Deutscher Vorstoß
⇢ Russ. Rückzug

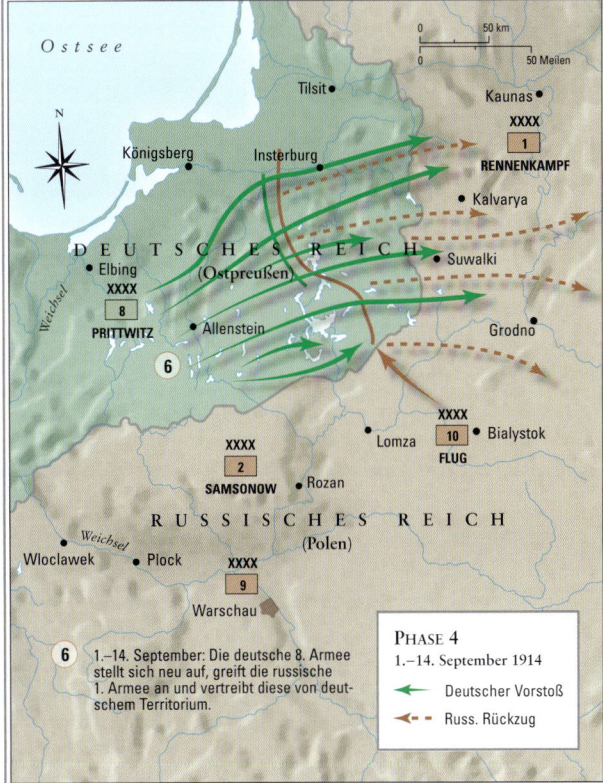

PHASE 4
1.–14. September 1914

6. 1.–14. September: Die deutsche 8. Armee stellt sich neu auf, greift die russische 1. Armee an und vertreibt diese von deutschem Territorium.

→ Deutscher Vorstoß
⇢ Russ. Rückzug

Ohne Flieger kein Tannenberg!

Als die Luftfahrt noch in den Kinderschuhen steckte, wurden Aufgaben und Taktik ständig weiterentwickelt, so auch an der Westfront. Obwohl sich eine Handvoll Piloten selbst bewaffnet hatte, war das Konzept der Luftraumverteidigung noch völlig neu. Die Flieger lieferten dem eigenen Kommando wertvolle Informationen, mussten den Gegner jedoch irgendwie daran hindern, dasselbe zu tun.

Bislang waren weder Ausbildung noch Ausrüstung für einen Luftkampf vorgesehen. Die meisten Kommandanten hielten allein schon die Vorstellung, dass zwei fliegende Maschinen Kugeln abfeuerten, für höchst gefährlich. Auch die wenigen Vorkriegsexperimente waren kaum geeignet, die Idee des Luftkampfes zu fördern.

Im August 1914 flog Lt. William Sholto Douglas, der in einem anderen Krieg eines Tages das Jagdkommando der RAF befehligen sollte, als Beobachter mit der 2. Staffel. Als er ein deutsches Flugzeug erspähte, schloss er schnell die Lücke zwischen den beiden Maschinen. Da beide unbewaffnet waren, entschlossen sich die Piloten, einander bloß zuzuwinken und weiterzufliegen. Douglas war jedoch klar, dass sich Piloten verteidigen können und Feinde daran gehindert werden mussten, in den britischen Luftraum einzudringen. Rasch rüsteten sich das „Royal Flying Corps" und der „Royal Naval Air Service" (RSNA) mit allem, dessen sie habhaft werden konnten.

Im Beobachtercockpit hattest du ein Gewehr in einer kleinen Halterung, aus der du es leicht herausziehen konntest. Wenn du ein feindliches Flugzeug erspäht hattest, hast du das Gewehr gepackt und auf deine Chance gewartet, und wenn es nur 50 bis 100 m entfernt war, hast du ihm Saures gegeben. Bei mehr als 100 m war die Munition vergeudet. Selbst im Nahkampf hat man es nur selten erwischt. Man brauchte viel Glück, um es zu treffen. Wenn die feindliche Maschine hinter dir flog, öffnete man seinen Gurt, kniete sich auf den Sitz und hielt Ausschau. Man musste gut aufpassen, dass man sich kein Ruder wegschoss.
Archibald James

Am 2. Oktober fing die französische Armee einen Befehl an die deutschen Flieger ab, keine Zeit mit Luftkämpfen zu verschwenden. Ein paar französische Piloten sahen das anders. Einige Tage später schoss eine mit einem Maschinengewehr bestückte „Voisin Pusher" einen deutschen Zweisitzer ab. Ende 1914 bestand die Hauptaufgabe der Luftstreitkräfte jedoch immer noch in der Aufklärung. Als sich die Fronten zum Stellungskrieg verhärteten, wurden präzise Karten immer wichtiger.

Kartografierung aus der Luft

Seit dem Fall der Zweiten Republik 1870 hatte die französische Regierung ihr Territorium kaum mehr vermessen. So brauchte man bei der Kartografierung der von den Deutschen besetzten Gebiete gute Luftaufnahmen, um sie mit den 40 bis 50 Jahre alten Karten zu vergleichen. Für dieses Großprojekt hängten sich die Beobachter mit ihren Kameras seitlich aus dem Flugzeug. Das Ergebnis waren mehr oder weniger stark verzerrte Aufnahmen, je nach Kamerawinkel, doch schließlich fand man dafür eine Lösung.

Die Briten entwickelten die „A"-Kamera mit Mahagoni-Gehäuse, die zunächst mit der Hand gehalten und erst später am Flugzeug montiert wurde. Man konnte sechs „Platten" belichten, die jeweils manuell getauscht wurden, während der Pilot möglichst geradeaus flog.

Artillerieaufklärung

In der Zwischenzeit blieb der Ballon die wichtigste Methode der Artillerieaufklärung. Dazu befestigte man ihn mit Seilen auf dem Boden und verband Boden- und Luftmannschaft mittels Telefonkabel. Aus einer Höhe von bis zu 900 m lieferten sie – außer Sichtweite der Artilleriemannschaften – Daten über Schussweiten, -richtung und Treffer. Da sie mit Wasserstoff gefüllt waren, waren sie extrem anfällig für Bodenbeschuss und später Beschuss aus der Luft. Ab September 1914 wurden Ballonmannschaften mit Fallschirmen ausgestattet und sollten bei Sichtung eines feindlichen Flugzeuges sofort abspringen.

Bereits vor 1914 hatte man begonnen, mit Funk in Beobachtungsflugzeugen zu experimentieren. Doch erst 1915 wurden die ersten Maschinen mit Funk und ausgebildeten Funkern bestückt. Die Alliierten gaben neue Karten aus, über die der Funker eine durchsichtige Scheibe legte, auf der zwölf „Spalten" (der „Uhren-Code") markiert waren, wobei die 12 Norden anzeigte. Ausgehend vom

Zentrum waren Ringe eingezeichnet, die jeweils einen Abstand von rund 90 m kennzeichneten. Der erste Ring, bezeichnet mit „A", lag bei 90 m, so ging es weiter bis F für 540 m. Wenn also eine Granate 270 m südlich vom Ziel einschlug, musste der Funker einfach nur „C6" an den Artilleriekommandanten übermitteln, der dann die Peilung entsprechend einstellen ließ. Die Infanterie, die sich durch Schlamm und Rauch vorwärtskämpfte, operierte mit bestimmten Signalen, die den Flugzeugen über ihr die genaue Position anzeigten. Diese konnten die Funker an die eigene Artillerie weitergeben, um Beschuss durch die eigenen Leute zu vermeiden – eine überaus wichtige Aufgabe.

Ein Furcht erregender Schatten

Der Zeppelin stellte eine große Bedrohung dar, vor allem für die Briten. Das deutsche Reichsheer hatte 1909 die ersten Luftschiffe bestellt; die Marine orderte 1912 zwei Stück, die beide 1913 bei Unfällen zerstört wurden. Trotzdem gab man weitere in Auftrag, um die Seeaufklärung zu verstärken. Die neue deutsche Hochseeflotte benötigte dringend einen Vorteil, um sich der überlegenen britischen Flotte stellen zu können. Aus britischer Sicht bestand die größte Gefahr durch die Zeppeline darin, dass sie die britischen Inseln angreifen konnten. In beliebten Zukunftsromanen, wie in H. G. Wells' „Der Luftkrieg" wurden lebhafte Bilder von Luftschiffflotten beschrieben, die Städte dem Erdboden gleichmachten.

BEOBACHTER IN DER LUFT
Französische Kavalleristen beobachten interessiert ein Breguet-Br-14-Aufklärungsflugzeug am Himmel. Die Kavallerie verlor ihre Aufgabe in der Aufklärung bald an das Flugzeug.

Die größten Luftkriege

Als Winston Churchill 1911 First Lord der Admiralität wurde, zeigte er großes Interesse an der Luftfahrt und ihren Möglichkeiten. Um die Gefahr eines Luftbombardements zu verringern, wurden einige Maßnahmen getroffen. Doch erst am 3. September 1914 ersuchte der Kriegsminister Lord Kitchener Churchill, dass die Admiralität die Verantwortung für die Luftabwehr in Großbritannien übernahm. Diese Übernahme würde jedoch Zeit und Organisation beanspruchen, da kaum Material vorhanden war. Daher beschloss Churchill, dass die beste Verteidigung im Angriff bestand: Das Bombardement ließ sich, wie er meinte, am besten mit einem Angriff auf die Luftschiffhangars verhindern.

Angriff auf die Angreifer

Die Anfälligkeit der Luftschiffe war damals nicht so offensichtlich wie für uns heute. Eine Zeitlang glaubte man sogar, die Wasserstoffzellen wären von einer mit einem trägen Gas gefüllten Hülle umgeben, welche die Wirkung von Brandgranaten neutralisieren würde. Daher dachten die Briten, dass es am besten wäre, wenn sie Bomben auf die großen, anfälligen Zeppelin-Hangars abwerfen würden. Das RNAS war bereits in Stellung, da die „Eastchurch Squadron" (später „No. 3 Squadron") in Ostende, Belgien, stationiert war, um vorgerückte Elemente der Royal Navy zu unterstützen.

Die Staffel wurde nach Antwerpen verlegt und nach einer wetterbedingten Verschiebung flog sie am 22. September 1914 ihren ersten Einsatz. Dabei flogen zwei Flugzeuge je zwei Angriffe auf die Luftschiffhangars in Köln und in Düsseldorf. Von den vier britischen Maschinen warf nur eine ihre Bombe ab (auf Düsseldorf) und verfehlte ihr Ziel. Am 8. Oktober gab es einen weiteren Versuch mit zwei Flugzeugen. Eines davon traf den Hangar in Düsseldorf und zerstörte dabei Zeppelin Z9.

Unmittelbar danach fiel Antwerpen in deutsche Hände. Im Monat darauf wurde eine Gruppe aus vier RNAS-Flugzeugen nach Belfort an der Ostgrenze Frankreichs entsandt; ihr Ziel war das Kernland der Zeppelin-Gefahr: die Luftschiffbauwerft in Friedrichshafen am Bodensee – hin und zurück rund 402 km. Der Angriff wurde am 21. November geflogen. Zunächst glaubte man, schwere Schäden verursacht zu haben, doch in Wahrheit hatte man kaum etwas ausgerichtet, auch wenn das tiefe Eindringen in den deutschen Luftraum nicht unbemerkt blieb. Diese Mission war die letzte des RNAS auf dem europäischen Festland 1914. Ihre Kollegen hatten daheim in England bereits einen Plan zu einem Angriff auf die deutsche Luftschiffdivision geplant, die ihren Stützpunkt laut Geheimdienstberichten in Cuxhaven hatte.

Angriff vom Meer aus

Vor dem Krieg hatte die Royal Navy den Kreuzer „Hermes" in einen Wasserflugzeugträger umgerüstet, den sie bei den Flottenmanövern 1913 ausführlich testete. Aufgrund dieser Tests ordnete die Navy an, dass ein noch nicht fertiggestelltes Frachtschiff zum ersten speziellen Flugzeugträger der Welt umgebaut würde. Er war jedoch bei Kriegsausbruch noch nicht fertig. Rasch requirierte man zwei Ärmelkanaldampfer, die „Riviera" und die „Engadine", und modifizierte sie zu rudimentären Wasserflugzeugträgern. Kurz teilte auch die „Empress" dieses Schicksal.

Im August 1914 war der deutsche Kreuzer „Magdeburg" in der Ostsee auf Grund gelaufen; die Russen hatten drei Codebücher erbeutet und sie den Briten ausgehändigt. Dadurch wurde die Planung des Angriffs auf Cuxhaven wesentlich einfacher, da man nun die deutschen Funksprüche entschlüsseln konnte.

Für den Angriff auf den Luftschiff-Stützpunkt in Cuxhaven – er befand sich tatsächlich in Nordholz, etwa 13 km südlich davon – waren drei Wasserflugzeugträger mit je drei Flugzeugen erforderlich,

SIGNALTABELLE
Die Boden-Luft-Kommunikation mit nachstehenden Symbolen war extrem mühsam und ineffizient und wurde bald durch drahtlose Telegrafie ersetzt. Einige der ersten praktischen Versuche mit drahtloser Telegrafie fanden während der britischen Armeemanöver 1912 statt: Die Prallluftschiffe Gamma und Delta sandten Signale aus, die in einer Entfernung von bis zu 56 km empfangen wurden.

Die ersten Luftstreitkräfte: 1914–18

denen Träger und Zerstörer aus der „Harwich Force" als Geleitschutz dienten. Schwere Einheiten der „Grand Fleet" sollten aus der Distanz Deckung geben. Die Operation begann am 23. Dezember. Tags darauf liefen mehr als 100 Schiffe zur Unterstützung aus – ein gewaltiger Aufwand für eine Mission von neun kleinen Wasserflugzeugen. Zum ersten Mal in der Geschichte waren seegestützte Flugzeuge die Speerspitze einer Flotte. Um 6:59 Uhr starteten die ersten Maschinen; zwei erlitten Motorschäden und wurden zurück an Bord gebracht. Zwischen 7:10 und 8:12 Uhr berichteten britische Piloten vom deutschen Luftschiff der L6, das in Richtung Helgoland unterwegs war.

Während britische Flugzeuge über die in Nebel getauchte deutsche Küste patrouillierten, warfen deutsche Flugboote acht oder neun Bomben auf die „Empress" ab, doch sie verfehlten sie. Nun griff L6 die mitgenommene „Empress" mit 50-kg-Bomben an, die aber danebengingen. Mit Gewehren erwiderte die Besatzung der „Empress" das Feuer; HMS „Undaunted" und „Arethusa" eröffneten den Beschuss mit Schrapnellen, worauf der Kommandant des L6 den Angriff abbrach.

Die britischen Streitkräfte nahmen ihre Formation wieder ein und begannen, die Wasserflugzeuge zu bergen, als die deutschen Flugboote erneut angriffen. Ihre Bomben verfehlten ihr Ziel, aber manche

nur knapp. Dann traf der deutsche Zeppelin L5 aus Nordholz ein und erspähte das britische U-Boot E11. Es war von drei Wasserflugzeugen umgeben, um deren Besatzungen aufzunehmen, da es die Maschinen aufgrund von Treibstoffmangel nicht mehr zu den Trägern zurück geschafft hatten. Mit MGs feuerte die U-Boot-Besatzung auf die Schwimmer der deutschen Flugboote und tauchte dann rasch ab, um den Bomben des Zeppelins zu entgehen. Als sich U-Boote näherten und das L5 über der britischen Formation schwebte, befahl der britische Kommandant den Rückzug, obwohl noch vier Flugzeuge vermisst wurden. Konkrete Ergebnisse lieferte diese Mission kaum, doch zum ersten Mal waren die Hauptelemente von Angriff und Verteidigung aus der Luft gekommen.

SHORT SEAPLANE
Die Short Seaplane No. 74 flog erstmals im Januar 1914. Sie gehörte zu einer Lieferung an den „Royal Naval Air Service", die auf die Stützpunkte Grain, Kent und Dundee verteilt wurde.

GEWAGTER ANGRIFF
Am Christtag des Jahres 1914 führte die Royal Navy mit Short Seaplanes ihre ersten kombinierten See-/Luftangriffe auf deutsches Gebiet durch. Die Besatzungen aller sieben Flugzeuge überlebten den Einsatz.

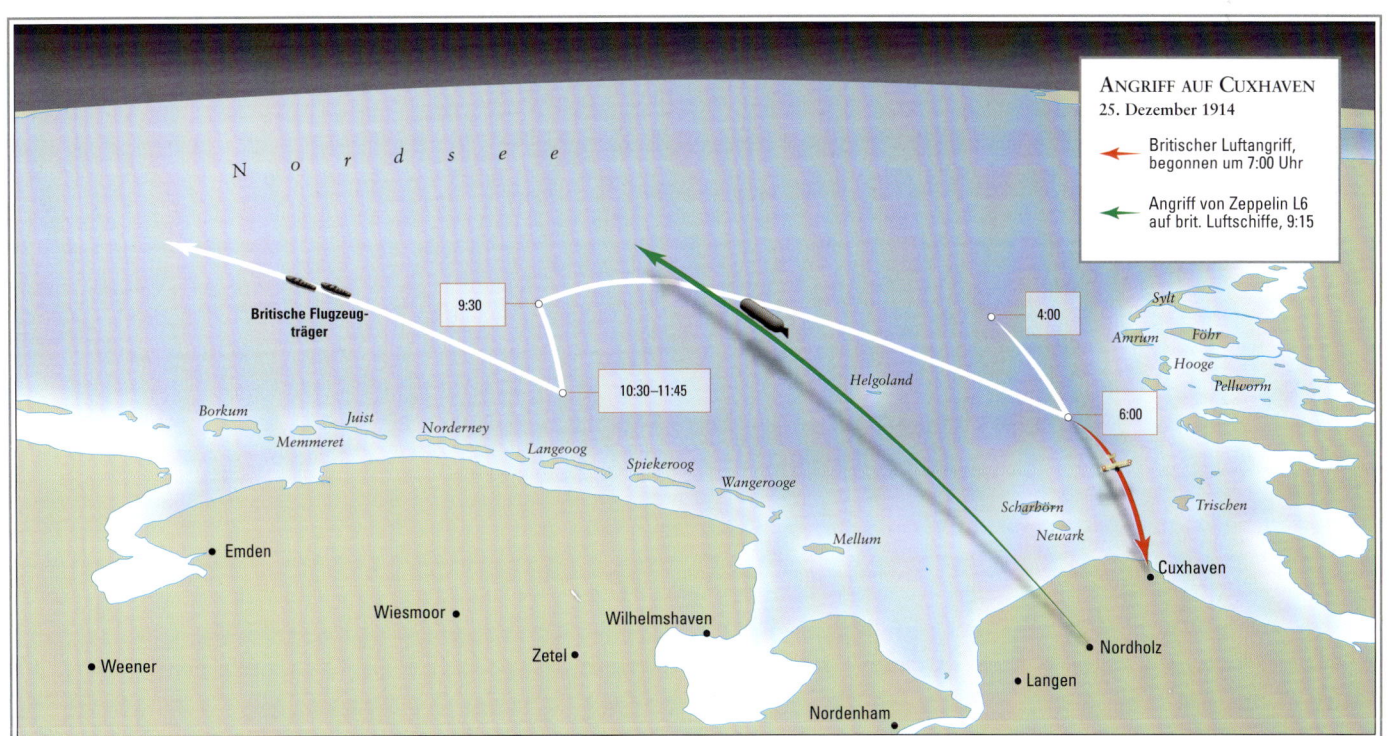

Die größten Luftkriege

LUFTSCHIFFE: 1914–18

GRAF FERDINAND VON ZEPPELIN
Als seine Militärkarriere vorüber war, widmete sich der damals 52-Jährige dem Bau von Luftschiffen. 1893 unterbreitete er gemeinsam mit dem Ingenieur Theodor Kober dem deutschen Kriegsministerium einen Entwurf für ein starres Luftschiff.

Im Volksgedächtnis ist es der Zeppelin – das „Ungeheuer der Dämmerung" – , der im Ersten Weltkrieg den Luftraum beherrschte. Seinen Weg zum Ruhm begann er in den Händen seines Schöpfers, Graf Ferdinand Adolf August Heinrich Graf von Zeppelin. Vor der Vereinigung Deutschlands 1871 diente Zeppelin, ein junger Oberleutnant in der Königlichen Armee des Königreichs Württemberg, als offizieller Beobachter im amerikanischen Bürgerkrieg, wo er die Arbeit des „Union Army Balloon Corps" bewunderte. Erst elf Jahre später brachte er seine Überlegungen zum Einsatz von Luftschiffen zu Papier. In den nächsten 15 Jahren setzte er sich für seine Heimat Württemberg ein, während Preußen nach und nach die kaiserliche deutsche Armee übernahm. Als er 1892 gezwungen wurde, die Armee zu verlassen, begann sein wahres Werk.

Nachdem er mit verschiedenen Designs experimentiert hatte, erwarb er 1898 das Patent für einen Entwurf von David Schwartz. Aus diesem entwickelte er ein neues Luftschiff: LZ 1 war im Juni 1900 startbereit. Es folgten monatelange Tests und verschiedene Probleme, doch Anfang 1906 machte Zeppelins zweites Luftschiff LZ 2 seinen Jungfernflug. Gegenüber LZ 1 gab es einige Verbesserungen, doch bei seinem zweiten Flug fiel LZ 2 einer Mischung aus schlechtem Wetter und Motorproblemen zum Opfer. Unbeirrt widmete sich Zeppelin dem Bau eines dritten Luftschiffs, dem LZ 3, das sich als das beste von allen erwies und auch das Interesse der deutschen Armee weckte. LZ 3 entsprach allerdings nicht ganz den Anforderungen des Militärs. So baute Zeppelin das LZ 4, um diesen Anforderungen zu entsprechen. Es war im Juni 1908 fertig, doch in einer herzzerreißenden Wiederholung der Vergangenheit stürzte es nach einem Motorschaden in einem Sturm ab.

Der Bau der Furcht erregenden Bestie

Eigentlich hätten auch Zeppelins Ambitionen bei diesem Absturz ein Ende finden können, doch seine Beharrlichkeit ließ ihn zum Nationalhelden werden. Er galt als Symbol des wissenschaftlichen Fortschritts und die deutsche Öffentlichkeit begann, ihm Spenden zu schicken, damit er sein Werk fortsetzen konnte. Er gründete den „Zeppelin Fonds" zur Förderung der Luftfahrt, der wiederum die „Luftschiffbau Zeppelin" und die „Deutsche Luftschiffahrt AG" – bald als „DELAG" bekannt, die erste Fluggesellschaft der Welt – finanzierte. 1909 beauftragte die Deutsche Reichswehr zwei Zeppeline, die Deutschlands Luftmacht stärkten.

1910/11 produzierte die Konkurrenz, die Firma Schütte-Lanz, ihr erstes Luftschiff. Anders als beim Zeppelin bestand das innere Gerüst nicht aus Aluminium, sondern aus laminiertem Sperrholz. Außerdem führte Schütte-Lanz neue technische Ideen ein und verbesserte die aerodynamische Form. 1912 erklärte die deutsche Armee das Luftschiff zum Bomber:

> *… mit den neuen Z-Schiffen besitzen wir eine Waffe, die allen ähnlichen Waffen unserer Gegner weit überlegen ist und die man in absehbarer Zukunft nicht nachahmen kann, wenn wir energisch daran arbeiten, sie zu perfektionieren. Ihre rasche Entwicklung zu Waffen ist nötig, damit wir zu Beginn eines Krieges einen ersten und entscheidenden Schlag landen können, dessen praktische und moralische Auswirkungen außerordentlich sein können.*
>
> **Helmuth von Moltke,**
> **Generalstabschef,**
> **Dezember 1912**

Nach ihrem Aufbau kann man Luftschiffe in drei Kategorien einteilen: nicht starr, halbstarr und starr. Erstere, „Prallluftschiffe" oder „Blimps" genannt, erhalten ihre Form aufgrund der Hülle und des Gasdrucks; man kann sie auslassen, zusammenpacken und zum nächsten Flughafen transportieren. Die Form von halbstarren Luftschiffen ergibt sich aus einem Teilskelett und der Hülle. Bei starren Luftschiffen gibt das starre Innenskelett die Form vor.

Doch nicht nur die deutsche Reichswehr interessierte sich für Luftschiffe. Die wachsende deutsche Hochseeflotte wurde zum Herausforderer der britischen Flotte ausgebaut. In der Eile übersah man jedoch die Bedeutung des Kreuzers als Aufklärer; stattdessen galt das Luftschiff als schnelle Alternative, die man der Flotte vorausschicken konnte. 1914 wurde ein Programm für neue Luftschiffe und Stützpunkte verabschiedet.

Herausforderer der Deutschen
Obwohl die Deutschen bei der Luftfahrt anscheinend klar die Führungsnation waren, hatte auch Italien eine Reihe von Luftschiffen hervorgebracht, vor allem Blimps und halbstarre. Zu den Letzteren zählte das Crocco-Ricaldi N1, das mit zwei Propellern, angetrieben von einem Clément-Bayard-Motor mit 110 PS, 1910 erstmals flog. In der Luft erreichte das 66 m lange Gefährt 52 km/h; es war eines der ersten Luftschiffe, die im Krieg zum Einsatz kamen. 1911 entsandte Italien während des kurzen Krieges mit der Türkei drei Luftschiffe dieser Art nach Libyen. Sie dienten hauptsächlich der Aufklärung, warfen aber auch die eine oder andere Bombe ab.

Die italienischen Luftschiffe waren für die Kooperation mit dem Militär gedacht, deshalb konnten sie auch Bomben mitführen. Dazu war es nötig, dass sie relativ kurze Flüge in großer Höhe absolvieren konnten, um nicht abgefangen oder abgeschossen zu werden. Ausdauer, wie sie deutsche und britische Luftschiffe für Seepatrouillen benötigten, war für die Italiener weniger wichtig.

Halbstarre Designs waren auch in Frankreich sehr beliebt. Zwischen 1898 und 1905 entwarf, baute und testete der außergewöhnliche Luftfahrtpionier Alberto Santos-Dumont nicht weniger als 14 Luftschiffe. Bei jedem wurden die zuvor gemachten Erfahrungen berücksichtigt, und in vielerlei Hinsicht definierten diese Experimente das Luftschiff zu Beginn des 20. Jahrhunderts. 1902 flog er vom Aerodrom des Pariser Aero Club bis zum Eiffelturm und wieder zurück – und gewann damit den „Deutsch-de-la-Meurthe"-Preis.

Noch im selben Jahr flogen die Gebrüder Lebaudy, zusammen mit dem Ingenieur M. Julliot und dem Piloten M. Surcouf, ein neues Design, abermals halbstarr.

1904 und 1905 wurde dieses Luftschiff umgebaut, dann bot M. Lebaudy das stark modifizierte Gefährt dem französischen Kriegsminister an, der es im Namen der französischen Nation erwarb. Die Regierung bestellte ein neues Luftschiff nach ebendiesem Bauplan, die „La Patrie". Doch die beiden Luftschiffe waren vom Pech verfolgt – beide fielen schlechtem Wetter zum Opfer. Die 1908 als Ersatz bestellte „La République" zeigte außerordentliche Qualitäten. Sie war so beeindruckend, dass die Leser der britischen „Morning Post" ein solches Design kauften und der britischen Regierung präsentierten, die bis dahin wenig unternommen hatte, um Großbritannien mit diesen neuen Gefährten auszustatten.

SANTOS-DUMONT-LUFTSCHIFF
Am 19. Oktober 1901 gewann Alberto Santos-Dumont das Preisgeld von 50 000 Francs, das für jenen Luftfahrer ausgeschrieben war, der von Saint-Cloud aus, dem Hauptquartier des Paris Aero Club, rund um den Eiffelturm und wieder zurück flog. Die Distanz betrug elf Kilometer und der Kurs musste in 30 Minuten absolviert werden. Santos-Dumont benötigte 29 ½.

Die größten Luftkriege

Die französischen Firmen Clément-Bayard und Sociéte Astra des Constructions Aéronautiques produzierten eine Reihe von großen und effizienten Luftschiffen, die als Clément-Bayard bzw. Astra-Torres bekannt wurden. 1912–1913 erwarb Großbritannien einige Exemplare.

Ein zögerlicher Nachzügler

Die britische Luftfahrttechnologie hinkte der auf dem europäischen Festland stark hinterher. Vereinzelt bauten Luftfahrtbegeisterte ein paar kleinere Gefährte, doch die Regierung wollte möglichst wenig Geld ausgeben und eher von der Entwicklungsarbeit anderer Länder profitieren.

Colonel James Templer, der Chef der „Balloon Section" der britischen Armee, verfolgte die Fortschritte in Frankreich und Deutschland jedoch aufmerksam. 1902 überredete er die Regierung, eine kleine Geldsumme in Experimente zu investieren. Bis 1907, als das erste komplett militärische Luftschiff nach Originalentwürfen von Templer gebaut wurde, geschah nichts mehr. Das zigarrenförmige Gefährt wurde „Nulli Secundus" genannt und erwies sich als stark und wirkungsvoll. Nach mehreren Tests überflog es im Oktober 1907 London und landete bei Crystal Palace. Der Flug dauerte drei Stunden, 25 Minuten – damals ein Weltrekord. Zusätzlich zu den beiden von Frankreich erworbenen Luftschiffen kaufte die Army die britischen Designs „Baby", „Beta", „Gamma", „Delta" und „Eta". „Delta", die größte und leistungsfähigste von allen, flog 1912 und beteiligte sich auch an den jährlichen Manövern.

Am 1. Januar 1914 löste die britische Armee ihre Luftschiffsektion auf und übergab die verbliebenen Gefährte – „Beta", „Gamma", „Delta" und „Eta" – mitsamt der ausgebildeten Besatzung an die Royal Navy, die damit die Verantwortung für alle britischen Luftschiffe übernahm. Die Navy hatte mit einem starren Luftschiff experimentiert, das allgemein „Mayfly" genannt und 1911 fertiggestellt wurde. Es war jedoch wenig erfolgreich und die Arbeit an starren Luftschiffen wurde 1912 eingestellt.

Immer schneller

Im August 1914 verwandelte sich die Rivalität in einen offenen Krieg. Die Bedrohung durch die allmächtige deutsche Luftflotte versetzte die britische Bevölkerung in Angst. Der Traum von Großbritannien als sicherem Hort, der von der mächtigen Royal Navy auf See bewacht wurde, war zu Ende. Das britische Militär schätzte, dass Deutschland etwa 20 Luftschiffe hatte, die mit Bomben an Bord England erreichen konnten. Deutsche Luftschiffe hatten in Unterstützung ihrer vorrückenden Armee bereits Antwerpen und Liége bombardiert. Aus diesem Grund hatte England drei Angriffe mit Flugzeugen gestartet, zwei von Stützpunkten auf dem Festland aus und einer von Flugzeugträgern vor der deutschen Küste aus. Eher aus Glück denn infolge genauer Planung wurde nur ein deutsches Luftschiff zerstört – Z9 in Düsseldorf.

Nach dem Angriff auf Cuxhaven verstärkte sich die Angst der Briten vor Luftangriffen. Bei einer Präsentation vor dem Kriegsrat warnte Winston Churchill am 1. Januar 1915 die Luftabwehr, dass sie nicht in der Lage wäre, die deutschen Zeppeline zu stoppen. Ein Angriff auf deren Heimathäfen schien Großbritanniens einzige Hoffnung, doch dann geschah der gefürchtete Luftangriff deutscher Zeppeline auf England. Korvettenkapitän Peter Strasser, der Kommandant der Marineluftschifffahrtsdivision, erhielt von Admiral Hugo von Pohl, dem Stabschef der Marine, die Genehmigung weiterzumachen, wenn der Wetterbericht günstig wäre. Die deutsche Reichswehr hatte ihre Luftschiffe bereits zu Zielen in Frankreich vorausgeschickt; nun sollte die Marine Anteil am Ruhm bekommen. Strasser verlor keine Zeit. Der erste Angriff begann am 13. Januar, mit L 5 und L 6 aus Nordholz sowie L 3 und L 4 aus Fuhlsbüttel, doch das schlechte Wetter zwang sie zum Umkehren. L 3, L 4 und L 6 unternahmen am 19. Januar einen neuen Versuch. Strasser flog selbst in

ABSTÜRZENDER ZEPPELIN
In dieser Abbildung des Zeppelins LZ18 wird die Verwundbarkeit der mit Wasserstoff gefüllten Luftschiffe deutlich. Am 17. Oktober 1913 explodierte und verbrannte LZ18 über Johannisthal. Alle 28 Menschen an Bord kamen ums Leben.

Luftschiffe: 1914–18

L 6 mit, doch es erreichte die britische Küste nicht, sondern musste mit Motorproblemen zum Stützpunkt zurückkehren. L 3 erreichte die Küste von Norfolk nördlich von Great Yarmouth um 19:50 Uhr. Diese Marinebasis stand auf der Zielliste der Deutschen und sie ließen elf Bomben auf die Stadt fallen. L 4, das ursprünglich zur Humber-Mündung fliegen sollte, traf gegen 20:30 Uhr im Norden von Norfolk ein. Es bombardierte die Dörfer Thornham, Brancaster, Henchern, Snettisham und Sheringham sowie die Stadt King's Lynn. Auch wenn keine militärischen Ziele getroffen wurden, wurden vier Menschen getötet und 18 verwundet. Die ländlichen Siedlungen trugen die Last des ersten Luftangriffs auf England. L 3 und L 4 kehrten unbeschadet zum Stützpunkt Fuhlsbüttel zurück. Der Angriff war nicht so verlaufen, wie in den Vorkriegsromanen beschrieben, doch der Mythos des mächtigen Luftschiffs war noch nicht tot. Tot waren jedoch kurz darauf die Besatzungen der beiden Luftschiffe, denn sie gingen im Februar bei einer Aufklärungsmission über der Nordsee im schlechten Wetter verloren. Trotzdem entstand eine beliebte Weise, die den Kult und die Erwartungen an das Luftschiff verstärkte:

Zeppelin, flieg,
Hilf uns im Krieg,
Flieg nach England,
England wird abgebrannt …

ERSTE ANGRIFFE
Wenn möglich, versuchten Zeppelin-Kommandanten in der Nähe von Flussmündungen auf die britische Küste zu treffen, da diese leicht identifizierbar waren.

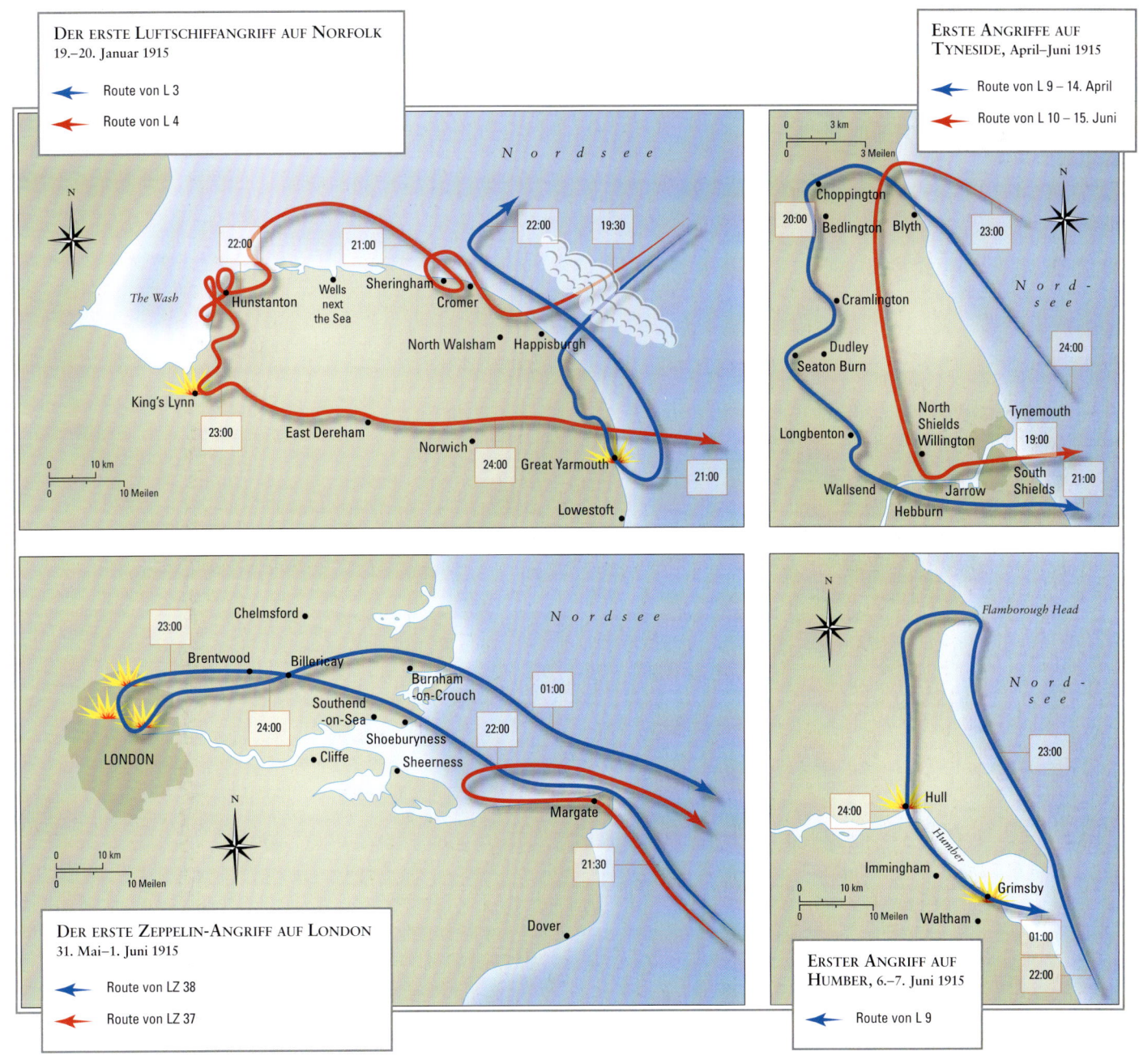

Die größten Luftkriege

ZEPPELIN-ABSCHUSS
Am 7. Juni 1915 überflog Flight Sub-Lt R. A. Warneford von der 1. Fliegerstaffel RNAS mit seiner Morane-Saulnier I. aus Dünkirchen den Zeppelin LZ 37 und warf sechs 9-kg-Bomben ab. Das Luftschiff ging in Flammen auf und fiel auf ein Kloster, wo eine Nonne und zwei Kinder getötet wurden. Warneford erhielt das „Victoria Cross", kam jedoch wenige Tage danach bei einem Absturz ums Leben.

Inzwischen hatte der Kommandant der Basis der „No. 1 Squadron RFC", Spencer Grey, beschlossen, zurückzuschlagen und die Bestien in ihren Heimathäfen anzugreifen. In der Nacht vom 6. zum 7. Juni starteten drei Maschinen unter dem Kommando von Leutnant J. P. Wilson mit je sechs Bomben sowie einem Gewehr mit ein paar Schuss Munition an Bord.

REKRUTIERUNGSPLAKAT
Die britische Regierung schlug schnell Kapital aus dem Schrecken, den die Zeppelin-Angriffe auf Großbritannien verbreiteten. Dieses Rekrutierungsplakat war ein Nebenprodukt.

Sub-Lieutenant Reginald Warneford, ein Neuling, verlor in der Dunkelheit den Sichtkontakt zu seinen Kollegen. Diese flogen nach Osten in Richtung Brüssel. Es gelang ihnen, den Luftschiffhangar Evere auszumachen, und sie führten einen perfekten Angriff durch. Neun ihrer zwölf Bomben gingen ins Ziel, wo ein großer Brand ausbrach, während sich die Piloten aus dem Staub machten. Geheimdienstberichten zufolge war LZ 38 – jenes Luftschiff, das London bombardiert hatte – in Flammen aufgegangen.

Bemerkenswerter Erfolg und sichere Rückkehr
Inzwischen hielt Warneford vergeblich Ausschau nach seinen Kameraden. Zufällig traf er auf LZ 37, das sich auf Routinepatrouille befand. An Bord waren zahlreiche Spezialisten der Zeppelin-Werke, die Probleme im täglichen Einsatz untersuchten. Warneford konnte die gewaltige Größe des 158,5 m langen Luftschiffs kaum fassen. Er sah Mündungsfeuer aus den Gondeln, bevor sein Flugzeug durchlöchert wurde, worauf er sich außer Reichweite begab. Vorsichtig folgte er dem Riesen und eröffnete mit seinem Gewehr das Feuer – doch es geschah nichts. Der Luftschiffkommandant, Oberleutnant von der Haegan, warf Wasserballast ab, gewann Höhe und ließ Warneford auf 2130 m zurück.

Dieser gab die Verfolgung jedoch nicht auf, sondern brachte seine kleine Morane-Saulnier auf eine Flughöhe von 3350 m, wo er hoffte, eine taktisch günstige Position zu finden. Plötzlich senkte das Luftschiff seinen Bug, um sich in Wolken zu verbergen. Warneford ergriff seine Chance. Da sich das Luftschiff nun unter ihm befand, ging er zum Sturzflug über und warf sechs kleine Bomben auf die nun ungeschützte Oberseite des Zeppelins ab. Sie durchbrachen die Hülle, doch zuerst passierte gar nichts. Dann gab es eine gewaltige Explosion, bei der Warnefords Maschine umgedreht wurde, doch er konnte sich nicht vom Anblick des brennenden Wracks lösen, das meilenweit sichtbar zu Boden stürzte. Der Zeppelin fiel auf einen Vorort von Gent, wo eine Nonne getötet wurde und zahlreiche Menschen Verbrennungen erlitten. Von der Besatzung überlebte nur der Steuermann, der in einer Höhe von 61 m abgesprungen, durch ein Dach gefallen und in einem unbenutzten Bett gelandet war.

Warneford brachte sein Flugzeug wieder unter Kontrolle, doch da der Le-Rhone-Motor stotterte, musste er ihn abstellen. Er befand sich rund 60 km tief in deutschem Gebiet und hatte keine Chance, alliiertes Territorium zu erreichen. Unerschrocken landete er seine ramponierte Maschine in der Nähe

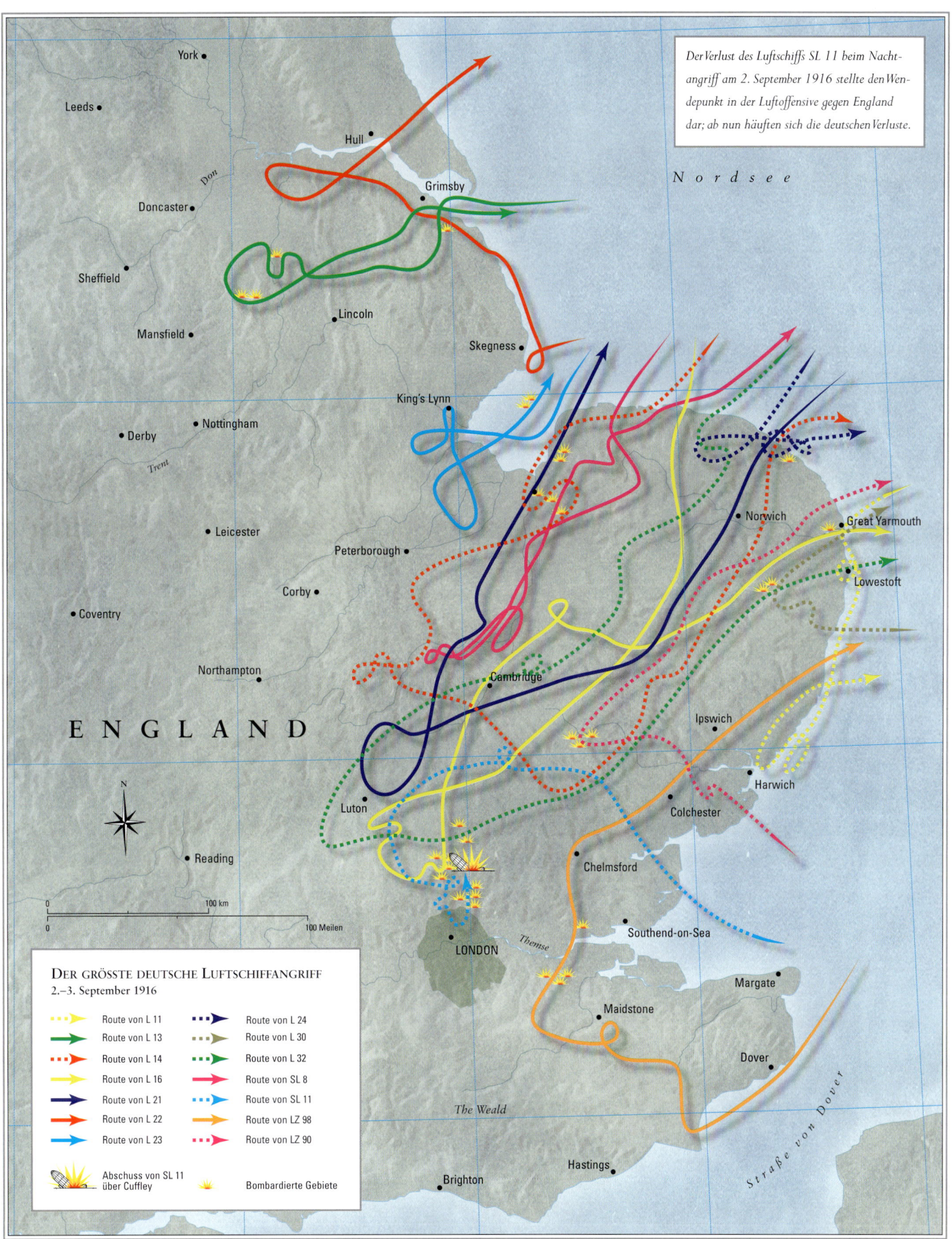

Luftschiffe: 1914–18

Der Verlust des Luftschiffs SL 11 beim Nachtangriff am 2. September 1916 stellte den Wendepunkt in der Luftoffensive gegen England dar; ab nun häuften sich die deutschen Verluste.

Die größten Luftkriege

1915 gab es insgesamt 20 deutsche Luftschiffangriffe; auf Großbritannien wurden 37 Tonnen Bomben abgeworfen, wobei 181 Menschen getötet und 455 verletzt wurden. Entgegen den Schlagzeilen der Zeitungen war der erzielte Schaden jedoch gering im Vergleich zum enormen Aufwand.

Unbeirrbare Entschlossenheit

Im Mai 1915 schloss sich Italien den Alliierten an. Mit Luftschiffen und Caproni-Bombern griff es Österreich-Ungarn an, während französische Luftschiffe ein paar Angriffe auf Deutschland und die besetzten Teile Frankreichs flogen. Deutschlands strategisches Primärziel war 1916 immer noch Großbritannien und der Kaiser hatte nun alle Bedenken, London oder eine andere größere Stadt zu bombardieren, abgelegt. Ein furchtbar brutaler Krieg war kurz davor, noch hässlicher zu werden – Tod und Zerstörung würden bald viele Städte erreichen, wenn man den Luftschiffen nicht Einhalt gebieten konnte.

SKELETTRESTE
In der Nacht vom 22. zum 23. September 1916 machte Zeppelin L 33, nachdem er durch Flugabwehr und Luftangriffe schwer beschädigt worden war, eine Bruchlandung bei Little Wigborough, Essex, und wurde von seiner Besatzung in Brand gesteckt. Die Mannschaft unter dem Kommando von Kapitänleutnant Alois Böcker wurde gefangen genommen.

eines Bauernhofs. Dort war alles still. Zuerst wollte er das Flugzeug zerstören, doch dann entdeckte er, dass bloß die Benzinleitung beschädigt und ausreichend Treibstoff im Tank vorhanden war. Geistesgegenwärtig reparierte er den Fehler, schwang den Propeller an und der noch warme Motor sprang leicht an. Rasch kletterte er an Bord, hob ab und landete schließlich an der Küste bei Cap Griz-Nez, 16 km von Calais entfernt. Dort tankte er nach und telefonierte mit seinem Kommandanten in Dünkirchen. Als er zu seinem Stützpunkt zurückkehrte, hatte sich sein Name bereits im ganzen Empire herumgesprochen. George V. verlieh Warneford das „Victoria Cross". Von den Franzosen erhielt er das Großkreuz der Ehrenlegion. Der Mythos des Luftschiffs hatte Risse bekommen.

1916 flog Deutschland 23 Luftschiffangriffe auf Großbritannien, die meisten ohne Folgen. Der Angriff vom 2. September mit 16 Luftschiffen sollte sich jedoch als der größte im gesamten Krieg erweisen. 1916 waren zwei Generationen von Luftschiffen im Einsatz. Strasser setzte seine Hoffnungen auf die neuen, größeren L 30, von denen fünf gebaut worden waren. Unter den zwölf Luftschiffen, welche die Marine am 2. September starten ließ, befanden sich zwei Super-Zeppeline; die Armee steuerte vier Luftschiffe bei. Zusammen beförderten sie rund 32 Tonnen Bomben. 14 der 16 Luftschiffe erreichten den Osten und Süden von England

Luftschiffe: 1914–18

*LETZTER LUFTANGRIFF
Beim letzten Luftangriff auf England in der Nacht vom 5. zum 6. August 1918 wurde Zeppelin L 70 (Kapitänleutnant Lossnitzer) von Major Egbert Cadbury und Captain Robert Leckie in einer DH.4 abgeschossen und stürzte vor King's Lynn, Norfolk, ins Meer. Unter den 22 Opfern befand sich auch Peter Strasser, der Kommandant der deutschen Luftschiffdivision.*

(das Marine-Luftschiff L 17 und L Z97 der Armee kehrten wegen Motorproblemen um). Der Alarm ging los; Suchscheinwerfer durchpflügten den Himmel, Flugzeuge starteten und formierten sich zu Abwehrgeschwadern. Im Sommer waren die Staffeln mit neuer MG-Munition ausgerüstet worden. Zwei Arten von Patronen, „Brock" und „Pomeroy", wurden mit einer dritten kombiniert: „Buckingham", einer Phosphor-Brandmunition. Diese wurden zur tödlichen Waffe gegen die mit Wasserstoff gefüllten Luftschiffe.

Unter dem Kommando von Wilhelm Schramm flog auch SL 11 mit den 14 Luftschiffen über England. Gegen 2 Uhr früh traf es über den nördlichen Vororten von London ein, doch als es seine Bomben abwarf, wurde es von Suchscheinwerfern erfasst. Als es nach Norden abdrehte, wurde es von Lieutenant Leefe Robinson in einer viel geschmähten BE.2c von „No. 9 Squadron RFC" erspäht, der an seinen kommandierenden Offizier wie folgt berichtete:

In Erinnerung an meinen vorigen Fehler opferte ich Höhe – ich war auf rund 3930 m – für Tempo und stürzte mich in Richtung Zeppelin. Ich sah Granaten und Leuchtspurgeschosse rund um ihn explodieren. Ich erkannte, dass die Flugabwehr zu hoch oder zu tief zielte; einige Granaten explodierten auch erst 250 m dahinter. In einer Distanz von rund 900 m hörte ich Explosionen. Ich flog im Abstand von etwa 240 m unter ihm durch vom Bug bis zum Heck und schoss ein Magazin (abwechselnd neue Brock und Pomeroy) auf ihn ab. Das schien keine Wirkung zu haben; deshalb flog ich auf eine Seite und gab ihm noch mal eine volle Ladung – wieder nichts. Als ich mich hinter ihn setzte, diesmal ganz knapp dran – 150 m –, verschoss ich ein ganzes Magazin auf einen Teil des unteren Hecks. Bei diesem Angriff flog ich in etwa 3500 m Höhe. Kaum hatte ich das Magazin leergeschossen, fing der Teil, den ich beschossen hatte, Feuer. Innerhalb weniger Sekunden stand das Heck in Flammen. Als ich das dritte Magazin verfeuerte, gab es keine Suchscheinwerfer und kein Flak-Feuer. Schnell ging ich dem fallenden, brennenden Zeppelin aus dem Weg, feuerte aufgeregt noch ein paar Mal die Signalpistole ab und warf eine Leuchtfackel ab.

Robinson war der Held der Stunde. Wichtiger war, dass Millionen britischer Bürger vom Ende des SL 11 erfuhren und Tausende den Absturzort besichtigten. Das stärkte die öffentliche Kampfmoral und der Mythos des Luftschiffs erhielt eine neue Delle.

Hoffnung gab auch, dass Jagdflugzeuge und Luftabwehr das Marine-Luftschiff L 33 unter dem Kommando von Kapitänleutnant Böcker am Morgen des 23. September dazu zwangen, in Little Wigborough bei Colchester, Essex, notzulanden. L 33 war ein funkelnagelneues Luftschiff auf seiner ersten Mission. Britische Experten untersuchten das Wrack und gewannen wichtige Einsichten für ihre eigenen Designs. Einer der beiden 250-PS-Motoren wurde geborgen und in das alte, untermotorisierte britische Luftschiff R9 eingebaut.

Bei den Angriffen von 1916 wurden 125 Tonnen Bomben abgeworfen und dabei 293 Menschen getötet und 691 verwundet. Doch das Blatt wendete sich. Gut bewaffnete Jagdflugzeuge begannen, der Luftschiff-Gefahr ein Ende zu setzen.

An der Jahreswende 1916/17 hatten die meisten deutschen Befehlshaber eingesehen, dass das Luftschiff mit seinen hohen Bau- und Wartungskosten und seiner hohen Anfälligkeit nicht das richtige Mittel für eine strategische Luftoffensive darstellte. Trotzdem wurden sie weiterentwickelt. Sie wurden größer und flogen immer höher. Doch in größerer Höhe erwiesen sich die Crews als ineffizient, da das Bombardement ungenauer wurde. Dennoch gab es nach wie vor deklarierte Anhänger, darunter Peter Strasser, den Kommandanten der Marineluftschifffahrt. Er meinte, dass sich ihr Wert bei den aktuellen Luftangriffen und in der Stärke der britischen Abwehr bewies.

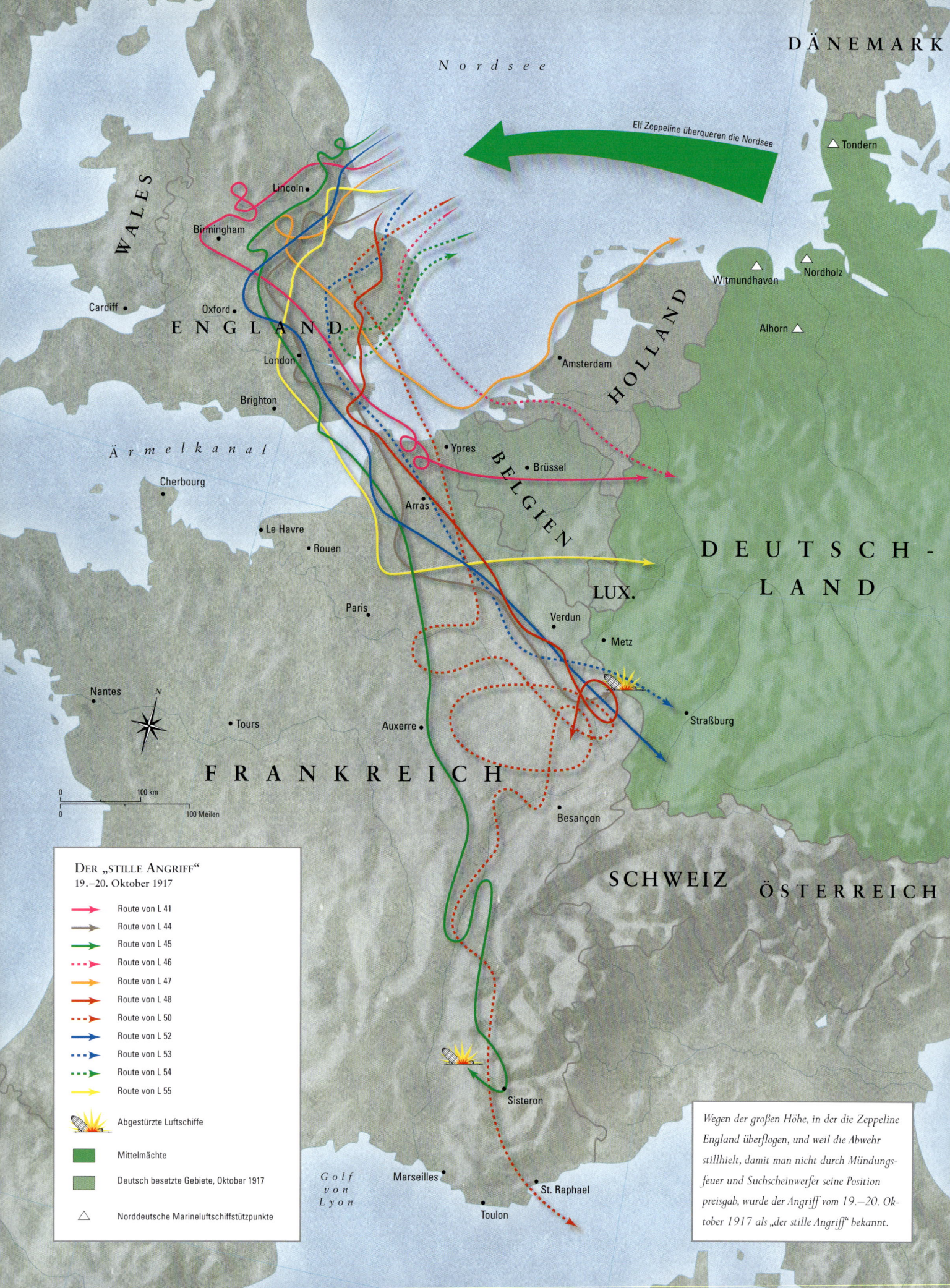

Luftschiffe: 1914–18

Tatsächlich umfasste die britische Luftabwehr 1917 zehn Jagdgeschwader sowie Hunderte Abwehrkanonen und Suchscheinwerfer, die von 10 000 und mehr Mann besetzt waren.

Schwindende Unterstützung, kleinere Rolle

1917 und 1918 gab es zusammen nur elf Luftangriffe auf Großbritannien. Am 24. September 1917 führte Peter Strasser einen Angriff mit zehn Luftschiffen auf die Stadt Hull in Nordengland. Im Oktober kehrte er mit elf Luftschiffen zurück, deren Ziel die Industriestädte in den Midlands waren. Die Flotte flog in einer Höhe von 4600–6100 m, als sie auf ihrem Weg von einem Südostwind mit 100 km/h erfasst wurde. Mindestens vier Luftschiffe überflogen Abwehranlagen bei London.

Im Gebiet von London herrschte am Boden dichter Nebel. Es wurde Befehl gegeben, die Artillerie nicht abzufeuern und keine Suchscheinwerfer einzuschalten. Die Angreifer überflogen die stille Hauptstadt, was der Aktion den Namen „Der stille Angriff" eintrug. Sie warfen verstreut 273 Bomben ab, töteten dabei 236 Menschen und verletzten 55. Die Deutschen verloren fünf Luftschiffe, vier im Einsatz und eines bei der Landung in Deutschland. Die Angriffe wurden bis 1918 fortgesetzt; Peter Strasser trat weiterhin für eine kriegsentscheidende Zeppelin-Offensive ein. Er starb am 5. August 1918 als Kommandant des letzten Luftschiffangriffs in diesem Krieg im neuesten aller Luftschiffe, dem L 70. Doch schon seit 1917 hatte das Luftschiff einen starken Konkurrenten: den Bomber.

Zu einer kuriosen Episode kam es, als man die enorme Reichweite des Zeppelins nutzen wollte, um eine isolierte deutsche Einheit in Ostafrika zu versorgen. Ein eigens vergrößertes L 59 flog nach Jamboli in Bulgarien, der am weitesten vorgelagerten deutschen Luftschiffbasis. Nach zwei Versuchen startete L 59 schließlich am 21. November 1917. Es erreichte das Gebiet von Karthum im angloägyptischen Sudan, als es per Funk zurückbeordert wurde. Man dachte, die deutschen Truppen hätten sich ergeben. Das Luftschiff wendete nach Norden und kehrte am 25. November zur Basis zurück.

Insgesamt wurden 88 deutsche Luftschiffe gebaut, davon 74 für die Marineluftschiffdivision. Von den 60, die man verlor, waren 34 Unfällen zuzuschreiben, die vor allem durch schlechtes Wetter verursacht wurden. Von den verbleibenden 26 wurden 17 bei Angriffen auf die britischen Inseln zerstört, einige auch von der französischen Flugabwehr beim Rückflug nach Deutschland. Die restlichen wurden über der russischen Front abgeschossen oder bei Einsätzen über Frankreich. Zwischen 1914 und 1918 warfen deutsche Luftschiffe 5806 Bomben ab, wobei 557 Menschen getötet und 1358 verwundet wurden. In der blutigen Bilanz des Ersten Weltkriegs war dies kaum mehr als ein Mückenstich – die Entsprechung der durchschnittlichen Verluste an einem Tag an der Westfront.

Der Flug des Zeppelin L 59 war ein Vorbild an Ausdauer und somit wegbereitend für die weltumspannenden Luftschiffflüge der 1920er- und 1930er-Jahre.

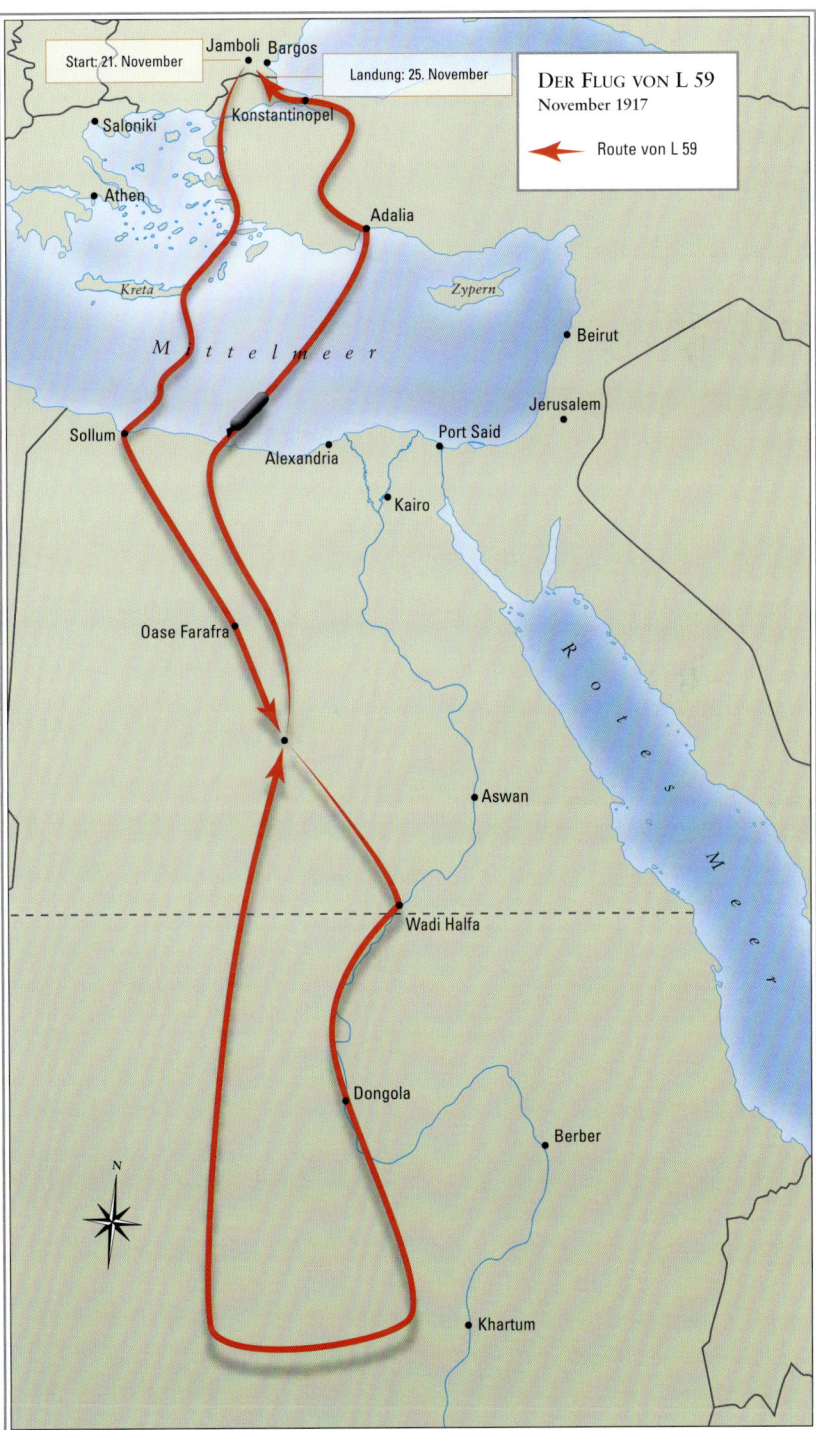

Die größten Luftkriege

JAGDFLUGZEUGE: 1914–18

„Jagdflugzeug" – ein Wort, das die Fantasie anregt. Es ist eine Maschine, die dazu gebaut wurde, feindliche Flugzeuge zu zerstören und den Luftraum, in dem sie operiert, zu beherrschen – ein 1914 noch unbekanntes Konzept.

Die Pattstellung überwinden

Als die Wochen der Manöver in den Wahnsinn der Grabenkämpfe übergingen, nahm der Krieg in Europa die Form einer gewaltigen Belagerung an. Alle Seiten bemühten sich, die fast statischen Linien zu durchbrechen, um wieder zum Manöverkrieg zurückzukehren und den entscheidenden Sieg zu erringen. Doch das geschah nicht, egal, wie viele Menschenleben auch geopfert wurden. Der defensive Kampf überwog den offensiven; Artillerie- und Gewehrfeuer ließen auch den entschlossensten Vorstoß gegen die stacheldrahtbewehrten Schützengräben scheitern.

Über den blutgetränkten Schlachtfeldern absolvierten kleine, zerbrechliche Flugzeuge täglich Aufklärungsflüge, doch manchen Leuten wurde klar, dass es entscheidend sein konnte, dem Feind diesen Einblick zu verwehren. Ende 1914 wurden die ersten Angriffe auf feindliche Flugzeuge verzeichnet.

PIONIER DES LUFTKAMPFES
Roland Garros, hier im Cockpit seiner Morane-Saulnier Typ N, hatte sich bereits vor dem Ausbruch des Ersten Weltkrieges Ruhm als einer von Frankreichs Luftfahrtpionieren erworben. Innerhalb von drei Wochen schoss er sechs feindliche Flugzeuge ab, bevor er aufgrund von Motorproblemen notlanden musste und gefangen genommen wurde.

Die Besatzungen von ein- und zweisitzigen Flugzeugen beschossen einander mit Gewehren, erreichten damit jedoch kaum etwas. Ein britischer Pilot startete mit einer abgesägten Schrotflinte.

Ich erblickte ein merkwürdiges Flugzeug, das mir völlig unbekannt vorkam, also flog ich an seine Seite und erkannte, dass es eine Hun war; da nahm ich meine Schrotflinte heraus und feuerte sie leer. Dann nahm ich meinen Revolver und wir trugen dort oben ein Duell aus. Wir waren einander sehr nahe, ich konnte ihn sehr gut sehen und er mich. Ich gab meine sechs Schüsse ab und er seine. Dann winkten wir einander zu und drehten ab.
Kenneth van der Spuy, RFC

Das Risiko, von einer Kugel, die aus einem mit 110 km/h fliegenden Flugzeug abgeschossen wurde, getroffen zu werden, war praktisch bei Null.

Der erste, der das Luftkampfproblem löste, war Roland Garros, vor dem Krieg Luftfahrer und Testpilot der Morane-Saulnier-Werke. Bereits Raymond Saulnier hatte mit einer Vorrichtung experimentiert, mit der man durch einen Propeller feuern konnte. Er meldete sein Patent an, konnte es jedoch vor Kriegsausbruch nicht mehr perfektionieren.

Garros nahm die Dinge selbst in die Hand. Statt eines umgelenkten Schusses versuchte er, mit einer Maschinenpistole durch den drehenden Propeller hindurchzuschießen. Da bislang noch kein effektives Unterbrechergetriebe erfunden worden war, versah er den Propeller mit Metalldeflektoren. Bei Tests auf dem Boden stellte er fest, dass nur eine von zehn Kugeln die Propellerflügel traf.

Garros startete mit seinem modifizierten Flugzeug. Seine Taktik bestand darin, sich hinter die feindliche Maschine zu setzen; wenn beide Flugzeuge in dieselbe Richtung flogen, bestand keine Notwendigkeit, den Schuss umzulenken. Dadurch würde es viel mehr Treffer geben – wenn die Kugeln nicht von Garros' Propeller abgelenkt würden und ihn oder wichtige Teile seines Flugzeugs trafen. Trotz dieses Risikos schoss Garros in 18 Tagen drei deutsche Flugzeuge ab – eine bemerkenswerte Bilanz angesichts der Tatsache, dass die meisten Begegnungen bislang ohne Verlust geendet hatten.

Am 18. April verstopfte sich Garros' Benzinleitung, sodass er gezwungen war, hinter den feindlichen Linien notzulanden. Er und seine Morane-Saulnier

Jagdflugzeuge: 1914–18

wurden rasch aufgegriffen und das Flugzeug nach Berlin geschickt, wo Anton Fokker den Auftrag erhielt, ein Gegenmittel für die neue französische Bedrohung zu entwickeln. Gemeinsam mit Ingenieuren aus anderen Nationen hatten deutsche Techniker an einem Unterbrechergetriebe für vorwärts feuernde Waffen gearbeitet. Fokker perfektionierte den Entwurf und baute ihn in seine „Eindecker" ein, die Fokker E.I mit 80-PS-Motor.

Deutsche Hochflieger
Rasch wurde Fokkers neu ausgerüstete Maschine an die Front gebracht, wo sie von zwei außerordentlichen Piloten geflogen wurde. Einer davon war Max Immelmann, geboren 1890 in Dresden. Im Alter von 14 in das Dresdner Kadettenkorps eingetreten und ein begnadeter Ingenieur, wurde er aufgrund seines Verhaltens aber aus dem Militärdienst entlassen. Bei Kriegsausbruch trat er wieder ein und meldete sich zum Flugdienst, weil ihn die technische Innovation und die Ansprüche, die an einen Piloten gestellt wurden, anzogen. Seine erste Aufgabe bestand darin, Post und Versorgungsgüter zu vorgelagerten Stützpunkten zu fliegen.

Am 3. Juni 1915 wurde Immelmann während eines Aufklärungsfluges von einer französischen Maschine abgeschossen. Er überlebte und erhielt das Eiserne Kreuz Zweiter Klasse. Als noch unbekannter Pilot lernte er jenes Flugzeug kennen, das ihn berühmt machen sollte:

> *Wir haben soeben zwei kleine Einsitzer von den Fokker-Werken bekommen. Der Kronprinz von Bayern besuchte unser Flugfeld, um die neuen Flugmaschinen kennenzulernen, und er inspizierte uns und Sektion 20. Auch Direktor Fokker, der Konstrukteur dieses Jagdflugzeugs, wurde ihm vorgestellt. Fokker und ein Leutnant Parschau machten Demonstrationsflüge und feuerten aus der Luft auf Bodenziele. Fokker setzte uns mit seinem Können in Erstaunen.*
>
> **Max Immelmann**

Kurz danach flog Immelmann, ebenso wie Oswald Boelcke, eine der ersten Fokker E.I. Die beiden Piloten kehrten an die Front zurück und nahmen am 1. August die Verfolgung von zehn britischen BE.2c auf, die ihr Flugfeld bombardiert hatten. Boelcke griff an, doch nachdem er einige Magazine verfeuert hatte, blockierte sein Gewehr und er kehrte um. Immelmann setzte den Angriff auf mehrere Flugzeuge fort, pickte eines heraus, verfolgte es und

zwang die Maschine, auf deutsch besetztem Gebiet zu landen. Dafür erhielt er das Eiserne Kreuz Erster Klasse.

Immelmann sammelte Abschüsse, bis er am 23. September selbst von einem französischen Piloten abgeschossen wurde, doch das Glück blieb ihm treu: er überlebte und war bald wieder in der Luft, um seinen vierten Abschuss, eine BE.2c vom RFC, zu erzielen. Seine Erfolge wurden in der deutschen Presse

AIRCO DH.2
Die DH.2 war ein einsitziges „Pusher"-Flugzeug mit einem 100-PS-Monosoupape-Motor und einem einzelnen Lewis-Gewehr auf einem Drehzapfen backbord vom Piloten.

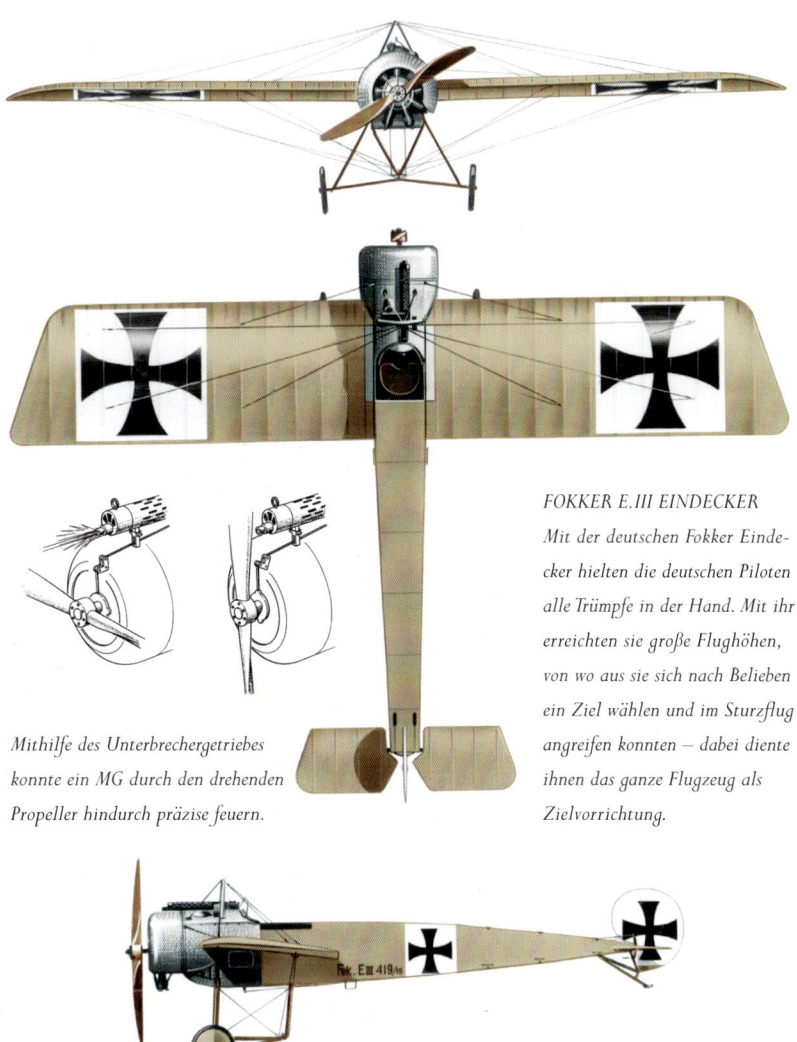

Mithilfe des Unterbrechergetriebes konnte ein MG durch den drehenden Propeller hindurch präzise feuern.

FOKKER E.III EINDECKER
Mit der deutschen Fokker Eindecker hielten die deutschen Piloten alle Trümpfe in der Hand. Mit ihr erreichten sie große Flughöhen, von wo aus sie sich nach Belieben ein Ziel wählen und im Sturzflug angreifen konnten – dabei diente ihnen das ganze Flugzeug als Zielvorrichtung.

Die größten Luftkriege

Nach der Rolle am Ende des Aufstiegs kann der Angriff neu beginnen.

Im Sturzflug nähert sich der Pilot meist mit der Sonne im Rücken dem Feind.

Nach dem Sturzflug zieht der Pilot die Maschine extrem hoch und verschafft sich Höhenvorteil.

Beim „Immelmann" wird im Sturzflug auf den Gegner Geschwindigkeit aufgebaut, dann hochgezogen und das Feuer eröffnet. Danach zog der Pilot weiter bis fast zur Vertikalen hoch, wo er das Ruder stark betätigte, um eine halbe Rolle zu machen und sich dann neuerlich auf den Gegner zu stürzen.

Jagdflugzeuge: 1914–18

gepriesen; er war nun „der Adler von Lille". Sein Können als Pilot machte ihn zum tödlichen Gegner. Er soll verschiedene Manöver erfunden haben, darunter den „Immelmann-Aufschwung". Es wird allerdings bezweifelt, ob der leichte, untermotorisierte Eindecker, der mit Flügelverdrehung statt mit Querrudern arbeitete, zu dieser Figur fähig war. Wenn jedoch jemand diese Figur mit ihr fliegen konnte, dann wäre es Immelmann mit seinem technischen Wissen und fliegerischen Können gewesen. Ein anderes Manöver, das mit ihm in Verbindung gebracht wird, ist der „Stall Turn" bei dem das Flugzeug scharf hochgezogen und dann mithilfe des Ruders rasch gedreht wird, sodass es in einen steilen Sturzflug übergeht und sich neuerlich auf den Feind stürzt.

Als er ums Leben kam, gingen 15 Abschüsse auf sein Konto. Er hatte unter vielen anderen Auszeichnungen den Orden „Pour la Mérite" verliehen bekommen, der später ihm zu Ehren „Blauer Max" genannt wurde.

Ein anderer Pilot des Fokker-Eindeckers in allen seinen Versionen war Oswald Boelcke. Anschließend formierte er die Jagdstaffel 2, wo er seine Kampferfahrung weitergab und seine neuen Rekruten sehr umsichtig betreute. Für seine Jagdstaffeln legte er Notizen an, die als „Dicta" bekannt wurden:

1. Sichern Sie sich Vorteile, bevor Sie angreifen. Behalten Sie möglichst die Sonne im Rücken.
2. Führen Sie einen begonnenen Angriff immer zu Ende.
3. Feuern Sie nur aus nächster Nähe und nur, wenn Sie Ihren Gegner klar im Visier haben.
4. Behalten Sie Ihren Gegner stets im Auge und lassen Sie sich nicht durch Tricks ablenken.
5. Bei jeder Art von Angriff ist es entscheidend, dass Sie sich Ihrem Gegner von hinten nähern.
6. Greift Ihr Gegner im Sturzflug an, weichen Sie nicht aus, sondern fliegen ihm entgegen.

MAX IMMELMANN (oben)
Im Herbst 1915 begann der Aufstieg der ersten deutschen Fliegerasse, Max Immelmann und Oswald Boelcke, deren Abschusszahlen bis Jahresende stetig anstiegen. Das Wort „Ass" wurde von den Franzosen für einen Jagdpiloten mit herausragenden Fähigkeiten geprägt und wurde von den Deutschen mit viel Presserummel übernommen.

FOKKER E.I (oben links)
Der Eindecker Fokker E.I war das erste Flugzeug, das mit einem durch den Propeller feuernden Spandau-Maschinengewehr ausgerüstet wurde. Diese Neuerung war den Alliierten noch unbekannt; ihre vorwärts feuernden Maschinen waren alle vom „Pusher"-Typ.

BRISTOL F2B FIGHTER
Wenn sie auf dieselbe Weise wie ein einsitziges Jagdflugzeug offensiv geflogen wurde, erwies sich die Bristol F2B Fighter als großartige Waffe, was sich auch an ihrer langen Erfolgsbilanz ablesen lässt. Mit der F2B waren sechs RFC-Staffeln an der Westfront, vier in Großbritannien und eine in Italien, ausgestattet.

43

Die größten Luftkriege

FOKKER DR.1 DREIDECKER
Die Dr.I Dreidecker wurde im Oktober 1917 in Dienst gestellt. In Rot wurde sie berühmt als jenes Flugzeug, das Baron Manfred von Richthofen bei seinem Tod flog. Auch wenn sie ein extrem wendiges Jagdflugzeug war, wurde sie bald von einer neuen Generation an Jagdflugzeugen übertroffen.

FE.2D REAR FIRING
Ein Offizier demonstriert, wie man diese FE.2D gegen Angriffe von hinten verteidigen kann. Der Schütze hatte keinen Sicherheitsgurt und musste im Falle eines Luftgefechts mit Wenden und Rollen pure Kraft einsetzen, um seine Waffe abzufeuern und sich an der Maschine festzuhalten.

7. Denken Sie an Ihren Rückzugsweg, wenn Sie die feindlichen Linien überfliegen.
8. Greifen Sie grundsätzlich zu viert oder zu sechst an. Wenn der Kampf in Einzelgefechte zerfällt, achten Sie darauf, dass sich nicht mehrere Kameraden auf einen Gegner stürzen.

Dicta Boelcke

Diese Regeln waren so nützlich, dass sie auch im Zweiten Weltkrieg noch in Gebrauch waren.

Den letzten Flug für die Jasta 2 absolvierte Boelcke am 28. Oktober 1916. Er wollte eine DH.2 von der 24. Squadron RFC unter Major Lanoe Hawker – einem legendären Fliegerass und einem der größten britischen Piloten – abfangen. Dabei zerriss er sich am Fahrwerk seines Flügelmanns Erwin Böhme die obere Tragfläche seiner Albatros D.II. Während des Absturzes kämpfte er darum, die Kontrolle über seine Maschine zu behalten, und brachte eine relativ gute Bruchlandung zustande, doch in seiner Hast hatte er vergessen sich anzuschnallen – ein Fehler, der sich als tödlich erwies. Erschöpft von den vielen Einsätzen konnte selbst dem legendären Piloten ein solcher Fehler unterlaufen. Boelcke hatte 40 Abschüsse erzielt, sogar seine Feinde zollten ihm Respekt – ein einsames britisches Flugzeug warf einen Kranz mit Spruchband ab:

Im Gedenken an Kapitän Boelcke, unseren tapferen und ritterlichen Gegner. Das englische Royal Flying Corps.

Die Antwort auf die Geißel Fokker

Die britische Antwort auf die „Geißel Fokker" hieß Airco DH.2. Dieses „Pusher"-Modell, bei dem der Motor hinter dem Piloten lag, wurde von Anfang an unter der Leitung Geoffrey de Havillands als „Jäger" entworfen. Durch dieses Design hatte man klare Sicht nach vorne. Mit dem 100-PS-Monosoupape-Gnome-Motor und den übersichtlichen Kontrollen war das Flugzeug gut zu steuern. Nach dem Jungfernflug im Juli 1915 verließen die ersten Serienmaschinen das Werk im November.

Im Februar 1916 traf das erste mit DH.2 ausgestattete RFC-Geschwader Nr. 24 in Frankreich ein. Diese Staffel gilt als erstes „Jagdgeschwader" des RFC, obwohl die zweisitzige Vickers FB5 bereits seit 25. Juli 1915 beim 11. Geschwader hauptsächlich in der Jägerrolle in Dienst stand. Die französische Luftwaffe rüstete ihre neuen Jagdgeschwader mit der leistungsfähigen Nieuport II „Bébé" aus, der ersten als Jagdflugzeug gebauten Maschine. Bei diesem einsitzigen Doppeldecker war oberhalb der oberen Tragfläche ein Lewis-Gewehr montiert, das über den Propeller hinweg feuerte. Beide Flugzeuge waren rund 16–24 km/h schneller als die Fokker E.III.

Die Deutschen untersagten ihren Piloten, über alliiertes Territorium zu fliegen, damit das Unterbrechergetriebe ihr Geheimnis blieb. Im April 1916 konnten die Briten jedoch ein Flugzeug erbeuten. Auch die Franzosen kaperten eines, als ein deutscher Pilot im Nebel irrtümlich auf einem französischen Flugfeld landete. Schnell passten die Alliierten das deutsche Unterbrechergetriebe an ihre eigenen Flugzeuge an, doch sie entdeckten auch die Flugeigenschaften der Fokker, die so gut waren wie ihr Ruf. Die Herrschaft der Fokker ging zu Ende.

Lang erwartete Anerkennung

Die Oberkommandos der Kriegsparteien sahen langsam ein, dass es bei Geschwindigkeit und Wendigkeit eines Flugzeugs nicht bloß um Mode oder Launen ging, sondern um wertvolle Eigenschaften, die Kampfpiloten brauchten – diese wussten das schon lange. Im dreidimensionalen Kampf musste der Pilot nicht nur Loops und Sturzflüge machen, sondern auch rasch neue Flugfiguren entwickeln, die ihm einen Vorteil verschafften oder mit denen er einen Verfolger abschütteln konnte.

Training wurde zum Schlüssel für die Versorgung der Geschwader mit Piloten, die zumindest eine Chance hatten, im Luftkampf zu bestehen. Die Briten nahmen das Training eher locker. Sie rechneten, dass es 1000 Pfund kostete, ein Jagdflugzeug zu bauen, und 5000 Pfund, um einen Piloten auszubilden. Britische Pilotenanwärter mussten zwei Monate lang militärische Studien absolvieren, bevor sie Flugtraining erhielten. Die Franzosen gingen methodischer vor: Um zukünftige Piloten daran zu

Jagdflugzeuge: 1914–18

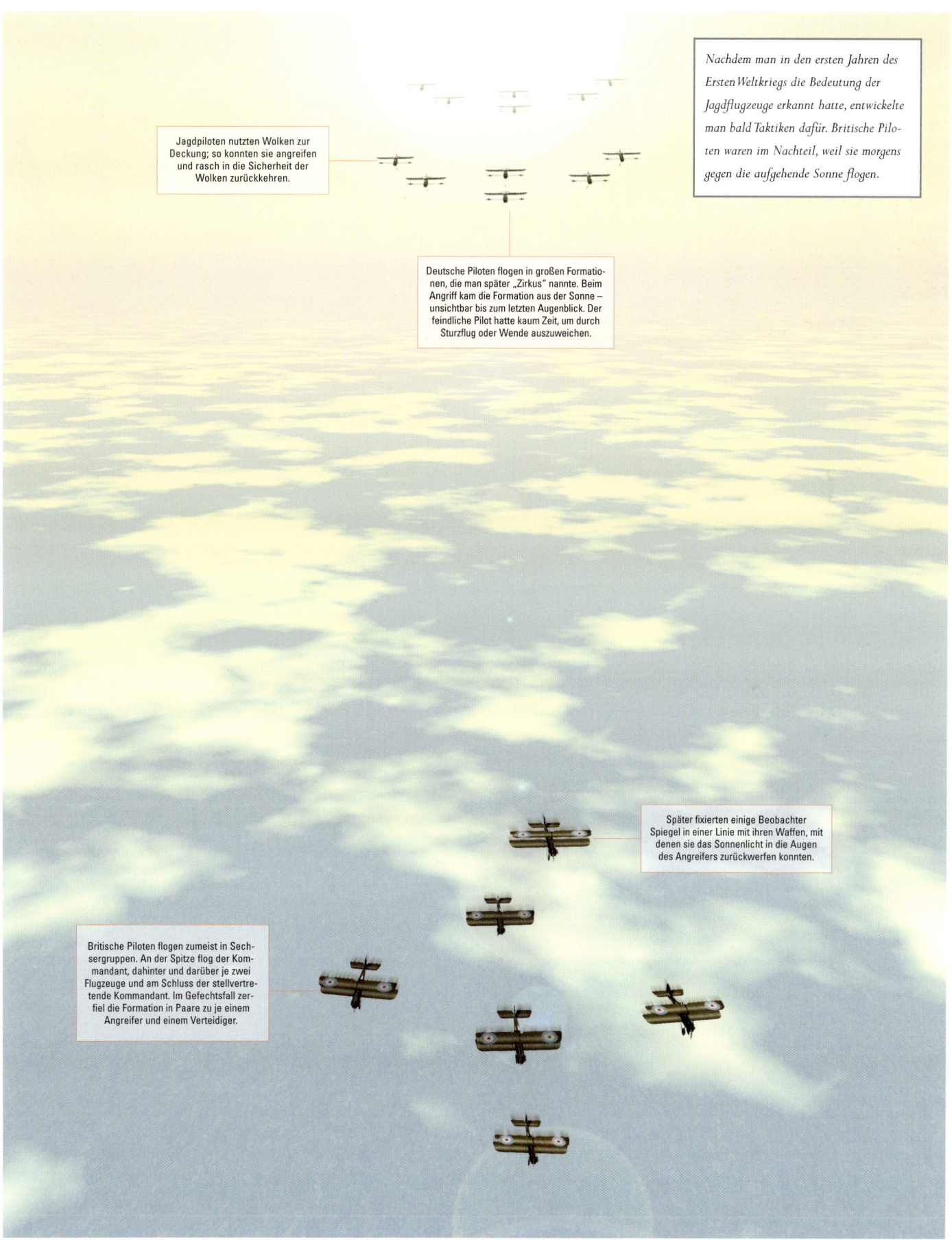

Jagdpiloten nutzten Wolken zur Deckung; so konnten sie angreifen und rasch in die Sicherheit der Wolken zurückkehren.

Nachdem man in den ersten Jahren des Ersten Weltkriegs die Bedeutung der Jagdflugzeuge erkannt hatte, entwickelte man bald Taktiken dafür. Britische Piloten waren im Nachteil, weil sie morgens gegen die aufgehende Sonne flogen.

Deutsche Piloten flogen in großen Formationen, die man später „Zirkus" nannte. Beim Angriff kam die Formation aus der Sonne – unsichtbar bis zum letzten Augenblick. Der feindliche Pilot hatte kaum Zeit, um durch Sturzflug oder Wende auszuweichen.

Später fixierten einige Beobachter Spiegel in einer Linie mit ihren Waffen, mit denen sie das Sonnenlicht in die Augen des Angreifers zurückwerfen konnten.

Britische Piloten flogen zumeist in Sechsergruppen. An der Spitze flog der Kommandant, dahinter und darüber je zwei Flugzeuge und am Schluss der stellvertretende Kommandant. Im Gefechtsfall zerfiel die Formation in Paare zu je einem Angreifer und einem Verteidiger.

45

Die größten Luftkriege

GENERAL ERICH VON FALKENHAYN
Falkenhayn war gezwungen, in Verdun einen Zermürbungskrieg zu führen, in der Hoffnung, dass dieses massenhafte Abschlachten Europas führende Kräfte dazu bringen würde, den Krieg zu beenden und zu verhandeln.

erinnern, dass sie noch immer Soldaten der Republik waren, wurden sie einige Wochen lang gedrillt. Dann studierten sie die Theorie des Fluges. Danach gab man ihnen eine flugunfähige Maschine, auf der sie lernten, das Gefährt mittels Ruder zu steuern. Mit jeder bestandenen Prüfung erhielten sie nach und nach stärkere Flugzeuge für das Bodentraining, bevor sie erstmals fliegen durften. Der gesamte Ausbildungsprozess zum fertigen Piloten umfasste rund 50 Stunden.

Ein schwieriger, gefährlicher Job

Wenn die Piloten endlich bei ihren Staffeln eintrafen, erwartete sie in manchen Frontabschnitten eine Sterberate von 16 Prozent, in großen Offensiven von 100 Prozent. Im Durchschnitt lag die Chance der Piloten, im Ersten Weltkrieg getötet, verwundet oder gefangengenommen zu werden, bei 50 Prozent. Allein schon der Akt, ein Flugzeug im Fahrtwind bei offenem Cockpit und in Flughöhen, wo Erfrierungen keine Seltenheit waren, unter Kontrolle zu halten, erforderte ständige Konzentration und körperliche Stärke.

Mit der Weiterentwicklung des Luftkampfes wurden offensiver und defensiver Formationsflug alltäglich, was neue Fähigkeiten erforderte, um die Position in einer Formation einzuhalten. Wenn eine Formation die Richtung wechselte, musste der innerste Pilot langsamer werden, während der äußerste beschleunigte. Das musste ohne Hebel oder Vergaser bewerkstelligt werden: Das Tempo regulierte man einfach durch Veränderung des Treibstoff-Luft-Gemisches.

Im ausklingenden Winterfrost des Februar 1916 befahl General Erich von Falkenhayn einen Großangriff auf die französische Front bei Verdun. Er zielte nicht auf einen Durchbruch ab, sondern wollte die Franzosen in einem gewaltigen Zermürbungskrieg ausbluten. Eine Million Mann griffen mit Unterstützung von 850 Geschützen an. Über ihnen flog die „Luftsperre", eine Luftblockade, die verhindern sollte, dass französische Flugzeuge die deutschen Truppenbewegungen meldeten oder störten.

Kampf um die Luftüberlegenheit

Die Franzosen wurden überrascht, konnten die Verteidigung jedoch aufrechterhalten. Da er nur zwei Staffeln gegen die deutsche Luftstreitmacht zur Verfügung hatte, berief Joffre den lokalen Luftkommandanten Major Trincornot de Rose in sein Hauptquartier und gab ihm die komplette Befehlsgewalt über den Luftraum über Verdun. De Rose handelte rasch

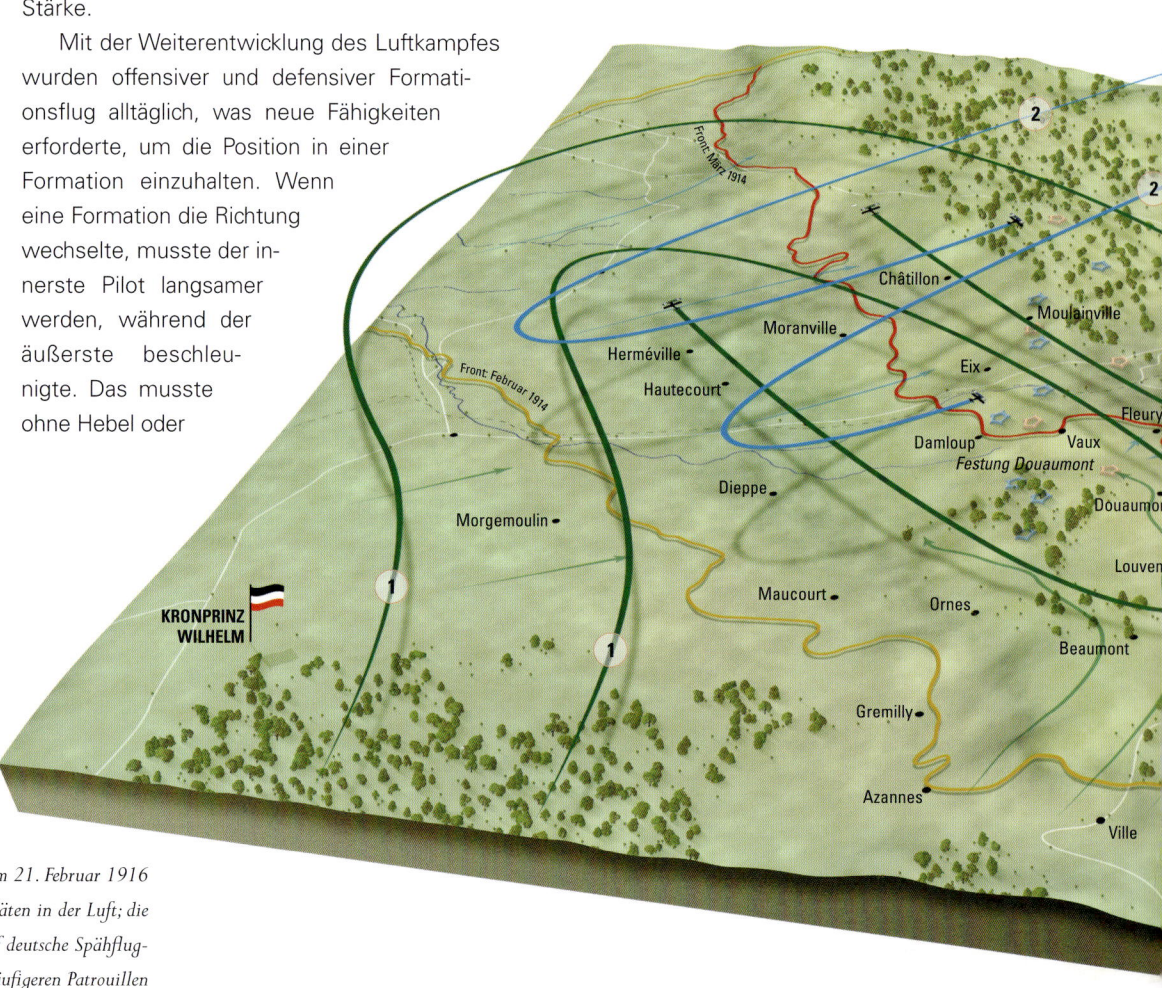

In der Schlacht von Verdun, die am 21. Februar 1916 begann, kam es zu intensiven Aktivitäten in der Luft; die französische „Aviation Militaire" griff deutsche Spähflugzeuge an, was die Deutschen mit häufigeren Patrouillen zum Schutz ihrer Maschinen beantworteten.

Jagdflugzeuge: 1914–18

und konzentrierte 15 Staffeln mit Morane-Saulniers und den neueren Nieuport XIs. Seine Instruktionen an die Piloten waren einfach und knapp:

Die Mission der Staffeln lautet, den Feind aufzuspüren, ihn zu bekämpfen und zu zerstören!

Da die Deutschen an die Patrouillenflüge über ihren Truppen gebunden waren, konnten die Franzosen aus beliebigem Winkel und aus jeder Richtung angreifen. Sie mussten weder schützen noch patrouillieren, bloß angreifen und eventuelle Chancen nutzen. So wurden die Deutschen eher durch fehlerhafte Taktik denn durch etwas anderes aus dem Luftraum vertrieben. General Joffre und sein Luftkommandant hatten die erste Luftüberlegenheitsschlacht der Geschichte gewonnen: spezielle Jagdflugzeuge mit keinem anderen Auftrag als dem, den Feind zu zerstören.

Nun begannen alle Luftstreitkräfte, ihre Jagdflugzeuge zu speziellen Einheiten – „groupes des chasses" – zusammenzufassen und die Jagdstaffel war geboren.

NIEUPORT 10
Ab dem Frühjahr 1916 teilten sich die FE.2b und die DH.2 die Aufgabe, die Fokker-Gefahr zu bekämpfen, mit dem einsitzigen Jagddoppeldecker Nieuport Scout. Letzterer verfügte über ein Lewis-Gewehr an der oberen Tragfläche, das über den Propeller hinwegfeuerte.

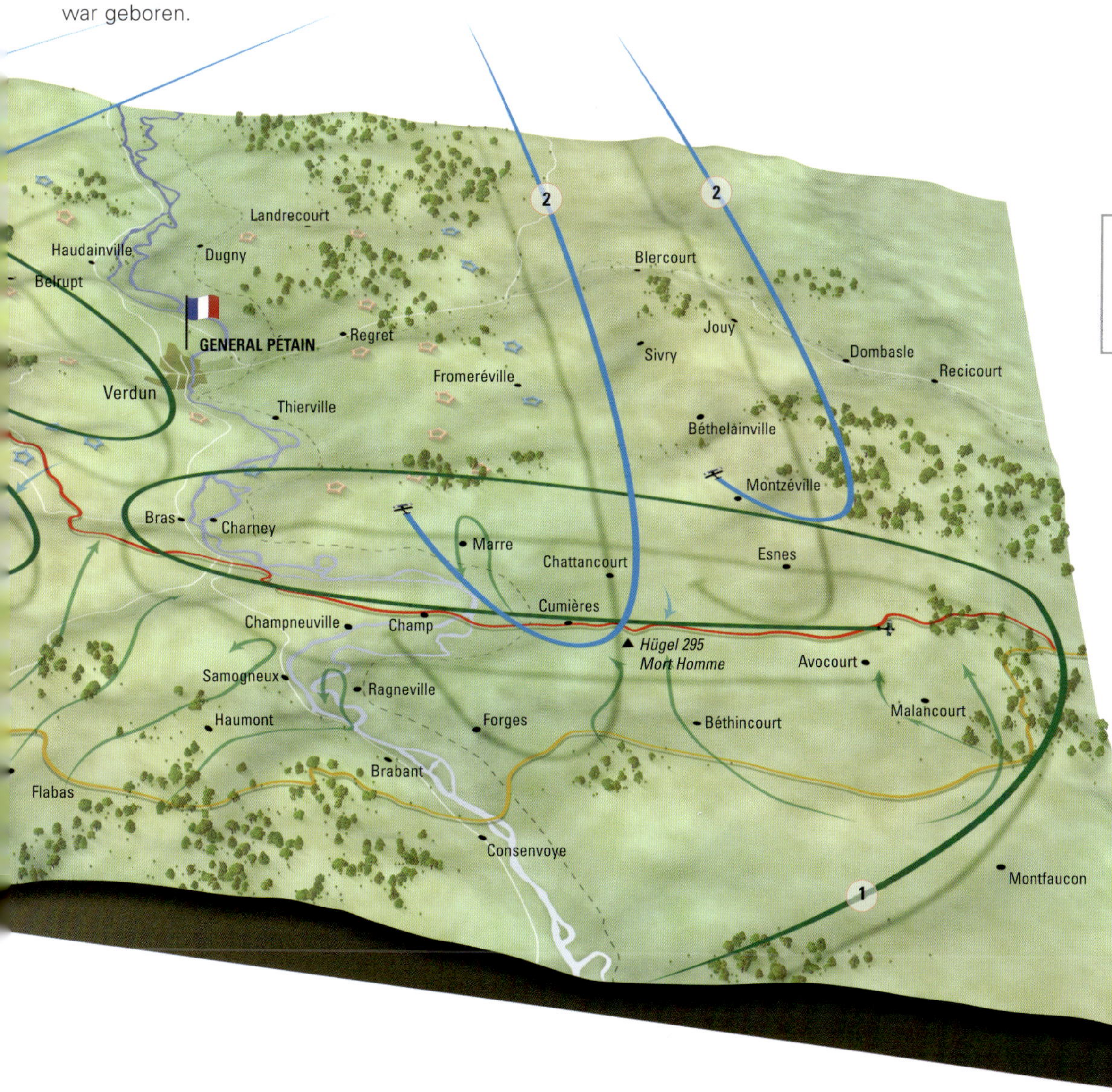

SCHLACHT VON VERDUN
Februar–Juni 1916

⇨ Befestigte Stellung
⇨ Größere Festung

1. Die Deutsche Luftwaffe entsendet zahlreiche Patrouillen, welche die französischen Flugzeuge aus dem Luftraum verdrängen.

2. Die französischen Luftstreitkräfte haben für das gesamte Gebiet nur zwei Escadrilles zur Verfügung. Sie werden auf 15 verstärkt und erhalten nur einen einzigen Auftrag: feindliche Flugzeuge zu jagen und zu zerstören. Sie werden zu „Jagdflugzeugen".

Die größten Luftkriege

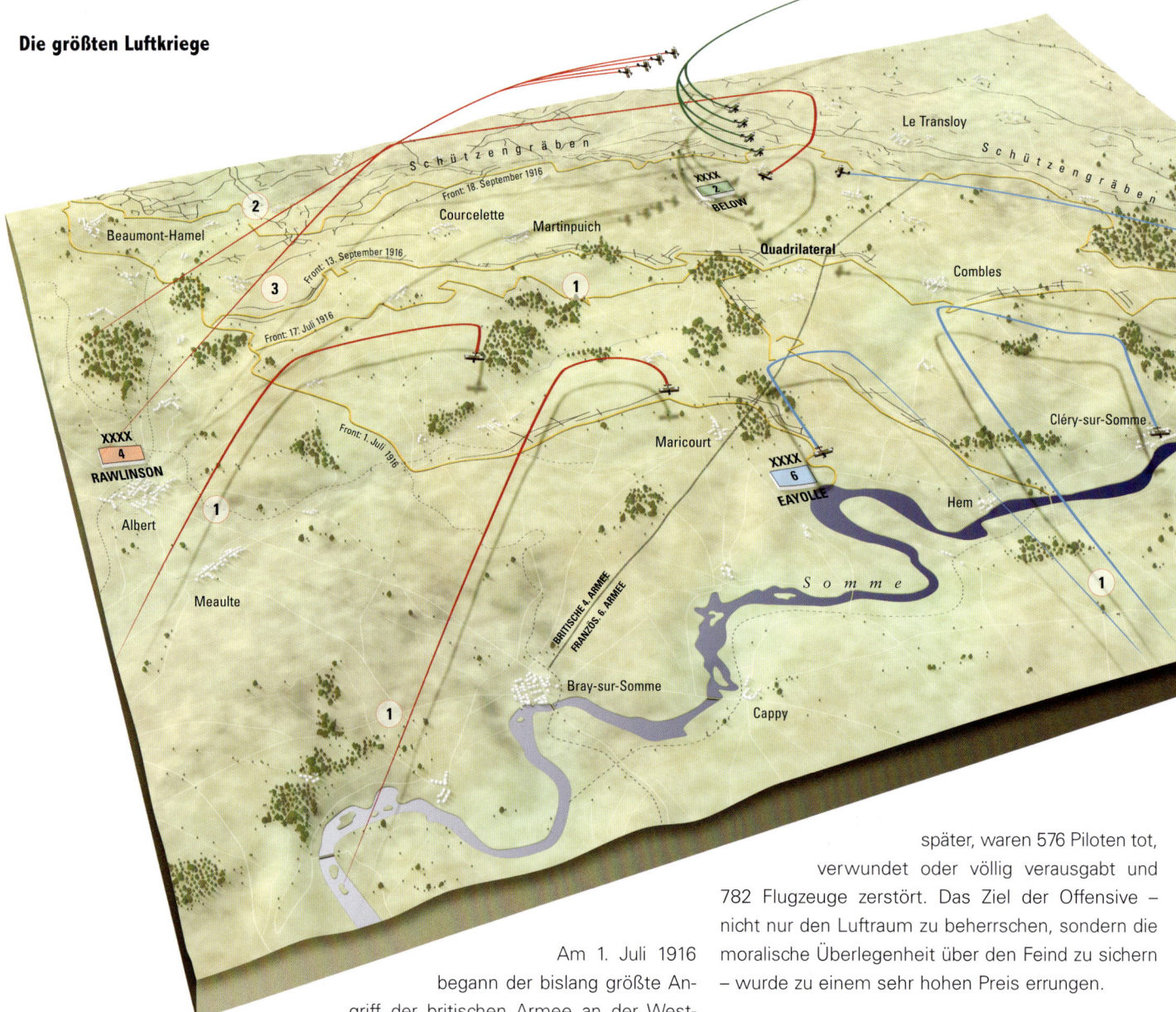

SCHLACHT AN DER SOMME
Juli–November 1916

XXXX	Armee
—	Britische Flüge
—	Französ. Flüge
—	Deutsche Flüge

(1) Ab 1. Juli fliegen alliierte Flugzeuge Kontaktpatrouillen, die über das Vorrücken der alliierten Truppen Bericht erstatten.

(2) Alliierte Flugzeuge führen Jagdpatrouillen durch, um die deutschen Versuche, alliierte Aufklärer und Bomber abzufangen, zu unterbinden. Die Alliierten behalten während des Gefechts die Luftüberlegenheit, verlieren aber über 1000 Flugzeuge.

(3) Die alliierte Luftaufklärung wird während der fünfmonatigen Schlacht aufrechterhalten.

Am 1. Juli 1916 begann der bislang größte Angriff der britischen Armee an der Westfront. Mit dieser massiven Offensive sollten die deutschen Linien durchbrochen und die scheinbar ausweglose Pattstellung beendet werden. Dem Generalangriff gingen Luftoffensiven und wochenlanger Artilleriebeschuss voraus. Die Luftoffensive war erstaunlich erfolgreich. Die Briten und die Franzosen konnten relativ ungestört Erkundungs- und Artillerieaufklärungsmissionen fliegen. Alliierte Maschinen dominierten den Luftraum über dem Schlachtfeld und kaum ein deutsches Flugzeug drang in den alliierten Luftraum ein.

Am Schicksalstag, dem 1. Juli, verstummten die Geschütze und 100 000 britische Soldaten überschritten die Linien. Am Ende dieses blutigen Tages waren 19 240 davon tot. Mehr als die Hälfte wurden verwundet, gefangen oder getötet. In der Luft verlor das RFC an diesem Tag 20 Prozent seiner Stärke, was teilweise der schlechten Ausbildung zuzuschreiben war. Die Briten begannen den Kampf mit 410 Flugzeugen und 426 Piloten. Am Schluss, vier Monate später, waren 576 Piloten tot, verwundet oder völlig verausgabt und 782 Flugzeuge zerstört. Das Ziel der Offensive – nicht nur den Luftraum zu beherrschen, sondern die moralische Überlegenheit über den Feind zu sichern – wurde zu einem sehr hohen Preis errungen.

Die Offensive zurückgewinnen

Gegen Ende 1916 wendete sich der Kampf um die Luftüberlegenheit zugunsten der Deutschen. Die Jagdstaffeln wurden mit einem neuen Jagdflugzeug, der schnittigen Albatros D.I, ausgerüstet. Ihr einziges Ziel war es, den Luftraum über dem Schlachtfeld zurückzuerobern. Die Überlegenheit war jedoch nicht nur den neuen Flugzeugen zu verdanken, sondern auch der neuen Art ihres Einsatzes. Sie flogen in größeren Formationen, die an den nötigen Orten konzentriert wurden, um die alten DH.2 und Sopwith 1 ½ Strutter zu vernichten. Als sich die Schlacht an der Somme dem Ende näherte, stiegen die britischen Verluste enorm an. Im November betrug die Lebenserwartung der RFC-Piloten über dem Somme-Abschnitt weniger als vier Wochen.

Ende 1916, Anfang 1917 reorganisierten die Deutschen ihr gesamtes Defensivsystem an der Westfront und schufen eine Tiefenverteidigung: ihre besten Soldaten bemannten Stützpunkte und

Die Alliierten erlangten die Luftüberlegenheit über dem Schlachtfeld an der Somme mit neuen Flugzeugmodellen. Dem begegneten die Deutschen mit der Formation von Jagdstaffeln, die in den aktivsten Frontabschnitten stationiert wurden.

Jagdflugzeuge: 1914–18

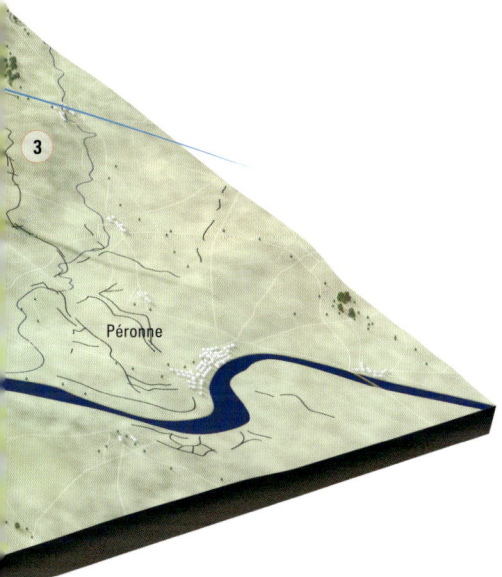

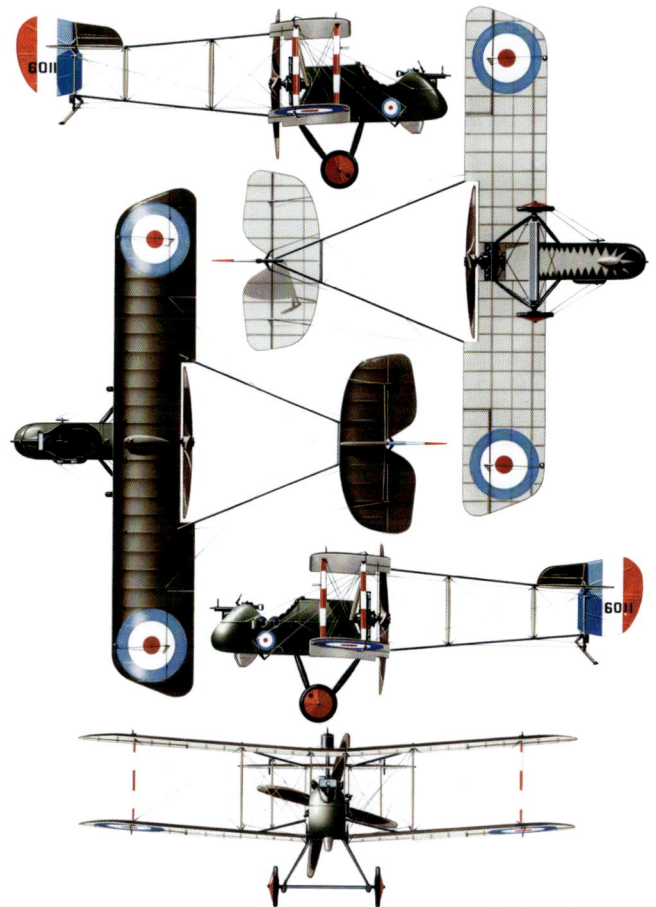

MG-Stellungen, die von kilometerlangem Stacheldraht geschützt wurden, während der Großteil der Infanterie und Artillerie an der Reservelinie lag, die sich teilweise außerhalb der Reichweite der Alliierten befand. Die ersten Reihen sollten alliierte Angriffe schwächen, während die Reserve die Chance zum Gegenangriff nutzte.

Darüber sorgte die Albatros für Luftüberlegenheit und beseitigte alliierte Luftaufklärer sowie Beobachtungsballons. Die Deutschen konnten sehen, während die Alliierten blind waren.

Die Jagdstaffeln übten verschiedene Formationen, die es dem oder den Leitpiloten erlaubten, sich auf die Offensive zu konzentrieren, nach dem Feind in der Luft Ausschau zu halten und die beste Taktik auszuwählen. Der Flügelmann konzentrierte sich auf die Defensive am Schluss oder an den Rändern der Formation und suchte den Himmel nach potenziellen Gefahren ab. Viele Staffeln bevorzugten die versetzte V-Formation: Nummer eins flog an der Spitze, 45 m dahinter und 45 m höher flogen Nummer zwei und drei, mit denselben Abständen dahinter und höher Nummer vier und fünf. Ihre Aufgabe war streng defensiv: der Schutz von Nummer eins, zwei und drei. Die Formation konnte sich in Paare aufteilen – Angreifer und Flügelmann – oder in eine Kreisformation, bei der jedes Flugzeug das vor ihm befindliche schützt. In den Wirren des Luftkampfes konnten Formationen schnell zerbrechen, das konnte auch gut ausgebildeten Piloten passieren. Im Kampf um die Überlegenheit in luftiger Höhe fand sich ein Pilot oft zuerst inmitten eines heftigen Gefechts mit engen Manövern, nur um im nächsten Moment plötzlich allein dazustehen. Am verwundbarsten war ein einzelnes Flugzeug, außer vielleicht in den Händen eines sehr erfahrenen Piloten. Am besten kehrte man in einem solchen Fall schnellstmöglich zur Basis zurück. Unter den vielen Piloten kristallisierten sich bald ein paar Experten heraus.

Der Stoff, aus dem Legenden sind

Am 27. Februar 1916 wurde unter Major Lanoe G. Hawker, dessen fliegerisches Können legendär war, Großbritanniens erste echte Jagdstaffel an der Westfront stationiert. Hawker war sehr erfahren und beherrschte seine DH.2 perfekt. Mit seinem Wesley Richard 300, einem einschüssigen Jagdgewehr, war er ein ausgezeichneter Schütze, zumindest am Anfang. Er zielte darauf ab, mit einem einzigen Schuss den gegnerischen Piloten zu töten oder dessen Maschine an einer kritischen Stelle zu treffen. Erstaunt sahen die feindlichen Staffeln ihre Flugzeuge ohne das begleitende Maschinengewehrfeuer vom Himmel fallen. Doch mit Einführung der Albatros D.I war die DH.2 bald deklassiert. Hawker verdankte sein Überleben nur seinen überragenden Flug- und Schießkünsten. Er wurde zweimal abgeschossen und einmal verwundet.

AIRCO DH.2
Die DH.2 errang ihren ersten Luftsieg am 2. April 1916; von da an stieg ihre Erfolgszahl ständig. Im Juni 1916 zerstörten DH.2-Piloten 17 feindliche Flugzeuge, im Juli 23, im August 15, im September 15 und im November 10. Am 23. November wurde Major Lanoe G. Hawker (unten) nach einem 35-minütigen Duell über Bepaume von einem deutschen Piloten abgeschossen – Manfred von Richthofen.

Die größten Luftkriege

ALBATROS D.III
Das erste Albatros-Modell mit V-Streben, die Albatros D.III, war das erfolgreichste Albatros-Jagdflugzeug, das im Ersten Weltkrieg produziert wurde.

MANFRED VON RICHTHOFEN
Mit 80 Abschüssen war Rittmeister Freiherr Manfred von Richthofen das Fliegerass mit den meisten Abschüssen im Ersten Weltkrieg. Er wurde am 21. April 1918 abgeschossen. Heute stimmt man darin überein, dass dafür nicht Captain Roy Brown von der 209. RFC-Staffel verantwortlich war, der damals die Lorbeeren dafür erhielt, sondern ein australischer MG-Schütze.

Nun trafen aus den britischen Werken neue Flugzeuge bei den RNAS-Staffeln (nicht jedoch beim RFC) ein; die Sopwith Pup ab Herbst 1916 und die exzellente, wendige Sopwith Triplane. Diese lehrten die deutschen Flieger das Fürchten und sie versuchten, ihr aus dem Weg zu gehen. Major Hawkers 24. Staffel schlug sich weiter mit ihren DH.2 durch. Sein Ruf verlockte neue deutsche Piloten, ihr Können an ihm zu testen; sie scheiterten alle – bis seine Nemesis in Gestalt von Rittmeister Freiherr Manfred von Richthofen auf der Bildfläche erschien. Der Rote Baron, wie er genannt wurde, war ein Schüler Boelckes und ein erfahrener Jäger, der Hawker niemals die wenigen Sekunden gab, die dieser brauchte, um sein Ziel anzuvisieren. Am 23. November 1916 gab es schließlich kein Entkommen mehr. Immer wieder gelang es Hawker, sein Flugzeug aus Richthofens Schusslinie zu bringen. Der eine Pilot kämpfte ums Überleben, der andere um den großen Abschuss. Im Tiefflug versuchte Hawker sein Glück in engen Wendemanövern zwischen Gebäuden und hohen Bäumen, doch die mächtige Albatros kam ihm immer näher.

SOPWITH CAMEL
Obwohl sie einige bösartige Eigenheiten aufwies, war die Sopwith Camel – erstmals ausgeliefert im Juli 1917 an die 4. RNAS-Staffel und die 70. RFC-Staffel an der Westfront – in den Händen eines erfahrenen Piloten ein exzellentes Kampfflugzeug. Bis November 1918 reklamierten die vielen Staffeln, die damit operierten, mindestens 3000 Abschüsse – mehr als mit jedem anderen Modell.

Jagdflugzeuge: 1914–18

In einem letzten verzweifelten Versuch gab Hawker seiner DH.2 volles linkes Ruder, um sich seinem Feind zu stellen. Richthofen nutzte seine motorische Überlegenheit, schnitt die Rolle ab und feuerte eine lange Salve in Hawkers Körper und sein Flugzeug. Die DH.2 stürzte ab und ging in Flammen auf.

Die Verluste der 24. Staffel einschließlich ihres Kommandanten waren das Resultat der „offensiven Patrouillen", die Major-General Hugh Trenchard, Befehlshaber des RFC, angeordnet hatte. Dieses Vorgehen erforderte zahlreiche Piloten, die daher weiterhin mit weniger Trainingsstunden an die Front gehetzt wurden als ihre deutschen Pendants. Die meisten hatten erst 20 Flugstunden. Nur die besten überlebten die ersten Tage an der Front. Einige Staffelmitglieder taten ihr Bestes, um die Neulinge zu unterstützen; andere konnten ihnen nicht einmal in die Augen sehen.

Ausnutzung einer falschen Anordnung

Abgeschlachtet wurden die Neulinge von Manfred von Richthofens Jagdstaffel 11, die nun unter der Führung ihres legendären Kommandanten den Gipfel ihres Ruhmes erreichte. Mit ihren überlegenen Maschinen konnten sich die Deutschen aussuchen, wann und wo sie kämpften. Die britische Anordnung, offensiv zu fliegen, verdammte die Luftmannschaften dazu, den Feind zu suchen – mit der Folge großer, wenngleich vermeidbarer Verluste.

Aus den Schlachten an der Somme und in Verdun hatte man die Lektion gelernt, dass es ein Fehler war, die Jagdflugzeuge in kleine Grüppchen einzuteilen, die jeweils unter dem Kommando eines lokalen Kommandanten einen kleinen Frontabschnitt verteidigten. Der französische Luftkommandant Jean du Peuty berichtete:

> *Jagdmaschinen, die in die Offensive gehen, sollten in Gruppen unter einem einzigen Kommando agieren.*

Ende 1916 hatten auch die Deutschen diese Lektion gelernt und bildeten nun eine große, autonome Jagdfliegertruppe. Mitte 1916 stationierte Deutschland rund 60 Jagdflieger an der Westfront; Ende des Jahres operierten hier 33 Jagdstaffeln zu je 18 Flugzeugen unter einem einzigen Befehlshaber. Diese Organisation erhielt den Titel „Luftstreitkraft".

Nach wie vor ließen die Deutschen lieber den Feind zu ihnen kommen, was von Lord Trenchard als Mangel an Kampfmoral interpretiert wurde. Er durchschaute nicht, dass man den Feind unter den bestmöglichen Bedingungen bekämpfen sollte. Die Deutschen hießen ihre alliierten Gegner in ihrem eigenen Luftraum willkommen, wo sie sie zu einem Zeitpunkt und an einem Ort ihrer Wahl angreifen konnten. Die Verluste der Franzosen und mehr noch der Briten stiegen stark an.

Richthofen, das erfolgreichste Fliegerass im Ersten Weltkrieg, war ursprünglich Offizier der Kavallerie. Er diente an der Ost- und der Westfront, doch als Stacheldraht und Maschinengewehre der traditionellen Rolle der Kavallerie ein Ende zu setzen schienen, meldete er sich zur Fliegerei. Von Juni bis August 1915 diente er als Späher, der traditionellen Aufgabe der Kavallerie, bei der Fliegerabteilung 69 an der Ostfront. Dann wurde er an die Westfront in die Champagne verlegt. Mit dem Maschinengewehr seines Spähers schoss er eine französische Farman ab. Dieser Abschuss wurde ihm aberkannt, weil die Maschine auf alliiertes Gebiet stürzte. Im Oktober 1915

begann er mit der Ausbildung als Pilot. Im März 1916 war er erstmals als Pilot mit Kampfgeschwader 2 in einer zweisitzigen Albatros C.III im Einsatz. Kurzzeitig flog er eine Fokker E.I, mit der er eine französische Nieuport über Verdun attackierte, die in alliiertem Territorium abstürzte – abermals wurde ihm dieser Sieg nicht angerechnet.

Er kehrte an die Ostfront zurück, wo er Zweisitzer flog und Boelcke kennenlernte, der gerade auf der Suche nach Piloten für seine neue Jagdstaffel 2 zum Einsatz an der Westfront war. Richthofen wurde ausgewählt und kehrte in den Westen zurück, wo er eine Albatros D.II flog. Seinen ersten bestätigten Abschuss erzielte er am 17. September 1916

SOPWITH TRIPLANE
Die Sopwith Triplane war der erfolgreiche Versuch von Sopwiths begnadetem Designer Herbert Smith, aus dem Grundmodell der Pup mehr Manövrierfähigkeit herauszuholen. Die Triplane war ein extrem wendiges Flugzeug mit einer so hohen Steigrate, dass sie noch immer nicht veraltet war, als sie ab Sommer 1917 von der Sopwith Camel ersetzt wurde.

Die größten Luftkriege

*FOKKER DR.I
Der Fokker Dreidecker war zu Beginn seiner Laufbahn in eine Serie schwerer Unfälle verwickelt. Die Tatsache, dass er so viel Lob erhielt – was sogar Anton Fokker selbst in Erstaunen versetzte –, war eher dem Können jener Männer zuzuschreiben, die sie flogen, wie Richthofen und Werner Voss. Sie war nie in großer Stückzahl im Einsatz.*

über Cambrai. Richthofen war ein glühender Anhänger von Boelcke und befolgte im Kampf seine „Dicta": Statt riskanter Taktiken zog er es vor, sorgfältig abgestimmte Angriffe zu planen und auszuführen, bei denen er und sein Flügelmann alle Vorteile auf ihrer Seite wussten. Dies, zusammen mit seinem überlegenen Flugzeug, ließ dem Gegner keine Chance. Die deutsche Luftwaffe war auf dem Höhepunkt ihres Erfolgs angekommen.

Im selben Monat hatte Robert Georges Nivelle von Joseph Joffre den Befehl über die französische Armee übernommen. Joffre konnte zwar die Linien halten, aber nicht den ersehnten Durchbruch erzielen. Der neue Mann hatte eine Antwort: das sorgfältig geplante Bombardement des feindlichen Hinterlandes mit rund 7000 Geschützen, dann ein rollendes Sperrfeuer, gefolgt von 700 000 Soldaten und vielen mehr in Reserve für den Durchbruch. Als Auftakt sollten britische und einheimische Truppen von der 1., 3. und 5. Armee bei Arras und im Vimy-Gebirge angreifen. Dieses System bzw. etwas sehr Ähnliches war bereits einmal gescheitert, und es sollte wieder scheitern. Die schrecklichen Verluste rissen tiefe Lücken und brachten die französische Armee an den Rand des Aufstands.

Die alliierten Flugzeuge dienten nach wie vor der Aufklärung, die bei dem gewaltigen Vorstoß wichtiger denn je war. Damals stand die deutsche Luftstreitmacht jedoch auf ihrem Höhepunkt und schoss die alliierten Maschinen zu Hunderten ab. So kam der „blutige April" zu seinem Namen.

Als einziges Modell konnte die Sopwith Triplane mit der Albatros mithalten. Von ihr waren nur 140 Stück für RNAS-Staffeln an der belgischen Küste gebaut worden. Die „Triplehound", wie die Piloten sie nannten, war im Vergleich zum deutschen Modell unterbewaffnet, doch sie ließ auf ein besseres Flugzeug in der Zukunft hoffen.

Steigende Verluste
Unvermindert wurde Trenchards Anordnung zur Offensive in der Luft befolgt – sie ähnelte der alliierten Taktik auf dem Boden. Neuerlich stiegen die Verluste. Unterlegene Flugzeuge und unterlegene Taktik führten dazu, dass die Lebenserwartung eines neuen Piloten Mitte April 1917 nur 17 Tage betrug.

Ich sah hinter uns einen bösartigen kleinen Späher Feuer spuckend und in gewaltigem Tempo auf uns zukommen. Mein Beobachter feuerte, während der andere versuchte, wieder hinter uns zu gelangen (er feuerte durch seinen Propeller). Als er zum Sturzflug auf uns ansetzte, drehte ich ab und wir feuerten weiter. Als er wieder bereit zum Sturzflug war, war er 30 m entfernt, also drehte ich eine enge Spirale, wodurch er uns nicht mehr sehen konnte und abhaute. Wir schickten ihm noch eine Salve hinterher. Als wir es schließlich hinter unsere Linien schafften, hatten wir 16 Löcher in den Tragflächen. Selbst dann ließen sie uns nicht in Ruhe, sondern übersäten uns mit Schrapnellen.
Bernard Rice

Die so viel versprechende Bodenoffensive brachte kaum mehr als marginale Gebietsgewinne hier und da – zu einem schrecklichen Preis. Die französische Armee probte den Aufstand, die Briten waren erschöpft. Nivelle wurde entlassen.

Am 29. April, gegen Ende der Schlacht, schoss Richthofen vier Flugzeuge über deutschem Gebiet ab. Allein im April 1917 verzeichnete er 21 Luftsiege.

Jagdflugzeuge: 1914–18

Licht am Ende des Tunnels

Endlich stellten die Alliierten neue Flugzeuge in Dienst, die das Gleichgewicht wieder herstellten. Der dringend benötigte stärkere Motor wurde zum Teil von dem in Spanien lebenden Schweizer Ingenieur Birkigt geliefert, welcher der französischen Regierung seine Dienste anbot. Sein revolutionärer Hispano-Suiza-Motor war ein Blockmotor, dessen Zylinder in V8-Form angeordnet waren. Der Block bestand aus einer Aluminium-Legierung, die beweglichen Teile befanden sich im Motorgehäuse – insgesamt ein ausgewogenes, exzellentes Design. Die ersten Modelle leisteten 150 PS, die im weiteren Verlauf auf 220 PS erhöht wurden. Anfang 1917 erschien die Royal Aircraft Factory S.E.5a mit Birkigt-Motor auf der Bildfläche. Sie flog mehr als 210 km/h und wurde nach anfänglichen Kinderkrankheiten zur Stütze des RFC.

Ungefähr zur selben Zeit erhielten die bedrängten französischen Staffeln die SPAD XIII mit demselben Motor. Zwischen Januar 1917 und Kriegsende produzierte die französische Industrie 20 000 Hispano-Suiza-Motoren, weitere wurden in Lizenz in Großbritannien und den USA gefertigt.

Endlich hatten die Alliierten Jagdflugzeuge, die ihren deutschen Pendants ebenbürtig, wenn nicht sogar überlegen waren. Doch noch war die deutsche Luftfahrtindustrie nicht besiegt. 1917 wurde die zierliche Fokker Dr.I Dreidecker eingeführt. Ihre Steigrate und Wendigkeit waren phänomenal, und obwohl nur 420 davon gebaut wurden, hielt sie sich gut. Richthofen wurde stets mit einer roten Dr.I assoziiert, obwohl er die meisten Abschüsse mit einer Albatros D.III erzielte. Auch die Jagdtaktik entwickelte sich weiter: nun formierte man Jagdgeschwader. Richthofen selbst leitete

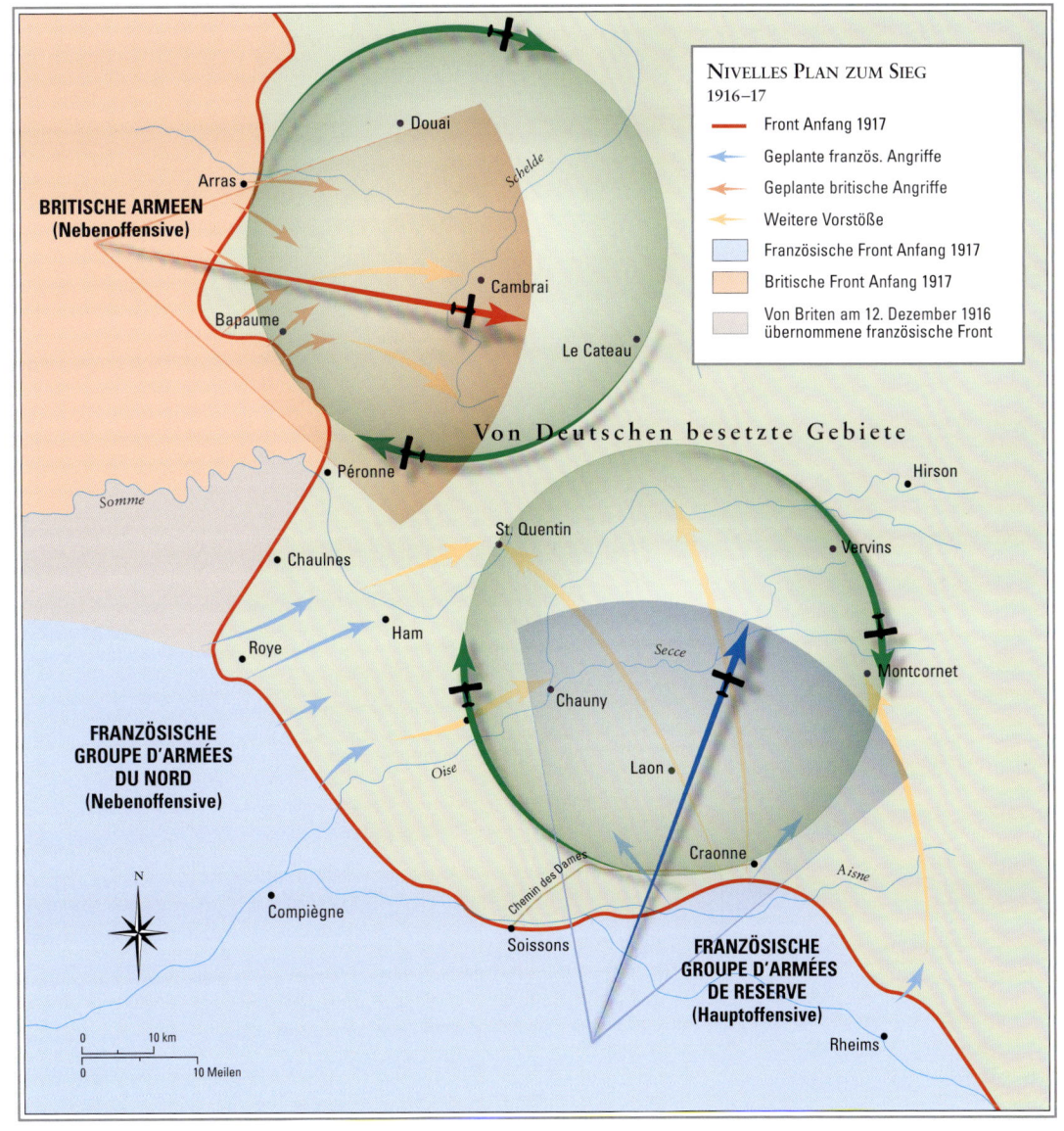

Ab 1917 spielten Bomber eine immer wichtigere Rolle bei der Unterstützung der alliierten Bodenoffensiven. Die Franzosen waren Pioniere sowohl des taktischen als auch des strategischen Bombardements, wobei sie die exzellente Breguet Br XIV einsetzten.

Die größten Luftkriege

MESSINES Luftaufnahmen waren so wichtig, dass zum Schutz der Aufklärungsflugzeuge Jagdeskorten notwendig wurden. Diese wiederum gaben der Entwicklung des Luftkampfes einen entscheidenden Anstoß.

Jagdgeschwader 1. Es bestand aus den Jagdstaffeln 4, 6, 10 und 11. Als mobile Streitmacht am Boden und in der Luft verfügte es über verschiedene Fahrzeuge und konnte daher seine Basis überall dorthin verlegen, wo es gebraucht wurde. Da es ständig mit seinen Zeltquartieren unterwegs war, verglich man es mit einem Zirkus – einem fliegenden Zirkus.

Der Versuch, die Initiative an sich zu reißen

Nach dem katastrophalen Scheitern von Nivelles Offensive fiel die Initiative zum nächsten Angriff an die Briten. Dieser sollte kein großer Durchbruch werden, sondern ein begrenzter Vorstoß auf ausgewählte Ziele, welche die Armee nicht ausbluten würden. Er sollte am Vimy-Gebirge und bei Verdun stattfinden.

Am 7. Juni explodierten unter den deutschen Linien platzierte Minen. So begann die dritte Flandernschlacht. Als 500 000 Kilogramm TNT hochgingen, hörte man den Knall in London. Die Kämpfe, auch als Passchendaele oder Ypernschlacht bekannt, gingen bis November 1917 weiter, mit wenig Erfolg.

Dies hätte das Ende der britischen Aktivitäten 1917 sein können, doch das Oberkommando unter Field Marshal Haig hatte andere Pläne. Man wählte einen ruhigen Abschnitt aus, um eine neue Waffe zu testen: den Panzer. Der Frontabschnitt bei Cambrai war von den Deutschen relativ dünn bemannt, der Boden noch nicht von Artilleriebeschuss durchlöchert und man konnte die neue Technik dort einsetzen. Bis dato hatten Flugzeuge Millionen Luftaufnahmen geliefert, die zu präzisen Landkarten verarbeitet worden waren. Nun konnte man Geschütze so genau zielen, dass man einzelne feindliche Stellungen zerstören konnte. Das „Einschießen" entfiel und das Überraschungselement war wiederhergestellt. Nach einem kurzen Artilleriebombardement, gefolgt von Panzern und Infanterie mit Unterstützung von Bodenangriffs- und Jagdflugzeugen, wurden beim Cambrai-Angriff so große Landgewinne erzielt wie bei der Flandernschlacht in dreieinhalb verlustreichen Monaten.

Die Luftgefechte an der Westfront wirkten sich an der Ostfront und in Italien aus. Als am weitesten technisch fortgeschrittene Mittelmacht stand Deutschland unter ständigem Druck, die britischen und französischen Entwicklungen zu übertreffen. Sowohl Russland als auch Österreich-Ungarn waren nicht imstande, vergleichbare Luftstreitkräfte aufzustellen. Die Russen hatten die mächtige, viermotorige Sikorsky Ilja Murmomez hervorgebracht, die ab 1914 in geringer Stückzahl im Einsatz war. Doch die allgemeine Inkompetenz des Zarenregimes im Verbund mit der rückständigen Luftfahrtindustrie machten es Russland unmöglich, seine Staffeln mit leistungsfähigen Flugzeugen zu versorgen. Der zerfallenden Donaumonarchie erging es nicht viel anders. Trotz dieser Zustände hatte Russland 1914 die meisten Flugzeuge im Dienst. Woran es mangelte, war die Organisation. Die meisten Flugzeuge waren ineffiziente einmotorige Maschinen, die von vielen Generälen bevorzugt wurden, weil man sie schnell produzieren konnte – in einem Land, wo große Stückzahlen wichtig waren. Doch an der Ostfront waren die Kraft-Distanz-Verhältnisse völlig anders gelagert als an der Westfront.

Die Armeen manövrierten in großen Räumen und Gefahren konnten sich so schnell entwickeln, dass die wenigen verfügbaren Flugzeuge kaum eine Rolle spielten. Die Deutschen hatten die Russen bei Tannenberg 1914 besiegt, doch im Herbst 1914 und im Frühjahr 1915 hatten die Russen Österreich-Ungarn schwer geschlagen und fast zum Ausstieg aus dem Krieg gezwungen. Nur die deutsche Intervention machte dem russischen Vormarsch ein Ende.

Donnergrollen im Osten und im Süden

Im Frühjahr 1915 waren die Deutschen und die Österreicher bereit, bei Gorlice-Tarnow anzugreifen. Die Russen waren in schlechter Verfassung, desorganisiert und erschöpft, vor allem, was ihre Luftwaffe betraf. Die deutsch-österreichischen Streitkräfte konnten die feindlichen Stellungen „sehen", die Russen nicht. Im deutschen Oberkommando gab es einige, die nach diesem Erfolg massiv in Russland einfallen wollten, doch Falkenhayn war anderer Meinung. Er stoppte die offensiven Operationen und verlegte Truppen in den Westen zur Schlacht von Verdun. Ohne Rücksprache mit ihren Verbündeten verlegten die Österreicher Truppen an die Italien-Front. In der unerwarteten Atempause erholten sich die Russen erstaunlich rasch.

Im Rahmen der sogenannten Brussilow-Offensive setzten die Russen ihre 250 Flugzeuge bestmöglich ein. Sorgfältig fotografierten sie die österreichisch-ungarischen Stellungen. Aleksandr Kazakow, eines der wenigen russischen Fliegerasse, erzielte einige Abschüsse. Er begann seine Fliegerkarriere im Mai 1915 mit einer Morane-Saulnier und kommandierte Mitte 1916 die 1. Luftkampfgruppe. Seine letzten Luftsiege errang er 1917 über Rumänien, wo er verwundet wurde und seine Laufbahn beendete. Insgesamt kam er auf 20 Abschüsse.

Nun begann das zaristische Russland seine letzte Schlacht. Unter dem neuerlichen Druck schickten

Jagdflugzeuge: 1914–18

Deutschland und Österreich-Ungarn eilig Truppen in den Osten, wodurch sie ihre Stellungen in Frankreich und Italien schwächten. Doch die Russen hatten ihr letztes Pulver verschossen. Ihre erschöpften, von revolutionärer Stimmung durchdrungenen Armeen begannen sich aufzulösen. Nur einige loyale Divisionen hielten die Linien – noch.

Österreich hatte es nicht nur mit Russland zu tun, sondern ab Mai 1915 an seiner Alpengrenze auch mit Italien. Italien war das erste Land, das seine Luftstreitkräfte aggressiv einsetzte, und zwar im Krieg mit dem Osmanischen Reich 1911/12. Im Jahr 1915 verfügte das „Corpo Aeronautico Militare" über rund 100 Flugzeuge, darunter einige Caproni-Ca.3-Bomber. Diese bemerkenswert effizienten Maschinen kamen am 20. August 1915 erstmals zum Einsatz. Italien griff bevorzugt gut befestigte österreichische Stellungen an. Darüber hinweg flogen Caproni-Bomber, um wichtige Eisenbahnkreuzungen und andere Infrastruktur zu attackieren. Mit Unterstützung ihres deutschen Verbündeten bauten die Österreicher eine recht leistungsfähige Jagdgruppe unter der Führung von Piloten wie Godwin Brumowski auf. Er befolgte Richthofens Lehren und bemalte seine Albatros D.III rot wie die seines Vorbilds. Brumowski erzielte schließlich 35 Abschüsse. Das brachte die Italiener dazu, ihre Angriffe in die Nacht zu verlegen, wodurch deren Genauigkeit abnahm. Der italienische General Giulio Douhet hatte schon vor dem Krieg die Bedeutung der Luftstreitkräfte prophezeit und war überzeugt, dass Bomber die Kampfmoral des Feindes untergraben könnten. 1915–1918 war jedoch die Technologie noch nicht so weit und die Alpen ein zu großes Hindernis.

Der Vertrag von Brest-Litowsk, geschlossen im März 1918 zwischen den Mittelmächten und der bolschewistischen Regierung in Russland, ermöglichte es den Deutschen, für ihre Frühjahrsoffensive viele Divisionen an die Westfront zu verlegen.

Die größten Luftkriege

BOMBER: 1916–18

Am 1. November 1911 fand gegen türkische Stellungen in Libyen das erste Luftbombardement der Geschichte statt. Es stand unter dem Befehl von Giulio Douhet, der damals eine kleine italienische Luftstreitkraft kommandierte, die im italienisch-türkischen Krieg kämpfte. Er wurde später zu einem der führenden Theoretiker des Luftkriegs und Verfechter des strategischen Bombardements.

Kampf um bessere Strategien in der Luft

Douhet wurde im Mai 1869 geboren, besuchte die Militärakademie in Modena und wurde später in die Infanterie des berühmten Bersagliari-Korps der italienischen Armee aufgenommen. In der Armee studierte er Naturwissenschaften und Technik am Polytechnischen Institut in Turin und wurde Anfang des 20. Jahrhunderts zum deutschen Stab beordert. Er erlebte die Entwicklung von Luftschiffen und Flugzeugen sowie deren erste Einsätze im Krieg mit.

Für seine Rolle im italienisch-türkischen Krieg wurde Douhet vom italienischen Generalstab beauftragt, einen vollständigen Bericht über die aus dem Konflikt gezogenen Lehren zu schreiben. Unter anderem schlug Douhet darin vor, dass Bombardierung die Hauptaufgabe der Luftstreitkräfte sein sollte. Als einflussreichster Militärtheoretiker seiner Zeit hatte er zahlreiche Anhänger – zumeist jene, die nicht mit der Linie des Generalstabs übereinstimmten – und gleichgesinnte Offiziere bewunderten ihn.

Als der Krieg seinen Schatten über Europa warf, wurde Douhet immer ungeduldiger, weil Italien so schlecht vorbereitet war. Bei seinem Freund Gianni Caproni bestellte er ohne offizielle Genehmigung einige dreimotorige Langstreckenbomber. Für das Oberkommando brachte dies das Fass zum Überlaufen. Da er wegen seiner Ansichten über die Luftstreitkräfte und die Notwendigkeit einer eigenen Luftwaffe bereits als Radikaler galt, wurde er sofort seines Postens als Kommandant des Luftbataillons enthoben und zu einer Infanteriedivision beordert. Doch die von ihm beauftragten Caproni-Ca.3-Flugzeuge erwiesen sich als höchst erfolgreich, denn sie waren ihrer Zeit weit voraus. Für das „Corpo Aeronautico Militare" wurden 269 Stück gebaut, einige für die französische Luftwaffe.

Trotz seiner Verbannung zur Infanterie schrieb Douhet weiter und trat dafür ein, Italiens Kampfpotenzial vor allem in der Luft zu verbessern:

> *Uns, die wir bis jetzt unerbittlich an die Erde gebunden waren, muss klar werden, dass auch der Himmel zum Schlachtfeld werden wird, das um nichts weniger wichtig ist wie die Erde und das Meer. Denn wenn es auch Nationen gibt, die das Meer nicht berühren, so gibt es doch keine, die den Hauch der Luft nicht spürt.*
> **Giulio Douhet**

Zur selben Zeit erhob sich hunderte Meilen östlich davon ein anderes revolutionäres Flugzeug in die Luft: die viermotorige Ilja Muromez, ein Geisteskind des russischen Flugzeugdesigners Igor Sikorsky. Für ihre Zeit wies die Maschine mit einer Reichweite von 400 km eine enorme Leistung auf und konnte eine beträchtliche Sprenglast mitführen. Zum Glück von Deutschland und Österreich-Ungarn erkannte das russische Oberkommando ihren Wert nicht, sodass sie nur in geringen Stückzahlen produziert und in Dienst gestellt wurde. Doch sie blieb von den Deutschen nicht unbemerkt.

Als der Krieg im Mai 1915 auch Italien erreichte und sich dabei die Schwäche der italienischen Armee offenbarte, verdoppelte Douhet seine Anstrengungen, um seine Vorgesetzten und die Regierung davon zu überzeugen, dass Italiens furchtbares Versagen dem Mangel an Kampfstärke in der Luft zuzuschreiben war. Er hielt jedoch auch mit seiner Meinung nicht hinter dem Berg, dass die Ursachen auch in Inkompetenz und einem Mangel an Vorbereitung zu suchen waren, woraufhin er wegen Verbreitung falscher Tatsachen vom Kriegsgericht zu einer einjährigen Haftstrafe verurteilt wurde.

CAPRONI Ca.3
Caproni-Bomber wie die Ca.3 flogen zahlreiche strategische Einsätze gegen Ziele an der Adriaküste, darunter auch auf die Hafenstadt Triest. Die strategischen Missionen endeten im November 1917, als die Österreicher nach der Niederlage Italiens bei Caporetto das Hauptwerk von Caproni in Pordenone überrannten.

Bomber: 1916–18

Auch im Kerker schrieb Douhet weiter. Er schlug vor, die Mittelmächte mit einer vereinten alliierten Luftflotte zur Kapitulation zu bomben. 1917 kehrte er nach seiner Entlassung in den Dienst zurück und wurde Direktor des Luftfahrt- und allgemeinen Luftkommissariats. Nach seinem Rücktritt 1918 vollendete er 1921 sein großes Werk „Luftherrschaft", in dem er wie schon immer behauptete, dass Luftstreitkräfte viel mächtiger wären als jede Art von Bodentruppen. Im grenzenlosen Himmel wäre eine Verteidigung gegen Angriffe aus der Luft nahezu unmöglich, was der Luftwaffe eine vor allem offensive Rolle zuschrieb. Wenn man die feindlichen Quellen der Macht, Städte, Fabriken und Bevölkerung bombardierte, würde man den Feind in die Knie zwingen. Der offensiv eingestellte britische Air Commander Hugh Trenchard war der gleichen Ansicht, ebenso auch einige Deutsche ...

Deutschland als wachsende Luftmacht

Viele im deutschen Oberkommando hatten Langstreckenbombardements anfänglich als Aufgabe von Luftschiffen gesehen. 1914/15 übertrafen sie Flugzeuge bei Weitem an Ladekapazität und Reichweite. Sowohl die deutsche Armee als auch die Marine, zwischen denen Rivalität bestand, setzten bei der Bombardierung Englands Luftschiffe ein. Es war ein Luftschiff der Marine, das am 31. Mai 1915 den ersten Luftangriff auf London flog. Die Luftangriffe wurden bis zum Ende des Ersten Weltkriegs fortgesetzt, doch aufgrund der enormen Kosten der Luftschiffe und ihrer steigenden Verwundbarkeit entwarf das deutsche Oberkommando Pläne, um Großbritannien mit Flugzeugen anzugreifen.

SIKORSKY ILJA MUROMEZ
Das zaristische Russland mit seinen riesigen Ilja-Muromez-Flugzeugen gehörte zu den ersten Kriegsnationen, die das Potenzial der schweren Bomber erkannten. Die mit bis zu acht defensiven Maschinengewehren bewaffneten, viermotorigen IM flogen 450 Einsätze und warfen 65 Tonnen Bomben ab; dabei verloren die Russen in drei Jahren nur drei Flugzeuge. Die Oktoberrevolution setzte diesen Missionen ein Ende.

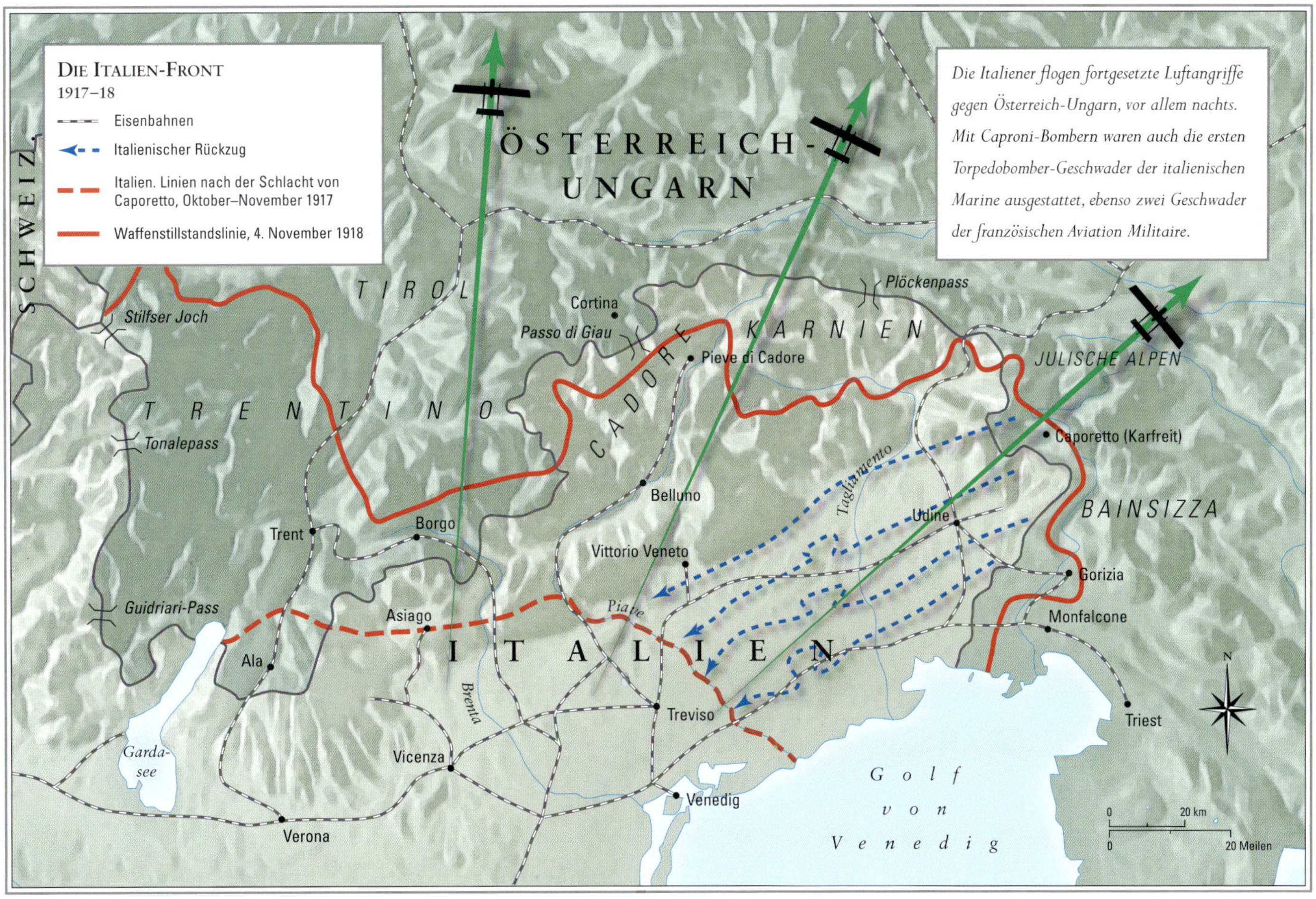

DIE ITALIEN-FRONT 1917–18
- Eisenbahnen
- Italienischer Rückzug
- Italien. Linien nach der Schlacht von Caporetto, Oktober–November 1917
- Waffenstillstandslinie, 4. November 1918

Die Italiener flogen fortgesetzte Luftangriffe gegen Österreich-Ungarn, vor allem nachts. Mit Caproni-Bombern waren auch die ersten Torpedobomber-Geschwader der italienischen Marine ausgestattet, ebenso zwei Geschwader der französischen Aviation Militaire.

Die größten Luftkriege

Major Wilhelm Siegert war im Oktober 1914 an die Oberste Heeresleitung (OHL) herangetreten. Er erhielt das Kommando über eine kleine Gruppe von Flugzeugen auf einem Stützpunkt bei Ostende in Belgien. Der deutsche Vormarsch kam ins Stocken und die französischen Kanalhäfen befanden sich noch immer in den Händen der Alliierten. Für ein größeres Ziel in England fehlte Siegerts kleiner Luftgruppe die Reichweite, also begnügte er sich mit der Bombardierung von Calais und Boulogne. Der Mangel an Reichweite, der Einfluss der russischen Ilja Muromez und der Erfolg der italienischen Caproni-Bomber führten dazu, dass bei mehreren deutschen Werken um einen Großkampfbomber angefragt wurde; der erste wurde 1915 vorgestellt. Die OHL hatte den Wert des Flugzeugs erkannt und General Erich von Hoeppner zum Kommandanten der Luftstreitkraft ernannt. Da nun Langstreckenflugzeuge verfügbar waren, wurden Siegerts Pläne abgestaubt und neu geprüft.

Einsatzfähige Luftstreitkräfte

Im Frühjahr 1917 war die erste Bomberstaffel mit Gotha-G.IV-Bombern ausgestattet und einsatzfähig. Die nächste Staffel erhielt noch größere Maschinen, die Zeppelin-Staaken-R-Typ-Bomber. Siegerts alter Stützpunkt war nun als Kagohl 1 bekannt: Kampfgeschwader der Obersten Heeresleitung 1. Neue Stützpunkte entstanden in Gontrode, St.-Denis-Westrem und Mariakerke. Die neue Streitkraft unterstand Ernst Brandenburg, dessen sorgfältig ausgewählte Bomberbesatzungen nach intensivem Training einsatzbereit waren.

Am 25. Mai 1917 starteten 23 Gothas zu ihrem ersten großen Luftangriff auf England mit Ziel London. Nach dem Auftanken in Neumünster kehrten zwei Maschinen mit Motorproblemen um. Bei Burnham-on-Crouch überflogen 21 Gothas die Küste von Essex in rund 3660 m Höhe, wo Wolken und schlechte Sicht vorherrschten. Da eine Bombardierung Londons unter solchen Umständen unmöglich war, drehten sie nach Süden in Richtung Kent ab und suchten nach geeigneten Zielen. Der Hafen Folkestone bot sich an. Brandenburg gab das Signal und der kleine Kanalhafen erhielt die für London gedachten Bomben. Insgesamt wurden mehr als fünf Tonnen Sprengstoff abgeworfen, was die höchsten Opferzahlen bei einem Luftangriff bis heute zur Folge hatte: 95 Tote und 195 Verletzte. Die Granaten der britischen Flugabwehr reichten nicht bis in die Flughöhe der Gothas. Auch die 74 ausgeschickten Jagdflugzeuge richteten nichts aus. Die Deutschen verloren nur eine einzige Maschine, die ins Meer stürzte, vermutlich wegen einem Motorschaden.

Der zweite Angriff am 5. Juni bestand aus 22 Flugzeugen und richtete sich gegen die Marinewerften Sheerness und Sheppey in der Themse-Mündung. Diesmal konnten ihn die britischen Jäger abfangen und eine Gotha abschießen.

GROSSBRITANNIEN UNTER LUFTBOMBARDEMENT, 1914–17
- Von deutschen Flugzeugen bombardierte Gebiete
- Von deutschen Luftschiffen bombardierte Gebiete

Bomber: 1916–18

DEUTSCHE SCHLAGKRAFT
1917 standen den Deutschen mehrere schwere Bomber zur Verfügung, vor allem die Gotha G.IV und G.V (abgebildet).

Am 13. Juni führte Brandenburg seine Gotha-Bomber abermals nach England. 20 Flugzeuge starteten, drei kehrten wegen technischer Probleme um, drei bombardierten Marineziele in der Themse-Mündung. Der Rest der Formation flog weiter nach London, wo man um 11:32 Uhr eintraf. Einige Bomben fielen auf die Docks, doch das eigentliche Ziel war der Bahnhof Liverpool Street. Auf ihn gingen nahezu zwei Tonnen Bomben nieder. Eine davon traf eine Schule im östlichen Vorort Poplar, wobei 16 Kinder ums Leben kamen. Insgesamt wurden 162 Menschen getötet und 432 verletzt. Das Resultat: Zornige Briten und ein Gefühl der Solidarität unter der Bevölkerung. Die wenigen Plünderer wurden bald dingfest gemacht – keineswegs brach die Kampfmoral zusammen wie von Douhet und anderen vorhergesagt.

Dem Ruf nach einer besseren Abwehr entsprach man mit der Rückberufung von zwei Elitegeschwadern von der Westfront – sehr zum Ärger von Major General Trenchard, dessen Streitkräfte stark ausgedünnt aufgestellt waren und eine Offensivstrategie befolgen mussten. Die verstärkte Heimatabwehr konnte nun Bomber abfangen oder sie zumindest von ihren Primärzielen abbringen.

TAGANGRIFFE AUF GOTHA
Hauptangriffe durch Kagohl 3

→ 25. Mai 1917, 5,1 Tonnen Bomben: 95 Tote, 195 Verwundete
→ 13. Juni 1917, 4,3 Tonnen Bomben: 162 Tote, 432 Verwundete
→ 7. Juli 1917, 4,3 Tonnen Bomben: 57 Tote, 193 Verwundete
→ 12. August 1917, 2,1 Tonnen Bomben: 32 Tote, 46 Verwund.
• Deutsches Flugfeld

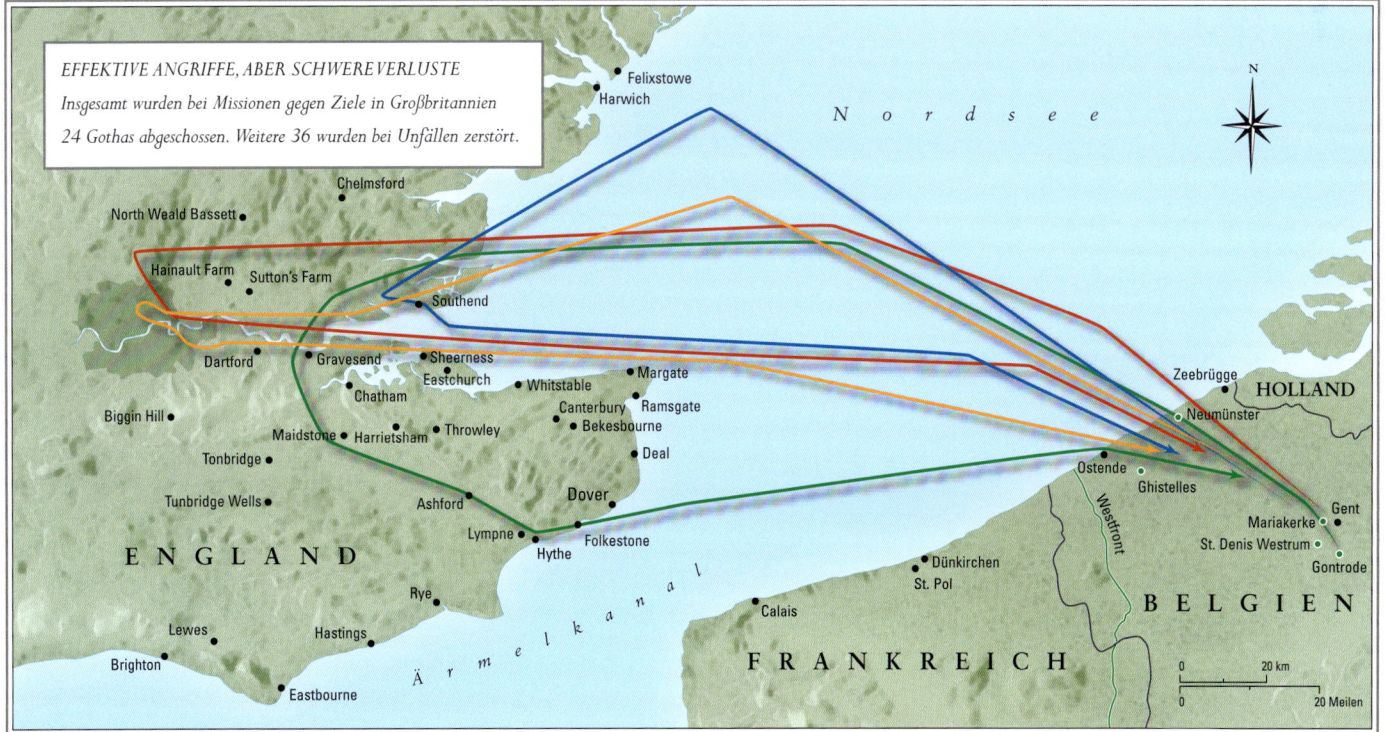

EFFEKTIVE ANGRIFFE, ABER SCHWERE VERLUSTE
Insgesamt wurden bei Missionen gegen Ziele in Großbritannien 24 Gothas abgeschossen. Weitere 36 wurden bei Unfällen zerstört.

Die größten Luftkriege

LUFTABWEHR IN GB
Die Heimatverteidigungsgeschwader von RFC und RNAS entwickelten 1917 neue Taktiken, um die Angriffe abzuwehren. „Bereitschaft" wurde mit drei kurzen Nebelhornstößen signalisiert, woraufhin Piloten und Mechaniker zu ihren Maschinen liefen und sie aus den Hangars rollten. Die Motoren wurden gestartet und die Piloten stiegen ins Cockpit, wo sie auf weitere Befehle warteten. Auf den Befehl „Patrouille" starteten Abwehrflieger in Formation zu ihren Einsatzgebieten, wo sie von Bodensignalen gelenkt wurden.

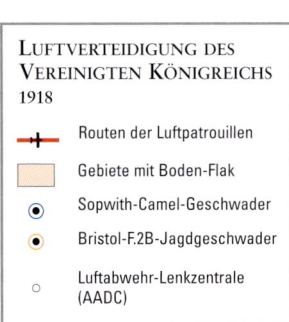

LUFTVERTEIDIGUNG DES VEREINIGTEN KÖNIGREICHS 1918
- Routen der Luftpatrouillen
- Gebiete mit Boden-Flak
- Sopwith-Camel-Geschwader
- Bristol-F.2B-Jagdgeschwader
- Luftabwehr-Lenkzentrale (AADC)

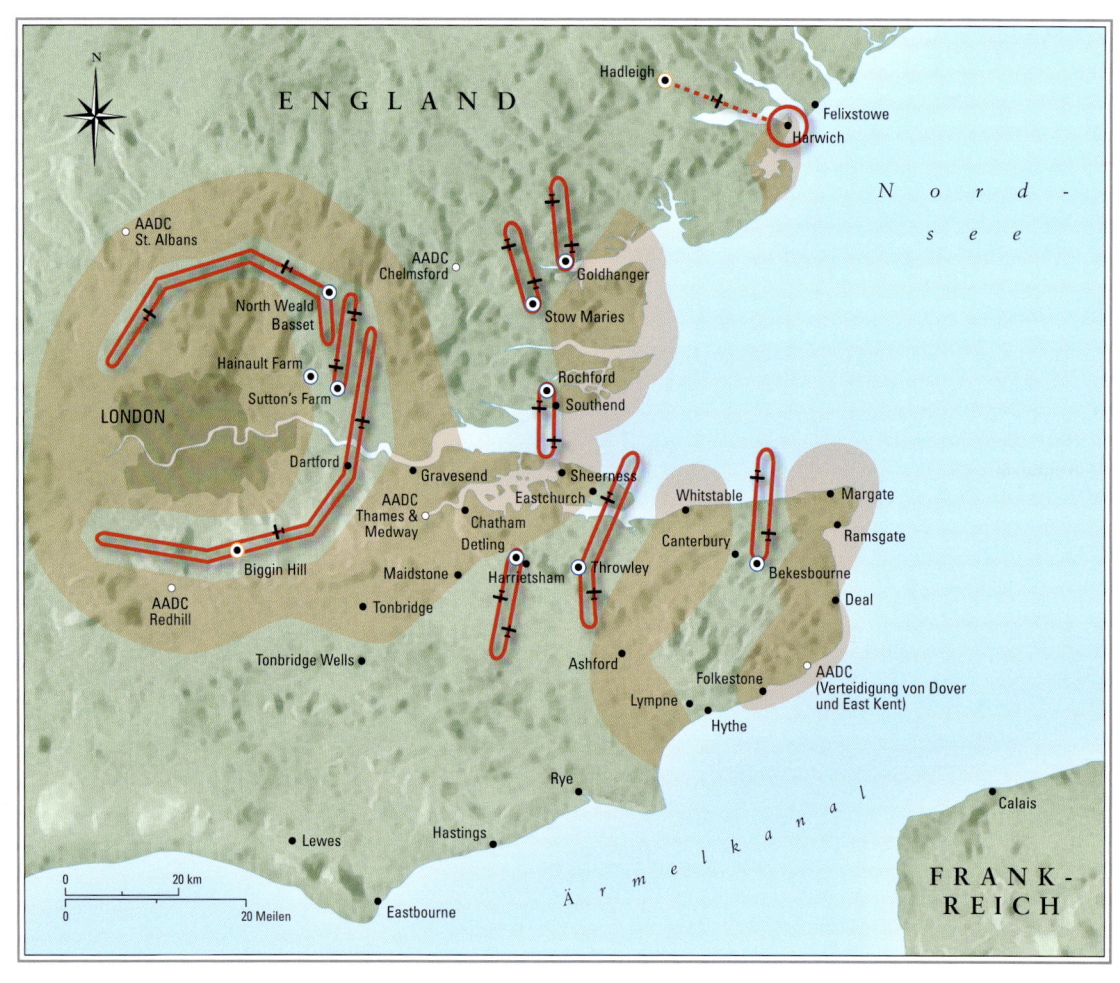

Und noch einen drauf …

Die britische Führung war gezwungen, den Luftkrieg auf ein neues Niveau zu bringen. Der Chef des königlichen Generalstabs William Robertson sah die Notwendigkeit, eine vereinte Luftstreitkraft zu formieren. Mithilfe von Premierminister Lloyd George wurde General Jan Smuts Vorsitzender eines neuen Luftorganisationskomitees. Schnell erkannte man, dass die Teilung der Befehlsgewalt zwischen Navy und Army aufhören musste. Man stellte neue Kommandostrukturen auf und errichtete für London eine umfassendere Verteidigung, damit es für Bomber und Luftschiffe kein so einfaches Ziel mehr war. Darauf reagierten die deutschen Bombergeschwader mit Nachtbombardements. Also errichteten die Briten spezielle Flak-Gebiete und Ballon-Sperren. Die Geschütze waren so eingestellt, dass die Jagdflieger in abgegrenzten Gebieten patrouillieren konnten.

In der Zwischenzeit hatte Deutschlands Luftwaffe ein riesiges Flugzeug entwickelt: die Zeppelin-Staaken R, die ursprünglich für die Ostfront gebaut worden war. Ein Geschwader, Nr. 501, wurde nach Belgien entsandt, um die Luftoffensive gegen England zu verstärken. Die R-Bomber sollten nachts mit den Gothas fliegen; eine davon erreichte in Begleitung von zwei Gothas London in der Nacht des 29. September 1917. Die Briten verstärkten ihre Abwehr und griffen weiterhin deutsche Bomberstützpunkte in Westbelgien an.

Rasch erkannten die Franzosen die Bedeutung des strategischen Bombardements. Ab 1916 flogen sie mit der exzellenten Breguet Br XIV unter starker Jägereskorte Tagangriffe auf deutsche Ziele im Rheinland. Die Briten strebten von Kriegsausbruch an danach, einen Langstreckenbomber zu entwickeln. Das Resultat war die Handley Page O/100, die ihre Existenz einem Auftrag für einen „blutigen Schocker von einem Flugzeug" aus dem Dezember 1914 verdankte. Die O/100 wurde im November 1916 beim 3. RNAS-Geschwader an der Westfront in Dienst gestellt. Ab dem folgenden Frühjahr konzentrierten sich die Staffeln 14 und 16 auf das Nachtbombardement wichtiger deutscher Einrichtungen wie U-Boot-Häfen, Bahnhöfen und Industriezentren.

Obwohl Trenchard dagegen war, Kräfte von der Westfront abzuziehen, stimmte er der Bildung einer

Bomber: 1916–18

ZEPPELIN–STAAKEN R.VI

Länge: 23,1 m
Spannweite: 42,2 m

Antrieb: 4 Mercedes-D.-IVa-Motoren
Höchstgeschwindigkeit: 135 km/h
Kampfradius: 800 km

Besatzung: 7
Bewaffnung: 5 MGs
Bombenlast: 2000 kg

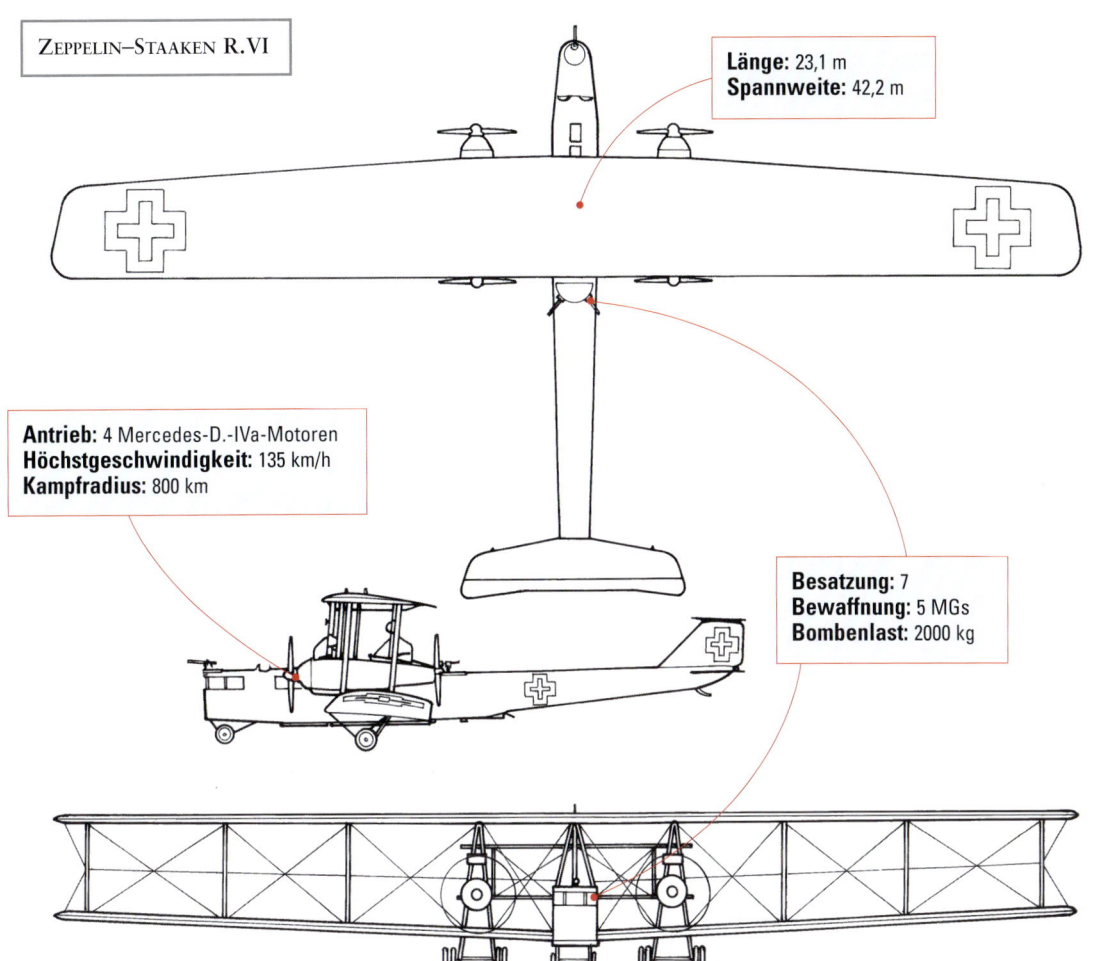

ZEPPELIN-STAAKEN R.VI
Die gewaltige R.IV war das erste Militärflugzeug mit geschlossenem Cockpit. Sie war auch das größte jemals gebaute Holzflugzeug – bis zu Howard Hughes' H-4 Hercules „Spruce Goose" 1947.

Die größten Luftkriege

eigenen Bomberformation zu. Sie sollte die neue Handley Page O/400 erhalten und Ende 1917 einsatzbereit sein. Mit den bereits verfügbaren acht leichten Bombern DH.4 flog die neue Bombergruppe am 17. Oktober 1917 gegen die Stahlwerke in Saarbrücken ihren ersten Angriff auf Deutschland. Smuts' Wunsch, mit einer unabhängigen Luftstreitkraft den Krieg nach Deutschland zu tragen, wurde im April 1918 Realität. Das 41. Geschwader, das im Oktober 1917 seine Angriffe mit nur drei Staffeln begonnen hatte, von denen nur eine mit der zweimotorigen O/400 ausgestattet war, wurde nun auf fünf Staffeln aufgestockt und im Mai Teil der aus RFC und RNAS gebildeten neuen „Royal Air Force".

Die RAF wurde Trenchards Kommando unterstellt. Er verfolgte eine aktive Bombardierungspolitik. Tatsächlich waren die meisten Einsätze jedoch taktisch, in Unterstützung der britischen Army. Trotzdem waren neue Langstreckenbomber bereits in Produktion: die de Havilland DH 17 und die Handley Page V/1500 „Berlin-Bomber". Wenn diese noch vor dem Kriegsende zum Einsatz gekommen wären, hätten die großen deutschen Städte konzentriertes Bombardement erleiden müssen.

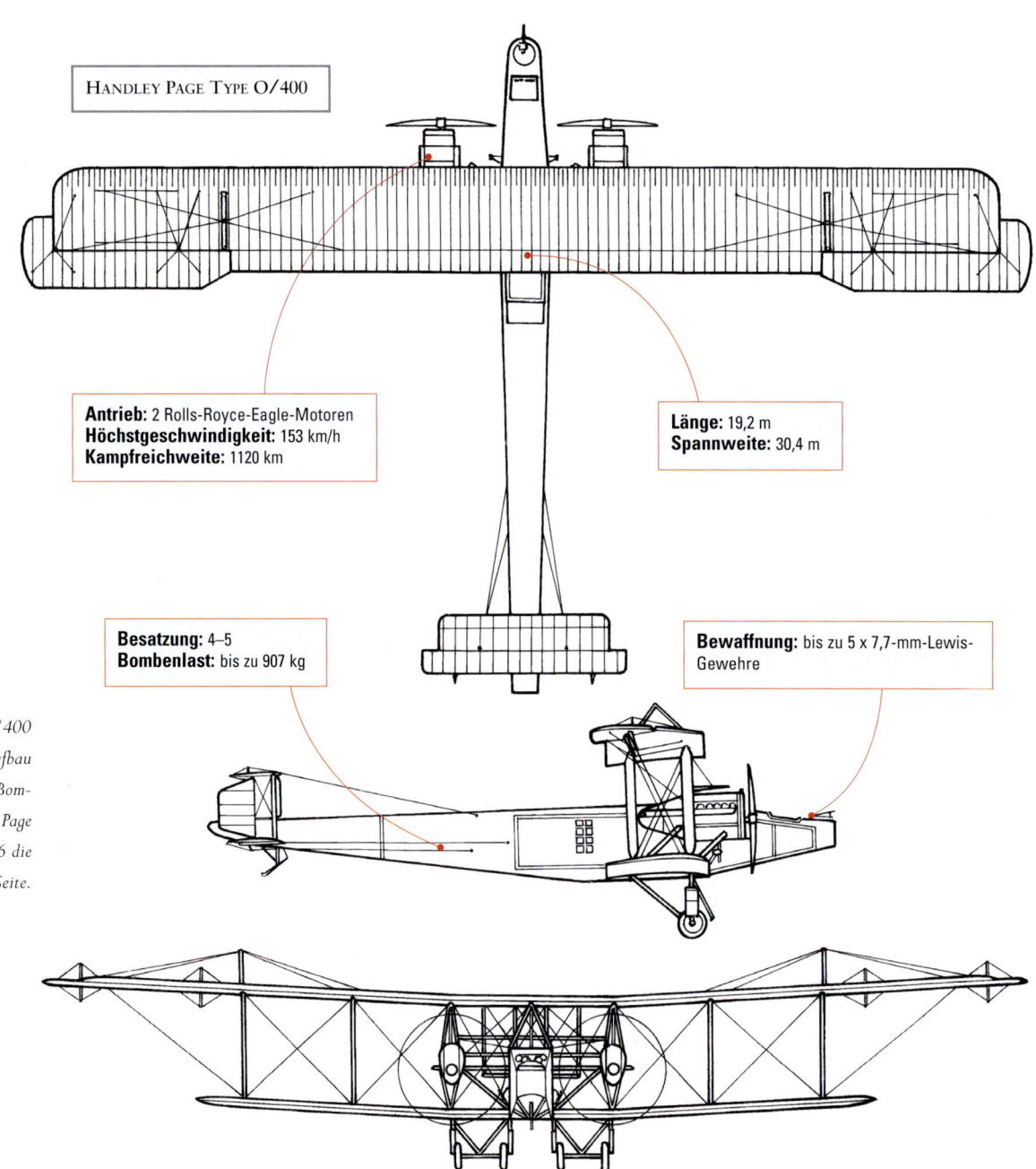

HANDLEY PAGE TYPE O/400

Antrieb: 2 Rolls-Royce-Eagle-Motoren
Höchstgeschwindigkeit: 153 km/h
Kampfreichweite: 1120 km

Länge: 19,2 m
Spannweite: 30,4 m

Besatzung: 4–5
Bombenlast: bis zu 907 kg

Bewaffnung: bis zu 5 x 7,7-mm-Lewis-Gewehre

HANDLEY PAGE TYPE O/400 Die Briten arbeiteten am Aufbau einer effektiven, schweren Bomberstreitmacht; der Handley Page Type O/100 stand ab 1916 die verbesserte Type O/400 zur Seite.

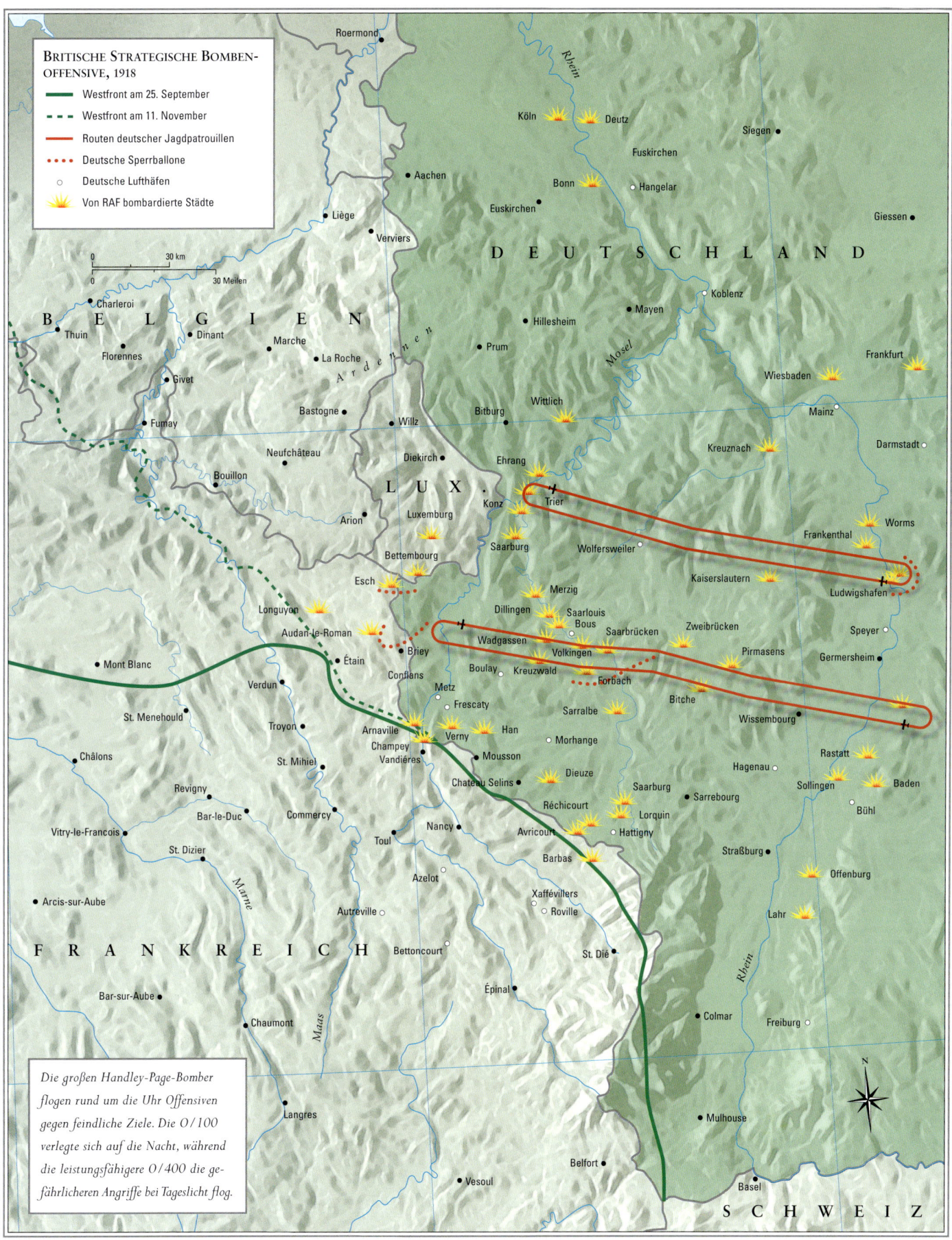

Die größten Luftkriege

AMERIKA MACHT MOBIL: 1917

OVER THERE! (DU DA!) Als die USA Deutschland am 6. April 1917 den Krieg erklärten, besaß die „US Army Aviation Section" weniger als 300 Flugzeuge, darunter keine Kampfflugzeuge, und nur 35 qualifizierte Piloten (bei einem Personalstand von 1100). Der Aviation Act vom Juli 1917 sorgte für einen enormen finanziellen Schub und eine intensive Rekrutierungskampagne.

Der deutsche U-Boot-Krieg sollte die Briten von ihrem gewaltigen Reich in Übersee und vor allem von seinem Nachbarn auf der anderen Seite des Atlantiks, den USA, abschneiden. Obwohl dies eine Zeitlang funktionierte, schadete sich Deutschland mit dieser Strategie letztlich selbst. Präsident Woodrow Wilson hatte klargemacht, dass man die deutschen Angriffe auf US-Frachtschiffe als Rechtfertigung nutzen würde, um in den Krieg einzutreten. Nach dem Verlust mehrerer Frachter, vor allem der „Lusitania", die 168 US-Staatsbürger mit in die Tiefe nahm, traten die USA im April 1917 auf Seiten der Alliierten in den Krieg ein.

Militärisch gesehen waren die US-Streitkräfte, mit Ausnahme der Navy, unbedeutend. Noch waren die USA weit davon entfernt, in den Krieg in Europa wirkungsvoll eingreifen zu können, daher wurde massiv mobilgemacht.

Freiwillige Verpflichtung

Die USA waren zwar erst 1917 in den Krieg eingetreten, doch mit dem „American Ambulance Field Service" waren sie fast von Anfang an aktiv gewesen. Etwas später bildete Norman Prince, ein Abenteurer aus Neu-England, aus freiwilligen Amerikanern ein Geschwader in der französischen Luftwaffe, wo es ab 16. April 1916 Einsätze flog. Insgesamt meldeten sich 209 US-Bürger freiwillig zu den Franzosen. Die meisten durchliefen ein reguläres Training in Buc, Frankreich, mit Blériots, von denen 31 in die „Escadrille Lafayette" gelangten. Der Rest diente bei anderen Geschwadern:

Französische Ausbildungslager waren kein Spaziergang. Wir waren vor dem Morgengrauen auf, bekamen nur eine Tasse lauwarme Zichorie, die sich als Kaffee ausgab, damit wir bis zur ersten Mahlzeit um 11 Uhr durchhielten. Bei Tagesanbruch zitterten wir im Feld und warteten, bis wir dran waren, mit diesem herrlichen Apparat, der Blériot Monoplane, zu fliegen.

Der US Air Service wurde unter dem Kommando von Major General Mason Patrick als Teil der amerikanischen Expeditionsstreitkräfte gegründet. General John J. Pershing, der Oberkommandierende der AEF, wollte ursprünglich 260 Kampfgeschwader, doch es wurden nur 202. Diese wurden unterteilt in 101 Beobachter-, 27 Nachtbomber-, 14 Tagbomber- und 60 Jagdstaffeln. Sie sollten mit den geplanten drei Armeen der 16 Korps in Frankreich kooperieren. Zu Kriegsbeginn besaßen die Amerikaner eine minimale Luftwaffe und kaum Luftfahrtindustrie. Deshalb bestellte die Regierung in großem Stil bei den Briten und Franzosen. Beauftragt wurden etwa die DH.4 und Salmson 2 als Beobachter und Bomber, die Nieuport 28, Apad XIII und S.E.5 als Kampfflugzeuge. Man hatte auch vorgehabt, von geeigneten Unternehmen in Lizenz produzieren zu lassen; das Vorhaben erwies sich jedoch als wenig erfolgreich.

Für die europäischen Produktionstechniken waren in der Endfertigung viele Facharbeiter nötig, doch das passte nicht zur US-Massenproduktion, wo das Fließband den Ton angab. Außerdem hatten die Fabrikanten wenig Zeit, um von ziviler auf militärische Produktion umzustellen. Trotz aller Schwierigkeiten wurden rund 4000 DH.4 mit einem nur in den USA hergestellten 180-PS-Motor, dem „Liberty", gefertigt. 1917 beschloss der US-Kongress die Bereitstellung von 640 000 000 US-Dollar für die expandierende Luftfahrt – bis heute das größte jemals beschlossene Einzelbudget.

Endlich in Europa

Es wurde August 1917, ehe das erste US-Kampfgeschwader – die 1. Aero Squadron, eingesetzt in der Beobachterrolle – in Frankreich eintraf. Im Februar 1918 trat der US Air Service in den Krieg ein, fünf Tage später feierte er seinen ersten Abschuss. Bei US-Bodenangriffen lieferten US-Geschwader wertvolle Unterstützung, namentlich in der dritten Schlacht an der Aisne, in Saint-Mihiel sowie bei der Maas-Argonnen-Offensive.

Jene Amerikaner, die mit Frankreichs Escadrille Lafayette flogen, wurden als 103. Aero Squadron in den US Air Service integriert. Am 11. November dienten an der Westfront sieben Bomber-, 18 Beobachter- und 20 Jagdgeschwader. Sie flogen bei Bombenangriffen bis zu 257 km weit hinter die deutschen Linien und schossen 756 feindliche Maschinen sowie 76 Ballone ab. Aus diesen Missionen gingen 31 Fliegerasse hervor, unter ihnen Piloten wie Captain Eddie Rickenbacker mit 26 Abschüssen. Der US Air Service verlor selbst 289 Flugzeuge, 48 Ballone und 237 Mann. Bei Kriegsende betrug die Gesamtzahl der US-Geschwader 185 – mit der Unterstützung vollständiger Bau-, Versorgungs-, Wartungs- und Übungstrupps.

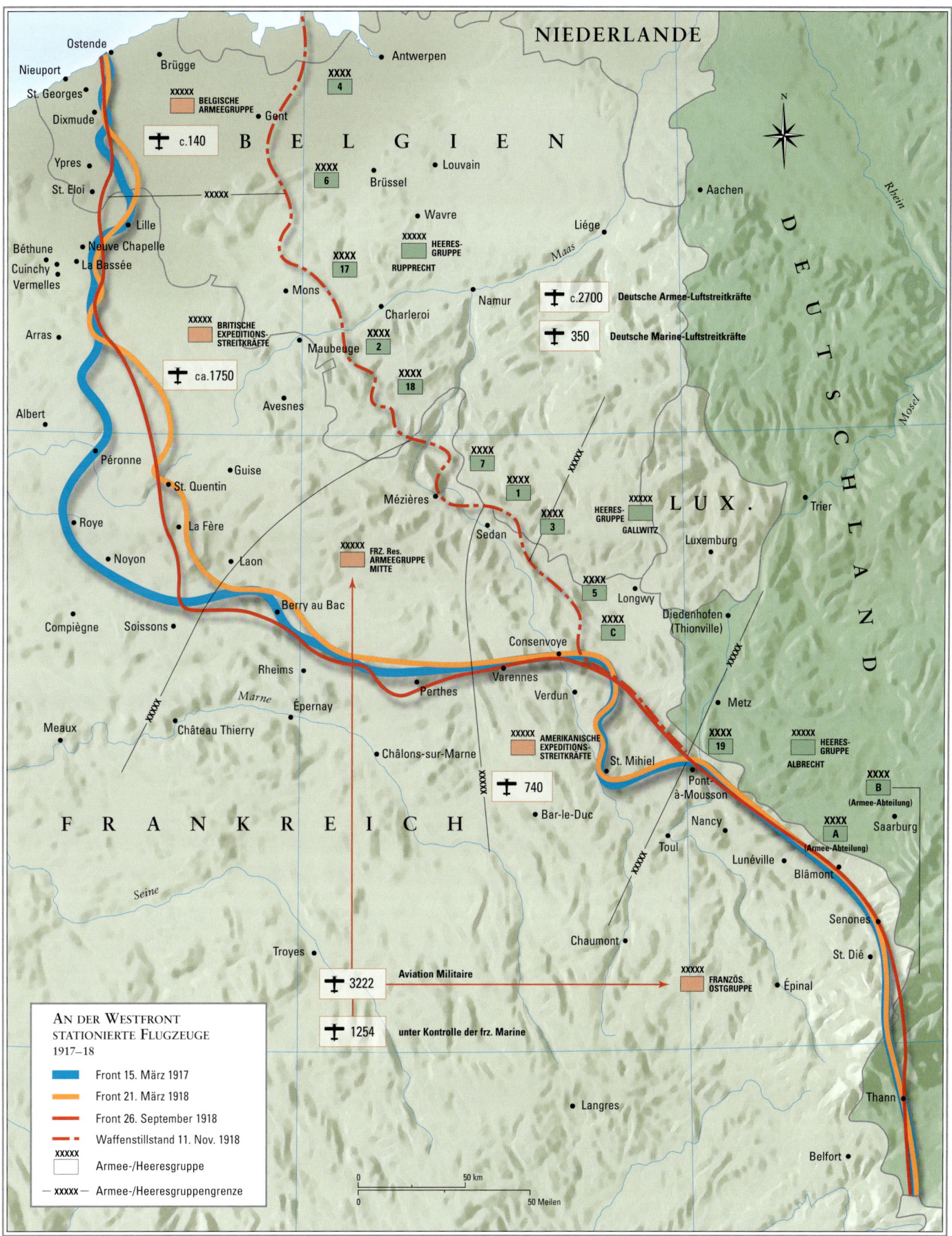

Amerika macht mobil: 1917

Die größten Luftkriege

LETZTE SCHLACHTEN: 1918

Ende 1917 unterlag das erschöpfte, diskreditierte Zarenregime der Revolution. Zunächst versuchte die neue demokratische Provisorische Regierung, ihre Verpflichtungen gegenüber ihren Verbündeten einzuhalten. Das Kerensky-Regime startete die Brussilow-Offensive, um mit einem Sieg zu beweisen, dass es berechtigt war, das neue Russland zu regieren. Kurzzeitig kam die Offensive gut voran, doch bald geriet sie ins Stocken. Russland zerfiel und die Bolschewiken kamen an die Macht. Sie hatten ursprünglich vor, die Revolution nach ganz Europa zu tragen und den Krieg von innen zu beenden. Dieser Plan scheiterte, doch zumindest behielten sie in Russlands Städten die Macht. Um die prekäre Lage zu festigen, war Frieden mit Deutschland unabdingbar – zu jedem Preis. Das Ergebnis war der Vertrag von Brest-Litowsk, der Deutschland und Österreich-Ungarn große Gebiete zusprach. Das nahm der Blockade der Entente den Druck, denn wegen des Friedens im Osten konnten sich die Mittelmächte anderen Fronten zuwenden.

Nachdem sie die Briten in Flandern abgewehrt hatten, griffen die Deutschen im Oktober 1917 an der Italienfront an. Sie verlegten Truppen zur Verstärkung der Österreicher; dann begann die Offensive bei Caporetto, bei der die italienische Armee vernichtend geschlagen wurde. Die Deutschen stießen 129 km weit vor, doch mithilfe der Briten und Franzosen hielten die Italiener am Piave stand.

Der britische Angriff bei Cambrai in Frankreich mit vielen der neuen Panzer beunruhigte die Oberste Heeresleitung derart, dass sie den Vormarsch in Italien stoppte. Die Italiener waren ohnehin nicht in der Verfassung für eine Offensive, bis sich die Umstände ändern würden. Frankreich hatte sich noch immer nicht von der blutigen Nivelle-Offensive des Frühjahrs erholt und die Amerikaner waren noch mit der Ausbildung und Verlegung ihrer Truppen nach Europa beschäftigt, wo sie noch kaum eine Rolle spielten. Das machte die Briten in den Augen der Deutschen 1918 zum Hauptgegner.

Produktivitätssteigerung dringend nötig

Die Amerikaner hatten zwar gerade erst begonnen, sich im Krieg bemerkbar zu machen, doch das deutsche Oberkommando registrierte sehr wohl deren gewaltiges Industriepotenzial. Mitte 1917 startete Deutschland das treffend benannte „Amerikaprogramm". Dieses sah die Produktion von 2000 Flugzeugen und 2500 Motoren pro Monat vor, um mit der steigenden Produktion Frankreichs, Englands und der USA Schritt zu halten. Diese Anstrengungen trieben die Preise für Flugzeuge in die Höhe und untergruben die Loyalität der deutschen Fabrikarbeiter. Die Kriegsbegeisterung war vorüber, es kam zu Streiks und die Zahl der Arbeiter ging zurück. 1917 produzierte die deutsche Industrie 13 977 Flugzeuge, doch nur 12 029 Motoren. In der gleichen Zeit bauten Franzosen und Briten zusammen 28 871 Flugzeuge und 34 755 Motoren, und endlich kamen auch Maschinen aus den USA.

In den ersten Monaten des Jahres 1918 stellte die deutsche Industrie nicht mehr als 1100 Flugzeuge im Monat her. Die deutsche Luftwaffe hatte nur zwei Möglichkeiten: Die Übungsflugplätze zu leeren, um die Frontstärke zu erhalten, oder diese Stärke nach und nach schwinden zu lassen, bis eine Kontrolle des Luftraums nicht mehr möglich wäre. Eine langfristige Verteidigungsstrategie tat Not. Obwohl die Deutschen und die Österreicher einen Großteil Osteuropas kontrollierten, handelte es sich dabei um ärmliche Agrargebiete ohne Industrie, die man für den Krieg hätte nutzen können. Die Italiener hatte man geschlagen, aber die Lage an der Westfront konnte nur schlimmer werden, als die Aufrüstung der USA der Entente numerische Überlegenheit verschaffte. Für die Deutschen hieß es in Bezug auf einen Sieg: Frühjahr 1918 oder nie.

VORGELAGERTES FLUGFELD
Die Royal Aircraft Factory RE.8, hier auf einem improvisierten Flugfeld, übernahm die Rolle als Beobachter von der BE.2 und war daher weit verbreitet – 33 RFC-Staffeln flogen dieses Modell. Wie die BE.2 war sie überaus starr und daher im Kampf nicht wendig genug, weshalb es hohe Verluste gab, wenn sie nicht mit schwerer Eskorte unterwegs war.

Letzte Schlachten: 1918

Zu diesem Zeitpunkt waren die Mittelmächte kurz im Vorteil. Obwohl sie im Osten weite Landstriche sichern mussten, konnten sie Truppen in den Westen schicken, wo dann 192 deutsche Divisionen 169 alliierten gegenüberstanden.

Am 21. März explodierte Operation Michael an der Westfront. Sie zielte auf die britische 3. und 5. Armee im Gebiet von Arras und St. Quentin ab. Die deutsche Armee entwickelte neue Taktiken. Um das Überraschungsmoment zu bewahren, stürmten spezielle Sturmtruppen mit automatischen Waffen vorwärts, an Brückenköpfen vorbei; letztere sollten später erledigt werden. In der Luft darüber operierten die neu gebildeten Schlachtstaffeln, die zu Schlachtgeschwadern gruppiert wurden, gemeinsam mit Bodenangriffsflugzeugen, die feindliche Versorgungslinien, MG-Stellungen und jeden Widerstand vernichten sowie den Heereskommandanten berichten sollten. Eine Schlachtgruppe deckte einen Frontabschnitt ab und erhielt sofort Nachschub, wenn Munition und Treibstoff knapp wurden. Damit verfügten die Armeekommandanten über eine sehr mobile leichte Luftartillerie und ständig neue Informationen. Auch die Entente ging zu einer ähnlichen Taktik über.

Vorstoß an die Somme

Die deutsche Luftkampfstärke war von 2270 Ende 1917 auf 3670 im März 1918 angewachsen. Anfang dieses Jahres wurde die neue Fokker D.VII in Dienst gestellt. In den Händen eines durchschnittlichen deutschen Piloten war sie eine ernstzunehmende Gefahr; wenn aber ein erfahrener Flieger am Steuerknüppel saß, war sie oft das Letzte, das ein Gegner zu sehen bekam. Die deutsche Offensive sollte bis an die Somme im Süden vorstoßen. Die Wendung nach Nordwesten, wo man die britischen und belgischen Linien aufrollte, verlief zunächst gut, man schuf einen gewaltigen Frontbogen. Am 4. April konnte die deutsche Logistik jedoch die Versorgung der Offensive nicht mehr aufrechterhalten – ihr ging schlicht der Dampf aus. Die Entente reorganisierte ihr Oberkommando und die Aufstellung ihrer Divisionen und hielt die Linien. Am 9. April startete General Ludendorff eine zweite Offensive, „Georgette", doch bereits am 17. April gingen die Briten zum Gegenangriff über.

In dieser Zeit verlor die deutsche Luftwaffe jeden Monat rund 14 Prozent ihrer Piloten – mit dieser Rate konnte die Ausbildung nicht mithalten. Außerdem wurde im April 1918 auch Manfred von Richthofen über Morlancourt in der Nähe der Somme abgeschossen. Moderne Forscher schreiben

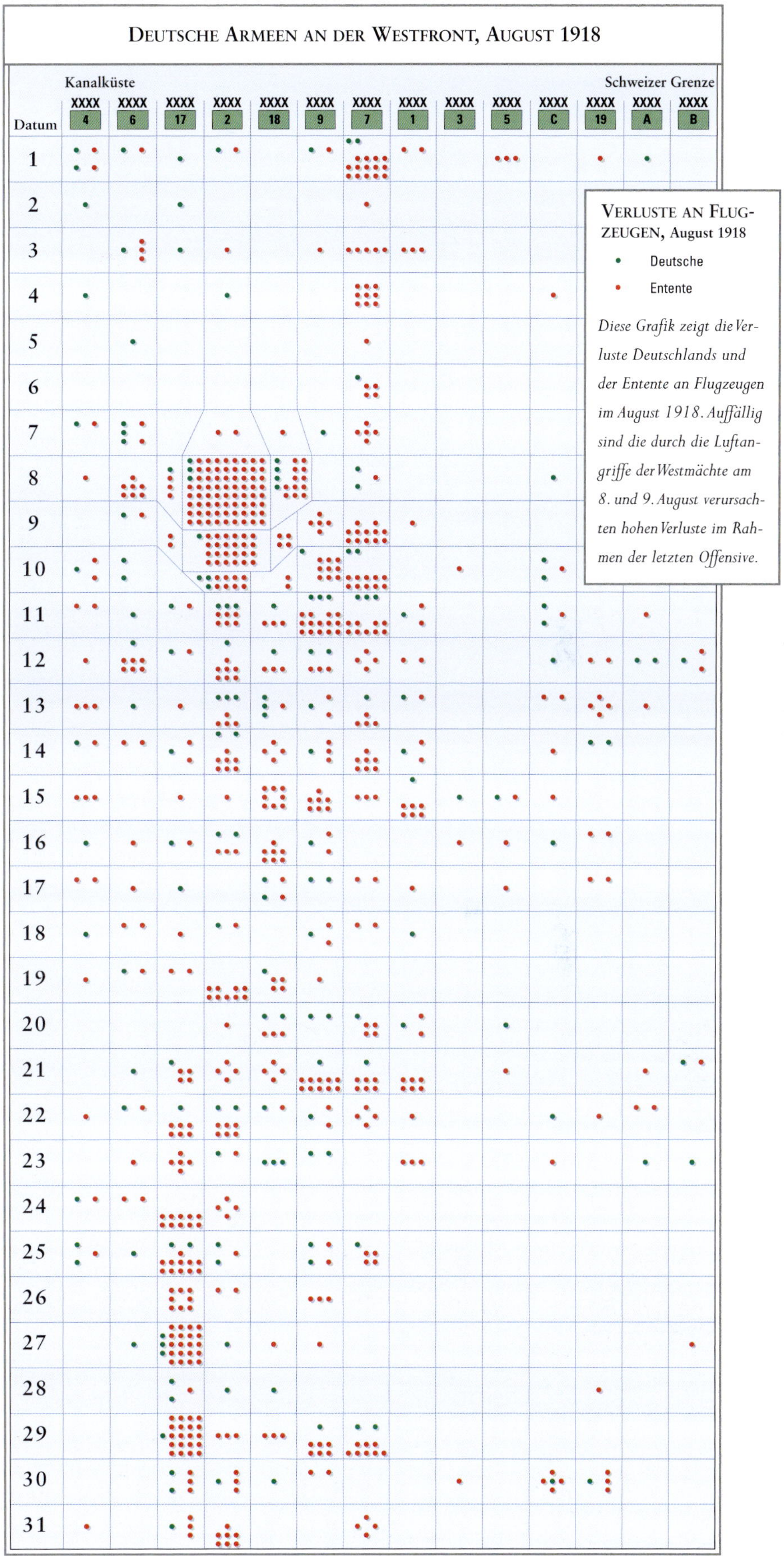

VERLUSTE AN FLUGZEUGEN, August 1918

- ● Deutsche
- ● Entente

Diese Grafik zeigt die Verluste Deutschlands und der Entente an Flugzeugen im August 1918. Auffällig sind die durch die Luftangriffe der Westmächte am 8. und 9. August verursachten hohen Verluste im Rahmen der letzten Offensive.

Die größten Luftkriege

*BREGUET BR.XIV
Das effektivste Produkt von Louis Breguet im Ersten Weltkrieg war ohne Zweifel der zweisitzige Br.XIV-Aufklärer / Bomber. Das erste Serienflugzeug wurde bei der Aeronautique Militaire im Frühjahr 1917 in Dienst gestellt. Die Br.XIV verdiente sich rasch ihren Ruf als robuste und zuverlässige Maschine.*

*TÖDLICHER FALL
Vor der Ausgabe von Fallschirmen sprangen viele Piloten lieber in den Tod, als lebendig zu verbrennen. Die Deutschen waren die Ersten, die Fallschirme einsetzten; ihre Flugzeuge hatten die stärkeren Motoren und kamen daher mit dem Zusatzgewicht besser zurecht.*

dies einem australischen MG-Schützen zu, nicht Captain Roy Brown von No. 209 Squadron, wie man ursprünglich glaubte. Dies war ein Schock für die Deutschen. Feldmarschall Ludendorff meinte, die Nachricht hätte der Kampfmoral genauso geschadet wie die Vernichtung von zehn deutschen Divisionen.

Am 27. Mai wurde die französische Armee angegriffen. In den ersten 24 Stunden drangen die Deutschen 21 km weit vor, der längste Vormarsch an der Westfront an einem Tag seit 1914. Am 3. Juni erreichten sie die Marne, wo im August und September 1914 heftige Gefechte stattgefunden hatten. Wie beim Angriff auf die Briten konnte jedoch auch hier die deutsche Logistik nicht mithalten und der Angriff wurde abgeblasen.

Als Vorgeschmack auf die Zukunft waren unter den Formationen, die den Gegenangriff starteten, zwei US-Divisionen, die 1. bei Catigny am 28. Mai und die 2. bei Belleau am 2. Juni. Zwischen dem 9. Juni und 15. Juli starteten die Deutschen zwei weitere Angriffe, beide verliefen im Sand. Nun waren sie erschöpft. Die Offensiven hatten 1 000 000 Opfer gefordert, darunter einige von Deutschlands besten Piloten, sowie 2900 Flugzeuge.

Das Blatt wendet sich

Nun gingen die Westmächte in die Offensive. Ab dem 18. Juli griff die französische Armee an der Marne an. Sie erreichte Soissons am 2. August. Am 8. August griffen die britische 4. und die französische 1. Armee südlich von Albert an. Dieser Angriff war ein großer Erfolg, vor allem der britisch-australische Vorstoß. Auf Luftaufnahmen waren die Abwehranlagen sorgfältig identifiziert worden: kurzes Bombardement, gefolgt von Panzern und Infanterie mit Luftunterstützung – eine Frühform des Blitzkriegs. Zum ersten Mal schafften es die Soldaten durch das Niemandsland und die deutschen Abwehranlagen. Ludendorff nannte dies den „schwärzesten Tag des Krieges für die deutsche Armee".

Als die deutschen Truppen zurückfielen, versuchten die Jagdgeschwader, die feindlichen Bomber in Schach zu halten. Erfolgreich verteidigten sie – vor allem mithilfe der neuen Fokker D.VII – die Somme-Brücken gegen Luftangriffe und fügten der Entente schwere Verluste zu. An der 40 km langen Front hielten 365 deutsche Flugzeuge mehr als 1900 westlichen stand.

Am 12. September, gerade als Ludendorff den Rückzug organisierte, griff die neu formierte 1. US Army im Frontbogen von St. Mihiel an. In der Luft kämpften die Deutschen im August und September hart und verursachten große Verluste – die 1. „US Day Bombardement Group" verlor 31 Piloten. Doch aggressiv wurde die deutsche Luftaufklärung buchstäblich vom Himmel geschossen. Das US-Fliegerass Frank Luke von der 27. Aero Squadron, spezialisiert auf den Abschuss von Ballons, schoss in 18 Tagen 17 Ballons ab. Die OHL hatte kein klares Bild mehr von der Lage.

Die Westmächte setzten ihre Offensiven fort und drängten die Deutschen fast an der gesamten Front zurück. Deutsche Lufteinheiten waren nun auf weniger gut ausgestattete Flugfelder angewiesen und verloren daher an Schlagkraft. Zwischen März und November fiel die Zahl der Flugzeuge von 3700 auf 2700. Die Produktionszahlen unterstrichen die katastrophale Situation: Bis November baute Deutschland 8055 Flugzeuge und etwas mehr als 9000 Motoren. Im gleichen Zeitraum produzierten Großbritannien und Frankreich zusammen 56 378 Flugzeuge und 66 651 Motoren – genug, um ihre eigenen Streitkräfte und den US Air Service zu versorgen. Und auch wenn das US-Programm noch nicht besonders erfolgreich gewesen war, wurden für 1919 große Resultate erwartet.

Die Welt der Luftfahrt war nicht wiederzuerkennen. 1914 noch hatten viele in Flugzeugen kaum mehr gesehen als fliegende Beobachtungsposten, doch als die Kampfhandlungen 1918 eingestellt wurden, konnte sich niemand mehr einen Krieg ohne Flugzeuge vorstellen. Auch im Vertrag von Versailles wurden Flugzeuge erwähnt, sogar die Fokker D.VII im Speziellen – so groß war der Eindruck, den die Flieger im letzten Kriegssommer hinterlassen hatten. Die Großmächte waren mit ein paar hundert Flugzeugen und Piloten in den Krieg eingetreten; sie beendeten ihn mit Tausenden. Es gab kein Zurück mehr.

Letzte Schlachten: 1918

1920 hatte sich die Landkarte in Europa völlig verändert. Die neuen Staaten Polen, die Tschechoslowakei und Jugoslawien waren aus den Trümmern der Mittelmächte und des Osmanischen Reiches entstanden.

Die größten Luftkriege

DIE ZWISCHENKRIEGSZEIT

*CHARLES KINGSFORD SMITH
Die erste erfolgreiche Überquerung des Pazifik machte Captain Charles Kingsford Smith 1928 mit einer Fokker F.VIII-3m namens „Southern Cross" („Kreuz des Südens"). Nach einem abenteuerlichen Flug durch elektrische Stürme und mit mehreren Zwischenstopps erreichte die „Southern Cross" bei Eagle Farm, Brisbane, das Festland. In einer Flugzeit von 83 Stunden, 38 Minuten hatte sie 11 890 km zurückgelegt.*

Am 28. Juni 1919, rund sechs Monate nach den letzten Gefechten am 11. November 1918, wurde der Vertrag von Versailles, der Friedensvertrag zwischen Deutschland und der Entente, unterzeichnet, womit der Krieg offiziell beendet war. Der Vertrag enthielt strenge Auflagen für Deutschland, vor allem den Ausschluss aus der militärischen Luftfahrt. Er untersagte jedoch nicht die zivile Luftfahrt und band Deutschland auch nicht an einen neuen Status quo. Ferdinand Foch, der Marschall von Frankreich und Oberbefehlshaber der alliierten Streitkräfte bei Kriegsende, meinte, der Vertrag wäre nichts weiter als ein „20-jähriger Waffenstillstand".

Auf dem Müllhaufen

Nach dem Friedensschluss gab es Tausende Flugzeuge zu viel, die nun verschrottet, verkauft oder eingemottet wurden. Einen fabrikneuen Royal-Aircraft-Factory-SE5a-Jäger konnte man – ohne Waffen – für 5 Pfund kaufen, eine ebensolche Curtiss Jenny für 300 Dollar. Außerdem ging die Zahl der Piloten, vormals „Mangelware", in die Tausende, ebenso wie die der Luftfahrtexperten jeder Art. Nach den Erfahrungen im Krieg konnten sich viele Piloten nur schwer in das zivile Leben integrieren. In den USA kamen viele bei den „Barnstormers", einer reisenden Flugshow, unter, die von Ort zu Ort zogen, um Nordamerika die Wunder der Fliegerei zu zeigen. Abenteurer und kreative Geister widmeten sich neuen Konzepten der Luftfahrt – wenn ein Flugzeug Hunderte Meilen mit Bombenlast fliegen konnte, wieso dann nicht auch mit Post und vielleicht sogar Menschen an Bord?

Vor dem Ersten Weltkrieg waren Tausende Menschen in den Luftschiffen der deutschen Fluglinie DELAG gereist. 1913 wurde in Florida ein Versuch mit planmäßigen Flügen unternommen, doch erst am 25. August 1919 startete das britische Unternehmen „Aircraft Transport and Travel Limited" die erste ständige Luftverbindung zwischen London und Paris. Bald entstanden Flugrouten auch zwischen anderen europäischen Hauptstädten. Obwohl die meisten

*UMGEBAUTER BOMBER
Nach dem Ersten Weltkrieg wurden einige Handley-Page-O/400-Bomber zu Transportflugzeugen umgebaut. Die hier abgebildete Maschine unternahm ihren ersten kommerziellen Flug am 30. April 1919 von Cricklewood aus; sie beförderte Zeitungen und elf Passagiere und erreichte Manchester nach drei Stunden Flugzeit.*

Länder die Luftfahrt subventionierten, dauerte es in Großbritannien etwas länger. Nachdem mehrere private Fluglinien gescheitert waren, wurden die verbliebenen vier am 13. März 1924 zu einer nationalen Fluglinie fusioniert, die den großen Namen „Imperial Airways" erhielt. Hauptziel war die Verbindung Großbritanniens mit seinem gewaltig ausgedehnten Reich. Nur einen Monat nach Kriegsende flog ein speziell ausgerüsteter Handley-Page-O/1500-Bomber erstmals von London nach Indien. Dies war der erste von vielen Pionierflügen der Royal Air Force.

Es gab Pionierflüge nach Südafrika über Malta, Kairo, Ost- und Westafrika. Die Franzosen flogen nach Dakar, dem Endpunkt ihres Reiches in Afrika, und es gab Verbindungen zu vielen Außenposten in ihren Kolonien. Die Holländer flogen über den Nahen Osten und Indien nach Ostasien. Deutschland, dem der Vertrag seine Überseebesitzungen genommen hatte, flog Routen in die Sowjetunion und nach China. In den 1920er- und frühen 30er-Jahren blühten die deutsch-sowjetischen Beziehungen auf – ein Weg, den verhassten Friedensvertrag zu umgehen. Während die europäischen Nationen Routen zu ihren Kolonien suchten, warfen die Amerikaner ein Auge auf den Atlantik.

Verlockung Atlantik

Zuvor hatte Lord Northcliffe, der Inhaber der flugbegeisterten britischen Zeitung „Daily Mail", einen Preis von 10 000 Pfund ausgesetzt für die erste Überquerung des Atlantik von Nordamerika zu den Britischen Inseln oder umgekehrt; damals gehörte Irland zum Vereinigten Königreich. 1914 waren zwei Versuche geplant, ein britischer und ein amerikanischer, doch beiden setzte der Krieg ein Ende. Glenn Curtiss, der zum amerikanischen Plan gehört hatte, hatte damals bereits brauchbare Flugboote entworfen, die er 1918 verbesserte. Die erste Curtiss NC-1 hatte drei Liberty-Motoren mit je 400 PS. Die Weiterentwicklungen NC-2, NC-3 und NC-4 hatten jeweils vier Motoren des gleichen Typs. Die Spannweite dieser Doppeldecker betrug 38 m, die Länge des bootsförmigen Rumpfes 13,7 m und seine Breite 3 m. Diese Flugzeuge sollten die Marine-Operationen in europäischen Gewässern unterstützen. Doch noch bevor die Flugzeuge stationiert werden konnten, war der Krieg zu Ende.

Das Interesse an Langstreckeneinsätzen blieb jedoch bestehen. Das „Bureau of Aeronatautics" der US Navy bildete eine eigene Transatlantik-Abteilung, die

Die Zwischenkriegszeit

sich den Problemen des Transatlantikfluges und seiner Planung widmete. Dieser Versuch wurde 1919 großzügig unterstützt.

Die maximale Reichweite dieser Flugboote betrug 2366 km, was bedeutete, dass ein Nonstopflug nicht zur Debatte stand. Deshalb wählte man eine Route über die Azoren. Jedes Flugboot sollte eine sechsköpfige Besatzung haben – zwei Piloten, einen Navigator, einen Funker und einen Reservepiloten, der auch als Mechaniker fungierte. Jedes der vier Flugboote verfügte über einen Treibstoffvorrat von 6094 Litern mittschiffs. Nicht weniger als 50 Kriegsschiffe waren auf der Route von Trepassey Bar, Neufundland, und den Azoren verteilt. Kurz vor dem geplanten Start musste NC-2 wegen Motorproblemen ausscheiden.

Transatlantik-Erfolg

Am 16. Mai starteten NC-1, NC-3 und NC-4 in Richtung Azoren. Während der Dunkelheit versuchten die Schiffe, mit Suchscheinwerfern und Leuchtraketen den Weg anzuzeigen. Am Morgen des 17. Mai sichtete der Navigator der NC-4 die westlichste Azoreninsel Flores. Dann legte er einen Kurs nach São Miguel, der größten Azoreninsel, doch aufgrund von Nebel war das Flugzeug nach 2229 Flugkilometern gezwungen, in Horta auf Faial zu landen. Drei Tage später flog NC-4 nach São Miguel, wo sie weitere sieben Tage aufgehalten wurde. Am 27. Mai verließ NC-4 die Azoren in Richtung Lissabon, ein Flug von 1489 km, für den sie neun Stunden und 43 Minuten benötigte. Damit war die erste Atlantiküberquerung in der Luft vollendet. In der Maschine saßen neben Lieutenant Commander A. C. Reed Lieutenant W. Hinton, Lieutenant J. W. Breese, Lieutenant E. Stone, Ensign H. C. Rodd und Chefingenieur Mate E. S. Rhoads. Die NC-1 war aus Angst vor einer Kollision mit dem Azorengebirge im Nebel unterwegs gelandet. Kurz nachdem die Besatzung vom Handelsschiff „Ionia" gerettet worden war, versank die NC-1 in schwerer See. Die NC-3 landete, um ihre Position zu bestimmen, und konnte danach

PIONIERFLÜGE

Die Brüder Ross und Keith Smith flogen 1919 als Erste von London nach Australien. Sie benötigten für die Reise in einer Vickers Vimy 28 Tage und erhielten dafür vom australischen Premierminister 10 000 Pfund. Eine ähnliche Summe erhielten Lt Col Pierre van Ryneveld und Flt Lt Qintin Brand für den Rekorde brechenden Flug von London nach Kapstadt, ebenfalls mit einer Vimy. Alle vier wurden für ihre Leistungen zum Ritter geschlagen.

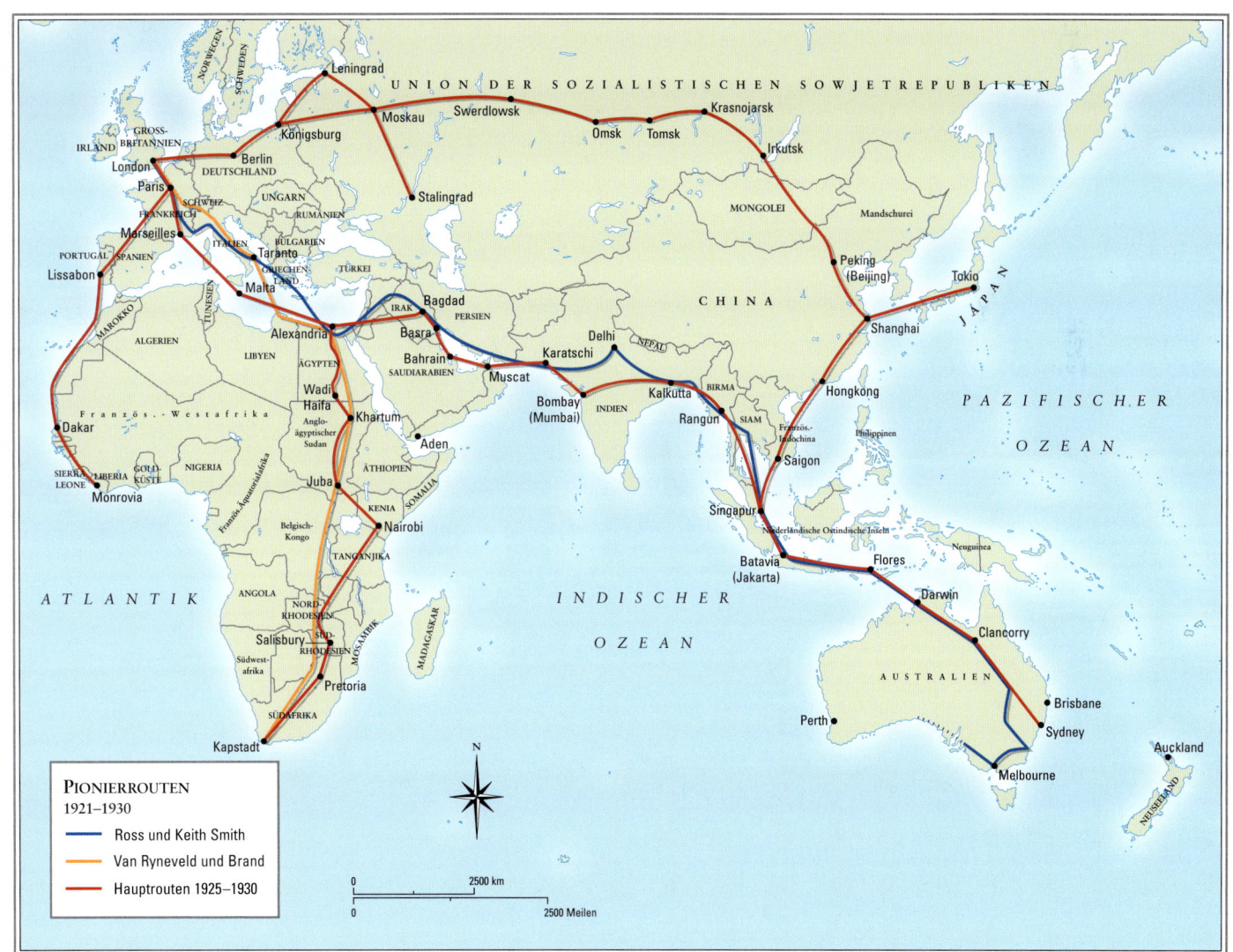

Die größten Luftkriege

*CURTISS NC-4
Am 27. Mai 1919 beendete ein Curtiss-N-4-Flugboot der „US Navy Seaplane Division One" unter Lt Cdr A. C. Read den ersten Transatlantikflug. Es traf in Lissabon, Portugal, ein, nachdem es von Neufundland über die Azoren geflogen war. Seine beiden Begleitflugzeuge mussten kurz vor dem Ziel landen. Die erfolgreiche Maschine verbrachte zehn Tage in Portugal, bevor sie nach Plymouth, England, weiterflog.*

*ATLANTIK-ABENTEUER
Im „goldenen Zeitalter" zwischen den Kriegen gelang die Überquerung des Atlantiks. Nach der US-Navy-Überquerung durch Read sowie den Nonstopflügen von Alcock und Brown sowie Lindbergh starteten auch andere Abenteurer. Clarence Chamberlin beförderte als Erster einen Passagier, von Hünefeld flog als Erster von Ost nach West und Assolant war der erste Franzose, dem eine Überquerung gelang – in seiner leuchtend gelben „Oiseau Canari". Kingsford Smith, ein Pionier der Australien-Routen, betrachtete den Atlantik als seine letzte Herausforderung. Den Höhepunkt der Premieren stellten die ersten kommerziellen Flüge von Wilcockson, Bennett und Coster am 20.–21. Juli 1938 dar.*

nicht mehr starten. Durch Meer und Sturm schwer beschädigt, lief sie in der Inselhauptstadt Ponta Delgada ein, wo man sie begeistert willkommen hieß.

Die NC-4 flog von Lissabon in Richtung Norden und traf nach einigen kleineren Pannen am Nachmittag des 31. Mai 1919, nach einer Flugzeit von 53 Stunden und 58 Minuten über eine Distanz von 6952 km von Trepassey Bay nach Cattewater, in England ein.

Nonstopflug

Nur zwei Wochen später unternahm das britische Duo Captain John Alcock und Lieutenant Arthur Whitten Brown den ersten erfolgreichen Transatlantikflug. Sie flogen eine Vickers Vimy, einen gegen Kriegsende produzierten Bomber. Mit den zwei Rolls-Royce-Eagle-VIII-Motoren erreichte er 160 km/h. Man entfernte sämtliche militärische Ausrüstung und baute zusätzliche Tanks ein, womit die Vimy insgesamt 3274 Liter Treibstoff mitführte – genug für bis zu 3936 km.

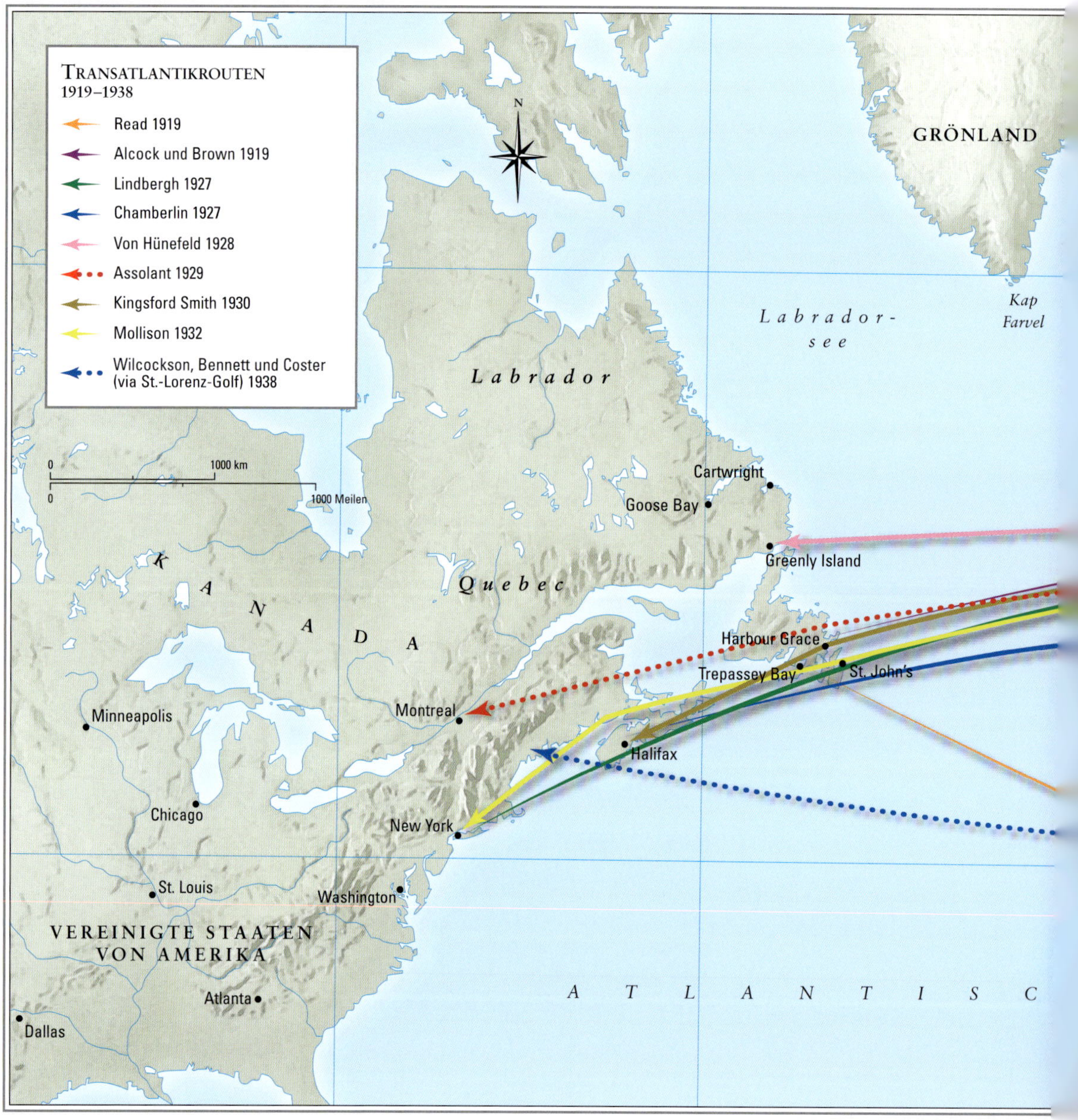

TRANSATLANTIKROUTEN 1919–1938
- Read 1919
- Alcock und Brown 1919
- Lindbergh 1927
- Chamberlin 1927
- Von Hünefeld 1928
- Assolant 1929
- Kingsford Smith 1930
- Mollison 1932
- Wilcockson, Bennett und Coster (via St.-Lorenz-Golf) 1938

Die Zwischenkriegszeit

Am 14. Juni kurz nach 16:13 Uhr starteten Alcock und Brown von einem geeigneten Flugplatz in Neufundland. Mit Kaffee in Thermosflaschen, Sandwichs und Schokolade an Bord flogen sie ostwärts über den Atlantik. Sie passierten St. John's, wo für sie die Sirenen heulten. Kurz nachdem das Land außer Sicht war, gerieten sie in eine Nebelbank. Der Dynamo für ihr Funkgerät versagte und ihre hypermodernen geheizten Anzüge funktionierten nicht. Doch zumindest hatten sie Rückenwind, der ihre Durchschnittsgeschwindigkeit erhöhte. Unter übelsten Bedingungen kämpften sie sich voran: Der Luftgeschwindigkeitsmesser fror ein und an den Kühlerjalousien sowie den Gelenken für die Höhenruder bildete sich Eis. Mit Alcock am Hebel musste Brown nicht weniger als sechsmal nach draußen klettern,

um das Eis von den Treibstoffeinlassventilen der einzelnen Triebwerksgondeln zu lösen.

Am Morgen flog die Maschine in 3353 m Höhe. Mit einem Sextanten konnte Brown ihre Position westlich von Irland bestimmen. Alcock durchstieß

VICKERS VIMY
Der erste Nonstopflug über den Atlantik von Lester's Field, Neufundland, nach Clifden in Galway gelang am 15. Juni 1919 in einer umgebauten Vickers Vimy, mit Captain John Alcock am Steuerknüppel und Lieutenant Arthus Whitten Brown als Navigator. Sie holten sich 10 000 Pfund Preisgeld von der „Daily Mail", die Ritterwürde, den Jubel der Welt und einen Platz in der Geschichte der Luftfahrt.

Die größten Luftkriege

die Wolkendecke und bekam erst in 61 m Höhe über dem Meer klare Sicht. Schließlich tauchten die Sendemasten der Funkstation Clifton auf. Das als Landebahn gewählte Feld war so morastig, dass sich die Maschine bei der Landung einpflügte und auf dem Bug stehenblieb. Doch zur Erleichterung der Männer in der Funkstation waren Alcock und Brown angeschnallt und blieben unverletzt. Sie erhielten von Lord Northcliff die 10 000 Pfund Preisgeld und gaben 2000 davon den Mechanikern, die diesen Flug erst möglich gemacht hatten.

Ein amerikanischer Held

Der vielleicht berühmteste Transatlantikflug war der von Charles Lindbergh – nonstop und alleine von New York nach Paris. Lindbergh war ein erfahrener Pilot auf den ersten Flugpostrouten und voll qualifiziert als Reservepilot der Army. Er überredete einige Geschäftsleute in St. Louis, 15 000 Dollar zu seinem Traum von der Atlantiküberquerung beizutragen. Dann suchte er nach einem geeigneten Flugzeug. Mit der kleinen Ryan Airlines in San Diego kam er schließlich überein: sie würden ihm in 60 Tagen ein Flugzeug entwerfen und bauen. Man produzierte ein einfaches Modell mit hoch angesetzten Flügeln mit einem bewährten Wright-Whirlwind-J-5-Motor. Seinen Unterstützern zu Ehren taufte Lindbergh sein Flugzeug „Spirit of St. Louis". Nun unterzog er es einem Testflug von San Diego nach New York – über St. Louis natürlich.

Am 10. Mai 1927 um 15:55 Uhr pazifischer Zeit startete Lindbergh von Rockwell Field, San Diego. Mit nur 152 m Spielraum überflog er die 3810 m hohen Gipfel der Rocky Mountains, blieb einen Tag in Lambert Field und flog dann nach New York weiter, wo er am 12. Mai um 5:33 Uhr lokaler Zeit landete.

Nach der Kontinentalüberquerung wurde das Flugzeug komplett überholt. Man führte Tests und Verbesserungen durch, als plötzlich für die nächste Woche eine Vorhersage für gutes Wetter eintraf. Wegen der längeren Rollbahn brachte man die Maschine für die letzten Vorbereitungen nach Roosevelt Field. Die Tanks wurden mit 1703 Litern Treibstoff voll befüllt. Lindbergh war sich des Risikos voll bewusst, als er den Gashebel seines kleinen Flugzeugs nach vorne drückte und auf die Startbahn rollte. Es war 7:52 Uhr am 20. Mai – nur sechs Wochen zuvor hatte er in San Diego die ersten Entwurfszeichnungen inspiziert. Mit nur 6 m Abstand überflog er eine Telefonleitung, steuerte in Richtung Neufundland und drehte schließlich auf den offenen Atlantik hinaus.

Durch Wolkenbänke und bei Nacht flog Lindbergh ständig nach Osten, dem Morgengrauen entgegen. Er umkreiste eine Gruppe Fischerboote in der Hoffnung, seine Position bestimmen zu können, doch es war keine Kommunikation möglich. Nur eine Stunde später überquerte er die Südwestspitze von Irland. Dann überflog er England, den Kanal und die französische Hafenstadt Cherbourg. In der Abenddämmerung sah man die Lichter von Paris am Horizont. Er umkreiste den Flugplatz Le Bourget, um sich seines korrekten Landeplatzes zu vergewissern, und setzte am 21. Mai um 10:24 Uhr auf. Nach einer Flugzeit von 33,5 Stunden und einer Distanz von 5809 km wurde Lindbergh sofort zum Helden und zur nationalen Ikone in den USA.

Reise in die umgekehrte Richtung

Auch wenn das britische Luftschiff R.34 im Juli 1919 den Atlantik von Osten nach Westen überquert hatte, war das erste Flugzeug, das die Reise in dieser Richtung vollendete, eine Junkers W.33 „Bremen", und zwar am 13. April 1928. Die beiden Deutschen Gunther von Hünefeld und Hermann Köhl sowie der Ire James Fitzmaurice flogen vom Flugplatz Baldonnel bei Dublin auf die winzige Insel Greenly vor Labrador. Auch andere große Piloten dieser Zeit, etwa Amy Johnson und Jim Mollison, überquerten den Atlantik. Eine Serie von Flügen ragt jedoch heraus. In den 1920er- und 30er-Jahren beschloss Italien, das sich als Pionier bei Langstreckenflugbooten hervorgetan hatte, eine komplette Formation von 24 Savoia-Marchetti-S-55 unter dem Kommando von General Italo Balbo, Italiens Luftfahrtminister, auf einen Rundflug zu schicken.

Bereits 1927 hatte das Flugboot „Santa Maria "unter Kapitän Francesco de Pinedo die Route getestet. Mit einer dreiköpfigen Crew startete sie in Ortebello,

CHARLES LINDBERGH
Am 21. Mai 1927 landete ein Ryan-Eindecker mit dem Namen „Spirit of St. Louis" bei Dunkelheit in Le Bourget, Paris. Mit durchschnittlich 163 km/h war sie von New York nach Paris geflogen und hatte damit ihren schüchternen, ernst blickenden jungen Piloten Charles Lindbergh in den Geschichtsbüchern verewigt. Für Lindbergh bedeutete die erste Atlantiküberquerung im Alleingang nur den Auftakt zu einer ereignisreichen Karriere, die von Ruhm ebenso wie von Tragödien gekennzeichnet war.

Die Zwischenkriegszeit

Italien, überquerte den Atlantik via Dakar und Kapverdische Inseln und flog die südamerikanische Küste entlang nach Rio de Janeiro. Dann ging es nach Norden in die USA, wo das Flugzeug in Arizona bei einem Brand zerstört wurde. Es wurde durch die „Santa Maria II" ersetzt, mit der dieselbe Mannschaft nach Chicago, Montreal und Quebec flog. Dann folgte der Kapitän dem Kurs der ersten Atlantiküberquerung von 1919 via Azoren und Lissabon bis nach Rom, wo sie jubelnd empfangen wurden. Am 17. Dezember 1930 führte General Balbo eine Formation aus 14 Flugbooten auf derselben Route nach Rio de Janeiro, wo zehn davon eintrafen. Nur ein Flugzeug wurde vollständig zerstört und dessen Crew getötet.

Am neuesten italienischen Unterfangen im Nordatlantik herrschte weltweit reges Interesse. Nach mehreren Fehlstarts hob die Luftflotte am 1. Juli 1933 ab. Auf dem Überlandteil der Route überflog sie möglichst häufig Seen und Flüsse, falls eine Notwasserung nötig würde. Schließlich erreichte sie Zuidersee und landete bei Amsterdam. Eines der Flugzeuge war beschädigt worden, doch sofort traf Ersatz ein. Von Amsterdam ging es nach Londonderry in Nordirland, einen Tag später erreichte man Reykjavik, Island. Nun flog man nach Cartwright, Labrador, dann via Shadiac Bay, Neubrauschweig, nach Montreal. Am 16. Juli traf die Luftflotte letztlich in Chicago ein, rechtzeitig zur Weltausstellung. Sie hatte 9799 km zurückgelegt.

Die Rückreise führte die Flotte über New York, wo General Balbo mit Präsident Franklin D. Roosevelt zu Mittag speiste – die Italiener wurden überall versorgt. Schlechtes Wetter zwang die Formation, auf dem Rückweg weiter nach Süden über die Azoren zu fliegen, die sie am 8. August erreichte. Leider kippte eines der Flugzeuge beim Start, doch die anderen 23 zogen weiter nach Lissabon. In perfekter Formation erreichten sie Rom am 12. August. Die Welt hatte eine gewaltige Leistung gesehen und der italienische Nationalstolz war am Bersten.

SAVOIA-MARCHETTI S.55
Nicht weniger als 14 Weltrekorde wurden 1926 mit einer Savoia-Marchetti S.55 aufgestellt: Höhe, Geschwindigkeit und Distanz – zusätzlich zur Atlantiküberquerung.

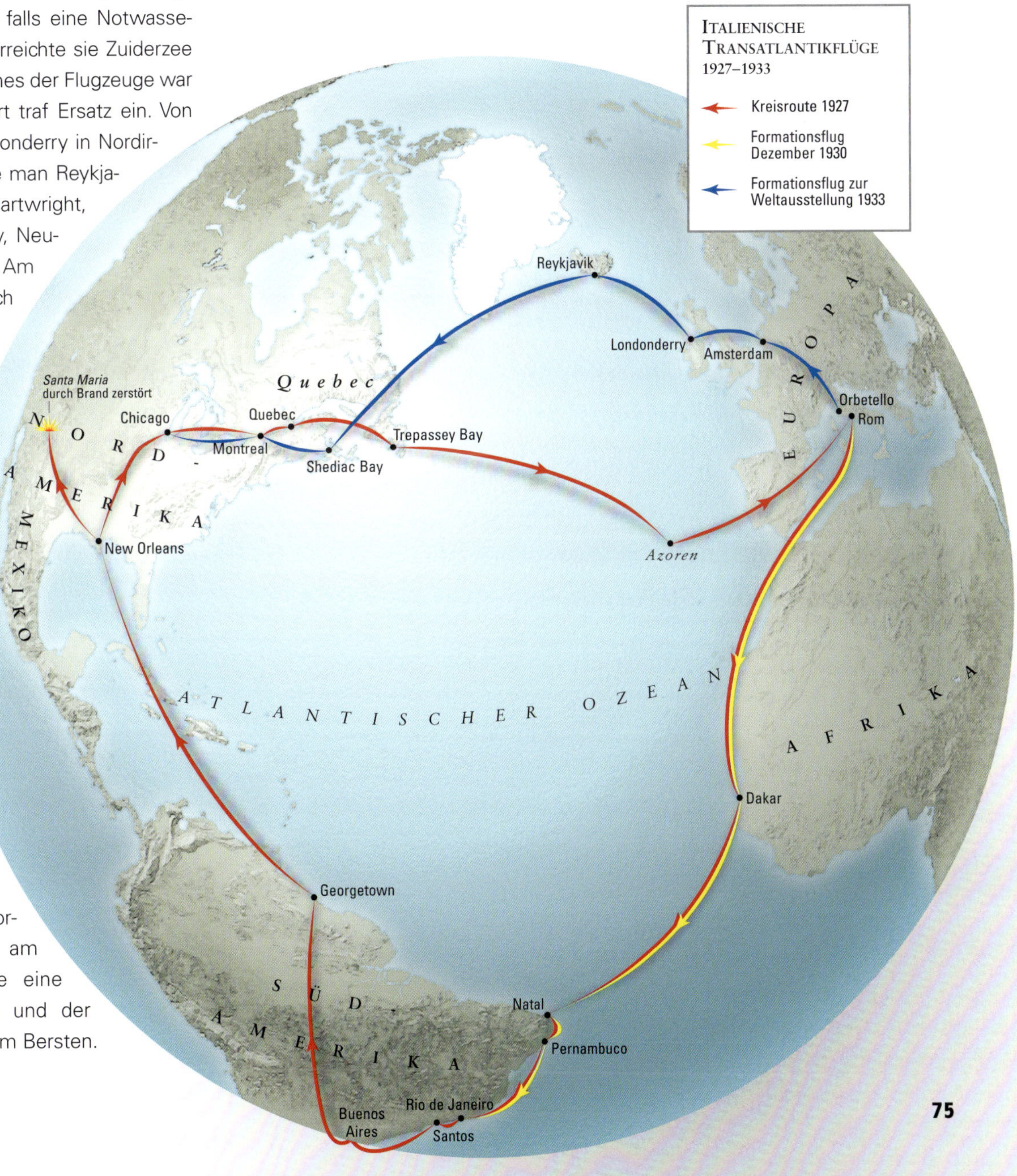

Die größten Luftkriege

LUFTHERRSCHAFT

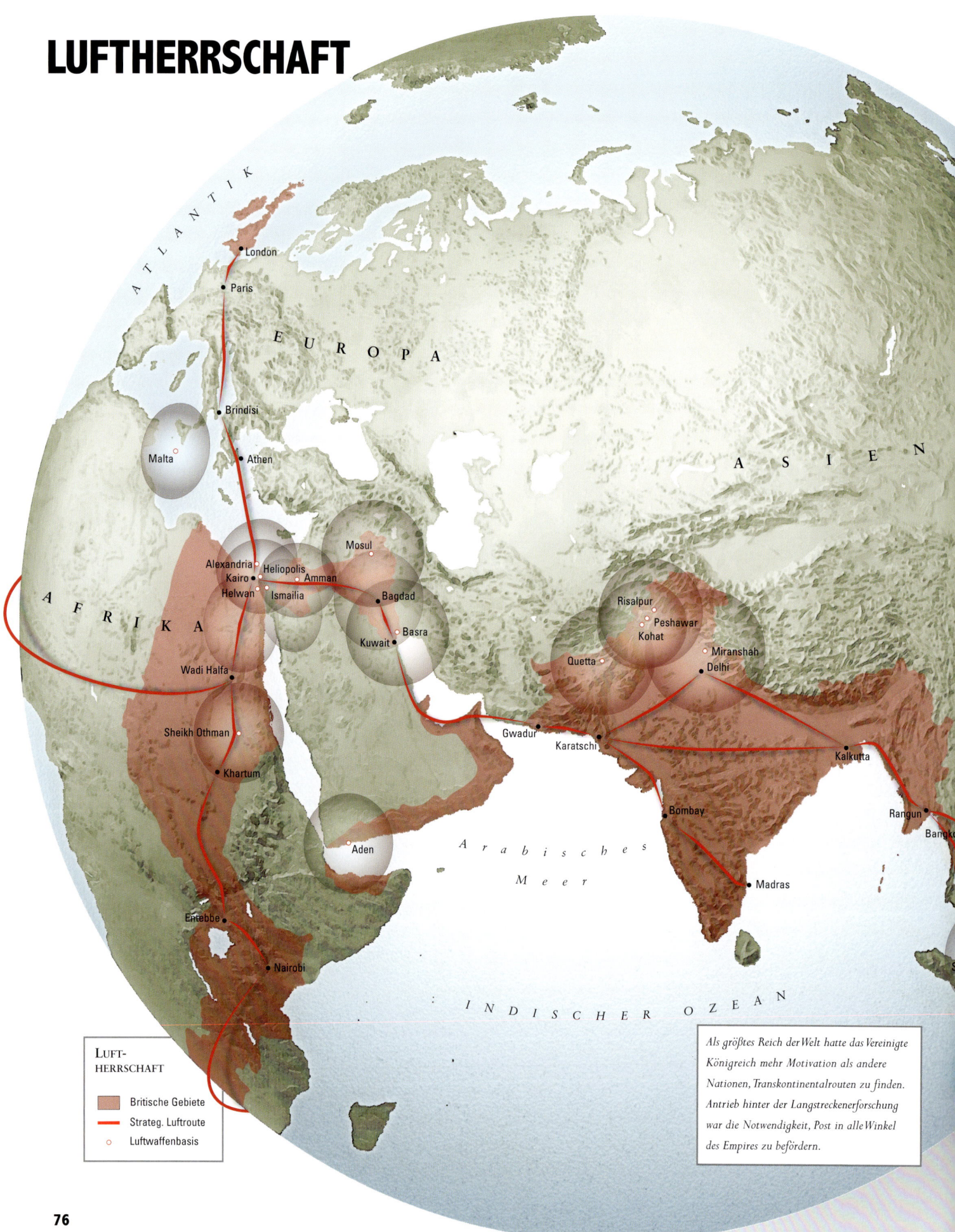

LUFT-
HERRSCHAFT

- Britische Gebiete
- Strateg. Luftroute
- ○ Luftwaffenbasis

Als größtes Reich der Welt hatte das Vereinigte Königreich mehr Motivation als andere Nationen, Transkontinentalrouten zu finden. Antrieb hinter der Langstreckenerforschung war die Notwendigkeit, Post in alle Winkel des Empires zu befördern.

Luftherrschaft

Die Kosten des Ersten Weltkriegs waren enorm – nicht nur, was Menschenleben betraf, sondern auch ökonomisch und finanziell. Und diese Effekte waren langfristige. Die Royal Air Force war in der Zwischenkriegszeit mit schweren finanziellen Einbußen konfrontiert und Neuentwicklungen kamen nur langsam voran. Der politisch geschickte Sir Hugh Trenchard blieb Kommandant der RAF und wehrte existenzielle und finanzielle Bedrohungen von Seiten der Army und der Navy ab. Er meinte, dass die wichtigste Aufgabe seiner Streitmacht im strategischen Bombardement lag, um britische Interessen im In- und Ausland zu schützen. Flugzeuge zur Kontrolle und Beherrschung großer Landstriche heranzuziehen bedeutete, begrenzte Ressourcen ökonomisch einzusetzen. Durch die Friedensverträge nach dem Ersten Weltkrieg hatte Großbritannien die langfristige Kontrolle über den Irak zugesprochen bekommen. Die RAF setzte lokalen Aufständen rasch ein Ende – mit geringeren Verlusten, als dies mit Bodentruppen möglich gewesen wäre. In den 1920ern war die RAF auch an Indiens Nordwestgrenze, einer gesetzlosen Gegend, aktiv. Meist genügte ein Strafangriff mit leichten Bombern, um die Ruhe zumindest für kurze Zeit wiederherzustellen.

Unter Trenchard wurde ein Großteil des Budgets für Infrastruktur und Luftwaffenbasen in der Heimat und in den Kolonien aufgewendet. Dies erwies sich als weise, als in den 1930ern die Expansion einsetzte. 1933–1935 war das Vereinigte Königreich einer wachsenden Gefahr ausgesetzt: Deutschland in Kontinentaleuropa, Italien im Mittelmeer und im Roten Meer, Japan in Ostasien. Vor dem Hintergrund der Depression war Großbritanniens Verwundbarkeit offensichtlich.

Inzwischen ging das tägliche Geschäft der „Imperial Airways" weiter. Sie wurde mit der Entwicklung von Flugrouten in Europa und innerhalb des Empires beauftragt. In den ersten Jahren führte die Airline ein neues Flugzeug ein, die Handley Page W8F, mit der die Passagierzahlen auf 11 395 und die der beförderten Poststücke auf 212 380 stiegen. In den nächsten zehn Jahren wurden nahezu alle Teile des Empires mit Flugrouten verbunden, wobei sich ein Flugzeug besonders hervortat: die Handley Page HP.42, ein viermotoriger Doppeldecker. In ihrem opulenten Inneren wurden den Passagieren von Stewards ganze Menüs serviert. Jedes der acht Flugzeuge flog mehr als 1,6 Millionen Kilometer, ohne einen einzigen Passagier zu verlieren.

Festigung anderer Interessen

1923 gründete auch die neue Sowjetunion eine Fluglinie – „Dobrolet". Die erste Route führte von der neuen Hauptstadt Moskau nach Nischni Nowgorod, einer Stadt, in der neue Industrien entstanden. Hier dienten Fluglinien politischen Interessen, vor allem auf internationalen Routen. 1921 gründeten die beiden Parias Europas, Deutschland und die Sowjetunion, ein gemeinsames Unternehmen, das sich auf Flüge von Russland in den Westen spezialisierte. Am 1. Mai 1927 begannen die regulären Flüge von Königsberg in Ostpreußen nach Moskau. Die engen Beziehungen hatten ihre Ursachen in dem gemeinsamen Außenseiter-Status der beiden Nationen. Unter völliger Geheimhaltung entwickelte und testete Deutschland in Lipetsk bei Moskau neue Flugzeuge; als Gegenleistung profitierten die Sowjets vom technischen Knowhow der Deutschen.

Auch Frankreich erweiterte seine Flugrouten, um seine kolonialen Besitzungen zu verbinden. Neue Fluglinien entstanden auch in den USA, mit Zielen in Nord-, Mittel- und Südamerika. Die italienischen Bemühungen konzentrierten sich auf den Mittelmeerraum und Nordafrika – eine direkte Herausforderung für Großbritannien und andere, weniger einflussreiche Staaten.

SIR HUGH TRENCHARD
Air Chief Marshal Sir Hugh Trenchard trat dafür ein, die Eigenständigkeit der RAF zu bewahren. Er kämpfte um die Erhaltung der RAF nach dem Ersten Weltkrieg und machte aus der winzigen Streitkraft eine Furcht erregende Waffe, mit der Großbritannien seine Interessen im Empire durchsetzte.

HANDLEY PAGE HP.42
Das Passagierflugzeug Handley Page HP.42 wurde ab 1931 auf europäischen und internationalen Flugrouten eingesetzt. Zuvor hatte „Imperial Airways" die europäischen Destinationen mit Armstrong Whitworth Argosy und Handley Page W.8 angeflogen.

Die größten Luftkriege

MARINELUFTFAHRT

W. L. „BILLY" MITCHELL
General W. L. „Billy" Mitchell, ein glühender Verfechter der Luftstreitkräfte, bewies, dass man Bomber erfolgreich gegen Kriegsschiffe einsetzen konnte. Da er erkannte, dass Japan ein zukünftiger Gegner der USA sein könnte, schrieb er einen langen Bericht, wie sich eine japanische Offensive im Pazifik entwickeln könnte, und sagte einen Angriff auf Pearl Harbor voraus.

DIE „OSTFRIESLAND"
Die USA testeten ihre Luftstärke an dem erbeuteten deutschen Schlachtschiff „Ostfriesland". US Army, Navy und Marine Corps warfen insgesamt 63 Tonnen Bomben auf sie ab und versenkten sie schließlich.

Die Marineluftfahrt erlebte ihr Debut 1914 mit dem japanischen Wasserflugzeugträger „Wakamiya", der die deutsche Fernostbasis Tsingtao (Qingdao) angriff. Ähnliche Schiffe setzten die Briten bei ihren Angriffen auf die deutschen Luftschiffbasen in Nordholz und Cuxhaven ein. Im April 1918 verfügte die Marinestreitmacht Nr. 1, das Vereinigte Königreich, über fast 3000 Flugzeuge und 103 Luftschiffe auf mehr als 130 Küstenbasen und Flugfeldern an der Westfront. Im gleichen Jahr wurde die erste eigenständige Luftstreitkraft der Welt gegründet: die Royal Air Force. Genau genommen wurde aber die finnische Luftwaffe mit einem Flugzeug und einem Piloten einige Tage zuvor gebildet.

Die ersten Flugzeugträger

Flugzeuge zur Unterstützung der Flotte waren ursprünglich Wasserflugzeuge, die auf Wasserflugzeugträgern transportiert wurden. Über einen Seilzug ließ man sie zu Wasser, von wo sie bei gutem Wetter zu ihrer Mission starteten. Die britische Flotte benötigte allerdings auch Jagdschutz; ab 1917 konnten Sopwith-Jäger von Plattformen starten, die auf Kreuzern und Schlachtschiffen oberhalb der Geschütztürme angebracht waren. Im August 1918 zerstörte ein von einem Schiff gestartetes Jagdflugzeug einen Zeppelin.

Jagdwasserflugzeuge hatten auf See das Problem, dass sie ein befreundetes Schiff finden mussten, in dessen Nähe sie notwassern konnten, oder ein Flugfeld, um die Mission zu beenden. Als man einen schnellen Zerstörer einen Leichter mit Flachdeck ziehen ließ, war eine Art mobiles Flugfeld erfunden. Im Juli 1917 wurde der Kreuzer HMS „Furious" zu einem behelfsmäßigen Flugzeugträger umgebaut. Im August landete Commander E. H. Dunning RN seine Sopwith auf dessen Vordeck – die erste erfolgreiche Landung auf einem Flugzeugträger. Beim nächsten Schiff wurden auch die Deckaufbauten weggelassen, was Starts und Landungen viel einfacher machte. Die HMS „Argus", ein umgebauter Ozeanriese, war das erste Schiff mit (fast) durchgehendem Flugdeck.

Als Nächstes wurde ein unfertiges Schlachtschiff umgebaut und als HMS „Eagle" im Juni 1918 vom Stapel gelassen. Ihr folgte im September 1918 die eigens zu diesem Zweck gebaute HMS „Hermes". Zu dieser Zeit hatte die Royal Navy die Kontrolle über ihre Flugzeuge an die RAF abgegeben. Damit ging auch viel Erfahrung und Wissen verloren und die Navy verlor ihren Spitzenrang in der Seeluftfahrt. (In Japan und den USA behielt die Marine die Kontrolle über ihre Luftgruppe.)

Im Kampf um finanzielle Ressourcen sah die RAF ihre Hauptaufgabe in der Bombardierung potenzieller oder realer Feinde; alles andere war zweitrangig. Deshalb musste sich die RAF mit veralteten Flugzeugen zufriedengeben. Trotzdem konnte sie 1928 und 1930 zwei weitere Flugzeugträger (um-)bauen. Das erste „moderne", als Flugzeugträger gebaute Schiff, die „Ark Royal", wurde 1935 auf Kiel gelegt. Bei ihrer Fertigstellung 1938 verdrängte sie voll beladen 27700 Tonnen und hatte eine Gruppe von 60 nach wie vor antiquierten Flugzeugen an Deck.

Bau und Verbesserung von Trägerflotten

In den USA verwendete man zwei Schlachtkreuzer als Basis der neuen Flugzeugträgerflotte. Die USS „Saratoga" lief im April 1925 vom Stapel, die USS „Lexington" im Oktober danach. Obwohl sie mit 33000 Tonnen angekündigt worden waren, verdrängten sie voll beladen bis zu 37600 Tonnen, später 43000. Diese großen, schnellen Schiffe führten jedes rund 65 Flugzeuge sowie die Bewaffnung eines schweren Kreuzers mit: acht 203-mm-Geschütze. Die exakte Rolle der Flugzeugträger war noch nicht klar definiert, doch mit diesen beiden Großschiffen war die US Navy gut gerüstet für Übungen mit größeren Gruppen eigens gefertigter Flugzeuge.

Trotz beschränkter Mittel erhöhte sich die Kapazität der Flugzeugträger durch bedeutende technische Fortschritte, bessere Instrumente, Ölfederbeine

Marineluftfahrt

BRITISCHER FLUGZEUGTRÄGER
Eine Sopwith Pup wird aus dem Hangar des Flugzeugträgers HMS „Furious" gehievt. Am 2. August 1917 landete Squadron Commander Edwin Dunning erfolgreich eine Pup auf diesem Schiff.

und Faltflügel. Man entwickelte neue Taktiken, darunter das „Sturzkampfbombardement", und trainierte Torpedoangriffe. In Kooperation mit Flottenverbänden bewies die Marineluftfahrt ihren Wert.

Die japanische Marine stand dem kaum nach. Japans erster Flugzeugträger, die „Hosho", entstand aus einem Frachtschiff und wurde 1922 in Dienst gestellt, gefolgt von der „Akagi" 1927, entstanden aus einem Schlachtkreuzer, sowie der „Kaga" 1928, einem umgebauten Schlachtschiff. Die letzten zwei waren große, schwer gepanzerte Schiffe mit jeweils mehr als 40 000 Tonnen und über 90 Flugzeugen. Da es im Ersten Weltkrieg auf Seiten der Entente gestanden hatte, hatte Japan deutsche Besitzungen im Zentralpazifik erworben. Um dieses ausgedehnte Reich zu kontrollieren, schien eine Luftwaffe unerlässlich. Außerdem beschäftigten sich die japanischen Flugzeugdesigner mit dem Bau spezieller Langstrecken-Flugzeugträger.

In den 1920ern und 1930ern zeigten Flottenmanöver, dass Flugzeuge sogar schwer gepanzerte Schiffe vernichten konnten. Dies bewies auch US-Bomberpilot Brigadier General William Mitchell, als er 1921 das alte deutsche Schlachtschiff „Ostfriesland" versenkte. Wenn nun Flotten auf See aufeinander träfen, würde es anstelle der traditionellen Schiffsgefechte eher zu Luftkämpfen kommen.

USS „SARATOGA"
Der Flugzeugträger USS „Saratoga" war ein umgebauter Schlachtkreuzer. Als CV-3 lief sie am 7. April 1925 vom Stapel, im Oktober danach ihr Schwesterschiff USS „Lexington". Beide nahmen im Januar 1929 erstmals an Übungen der US-Pazifikflotte teil. Zur Zeit ihrer Fertigstellung waren sie die größten Flugzeugträger der Welt.

Die größten Luftkriege

DIE GEBURTSSTUNDE DER LUFTWAFFE

HANS VON SEECKT
Obwohl Deutschlands Streitkräfte durch den Vertrag von Versailles stark beschnitten wurden, blieb ein kleines Reichswehrministerium unter General Hans von Seeckt in Berlin übrig.

STUKA-PROTOTYP
Der dritte „Stuka"-Prototyp Ju 87V-3 beim Jungfernflug 1936; im selben Jahr flog sie den ersten Kampfeinsatz.

Der Vertrag von Versailles, jener Friedensschluss, den Deutschland nach dem Ersten Weltkrieg unterzeichnete, enthielt lähmende Bestimmungen für die deutsche Wirtschaft, um Deutschland zu bestrafen und ihm den preußischen Militarismus auszutreiben. Außerdem sollte dem Land die Möglichkeit genommen werden, einen Krieg zu führen. Wirtschaftsbeschränkungen und Gebietsverluste führten jedoch nur dazu, dass viele Deutsche der Ansicht waren, ihr nunmehr geschrumpftes Reich müsste seine Position unter den großen Nationen dieser Erde zurückgewinnen.

Stellvertretung statt Luftwaffe

1918 verfügten die deutschen Luftstreitkräfte über rund 20 000 Flugzeuge, die dem Friedensvertrag zufolge den Westmächten übergeben werden mussten, ebenso wie die gewaltige deutsche Kriegsflotte. Außerdem wurde das Heer auf 100 000 Mann reduziert. Darüber hinaus war es Deutschland untersagt, eine Luftstreitkraft zu gründen und militärische Flugzeuge oder Teile davon zu bauen oder zu importieren. Die Westmächte übersahen jedoch die zivile Luftfahrt. Vor dem Krieg hatte sie kaum existiert und im Vertrag wurde sie kaum erwähnt. Zivile Einschränkungen galten nur sechs Monate lang.

Behalten durfte Deutschland auch sein Reichswehrministerium, wo wichtige Offiziere weiterhin dienten. Hinter dieser Fassade bildete sich unter dem Decknamen „Truppenamt" ein verbotener Generalstab unter dem Kommando des kompetenten und schlauen Generals Hans von Seeckt. Sorgfältig baute er im Geheimen die deutschen Streitkräfte auf. Er sorgte für die Ernennung von Hauptmann Ernst Brandenburg zum Chef der neuen Zivilluftfahrtbehörde im Verkehrsministerium. Dieser hatte im Ersten Weltkrieg Kagohl 3 kommandiert und die Gotha-Luftangriffe auf England 1917 geführt. Die Entwicklung der zivilen Luftfahrt lag nun sicher in den Händen der Reichswehr. Zur Förderung dieses Prozesses gründeten deutsche Firmen Niederlassungen in „befreundeten" Staaten, um die Einschränkungen, die in ihrer Heimat galten, zu umgehen. Heinkel hatte ein Werk in Schweden, Junkers in der Türkei und in Schweden. 1924–26 steigerten sie ihre rechtlich gedeckten Aktivitäten in Deutschland. 1924 wurde Willy Messerschmitt in der Bayerischen Flugzeugwerke AG beauftragt, „Sportflugzeuge" zu konstruieren. Dies war der erste Schritt zu seinem

Die Geburtsstunde der Luftwaffe

großen Werk, dem Design eines der leistungsfähigsten und wichtigsten Flugzeuge des Zweiten Weltkriegs, der Messerschmitt Bf 109.

Größer und besser

Laut Friedensvertrag durfte Deutschland auch keine großen kommerziellen Flugzeuge bauen. Als diese Einschränkung 1926 fiel, schlossen Design und Industrie rasch die Entwicklungslücke. Noch im gleichen Jahr gründete Deutschland unter der Federführung von Erhard Milch eine neue staatliche Fluglinie, die „Deutsche Luft Hansa". Der ehemalige Militärpilot Milch erstellte ein umfassendes Mannschaftstrainingsprogramm und ließ großzügig Bodeneinrichtungen bauen. Im ersten Jahr flog man die Route Berlin–Moskau und erreichte mit Routen-Testflügen Südamerika. 1928 war die Luft Hansa die bei Weitem effizienteste Fluglinie in Europa. Die Route nach Moskau erwies sich als extrem nützlich, als Seeckt 1923/24 einen geheimen Vertrag mit Moskau abschloss. In Lipetsk, 438 km südöstlich von Moskau, wurde ein Stützpunkt errichtet, wo man neue deutsche Flugzeuge und Waffen sowie neue taktische Ideen testen konnte – weit weg von den neugierigen Augen der Westmächte. Hier operierte streng geheim die „Schwarze Reichswehr".

In all dieser Zeit förderte Deutschland die Flugbegeisterung seiner Bevölkerung. Der 1920 gegründete „Deutsche Luftsportverband" machte mit Segelflügen die Fliegerei für das Volk zugänglich und wuchs 1929 auf 50 000 Mitglieder an.

Wenn Motorflugzeuge verfügbar sein würden, würde Deutschland zumindest genügend Piloten haben.

1929/30 wurden die Mittel für Luftfahrtindustrie und Fluglinien aufgrund der Weltwirtschaftskrise auf die Hälfte gekürzt. Auftritt Hermann Göring. Göring hatte 1923 in München Hitlers gescheiterten Putschversuch unterstützt, galt als treues Nazi-Parteimitglied und wurde als Reichstagsabgeordneter nominiert. Als Hitler 1933 Reichskanzler wurde, erhielt Göring das Amt des Reichskommissars für Luftfahrt – angesichts seiner Erfolge als Pilot im Ersten Weltkrieg eine propagandataugliche Wahl. An Göring wandte sich auch Milch um Unterstützung von Seiten der Regierung, die Göring im Eifer, seinen neuen Machtbereich schnellstmöglich auszubauen, gerne gewährte. Fast unbeeinträchtigt wurden Ausbildung und Forschung fortgesetzt – im Unterschied zu den Westmächten, wo in den Verteidigungsbudgets tiefe Einschnitte passierten.

PROTOTYP BF 109V-4
Der Prototyp BF 109V-4 war der erste mit einem dritten MG-17-Maschinengewehr; es war hinter dem Motor montiert und feuerte durch den Propeller hindurch.

Die größten Luftkriege

HERMANN GÖRING
Als Fliegerass aus dem Ersten Weltkrieg mit 22 Abschüssen war Hermann Göring der letzte Kommandant des Richthofen-Geschwaders. 1933 wurde er nach der Machtergreifung der Nationalsozialisten zum Reichskommissar für die Luftfahrt ernannt; in dieser Funktion erschuf er die Luftwaffe.

Im Februar 1932 begann die Genfer Abrüstungskonferenz unter der Leitung des Völkerbundes. Schnell wurde den Deutschen klar, dass die Westmächte jede Art von deutscher Aufrüstung verhindern wollten. Als Japan nach der Weigerung des Völkerbundes, Japans Vorherrschaft über den Marionettenstaat Mandschurei anzuerkennen, 1933 austrat, war die Konferenz gescheitert.

Die Nationalsozialisten an der Macht und eine neue Luftwaffe

Am 31. Juli 1932 wurde die „Nationalsozialistische deutsche Arbeiterpartei", kurz die Nazis, unter ihrem messianischen Führer Adolf Hitler in Deutschland an die Macht gewählt, am 30. Januar 1933 wurde Hitler deutscher Reichskanzler. 1934 trat Deutschland aus dem Völkerbund aus und führte die allgemeine Wehrpflicht ein. Das Reichswehrministerium wurde aufgelöst und aus den kombinierten Agenden des Reichskriegsministers und des Oberkommandierenden der Streitkräfte ein neuer Posten geschaffen. Als im selben Jahr Paul von Hindenburg, Hitlers Vorgänger als Kanzler, starb, starb mit ihm das alte Deutschland. Der neue radikale Führer riss die Herrschaft an sich. Hitler und sein Kamerad Göring traten das Erbe der geheimen Aufrüstung an, welche die militärischen Organisationen zuvor geleistet hatten.

Entgegen Seeckts Empfehlung in einem geheimen Memorandum 1925, die Unabhängigkeit der Luftstreitkräfte von Heer oder Marine zu bewahren, nahmen Offiziere wie Milch auf die frühe Entwicklung der Luftwaffe starken Einfluss. General Wever, Chef des Generalstabs der Luftwaffe, plante eine Streitmacht aus Langstreckenbombern. 1936 hoben zwei große, viermotorige Maschinen zum Erstflug an, die Dornier Do 19 und die Junkers Ju 89. Letztere erreichte eine maximale Geschwindigkeit von 390 km/h bei einer Reichweite von 1609 km und einer Bombenlast von 4000 kg. Diese Zahlen sollten britische Bomber erst 1941 erreichen. Im Juni 1936 kam

JUNKERS JU-52

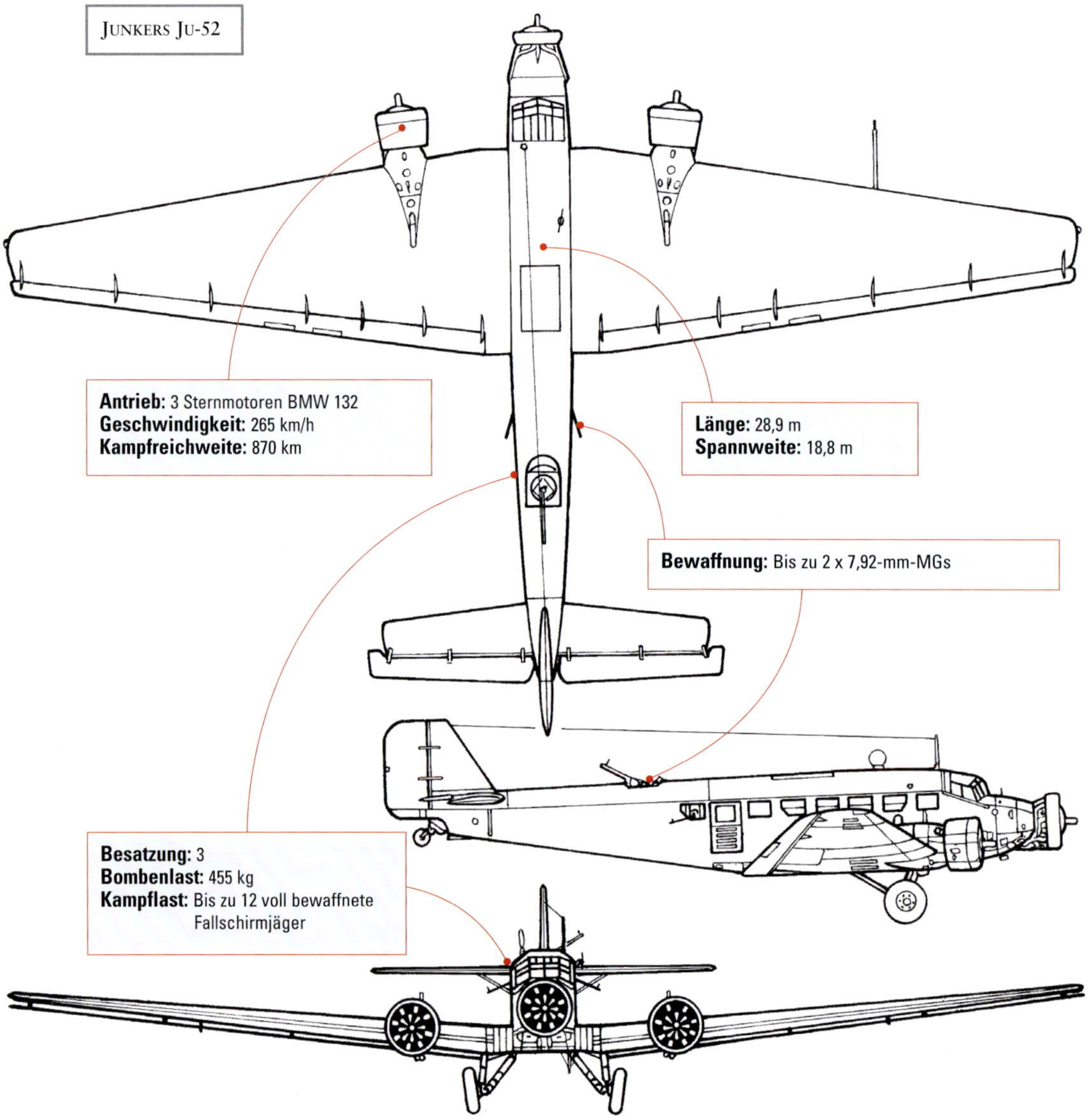

Antrieb: 3 Sternmotoren BMW 132
Geschwindigkeit: 265 km/h
Kampfreichweite: 870 km

Länge: 28,9 m
Spannweite: 18,8 m

Bewaffnung: Bis zu 2 x 7,92-mm-MGs

Besatzung: 3
Bombenlast: 455 kg
Kampflast: Bis zu 12 voll bewaffnete Fallschirmjäger

JUNKERS JU 52
1934 wurde für die noch streng geheime Luftwaffe eine militärische Version des Passagierflugzeugs Ju 52/3m gebaut. Die Ju 52/3mg3e wurde als schwerer Bomber mit vier Mann Besatzung und zwei MG-15-Maschinengewehren entworfen; ein MG befand sich auf dem Dach, das zweite in einem einziehbaren „Mülleimer" unter dem Rumpf. Die Ju 52 sollte allerdings vor allem als Frachtmaschine auf sich aufmerksam machen.

Die Geburtsstunde der Luftwaffe

Wever bei einem Flugunfall ums Leben; er wurde durch Albert Kesselring ersetzt, einem ehemaligen Heeresoffizier mit nur drei Jahren Flugerfahrung. Nach Durchsicht der bestehenden Projekte strich Kesselring die Bomber von der Liste. Infolgedessen entwickelte sich die Luftwaffe zu einer taktischen Unterstützungs- statt einer strategischen Angriffsstreitkraft. Wenn das strategische Bomberprogramm zu voller Geschwaderstärke ausgebaut worden wäre, hätte das Ergebnis der Luftschlacht um England 1940 vielleicht ganz anders ausgesehen.

Unterwegs und in der Luft

Aus den Werken rollten neue Flugzeuge und aus den deutschen Flugzeugführerschulen trafen neu ausgebildete Flugmannschaften ein. Als 1935 die neue Luftwaffe gegründet wurde, wurde Göring zu ihrem Oberkommandierenden ernannt. Zu Beginn umfasste sie 20 000 Mann und 1888 Flugzeuge, wobei 40 Werke 184 neue Flugzeuge pro Monat hinzufügten. Diese Zahl erhöhte sich im Dezember auf mehr als 300 pro Monat. Immer schneller kamen Flugzeuge wie die Heinkel He 111, die Dornier Do 17, die Messerschmitt Bf 109, die Junkers Ju 87 und die Junkers Ju 52 aus den Fabriken. Sie alle erlebten im Spanischen Bürgerkrieg, der 1936 ausbrach, ihren ersten, blutigen Einsatz. Sowohl Hitler als auch Italiens faschistischer General Benito Mussolini unterstützten die nationalistischen Streitkräfte von General Franco. Freiwillige der Luftwaffe dienten in einer unabhängigen Einheit namens „Legion Condor" unter dem Kommando von Generalmajor Hugo Sperrle (der zuvor der geheimen Ausbildungseinheit in Lipetsk zugeordnet gewesen war). Die Legion spielte eine, gemessen an ihrer Größe, überdimensionale Rolle im Spanischen Bürgerkrieg. An dieser Front perfektionierte sie ihre Flexibilität und Mobilität.

STUKAS IM EINSATZ
Obwohl mit dem Wort „Stuka" – kurz für „Sturzkampfbomber" – im Zweiten Weltkrieg alle deutschen Bomber mit der Fähigkeit zum Angriff im Sturzflug bezeichnet wurden, wird es doch für immer mit der Junkers Ju 87 assoziiert bleiben, die sich mit ihrer hässlichen Gestalt, den umgekehrten Knickflügeln und dem schrecklichen Heulen ihrer an den Tragflächen montierten Sirenen auf ihre Ziele stürzte.

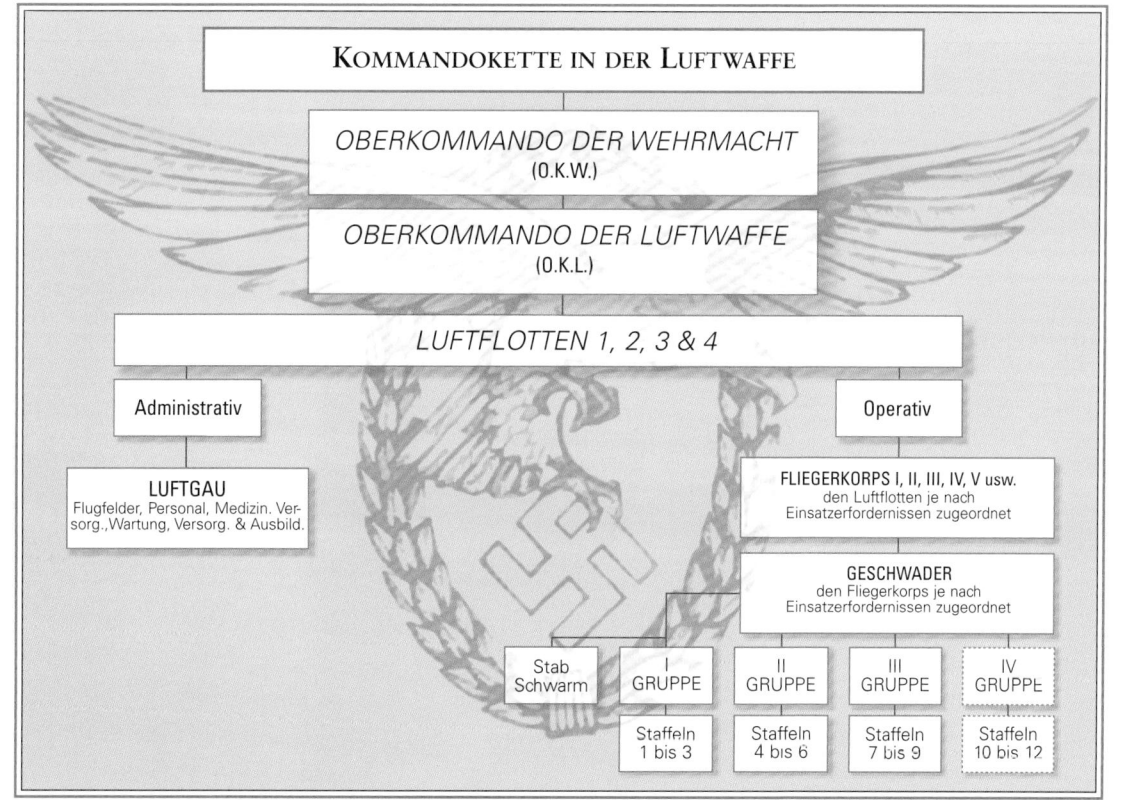

Die größten Luftkriege

DER SPANISCHE BÜRGERKRIEG: 1936–39

Nach einem knappen Wahlsieg übernahm 1936 eine unberechenbare, schwache sozialistische Regierung die Macht in Spanien. Sie wollte rasch Reformen zur Umverteilung von Reichtum und Land durchführen, um Wohlstand für alle zu sichern. Gleichzeitig plante sie massive finanzielle Einschnitte beim Militär, um dessen Einfluss zurückzudrängen. Daraufhin brach der rechtsgerichtete General Franco einen Bürgerkrieg vom Zaun. In diesem Kampf der Weltanschauungen ergriff die internationale Gemeinde Partei: Die Sowjets unterstützten die kommunistisch-sozialistischen Republikaner, die faschistischen Staaten Italien und Deutschland die Nationalisten unter Franco. Beide Seiten erhielten militärische Unterstützung, vor allem Flugzeuge. Die Deutschen nutzten die Chance, ihre neuen Maschinen zu testen.

Sichtbare Unterstützung der Nationalisten

Nach einem improvisierten Treffen zwischen einem republikanischen Sprecher und Hitler persönlich brach der Bürgerkrieg am 17. Juli 1936 aus. Innerhalb weniger Tage erhielt Franco 20 Junkers Ju 52 Frachtmaschinen mitsamt erfahrenen Piloten. An nur einem Tag wurden mehr als 3000 nationalistische Soldaten von Tetuan im Norden Marokkos nach Spanien gebracht. Die Seeroute war für die Nationalisten blockiert, da die spanische Marine den Republikanern treu blieb. Von August bis September wurden mehr als 12 000 Mann über die Straße von Gibraltar geflogen – der erste Massentransport in eine Kampfzone, aber nicht der letzte.

Bis Ende 1936 lieferte Deutschland drei Jagdgruppen mit Heinkel He 51. Das rasch veraltete Flugzeug war gegen ähnliche Maschinen recht erfolgreich, den etwas später von den Russen an die Republikaner gelieferten moderneren Kampfflugzeugen jedoch bald unterlegen. Den vier Junkers-Ju-52-Frachter-Geschwadern, die rasch als Bomber adaptiert worden waren, fehlte die Ausrüstung für effiziente, präzise Bombenangriffe.

Unschätzbar wertvolle Erfahrungen

Die den Nationalisten von Italien und Deutschland zur Verfügung gestellten Flugzeuge wurden von „freiwilligen" Piloten geflogen. Vor allem die Luftwaffe ergriff die Chance, ihre Piloten wertvolle Kampferfahrung sammeln zu lassen. Man ließ das Personal rotieren, sodass möglichst viele zum Einsatz kamen. Auf diese Weise trainierte die Luftwaffe 19 000 Mann; diese gaben ihre Erfahrungen an Tausende andere weiter, was sich beim

POLIKARPOW I-15
Die UdSSR lieferte den republikanischen Luftstreitkräften Spaniens zahlreiche Polikarpow-I-15-Doppeldecker-Jagdflugzeuge. Die verbesserte Version I-153 mit dem Spitznamen „Chaika" („Möwe") wegen ihrer Flügelform war ein erstklassiges Kampfflugzeug, das sich im Luftkampf bewies, weil es fast jeden Gegner in die Knie zwingen konnte.

Der Spanische Bürgerkrieg: 1936–39

SAVOIA-MARCHETTI SM.81
Die SM.81 „Pipistrello" („Fledermaus") stellte bei ihrer Indienststellung 1935 einen enormen Fortschritt gegenüber den bestehenden Bombermodellen von „Regio Aeronautico" dar. Schnell, gut bewaffnet und mit guter Reichweite ausgestattet, war sie im Abessinienkrieg, der im Oktober 1935 begann, sehr erfolgreich und wurde ab August 1936 auch im Spanischen Bürgerkrieg eingesetzt.

deutschen Überfall auf Polen 1939 sowie bei der Invasion im Westen 1940 als entscheidend erwies.

Deutsche Fliegerasse kristallisierten sich heraus, zum Beispiel Adolf Galland, eine schillernde Gestalt, die häufig mit brennender Zigarre auf Patrouille flog. Er flog neue, innovative Kampftaktiken und führte die „Rotte" ein, ein System mit einem Führer und einem Flügelmann, der sein Heck schützt. Dadurch kann sich der Rottenführer auf die Identifizierung der Ziele konzentrieren, während er vom Flügelmann, der seitlich versetzt fliegt, gedeckt wird. Diese Formation wird auch heute noch häufig eingesetzt.

Als Gallands Einsatz endete, wurde er durch Werner Mölders ersetzt, ebenfalls ein Naturtalent. Er verbesserte Gallands Taktik, indem er aus zwei oder mehr Rotten einen „Schwarm" bildete. Diese Schwärme flogen in der Luftschlacht um England 1940 Geleitschutz für die gewaltigen deutschen Bomberflotten.

Ab 1937 versorgte das faschistische Italien Franco mit den Männern und Flugzeugen der „Casa Legionara", darunter dreimotorige Savoia-Marchetti-SM.81-Bomber und die Fiat CR.32, ein exzellenter Jagd-Doppeldecker. Die Republikaner nahmen alle Maschinen, die sie bekommen konnten, vor allem

ÜBER DIE STRASSE
Als der Aufstand der Nationalisten begann, war es für General Franco extrem wichtig, eine starke Basis in Sevilla zu errichten, von wo aus er Operationen starten konnte. Hierbei erwies sich seine kleine Gruppe Ju-52-Frachter als unschätzbar wertvoll, denn sie beförderte den Großteil seiner Afrika-Armee über die Straße von Gibraltar.

LUFTTRANSPORTE IM SPANISCHEN BÜRGERKRIEG
Sommer 1936

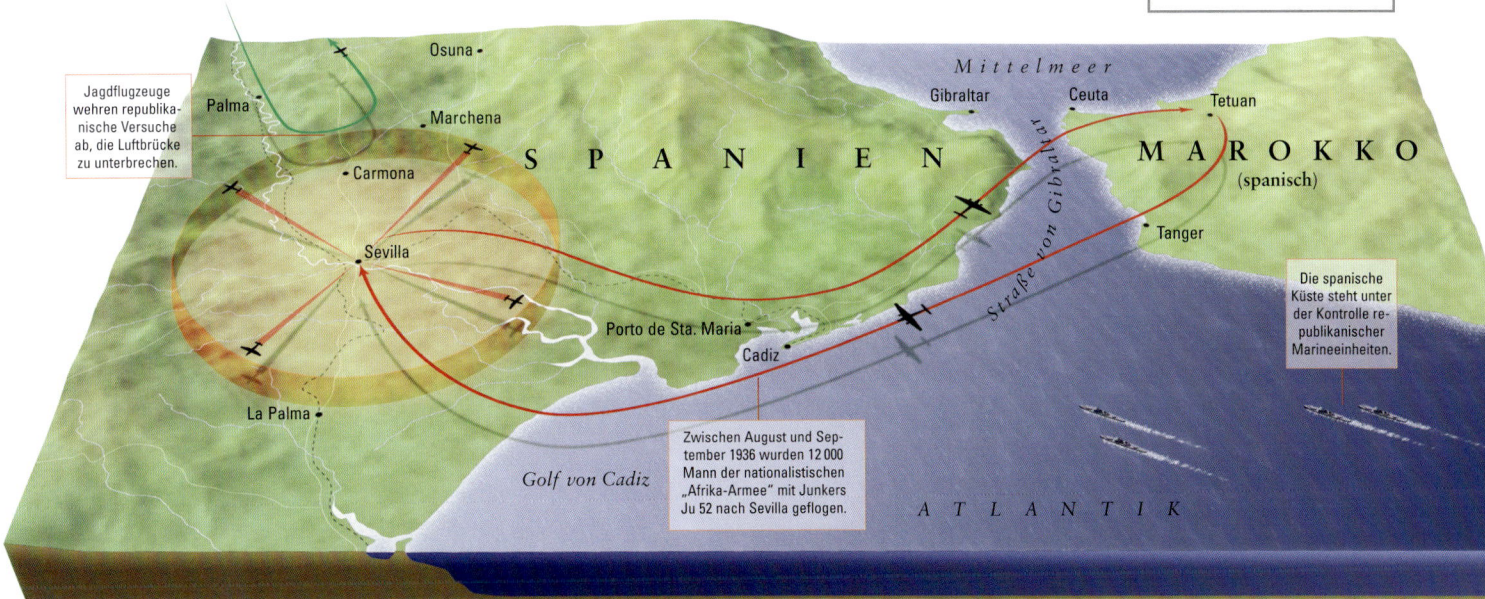

Die größten Luftkriege

*SPANISCHER BÜRGERKRIEG
Der Spanische Bürgerkrieg endete 1939 mit der Kapitulation Madrids vor Francos Streitkräften. Deutschland sammelte in diesem Konflikt wertvolle Erfahrungen mit Luftkampftaktik – eine Chance, welche die Italiener nicht ergriffen. Ebenso wie die Russen, die für die Republikaner ins Feld zogen, kämpften auch die Italiener weiterhin in großen, schwerfälligen Formationen, die für Einzelaktionen wenig Spielraum ließen, und zahlten den Preis dafür.*

von Russland. Diese ließen sich vor der Lieferung in Gold bezahlen, etwa für die Polikarpow I-16 „Rata". Das kurze, rundliche Eindecker-Kampfflugzeug war schnell und gut bewaffnet und den nationalistischen Doppeldeckern bald überlegen. 1939 jedoch trat die Messerschmitt Bf 109 auf den Plan, bei Weitem das beste Jagdflugzeug im Luftraum über Spanien. Sie beherrschte bald den Kampfschauplatz.

In den drei Jahren dieses blutigen Bürgerkriegs testeten die Deutschen viele Taktiken. Die deutschen Befehlshaber registrierten, dass man am erfolgreichsten war, wenn die Luftwaffe eng mit den Bodentruppen kooperierte, Angriffe unterstützte und im Bedarfsfall Hindernisse bombardierte oder unter Beschuss nahm. Dies wurde zur Keimzelle des Blitzkriegs weiterentwickelt. Ebenso testete man Jagdformationen, wobei sich die Rotte als Standardformation der Nationalisten durchsetzte.

Eine neue Art von Krieg

Die Luftkommandanten nutzten gern auch die Gelegenheit, Truppenkonzentrationen ebenso wie Städte bombardieren zu können – was dem baskischen Städtchen Guernica im Norden von Spanien traurige Berühmtheit eintrug. Usprünglich sollte hier nur ein Angriff auf eine Brücke vor der Stadt geflogen werden. Bei der ersten Welle ließen 43 Flugzeuge der Legion Condor – mittelschwere Heinkel-He-111-Bomber und zu Bombern

Der Spanische Bürgerkrieg: 1936–39

umgebaute Junkers Ju 52, eskortiert von Heinkel-He-51-Jägern – die Hölle über den Ort hereinbrechen. Die Bomben, die auf den dicht bevölkerten Marktplatz fielen, forderten zahlreiche zivile Todesopfer. Die zweite Angriffswelle ließ ihre Bomben in die aufsteigende Staubwolke fallen, ohne ihr Ziel genauer zu identifizieren, und verursachte noch größeren Schaden. Mehr als 1500 Menschen fanden den Tod.

Eiskalter Vorbote
Die Bombardierung von Guernica rief internationale Proteste hervor, doch sie war nur ein Vorgeschmack auf die zukünftigen Ereignisse: eine Zeit, in der Zivilisten ebenso zu Zielen wurden wie Militärs und in der Städte nach Bombardierungen in Flammen aufgingen. Zuerst leugneten die Nationalisten und ihre deutschen Verbündeten den Bombenangriff. Später gestanden sie ihn ein, behaupteten jedoch, dass die Stadt republikanische Soldaten beherbergt hätte und einen wichtigen Knotenpunkt darstellen würde. Doch die entsetzliche Wahrheit bot sich am folgenden Tag den Blicken ausländischer Journalisten dar, die mit bildhaften Schilderungen nicht sparten. Der spanische Künstler Pablo Picasso schuf ein berühmtes Bild, das den Schrecken dieses Tages und der noch bevorstehenden Zeit voller Schmerz zeigt.

Nach einer raschen Serie von Siegen übernahmen Francos Nationalisten 1939 die Macht in Spanien. Das sowjetische Russland hatte für die Republikaner mehr als 1000 Flugzeuge mitsamt Besatzung aufgeboten. Deutschland und Italien hatten den Nationalisten 600 bzw. 660 Maschinen, Tausende Piloten und Bodenmannschaften geschickt. Die gewonnene Erfahrung sollte sich im kommenden Konflikt, der ganz Europa erfasste, als entscheidend erweisen. Die Luftwaffe profitierte ohne Zweifel am meisten von den Lektionen des Spanischen Bürgerkriegs. Britische, französische und russische Luftwaffenkommandanten hinkten hinterher und sollten einige Jahre benötigen, um zur deutschen Kriegsmaschinerie aufzuschließen.

SCHRECKENSBOMBER
Zur deutschen Legion Condor gehörten etwa 50 Ju-52/3mg4e-Bomber, die zur Unterstützung der nationalistischen Streitkräfte nach Spanien verlegt worden waren.

FIAT CR.32
Insgesamt wurden 1212 Fiat CR.32 produziert, was sie numerisch zu den wichtigsten Doppeldeckern ihrer Zeit machte.

Die größten Luftkriege

DER JAPANISCH-CHINESISCHE KRIEG: 1937–41

Zwischen 1918 und 1930 machte die japanische Luftfahrt extreme Fortschritte, vor allem dank dreier Firmen, die im Grunde die japanische Luftfahrtindustrie aufbauten: Mitsubishi, Kawasaki und Nakajima. Zu Beginn fertigte man ausländische Modelle in Lizenz, meist Douglas und Fokker. Ab Mitte der 1920er-Jahre wurden die Geschwader der Kaiserlichen Marine und der Kaiserlichen Armee auch mit einheimischen Modellen, verbessert mit neuer Sternmotor-Technologie aus den USA, beliefert. Die japanische Regierung geriet immer mehr unter den Einfluss rechtsgerichteter Elemente. Die große Einigkeit, die das benachbarte China unter der nationalistischen Kuomintang zur Schau stellte, betrachtete Japan als Bedrohung für seine Interessen. Daher beschloss Japan, seine Stellung in Kontinentalasien zu stärken. 1931 brach ein kurzer, aber brutaler fünfmonatiger Kampf aus, in dem Japan die Herrschaft über die Mandschurei im Nordosten Chinas gewann. Japans Luftstreitkräfte flogen hauptsächlich Unterstützungsmissionen, es gab aber auch Luftkämpfe. Die kleine, aber anwachsende japanische Luftwaffe sammelte wertvolle Erfahrungen.

Wachsende Aggressionen

Ab 1931 hatten Japan und China kleinere Konflikte, doch im Juli 1937 brach der Krieg voll aus. Japan wollte China kontrollieren und Zugang zu dessen wertvollen Rohstoffen erhalten. Im August begann der Luftkrieg, bis zum Ende des Folgejahres war die chinesische Luftwaffe praktisch ausgelöscht. China fehlte die industrielle Infrastruktur, um Flugzeuge zu reparieren oder zu bauen. Die wenigen importierten Maschinen hielten im Kampf nicht lange stand. Japan beherrschte den Luftraum trotz des erbitterten Widerstands der chinesischen Soldaten.

Im hohen Flug über den kämpfenden Bodentruppen bombardierten die Japaner Industriezentren und Versorgungslinien und begannen, Chinas Großstädte zu zerstören. Besonders schlimm traf es Chongking und Wuhan. Die Marine attackierte mit ihren seegestützten Flugzeugen Städte wie Shanghai und Guangzhou. Bei den ersten anhaltenden Luftangriffen auf zivile Ziele wurden Millionen Menschen getötet, verwundet oder obdachlos:

> *Worte können den tiefen Schrecken nicht ausdrücken, mit dem die Nachricht von diesen Angriffen in der zivilisierten Welt aufgenommen wurde. ... Das militärische Ziel, wenn es existiert, tritt völlig in den Hintergrund. Hauptziel scheint zu sein, durch wahlloses Abschlachten von Zivilisten Terror zu verbreiten ...*
>
> **Lord Cranborne,
> Britischer Unterstaatssekretär
> im Außenministerium**

Bis 1941 kämpfte China allein weiter; dann zog Japans Angriff auf Pearl Harbor den Japanisch-Chinesischen Krieg in den Zweiten Weltkrieg hinein.

*MITSUBISHI A5M
Die Mitsubishi A5M war Japans erstes seegestütztes Eindecker-Jagdflugzeug. Mit ihr endete Japans Abhängigkeit von ausländischen Modellen. Die A5M wurde stark in China eingesetzt; mit Ausnahme eines Angriffs auf Davao auf den Philippinen kam das Modell gegen die Alliierten im Zweiten Weltkrieg nicht zum Einsatz.*

Der Japanisch-Chinesische Krieg: 1937–41

In den 1930er-Jahren ging die Entwicklung der japanischen Militärluftfahrt am Rest der Welt buchstäblich vorbei. Dabei wurde übersehen, dass Japan, motiviert durch seine Interessen in China, militärische Flugzeuge produzierte, die den westlichen ebenbürtig und in einigen Aspekten sogar überlegen waren.

Die größten Luftkriege

LANGSTRECKENBEFÖRDERUNG 1934–39

*KOMFORTABEL GEBAUT
Die Douglas DC-2 verlieh der Flugreise eine neue Dimension, nicht nur was den Komfort anging. Hier genießen Passagiere eine Mahlzeit in der geräumigen Kabine.*

Im 19. Jahrhundert waren es die Eisenbahnlinien, die Nordamerika durchzogen und ein Rückgrat für Reisen und Handel bildeten. Im 20. Jahrhundert transportierte die Eisenbahn nach wie vor Waren und Rohstoffe, doch die Crème de la Crème der Passagiere ließ sich nun durch die Luft befördern.

Ein schnittiges Transportmittel

Das erste moderne Passagierflugzeug, das unseren heutigen ähnelte, flog am 8. Februar 1933 – die Boeing 247. Der Ganzmetall-Eindecker mit tief angesetzten Tragflächen und einziehbarem Fahrwerk verfügte über zwei Sternmotoren von Pratt & Whitney zu je 550 PS. Er konnte zehn Passagiere befördern und flog mit über 340 km/h. Bei ihrem Erscheinen deklassierte die schnittige 247 sofort die dreimotorigen Passagierflugzeuge mit fixem Fahrwerk von Junkers, Fokker und Ford. Die ersten Lieferungen gingen an United Airlines, die sie auf Transkontinentalrouten einsetzten. Mit fünf bis sechs Zwischenstopps überquerte man in nur 20 Stunden Amerika von Küste zu Küste – sieben Stunden Zeitgewinn gegenüber den alten Maschinen.

Auch „Transcontinental and Western Airlines Inc" (TWA) wollte eine 247 kaufen, doch Boeing konnte nicht in der vereinbarten Zeit liefern. Also gab TWA einen Auftrag heraus, der die Douglas Aircraft Company veranlasste, die DC-1 (Douglas Commercial 1) zu bauen. Sie flog erstmals im Juli 1933 und wurde an TWA verkauft. Bald darauf gelang der DC-1 ein Rekordflug von Los Angeles nach New York in 13 Stunden und vier Minuten. TWA gab 28 Flugzeuge in Auftrag. Die verbesserte Version Douglas DC-2 mit stärkeren Motoren und verstellbaren Propellern konnte 14 Passagiere befördern. Eine DC-2 der niederländischen KLM nahm 1934 am Rennen England-Australien teil; sie gewann in ihrer Klasse und benötigte nur wenige Stunden mehr als die eigens für diesen Zweck gebaute de Havilland Comet.

Der DC-2 folgte ein Flugzeug, das zur Ikone der Luftfahrt Mitte des 20. Jahrhunderts wurde: die Douglas DC-3. Mit ihr wurden zuverlässige Flugrouten rund um den Globus betrieben, die später von größeren, viermotorigen Flugzeugen übernommen wurden. Von der DC-3 – und ihrem militärischen Cousin, der C-47 – wurden mehr als 14 000 Stück gebaut.

Aufbau internationaler Handelsrouten

Während sich die Binnenflüge in den USA mithilfe der Post gut entwickelten, blühten auch die internationalen Routen auf. 1927 gründete eine Gruppe von Freunden unter der Federführung des Unternehmers und Visionärs Juan Trippe, einem ehemaligen US-Navy-Piloten, die „Aviation Company of America". Trippes Gruppe erlangte die Kontrolle über Pan Am, die zu dieser Zeit den Vertrag für die Zustellung von US-Post nach Kuba innehatte. Unter Trippes Management baute die Fluglinie Verbindungen in die Karibik und weiter bis nach Südamerika auf. Der erste Passagierflug der Airline führte am 9. Januar 1928 von Miami, Florida, über Belize, Britisch-Honduras, und Managua, Nicaragua, nach San Juan, Puerto Rico. Der 3200 km lange Flug dauerte 56 Stunden, einschließlich zweier Nachtstopps.

Nach und nach baute Pan Am seine Routen auf und bezwang ihre Konkurrenten oft, indem sie sie übernahm. Fast all ihre Routen bediente Pan Am mit Flugbooten, die „Clippers" genannt wurden. In einem taktisch klugen Marketingschachzug ernannte Pan Am den berühmten Atlantiküberquerer Charles Lindbergh zum technischen Berater. Unter starker Publicity unternahm Lindbergh gemeinsam mit seiner Frau einen spektakulären Rundflug von Insel zu Insel durch die Karibik und Mittelamerika. Mit seinen Business- und Marketingfähigkeiten erhielt Trippe den Zuschlag der Regierung für so gut wie alle Postrouten und Pan Am wurde schon fast das „auserwählte Werkzeug" der US-Außenpolitik.

*DIE DC-2
„Transcontinental and Western Airlines" (TWA) kaufte als erster Kunde eine DC-2 und erhielt letztlich 32 Stück davon. Hier sieht man ein Exemplar über Kansas City.*

Langstreckenbeförderung 1934–39

LANGSTRECKENBEFÖRDERUNG 1934–39
— TWA-Route Küste-zu-Küste, 1939
— Große Flugbootdienste, 1939

Großbritannien, die USA, Frankreich und Italien setzten zum Erkunden von kommerziellen Langstreckenrouten Flugboote ein. Hierbei waren die US-Clipper- und die britischen Empire-Flugboote führend.

Pan Am verfolgte noch größere Ambitionen, doch neue Routen erforderten neue Flugzeuge, um die gewaltigen Distanzen im Pazifik zu überwinden. 1934 erhielt Trippe zwei neue Flugboote: Sikorsky S-42 und Martin M-130. Sie sollten die neuen Routen mithilfe der neuen Funkpeilung erkunden, denn eine Insel im riesigen Pazifik zu finden, war allein schon eine gewaltige technische Herausforderung.

Am 22. November 1935 startete die Martin M-130 „China Clipper" in San Francisco mit Post für Manila. Eine Menschenmenge verfolgte Start und Rückkehr der Maschine. Am 21. Oktober 1936 flogen die ersten zahlenden Passagiere über den Pazifik; für dieses Privileg bezahlten sie 799 US-Dollar.

Wegen Problemen beim Aushandeln gegenseitiger Landerechte mit europäischen Nationen, die sich einen Anteil am neuen Markt sichern wollten, verzögerten sich Transatlantikflüge bis Mai 1939.

BOEING 314
Die Boeing 314 stellte einen großen Fortschritt in der Flugboottechnologie dar. Pan American Airlines bestellten sechs Stück und am 20. Mai 1939 eröffnete eines davon, die „Yankee Clipper" (was zum berühmten Rufzeichen von Pan Am werden sollte), einen Postdienst zwischen New York und Marseilles.

Die größten Luftkriege

BRITISCH-FRANZÖSISCHE AUFRÜSTUNG

*REGINALD MITCHELL
Die Supermarine Renn-Wasserflugzeuge von Reginald Mitchell leisteten einen großen Beitrag zur Entwicklung von Hochgeschwindigkeitsaerodynamik und Hochleistungsmotoren, die der Nation noch im selben Jahrzehnt das Überleben in der Stunde der größten Gefahr sicherten.*

*HAWKER HURRICANE
Die Hawker Hurricane mit dem Rolls-Royce-Merlin-Motor und acht Colt-Browning-0,76-mm-MGs war Großbritanniens erstes Eindecker-Jagdflugzeug. Hier zu sehen ist der Prototyp K5083, der am 6. November 1935 seinen Jungfernflug absolvierte.*

Die hohen Verluste im Ersten Weltkrieg, vor allem in Frankreich, und die hohen Schulden, die dadurch entstanden waren, stürzten Frankreich und Großbritannien in große ökonomische Schwierigkeiten. Mit der Demobilisierung gingen schwere Einschnitte für die Luftfahrtindustrie einher. 1918 waren dort in beiden Ländern Zehntausende Menschen beschäftigt, 1920 nur noch einige tausend. Einige Unternehmen stellten die Flugzeugproduktion völlig ein, etwa Hispano-Suiza. Letzteres wandte sich stattdessen dem Bau von Luxusautomobilen zu.

Wiederaufbau nach dem Großen Krieg

Sowohl Großbritannien als auch Frankreich hatten koloniale Verpflichtungen, daher wurde ihr Verteidigungsbudget stark gestreut. Wenn es um den Anteil am Budget ging, hielten die Armeen die stärksten Trümpfe in der Hand. Die französischen Luftstreitkräfte unterstanden noch der Armee und wurden erst 1934 unabhängig. Die Royal Air Force war seit 1918 eigenständig, doch sowohl die Army als auch die Navy argumentierten, dass die RAF aus Kostengründen ihnen unterstellt werden sollte. Sir Hugh Trenchard tat sein Bestes, um seine angeschlagene RAF zu verteidigen und auszubauen, doch 1920 gab es eine Zeitspanne, in der die Verteidigung des Vereinigten Königreichs auf den Schultern eines einzigen Geschwaders veralteter Sopwith Snipes aus dem Jahr 1918 ruhte.

Die meisten Flugzeugproduzenten überlebten, indem sie kommerzielle Flugzeuge in kleinen Stückzahlen bauten. Ab 1920–22 wurden begrenzte Aufträge zur Entwicklung neuer militärischer Maschinen erteilt. In den nächsten zehn Jahren kämpften sich Großbritannien und Frankreich so durch; sie bestellten gerade genügend Flugzeuge, um ihre Verpflichtungen zu erfüllen und die Luftfahrtindustrie am Leben zu erhalten. 1935 wurden die deutschen Aufrüstungspläne offenbar und die neue Luftwaffe spreizte ihre Flügel. Aus Fabriken in ganz Deutschland rollten ständig neue Flugzeuge. Nachdem sie die ersten Anzeichen ignoriert hatten, nahmen die britischen Politiker nun widerstrebend zur Kenntnis, dass man der wachsenden Bedrohung irgendwie begegnen musste.

1935 operierten Großbritannien und Frankreich noch immer mit Doppeldecker-Modellen aus den 1920er-Jahren, die mit maximal vier MGs bewaffnet waren. Prompt erteilten die Briten Aufträge für die neuesten Modelle. 1936 hatte Hawker Bestellungen über 3012 Flugzeuge, von denen es 1582 an andere Flugzeugkonstrukteure weitergab. Diese Aufträge retteten die Industrie, die nun neues Personal aufnehmen und ausbilden, neue Maschinen ankaufen und neue Werke errichten konnte.

Auch in Frankreich erhielt die geschwächte Luftfahrtindustrie Aufträge, doch nach 16 mageren Jahren war sie nicht in der Lage, die bestellten Flugzeuge in der gewünschten Zeit zu liefern. Pierre Cot, der Minister für die neue „Armée de l'Air", verkündete, dass der Bau von Militärmaschinen für die nationale Sicherung zu wichtig sei, um ihn privaten Firmen zu überlassen.

Ab Juli 1936 begann die französische Regierung mit der Verstaatlichung von Luftfahrtunternehmen und gründete letztlich sechs Staatsbetriebe. Diese neue Organisation sollte Frankreichs neue Maschinen, darunter das Jagdflugzeug Morane-Saulnier 406 und den Bloch-Bomber, hervorbringen.

Die Kampfgeschwader der RAF flogen mit traditionellen Doppeldeckermodellen, deren aktuellstes, die Gloster Radiator, 1935 in Produktion ging. Nach einer Diskussion mit dem Luftfahrtminister schlug Sidney Camm von Hawker Aircraft ein neues Eindeckermodell mit Rolls-Royce-P.V.12-Motor (später „Merlin" genannt) vor, das in Derby gebaut werden sollte. Es konnten auch acht zuverlässige, in Lizenz gefertigte Colt-Maschinengewehre in die Tragflächen eingebaut werden. Das Design beruhte auf einem alten Doppeldecker, der „Fury" und bestand noch immer größtenteils aus bespannten Metallrahmen. Aus ihr sollte die Hawker Hurricane werden. Auch Supermarine arbeitete an einem Eindecker mit dem gleichen Motor und der

Britisch-französische Aufrüstung

gleichen Waffenkonfiguration. Das Ganzmetalldesign von Reginald Mitchell war jedoch fortgeschrittener. Das starke, elegante Flugzeug mit den elliptischen Flügeln war das vielleicht schönste Flugzeug aller Zeiten – die Supermarine Spitfire.

Die Hawker Hurricane flog erstmals am 6. November 1935, die Supermarine Spitfire am 5. März 1936. Nach erfolgreichen Vorführungen wurden 500 Hurricanes und 310 Spitfires in Auftrag gegeben – es sollten noch viele weitere folgen. Die erste Hurricane wurde im Dezember 1937 in Dienst gestellt, die Spitfire im Dezember 1938.

Eine neue Bomber-Streitmacht

Auch für Bomber gab es neue Designs. Die Vickers Wellington flog erstmals am 15. Juni 1936, sechs Tage später stieg die Handley Page Hampden in die Lüfte. Als größter der neuen Bomber ging die Armstrong Whitworth Whitley in Produktion, eine zweimotorige Maschine mit guter Reichweite und Bombenkapazität für ihre Zeit. Der Jungfernflug der Whitley fand etwas früher, im März 1936 statt. Die RAF benötigte die neuen Bomber dringend. Zum Jahresende waren 520 davon – Whitleys, Hampdens und Wellingtons – bestellt. Sie wurden ab März 1937 in Dienst gestellt.

In den Expansionsplänen der RAF beanspruchte die RAF-Bomberlobby stets das größte Stück vom Kuchen für sich. Bei den jährlichen Flugschauen konnten die Jagdflugzeuge der „Air Defence of Great Britain" (ADGB) die angreifenden Bomberformationen jedoch stets abfangen. Bei einer Übung 1932, lange vor Radar und einem klaren Kontrollsystem, fingen sie bei Tag 50, bei Nacht 25 Prozent der Angreifer ab. Das damals eingesetzte Abwehrsystem ging auf 1918 zurück.

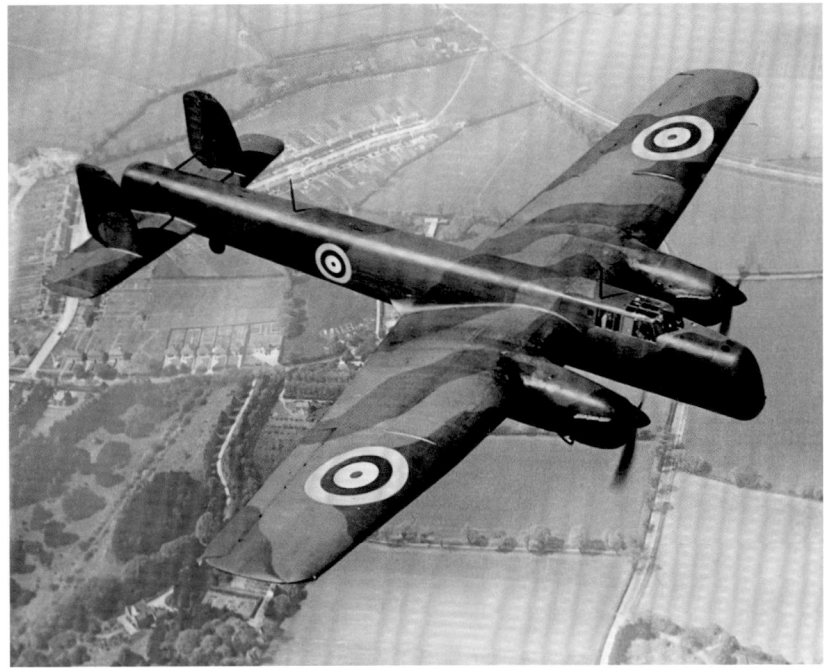

1937 waren bereits eine Handvoll neuer Bomberdesigns in Produktion, die 1938/39 ausgeliefert wurden. Das Gleiche geschah in Frankreich, bloß mit etwa einem Jahr Verspätung; die „Armée de l'Air" sollte 1939/40 bessere Flugzeuge erhalten. Leider wurden in beiden Ländern auch immer noch veraltete Modelle produziert, wie etwa der leichte Fairey-Battle-Bomber, der im Kampf überall, wo er auftauchte, vom Himmel geschossen wurde.

Bis zum September 1939 hatten die neuen Eindecker-Jäger die letzten Doppeldeckermodelle ersetzt und waren, vor allem in Großbritannien, in ein gut entwickeltes Luftabwehrsystem eingegliedert worden. Auch neue Bomber trafen in recht großer Zahl ein, auch wenn das System, wie sie zu ihren Zielen vordringen sollten, weniger gut organisiert war, sondern eher auf einer Mischung aus Tüchtigkeit und blindem Vertrauen beruhte.

ARMSTRONG WHITWORTH WHITLEY
Der Prototyp der Whitley flog erstmals am 17. März 1936; danach wurden 34 Whitley Mk I produziert, die im März 1937 an das 10. Squadron ausgeliefert wurden. Zu Kriegsbeginn hatte die RAF 207 Whitleys im Dienst.

SPITFIRE-PRODUKTIONSHALLE
Das Werk in Castle Bromwich bei Birmingham produzierte Tausende Spitfires; die Testflüge dort führte ein Team unter der Leitung des Rekorde brechenden Piloten Alex Henshaw durch.

Die größten Luftkriege

LUFTSTREITKRÄFTE IN ALLER WELT: 1939

Mit 20 000 Flugzeugen, von denen an die 7000 im westlichsten Teil des Landes stationiert waren, besaß die Sowjetunion 1939 die größten Luftstreitkräfte. Doch wie andere Militärorganisationen, so wurden auch die Luftstreitkräfte von den politischen Konflikten eingeholt. Die Sowjets hatten mit dem Aufbau schon viel früher begonnen, damit der neue Staat nicht das Schicksal des Zarenreiches im Ersten Weltkrieg teilte.

In den 1920er-Jahren entwickelte sich die sowjetische Industrie stets im Hinblick auf militärischen Bedarf. Fabriken, die Schreibmaschinen und Traktoren produzierten, konnten im Notfall auch Flugzeuge und Panzer bauen. Viele Jahre lang kooperierten Deutschland und Russland auf der geheimen Luftwaffenbasis in Lipetsk, doch letztlich standen die beiden zunehmend mächtigen Staaten an den entgegengesetzten Enden des Totalitarismus.

Wachsende Kluft

Der Spanische Bürgerkrieg hatte als Arena gedient, in der Deutsche und Russen Flugzeuge und Taktiken testen konnten, für die es Tausende „Freiwillige" gab und beide Nationen Kampferfahrungen aus erster Hand sammeln konnten. Die sowjetischen Luftstreitkräfte hatten an der Grenze zur Mandschurei auch gegen die Japaner gekämpft sowie 1939 gegen die Finnen. In beiden Kriegen hatte man wertvolle Praxiserfahrungen gewonnen, doch die politische Atmosphäre in Russland Ende der 1930er-Jahre beeinträchtigte die Effizienz der Ausbildung in den Streitkräften. Stalins Säuberungen waren voll im Gange und es gab viele fähige Offiziere, die unter Vorwänden denunziert und eingekerkert wurden.

Am 11. August 1939 führten die Sowjets Gespräche mit Großbritannien und Frankreich über ein gegenseitiges, 140 Divisionen umfassendes Verteidigungsabkommen im Fall eines Krieges mit Deutschland. Die Briten meinten, sie könnten 16 Divisionen ins Feld schicken (sie besaßen damals gerade sechs). Die Franzosen, die sich an der Maginot-Linie verschanzen konnten, konnten 90 bis 100 Divisionen aufstellen. Da schlug Deutschland der UdSSR eine völlig neue Art von Beziehung vor.

Am 14. August wurde die Idee eines Nichtangriffspakts zwischen Deutschland und der Sowjetunion vorgestellt. Hitler musste sicher sein, dass seine Invasion Polens (die für den 1. September geplant war) keinen Krieg mit der UdSSR auslösen würde. Nach politischen und diplomatischen Manövern wurde der Pakt am 23. August unterzeichnet. Polens Schicksal war besiegelt: Westpolen würde den Deutschen gehören, Ostpolen und die baltischen Staaten den Russen. Nun konnte sich Deutschland ohne Angst nach Westen wenden.

Im September umfassten die deutschen Luftstreitkräfte an der Front 3750 Kampfflugzeuge – die erfahrenste und modernste Luftwaffe der Welt. Jeden Monat kamen 300–400 neue Flugzeuge aus den Fabriken, Monat für Monat wurden mehr als 1100 neue Piloten ausgebildet. 70 Prozent dieser Furcht erregenden Streitmacht wandten sich ostwärts Polen zu.

Anderswo in Europa

Frankreichs Luftfahrtindustrie hatte eine Vielzahl moderner Kampfflugzeuge produziert. Leider waren die Luftstreitkräfte dafür aber noch nicht bereit. Von ihren 210 Geschwadern hatte die Armée de l'Air nur 119 einsatzbereit, und auch das nur, weil man 40-jährige Reservisten Kampfflugzeuge fliegen ließ. Über Flugfelder in ganz Frankreich waren brandneue Flugzeuge verstreut. Andere, aus den USA gelieferte Maschinen, blieben in den Transportkisten. Rivalitäten zwischen Armee und Luftwaffe hatten Frankreichs Verteidigungsfähigkeit stark geschwächt.

Grollend hatte auch Großbritannien seine Royal Air Force expandiert. Unter dem Plan „Schattenfabrik" schufen führende Motorenhersteller neue Kapazitäten für die Produktion von Flugzeugrümpfen und -motoren. Die RAF hatte genügend Personal zur Verfügung, aber es war schwierig, die Versorgung

DOUGLAS TBD DEVASTATOR
Die TBD Devastator war für Angriffe von Kampfflugzeugen sehr anfällig. In ihren Reihen gab es in den ersten Schlachten des Pazifikkrieges horrende Verluste.

mit ausgebildeten Piloten und Bodenpersonal aufrechtzuerhalten. Rund 700 neue Flugzeuge verließen jeden Monat die britischen Fabriken und durch Importe aus den USA kamen weitere hinzu.

Italiens „Regia Aeronautica" wuchs 1939 auf rund 3000 Flugzeuge an. Die Besatzungen hatten 1935 in Äthiopien Einsätze geflogen und sich im Rahmen der „freiwilligen" Kräfte zur Unterstützung von Francos Nationalisten im Spanischen Bürgerkrieg auch Kampferfahrung angeeignet. Die Aufgabe der Luftwaffe bestand in der Beherrschung des Luftraums über dem zentralen Mittelmeer, um so die Versorgungslinien zu den italienischen Gebieten in Nordafrika zu sichern und potenzielle Feinde abzuhalten. Italiens Jagdflugzeuge waren ziemlich veraltet, aber es wurden auch neuere in Dienst gestellt. Am aktuellsten war jedoch die Bombergruppe.

Im Osten und noch weiter

Im Fernen Osten hatte Japan seit 1933 gegen China einen Expansionskrieg geführt und dabei seine Luftüberlegenheit schon längst fixiert. Von Mai bis September 1939 kämpfte Japan erbittert an der Grenzregion zur Mandschurei und zur Mongolei. Ein harmloser Zwischenfall mit nomadischen Hirten wurde zu einem größeren Gefecht mit sowjetischen Truppen. Japans Jagdflugzeug Nakajima Ki-27 besiegte die sowjetische Polikarpow I-15 und bestand auch gegen den Eindecker Polikarpow I-16. Doch von Japans Standard in Sachen Ausbildung und Disziplin erfuhr der Westen nichts. 1939 verfügten die japanische Luftwaffe und die Marineluftstreitkräfte zusammen über 2500 leistungsfähige Flugzeuge mit exzellenter Besatzung.

Die USA profitierten 1939 nicht nur von Aufträgen der eigenen Regierung, sondern auch von Großbritannien und Frankreich. Die Luftfahrtindustrie expandierte mit neuen Werken, die sich in den Folgejahren als entscheidend erwiesen. Bis 1937 wurden wichtige neue Flugzeuge wie der Langstreckenbomber Boeing B-17 in Dienst gestellt, 1939 ging die Curtiss P.40 Warhawk in Serie. Die Air Force besaß an die 5000 Flugzeuge, von denen 1500 als diensttauglich einzustufen waren. Die Industrie entwickelte neue Werkzeuge und auf den Zeichenbrettern lagen bereits die Entwürfe für die Boeing B-29 Superfortress, die sechs Jahre später den Zweiten Weltkrieg beenden sollte.

EUROP. LUFTSTREITKRÄFTE: SCHLACHTORDNUNG 1. SEPTEMBER 1939

DEUTSCHLAND

Luftflotten 2 und 3 (Westgrenze)
26 Jagdstaffeln: 336 Messerschmitt Bf 109D und 109E
5 Zerstörergruppen: 180 Messerschmitt Bf 109C, 109D und 110
9 Kampfgruppen: 280 Heinkel He 111, Dornier Do 17 und Junkers Ju 88
3 Stukagruppen: 100 Junkers Ju 87
In Reserve: 26 Jagdgeschwader, einige davon neu formiert und in Ausbildung

FRANKREICH

4 Escadres de Chasse: 225 Morane-Saulnier MS.406
2 Escadres de Chasse: 100 Curtiss Hawk 75A
13 Escadres de Bombardement: 155 Bloch MB.210
Von den restlichen 240 Bombern im Dienst waren die meisten veraltete Modelle wie Bloch 200 und Amiot 143. Nur fünf – Lioré et Olivier 451 – konnte man als modern bezeichnen. Es gab auch 59 Aufklärungs- und Beobachter-Escadres, ausgestattet mit Potez 63 und ANF les Mureaux 115/7.

GROSSBRITANNIEN

RAF Fighter Command
16 Squadrons: 347 Hawker Hurricane Mk I*
10 Squadrons: 187 Supermarine Spitfire Mk I*
2 Squadrons: 24 Gloster Gladiator Mk II
7 Squadrons: 63 Blenheim Mk IF
* einschließlich Reserve

RAF Bomber Command
15 Squadrons: 158 Vickers Wellington
5 Squadrons: 73 Armstrong Whitworth Whitley
10 Squadrons: 169 Handley Page Hampden
12 Squadrons: 168 Bristol Blenheim Mks I and IV
16 Squadrons: 340 Fairey Battle

RAF Army Co-operation Command
5 Squadrons: 60 Westland Lysander

RAF Coastal Command
10 Squadrons: 120 Avro Anson
3 Squadrons: 36 Lockheed Hudson
4 Squadrons: 40 Short Sunderland Mk I

POLEN

Verfolgerbrigade (Luftverteidigung Warschau)
4 Geschwader: 48 PZL P.11c
1 Geschwader: 8 PZL P.7A

Luftstreitkräfte der Armee
8 Geschwader: 100 PZL P.11c
2 Geschwader: 24 PZL P.7A

Bomberbrigade
4 Geschwader: 36 PZL P.37 Los
5 Geschwader: 45 PZL P.23 Karas

BELGIEN

3 Regiments d'Aeronautique
9 Escadrilles: 150 Fairey Fox
2 Escadrilles: 20 Renard R.31
1 Escadrille: 15 Gloster Gladiator
2 Escadrilles: 23 Fiat CR.42
1 Escadrille: 11 Hawker Hurricane
1 Escadrille: 14 Fairey Battle

NIEDERLANDE

Luftfahrtbrigade der Armee
36 Fokker D.XXI
9 Fokker TV
25 Fokker G.I
55 Beobachterflugzeuge (diverse)

POLIKARPOW I-16
Die sowjetische Polikarpow war das weltweit erste in Dienst gestellte Tiefdecker-Jagdflugzeug mit einziehbarem Fahrwerk.

Die größten Luftkriege

DER BLITZKRIEG: Polen 1939

*BLITZKRIEG-BOMBER
Die Ju 87 Stuka kam beim Polenfeldzug früh zum Einsatz, wobei sie mit großer Präzision Verbindungslinien angriff, bevor sie Bodenunterstützungsmissionen flog.*

Die deutsche Invasion in Polen zeigte der Welt den neuen, schwungvollen Angriff, der einen raschen Sieg bei relativ geringen Verlusten brachte. Diese Vorgangsweise wurde als „Blitzkrieg" bekannt, dank eines amerikanischen Journalisten, der für das „Time"-Magazin über die Ereignisse berichtete und sie als „lightning war" bezeichnete. Bei diesen kurzen, scharfen Einsätzen erwies sich die Luftwaffe als entscheidender Faktor. Obwohl Munition knapp und nicht alle ihre Geschwader einsatzfähig waren, war sie bereit, die Aufgabe zu übernehmen.

Von Feinden umgeben

Polen war nicht zu beneiden: An drei Seiten grenzte es an Deutschland und im Osten an die unsympathische Sowjetunion. Es entschied sich, im Angriffsfall seine Westgrenze zu verteidigen, da sich der Großteil seiner Industrie im Westen befand. Außerdem dachte man, dass man England und Frankreich damit Zeit verschaffen würde, um einzugreifen und Polen beizustehen, wie sie es garantiert hatten. Diese Hilfe traf nie ein. Die Verteidigung der Grenze bedeutete eine Front von 1600 km Länge, an der die Armee extrem dünn aufgestellt war. Die Luftwaffe jedoch überflog sie einfach, zerstörte Transport- und Versorgungslinien, schnitt die Verteidiger somit von Munition und Nachschub ab und unterbrach die Kommandokette.

Die erste Aufgabe der Luftwaffe war allerdings die Sicherung der Luftüberlegenheit. Beunruhigt durch den deutschen Aufmarsch an der Grenze orderten die Polen ihre Jagdflugzeuge zu eilig errichteten Flugfeldern in ganz Polen. Als die deutsche Invasion am 1. September begann und die deutsche Luftwaffe die polnischen Flugfelder

*TRUPPENKONZENTRATION
Die Schlachtordnung der Luftwaffe gegen Polen am 31. August 1939 umfasste 648 Bomber, 219 Sturzkampfbomber, 30 Bodenangriffsflugzeuge und 210 Jagdflugzeuge, dazu 474 Aufklärer, Transporter und verschiedene andere Modelle, die auf die Luftflotten 1 und 4 aufgeteilt wurden.*

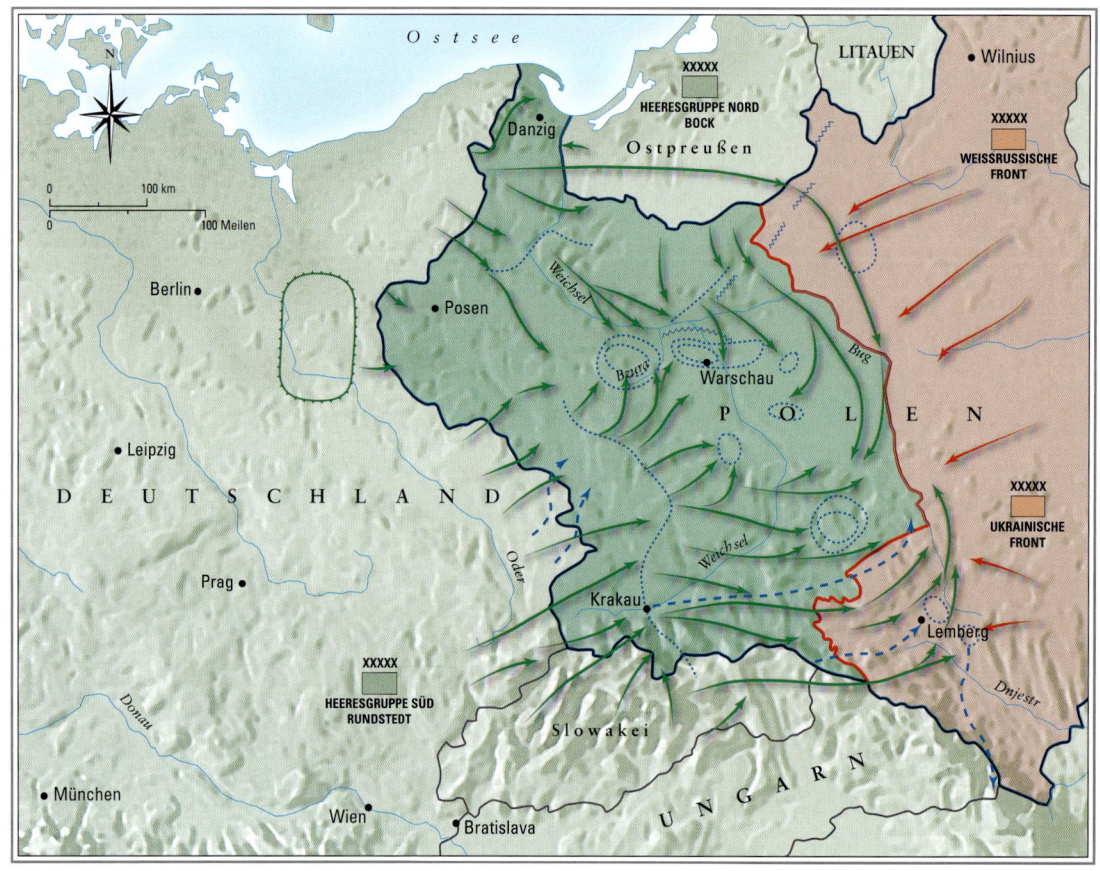

Der Blitzkrieg: Polen 1939

angriff, fand sie dort nur wenige Kampfflugzeuge vor. Die wenigen am Boden zerstörten Flugzeuge waren größtenteils Übungs- oder Transportmaschinen; die veralteten polnischen Jäger stürzten sich auf die deutsche Luftwaffe, doch auch wenn sie die Deutschen überraschten, schlugen sie sich schlecht.

Am Morgen der Invasion starteten Kapitän Mieczyslaw Medwecki und sein Flügelmann Wladyslaw Gnys in ihren PZL P.11 nach einem Angriff auf Krakau. Unmittelbar nach dem Start wurden sie von zwei Ju 87 attackiert; Medwecki wurde abgeschossen und getötet. Dies war der erste Luftsieg für die Luftwaffe im Zweiten Weltkrieg. Gnys setzte sich hinter die beiden Stukas, doch sie wichen seinem Beschuss aus. Allein setzte er seine Patrouille fort und traf auf zwei zurückkehrende Dornier Do 17. Seinen Höhenvorteil nutzend, stürzte er auf die nichtsahnenden Bomber nieder und schoss beide ab – der erste Luftsieg für die Alliierten im Zweiten Weltkrieg. Gnys gelang noch ein weiterer Abschuss, bevor er über Rumänien entkam und sich der RAF anschloss. Die meisten Verluste unter den polnischen Maschinen passierten bei Landungen auf den hastig errichteten Flugfeldern. Da die Transportwege nicht funktionierten, war es schwierig, Ersatzteile und -piloten zu bekommen. Jene Jäger, die es in die Luft schafften, um es mit den deutschen Do 17 und Stukas aufzunehmen, trafen bald auf die eskortierenden Messerschmitt 109 und 110. In ihren veralteten P.11 waren die Polen unterlegen und in der Unterzahl. Die überlebenden Piloten flohen in das noch neutrale Rumänien; einige davon gehörten in der Luftschlacht um England zu den erfolgreichsten Fliegern und nahmen so Rache.

Veränderter Schwerpunkt

Die Luftwaffe verlagerte ihre Hauptaufgabe nun zur Bodenunterstützung, für die sie ursprünglich gedacht war. Junkers Ju 87 und die bald veraltete Henschel Hs 123 unterstützten den raschen Vorstoß. Sie bombardierten Stützpunkte und Widerstandsnester mit Schützenminen und Brandbomben und fügten dabei den polnischen Verteidigern schwere Verluste zu. Zusätzlich untergrub das Heulen der Stukas – „die Posaunen von Jericho", wie es genannt wurde – die Kampfmoral der polnischen Bodentruppen.

Die Stukas griffen auch Marineziele an. Mit präzisen Sturzflügen warfen sie panzerbrechende Bomben ab und versenkten dadurch etwa den polnischen Zerstörer „Wicker" und ein Minenlegeschiff. Das waren bedrohliche Vorzeichen für jene Kämpfe, die sich später über dem Ärmelkanal und dem Mittelmeer abspielen sollten.

Durch den schnellen Vormarsch der Wehrmacht am Boden wurden deren Flanken exponiert. Bei Bzura nutzte die polnische Armee diese Chance, zerstörte die deutschen Versorgungslinien und brachte den Vorstoß zum Stehen. Zur Beseitigung dieses Problems wurden die Bomber der Luftwaffe entsandt. Sie sprengten sämtliche Brücken und Fluchtrouten, kesselten die Polen ein und ließen sie gnadenlos von Stukas erledigen.

Am 17. September fielen die Russen von Osten her ein und besiegelten Polens Schicksal. Es war sinnlos, die deutsche und die russische Dampfwalze aufhalten zu wollen. Der Osten Polens wurde relativ schnell besetzt, da es weder Truppen noch Flugzeuge gab, um die Invasion aufzuhalten.

Ende September stand die Wehrmacht vor den Toren von Warschau. Hitler gab extra Befehl, die historische Altstadt zu bombardieren und auszuradieren. Welle auf Welle warfen Dorniers und Heinkels ihre Sprengladungen ab und zerstörten zahlreiche Gebäude. Letztlich wurde die Hälfte der Stadt vernichtet und viele Tausende getötet.

Am 6. Oktober endete der polnische Widerstand. Die Luftwaffe hatte alles leicht aussehen lassen, jedoch schwere Verluste erlitten, vor allem in den Reihen der erfahrenen Piloten, die nicht leicht zu ersetzen waren. Außerdem hatte sie in dem einmonatigen Feldzug nahezu 30 Prozent ihrer Munitionsvorräte verbraucht – ein erschütterndes Faktum für die Befehlshaber.

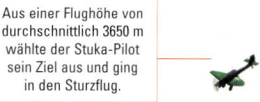

Aus einer Flughöhe von durchschnittlich 3650 m wählte der Stuka-Pilot sein Ziel aus und ging in den Sturzflug.

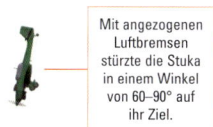

Mit angezogenen Luftbremsen stürzte die Stuka in einem Winkel von 60–90° auf ihr Ziel.

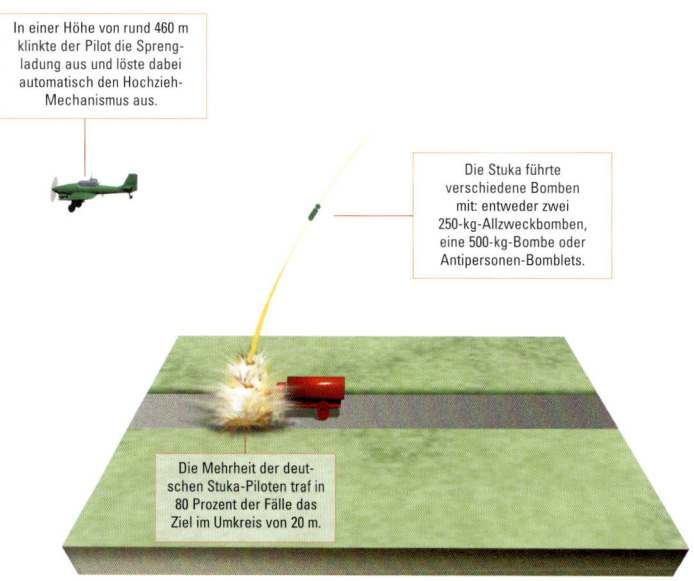

In einer Höhe von rund 460 m klinkte der Pilot die Sprengladung aus und löste dabei automatisch den Hochzieh-Mechanismus aus.

Die Stuka führte verschiedene Bomben mit: entweder zwei 250-kg-Allzweckbomben, eine 500-kg-Bombe oder Antipersonen-Bomblets.

Die Mehrheit der deutschen Stuka-Piloten traf in 80 Prozent der Fälle das Ziel im Umkreis von 20 m.

Die größten Luftkriege

SKANDINAVIEN: Finnland 1939–40

DER WINTERKRIEG
Die Verluste, welche die zahlenmäßig weit unterlegenen Finnen der Roten Armee im Winterkrieg 1939/40 zufügten, waren ein Schock für das sowjetische Oberkommando, denn sie zeigten eklatante Mängel in Führung und Ausrüstung. Beides war noch nicht behoben, als Deutschland im Juni 1941 in der UdSSR einfiel.

Das sowjetische Interesse an Finnland 1939 hatte mit Stalins Wunsch zu tun, die Nordgrenze der Sowjetunion zu stärken. Außerdem wollte er den Hafen Henko für 30 Jahre mieten, doch die Gespräche mit Finnland verliefen nicht nach Plan, sogar als die Sowjets territoriale Kompensation in Karelien anboten. Nachdem sie erst 1917 ihre Unabhängigkeit erlangt hatten, befürchteten die Finnen, dass jedes Zugeständnis an Stalin dazu führen würde, dass er mehr wollte. Doch nun sah sich Stalin zu militärischer Intervention veranlasst.

Verbissener Widerstand

Die Verteidigung Finnlands übernahm eine Armee aus zehn Divisionen und ein paar Spezialeinheiten. Sie waren schlecht ausgerüstet und verfügten weder über automatische Waffen noch Artillerie noch, was noch wichtiger war, Panzerabwehrwaffen. Jede Division besaß etwa 30 Geschütze aus der Zeit vor 1918 und nur wenig Munition. Doch was den Soldaten an Ausrüstung fehlte, machten sie durch Ausbildung und Engagement wett. Geschickt manövrierten sie durch das dicht bewaldete, verschneite Gebiet, starteten Überraschungsangriffe mit Ski-Trupps und verschwanden dann rasch im dichten Wald. Sie kämpften hochmotiviert für die Freiheit Finnlands und wurden von gebildeten Offizieren und Unteroffizieren kommandiert.

Marschall Carl Gustav von Mannerheim, der Kommandant der finnischen Abwehr, hatte schon in den 30er-Jahren begonnen, eine Verteidigungslinie zu errichten: eine 65 km lange Front zwischen dem riesigen Ladogasee und dem Finnischen Meerbusen, welche die Hauptangriffsroute blockierte und die bevölkerungsreichste Region Finnlands schützte. Die starke Defensivposition bestand aus modernen Bunkern und Panzerabwehrgräben entlang der Karelischen Landenge, doch der enormen Zahl an Soldaten, welche die Sowjets gegen sie aufmarschieren lassen konnten, konnte sie keineswegs standhalten. Sie konnte aber Hilfe von außen Zeit verschaffen.

Den Finnen gegenüber standen 1,2 Millionen sowjetische Soldaten in 26 Divisionen, unterstützt von 1500 Panzern und etwa 750 Flugzeugen aller Art, darunter 250 Doppeldecker Polikarpow I-15 und später die modernere Polikarpow I-16. Diese wurden entlang der gesamten Länge der

Skandinavien: Finnland 1939–40

finnisch-russischen Grenze stationiert. Die Bombergeschwader flogen mit zweimotorigen Iljuschin DB-3F und Tupolew SB-2. Diese Flugzeuge wurden in der Gegend von Leningrad konzentriert, einige in Estland. Ihre Ziele waren die finnische Abwehrlinie und die Bevölkerungszentren im südlichen Teil des Landes. Die finnische Luftwaffe besaß gerade mal 145 Flugzeuge, darunter zwei Geschwader mit Fokker D.XXXI und eines mit veralteten Bristol Bulldogs. Die Bomber flogen mit zwei Geschwadern Bristol Blenheim Mk 1. Am Vorabend der Invasion besaß die finnische Front etwa 55 Flugzeuge.

Mangel an erfahrenen Offizieren

Obwohl in der Überzahl, gerieten die Sowjets bald in Schwierigkeiten, verursacht hauptsächlich durch fehlerhafte Kommunikation zwischen Flugzeugen, Panzern und Infanterie sowie mangelnde Versorgung. Laut Plan wollten sie an allen Fronten vorstoßen und Finnland vollständig besetzen. Mannerheim konnte die Sowjets an der Karelischen Landenge relativ leicht stoppen und musste nicht einmal auf seine Reserve zurückgreifen. Das lag nicht zuletzt am Fehlen erfahrener Offiziere, wofür Stalins blutige Säuberungen gesorgt hatten.

Auch die Überzahl ihrer Flugzeuge nutzte den Sowjets nichts. In den kurzen Wintertagen gab es nur wenige Stunden für Tageslichtflüge, was zu hohen Verlusten und geringen Gebietsgewinnen führte. Die zahlreichen Panzer hätten jedoch ein Problem darstellen können. Die Finnen hatten keine Panzerabwehrwaffen und wussten von Panzerabwehr nur wenig. Sie erkannten dies aber bald und improvisierten Waffen wie den Molotow-Cocktail, eine mit Benzin gefüllte Flasche mit einem Stück Stoff als Zündschnur, die man unmittelbar vor dem Werfen anzündete. Da die Sowjets ihre Panzer unabhängig von ihrer Infanterie einsetzten, konnten sich die Finnen bei Nacht anschleichen und sie relativ leicht außer Gefecht setzen. Im Norden jedoch hatten russische Truppen den Hafen Petsamo eingenommen und drangen nun nach Nautsi im Süden vor, um Finnland vom Arktischen Ozean abzuschneiden.

Finnischer Gegenangriff

Am 6. Januar startete die finnische Armee den Gegenangriff an der Ostfront, wobei sie mit Ski-Trupps vordrangen, während die Russen auf Straßen angewiesen waren. Durch diese Angriffe entstanden isolierte Kessel, die einer nach dem anderen aufgerieben wurden. Die Verluste der Sowjets waren hoch – fast vier Divisionen – und die Finnen setzten die

CURTISS HAWK 75A
Deutschland lieferte 28 Curtiss Hawk 75A an Finnland, die es bei der Invasion Frankreichs 1940 erbeutet hatte. Mit diesem Modell errangen finnische Piloten 190 Luftsiege gegen die Sowjets.

erbeutete Ausrüstung, darunter auch Flugzeuge, gegen ihre ehemaligen Besitzer ein. In der Luft hielten sich die Finnen – gerade noch. Am gleichen Tag bombardierten acht Iljuschin DB-3 die Gegend von Utti. Alle acht wurden abgeschossen, sechs vom selben Piloten: Leutnant Jorma Sarvanto.

Nach intensivem Training der Infanterie-Panzer-Kooperation griffen die Sowjets Anfang Februar die Mannerheim-Linie erneut an und brachen am 11. Februar durch. Die Finnen fielen auf eine zweite Verteidigungslinie zurück, doch auch diese wurde von dem massiven Ansturm durchbrochen. Dann griffen die Sowjets finnische Stellungen im Hinterland, jenseits des zugefrorenen Sees westlich von Viipuri, an. Von den Briten hatten die Finnen Verstärkung erhalten: 24 Gloster Gauntlet, 30 Gloster-Gladiator-Jäger und elf Blenheim-IV-Bomber. Frankreich hatte 30 Morane-Saulnier-MS.406-Jäger geschickt und Italien einige Fiat G.50. Auch eine kleine Gruppe Freiwilliger aus Schweden traf mit veralteten Maschinen ein, doch es war zu wenig und zu spät. Angesichts der düsteren Lage riet Mannerheim seiner Regierung zu Verhandlungen.

Die Sowjets verlangten den Hafen Hanko und die gesamte Karelische Landenge einschließlich Viipuri und des nördlichen Ladogasees. Die Finnen hofften auf eine anglo-französische Intervention, doch als diese ausblieb, unterschrieben sie den Friedensvertrag von Moskau am 12. März 1940. Die Russen hatten mehr als 126 000 Mann verloren, weitere 300 000 wurden wegen Verwundungen oder Erfrierungen evakuiert. Auch viel Material wurde vernichtet, doch am schlimmsten war der offensichtlich gewordene Mangel an militärischer Kompetenz. Rasch wurde eine Reorganisation der sowjetischen Armee angeordnet. All dies blieb den deutschen Beobachtern nicht verborgen.

Die größten Luftkriege

SKANDINAVIEN: Dänemark und Norwegen 1940

MESSERSCHMITT BF 110
Mit ihrer großen Reichweite eigneten sich die Messerschmitt Bf 110 Zerstörer ideal für Operationen in Norwegen, wo sie auf nur wenige alliierte Jagdflugzeuge trafen.

GLOSTER GLADIATOR
Sowohl Norwegen als auch die RAF kämpften mit Gladiators. Obwohl sie veraltet waren, waren sie für einige Abschüsse verantwortlich.

Für Hitlers Expansionspläne brauchte Deutschland Rohstoffe für seine wachsende Industrie. Am dringendsten benötigt wurde Eisenerz, das Deutschland vom neutralen Schweden importierte. Es wurde über den norwegischen Hafen Narvik zu norddeutschen Häfen verschifft. Die Briten und Franzosen waren sich der Bedeutung dieses Rohstoffes sehr bewusst und es entstand ein Wettrennen darum, wer die Kontrolle über diesen Nachschub zuerst erlangte. Der deutsche Plan war, Norwegen zu besetzen. Doch dazu musste Deutschland erst mit Dänemark fertigwerden.

Dänemark war ein neutraler Staat mit einer winzigen Armee und einer noch kleineren Luftwaffe und Marine. Das würde keine schwere Aufgabe für die Wehrmacht werden. In den Morgenstunden des 9. April 1940 fiel Deutschland ein, traf in Nordschleswig kurz auf Widerstand, fegte diesen jedoch rasch beiseite. Die dänische Marine, welche die zahllosen dänischen Häfen verteidigen sollte, ließ die deutschen Schiffe einfach in Kopenhagen einlaufen. Dabei kam es bei der Festung Madneso und dem Flughafen bei Aalborg im Norden von Jütland zu den ersten Luftlandungen; die Fallschirmjäger nahmen beides rasch ein. Nach der Einnahme der Hauptstadt Kopenhagen ordnete die dänische Regierung einen Waffenstillstand an. Die Invasion Dänemarks wurde erfolgreich beendet.

Der Kampf um Norwegen

Seit dem Beginn der Kampfhandlungen zwischen Finnland und der Sowjetunion hatten Frankreich und Großbritannien vor, Expeditionsstreitkräfte nach Narvik zu schicken. Dies diente als Deckmantel, um den Hafen zu sichern und den Eisenerztransport aus Schweden zu kontrollieren.

Die Nazionalsozialisten kamen ihnen jedoch zuvor. Während deutsche Truppen mit relativ geringem Aufwand Dänemark einnahmen, war eine kombinierte Streitmacht unterwegs nach Norwegen. Überraschend fiel sie aus der Luft und von der See her ein. Fallschirmjäger, befördert mit der bewährten Junkers Ju-52, nahmen die Häfen Stavanger und Oslo ein, die wichtig für Truppennachschub und Versorgung waren. Die Deutschen nahmen sämtliche Küstenstädte von Kristiansand im Süden bis Narvik im Norden ein. Die zweimotorigen Langstreckenjäger Messerschmitt Bf 110 lieferten Luftunterstützung und setzten sich relativ leicht gegen die Gloster Gladiators durch, mit denen die norwegischen Piloten flogen. Bald wurden die Verteidiger überrannt, konnten jedoch vorher noch mit Torpedos und Artilleriebeschuss aus der Festung Oscarsborg im Oslofjord den deutschen Kreuzer „Blücher" versenken.

Danach zog sich die norwegische Regierung ins Landesinnere zurück. König Haakon VII. übergab das Kommando über die Armee an Generalmajor Otto Ruge, der rasch Pläne für einen geordneten Rückzug entwarf, der die Deutschen aufhalten sollte, bis Hilfe eintraf. Diese kam in Gestalt der britischen Expeditionsstreitkräfte (BEF) aus der Region südlich von Trondheim, einem Hafen im Süden. Die BEF sollten die Norweger unterstützen, wurden aber nach einem kläglich gescheiterten Angriff auf den Hafen evakuiert. Danach konzentrierte sich der alliierte Widerstand im Norden des Landes.

Dort versuchten die Alliierten verzweifelt, die Deutschen aus der Region um Narvik zu vertreiben. Die britische Navy hatte sich gegen die deutsche Kriegsmarine durchgesetzt. Die Navy operierte mit 18 RAF-Gloster Gladiators der 263. Squadron des Flugzeugträgers HMS „Courageous" von einem zugefrorenen See bei Andalsnes aus. Doch ihre Einsätze blieben erfolglos und die meisten wurden von der Luftwaffe zerstört. Am 25. April wurden auch die letzten Flugzeuge vernichtet; die Besatzungen zogen zwecks Neuausrüstung ab. Der „Fleet Air Arm" erzielte jedoch einen Sieg, als Blackburn-Stukas von der 803. Fleet Air Arm Squadron bei Bergen den deutschen Kreuzer „Königsberg" versenkten.

Immer noch konzentrierten die Alliierten ihre Aktivitäten rund um Narvik. Als die Bodentruppen ihre Stellungen festigten, kehrte die 263. Squadron mit frischen Gladiators zurück, begleitet von den Hawker Hurricanes der 46. Squadron, die in der Gegend von Bodö operierten. Nachdem sie ihre Positionen in Süd- und Zentralnorwegen gesichert hatten, intensivierten die Deutschen ihre Luftangriffe und isolierten die alliierten Truppen im Norden.

Schwindende Aufmerksamkeit

Am 28. Mai eroberten französische und norwegische Streitkräfte Narvik zurück. Doch nun zogen die Invasionen in Belgien, den Niederlanden und Frankreich die Aufmerksamkeit der Alliierten auf sich; Norwegen schien nicht mehr so wichtig. Die Royal Navy begann im Juni mit der Evakuierung von Truppen, der norwegischen Regierung und ihres Königs, der den Rest des Krieges im Exil in London verbrachte.

Mit 5500 Toten und 260 abgeschossenen Flugzeugen erlitt Deutschland die schwersten Verluste. Außerdem verlor es zwei moderne Kriegsschiffe, die eine nicht mehr zu füllende Lücke hinterließen. Die Briten hatten rund 4000 Gefallene zu beklagen, 1500 davon bei der Versenkung des Flugzeugträgers „Glorious" durch die Schlachtkreuzer „Gneisenau" und „Scharnhorst". Die Norweger verloren etwa 1800 Mann, die Franzosen rund 500.

EIN HOFFNUNGSLOSER FALL
Für die Alliierten war der Kampf um Norwegen von Anfang an eine hoffnungslose Sache. Deutschland hatte die völlige Luftüberlegenheit inne, was es der Royal Navy schwierig machte, in norwegischen Gewässern effektiv zu operieren. Noch dazu waren die alliierten Befehls- und Versorgungsketten schlecht koordiniert.

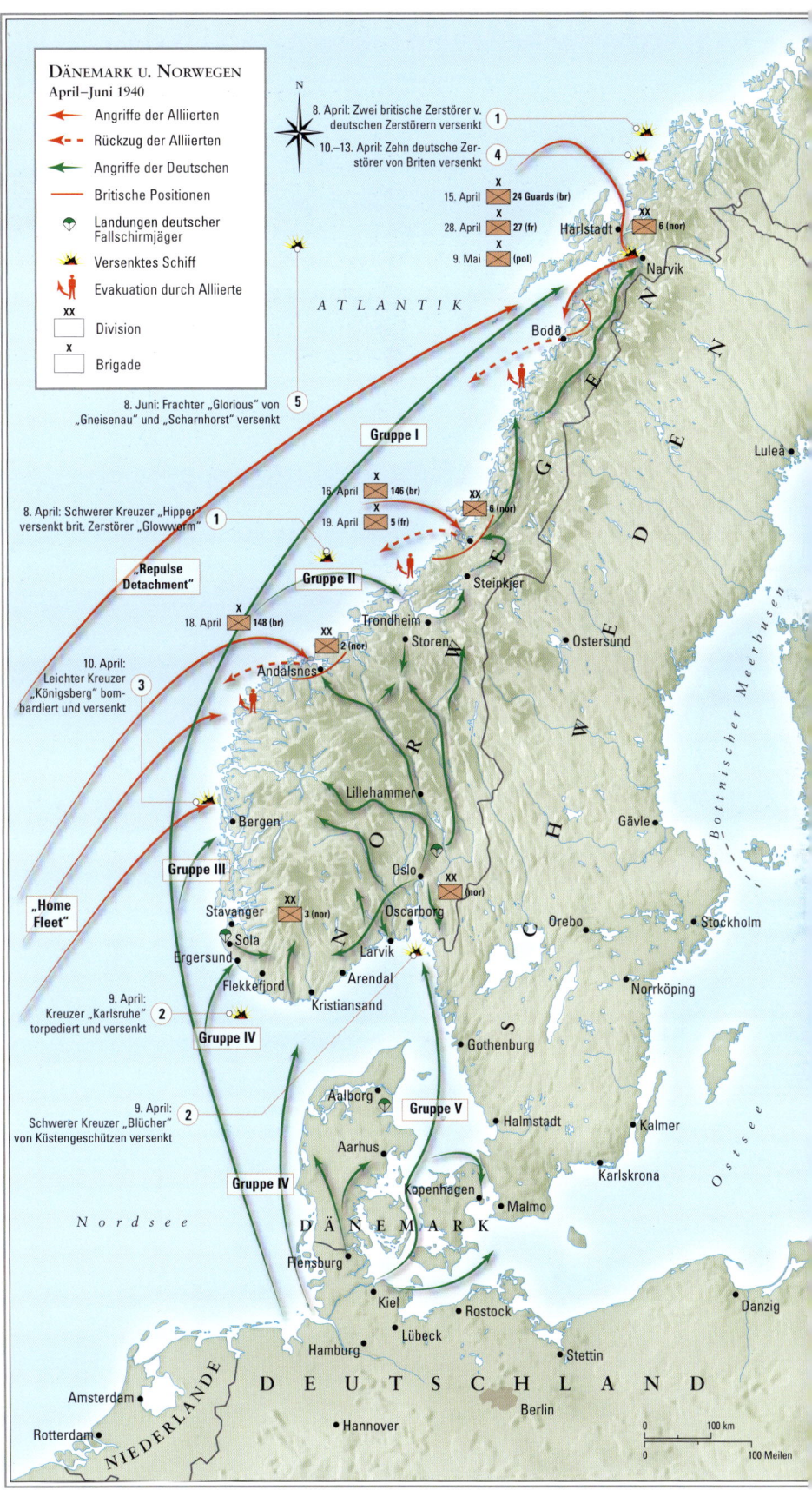

Skandinavien: Dänemark und Norwegen 1940

Die größten Luftkriege

INVASION IM WESTEN: 1940

Am 27. September 1939, dem Tag der Kapitulation Polens, verkündete Hitler seine Absicht, die Westmächte anzugreifen. Am 19. Oktober wurde dem OKH ein Angriffsplan – „Fall Gelb" – unterbreitet: ein Vorstoß durch Belgien und die Niederlande bis an die Küste, um dort eine sichere Basis für weitere Operationen gegen französische und britische Streitkräfte im Norden Frankreichs zu errichten. Hitler hielt den Plan für unzureichend. Nach Verzögerungen wegen schlechten Wetters wurde „Fall Gelb" verworfen, als deutsche Offiziere mit einer Kopie davon am 9. Januar 1940 in Belgien notlanden mussten.

General Erich von Manstein, ein Kritiker des OKH, entwarf den neuen Plan „Sichelschnitt". Er entsprach mehr den Ansichten des Führers und wurde daher zum „Masterplan" für die Umfassung der französischen und britischen Armeen. Nach Ausarbeitung der Details war er am 24. Februar 1940 fertig.

Verteidigung der Maginot-Linie

Zur Verteidigung der deutsch-französischen Grenze waren die Alliierten von der Maginot-Linie abhängig. In die Errichtung dieser Verteidigungslinie hatte Frankreich gewaltige Summen gesteckt.

Zahlenmäßig waren die beiden Gegner einander ebenbürtig: 94 französische, zwölf britische, neun holländische und 22 belgische Divisionen standen 136 deutschen Divisionen gegenüber. Die Alliierten besaßen jedoch nur wenige dezidierte Panzerformationen. Die Deutschen konzentrierten ihre Panzerstreitmacht in zehn Divisionen, daher waren ihre 2500 Panzer weitaus effektiver einsetzbar als die 3000 verstreuten Panzer der Alliierten. Außerdem brachte Deutschland mehr als 3200 moderne Flugzeuge auf. Die Alliierten hatten 2000, viele von fragwürdiger Qualität. Der entscheidende Faktor dieser Operation war aber die deutsche Blitzkrieg-Taktik. Die Alliierten praktizierten nur Defensivkrieg und es fehlte eine klare Befehlsstruktur.

Im September 1939 hatten Großbritannien und Frankreich mobil gemacht: rund 3 000 000 Mann in Frankreich und fast 450 000 im Vereinigten Königreich. Von Letzteren wurden rund 300 000 als BEF nach Frankreich entsandt – fast die gesamte mobile Armee der Briten und ihre gesamten Panzerstreitkräfte. Im September und Oktober nahmen die BEF ihre Stellungen entlang der „Front" ein, die von der Schweiz über die Maginot-Linie und die belgische Grenze entlang bis an die Kanalküste reichte.

Nach dem monatelangen Sitzkrieg war Hitler nun bereit, im Westen loszuschlagen. In der Annahme, dass die Alliierten die Hauptoffensive durch Belgien und Nordfrankreich erwarteten, plante Manstein einen Ablenkungsangriff auf die Niederlande und Belgien, um alliierte Truppen und Reserven nach Norden abzuziehen. Die Hauptpanzerstreitmacht sollte jedoch durch die Ardennen zur Küste vorrücken und so die Hauptmasse der alliierten Armeen in einem gewaltigen Kessel umfassen.

General Fedor von Bock sollte Heeresgruppe B, bestehend aus 29 Divisionen regulärer Infanterie, nach Belgien und Holland führen und die Alliierten auf sich ziehen. Heeresgruppe A unter General Gerd von Rundstedt umfasste 44 Divisionen, darunter den Großteil der Panzerdivisionen: genug, um durch die Ardennen vorzustoßen. General Wilhelm Ritter von Leeb befehligte Heeresgruppe C – mit 17 Divisionen zwischen Luxemburg und der Schweiz stationiert –, welche die französischen Truppen an der Maginot-Linie beschäftigte.

Die französische Armee war zahlenmäßig gleich stark wie die deutsche, wenn nicht stärker. Dieser Vorteil schwand jedoch, weil die

DEWOITINE D.520
Die Dewoitine D.520 war 1940 ohne Zweifel Frankreichs bestes Jagdflugzeug, doch sie wurde nur langsam ausgeliefert und kam zu spät, um die Schlacht um Frankreich noch entscheidend beeinflussen zu können. Für Vichy-Frankreich kämpfte sie später in Syrien gegen die Alliierten.

Invasion im Westen: 1940

Befehlskette unter General Maurice Gamelin nur langsam reagierte. Außerdem vertraute Frankreich stark auf die wahrhaft gigantischen Befestigungsanlagen an der Maginot-Linie und rechnete nicht damit, dass man sie einfach umgehen könnte. Die britischen BEF bestanden aus zehn Divisionen unter französischem Kommando. Die Alliierten dachten, der deutsche Hauptangriff würde wie 1914 über Belgien kommen, und richteten ihre Defensivmanöver danach aus. Gemäß dem britisch-französischen Dyle-Plan rückte die Hauptstreitmacht der Alliierten bis zu einer Linie vom Fluss Dyle nach Wavre östlich von Brüssel vor. 1940 wurde diese Linie bis an die Maas in den Niederlanden verlängert, wodurch eine lange Linie von der Kanalküste bis zur französisch-belgischen Grenze entstand.

Am Morgen des 10. Mai griffen deutsche Luftlandetruppen die belgische Untergrundfestung Eben-Emael an, wo sie mit Seglern auf dem Dach landeten. Mit speziellen Sprengladungen zerstörten Pioniere die Geschützkuppeln, welche die Zugänge zu den strategisch wichtigen Brücken deckten, wo die Maas in den Albert-Kanal floss. Während sich die Pioniere um die Festung kümmerten, landeten Fallschirmjäger in der Nähe der Brücken und nahmen sie rasch ein. Innerhalb von 24 Stunden traf die 4. Panzerdivision ein, um die Brückenköpfe zu sichern. In der Zwischenzeit kapitulierten die Verteidiger der Festung. Deutschland verlor nur sechs Mann bei diesem Angriff – die erfolgreichste Luftlandung im gesamten Krieg.

Angriff in den Ardennen

Mansteins Plan, die alliierten Armeen nach Nordbelgien zu locken, ging auf. Rundstedt marschierte durch die Ardennen mit der Brücke über die Maas bei Sedan als Ziel. Auf ihrem Weg durch das dicht bewaldete Gebiet trafen die Panzer nur auf vereinzelten Widerstand. Aufgrund der deutschen Luftüberlegenheit hatten Franzosen und Briten keine Chance, den enormen Panzerzug zu sehen. Am Abend des 12. Mai erstreckten sich sieben Panzerdivisionen von Dinant im Norden nach Sedan im Süden, bereit weiterzurollen. Am 13. Mai erhielt General Heinz Guderian Befehl, unter massivem Luftschutz die Überquerung der Maas zu erzwingen, wobei die Stukas sämtliche Abwehranlagen zerstörten und die 2. Französische Armee unter General Charles Huntziger das Fürchten lehrten. Am Abend hielt die 1. Panzerdivision einen 5 km breiten und 7 km tiefen Brückenkopf. Der Gegenangriff der Franzosen ließ auf sich warten. Ihre 3. gepanzerte Division wollte an der schwachen deutschen Flanke zuschlagen, wurde jedoch zurückgehalten und an einer langen Verteidigungslinie ausgedünnt. Die Alliierten versuchten, die Pontonbrücke zu zerstören, mit der die 1. Panzerdivision die Überquerung erzwungen hatte, doch sie schickten dazu eine Gruppe veralteter Fairey Battles aus. Die Verluste waren katastrophal und die Brücke bliebt intakt.

GENERAL HEINZ GUDERIAN
Der brillante Taktiker General Heinz Guderian befehligte das XIX. Korps beim Westfeldzug im Mai 1940. Sein Vermächtnis an die Militärgeschichte ist die Erschaffung der Panzerwaffe, der gepanzerten Streitkraft im Zentrum moderner Armeen bis heute.

TÖDLICHER STREICH
Am 13./14. Mai 1940 durchbrachen deutsche Streitkräfte die französische Front bei Sedan. Die „RAF Advanced Air Striking Force" konzentrierte alle verfügbaren Battle- und Blenheim-Bomber hier zum Angriff. 39 der 71 beteiligten Flugzeuge wurden von Flak oder Jagdfliegern abgeschossen.

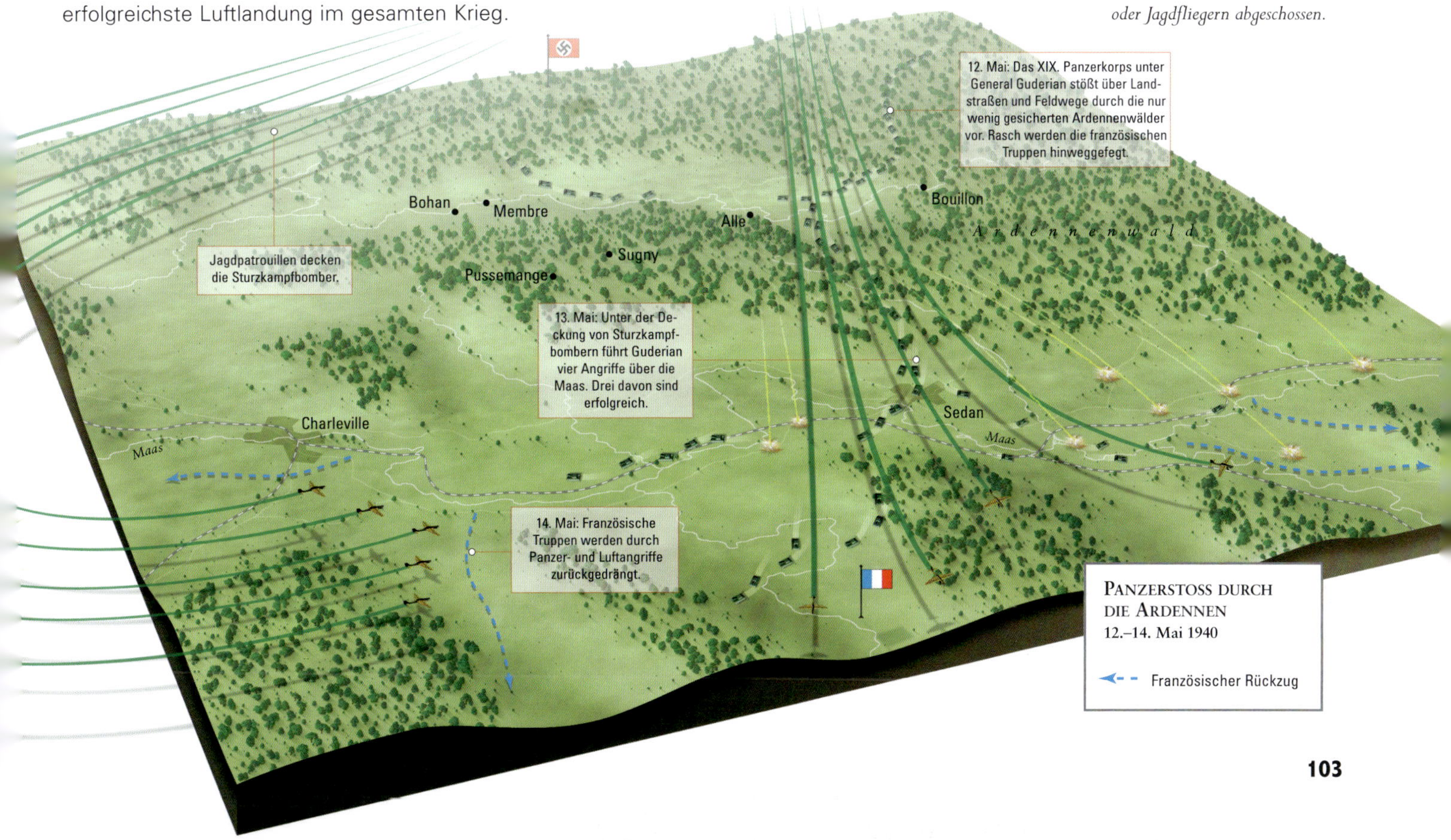

12. Mai: Das XIX. Panzerkorps unter General Guderian stößt über Landstraßen und Feldwege durch die nur wenig gesicherten Ardennenwälder vor. Rasch werden die französischen Truppen hinweggefegt.

Jagdpatrouillen decken die Sturzkampfbomber.

13. Mai: Unter der Deckung von Sturzkampfbombern führt Guderian vier Angriffe über die Maas. Drei davon sind erfolgreich.

14. Mai: Französische Truppen werden durch Panzer- und Luftangriffe zurückgedrängt.

PANZERSTOSS DURCH DIE ARDENNEN
12.–14. Mai 1940

◄- - Französischer Rückzug

Die größten Luftkriege

Die Deutschen vergeudeten keine Zeit damit, den Fehler der Franzosen auszunutzen, sondern stießen weiter vor. Die französischen Befehlshaber waren unsicher, ob das Hauptziel der Deutschen Paris oder die Kanalküste war. Es gab keine größeren Gegenangriffe, mit Ausnahme einer lokalen Offensive in der Nähe von Montcornet unter der Führung eines brillanten jungen Taktikers namens Charles de Gaulle. Dieser wurde von den überlegenen deutschen Truppen jedoch abgewehrt. Nach einem Vormarsch von fast 300 km in nur zehn Tagen trafen Guderians Panzer am 19. Mai an der Kanalküste ein. Die besten alliierten Einheiten waren nun in einem Kessel in Nordfrankreich und Belgien eingeschlossen – und blickten der nahezu sicheren Vernichtung ins Auge.

Gegenangriff und Evakuierung

Am 24. Mai führten die Alliierten einen Gegenangriff auf die Flanke der 2. Panzerdivision, doch sie wurden zurückgedrängt. Dann erhielten die Panzerformationen schockierende Nachrichten vom Führer selbst: Er ließ alle Panzervorstöße stoppen, denn er wollte die Versorgungslinien zu den Panzern aufschließen lassen und sie für den Rest Frankreichs aufsparen. Die Vernichtung der BEF wollte er Görings Luftwaffe überlassen, die sie einfach von oben dem Erdboden gleichmachen würde.

Die Evakuierung einer Armee war ein gewaltiges Unterfangen, und sie war dringend. General Lord Gort, VC, der Befehlshaber der BEF, errichtete einen Verteidigungsring, damit am Aa-, Scarpe- und Ypernkanal keine Infanterie an den Strand vordringen konnte. Churchill beauftragte Admiral Betram Ramsay mit der See-Evakuierung und gab Befehl, an Englands Südküste sämtliche Boote zwischen drei und zehn Metern Länge zu erbetteln, zu borgen oder zu stehlen. Diese Boote fuhren, meist gesteuert von ihren Besitzern, durch Bombenhagel direkt an den Strand, um die belagerten Soldaten aufzunehmen. In den folgenden acht Tagen wurden – auch dank der RAF, die trotz Unterzahl tapfer darum kämpfte, die Luftwaffe fernzuhalten – 338 226 Mann evakuiert.

Nun wandte sich die Wehrmacht dem Rest Frankreichs zu, das sich, nach Belgiens Kapitulation am 28. Mai auf sich allein gestellt, an der Linie Somme–Aisne verschanzte. Die Franzosen kämpften heldenhaft, doch bald erzielten die Deutschen einen Durchbruch und marschierten am 14. Juni in Paris ein. Frankreich war gezwungen, am 22. Juni einen Waffenstillstand zu unterzeichnen.

Einer der wichtigsten Faktoren für die Niederlage der Alliierten war das Fehlen eines stimmigen Luftoperationsplans. Als das französische Oberkommando in den ersten entscheidenden Tagen im Mai 1940 aus Angst vor Vergeltung zögerte, seine Bomber loszuschicken, mussten die geringen Ressourcen der RAF in Frankreich die Hauptlast der Offensive tragen.

Trotzdem leistete Frankreich einen bedeutenden Beitrag zum Luftkampf. Die britischen Luftstreitkräfte verloren in Frankreich bis zum 24. Juni 578 Flugzeuge, doch Frankreichs Armée de l'Air und Aéronavale verloren 892 Maschinen, davon etwa ein Drittel am Boden. Die Alliierten behaupteten, 1735 feindliche Flugzeuge abgeschossen zu haben – eine stark übertriebene Zahl. Die Luftwaffe gab 543 Verluste im Kampf zu, zufällig oder wegen schwerer Kampfschäden ausgefallene Maschinen nicht mitgerechnet.

FAIREY BATTLE
Die Fairey-Battle-Geschwader der „Advanced Air Striking Force" erlitten beim Kampf um Frankreich schwere Verluste. Hier sieht man eine Battle von der 218. Squadron und ihre dreiköpfige Besatzung. Diese Staffel verlor bei einem einzigen Angriff auf die Maas-Brücke am 14. Mai 1940 zehn von elf Maschinen.

DER FALL FRANKREICHS
In den sechs Wochen zwischen dem 10. Mai und 22. Juni 1940 fand einer der schnellsten und verheerendsten Feldzüge der Kriegsgeschichte statt. Die Deutschen wandten das neue Konzept der Panzerkriegsführung, das auf dem blitzartigen Vorstoß von Panzern mit massiver Luftunterstützung beruhte, auf elegante und flexible Weise an. Trotzdem war es riskant, denn wären sie auf härteren französischen Widerstand, gepaart mit besseren Führungsqualitäten und größerer Kampfmoral, getroffen, hätten sie auch scheitern können.

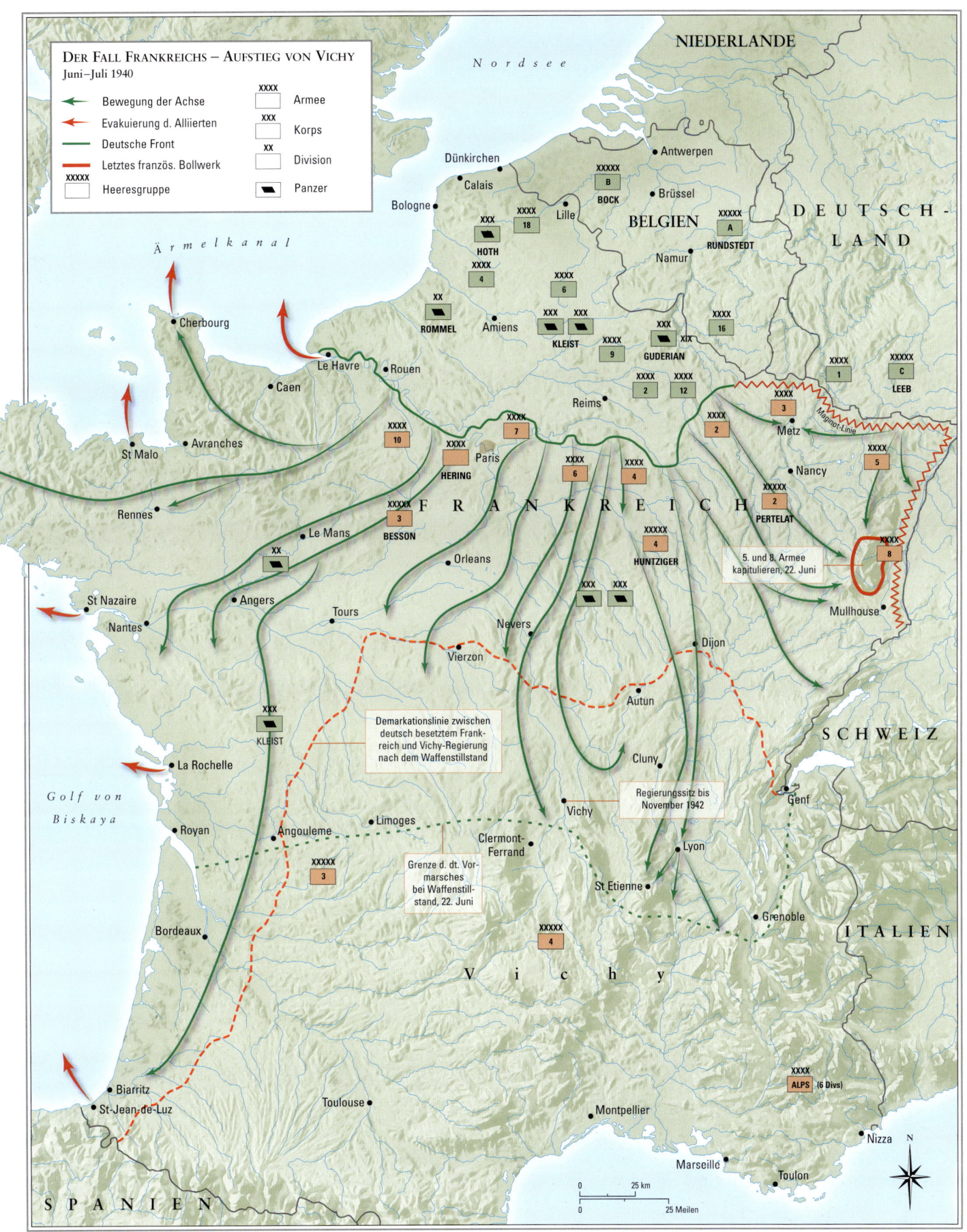

Invasion im Westen: 1940

Die größten Luftkriege

SCHLACHT UM ENGLAND: Juni–Oktober 1940

Nach Hitlers raschen Erfolgen in Kontinentaleuropa blieb als einziger Feind des Dritten Reiches nur noch Großbritannien. Hitler wollte keine Invasion riskieren, vor allem nicht angesichts der Stärke der Royal Navy. Die einzige Chance, England zu besiegen, bestand darin, die Navy fernzuhalten und die RAF vom Himmel zu holen, um die Invasionsflotte durch die Luftwaffe und die relativ kleine Kriegsmarine zu schützen. Der britische Premierminister Winston Churchill bereitete das Land auf die bevorstehende Schlacht vor. Zur Verfügung hatte er ein junges Jagdkommando und das noch ungetestete Funkfrühwarnsystem an der Südküste von England.

Die Luftwaffe unter ihrem Kommandanten Hermann Göring zeigte sich zuversichtlich, erholte sich jedoch noch von den nahezu durchgehenden Operationen seit Beginn der Kampfhandlungen und den Verlusten, die sie in den Niederlanden und Frankreich erlitten hatte. Ihre Waffen waren erprobt, ihre Piloten erfahren, ihre Taktik klug.

Eine neue Waffe: das Radar

Am Vorabend der Schlacht betrug die Stärke des RAF-Jagdkommandos 800 Flugzeuge. 640 davon waren erstklassige Kampfflugzeuge wie die Supermarine Spitfire und die Hawker Hurricane, beide bewaffnet mit acht MGs – eine beachtliche Feuerkraft. Zu seinem Arsenal gehörte auch ein Luftverteidigungskonzept, das der außergewöhnliche Air Chief Marshal Sir Hugh Dowding entworfen hatte. Dieses nutzte das relativ neue Funkleitsystem, das später „RADAR" (RAdio Direction And Ranging) benannt werden sollte. Dieses bestand aus einer Reihe von Türmen an der Südküste von England, die Funkwellen aussandten, aus denen man, wenn sie von Objekten wie etwa Flugzeugen reflektiert wurden, Ort, Höhe und Richtung des Angreifers errechnen konnte. Diese Informationen wurden gemeinsam mit denen, die Beobachter des „Observation Corps" mit Augen und Ferngläsern sammelten, an das Kommandohauptquartier weitergeleitet; von dort gingen sie an das Sektorenkommando, wo Befehle an ein passendes Geschwader ausgegeben wurden. Durch dieses System hatten die Flugzeuge genügend Zeit, um zu starten, eine vorteilhafte Flughöhe zu erreichen und sich dem anfliegenden Feind zu stellen, anstatt ständig Patrouillen fliegen zu müssen, bei denen Piloten und Material ermüdeten. Deutschland wusste über das Radarsystem Bescheid, beachtete es aber

DAS „DOWDING-SYSTEM"
Bei Ausbruch des Zweiten Weltkrieges hatte Großbritannien das beste und fortschrittlichste Luftverteidigungssystem der Welt. Das sogenannte „Dowding-System" beruhte auf einem Luftverteidigungsnetzwerk, das 1917/18 aufgebaut worden war, doch nun noch den unschätzbaren Vorteil des Radars integrierte.

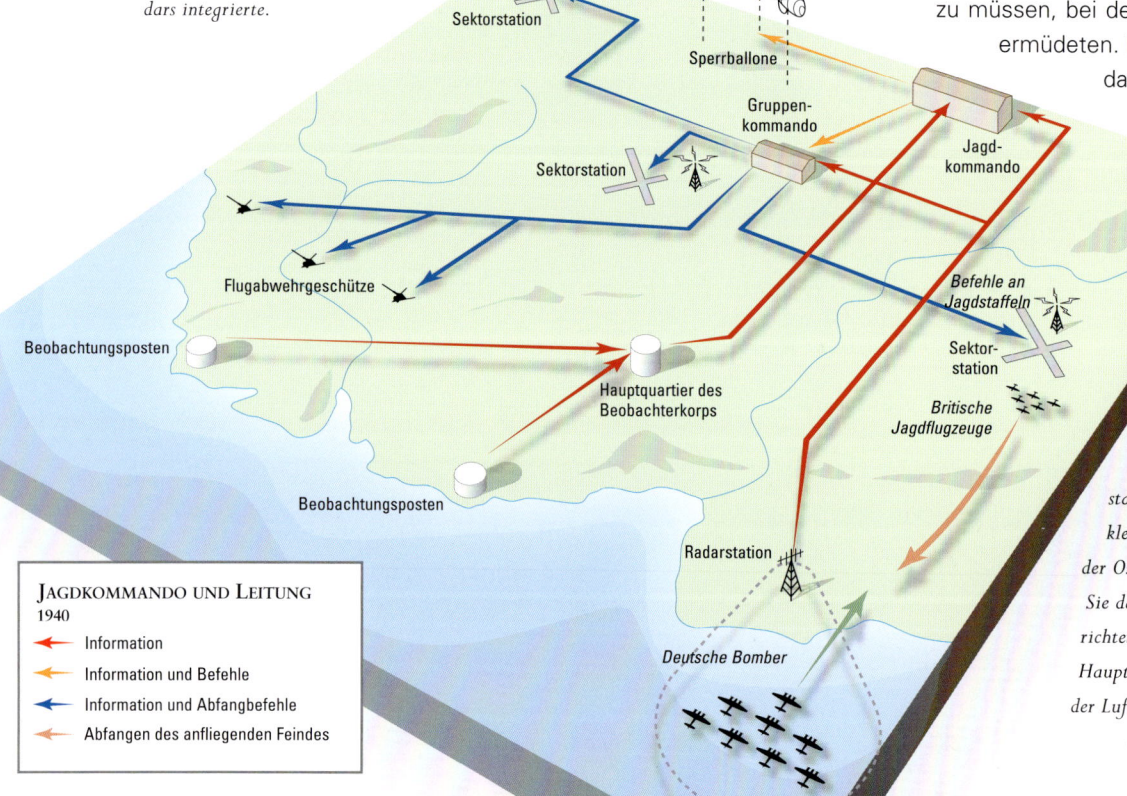

KAMPF UM ENGLAND
Während die Schlacht um Frankreich noch im Gange war, startete die Luftwaffe im Juni 1940 kleinere Angriffe auf „Randziele" an der Ost- und Südostküste von England. Sie dauerten rund acht Wochen an und richteten nur wenig Schaden an, da ihr Hauptzweck darin lag, die Besatzungen der Luftwaffe Einsatz- und Navigationserfahrungen für den Hauptschlag sammeln zu lassen.

Schlacht um England: Juni–Oktober 1940

Die größten Luftkriege

GRÖSSTER LUFTWAFFE-ANGRIFF
15. August 1940
- Angriffsformationen d. Luftwaffe
- Angriffe brit. Jagdflugzeuge
- IV Fliegerkorps

SCHWERE ANGRIFFE Zu den heftigsten Gefechten in der Luftschlacht um England kam es am 15. August 1940 mit schweren Angriffen auf Ziele im Norden und Süden. Luftflotte V von General Jürgen Stumpff erlitt schwere Verluste, als er auf unerwartet heftigen Widerstand stieß. Die Deutschen verloren 71 Flugzeuge, der höchste Tagesverlust in dieser Schlacht, während die RAF 28 Maschinen einbüßte.

kaum, und Angriffe auf diese Ziele waren nie vorrangig. Außerdem waren sie schwierig zu treffen, da die Türme ähnlich aussahen wie Strommasten. Wenn man keinen direkten Treffer landete, wurde die Schockwelle der Explosion meistens durch die Struktur abgeleitet.

In den ersten Wochen des Angriffs im Juli 1940 testete die deutsche Luftwaffe die britische Abwehr, indem sie Ziele an der Küste angriff wie z. B. Radaranlagen, aber vor allem Marineziele im Ärmelkanal. Diese Angriffe dienten auch dazu, die RAF in offene Kämpfe hineinzuziehen und zu vernichten. Hier erwies sich das Radar als nützlich, denn es erlaubte der RAF, mit ihren Kräften hauszuhalten.

Aus diesen ersten Scharmützeln zogen beide Seiten Lehren, zum Beispiel die Notwendigkeit eines speziellen Seerettungsdienstes für abgeschossene Piloten – etwas, das die Luftwaffe schon vor Beginn der Gefechte erkannt hatte. Die Schwächen der Boulton-Paul Defiant und erstmals auch der Stukas wurden offenbar. Beide waren für die neuen wendigen, schnellen Jagdflugzeuge höchst anfällig. Die Defiant hatte keine vorwärts feuernden Waffen und konnte von einer Messerschmitt Bf 109 im Frontalangriff rasch ausgeschaltet werden. Die zu langsamen, schwerfälligen Stukas wiederum wurden leichte Beute für Spitfires und Hurricanes.

Eintritt in die nächste Phase

In der nächsten Phase der Schlacht Anfang August startete die Luftwaffe einen Generalangriff auf die RAF-Stützpunkte, ihre Kontrollzentren und die britische Luftfahrtindustrie. Nun griff auch Luftflotte V erstmals von ihren Basen in Norwegen aus Ostengland an. Da die Reichweite der einmotorigen Messerschmitt Bf 109 für diese Mission nicht ausreichte, übernahmen Bf 110 den Geleitschutz. Der Widerstand war überraschend stark. Die Bf 110 wurden mit den britischen Jägern nicht fertig, die alle Arten von deutschen Flugzeugen vom Himmel holten. Luftflotte V flog keinen weiteren Tageslichtangriff mit derart vielen Bombern mehr, sondern zog in Zukunft den Schutz der Dunkelheit vor.

Die Angriffe auf die Stützpunkte der 11. Luftgruppe hatten ernsthafte Konsequenzen, denn die Deutschen griffen insbesondere Sektorkontrollbasen an. Nach dem Bombardement von Biggin Hill war dieser Sektor stark eingeschränkt. Doch aufgrund des Radars konnte die RAF noch immer zur richtigen Zeit am richtigen Ort sein, und die Verluste der Verteidiger waren stets geringer als die der Angreifer. Die Messerschmitt Bf 109 wurden in der kurzen verbleibenden Flugzeit über England immer näher an die zu eskortierenden Bomber gedrängt, wodurch sie jeden Höhenvorteil verloren. Die Verluste der Deutschen – sowohl Jäger als auch Bomber – stiegen dramatisch. Die RAF ging dazu über, die wendigeren Spitfires direkt gegen die Eskorte zu schicken, während die Hurricanes mit ihren soliden Geschützen die Bomber aufs Korn nahmen.

Hätte die Luftwaffe die Angriffe gegen RAF-Basen wirklich zu Ende geführt, wäre die Schlacht vielleicht anders ausgegangen. Doch nach einem Angriff der RAF auf Berlin, der selbst durch einen irrtümlichen Angriff der Luftwaffe auf London ausgelöst worden war, befahl Göring Anfang September, dass sich die Angriffe nun gegen britische Städte richten sollten. Den Großteil bekam London ab.

Schlacht um England: Juni–Oktober 1940

Eine Formation Junkers-Ju-88-Bomber fliegt über Südengland. Wegen ihrer drei Bordgeschütze und ihrer guten Geschwindigkeit war die Ju 88 schwer abzuschießen.

RAF-Jagdpiloten versuchten, sich den Höhenvorteil zu verschaffen, um dann schnell durch die feindliche Bomberformation zu streichen, bevor die deutschen Eskortjäger reagieren konnten.

Die Messerschmitt-Bf-109-Geleitjäger positionierten sich wegen des Vorteils an Höhe und Geschwindigkeit oberhalb der Bomber. Wenn die RAF durchbrach, mussten die Jäger die Verluste unter den Bombern so gering wie möglich halten.

Rückzug

Die Verlagerung der Ziele gab der RAF Gelegenheit, ihre Wunden zu heilen. Aus der relativen Sicherheit ihrer unbeschädigten Stützpunkte heraus konnte sie sich darauf konzentrieren, die Luftwaffe zu vertreiben. Air Vice Marshal Trafforf Leigh-Mallory, Commander der 12. Luftgruppe, stellte die Taktik von Keith Park, seinem Gegenüber in Luftgruppe 11, infrage. Leigh-Mallory meinte, dass man die Bomber besser angreifen könnte, wenn man zwei oder drei Geschwader zu einer Großformation zusammenfasste. Als man es versuchte, erzielte man die gleichen bzw. schlechtere Ergebnisse als mit Parks Taktik, bei der man kleine Gruppen losschickte, um den Bomberstrom auf dem Hin- und Rückweg fortgesetzt anzugreifen. Die Großformation konnte erst angreifen, wenn sie gebildet war, was bedeutete, dass die Bomber ihre Ladung bereits abgeworfen hatten und auf dem Heimweg waren.

Im Kampf über London erlitten die Deutschen inakzeptable Verluste, sodass Hitler die Invasion Großbritanniens auf den 17. September verschob. Ende des Monats flog die Luftwaffe nur noch Nachtangriffe. Die Briten gewannen die Schlacht um England, was dieses unsterbliche Zitat hervorbrachte:

Nie zuvor in der Geschichte menschlicher Konflikte verdankten so Viele so Vieles so Wenigen.
Winston Churchill

Es gab keinen weiteren Versuch, Großbritannien einzunehmen. Dadurch blieb für den weiteren Kriegsverlauf eine Basis für Angriffe auf das Herz des Dritten Reichs erhalten und der Rest der Welt konnte sicher sein, dass das Vereinigte Königreich entschlossen war, Hitlerdeutschland zu besiegen. Hitler wandte sich nun nach Osten, dem „Lebensraum" zu, den er dort zu erobern gedachte.

JAGDANGRIFF

Die RAF, fast immer in der Unterzahl, verließ sich auf den Vorteil, den ihr das Radar verschaffte, das sie in die beste Angriffsposition brachte.

SCHLACHT UM ENGLAND: 10. JULI–31. OKTOBER 1940

VEREINIGTES KÖNIGREICH	DEUTSCHLAND ITALIEN
BEFEHLSHABER	
Hugh Dowding	Hermann Göring
STÄRKE	
754 einsitzige Jagdflugzeuge 149 zweisitzige Jagdflugzeuge 560 Bomber 500 Küstenverteidigungsflugzeuge	1107 einsitzige Jagdflugzeuge 357 zweisitzige Jagdflugzeuge 1380 Bomber 569 Aufklärungsflugzeuge 233 Küstenverteidigungsflugzeuge
Gesamt: 1963	**Gesamt:** 4074
GEFALLENE UND VERLUSTE	
RAF: Tote Piloten u. Besatzungen (Jagdkommando): 544 **Verluste an Flugzeugen:** Jagdflugzeuge: 1023 Bomber: 376 Seegestützt: 148 (Küstenkommando) **Gesamt:** 1547 zerstörte Flugzeuge	**Luftwaffe:** Tote Piloten u. Besatzungen: 2500 **Verluste an Flugzeugen:** Jagdflugzeuge: 873 Bomber: 1014 **Gesamt:** 1887 zerstörte Flugzeuge

Die größten Luftkriege

BOMBEN: Großbritannien und Deutschland 1940–41

Die deutsche Bombenoffensive, in England bekannt als „Blitz", begann in der Nacht vom 24. zum 25. August 1940 und zielte darauf ab, die Kriegstüchtigkeit Großbritanniens zu untergraben. Wiederholt wurden Industrieziele bombardiert – Fabriken, Werften, Ölverladestellen – sowie sämtliche Häuser, die das Pech hatten, im Weg zu stehen. Von August 1940 bis Mai 1941 wurden ohne Einschränkungen auch Städte bombardiert. Danach wurde ein Großteil der deutschen Bomber zur Vorbereitung auf den Russlandfeldzug in den Osten verlegt.

Das Bombardement kam nicht unerwartet. Das Vereinigte Königreich hatte sich auf Luftangriffe vorbereitet. Die meisten Bürger wurden mit Gasmasken versorgt und ausgebildete Luftangriffswächter patrouillierten in Städten und Dörfern und achteten darauf, dass die Verdunkelung eingehalten wurde. Nachts durfte kein Lichtschein, der den deutschen Bombern den Weg zu ihren Zielen hätte weisen können, aus Häusern, Fabriken oder Ställen dringen. Im Rahmen einer der größten zivilen Evakuierungsaktionen der Geschichte wurden Kinder und junge Mütter aus den Städten aufs Land gebracht, wo es relativ sicher war. Rund um wichtige Zentren wurden Sperrballons, Suchscheinwerfer und Flak aufgestellt. Der Großteil dieser wertvollen und raren Ausrüstung ging in den Süden von England und nach London; 42 Geschütze blieben in den Regionen zum Schutz von Werken wie Rolls-Royce in Derby, wo die Merlin-Motoren für die Supermarine Spitfires und Hawker Hurricanes produziert wurden.

DER „BLITZ" UND DIE KNICKEBEIN-STRAHLEN
Die Knickebein-Funksender an der feindlichen Küste waren leicht zu identifizieren und man unternahm Schritte, um diese unschädlich zu machen. Nach dem Angriff auf Coventry entwickelten die Briten eine Technik, die Strahlen zu „beugen", sodass eine Bomberformation Dublin anstelle von Belfast attackierte.

Im August konzentrierte die Luftwaffe ihre Anstrengungen auf London. Bei diesen Tagangriffen verlor sie jedoch so viele Flugzeuge, dass ab Mitte September Nachtangriffe zur Norm wurden. Diese waren weniger genau; die Bomben fielen nachts auf ein weitaus größeres Gebiet verstreut und zerstörten Wohnhäuser ebenso wie Fabriken. Trotz aller Vorbereitungen war die britische Zivilbevölkerung von den heftigen Angriffen geschockt. Die Einwohner von Kleinstädten wie Plymouth campierten jede Nacht außerhalb der Stadt. Londons U-Bahn-Systeme wurde nachts zum Unterschlupf, wo die Menschen auf den Bahnsteigen tief unter den Straßen schliefen, in Sicherheit vor den nächtlichen Angreifern. Trotzdem starben bis Ende September fast 7000 Zivilisten; Tausende waren verwundet und Zehntausende obdachlos.

Verstärkte deutsche Angriffe

In der Nacht vom 14. auf den 15. November 1940 bombardierten deutsche „Pfadfinder"-Bomber, die mit Funkortung flogen, Coventry, ein wichtiges Zentrum der Kriegsindustrie. Dahinter folgten mehr als 400 Bomber, die auf die bereits entstandenen Brände mehr als 503 Tonnen Sprengbomben und an die 30 000 Brandbomben abwarfen. Das Ergebnis waren Hunderte Tote, mehr als 1200 schwer Verwundete und Tausende ausgebombte Wohnhäuser. Zahllose Gebäude waren zerstört. Doch trotz allem gingen die Fabriken wenig später wieder in Betrieb, und auch der Kampfgeist war schnell wiederhergestellt. Anscheinend konnten Bomben den Willen, zu kämpfen und zu überleben, nicht zerstören. Nationaler Stolz und Entschlossenheit richteten sich gegen den gemeinsamen Feind.

Um Weihnachten 1940 gab es Angriffe im gesamten Vereinigten Königreich. Glasgow, Belfast, Liverpool und Sheffield wurden schwer getroffen, auch London blieb nicht verschont. In der Nacht vom 29. auf den 30. Dezember griffen mehr als 130 Bomber das Zentrum von London an. Das Gebiet zwischen Guildhall und St. Paul's Cathedral stand in Flammen. Die Kathedrale selbst blieb intakt, doch Wohnhäuser, Büros und historische Kirchen lagen in Trümmern. Hunderte Jahre Geschichte waren verloren. Doch das Land überlebte. Aus den angeschlagenen Fabriken kam neue Ausrüstung, darunter radargesteuerte Geschütze, die Höhe und Flugrichtung von Bombern ortenkonnten. Nachtjäger waren nun mit Radar ausgerüstet und fingen immer mehr Nachtbomber ab.

DER „BLITZ"
September 1940–Mai 1941

- - - Richtung des Knickebein-Strahls, 14.–15. Nov. 1940
— Regionalgrenze des Zivilverteidigungsgebiets
Wales Zivilverteidigungsgebiet
■ Evakuierungsgebiete
■ Aufnahmegebiete
■ Neutrale Gebiete
☀ Schweres Bombardement

Bomben: Großbritannien und Deutschland 1940–41

Feuerwehren und Rettungsteams wurden geübter. Bombenentschärfungseinheiten kümmerten sich um die gefährliche Entschärfung nicht explodierter Bomben. Jetzt war klar, dass sich Großbritannien dem gnadenlosen Bombardement nicht unterwerfen würde.

Großbritanniens Antwort

Zu Beginn des Zweiten Weltkriegs standen bei der RAF vier Arten von Bombern in Dienst: Bristol Blenheim, Handley Page Hampden, Vickers Wellington und Armstrong Whitworth Whitley, alles vernünftige Modelle ohne größere motorische Schwächen. Die Bombenlast variierte von 454 kg bei der Blenheim bis 3630 kg bei der Whitley. Die Reichweite der Blenheim war begrenzt, aber die anderen drei Modelle konnten jeden Punkt in Deutschland erreichen, außer den äußersten Osten. Das Bomber Command hatte stets geplant, große Bombardements mit sich selbst verteidigenden Tagformationen durchzuführen; für Nachtmissionen wurden die Whitley-Geschwader der 4. Gruppe ausgebildet.

Am 1. September 1939 rief US-Präsident Franklin D. Roosevelt dazu auf, Bombardierungen zu unterlassen, wenn Zivilisten getroffen werden könnten. Frankreich und Großbritannien stimmten sofort zu. Am 18. September schloss sich auch Deutschland an, aber erst nach Ende des Polenfeldzuges. In der Zwischenzeit erhielt die RAF die Freigabe zum Angriff auf deutsche Schiffe, wenn sie nicht in der Werft oder auf dem Trockendock lagen. Man schickte Bomber auch über feindliches Territorium, um Flugblätter abzuwerfen. Viele RAF-Kommandanten hielten das für Zeitverschwendung, doch man konnte Erfahrungen im Überfliegen von feindlichem Gebiet sammeln, bevor man zum Bombeneinsatz einberufen wurde. Außerdem verschaffte man sich damit Zeit für den Aufbau und die Ausbildung von weiteren Geschwadern.

Nach dem Fall Frankreichs kontrollierte Deutschland die Atlantikküste von der spanischen Grenze bis zum Norden von Norwegen. Während der Luftschlacht um England bestand die Hauptaufgabe des RAF Bomber Command darin, Schiffskonzentrationen an der besetzten Kanalküste zu bombardieren. Der geplante Angriff auf die deutsche Industrie war gegenüber den momentanen Notwendigkeiten absolut zweitrangig. Trotzdem schickte man Nacht für Nacht kleine Gruppen von Bombern nach Deutschland; oberste Priorität hatten ölverarbeitende Ziele. Jede Besatzung war selbst für die Navigation verantwortlich. Dazu fehlte es an Ausrüstung und Fähigkeiten, doch im Mondschein half die Sichtung von Flüssen und anderen identifizierbaren Landmarken bei der Lokalisierung der Ziele.

Als deutsche Flak und Suchscheinwerfer effektiver wurden, mussten die Bomber höher fliegen, was die Identifikation der Ziele weiter erschwerte. Einige RAF-Maschinen wurden mit Bombenkameras ausgestattet und diese den besten Mannschaften anvertraut. Im RAF Bomber Command herrschte Optimismus.

VICKERS WELLINGTON
Die von Barnes Wallis entworfene Vickers Wellington hatte einen geodätischen Rumpf, was ihr Stärke verlieh und sie dazu befähigte, hohe Schäden anzurichten. Sie war in den 1940ern der wichtigste Bomber im Bestand der RAF.

BOMBEN AUF NAZI-EUROPA 1940–42
- 25–1000 Tonnen Bomben
- 1000–3000 Tonnen Bomben

TEURE VERGELTUNG
Die ersten RAF-Nachtbombardements wurden von einzelnen Flugzeugen ausgeführt. Formationsangriffe hatten sich in den ersten Kriegsmonaten als extrem verlustreich erwiesen.

Die größten Luftkriege

SEEPATROUILLEN-FLÜGE: 1940–41

Bei Kriegsausbruch in Europa wandte die deutsche Marine dieselbe Zermürbungstaktik an, die im Ersten Weltkrieg versagt hatte. Sie basierte auf folgender Kalkulation: Wenn man jeden Monat 750 000 Tonnen an vor allem britischen Schiffen versenken konnte, könnte man Großbritannien durch Aushungern zur Kapitulation zwingen. Als Inselstaat kümmerte sich Großbritannien kaum um Seepatrouillenflüge. Das RAF High Command räumte großen Langstreckenbombern oberste Priorität ein.

Der Feind unter der Oberfläche

Deutschland begann den Krieg mit 57 U-Booten. Die Marinestrategen waren der Ansicht, es wären 350 nötig, um die angepeilte Schiffstonnage zu versenken, doch mithilfe von Minen, Kriegsschiffen, Handelsstörern und Flugzeugen wollte man an die nötige Zahl herankommen. Dagegen brachte Großbritannien zwölf Schlachtschiffe und Schlachtkreuzer, sechs Flugzeugträger, 58 Kreuzer und mehr als 200 Zerstörer und Geleitschiffe mit U-Boot-Abwehrausrüstung sowie 69 U-Boote auf. Auch die französische Marine bot Unterstützung, doch ihre Hauptaufgabe war die italienische Flotte im Mittelmeer.

Im September 1939 war die deutsche Kriegsmarine – mit Ausnahme zweier Handelsstörer im Atlantik – nicht in der Lage, weiter westlich zu operieren als einige hundert Meilen vor der britischen Küste. Die Nordsee und der Ärmelkanal stellten die Grenzen der U-Boot-Operationen dar. Der Großteil der alliierten Schiffe wurde daher in diesen Gewässern angegriffen. Von September 1939 bis Juni 1940 wurden 702 Handelsschiffe versenkt.

Zu Beginn des Zweiten Weltkriegs besaß Großbritannien ein paar der exzellenten Short-Sunderland-Flugboote für Patrouilleneinsätze. Sie basierten auf dem Design der „Empire"-Klasse, mit der man Routen im britischen Empire flog, und konnten 14 Stunden in der Luft bleiben. Ab 1941 mit Radar ausgestattet, erwarben sie sich bald einen guten Ruf und flogen auch einige Seerettungseinsätze.

Nach der Eroberung Norwegens und Frankreichs änderte sich das Wesen des U-Boot-Krieges im Atlantik. Im Juli 1940 ging in Lorient an der Westküste Frankreichs der erste U-Boot-Stützpunkt in Betrieb. Damit verkürzte sich die Patrouillenstrecke schlagartig um 750 km. So konnten mehr U-Boote längere Perioden auf See bleiben. Obwohl man seit

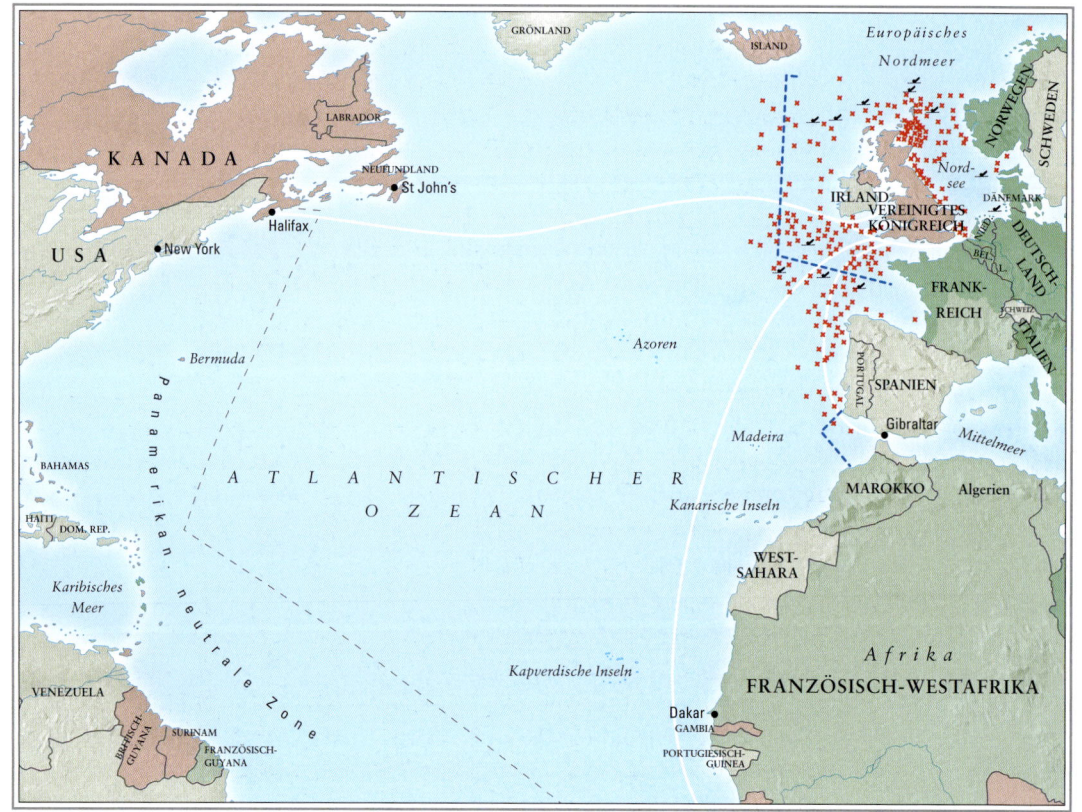

DIE KLUFT IM ATLANTIK
Dieses Gebiet im Atlantik stellte für feindliche U-Boote ideale Jagdgründe dar, da es zur Abwehr nicht genügend Geleitschiffe gab. Erst als Langstrecken-Patrouillenflugzeuge verfügbar wurden, wurde diese Kluft geschlossen und die Verluste an Handelsschiffen gingen zurück.

SCHLACHT IM ATLANTIK
September 1939–Mai 1940

- - - - Grenze der Panamerikan. neutralen Zone (1939)
- - - - Reichweite d. Luftdeckung
- Wichtige Konvoirouten
- × Von U-Booten versenkte alliierte Handelsschiffe
- ⚓ versenkte U-Boote
- Gebiet unter Kontrolle d. All.
- Gebiet unter Kontr. d. Achse
- Neutrale Gebiete

Seepatrouillen-Flüge: 1940–41

Kriegsbeginn 25 U-Boote verloren hatte, war die Produktion gestiegen, sodass nun 51 in Dienst standen.

Zusätzlich operierten die Deutschen mit Dornier-Do-18-Flugbooten und Heinkel-He-15-Wasserflugzeugen, die für Europas Westküste, die Nordsee und den Golf von Biskaya gut geeignet waren. Weiter hinaus in den Atlantik flog die viermotorige Focke-Wulf Fw 200 Condor, eine schnittige, moderne Maschine, die 1936 zuerst als Linienflugzeug auf Langstrecken eingesetzt worden war. Unter dem Kommando von Oberstleutnant Hans Geisse flog KG 40 ab August 1940 Operationen von einem Stützpunkt bei Bordeaux aus. Mit seiner Reichweite flog es hauptsächlich Aufklärung und berichtete über Position und Fahrtrichtung alliierter Konvois. Nach vollendeter Mission warf man die Bomben auf ein beliebiges Ziel ab. Im August und September zeichneten die 15 Flugzeuge des KG 40 für 90 000 Tonnen versenkter Fracht verantwortlich.

Gegenangriffe aus der Luft

Zu dieser Zeit hatten die meisten Konvois ein oder zwei Geleitschiffe, doch vor allem zur U-Boot-Abwehr und kaum zur Flugabwehr. In der Luft und unter der Wasseroberfläche schienen die Deutschen den Schlüssel zum Sieg in Händen zu halten. Tausende alliierte Seeleute kamen ums Leben und die Fracht, die Großbritannien das Überleben sichern sollte, landete auf dem Meeresgrund.

Da es noch keine Flugzeugträger gab, wurden Frachter mit einem von einem Katapult startenden Jagdflugzeug ausgestattet. Dafür wählte man die Hawker Sea Hurricane. Wenn das Flugzeug gestartet war, musste der Pilot eine Wasserlandung machen und hoffen, aufgegabelt zu werden, oder es zur nächsten Küste zu schaffen. Der erste Erfolg stellte sich am 3. August 1941 ein: FAA-Pilot Lieutenant R. W. H. Everett RNVR startete eine Sea Hurricane auf dem Marinehilfsschiff „Maplin" vom Katapult und schoss danach eine Fw 200 ab, die einen Konvoi aus Sierra Leone beschattet hatte. Nach einer sicheren Wasserlandung wurde Everett aufgenommen und erhielt das „Distinguished Service Cross". Die Lage verbesserte sich durch die Entwicklung von Handelsschiffen mit Flugdecks, genannt „MACs". Nun konnten die Piloten zum Schiff zurückkehren und nochmals starten.

Im April 1941 erreichte die Zahl der von Deutschen versenkten Handelsschiffe einen Höhepunkt, doch als sich das Konvoi-System allgemein durchsetzte, gingen diese Zahlen zurück. Die von den Nationalsozialisten angepeilten 750 000 Schiffstonnen pro Monat wurden nie erreicht. Großbritannien führte strenge Rationierungen und Frachtkontrollen ein, sodass der Importbedarf im Verlauf des Krieges auf die Hälfte zurückging. Außerdem kamen immer mehr Seepatrouillenflugzeuge in Dienst, darunter die Consolidated PBY Catalina. Sie war langsamer und weniger gut bewaffnet als die Sunderland, doch ein zuverlässiges Langstreckenflugzeug. Von ihr wurden mehr als von jedem anderen Flugboot produziert. Den immer effektiveren britischen Konvois schloss sich die kanadische Marine an, was die U-Boote weiter in den Atlantik hinaus zwang, jenseits der Reichweite von Patrouillenflugzeugen. Dort stieg allerdings die Gefahr, auf US-Frachter und -Kriegsschiffe zu treffen. Letztere patrouillierten bereits in Richtung Großbritannien – offensichtlich waren die USA bereit, England zu unterstützen. Hitler, der seine Armeen an der sowjetischen Grenze zusammenzog, wollte Konflikte mit den USA vermeiden und war froh, dass die U-Boote ihren Dienst im Atlantik versahen. Die „Kluft" in der Mitte des Atlantiks bestand bis 1942; in diesem Jahr wurde die Seeversion des Consolidated-Liberator-Bombers vorgestellt.

SHORT SUNDERLAND
Die ersten Serienmaschinen der Sunderland-Mk-I wurden im Juni 1939 an die 230. Squadron in Singapur geliefert und ab Kriegsausbruch leistete sie einen großen Beitrag zur britischen U-Boot-Abwehr. Am 21. September 1939 retteten zwei Sunderlands die gesamte Mannschaft des torpedierten Handelsschiffes „Kensington Court" und rettete damit 34 Mann das Leben.

FOCKE-WULF FW 200
Die Focke-Wulf Fw 200 Condor war ein Langstrecken-Seeaufklärungsflugzeug, das 1940–41 eine große Gefahr für die alliierte Schifffahrt im Atlantik und in der Nordsee darstellte. Sie versenkte mehr Schiffstonnage als die U-Boote.

Die größten Luftkriege

DAS MITTELMEER: 1940–42

Die Kontrolle über das Mittelmeer war sowohl für die Alliierten als auch für die Achsenmächte ein entscheidender Faktor. Beide Seiten mussten die Versorgungsrouten für ihre Feldzüge in Nordafrika offen halten. Für Großbritannien hatte der Sueskanal als schnellste Route zu seinen Kolonien größte Bedeutung.

Verhandlungen über die französische Flotte

Als Frankreich im Sommer 1940 kapitulierte, fürchtete Großbritannien, dass die Deutschen die beeindruckende französische Flotte übernehmen und damit das Gleichgewicht auf See verschieben könnten. Das durfte nicht passieren. Im Hafen Mers-el-Kébir in Algerien wurden zwei moderne Schlachtschiffe, „Dunkerque" und „Strasbourg", sowie zwei ältere Kriegsschiffe stationiert. Dann versuchten die Briten, die französische Flotte zu überreden, ihre

FAIREY SWORDFISH
Die allgemein als „Stringbag" („Fadenbeutel") bekannte Fairey Swordfish erschien wie ein Anachronismus, doch für ihre Aufgaben war sie genau die Richtige und durch ihre stabile Struktur auch zum Einsatz auf Flugzeugträgern ideal geeignet. Sie zeichnete sich im gesamten Verlauf des Zweiten Weltkriegs vom Nordatlantik bis zum Indischen Ozean bei ihren Einsätzen aus.

SCHLACHT VON TARENT
Beim Angriff auf Tarent zeigten sich Flugzeugträger erstmals als flexible, mobile Seestreitkraft, nicht bloß als Anhängsel der Flotte. Dies sollte enormen Einfluss auf spätere Luftoperationen der Marine haben.

Das Mittelmeer: 1940–42

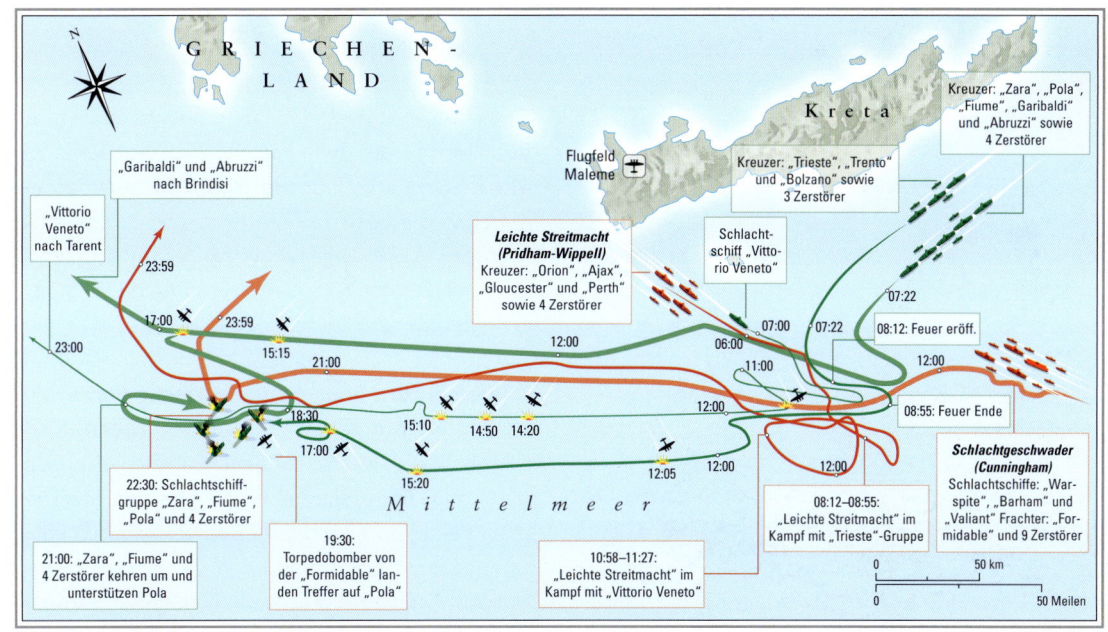

SCHLACHT AM KAP MATAPAN
27.–29. März 1941

- Britische Luftangriffe mit Blenheims aus Maleme und Torpedobombern von der „Formidable"
- Britische Schiffsbewegung
- Schiffsbewegung der Achse

KAP MATAPAN
Die Schlacht am Kap Matapan war ein überwältigender Sieg für die britische Mittelmeerflotte. Möglich wurde er durch ULTRA (entschlüsselte Geheimdienstinformationen), durch welche die Admiralität Informationen über die Bewegungen und den Zustand der italienischen Flotte erhielt, und durch die Marine-Luftstreitkräfte.

Schiffe der Royal Navy zu übergeben, um sie dann entweder zu britischen Stützpunkten oder in die Karibik zu bringen, wo sie außer Reichweite der Deutschen waren. Sonst würden sie zerstört. Die Verhandlungen schlugen jedoch fehl. So hatte die britische Flotte keine Wahl, als am 3. Juli 1940 das Feuer auf die französischen Schiffe zu eröffnen. Die schweren Geschütze trafen das Munitionslager des Schlachtschiffs „Bretagne", das explodierte. „Dunkerque" und „Provence" wurden schwer beschädigt, zwei Zerstörer versenkt. Das Schlachtschiff „Strasbourg" entkam in den französischen Hafen Toulon. Zwei Tage wurden die angeschlagenen Schiffe von Fairey-Swordfish-Doppeldeckern angegriffen, wobei die „Dunkerque" auf Grund lief. 1297 französische Seeleute kamen ums Leben, das britisch-französische Verhältnis war stark unterkühlt, doch die USA waren von Englands Entschlossenheit beeindruckt.

Angriff auf den Hafen Tarent

In der Nacht vom 11. auf den 12. November wagten Maschinen des „Fleet Air Arm" einen Angriff auf die italienische Flotte im Hafen von Tarent, was viele Taktiker für unmöglich hielten. Ein von Malta gestarteter Aufklärer meldete die Anwesenheit von fünf Schlachtschiffen (ein sechstes lief später noch ein, wie ein RAF-Flugboot bestätigte), sieben schweren und zwei leichten Kreuzern sowie acht Zerstörern – eine Streitmacht, die jederzeit die verwundbaren britischen Transporte nach Malta und Ägypten angreifen konnte. Insgesamt stareten 21 Flugzeuge von der HMS „Illustrious". In zwei Wellen griffen Fairy Swordfish die vor Anker liegenden Schiffe mit Bomben und Spezialtorpedos für flache Gewässer an. Dreimal trafen sie das Schlachtschiff „Littorio" und zwei weitere Schlachtschiffe, verloren selbst aber nur zwei Maschinen. Rasch verlegten die überraschten Italiener die verbliebenen Schiffe in sicherere Häfen in Norditalien; die beschädigte „Littorio" war für vier Monate außer Gefecht gesetzt. Durch diesen Angriff von nur 21 scheinbar veralteten Flugzeugen verschob sich das Kräfteverhältnis im Mittelmeer zumindest vorübergehend zugunsten der Briten. Japan verfolgte die Ereignisse aufmerksam und zog daraus Lehren für seinen Überfall auf die US-Pazifikflotte in Pearl Harbor.

Die Schlacht am Kap Matapan

Vom 27. bis 29. März 1941 lieferten sich große Teile der italienischen Kriegsflotte schwere Gefechte mit der Royal Navy vor dem Kap Matapan an der Südspitze des Peloponnes. Die Streitmacht der Briten unter Admiral Sir Henry Pridham-Wippell bestand aus drei Royal-Navy-Kreuzern und dem Kreuzer HMAS „Perth" von der Royal Australian Navy sowie einigen Zerstörern. In Alexandrien, Ägypten, lag Admiral Sir Andrew Browne Cunningham mit dem Flugzeugträger HMS „Formidable" und drei Schlachtschiffen, eines davon die HMS „Warspite". Durch abgefangene Funksprüche erfuhr Cunningham, dass der Kommandant der italienischen Streitmacht, Admiral Angelo Iachino, mit dem modernen Schlachtschiff „Vittorio Veneto" unterwegs war, um alliierte Truppentransporte nach Griechenland abzufangen. Pridham-Wippell's Leute sichteten die Italiener südlich von Kreta. Die italienienischen Kreuzer verfolgten die Briten und eröffneten das Feuer aus großer Distanz, da sie

Die größten Luftkriege

dachten, die Briten würden zu flüchten versuchen. Dann gaben sie die Verfolgung auf und kehrten zur „Vittorio" zurück – doch diesmal verfolgt von den Briten. Dann startete Cunningham, der bereits zum Schauplatz unterwegs war, einen Luftangriff von der HMS „Furious" sowie mit auf Kreta stationierten RAF-Bombern. Darauf eilte die „Vittorio" in die Luftdeckung italienischer und deutscher Landbasen.

Beim zweiten Angriff wurde die „Vittorio" schwer beschädigt, konnte aber nach Reparaturen weiterfahren. Bei einem dritten Streich wurde der Kreuzer „Pola" getroffen. Mit einem Geleit aus Kreuzern und Zerstörern setzte die „Vittorio" ihre Fahrt nach Tarent fort, doch im Schutz der Nacht eröffneten die Briten das Feuer aus nächster Nähe und versenkten die Kreuzer „Fiume" und „Zara". Daraufhin versuchten die italienischen Zerstörer einen Gegenangriff, zwei von ihnen wurden jedoch versenkt. Dann schickten die Briten die angeschlagene „Pola" mit einem Torpedo auf den Meeresgrund. Die Italiener liefen nie wieder in das östliche Mittelmeer aus.

Die Belagerung von Malta

Malta lag an einer strategisch wichtigen Position zwischen Italien und Nordafrika. Dort stationierte Flugzeuge und Schiffe waren in der Lage, feindliche Versorgungsrouten anzugreifen. Daher überzog Italien bald nach seiner Kriegserklärung an Großbritannien die kleine Insel mit Bombenangriffen. Ursprünglich bestand Maltas Verteidigung aus Gloster-Sea-

STRATEGISCHES ZIEL
Die Insel Malta war der Schlüssel zum Erfolg im Mittelmeer. In den ersten Wochen des Krieges hätte sie von den Achsenmächten relativ einfach eingenommen werden können. Stattdessen konzentrierte sich Hitler auf Kreta, um seine Südflanke zu sichern.

Das Mittelmeer: 1940–42

Gladiator-Doppeldeckern und Flugabwehrkanonen. Doch England beschloss, dass die Insel mit allen Mitteln verteidigt werden müsste, und schickte Hawker Hurricanes, Martin-Maryland-Aufklärer und Vickers-Wellington-Bomber. Von Malta aus griff man die Achsenmächte in Nordafrika und Italien an.

Im Juni 1941 traf das X. Fliegerkorps der deutschen Luftwaffe ein, um das nach Tunesien fahrende Afrikakorps zu schützen. Bombenangriffe auf Stützpunkte der Luftwaffe und der Regio Aeronautica lösten massive Gegenangriffe auf Maltas Flugfelder und andere Einrichtungen aus. Die Überreste der kleinen britischen Bombergruppe zogen sich nach Nordafrika zurück. Weiterhin trafen Konvois in Malta ein, doch unter horrenden Verlusten. Die Lebensmittel auf der Insel mussten streng rationiert werden. Während einer Atempause brachte die HMS „Furious" 61 Supermarine Spitfires für die Abwehr, doch auch Nahrungsmittel, Öl und Medikamente wurden dringend gebraucht. Im August 1942 fand Operation „Pedestal" statt: 14 Handelsschiffe fuhren unter massivem Geleit von drei Flugzeugträgern, zwei Schlachtschiffen und 32 Zerstörern nach Malta. Nur fünf dieser Frachter kamen durch, außerdem wurden ein Flugzeugträger, zwei Kreuzer und ein Zerstörer versenkt. Als sich der Krieg zugunsten der Alliierten entwickelte, ließ auch die Belagerung Maltas nach. Für ihre Tapferkeit erhielten die Einwohner das „George Cross", die höchste zivile Auszeichnung Englands.

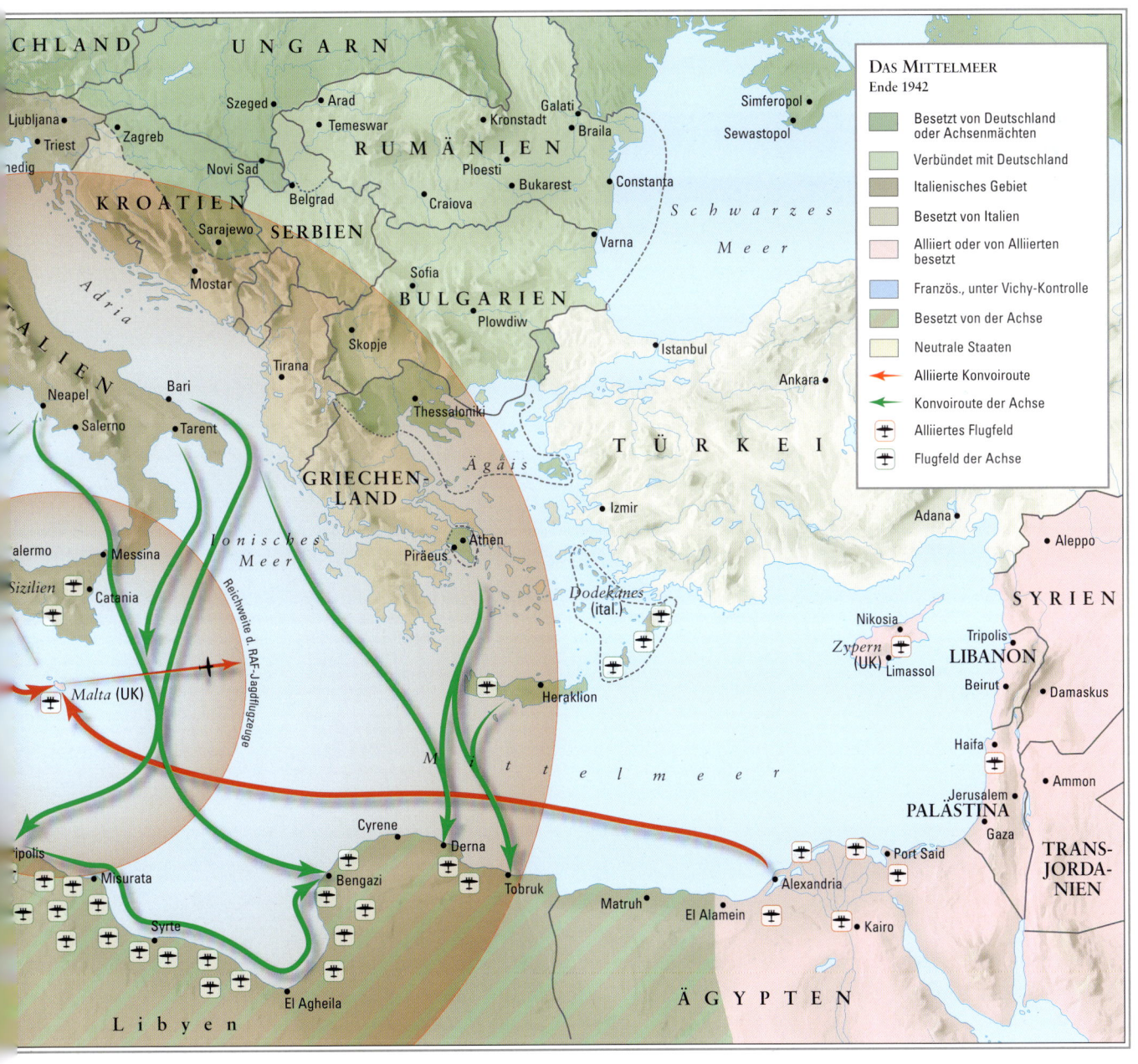

Die größten Luftkriege

DER BALKAN: Der Fall von Kreta

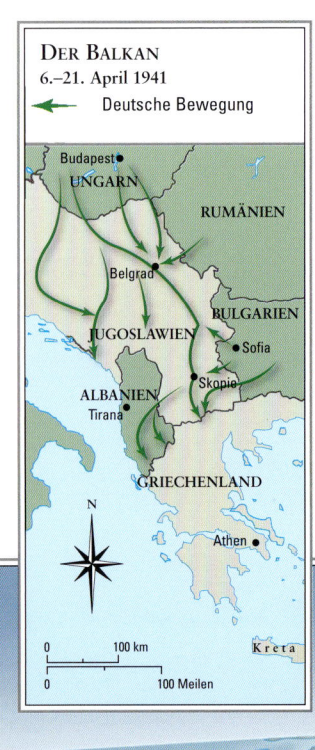

Als Hitler den Großteil Europas erobert hatte, wandte er sich nach Osten. Um den „Lebensraum" für sein Volk zu vergrößern, wollte er Sowjetrussland erobern. Außerdem musste er die großen Anbauflächen der Ukraine einnehmen, um das Volk zu ernähren, sowie die Ölfelder im Kaukasus besetzen, um den Betrieb seines wachsenden Reiches und die Mobilität seiner Streitkräfte aufrechtzuerhalten. Dabei bremste ihn Mussolinis Versagen bei der Invasion Griechenlands, wo die italienische Armee nach anfänglichem Erfolg nach Albanien zurückgedrängt wurde. Hitler musste seine Südflanke sichern, damit die Alliierten nicht landen und die Versorgungslinien nach Russland und zu den wichtigen Ölfeldern in Rumänien bedrohen konnten.

Zunächst musste Hitler Jugoslawien unter seine Kontrolle bringen. Das schien zuerst einfach, er musste nur die schwache jugoslawische Regierung einschüchtern. Diese wurde jedoch von antifaschistischen Gruppen gestürzt. So startete Deutschland am 6. April 1941 massive Luftangriffe auf Belgrad; am selben Tag marschierten deutsche Truppen in Griechenland ein. Diese Angriffe wurden bis zur Kapitulation Jugoslawiens am 14. April fortgesetzt.

Die Alliierten evakuieren nach Kreta

Zur Zeit des deutschen Angriffs auf Griechenland schickte Großbritannien drei Bristol-Blenheim- und zwei Gloster-Gladiator-Geschwader zur Unterstützung der griechischen Luftstreitkräfte, die nur veraltete

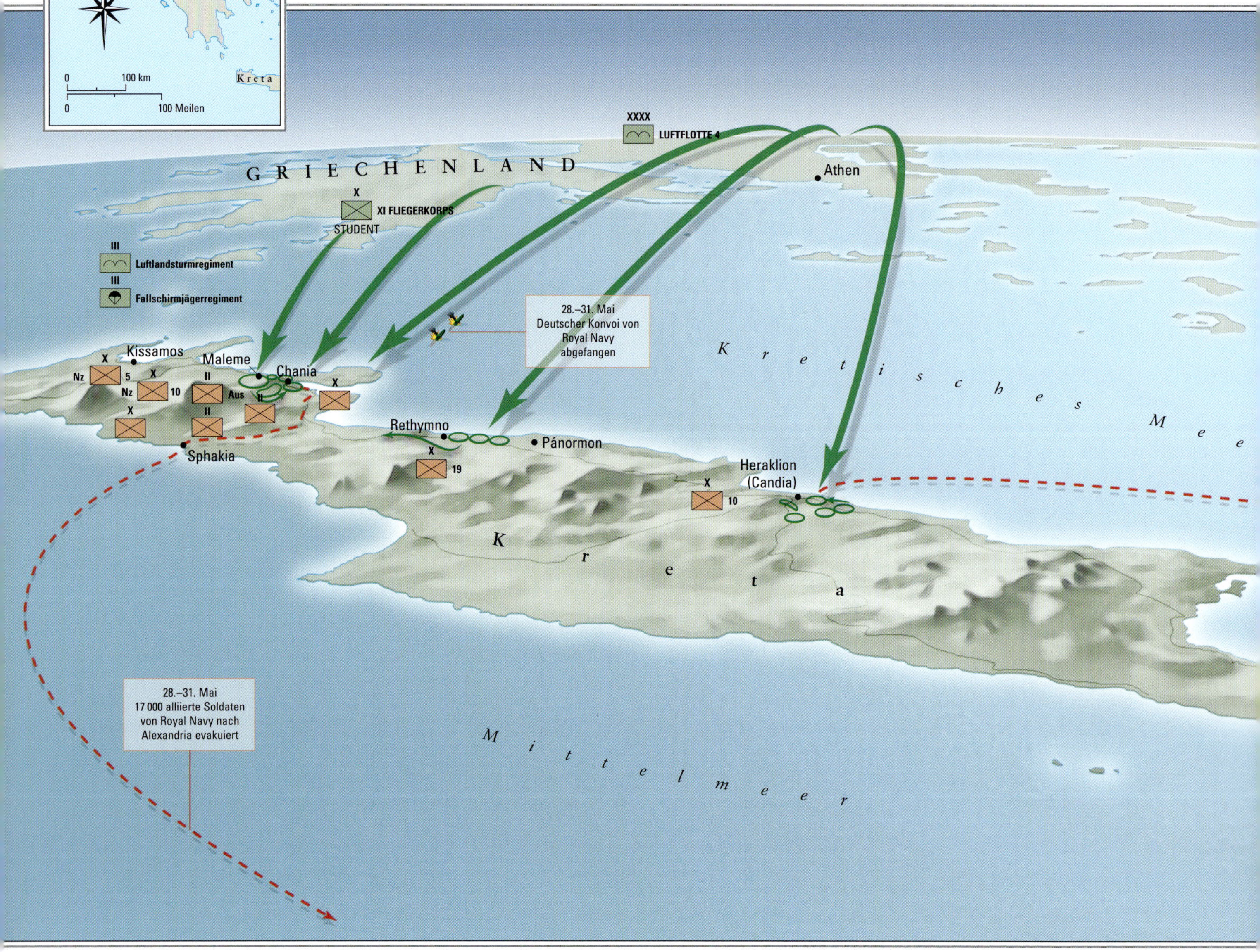

Der Balkan: Der Fall von Kreta

Maschinen besaßen. Aus Ägypten trafen drei weitere Geschwader mit Hawker Hurricanes ein. Dieser bunten Mischung gegenüber stand Luftflotte IV mit 1200 Flugzeugen aller Art. RAF und griechische Luftstreitkräfte leisteten gemeinsam mit den Bodentruppen im gebirgigen Gelände Nordgriechenlands erbitterten Widerstand, doch bald mussten sich die Alliierten auf die Insel Kreta zurückfallen lassen. Einige Maschinen blieben bis zum letzten Augenblick zurück, um den Rückzug zu decken.

Als sie Griechenland unter ihre Kontrolle gebracht hatten, wandten sich die Achsenmächte Kreta zu, der Ausgangsbasis für die Herrschaft über das östliche Mittelmeer. Hitler befahl, die Insel einzunehmen. Die Garnison dort bestand hauptsächlich aus den ANZAC-Truppen einer britischen Brigade sowie evakuierten griechischen Einheiten. Trotz schlechter Ausrüstung leisteten die Verteidiger heftigen Widerstand. Es gab auch keine Jagdflugzeuge mehr auf Kreta, weil sie entweder auf dem Festland zurückgelassen oder bereits nach Ägypten evakuiert worden waren. Am 20. Mai flogen DFS-230-Segelflugzeuge, geschleppt von 700 Junkers Ju 52, unter dem Schutz von Messerschmitt Bf 109 und Bf 110 nach Kreta und setzten dort ihre Fallschirmjäger ab. Deren Ziel war es, auf den zahllosen Flugfeldern im Nordwesten Kretas zu landen und diese zu sichern. Als dies erledigt war, konnte die 10. Gebirgsdivision eingeflogen werden.

KRETA, 1941
Die deutschen Luftlandetruppen erlitten in der Schlacht um Kreta horrende Verluste; 25 Prozent wurden getötet oder verwundet. Sie unternahmen keine weitere Landung mehr, was vielleicht Maltas Rettung war. Hier geht eine Junkers Ju 52 bei Heraklion in Flammen auf.

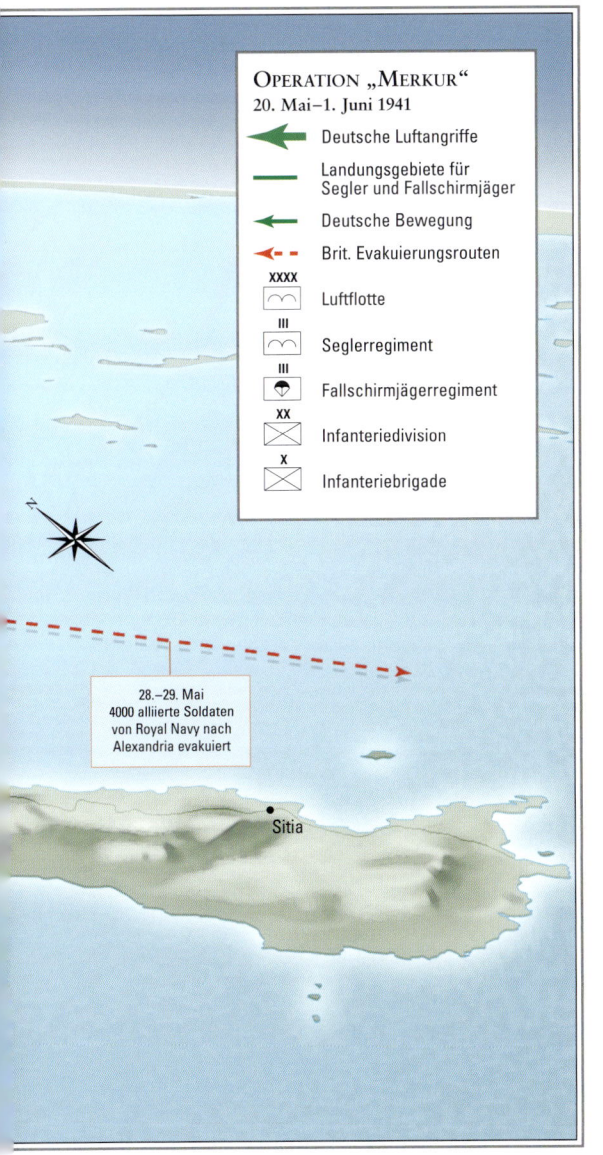

Ein blutiger Sieg

Die ersten Fallschirmjäger-Landungen wurden zum Massaker, da die Soldaten langsam vor den wartenden MGs und Gewehren der Alliierten herabsanken. Die Deutschen sprangen ohne Waffe ab und mussten ihre Ausrüstung erst aus den Behältern holen. Nur ihr Geschick, ihre Hartnäckigkeit und die reine Masse der Angreifer erlaubte es ihnen schließlich, weiter ins Landesinnere vorzudringen. Bald waren immer mehr Flugfelder in den Händen der Deutschen und Ju 52 brachten immer mehr Soldaten. Wenn das Alliierte Oberkommando ein paar Hawker Hurricanes zurückgelassen hätte, hätten die Deutschen ihren Angriff vielleicht überdacht. Das war jedoch nicht der Fall. Während die Deutschen ihre Brückenköpfe vergrößerten, fielen die Alliierten zurück. Die Briten evakuierten erfolgreich einen Großteil ihrer Soldaten, während die Griechen weiterkämpften und Einheiten auf Kreta banden, die an anderen Fronten fehlten. Trotzdem war Hitlers Südflanke gesichert und Operation „Barbarossa" konnte fortgeführt werden.

OPERATION „MERKUR"
Die Schlacht um Kreta war eine tragische Demonstration der Verwundbarkeit von Marinestreitkräften ohne Schutz gegen Luftangriffe. Die Royal Navy verlor drei Kreuzer und sechs Zerstörer; zwei Schlachtschiffe, ein Flugzeugträger, sechs Kreuzer und sieben Zerstörer erlitten Schäden in unterschiedlichem Ausmaß.

Die größten Luftkriege

„BARBAROSSA" UND BOMBARDIERUNG MOSKAUS

Als Hitlers Interesse an der Eroberung Großbritanniens nachließ und er sich dem Osten zuwandte, den offenen Ebenen der Ukraine und Westrusslands sowie der südrussischen Steppe mit ihren Erdölvorkommen, die seine durstige Kriegsmaschinerie antreiben sollten, machte er einen großen Fehler. Der Angriff auf die Sowjetunion, während Teile seiner Streitkräfte noch anderswo im Einsatz waren, war gewagt. Die Machtdemonstration, die er in Nordafrika geliefert hatte, war nichts im Vergleich zu dem massiven Aufmarsch, den er gegen Russland in Gang setzte. Hitler verlangte von seinen Generälen einen weiteren schnellen Feldzug. Schnelligkeit war entscheidend, damit die Angreifer nicht im langen russischen Winter feststeckten. Unternehmen „Barbarossa" hätte im Mai starten sollen, doch aufgrund von Italiens Ineffizienz und wachsenden Versorgungsproblemen auf dem Balkan musste Hitler zuerst die Südflanke stabilisieren und „Barbarossa" bis Juni 1941 aufschieben.

Um in den offenen Weiten Sowjetrusslands einen vollständigen Sieg zu erringen, planten die deutschen Militärstrategen rasche Vorstöße nach dem Muster früherer Feldzüge, um die Grenztruppen zu überrollen und dann massiv auf Moskau zu marschieren. Doch Hitler wollte sich auch die russische Industrie sichern und befahl, dass die Hauptstadt nicht vor der Einnahme von Leningrad angegriffen werden durfte. Diese zusätzliche Aufgabe bedeutete den Untergang für den Einmarsch, den Feldzug und den Krieg.

Die sowjetische Mission der Luftwaffe
Oberste Direktive der Luftwaffe war die Zerstörung der sowjetischen Luftstreitkräfte und die Eroberung der Lufthoheit. Dann sollte sie den Vormarsch der Bodentruppen unterstützen – was sich schon früher als erfolgreich erwiesen hatte. Interessanterweise gab es keinen Befehl zur Bombardierung der russischen Industriezentren; vielleicht dachte man, man würde so schnell vorstoßen, dass die Rüstungsfabriken bald in deutschen Händen wären. Diese optimistischen Annahmen beruhten auf den schwachen Leistungen der sowjetischen Streitkräfte im Winterkrieg mit Finnland und auf dem Wissen, dass es dank Stalins Säuberungen in den 1930er-Jahren nur wenige kompetente Offiziere in den russischen Reihen gab.

Die Aufrüstung der Luftwaffe fand unter strengster Geheimhaltung statt: In Ostpreußen wurden Flugfelder vorbereitet, die Flugzeuge trafen jedoch erst wenige Tage vor Beginn der Invasion ein. Am Abend des 21. Juni 1941 wurden 1000 Bomber und Stukas sowie 600 Jagdflugzeuge letzten Checks unterzogen, bevor sie gegen den schlafenden Riesen in den Kampf geschickt wurden.

Im Morgengrauen schwärmten die Soldaten in Ostpolen aus und überraschten die russischen Verteidiger, während die Luftwaffe die sowjetischen Luftstreitkräfte angriff. Viele sowjetische Geschwader waren in ordentlichen Reihen geparkt, was der Luftwaffe ihr Zerstörungswerk erleichterte. Nur wenige sowjetische Flugzeuge gelangten in die Luft, und die, die es schafften, wurden in Flammen wieder zu Boden geschickt. An diesem Tag verloren die Sowjets 1200 Flugzeuge aller Art. Dieses Muster setzte sich in den nächsten Tagen fort – bis die Luftwaffe an der Front keine Flugzeuge mehr fand, die sie vernichten konnte. Die Deutschen hatten 4000 feindliche Maschinen zerstört und selbst nur relativ wenige verloren. Alles schien nach Plan zu laufen – bis jetzt.

SOWJETISCHE PILOTEN
Sowjetische Piloten machen Pause und spielen Domino, während im Hintergrund eine Polikarpow I-16 bereitsteht. Die I-16 bildeten in den Eröffnungstagen des Unternehmens „Barbarossa" den Hauptkern der sowjetischen Luftstreitkräfte.

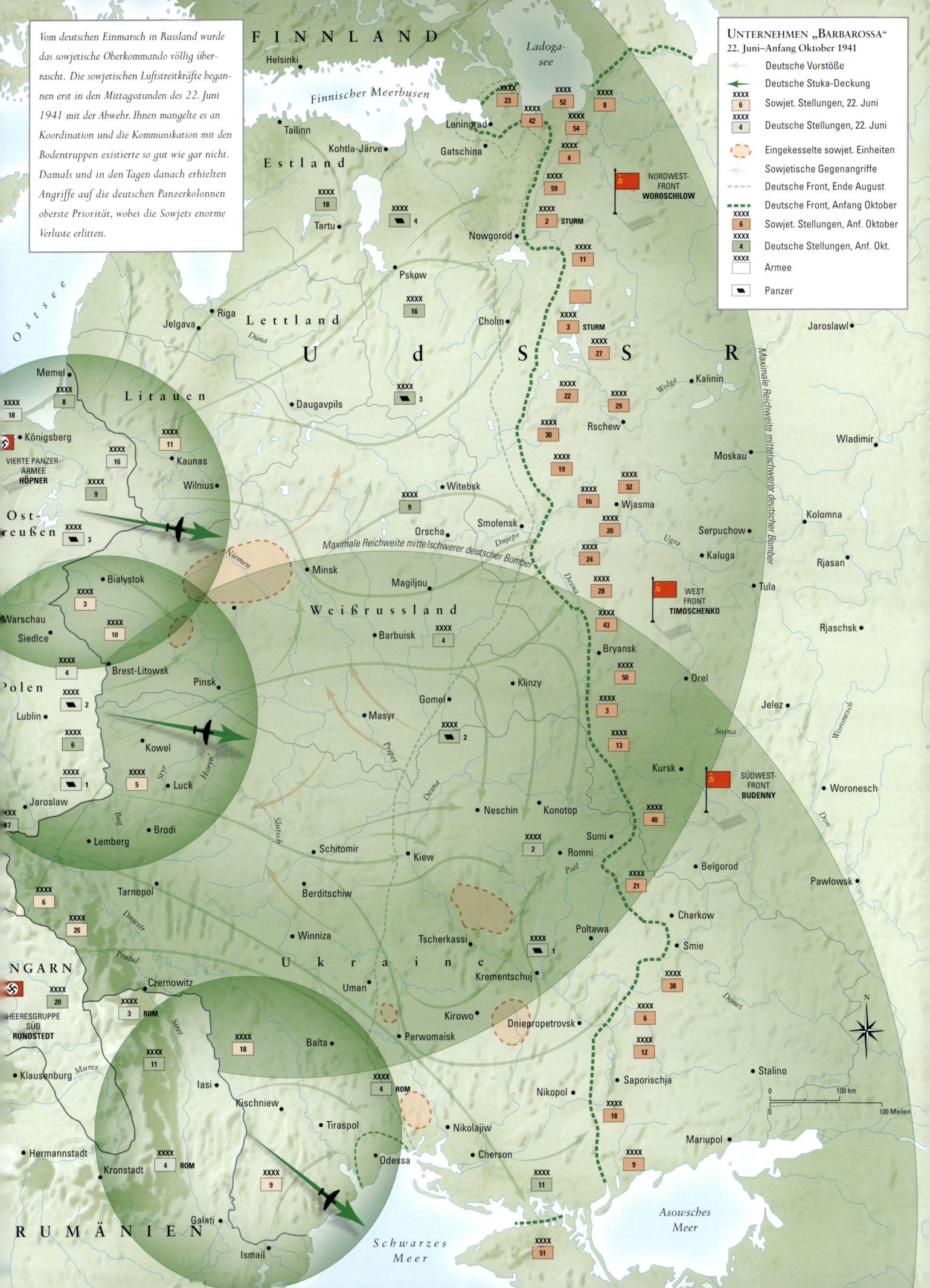

Die größten Luftkriege

SOWJETISCHE FLUGABWEHR
Von Beginn des „Großen patriotischen Krieges" an standen der Roten Armee Flugabwehrgeschütze in ausreichender Menge zur Verfügung. Artillerieeinheiten gehörten zu den am besten ausgebildeten und ausgerüsteten Teilen der Roten Armee und ihre Qualität und Quantität nahm bis zum Kriegsende weiter zu.

Eine gewaltige Zangenbewegung der deutschen Panzertruppen kesselte Hunderttausende sowjetische Soldaten ein. Allein bei Minsk wurden 250 000 gefangen genommen. Man nimmt an, dass die gleiche Zahl bei den Kämpfen in dieser Region ums Leben kam. Im Norden kam Anfang August Leningrad in Sichtweite der deutschen Vorhut, während im Süden Kiew eingekesselt wurde und dabei deutschen Berichten zufolge 650 000 Soldaten in Kriegsgefangenschaft gerieten.

Doch diese gewaltigen Erfolge überforderten die Deutschen. Sie mussten Hunderttausende Gefangene unterbringen und die logistische Versorgung aufrechterhalten – das brachte die deutschen Ressourcen an die Grenze der Belastbarkeit. Mit jedem weiteren Vorstoß verlängerten sich die Transportwege. Außerdem wurde die Front breiter, sodass die Luftwaffe weitere Wege fliegen musste und dabei mehr von dem wertvollen Treibstoff verbrauchte. Langsam erkannten die deutschen Befehlshaber Russlands gewaltige Ausmaße. Nach den weitaus kleineren Fronten im Westen kämpften sie nun in kontinentalen Dimensionen.

Außerdem forderten die schlecht gewarteten Flugfelder ihre Opfer – die Verluste bei Landungen waren höher als die bei Gefechten.

Der deutsche Vorstoß wird gebremst

Gegen Ende Juli kam der deutsche Vorstoß deutlich langsamer voran – allein aus logistischen Gründen, denn die Sowjets waren noch immer nicht fähig, eine wirksame Verteidigung aufzubauen. Wenn Versorgungsgüter bis zu den vorderen Einheiten durchkamen, ging der Vormarsch weiter. Die Versorgung der Nord- und der Südfront hatte Priorität. Die Finnen drangen über die Karelische Landenge vor und belagerten Leningrad viele Monate lang. Die Ukraine mit ihren gewaltigen Weizenfeldern wurde besetzt und mehr als eine halbe Million sowjetische Soldaten gefangengenommen.

Anfang Juli begann die Bombardierung Moskaus. An der ersten Mission waren mehr als 100 Flugzeuge beteiligt. Sie warfen Spreng- und Brandbomben ab,

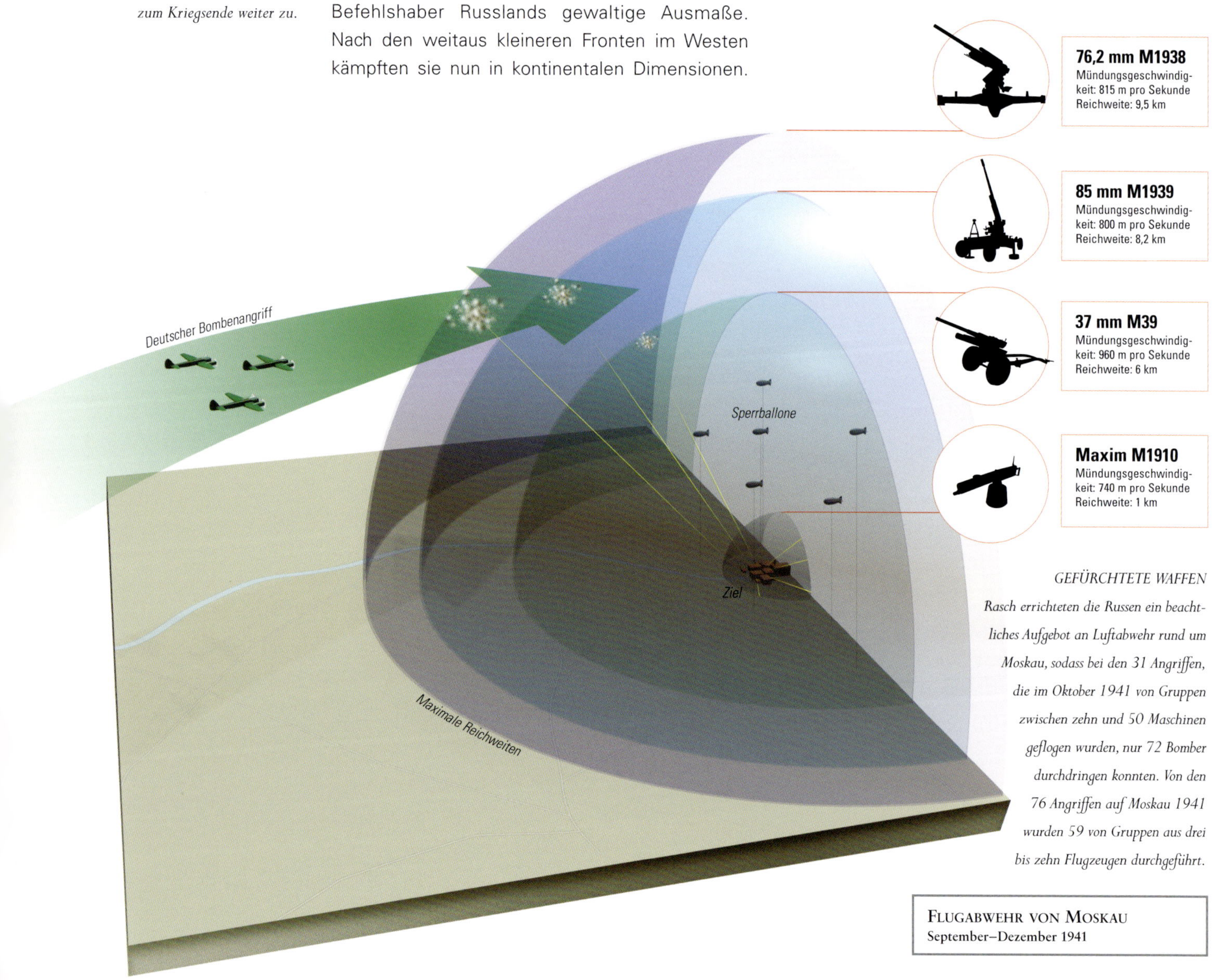

76,2 mm M1938
Mündungsgeschwindigkeit: 815 m pro Sekunde
Reichweite: 9,5 km

85 mm M1939
Mündungsgeschwindigkeit: 800 m pro Sekunde
Reichweite: 8,2 km

37 mm M39
Mündungsgeschwindigkeit: 960 m pro Sekunde
Reichweite: 6 km

Maxim M1910
Mündungsgeschwindigkeit: 740 m pro Sekunde
Reichweite: 1 km

GEFÜRCHTETE WAFFEN
Rasch errichteten die Russen ein beachtliches Aufgebot an Luftabwehr rund um Moskau, sodass bei den 31 Angriffen, die im Oktober 1941 von Gruppen zwischen zehn und 50 Maschinen geflogen wurden, nur 72 Bomber durchdringen konnten. Von den 76 Angriffen auf Moskau 1941 wurden 59 von Gruppen aus drei bis zehn Flugzeugen durchgeführt.

Deutscher Bombenangriff
Sperrballone
Ziel
Maximale Reichweiten

FLUGABWEHR VON MOSKAU
September–Dezember 1941

„Barbarossa" und Bombardierung Moskaus

MIKOJAN-GUREWITSCH MIG-3
Eine Gruppe MiG-3-Jagdflugzeuge der 12. IAP stehen zur Verteidigung Moskaus bereit. Aleksandr Pokrischkin, das sowjetische Fliegerass mit den zweitmeisten Luftsiegen, erzielte 20 seiner 59 Abschüsse mit einer MiG-3.

um in den Vororten von Moskau, wo die meisten Gebäude noch aus Holz bestanden, eine Feuersbrunst zu entfachen.

Moskaus Flugabwehr war erstklassig. Das erste Hindernis war ein äußerer Ring aus Suchscheinwerfern und Jagdflugzeugen, gefolgt von 800 Flugabwehrgeschützen rund um und in der Stadt selbst. Viele wichtige Gebäude wie der Kreml waren getarnt und im weitläufigen U-Bahn-System aus den 30er-Jahren waren Schutzbunker integriert.

Nach den ersten Großangriffen gab es jede Nacht Bombenangriffe, wenn auch nicht im selben Ausmaß wie beim „Blitz" in London. Die sowjetischen Notfallteams räumten die Schäden schnellstmöglich auf, sodass der Alltag weitergehen konnte.

Der Anfang vom Ende

Anfang November rückten die deutschen Streitkräfte auf Moskau vor. Die Jäger der Luftwaffe eskortierten die Bomber auf ihrem Weg in die Stadt, doch die Probleme, die aus der schleppenden Versorgung und den schlechten Landebahnen resultierten, stellten eine ernsthafte Behinderung dar. Die russischen Piloten starteten von betonierten Rollbahnen und aus warmen Quartieren. Bei Tag stiegen die Verluste unter der Zivilbevölkerung an, da die Menschen bei der Arbeit weiter von den Schutzunterkünften entfernt waren.

Nach einer gewaltigen sowjetischen Gegenoffensive kam der deutsche Vormarsch 45 km vor Moskau ins Stocken. Die deutschen Soldaten fielen ebenso wie ihre Bomberstreitkräfte zurück. In den eisigen russischen Weiten standen sie vor zwei Aufgaben: den Bodentruppen taktische Unterstützung zu leisten und ihre Aufgabe als Bomber zu erfüllen – bei schlechten Rollbahnen und mangelnder Versorgung. Das Unternehmen drohte zu scheitern.

BOMBARDIERUNG VON MOSKAU
Die Luftverteidigung von Moskau wurde dem 6. Jagdfliegerkorps übertragen, das komplett mit Tagjägern ausgerüstet war. Die russischen Piloten nahmen bei der Abwehr von Nachtangriffen große Risiken auf sich, doch ihre Abschusszahlen waren übertrieben.

BOMBARDIERUNG MOSKAUS
September–Dezember 1941
- Deutscher Vorstoß
- Reichweite d. sowjet. Flak
- Deutsche Front, 30. September
- Deutsche Front, 15. November
- Deutsche Front, 5. Dezember
- Sowjet. Verteidigungslinie
- Eingekesselte sow. Truppen
- XXXX Armee
- Panzer

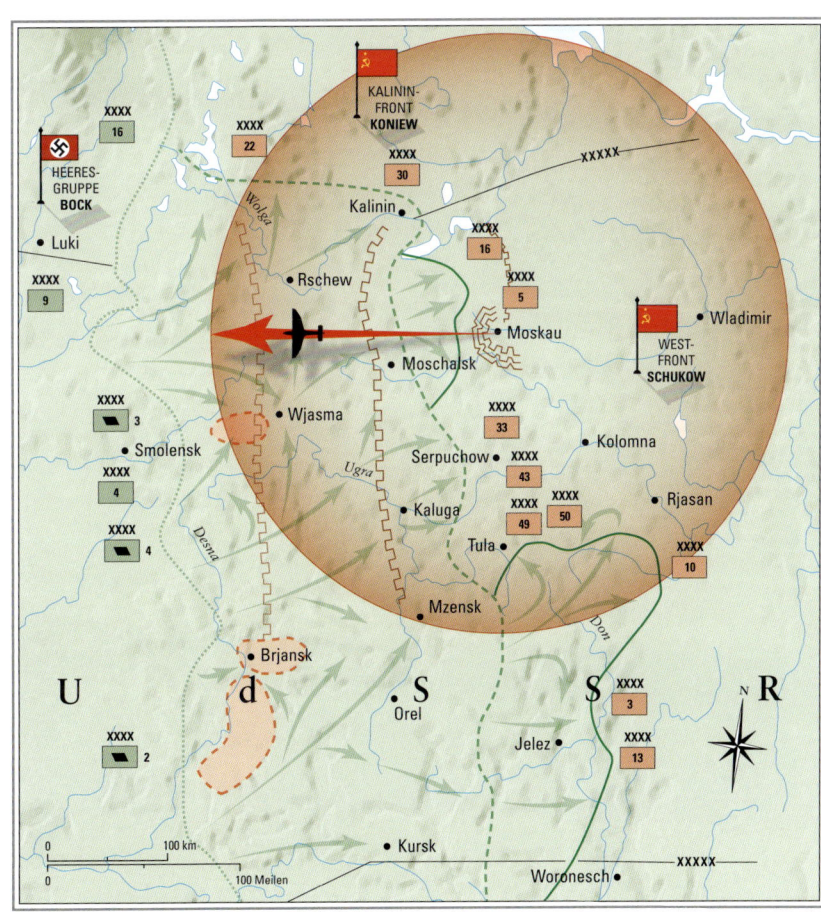

Die größten Luftkriege

PEARL HARBOR: Dezember 1941

Die ersehnte Expansion Japans im Pazifik hing ab von der Eroberung von Rohstoffen, die den japanischen Inseln fehlten. Ohne diese Ressourcen, vor allem Erdöl von den niederländischen Ostindischen Inseln oder aus dem britisch kontrollierten Malaysia, wäre die japanische Industrie lahmgelegt. Nach der Kapitulation spielten Frankreich und die Niederlande im Krieg keine Rolle mehr und die Aufmerksamkeit der Briten lag in Nordafrika. Ihre kolonialen Außenposten im Fernen Osten boten sich zur Ausbeutung an. Nur noch die USA mit ihrer mächtigen Pazifikflotte standen Japan im Wege.

Diese US-Pazifikflotte war etwa genau so groß wie die japanische Marine und stellte eine ernsthafte Bedrohung für Japans Flanke dar, wenn es seine Finger nach Südostasien ausstreckte. Die Lösung: ein Überraschungsangriff auf die Flotte, die in Pearl Harbor auf Oahu, Hawaii, vor Anker lag. Dies würde die Bedrohung neutralisieren und Japan Zeit geben, die dringend nötigen Eroberungen zu machen und abzusichern, bevor sich die USA erholten.

Neutralisierung der US-Pazifikflotte

Die Planung der Operation übernahm Admiral Isoroku Yamamoto. Er hatte in den USA gearbeitet und war ursprünglich gegen den Angriff, da er wusste, dass die industrielle Macht der USA der Japans weit überlegen war. Nachdem er den britischen Erfolg in Tarent studiert hatte, meinte Yamamoto, dass Japan eine Chance auf den Sieg hatte, wenn es gelang, die Flugzeugträger und Schlachtschiffe im Hafen zu zerstören. Er ließ die Standardtorpedos mit Holzfinnen ausstatten, damit sie flacher glitten und sich nicht in den Schlamm des Hafenbeckens eingruben.

Unter äußerster Geheimhaltung wurden die beteiligten Soldaten auf den isolierten Kurilen-Inseln im Norden Japans ausgebildet, bevor man Hawaii von Norden her anlief. Die japanische Flotte bestand aus

ÜBERRASCHUNGSANGRIFF
Bei der Planung des verheerenden Angriffs auf Pearl Harbor war der japanische Oberkommandierende der Marine Admiral Isoroku Yamamoto stark vom britischen Angriff auf Tarent im Vorjahr beeinflusst. Allerdings wurden bei dem japanischen Angriff nicht die US-Flugzeugträger neutralisiert; diese sollten den Kern der zukünftigen Marinestreitkräfte bilden.

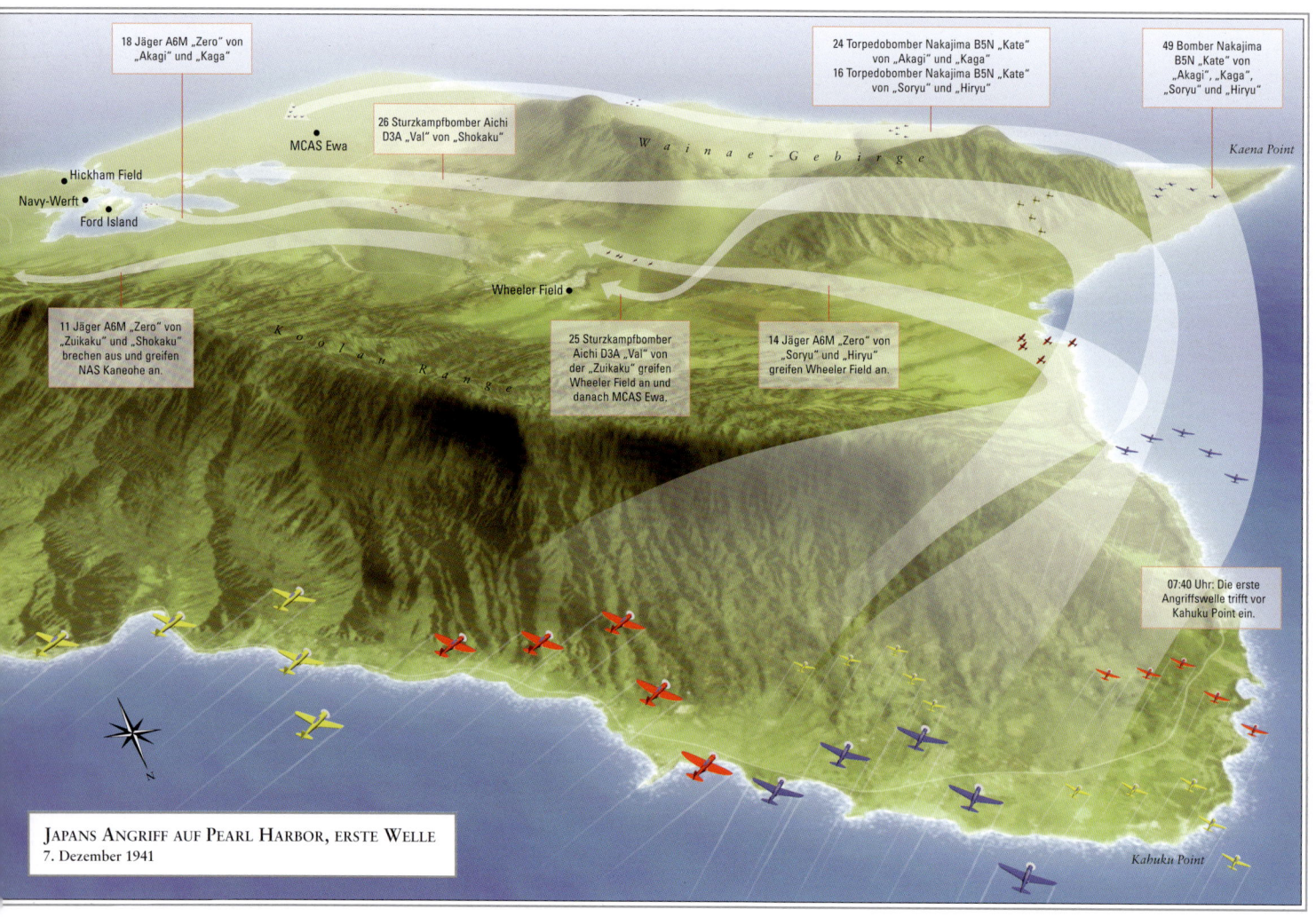

JAPANS ANGRIFF AUF PEARL HARBOR, ERSTE WELLE
7. Dezember 1941

Pearl Harbor: Dezember 1941

sechs Flugzeugträgern – „Akagi", „Hiryu", „Kaga", „Shokaku", „Soryu" und „Zuikaku" –, zwei Schlachtschiffen, zwei schweren Kreuzern sowie Zerstörern und Hilfsschiffen. Sie führten insgesamt 430 Kampf- und Aufklärungsflugzeuge mit sich.

Die USA waren sich der japanischen Absichten wohl bewusst und hatten die Kommandanten in den Überseegebieten in Alarmbereitschaft versetzt. Leider war der Kommandant von Pearl Harbor überzeugt, dass es die Japaner bei einem Angriff auf die Philippinen, Wake oder Midway abgesehen hätten. Er selbst erwartete höchstens kleinere Sabotageakte und gab daher an die Flugabwehr von Pearl Harbor nicht einmal Munition aus.

In den Morgenstunden des 7. Dezember 1941 fuhr die japanische Angriffsflotte von Nordwesten her in Richtung Oahu. Um 6:00 Uhr starteten 51 Sturzkampfbomber Aichi D3A „Val", 49 Bomber Nakajima B5N „Kate" und 40 „Kate"-Torpedobomber unter Geleitschutz von 43 Jagdflugzeugen Mitsubishi A6M „Zero" zur ersten Angriffswelle auf Pearl Harbor. Sie formierten sich zunächst bei bedecktem Himmel, doch als sie sich Oahu näherten, wurde der Himmel strahlend blau. Als die Formation von einem Radar-Operator entdeckt und dem diensthabenden Offizier gemeldet wurde, erhielt dieser Befehl, nichts zu unternehmen, da man die Flugzeuge für eine Gruppe Boeing B-17 hielt, die man vom Festland erwartete. Neuerliche unabsichtliche Hilfe erhielten die Angreifer, als sie einer Radiosendung lauschten, die ihnen bei der Zielortung half.

JAGDFLUGZEUG „ZERO"
Eine Mitsubishi A6M2 Reisen („Zero") von der 12. Luftgruppe, hier über China, kurz nach der Indienststellung des Modells bei der kaiserlichen japanischen Marine 1940.

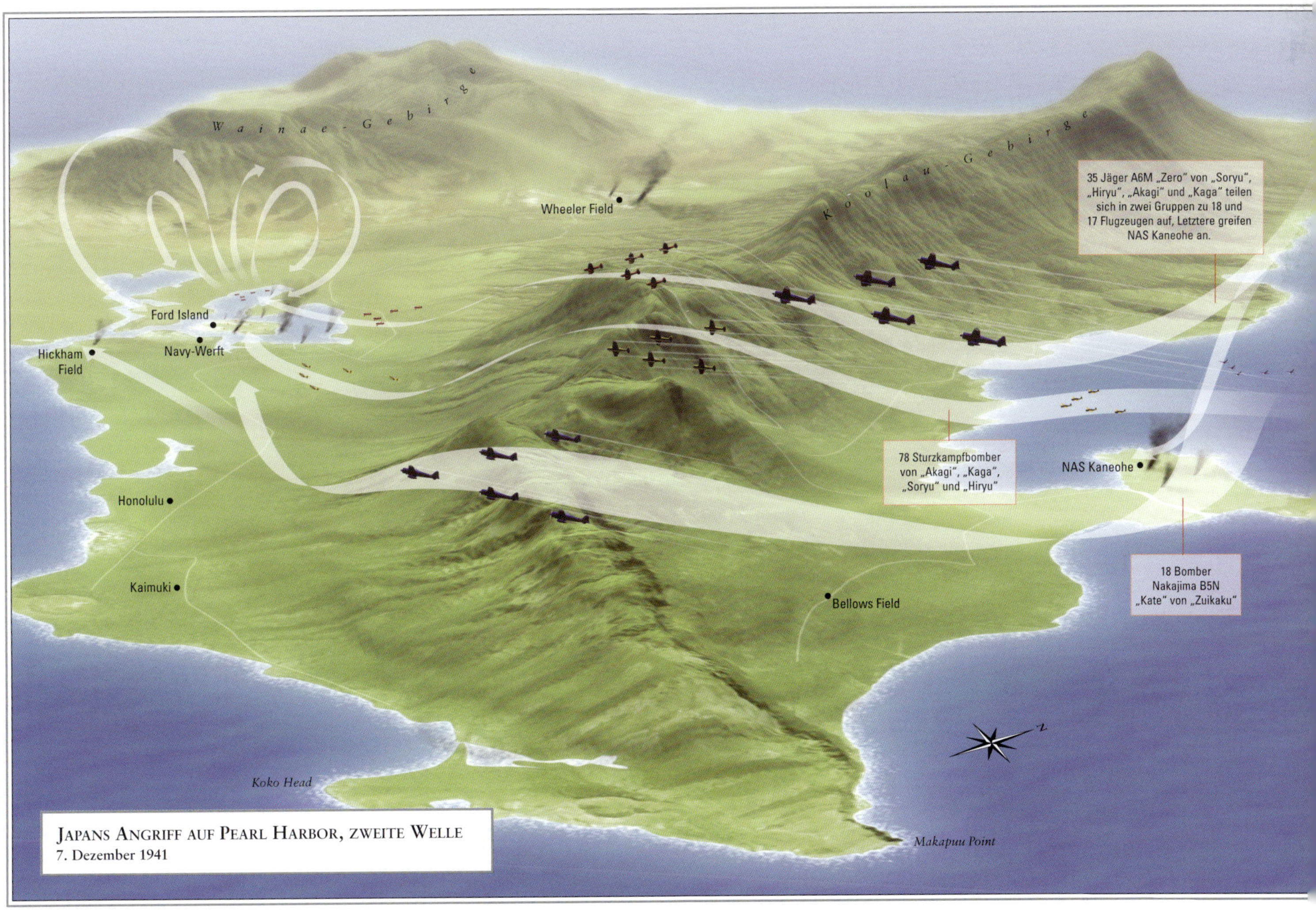

JAPANS ANGRIFF AUF PEARL HARBOR, ZWEITE WELLE
7. Dezember 1941

Die größten Luftkriege

Pearl Harbor: Dezember 1941

Durchdachtes Timing

Der Sonntagmorgen wurde für den Angriff gewählt, weil ein Großteil des Personals dann Landurlaub hatte. Sturzkampfbomber stürzten sich kurz vor 8:00 Uhr auf ihre Ziele, gefolgt von Torpedobombern, welche die Schlachtschiffe anvisierten. Unterdessen beschossen die „Zeros" die umliegenden Fliegerstützpunkte. Die US-Maschinen waren in ordentlichen Reihen aufgestellt und wurden leichte Beute für die geübten japanischen Piloten. Methodisch erfassten diese ihre Ziele und warfen ihre tödliche Fracht ab, während nur wenige Abfangjäger aufstiegen und die Flak kaum schossen (man musste die Schlösser der Munitionslager aufbrechen, da die Schlüssel nicht auffindbar waren).

Eine panzerbrechende Granate traf das Munitionsdepot der USS „Arizona", die sofort explodierte, sank und dabei 1200 Seeleute mit in die Tiefe nahm. Ihr folgten die Torpedoopfer USS „West Virginia" und „California". Die USS „Nevada" versuchte, aufs offene Meer zu entkommen, lief jedoch an der Hafeneinfahrt auf Grund. Die erste Angriffswelle kehrte siegreich zu ihren Schiffen zurück.

Pearl Harbor blieb nicht viel Zeit, bis die zweite Welle über die Berge von Oahu anflog. Die Überlebenden hatten sich gefangen und setzten sich nun zur Wehr. Wegen der dichten Rauchschwaden, die von den Opfern der ersten Welle aufstiegen, war die zweite Welle nicht ganz so erfolgreich wie die erste, richtete aber ebenfalls große Schäden an. Zu Mittag waren die japanischen Flugzeuge wieder auf ihren Flugzeugträgern unterwegs nach Hause. In Pearl Harbor beklagte man 2335 militärische und zivile Opfer; vier Schlachtschiffe waren versenkt, vier weitere schwer beschädigt, drei Zerstörer versenkt und zwei Kreuzer schwer angeschlagen. 188 Flugzeuge waren entweder am Boden oder in der Luft zerstört worden, wobei die Japaner nur 29 Flugzeuge mitsamt Besatzung verloren hatten.

Es war ein erstaunlicher Sieg, wenngleich ein hohler, denn nun befanden sich die USA unwiderruflich im Krieg. Noch dazu waren die Hauptziele des Angriffs, die US-Flugzeugträger, an diesem Tag nicht im Hafen gewesen; sie waren zur Überholung am Festland oder unterwegs mit Flugzeugen für Midway. Außerdem waren die Hafeneinrichtungen intakt geblieben, sodass Pearl Harbor seine Funktion nahezu sofort wieder aufnehmen konnte.

CHAOS AUF FORD ISLAND
Seeleute und Bodenpersonal versuchen auf Ford Island, Pearl Harbor, Schäden zu reparieren und Feuer zu löschen, während von der „Arizona" immer noch Rauch aufsteigt.

1. Tender „Whitney" und Zerstörer „Tucker", „Conyngham", „Reid", „Case" und „Selfridge"
2. Zerstörer „Blue"
3. Leichter Kreuzer „Phoenix"
4. Zerstörer „Aylwin", „Farragut", „Dale" und „Monaghan"
5. Zerstörer „Patterson", „Ralph", „Talbot" und „Henry"
6. Tender „Dobbin" und Zerstörer „Worden", „Hull", „Dewey", „Phelps" und „Macdough"
7. Lazarettschiff „Solace"
8. Zerstörer „Allen"
9. Zerstörer „Chew"
10. Zerstörer-Minenräumer „Gamble", „Montgomery" und leichter Minenleger „Ramsey"
11. Zerstörer-Minenräumer „Trever", „Breese", „Zane", „Perry" und „Wasmuth"
12. Reparaturschiff „Medusa"
13. Wasserflugzeug-Tender „Curtiss"
14. Leichter Kreuzer „Detroit"
15. Leichter Kreuzer „Raleigh"
16. Zielschlachtschiff „Utah"
17. Wasserflugzeug-Tender „Tangier"
18. Schlachtschiff „Nevada"
19. Schlachtschiff „Arizona"
20. Reparaturschiff „Vestal"
21. Schlachtschiff „Tennessee"
22. Schlachtschiff „West Virginia"
23. Schlachtschiff „Maryland"
24. Schlachtschiff „Oklahoma"
25. Öltanker „Neosho"
26. Schlachtschiff „California"
27. Wasserflugzeug-Tender „Avocet"
28. Zerstörer „Shaw"
29. Zerstörer „Downes"
30. Zerstörer „Cassin"
31. Schlachtschiff „Pennsylvania"
32. U-Boot „Cachalot"
33. Minenleger „Oglala"
34. Leichter Kreuzer „Helena"
35. Hilfsschiff „Argonne"
36. Kanonenboot „Sacramento"
37. Zerstörer „Jarvis"
38. Zerstörer „Mugford"
39. Hilfsschiff „Swan"
40. Reparaturschiff „Rigel"
41. Öltanker „Ramapo"
42. Schwerer Kreuzer „New Orleans"
43. Zerstörer „Cummings" und leichte Minenleger „Preble" und „Tracy"
44. Schwerer Kreuzer „San Francisco"
45. Zerstörer-Minenräumer „Grebe", Zerstörer „Schley" und leichte Minenleger „Pruitt" und „Sicard"
46. Leichter Kreuzer „Honolulu"
47. Leichter Kreuzer „St. Louis"
48. Zerstörer „Bagley"
49. U-Boote „Narwhal", „Dolphin" und „Tautog" sowie „Tender" „Thornton" und „Hulbert"
50. U-Boot-Tender „Pelias"
51. Hilfsschiff „Sumner"
52. Hilfsschiff „Castor"

Die größten Luftkriege

DER FALL SÜDOSTASIENS: 1942

Der Fall Südostasiens: 1942

Am 8. Dezember 1942 landete die 24. Armee unter General Tomoyuki Yamashita im Süden Siams (Thailand) und im Norden Malaysias. Die Rohstoffvorkommen dieser Region sollten rasch eingenommen werden, um Japans Kriegsmaschinerie anzutreiben. Den erfahrenen japanischen Land-, Luft- und Seestreitkräften standen unerfahrene alliierte Soldaten, denen die Region fremd war, gegenüber.

Der Fall von Singapur

Die größte und prestigeträchtigste Festung der Alliierten war Singapur. Hier konzentrierte das britische Empire den Großteil seiner Kräfte. Die Last der Luftverteidigung lag bei vier Geschwadern veralteter Brester Buffalos. Die Bomber verfügten über vier Bristol-Blenheim-, zwei Lockheed-Hudson- und zwei veraltete Vickers-Wildebeest-Geschwader; Letztere waren torpedo-bestückte Doppeldecker. Zusammen mit ein paar anderen Maschinen machte das insgesamt 362 Flugzeuge für die Verteidigung von Singapur und Malaysia, von denen nur 60 Prozent einsatzfähig waren.

Die Bodentruppen zählten rund 60 000 Mann, wobei wöchentlich Verstärkungen aus Großbritannien, Indien, Australien und Neuseeland eintrafen. Vor Singapur warteten auf See zwei britische Großkampfschiffe, das Schlachtschiff HMS „Prince of Wales" und der Schlachtkreuzer HMS „Repulse". Zu ihnen gehörten einige Kreuzer, Zerstörer und U-Boote. Am 8. Dezember lief ein Teil dieser Flotte aus, um die japanischen Truppentransportschiffe zu lokalisieren und anzugreifen, doch sie wurden von japanischen Aufklärungsflugzeugen entdeckt. 60 Mitsubishi-G3M2- („Nell") und 26 G4M1-Bomber („Betty") warteten mit den Bomben und Torpedos, versenkten die HMS „Prince of Wales" und die HMS „Repulse" und demonstrierten damit die Bedeutung der Luftdeckung bei Seeoperationen. Damit waren nur noch drei US-Flugzeugträger übrig – im Vergleich zur gewaltigen japanischen Flotte im Pazifik.

Danach kämpften sich erfahrene japanische Soldaten die Halbinsel von Malaysia hinunter, wobei sie den ungeübten alliierten Soldaten in die Flanken fielen und sie überrollten. Unter dem Schutz der überragenden „Zero"-Jäger flogen japanische Bomber Luftunterstützungsmissionen. Die Geschwindigkeit, Wendigkeit und Reichweite der „Zero" erschreckte die Verteidiger. Als Nachschub in Form von 51 Hawker Hurricanes eintraf, wurden diese rasch ausgepackt: Sie waren am 20. Januar einsatzbereit. Noch am selben Tag fing eine Gruppe Hurricanes 28 japanische Bomber bei einem Angriff auf Singapur ab. Sie schossen acht Angreifer ab, doch die Bomber hatten „Zero"-Geleitschutz und acht Hurricanes wurden vom Himmel geholt. Die Erfahrung und Entschlossenheit der Japaner forderte einen hohen Blutzoll unter den jungen britischen Rekruten. Singapur fiel am 15. Februar 1942. Der Weg zu den Niederländischen Ostindischen Inseln war frei.

Die Festigung der japanischen Herrschaft

Innerhalb von vier Monaten hatten die japanischen Truppen nahezu alle ihre Ziele erreicht. Sie fielen in Birma ein, besetzten die Philippinen und die Ostindischen Inseln und rückten bis zu den Salomon-Inseln vor. Auf den Philippinen, wo die USAAF den größten Luftstützpunkt außerhalb der USA unterhielten, erwischten die Japaner die B-17-Bomber auf dem Boden in Clark Field, denn sie waren nicht zu Erstschlägen gegen japanische Basen ausgeschickt worden. Am Nachmittag des 8. Dezember wurden zwölf B-17-Bomber komplett zerstört und drei weitere schrottreif beschädigt. Auch drei Curtiss P-40 wurden von „Zeros" beschossen, während sie auf das Flugfeld rollten. Mit einem einzigen Angriff wurde die Hälfte der US-Luftstärke auf den Philippinen ausgeschaltet – und in den nächsten Tagen sollte der Rest dieses Schicksal teilen. Das kaiserliche Japan schien nicht mehr aufzuhalten zu sein.

BRISTOL BLENHEIM
In Malaysia waren drei RAF-Geschwader, Nr. 34, 60 und 62, mit der Bristol Blenheim Mk I ausgerüstet.

DIE EROBERUNG VON SINGAPUR
Schwere japanische Luftangriffe ließen die Kampfmoral der Zivilbevölkerung von Singapur kollabieren. Die Verteidigung hatte stets mit einem Angriff vom Meer gerechnet und nicht von der malaysischen Halbinsel aus.

INVASION MALAYSIAS
Bei der Invasion Malaysias hatten die Japaner einen großen Vorteil: Sie nutzten den Dschungel als Verbündeten und versorgten sich wenn nötig daraus. Die japanischen Truppen kamen mit Rationen aus, die für westliche Soldaten inakzeptabel gewesen wären.

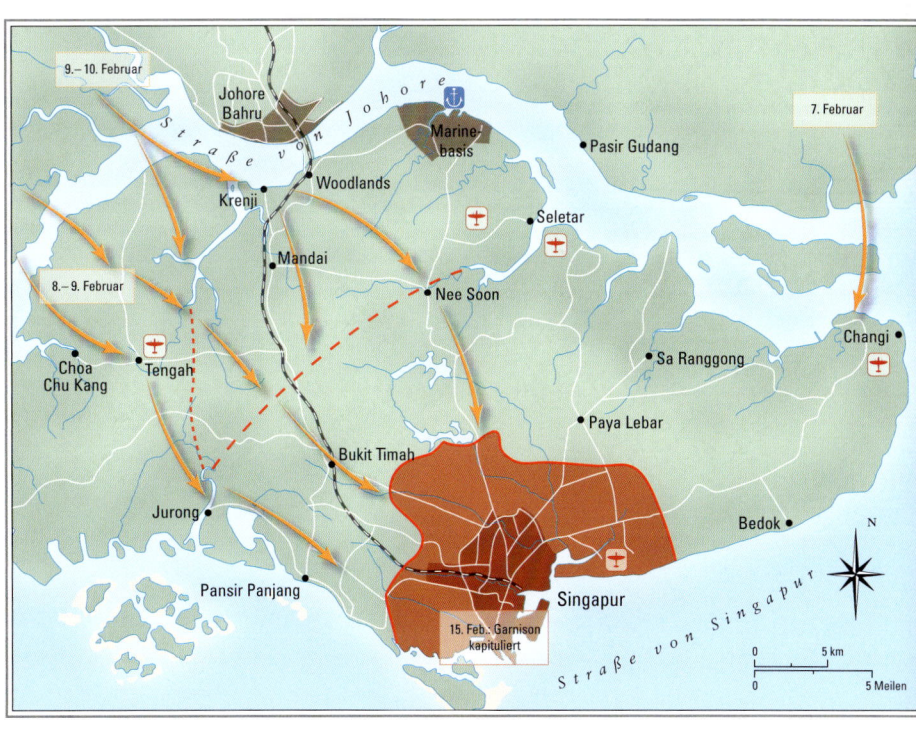

Die größten Luftkriege

DIE SCHLACHT IM KORALLENMEER: 1942

*SCHLACHT IM KORALLENMEER
Die Schlacht im Korallenmeer war das erste Gefecht auf See, bei dem die gegnerischen Schiffe keinen Kontakt mehr hatten. Eine US-Flugzeugträgereinheit verhinderte die Landung der Japaner in Port Moresby, Neuguinea, indem sie die feindliche Flugzeugträgergruppe zum Rückzug zwang.*

Der japanische Vormarsch nach Süden verlor nicht an Schwung. Das Einzige, was einer Invasion in Nordaustralien im Wege stand, war der dichte, gnadenlose Dschungel auf Papua-Neuguinea. Diese Insel wollte man als Ausgangspunkt für die Invasion und als vorgelagerte Basis für japanische Bomber nutzen. Angelpunkt des Feldzugs war die Eroberung von Port Moresby, der Hauptstadt von Neuguinea. In Rabaul und Kareing auf Neubritannien wurde eine Invasionsstreitmacht zusammengezogen.

Drei Konvois liefen aus. Der größte war unterwegs nach Port Moresby. Die kleineren steuerten auf die Insel Tulagi in den Louisiaden zu, um dort eine Basis für Wasserflugzeuge zu errichten. Vier schwere Kreuzer, ein Zerstörer und der leichte Flugzeugträger „Shoho", alle unter dem Kommando von Konteradmiral Goto Aritano, gaben Geleitschutz. Zur Angriffsstreitmacht unter Vizeadmiral Takagi Takeo gehörten die Träger „Shokaku" und „Zuikaku", beide Veteranen des Angriffs auf Pearl Harbor, zwei schwere Kreuzer und mehrere Zerstörer. Takagi wollte die Aufmerksamkeit der Alliierten auf die Konvois lenken, um dann mit seiner Formation zum Erstangriff umzuschwenken und sie zu zerstören.

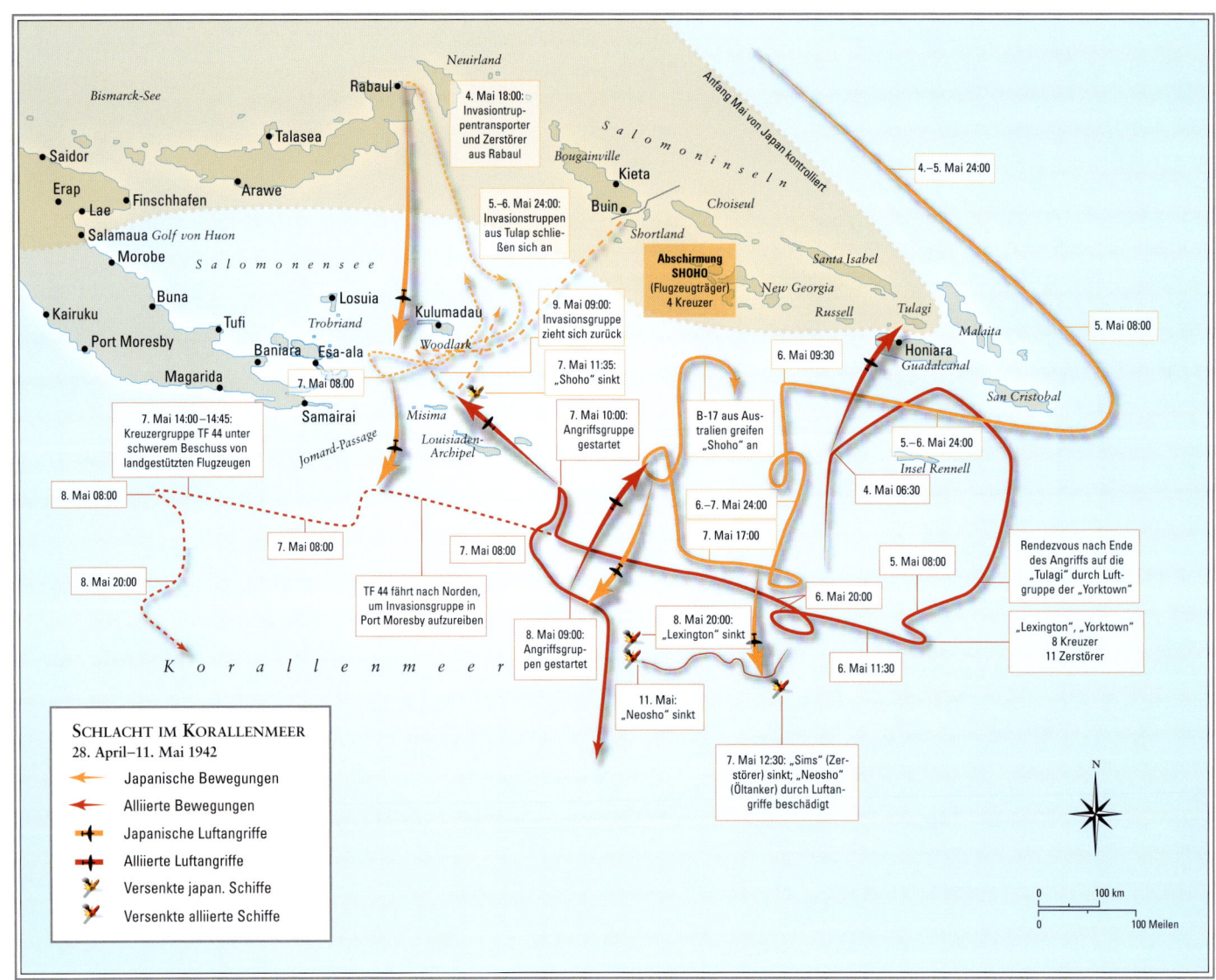

Die Schlacht im Korallenmeer: 1942

DOUGLAS SBD DAUNTLESS
Bei der Schlacht um Midway erzielten SBD-Dauntless-Sturzkampfbomber von den Flugzeugträgern „Enterprise", „Hornet" und „Yorktown" einen großen Erfolg. Sie versenkten die japanischen Flugzeugträger „Akagi", „Kaga" und „Soryu" und beschädigten die „Hiryu" so schwer, dass sie von ihrer eigenen Besatzung versenkt werden musste.

Den Kampf zu den Japanern bringen

Die japanischen Pläne waren in hohem Maße vom Überraschungselement abhängig, doch das sollte ihnen verwehrt werden. Die Alliierten wussten über die Pläne der Japaner Bescheid, weil sie mit dem Entschlüsselungssystem „MAGIC" erst kurz zuvor den JN-25-Marinecode entschlüsselt hatten; diese Informationen erwiesen sich als unschätzbar wertvoll. So stellte man rund um die Flottenträger USS „Lexington" und USS „Yorktown" zwei Spezialeinheiten unter dem Kommando von Konteradmiral Frank Jack Fletcher zusammen. Eine dritte unterstand dem australischen Konteradmiral John Crace und blieb in Reserve.

Am 3. Mai begannen die ersten japanischen Landungen auf Tulagi ohne Zwischenfall. Aufklärungsflugzeuge von der „Yorktown" erspähten diese Truppen am nächsten Tag. Bei den darauf folgenden Angriffen gab es schwere Verluste; ein Zerstörer und mehrere Truppentransportschiffe wurden versenkt. Am 5. Mai trafen sich die beiden US-Spezialeinheiten 670 km südlich von Guadalcanal und liefen von dort in Richtung Nordwesten, um den japanischen Hauptkonvoi vor Port Moresby abzufangen. Während sie diesem Kurs folgten, fuhr Takagis Flotte von Osten in das Korallenmeer ein. Am 7. Mai erhielt Fletcher Bericht, dass man die Invasionsflotte gesichtet hätte, und gab sofort Befehl zum Angriff; Primärziel war die „Shoho". Douglas-TBD-Devastator-Torpedobomber der US Navy und SBD-Dauntless-Sturzkampfbomber griffen den japanischen Flugzeugträger an, der innerhalb von Minuten zu sinken begann. Der Invasionskonvoi war zum Rückzug nach Truk und Rabaul gezwungen. Die gegnerischen Flotten waren einander an diesem Tag so nahe, dass sechs zurückkehrende japanische Aufklärer bei Einbruch der Nacht versuchten, auf der „Yorktown" zu landen.

Am folgenden Morgen schickten beide Gegner Suchflugzeuge aus und sichteten einander fast gleichzeitig. Zwischen ihnen lagen bei Beginn der Angriffe rund 340 km. Die „Zuikaku" flüchtete vor den US-Sturzkampf- und Torpedobombern in eine Sturmfront. Das Deck der „Shokaku" aber wurde von drei Bomben getroffen; sie musste sich mit schweren Schäden nach Truk zurückziehen, bevor sie die zurückkehrenden Flugzeuge aufnehmen konnte.

In der Zwischenzeit näherte sich die japanische Angriffsstreitmacht mit besseren Flugzeugen und erfahrenerer Mannschaft der US-Flotte. Eine Bombe landete auf dem Deck der „Yorktown", doch sie blieb einsatzfähig. Die USS „Lexington" steckte zwei direkte Torpedotreffer ein und bekam Schlagseite. Als sich der Treibstoff entzündete und explodierte, wurde sie evakuiert und auf Grund gesetzt.

Wertvolle Lektionen

Bei der Schlacht im Korallenmeer gab es keinen klaren Sieger, auch wenn der Verlust der „Lexington" die USA schwerer traf als der der kleineren „Shoho" die Japaner. Doch auch die „Shokaku" war schwer angeschlagen und konnte an der Schlacht bei Midway nicht teilnehmen. Außerdem verlor Japan viele erfahrene Männer. Die USA lernten trotz schwerer Verluste einige wichtige Lektionen. Dies war die erste Seeschlacht, bei der die Kontrahenten einander nicht sahen, was die Bedeutung der Flugzeugträger und ihrer Luftgruppen hervorhebt. Von nun an würden Flotten rund um diese neuen Waffen herum gebaut werden – das Ende des Schlachtschiffes und seiner Kanonen.

Die größten Luftkriege

DIE SCHLACHT BEI MIDWAY: 1942

ADMIRAL YAMAMOTO
Yamamotos Plan, die US-Pazifikflotte in einem einzigen großen Streich zu vernichten, führte zur Schlacht bei Midway. In diesem Gefecht verloren die Japaner die Initiative auf See an die Amerikaner.

DIE INSEL MIDWAY
Die westlich von Pearl Harbor gelegene Insel Midway war ein bedeutender US-Außenposten und wichtiges Ziel der japanischen Eroberungspläne.

Kurz nach dem vermeintlichen Sieg der Japaner über die US-Spezialeinheit im Korallenmeer begann der Architekt des Angriffs auf Pearl Harbor vom Dezember des Vorjahres, Admiral Isokoru Yamamoto, mit der Planung einer Invasion des US-Außenpostens auf Midway. Dieses winzige Atoll inmitten des Pazifiks war der westlichste Stützpunkt unter US-Kommando und das Einzige, was der japanischen Flotte auf dem Kurs nach Hawaii im Wege stand.

Erfolgloses Ablenkungsmanöver

Damit Yamamotos Plan funktionierte, musste er die US-Streitkräfte zu den Aleuten locken. Dazu musste er seine eigene Flotte schwächen, indem er zur Ablenkung zwei leichte Träger samt Geleit- und Transportschiffen zu dieser Inselgruppe schickte. Außerdem verließ sich Yamamoto darauf, dass die USS „Yorktown" im Korallenmeer versenkt worden war, was aber nicht der Fall war. Sie hatte sich nach Pearl Harbor retten können, wo sie in der erstaunlich kurzen Zeit von nur 48 Stunden instandgesetzt wurde.

Yamamotos Ablenkungsmanöver war zwecklos. Die US-Befehlshaber hatten Zugang zum entschlüsselten japanischen Marinecode und bereiteten sich entsprechend vor. Der Oberkommandierende im Pazifik, Admiral Chester W. Nimitz, ein angesehener Texaner, konnte seine Streitmacht vorteilhaft positionieren. Er schickte die Flugzeugträger USS „Enterprise" und USS „Hornet" unter dem Kommando von Konteradmiral Raymond A. Spruance mit schwerer Eskorte in den Norden vor Midway, bevor die Japaner dort die erwartete U-Boot-Sperre stationieren konnten. Ihnen schloss sich eine zweite Formation rund um die instandgesetzte USS „Yorktown" unter Konteradmiral Fletcher an.

Die japanische Flotte bestand aus drei Hauptgruppen. Eine umfasste die Invasionsstreitmacht mitsamt einer mächtigen Eskorte unter Yamamotos Kommando. Zur Angriffsgruppe gehörten die vier Flugzeugträger „Hiryu", „Kaga", „Akagi" und „Soryu", zwei Schlachtschiffe und mehrere kleinere Schiffe, die alle unter dem Kommando von Vizeadmiral Chuichi Nagumo, einem der Kommandanten beim Angriff auf Pearl Harbor, standen. Die Hauptgruppe bestand aus drei Schlachtschiffen mit Geleit. Diese japanische Streitmacht war der amerikanischen stark überlegen.

Erstmals gesichtet wurde die Invasionsgruppe am Nachmittag des 3. Juni und daraufhin von B-17 Flying Fortress, die auf Midway stationiert waren, angegriffen. Das Bombardement der Flugzeuge richtete gegen die Flugzeugträger nichts aus – eine klare Demonstration der Schwächen von Bomben gegen wendige Seeziele. Dies war eine Aufgabe für Torpedo- und vor allem Sturzkampfbomber. Der Angriff hatte jedoch den Effekt, dass die Japaner ihre „Zeros" starten mussten. So gewann die US-Trägerflotte Zeit, um sich günstig im Nordosten von Midway zu stationieren, ohne entdeckt zu werden.

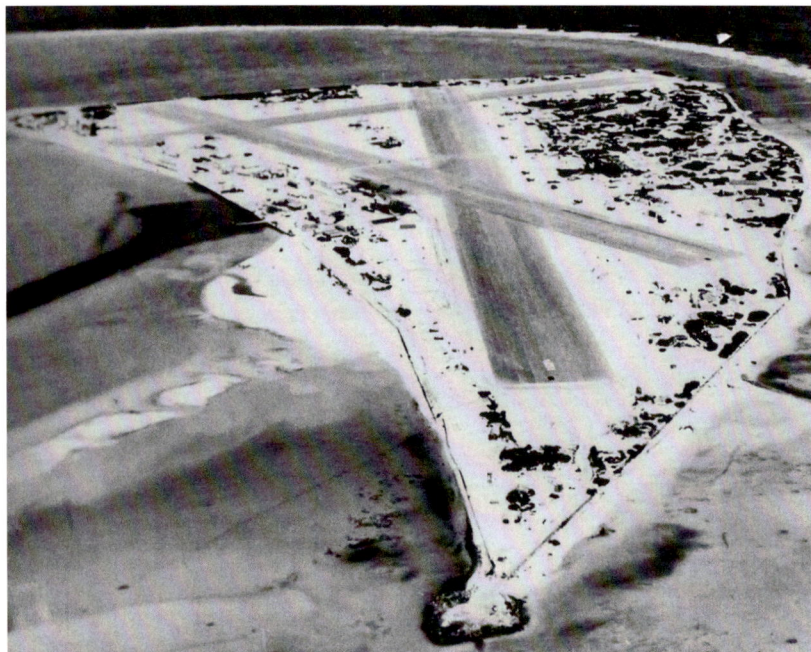

Die Schlacht bei Midway: 1942

TRÄGERGRUPPE
SBD Dauntless und TBD Davastator an Bord eines US-Flugzeugträgers. Dank ihrer enormen Fähigkeit, Treffer einzustecken, war die Ausfallrate unter den Dauntless-Geschwadern die geringste in der US-Pazifikflotte.

SCHLACHT BEI MIDWAY
Neben vier Flugzeugträgern verloren die Japaner in der Schlacht bei Midway 258 Flugzeuge und einen Großteil ihrer erfahrensten Piloten. Japans entscheidende Niederlage setzte der japanischen Offensive ein Ende und brachte die Wende im Pazifikkrieg.

ADMIRAL YAMAMOTOS PLAN ZUR EINNAHME VON MIDWAY
Mai–Juni 1942
- Japan. Angriffseinheiten
- Japanische Luftangriffe
- US-Flottenmanöver
- Größerer Angriff

Die größten Luftkriege

DIE SCHLACHT BEI MIDWAY
4.–6. Juni 1942

Der erste Schlag

Am Morgen des 4. Juni war Yamamoto bereit für den ersten Angriff auf das Atoll. Mehr als 100 Flugzeuge, vor allem „Vals" unter Geleitschutz von „Zeros", flogen nach Midway, während Kampfflugzeuge von den US-Stützpunkten auf der Insel gegen die nun gesichtete japanische Flotte aufstiegen. Die US-Maschinen hatten wenig Erfolg; sie landeten keinen einzigen Treffer und verloren 17 Torpedobomber. Auch die Japaner erreichten auf Midway wenig, hatten aber geringere Verluste.

Als die Flugzeuge zu ihren Trägern zurückkehrten, lagen Fletcher und Spruance nun nordöstlich von Midway in Position, um die Flanke der sich nähernden japanischen Streitkraft anzugreifen. Die US-Träger schickten alles, was sie hatten, in den Kampf: Douglas-TBD-Devastator-Torpedobomber, Douglas-SBD-Dauntless-Sturzkampfbomber und Grumann F4F Wildcats als Geleitschutz.

Nach Berichten, dass sich ein US-Träger in der Nähe befände, befahl Nagumo, dass sämtliche zurückkehrenden Bomber mit panzerbrechenden Bomben anstelle der Sprengbomben bestückt werden sollten. Dies kostete die Japaner wertvolle Minuten. Als Devastators auftauchten – ohne SBDs, die sie beim Formieren verloren hatten, und, noch schlimmer, ohne F4F-Geleit, schlugen die „Zero"-Geleitjäger zu. Wieder fand kein US-Torpedo ins Ziel und alle Torpedobomber wurden abgeschossen. Doch nun flogen die „Zeros" alle in Relinghöhe – gerade, als die SBDs eintrafen und sich aus 6100 m Höhe direkt auf die japanischen Flugzeugträger stürzten, auf deren Decks massenhaft Munition und Treibstoff lagerten. Die „Hiryu" entkam dem Gemetzel, da sie zur Zeit des Angriffs der Formation voraus war, doch „Kaga", „Akagi" und „Soryu" mussten direkte Treffer einstecken und gingen in Flammen auf. Die ersten beiden versanken später noch am gleichen Tag,

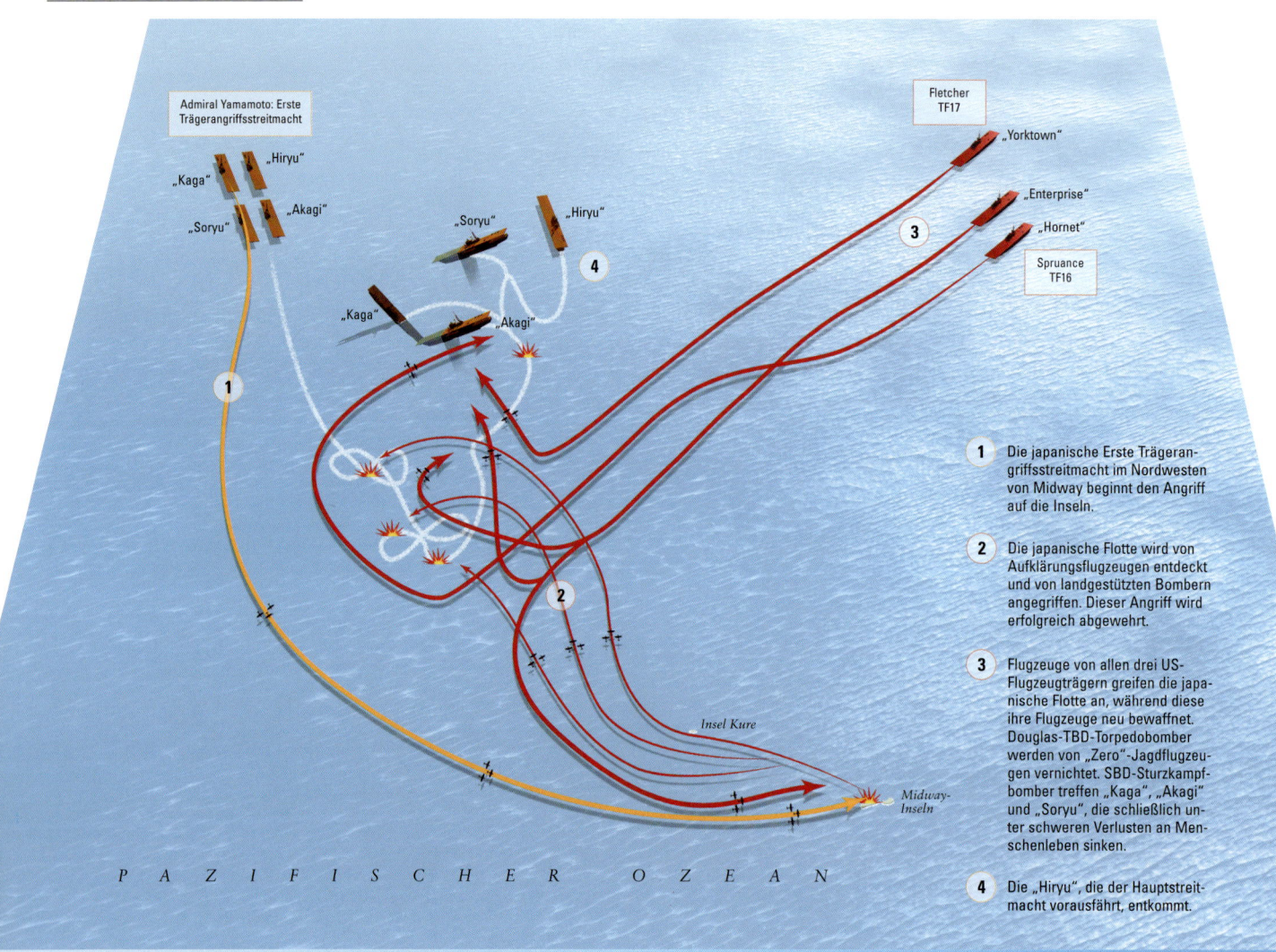

1. Die japanische Erste Trägerangriffsstreitmacht im Nordwesten von Midway beginnt den Angriff auf die Inseln.

2. Die japanische Flotte wird von Aufklärungsflugzeugen entdeckt und von landgestützten Bombern angegriffen. Dieser Angriff wird erfolgreich abgewehrt.

3. Flugzeuge von allen drei US-Flugzeugträgern greifen die japanische Flotte an, während diese ihre Flugzeuge neu bewaffnet. Douglas-TBD-Torpedobomber werden von „Zero"-Jagdflugzeugen vernichtet. SBD-Sturzkampfbomber treffen „Kaga", „Akagi" und „Soryu", die schließlich unter schweren Verlusten an Menschenleben sinken.

4. Die „Hiryu", die der Hauptstreitmacht vorausfährt, entkommt.

Die Schlacht bei Midway: 1942

während die „Kaga" explodierte und dabei ein Großteil der Besatzung ums Leben kam.

Die „Hiryu", nun alleine, griff die USS „Yorktown" an, die, von drei Bomben und zwei Torpedos getroffen, einige Tage danach sank. Doch dann musste die „Hiryu" selbst vier Treffer von SBDs einstecken.

Nach dem Verlust von vier Flugzeugträgern mitsamt Flugzeugen und Besatzungen musste Yamamoto seine Niederlage eingestehen und sich mit den Resten der einst mächtigen japanischen Flotte nach Osten zurückziehen, verfolgt von US-Bombern. Das Kräfteverhältnis im Pazifik war nun zugunsten der USA umgeschlagen und abermals hatten sich die Luftstreitkräfte als entscheidend erwiesen. Ab nun würden die USA an diesem Kriegsschauplatz in die Offensive gehen und Japan sollte die Marineluftstreitkräfte, die es bei Midway verloren hatte – Träger, Flugzeuge und vor allem erfahrene Piloten – noch dringend vermissen.

GRUMMAN F4F WILDCAT
Obwohl sie robust war und einiges an Treffern einstecken konnte, benötigte die F4F Wildcat einen sehr erfahrenen Piloten, damit sie im Kampf gegen japanische Jagdflugzeuge eine Chance auf Erfolg hatte.

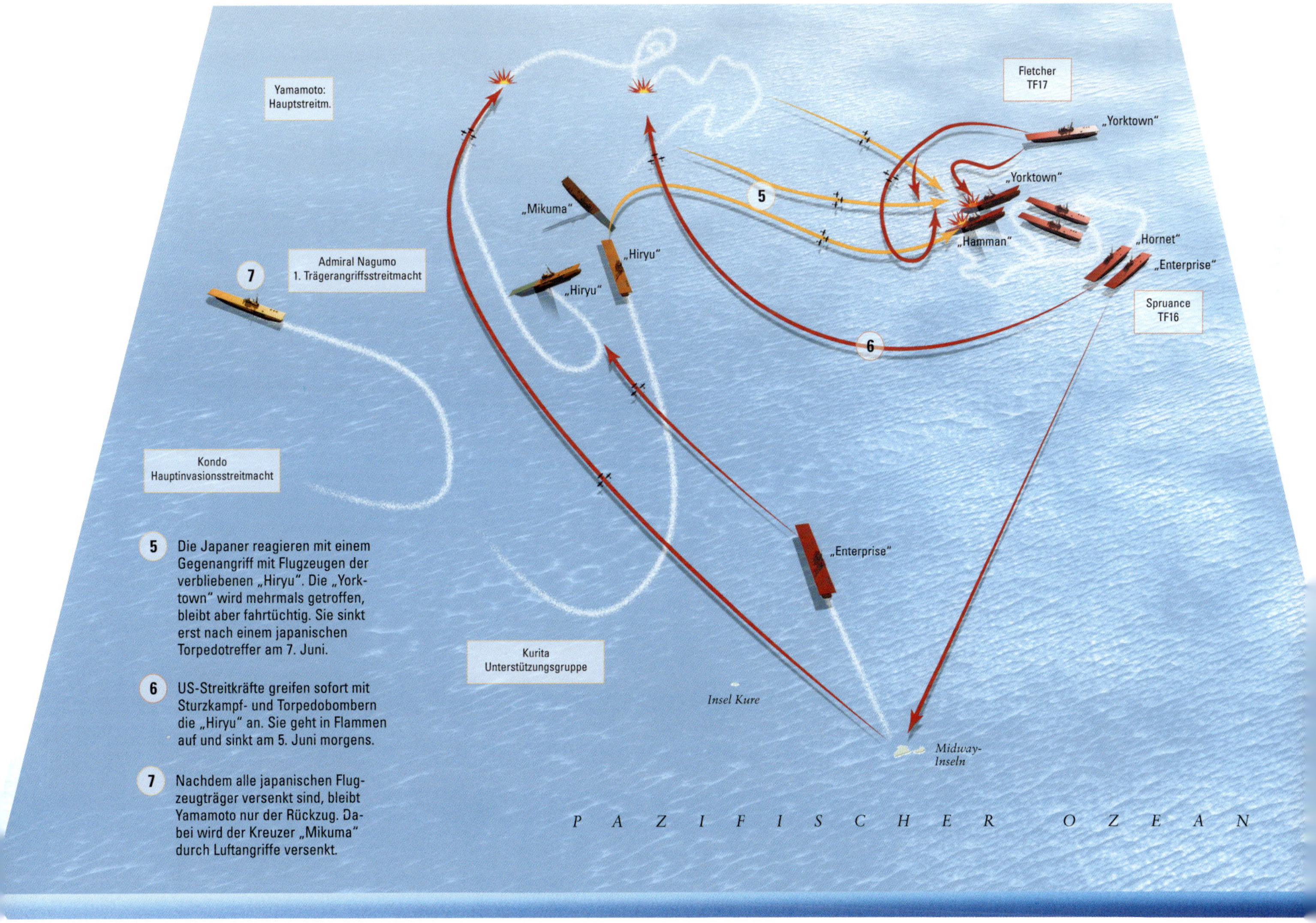

5 Die Japaner reagieren mit einem Gegenangriff mit Flugzeugen der verbliebenen „Hiryu". Die „Yorktown" wird mehrmals getroffen, bleibt aber fahrtüchtig. Sie sinkt erst nach einem japanischen Torpedotreffer am 7. Juni.

6 US-Streitkräfte greifen sofort mit Sturzkampf- und Torpedobombern die „Hiryu" an. Sie geht in Flammen auf und sinkt am 5. Juni morgens.

7 Nachdem alle japanischen Flugzeugträger versenkt sind, bleibt Yamamoto nur der Rückzug. Dabei wird der Kreuzer „Mikuma" durch Luftangriffe versenkt.

Die größten Luftkriege

DER KAUKASUS UND SÜDRUSSLAND: 1942

Im Frühjahr 1942 plante das OKH einen neuen Angriff auf Moskau, um General Georgi Schukows Gebietsgewinne vom Winter zuvor zurückzuerobern und Moskau einzunehmen. Die Deutschen waren überzeugt, dass ein Fall Moskaus die sowjetische Kampfmoral schwächen und dem Krieg ein rasches Ende bringen würde.

Hitler hatte jedoch größere Pläne: Die Wehrmacht würde bis Stalingrad und zu den Ölfeldern im Kaukasus vorstoßen. Feldmarschall Erwin Rommel und das Afrikakorps würden die Briten an den Suezkanal zurückdrängen, sodass man eine Verbindung vom Kaukasus in den Nahen Osten herstellen könnte, gefolgt von einem massiven Vorstoß nach Norden über Moskau hinaus bis zum Ural. Von den 2750 Flugzeugen an der russischen Front sollten 1500 für die neue Offensive abgestellt werden.

Unternehmen „Blau" begann am 28. Juni. Wie gewohnt rückten die Deutschen mit einer Kombination aus Panzern mit Luftunterstützung von Luftflotte IV vor, gefolgt von der Infanterie. Sie überrollten Stützpunkte und machten Tausende Kriegsgefangene.

Am 9. Juli erreichten die deutschen Truppen Woronesch und schwenkten dann nach Süden, um sich mit den Armeen zu verbinden, die von der Krim durch den Süden der Ukraine vorrückten. Am 23. Juli übergaben die Sowjets Rostow-am-Don fast kampflos. Wie im Sommer 1941 schien sich Panik in der Roten Armee breitzumachen. Bei Monatsende war sich Hitler seines gewaltigen Sieges so sicher, dass er seine Streitkräfte teilte, anstatt sie zur Eroberung der Ölfelder zu konzentrieren. Heeresgruppe B unter dem Kommando von General Maximilian von Weichs wurde nach Osten geschickt mit dem Befehl, Stalingrad einzunehmen. Heeresgruppe A und die 1. Panzerarmee unter General Ewald von Kleist setzten die Mission zu den Ölfeldern fort.

Beginn der Gegenoffensive

Da die Rote Armee ihre Verluste nicht vor der Bevölkerung verbergen konnte, breiteten sich bald Gerüchte über Versagen und Niederlage aus. Als man auch noch Rostow-am-Don verlor, wurde das Volk zornig, vor allem wegen der Opfer, die man vor Moskau und Leningrad gebracht hatte. Die Armee war im kopflosen Rückzug; Soldaten ließen ihre Ausrüstung zurück und ignorierten die Befehle ihrer Vorgesetzten. Verzweifelt gab Stalin den Befehl 227: „Ne Shagu Nazad!" („Keinen Schritt zurück!").

Die Armee ignorierte auch diesen Befehl und zog sich weiter zurück, doch langsam wuchs der Widerstand. Der gefürchtete NKVD verhaftete Deserteure, doch viele Soldaten kämpften freiwillig, nicht aus Zwang. Im Sommer rief Stalin dazu auf, aus der Sowjetunion ein „Kriegslager" zu machen und Menschen und Ressourcen in den Dienst einer einzigen Aufgabe zu stellen: die Invasoren zu vertreiben und „Mütterchen Russland" zu retten. In dem atheistischen Staat wurde die Religionsausübung wieder gestattet, weil die Menschen das anscheinend zum Überleben brauchten. Am 25. Juli begann Unternehmen „Edelweiß"; in den ersten drei Wochen kamen die Deutschen 30 bis 50 km pro Tag voran. Doch langsam erholten sich die Sowjets, während gleichzeitig die für die Kaukasus-Front gedachten Ressourcen nach

Stalingrad umgeleitet wurden, vor allem zur Luftflotte IV, die nun Befehl erhielt, die Angreifer in Stalingrad zu unterstützen.

Je weiter Heeresgruppe A nach Süden vordrang, desto langsamer kam sie voran; Mitte August schaffte sie nur noch 1,6 km pro Tag. Auf sowjetischer Seite trafen neue Soldaten und Offiziere ein, darunter die NKVD-Abteilung für innere Sicherheit, die nicht-russische Nationalisten im Auge behalten und den Kampf an der Front stärken sollte.

Die deutsche 17. Armee und die rumänische 3. Armee kämpften mit der sowjetischen Transkaukasusfront um die Küstenstraße, die von Noworossisk nach Sochumi verlief. Die 17. Armee erreichte am 6. September die Vororte von Noworossisk, traf dort aber auf heftigen Widerstand, der ein weiteres Vorrücken verhinderte. Auch an der Küste waren die Fortschritte gering, bis der Winter anbrach und weiteres Vordringen unmöglich machte. Wie 1941 fügte die Luftwaffe der Roten Armee schwere Verluste zu, bei relativ geringen eigenen Verlusten. Da sie von schlechten Flugfeldern am Ende einer langen Versorgungskette operieren mussten, traten jedoch immer mehr Probleme auf. Jeden Monat verlor die Luftwaffe rund 120 Bomber und etwa gleich viele Jagdflugzeuge. Und auch wenn die deutschen Produktionszahlen 1942 wieder anstiegen, so konnten sie doch mit den sowjetischen nicht mithalten. Ab September 1942 wurden neue Modelle ausgeliefert und mit großem Erfolg eingesetzt.

Inzwischen rückte die 1. Panzerarmee im Osten der 17. Armee relativ einfach bis zum nördlichen Fuß des Kaukasusgebirges vor. Am 2. September wurde der Fluss Terek bei Mosdok überschritten, doch die Gegenangriffe der Sowjets brachten den Vormarsch im November an einer Front von Naltschik nach Ordschonikidse zum Stehen. Dann setzte Schneefall ein – und die deutschen Versorgungslinien waren lang, dünn und maximal angespannt.

Beide Seiten verschanzten sich und bereiteten sich bestmöglich auf die Verteidigung vor. Doch gleich zu Beginn des Winters stärkte Nachschub an Soldaten und Ausrüstung die sowjetischen Truppen der Nordkaukasus- und der Transkaukasusfront.

Entschlossene Offensive

Durch die in Moskau auf Stalins Geheiß entwickelte Winteroffensive sollte Heeresgruppe A eingekesselt werden; dazu mussten Süd- und Transkaukasusfront zusammenarbeiten. Transkaukasische Truppen griffen an einer Linie von Tuapse bis Krasnodar an, doch im Frost kamen sie nur schleppend voran. In der Zwischenzeit gelang der 1. Panzerarmee ein geordneter Rückzug. Die sowjetischen Truppen der Südfront unter General Andrei Jeromenko konnten den Frontbogen nicht schließen, sodass die deutschen Panzer entkamen und sich der neu gebildeten Heeresgruppe Don unter General Erich von Manstein anschlossen. Die 17. Armee und die Rumänen blieben, um die Halbinsel Taman zu halten.

Den Großteil des Sommers konzentrierte man sich auf Rostow-am-Don und den Norden. An der Kaukasusfront tat sich nichts, was sich jedoch schlagartig änderte, als die Sowjets am 9. September einen seegestützten Angriff direkt auf den Hafen von Noworossisk starteten. Bis 9. Oktober säuberten die 58., 9., 56. und 18. Armee sowie weitere Landungstrupps die Halbinsel von deutschen Soldaten. Die Befreiung des Kaukasus' machte Hitlers Träumen von der Kontrolle über die wertvollen Ölfelder dieser Region zunichte.

Nordkaukasus
Januar–April 1943
Deutscher Rückzug
Sowjetischer Vorstoß
Deutsche Position Anfang Januar
Sowjetische Front 16. Januar
Sowjetische Front 24. Januar
Deutsche Front 4. Februar
Sowjetische Front, 4. April
Ölfelder
XXXXX Heeresgruppe
XXXX Armee
Panzer

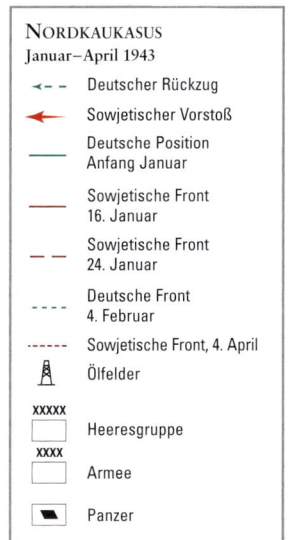

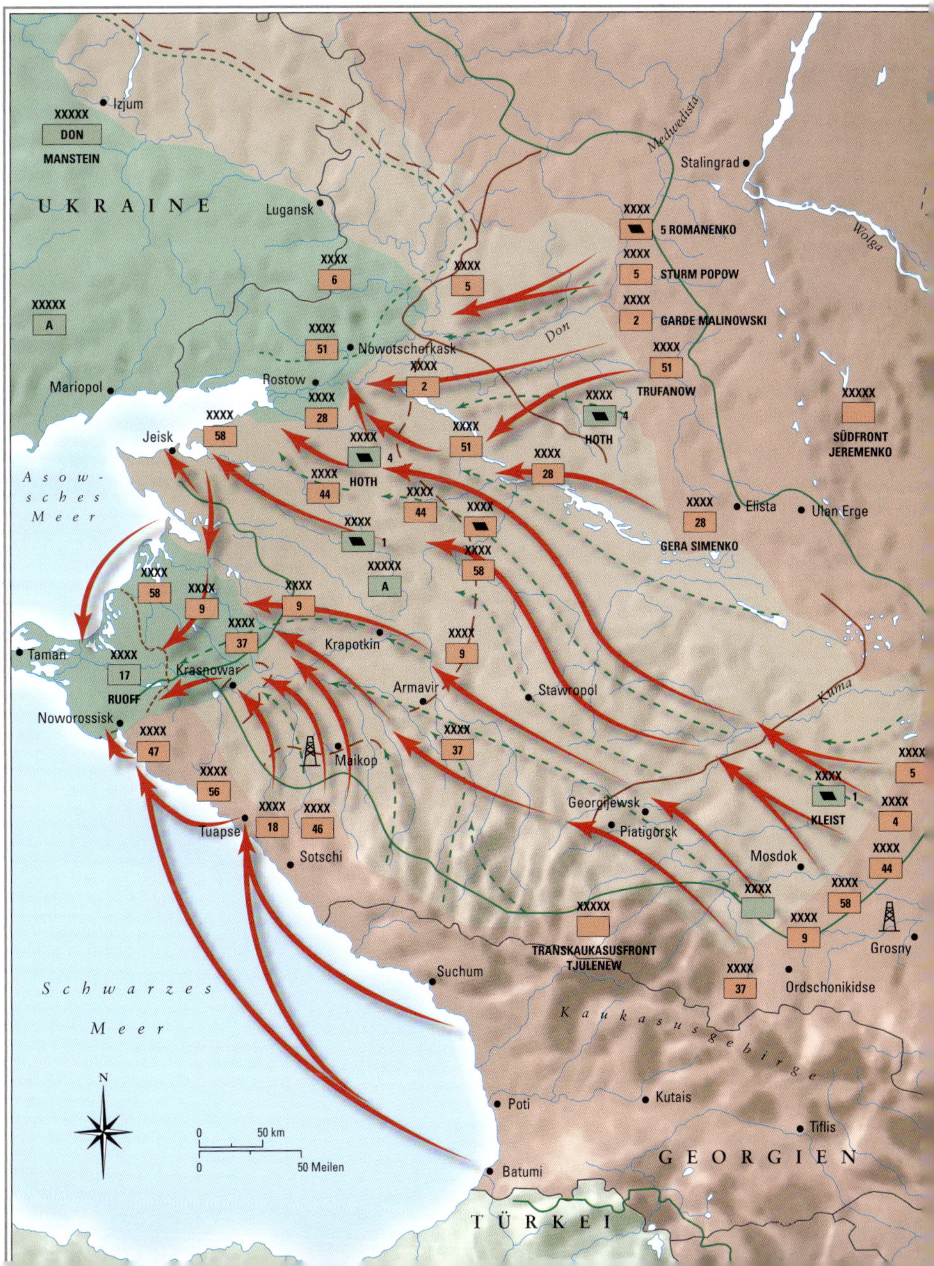

Die größten Luftkriege

STALINGRAD: 1942–43

*HEINKEL HE 111
Deutsche Bombereinheiten flogen Einsätze gegen sowjetische Streitkräfte, die versuchten, sowjetische Enklaven am Westufer der Wolga zu versorgen. Später, als sich das Blatt gegen die Deutschen gewendet hatte, sollten dieselben Flugzeuge eingesetzt werden, um die eingekesselte 6. deutsche Armee zu versorgen.*

Im Herbst 1942 befahl Hitler seinen Armeen im Osten, sich auf die Eroberung der kaukasischen Ölfelder zu konzentrieren, um die Versorgung der deutschen Kriegsmaschinerie zu sichern und Stalin davon abzuschneiden. Das bedeutete, dass der Großteil der Luftwaffe zur Heeresgruppe Süd verlegt wurde, während der Rest der Ostfront zum Stehen kam und die Stellung hielt. Hitler konnte der Versuchung, die Stadt Stalingrad an der Wolga einzunehmen, nicht widerstehen, nicht nur aus strategischen Gründen, sondern auch wegen des Propagandawertes der Stadt, die den Namen des Feindes trug. Das erwies sich als schwerer Fehler.

Stalingrad um jeden Preis

Hitler teilte die Heeresgruppe Süd in zwei Teile: Heeresgruppe A sollte weiter nach Süden vorrücken, Heeresgruppe B, bestehend aus der 6. Armee unter General Friedrich Paulus und der 4. Panzerarmee, Stalingrad einnehmen. Dies würde die linke Flanke des deutschen Vorstoßes sichern und den Sowjets die Haupttransportroute zwischen dem Kaspischen Meer und dem Norden nehmen. Hitler ignorierte, dass es in der Stadt zu Straßenkämpfen kommen würde, bei denen die Panzer so gut wie nutzlos sein würden. Er war siegessicher und glaubte, die Rote Armee sei kurz vor der Niederlage.

In der letzten Augustwoche bombardierte General Wolfram von Richthofen mit Luftflotte IV Stalingrad unablässig, während Heeresgruppe B auf die Stadt vorrückte. Man hoffte, damit die Kampfmoral der Verteidiger und der Zivilbevölkerung, der Stalin die Evakuierung verboten hatte, zu brechen. Die deutschen Stukas konzentrierten sich auf Schiffe auf der Wolga, die Güter in die belagerte Stadt bringen und Verwundete evakuieren sollten. In nur einer Woche wurden 32 Schiffe versenkt und die Überquerung des Flusses wurde unter dem ständigen Beschuss zum gefährlichen Unterfangen. Die Stadt selbst wurde in Trümmer geschossen und in einem dabei ausgelösten Großbrand kamen Tausende Zivilisten ums Leben.

Sowjetische Kampfflugzeuge versuchten, dem Gemetzel ein Ende zu bereiten, wurden jedoch zu Dutzenden vom Himmel geschossen – was der mangelnden Erfahrung der sowjetischen und dem Professionalismus der deutschen Piloten zuzuschreiben war. Die Luftwaffe kontrollierte den Luftraum über Stalingrad und setzte ihr Vernichtungswerk fort.

Die ganze Zeit über bauten die Sowjets eine strategische Reserve auf und spielten nun ihre mächtige Industriekapazität aus, als die Deutschen in die Stadt einmarschierten. Verbissen hielten die Sowjets einen Streifen am Westufer der Wolga, während die deutsche Offensive an Schwung verlor. Die Luftwaffe kämpfte nur noch mit 60 Prozent ihrer Stärke, was mehr an Verschleiß und Landeunfällen bei zunehmend schlechtem Wetter lag als an Feindeinwirkung. Dazu wurden wegen der Operation „Torch" der Alliierten in Nordafrika Flugzeuge aller Art von Luftflotte IV abgezogen.

Am 19. November begann mit Operation „Uranus" eine massive sowjetische Gegenoffensive, geplant von General Georgi Schukow, dem Kommandanten der erfolgreichen Verteidigung Moskaus im Winter zuvor. Er hatte vor, die Flanken der Deutschen im Norden und Süden von Stalingrad anzugreifen und Paulus' 6. Armee in Stalingrad einzukesseln. Unter dem Ansturm brachen die von den Rumänen besetzten Flanken ein. Die in Reserve gehaltene 22. Panzerdivision wurde überrollt und zog sich zurück. Die einzige Chance der 6. Armee war ein rascher Rückzug, bevor die Zangen sich schlossen.

XXXXX
DON-FRONT
ROKOSSOWSKI

XXXX
21

Platnowski — Marinowka

20. Dezember: Flüge werden in Tatsinskaja abgefangen, nur 70 Tonnen Vorräte eingeflogen.

Stalingrad: 1942–43

Verleugnung der sicheren Niederlage

Hitler, weit weg in seinem Hauptquartier in Berchtesgaden, lehnte Paulus' Gesuch um Rückzug ab. Fünf Tage nach Beginn der sowjetischen Offensive war Stalingrad eingekesselt. Abermals ersuchte Paulus um Erlaubnis, aus dem Kessel auszubrechen, abermals wurde sie ihm verweigert – Göring hatte Hitler überzeugt, die 6. Armee aus der Luft versorgen zu können. Das war ganz und gar unwahr. Allein um die Grundbedürfnisse der 6. Armee zu stillen, benötigte man 400–500 Tonnen Versorgungsgüter täglich. Die reduzierte Luftflotte IV konnte höchstens 100 Tonnen pro Tag liefern. Wegen des schlechten Wetters und der ständigen Bedrohung durch die Rote Armee betrugen die realen Lieferungen weit unter 100 Tonnen.

Trotz allem flogen die Piloten der Junkers Ju 52 und der hastig umgebauten Heinkel He 111 durch einen Kordon sowjetischer Jagdflugzeuge und Flak-Beschuss Versorgungsgüter ein. Auf dem Rückflug nahmen sie Verwundete und nicht nötiges Personal mit und evakuierten so 42 000 Mann aus dem

„Kessel", wie die Stadt von den in den eisigen Trümmern Zurückgebliebenen genannt wurde.

Ende Januar 1943 wurden die Flugfelder rund um Stalingrad überrannt und die Luftbrücke eingestellt. Insgesamt wurden dabei 266 Ju 52 zerstört, ein Drittel der gesamten Luftwaffenstärke an der Ostfront. Den 91 000 eingekesselten Soldaten und ihrem Kommandanten, die gefangen genommen wurden, stand ein schreckliches Schicksal bevor. Sie mussten in Arbeitslager tief im russischen Hinterland marschieren, viele starben auf dem Weg. Der Großteil der Überlebenden sollte erst in den 1950er-Jahren nach Deutschland zurückkehren.

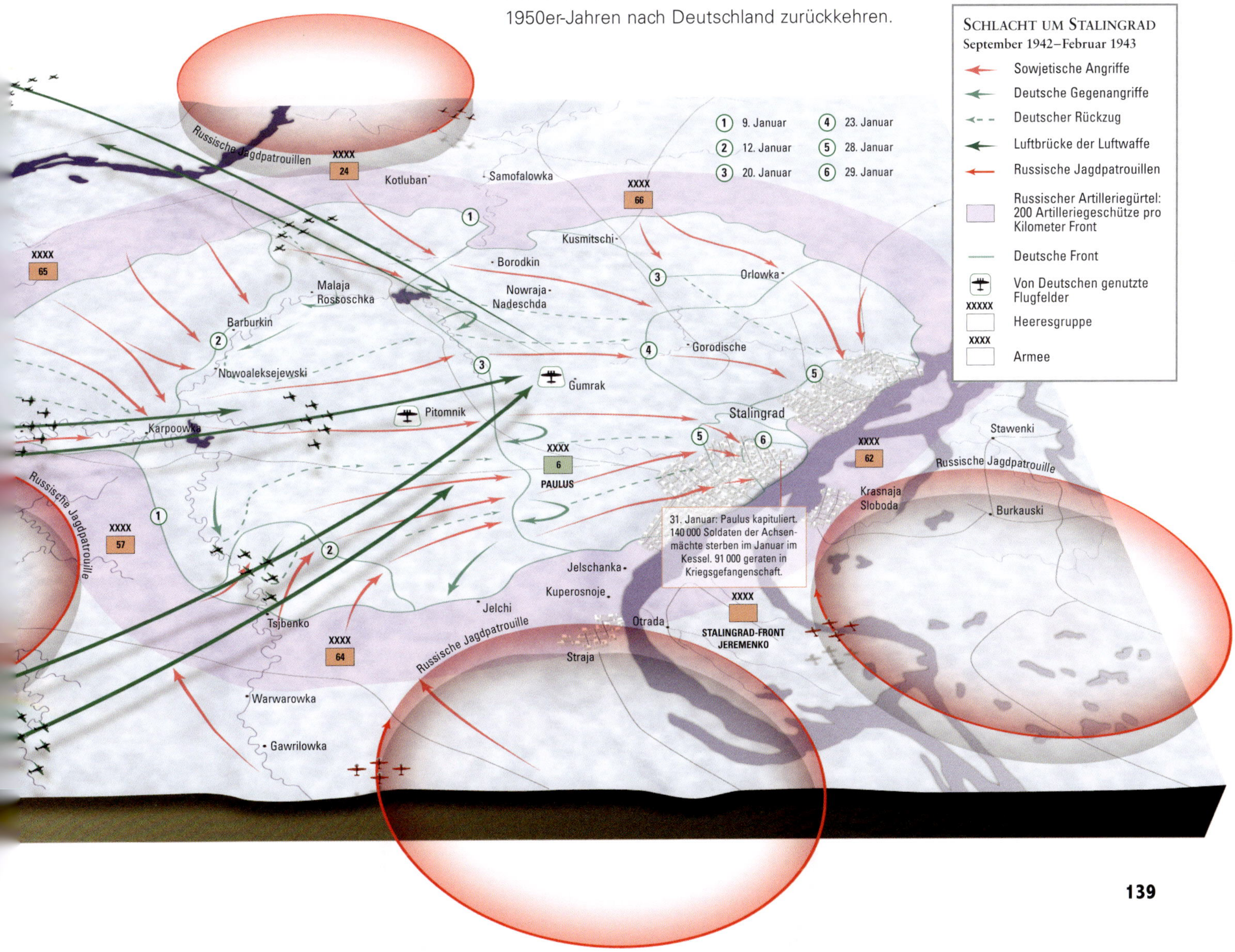

EISIGE HÖLLE
Die Luftwaffe verlor 266 Ju-52-Frachtmaschinen bei ihren Versuchen, die 6. Armee in Stalingrad mit Nachschub zu versorgen. Insgesamt verloren sie 490 Frachtmaschinen, was fünf Geschwadern entsprach. Görings Versprechen, dass er Stalingrad aus der Luft versorgen könnte, hatte sich als ein leeres erwiesen.

STALINGRAD
Beim Angriff auf Stalingrad verließen sich die Deutschen auf rumänische und ungarische Streitkräfte, die ihre Flanken schützen sollten. Das war ein fataler Fehler, denn diese brachen unter dem massiven sowjetischen Druck bald zusammen, woraufhin die 6. Armee in Stalingrad eingekesselt wurde.

Die größten Luftkriege

DIE LUFTFAHRTINDUSTRIE IM KRIEG

SPITFIRE FIGHTER FUND
Der Spitfire Fighter Fund war einer der Versuche der britischen Regierung, Geld für die Flugzeugproduktion aufzutreiben. Zahlreiche Organisationen, darunter Städte, Provinzen und Länder, schufen einen Fonds, um sich „ihre eigene" Spitfire zu kaufen, die dann nach ihnen benannt wurde.

Der Zweite Weltkrieg wurde in den Fabriken der Alliierten gewonnen. Deutschland hatte mit dem Aufbau seiner neuen Luftwaffe 1933–34 begonnen, Großbritannien rüstete ab 1935–36 auf. Den größten industriellen Ausstoß in dieser Zeit verzeichnete jedoch die Sowjetunion, die 1939 eine rund 20 000 Flugzeuge starke Luftstreitkraft besaß.

Produktionskapazität

Als Deutschland mit einer Frontstärke von 4500 Kampfflugzeugen 1940 Norwegen, Dänemark, die Niederlande und einen Teil Frankreichs eroberte, fügte es deren industrielle Kapazität der eigenen hinzu. Deutschland hatte einen kurzen Krieg geplant, deshalb waren seine Reserven zur Versorgung der Fronteinheiten relativ klein. Im Frühjahr 1940 wurde die deutsche Flugzeugproduktion von der britischen übertroffen, die einen langen Krieg vorhersah. Wenn es denn einen britischen Plan gab, so lautete er, zuerst zu überleben und dann die USA als Verbündeten zu gewinnen. Das wurde nach dem Fall Frankreichs und dem Kriegseintritt Italiens auf Seiten der Deutschen umso dringender.

Auch wenn Großbritanniens Industriekapazität mit der deutschen nicht mithalten konnte, so hatten die Briten doch früher begonnen, die Fabriken für Kriegsanstrengungen zu nutzen und dort rund um die Uhr zu arbeiten. 1941 arbeitete man in Deutschland noch in einer einzigen 8-Stunden-Schicht, sodass man die Produktionszahlen relativ leicht erhöhen konnte. Die Briten hatten jedoch einen Vorteil: die freundschaftliche Haltung der USA. 1939 vergaben Großbritannien und Frankreich Aufträge an US-Flugzeugproduzenten und kurbelten damit die Luftfahrtindustrie an, die neue Werke gründete, Personal einstellte und ausbildete. Dieses sollte in den nächsten Jahren dringend gebraucht werden.

Nach dem deutschen Angriff auf die UdSSR im Juni 1941 steigerte die deutsche Industrie ihre Produktion, um den Bedarf der Großoffensive zu decken. Damals glaubten die deutschen Strategen noch, der Feldzug würde maximal ein Jahr dauern. Die sowjetischen Flugzeugwerke, von denen viele im verwundbaren Westen lagen, würden bei der Offensive zerstört werden. Deshalb und wegen der Verluste im Kampf würden die Sowjets in der Luft keine Gefahr mehr darstellen, während die deutsche Industrie trotz des britischen Bombardements weiterhin recht unbehelligt Flugzeuge bauen würde.

Deutschland unterschätzte jedoch Stalins Entschlossenheit. Nach den ersten Erfolgen der deutschen Invasion befahl Stalin die Verlegung von mehr als tausend Fabriken in den Osten, jenseits der Reichweite des Feindes. Flugzeugwerke und andere Rüstungsgüterfabriken wurden auf Züge verladen. Designer, Zeichner, Maschinenpersonal und Facharbeiter aller Art verließen zusammen mit ihren Reißbrettern, Aktenschränken und Millionen Ausrüstungsteilen Städte wie Minsk, Kiew und Charkow und wurden an den Fuß des Uralgebirges und an Hunderte andere Orte gebracht. An diesem organisatorischen Wunder waren Millionen Menschen beteiligt – Freiwillige, Zwangsarbeiter und wer auch immer nötig war. Daneben fand die Sowjetunion auch noch Zeit, ihre Flugzeugmodelle zu verbessern und neue Designs zu produzieren.

Die sowjetischen Luftstreitkräfte brachen nicht zusammen, wie die deutschen Strategen erwartet hatten, sie wurden sogar stärker. Die gigantische Größe der Sowjetunion, die hohe Einwohnerzahl sowie die Entschlossenheit der Regierung brachten das Land durch die schlimmste Zeit von Juni 1941 bis November/Dezember 1942. Trotz allem produzierte die sowjetische Industrie 1942 bereits 15.735 Flugzeuge – die Deutschen im gleichen Jahr 11.776.

An der Herausforderung wachsen

Im Mai 1940 setzte Präsident Franklin D. Roosevelt der US-Industrie ein ehrgeiziges Ziel: die Produktion von 50.000 Flugzeugen pro Jahr. 1939 hatte die Industrie Aufträge für weniger als 500 Maschinen erhalten. Als Großbritannien das Geld ausging, rückten die Amerikaner vom Grundsatz „Hier Geld, da Ware" ab. In seinen Bettelbriefen an Roosevelt behauptete Churchill, die US-Luftfahrtindustrie würde den Grundstein zum Sieg legen. „Gebt uns das Werkzeug", meinte er, „und wir bringen die Sache zu Ende." Trotz Gegenstimmen setzte Roosevelt ein System durch, das als „Lend-Lease" bekannt wurde. Die USA gewährten Großbritannien und anderen Verbündeten Darlehen, damit diese Rüstungsgüter kaufen konnten; und die USA begannen, diese mit US-Schiffen auszuliefern. Der Lend-Lease-Act wurde am 11. März 1941 verabschiedet.

1941 erreichte die britische Produktion mit 23.672 Flugzeugen, darunter eine steigende Zahl viermotoriger Bomber, ihre maximale Kapazität. Der Großteil dieser Maschinen wurde zum Bombardement Deutschlands abgestellt, das bis Kriegsende anhalten sollte.

Die Luftfahrtindustrie im Krieg

Für die USA war 1942 das erste Kriegsjahr. Von Roosevelt angetrieben, mobilisierte die US-Automobilindustrie für den Krieg. Im April 1941 begann Henry Ford mit dem Bau eines völlig neuen Flugzeugwerkes in Willow Run in der Nähe von Detroit; das Dach überspannte 28 Hektar, das Fließband war 1 km lang. Diese Fabrik symbolisierte die US-Massenproduktion in Kriegszeiten. Im ganzen Land wurden alte Fabriken vergrößert, riesige neue errichtet und eine gewaltige Rekrutierungs- und Ausbildungsmaschinerie in Gang gesetzt. Arbeiter füllten die Fabriken, begierig, ihrem Land zu helfen – und einen Produktionsbonus zu erhalten. 1942 verließen 47 836 Flugzeuge die Fließbänder. In diesem Jahr belief sich die Produktion der Alliierten einschließlich Kanada und Australien auf mehr als 97 000 Stück, die der Achsenmächte auf 27 235.

Ein verlorener Kampf

1943–44 begann die deutsche Flugzeugproduktion zu steigen. Der Nazi-Ideologie zufolge sollten Frauen nicht in Rüstungsfabriken arbeiten, sondern sich um Heim und Kinder kümmern. Das Defizit wurde mit ausländischen Arbeitskräften aufgefüllt, die meisten davon Zwangsarbeiter. Darunter waren Kriegsgefangene und ab 1944 auch Häftlinge aus Konzentrationslagern. Ende 1944 arbeiteten rund 400 000 KZ-Häftlinge für die deutsche Rüstungsindustrie. Das KZ Oranienburg versorgte eines der Hauptwerke von Heinkel mit Arbeitskräften und an die 60 000 Gefangene bauten einen Tunnel unter dem Harzgebirge für den Bau der V2-Rakete.

Ein Großteil der schwerfälligen Nazi-Industrie wurde von einem bemerkenswerten Mann reorganisiert: Albert Speer. Unter seinem Management stieg die Produktivität in Waffenfabriken enorm an. Ausfälle und unerwünschte Komplexität wurden reduziert. 1943 wurden 39 807 Flugzeuge produziert.

Auf der anderen Seite der Welt brachte Japans relativ kleine Luftfahrtindustrie 1942 8861 Flugzeuge hervor. 1943 verdoppelte sich diese Zahl beinahe. Japans Problem war jedoch der Zugang zu Rohstoffen, verschärft durch die U-Boot-Blockade der USA. Trotzdem produzierte Japan 1944 28 180 Flugzeuge, doch die US-Fabriken stellten diese Zahl mit 96 318 Maschinen bei Weitem in den Schatten.

1944 war die sowjetische Industrie mit ihrem Mix aus Patriotismus, Überredung und Brutalität voll am Werk. In diesem wichtigen Jahr bauten die Alliierten 163 025 Flugzeuge, die Achsenmächte 68 760. Auch wenn die deutsche Industrie Innovationen wie den Messerschmitt-Me-262-Düsenjäger und Japan die für Selbstmordangriffe konzipierte Baka hervorbrachte, war das zu wenig und zu spät.

FLIESSBAND IN WILLOW RUN
Die Consolidated B-24 Liberator wurde für verschiedene Einsätze und Trainingsaufgaben in einigen Varianten produziert. Mit 18 431 Maschinen wurden von ihr mehr Stück produziert als von jedem anderen US-Kampfflugzeug im Zweiten Weltkrieg; außerdem wurden von diesem Modell mehr Stück ausgeliefert als von jedem anderen Bomber der Weltgeschichte.

JAHRESPRODUKTION DER ACHSE UND DER ALLIIERTEN AN MILITÄRFLUGZEUGEN 1939–45 (Einheiten)

JAHR	USA	UdSSR	GB	KANADA	OST-GRUPPE	GESAMT	DEUTSCHL.	ITALIEN	UNGARN	RUMÄNIEN	JAPAN	GESAMT
1939	5856	10 382	7940	n/a	n/a	24 178	8295	1692	–	n/a	4467	14 454
1940	12 804	10 565	15 049	n/a	n/a	38 418	10 826	2142	–	n/a	4768	17 736
1941	26 277	15 735	20 094	n/a	n/a	62 106	11 776	3503	–	n/a	5088	20 367
1942	47 836	25 436	23 672	n/a	n/a	96 944	15 556	2818	6	n/a	8861	27 235
1943	85 898	34 845	26 263	n/a	n/a	147 006	25 527	967	267	n/a	16 693	43 454
1944	96 318	40 246	26 461	n/a	n/a	163 025	39 807	–	773	n/a	28 180	68 760
1945	49 761	20 052	12 070	n/a	n/a	81 883	7544	–	n/a	–	8263	15 807
GESAMT	324 750	157 261	131 549	16 431	3081	633 072	189 307	11 122	1046	ca. 1000	76 320	89 488

Die größten Luftkriege

GUADALCANAL: 1943

Die Information, dass die Japaner auf Guadalcanal, einer der Salomoninseln, einen Luftstützpunkt errichteten, bedeutete für die Amerikaner, dass sie diese Insel aus strategischen Gründen einnehmen mussten, bevor das Flugfeld fertig war. Andernfalls könnte Japan von diesem Stützpunkt aus die Konvoirouten zwischen den USA und Australien angreifen. Um nicht abgefangen zu werden, hätten die Konvois dann noch weiter in den Süden ausweichen müssen.

Guadalcanal war für die USA das erste offensive Manöver seit Beginn der Feindseligkeiten zwischen Japan und den USA. Der Sieg in der Schlacht bei Midway trug dabei enorm zur Stärkung der Kampfmoral bei.

US-Landungen auf Guadalcanal

Am 7. August 1943 landete die 1. US-Marinedivision auf Guadalcanal; kleinere Einheiten landeten auf den Inseln Florida und Tulagi, um das Flugfeld auf der letzteren einzunehmen. Innerhalb von zwei Tagen eroberten die US-Marines den Luftstützpunkt Lunga auf Guadalcanal und nannten ihn Henderson Field – nach Major Lofton Henderson, dem ersten Marine-Piloten, der bei Midway ums Leben gekommen war.

Nachdem die Japaner in der Nacht vier US-Kreuzer versenkten, welche die Landungstruppen gedeckt hatten, befahl Admiral Fletcher, der die Invasion leitete, den Flugzeugträgern, sich außer Reichweite zu begeben, da er nun nicht mehr genügend Geleitschiffe zu ihrem Schutz hatte. Dadurch mangelte es den Marines an Land nun an Nachschub und Luftdeckung. Während sie weiter an dem noch unfertigen Flugfeld bauten, wobei sie zurückgelassene Bulldozer und Ausrüstung der Japaner verwendeten, gerieten sie unter ständigen Beschuss von Geschützen und landgestützten Mitsubishi-G4M-Betty-Bombern unter Geleit von Mitsubishi-A6M-Zero-Jagdflugzeugen. Am 19. August landeten die ersten Flugzeuge – Grumman F4F Wildcats und Douglas SBD Dauntless – auf Henderson Field. Treibstoff musste aus Fässern in die Flugzeuge gepumpt und Bomben manuell befestigt werden, da es auf der Insel keine Seilwinden gab.

Um Guadalcanal zurückzuerobern, verstärkte Japan seine Truppen auf der Insel und versuchte, den Ring um Henderson Field zu durchbrechen, der von den US-Marines erbittert gehalten wurde. Unter dem Schutz der Flugzeugträger „Zuikaku" und „Shokaku" sowie dreier Schlachtschiffe mitsamt Kreuzern und Zerstörern schickte Japan vier Truppentransporter aus. Zur Ablenkung diente eine Formation rund um den Träger „Ryujo". Flugzeuge von der USS „Saratoga" versenkten die „Ryujo" am 24. August, gerade als japanische Flieger die USS „Enterprise" sichteten und angriffen. Den Torpedos konnte sie ausweichen, doch drei Bomben fanden ins Ziel. Schwer beschädigt schaffte sie es noch zur Reparatur nach Pearl Harbor. Landgestützte Bomber von Henderson Field und Espiritu Santo in den Neuen Hebriden spürten die japanische Invasionsstreitmacht auf und versenkten einen Transporter und einen Zerstörer. Japan beschloss, die Operation einzustellen und sich zurückzuziehen.

Auf Henderson Field gewann die neu benannte „Cactus Air Force" an Stärke und die Marinepionierbataillone, genannt „Sea Bees" („Meeresbienen") vollendeten das Flugfeld „Fighter 1", etwa 1,5 km von Henderson Field entfernt. Hoch am Himmel nahmen es F4F Wildcats mit japanischen Bettys auf, die aus Rabaul anflogen. Eine Reihe von „Küstenwachen" im Westen der Salomoninseln warnte die Jagdflugzeuge über Funk vor bevorstehenden Angriffen. Auf Henderson Field selbst wurde zur Unterstützung der Abwehr eine Radarstation errichtet.

F4F WILDCATS AUF DER USS „WASP"
Nachdem sie im Atlantik und im Mittelmeer gedient hatte, wurde die USS „Wasp" am 15. September vor Guadalcanal von Torpedos getroffen und noch am selben Tag von der Besatzung versenkt.

Guadalcanal: 1943

Versuchte Rückeroberung

Gegen Ende Oktober entsandten die Japaner eine große Flugzeugträgerkampfgruppe zur Rückeroberung von Henderson Field. Mit den Flugzeugträgern USS „Hornet" und USS „Enterprise" stellte sich Admiral William Halsey der „Shokaku", „Zuikaku", „Zuiho" und „Junyo" von Admiral Chuichi Nagumo. US-Aufklärungsflieger sichteten die „Zuiho" als Vorhut des Verbands, griffen sie an und beschädigten sie schwer. Dann starteten beide Seiten Großangriffe. Japan konzentrierte seine Sturzkampf- und Torpedobomber auf die „Hornet", die später sank. Dafür landeten drei amerikanische Bomben auf der „Shokaku". Dann musste die „Enterprise" mehrere Bombentreffer einstecken; sie konnte jedoch den Torpedos ausweichen und überstand das Gefecht. Viele japanische Flugzeuge fielen der US-Flak zum Opfer. Angeschlagen zogen sich beide Seiten zurück.

Nun hatten die USA nur noch einen Träger in der Region, doch die Japaner griffen nicht mehr in voller Stärke an. Die „Cactus Air Force" wurde stärker und vertrieb die japanischen Truppen von der Insel. Im Februar 1943 evakuierte Japan die Überreste seiner Einheiten von Guadalcanal. Nun begann der lange Kampf um die Zurückdrängung der kaiserlichen japanischen Aggressoren erst richtig.

MARINES AUF GUADALCANAL
Durch die erfolgreiche Verteidigung des wichtigen Flugfeldes Henderson Field auf Guadalcanal konnten die US-Streitkräfte ihre Luftherrschaft über die Insel sichern.

Die größten Luftkriege

OPERATION „CARTWHEEL"

Das riesige Gebiet in Südostasien und im Pazifik, das Japan nun beherrschte, bot viele Ressourcen, die Japan für eine blühende Zukunft als nötig erachtete, doch nun musste es verteidigt werden. Japans Selbstvertrauen wurde durch zwei Niederlagen gedämpft: Midway und Guadalcanal. Als die japanischen Kommandanten die Gefahr für ihre Verteidigungszone erkannten, begannen sie, ihre Basis in Rabaul auf Neubritannien und den Südosten der Zone zu stärken.

Der Offensivplan der Alliierten, Operation „Cartwheel", sah einen Angriff mit zwei Spitzen vor. Unter Admiral William Halsey sollte die 3. US-Flotte nach Norden durch die Salomoninseln und rund um New Ireland fahren. General Walter Krueger sollte mit der 6. Armee und australischen Kräften nordwärts durch Neuguinea vorrücken, auf Neubritannien landen und nach Rabaul marschieren, um die große japanische Basis zu neutralisieren. All diese Streitkräfte unterstanden US-Army-General Douglas McArthur.

Der Beginn der Offensive

Am 9. Januar 1943 landete eine ganze australische Brigade aus der Luft auf Wau und bedrohte die japanischen Stellungen an der Küste von Neuguinea. Luftunterstützung erhielten sie von seegestützten Flugzeugen und von der 5. Air Force unter Major General George C. Kenny. Die landgestützten Flugzeuge erwiesen sich als entscheidend; sie eroberten die Luftüberlegenheit und schnitten die japanischen Einheiten von Versorgung und Unterstützung aus der Luft ab.

Vor dem Krieg hatte die Direktive geherrscht, dass man den Feind aus großer Höhe, von außerhalb der Flak-Reichweite bombardierte, doch Kenny trainierte seine Piloten auf Tiefflugangriffe. Das bedeutete zwar mehr Risiko, aber auch präzisere Treffer und höhere Verluste beim Gegner. In den Bug der mittelschweren North-American-B-25-Mitchell-Bomber wurden acht Maschinengewehre eingebaut. Sogar die große Boeing B-17 Flying Fortress sollte im Tiefflug bombardieren.

Diese Neuerungen zeigten in der Schlacht in der Bismarck-See entscheidende Wirkung. Hier verlegten die Japaner soeben die 51. Division von Rabaul zur Verstärkung nach Neuginea. Unter der Deckung von acht Zerstörern und 100 Flugzeugen fuhren acht Transportschiffe vorsichtig die Küste von Neubritannien entlang in die Salomonensee.

Aufgrund von entschlüsselten Nachrichten wussten die Alliierten darüber Bescheid. B-17 bombardierten den Konvoi und versenkten zwei Transporter. Beim Passieren der Dampier-Straße griffen rund 100 alliierte Flugzeuge den Verband an und schickten die restlichen Transportschiffe sowie Zerstörer auf den Meeresgrund. Japans 51. Division verlor nahezu den gesamten Stab und fast 4000 Soldaten.

Von der Effizienz der Luftstreitkräfte beunruhigt, befahl Admiral Isoroku Yamamoto einen Gegenschlag. Von land- und seegestützten Einheiten kratzte man eilig 300 Flugzeuge zusammen, die gleichzeitig alliierte Flugfelder auf Neuguinea und den Salomoninseln angriffen. Sie richteten große Schäden an, doch

*OPERATION „CARTWHEEL"
Bei ihren Eroberungen im Pazifik überdehnten die Japaner ihren Operationsbereich und schufen sich enorme Versorgungsprobleme. Sie waren nicht in der Lage, die alliierten Landungen auf Neuguinea zu verhindern, durch die Australien vor der Bedrohung durch Japan gerettet wurde.*

144

Operation „Cartwheel"

auf Kosten erfahrener Piloten. Dann erhielten die Alliierten neue Flugzeuge – Lockheed P-38 Lightning und Grumman F6F Hellcat. Die USA waren Japan im Luftraum noch immer überlegen.

Am 18. April 1943 wurden 16 P-38-Lightning vom 338. Jagdgeschwader in Henderson Field ausgeschickt, um den Mitsubishi-Bomber abzuschießen, in dem sich Yamamoto befand. Dank abgefangener Marinefunksprüche und Yamamotos Hang zur Pünktlichkeit wussten die Amerikaner stets, wo sich sein Flugzeug gerade befand.

MITSUBISHI A6M5 „ZERO"
Die A6M5 war eine späte Variante der „Zero". Eilig wurde sie im Herbst 1943 gegen die Grumman F6F Hellcat der US Navy in Dienst gestellt. Sie hatte modifizierte Tragflächen und eine stärkere Außenhülle.

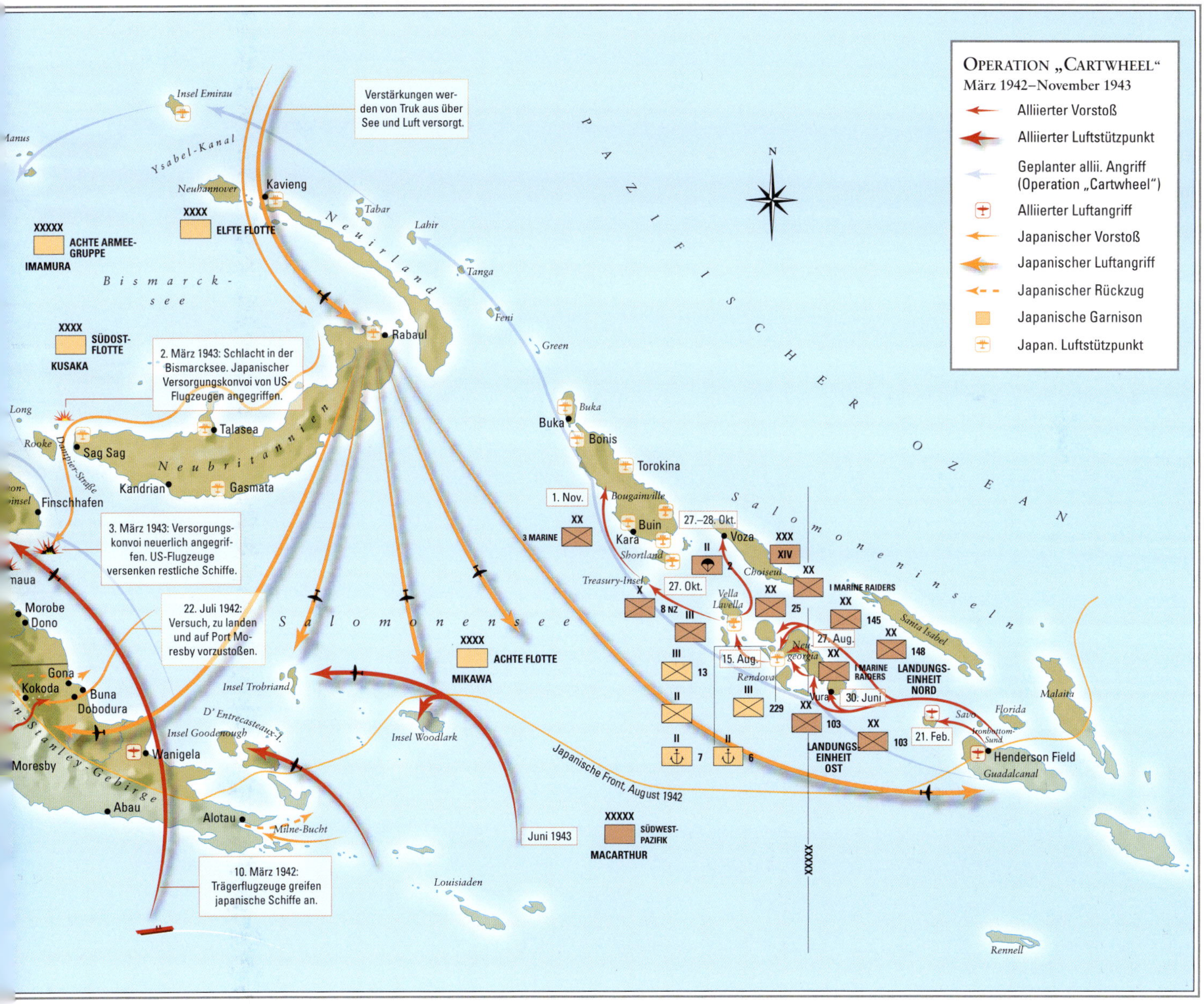

Die größten Luftkriege

DIE BOMBARDIERUNG DEUTSCHLANDS: 1942–44

AIR MARSHALL SIR ARTHUR HARRIS
Air Marshal Sir Arthur Harris wurde im Februar 1942 Oberbefehlshaber des RAF Bomber Command. Wegen seiner Einstellung änderte er Taktik und Ausbildung des Bomberkommandos, was zu den umstrittenen Flächenbombardements deutscher Städte führte.

SHORT STIRLING
Die Stirling Mk I, der erste der viermotorigen RAF-Bomber, flog ihren ersten Einsatz am 10./11. Februar 1941. Ihre letzte Bombermission absolvierte die Stirling im September 1944, als 15 RAF-Bombergeschwader mit ihr operierten. Dann fand sie eine neue Aufgabe als Transporter und Schlepper.

Anfang 1942 wurde das Vorhaben, Deutschland durch Bomben in die Knie zu zwingen, verstärkt. Die meisten Geschwader des RAF Bomber Command operierten damals mit Vickers Wellington und seit 1939 flog man Nachteinsätze, da man im Dezember 1939 bei Tagangriffen auf die norddeutschen Häfen große Verluste hinnehmen musste. Nun waren jedoch neue Modelle angekündigt und auch das RAF Bomber Command erhielt einen neuen Chef, Air Chief Marshal Sir Arthur Harris. Er war ein überzeugter Anhänger des strategischen Flächenbombardements und setzte alles daran, um die Theorie aus der Zwischenkriegszeit zu beweisen.

Darüberhinaus trafen 1942 auch Boeing B17 Flying Fortresses und Consolidated B-24 Liberators der USAAF ein, die mit bis zu 13 0,5-mm-MGs bestückt waren. Es sollte noch dauern, bis diese Einheiten genügend Stärke und Erfahrung haben würden. Sie wurden zur 8. US Air Force, die 1942 und 1943 Missionen über dem besetzten Frankreich und in den Niederlanden flog.

Verbesserte Technologie, bessere Ausbildung
Ab 1942 gab es auf den Luftstützpunkten in East Anglia, Lincolnshire und Yorkshire, von wo aus die Bomberkommandos zu ihren Einsätzen starteten, bessere Ausbildung, Navigationshilfen und neue Flugzeuge samt Besatzungen. Große, viermotorige Bomber – Short Stirling, Avro Lancaster und Handely Page Halifax – ersetzten die alternden Armstrong Whitworth Whitleys und Vickers Wellingtons. Die Stirlings waren jedoch eine Enttäuschung; ihre schwache Höchstgeschwindigkeit und geringe Dienstgipfelhöhe waren große Nachteile auf den langen Flügen in das Herz des Dritten Reichs.

Harris eröffnete die Flächenbombardements mit dem Gebiet um Lübeck in der Nacht vom 28. auf 29. März 1942, gefolgt von einem Angriff auf Rostock einen Monat später. Ein „Strom" aus rund 250 Bombern überwältigte die deutsche Radarabwehr. Trotzdem waren sie nur Fußnoten im Vergleich

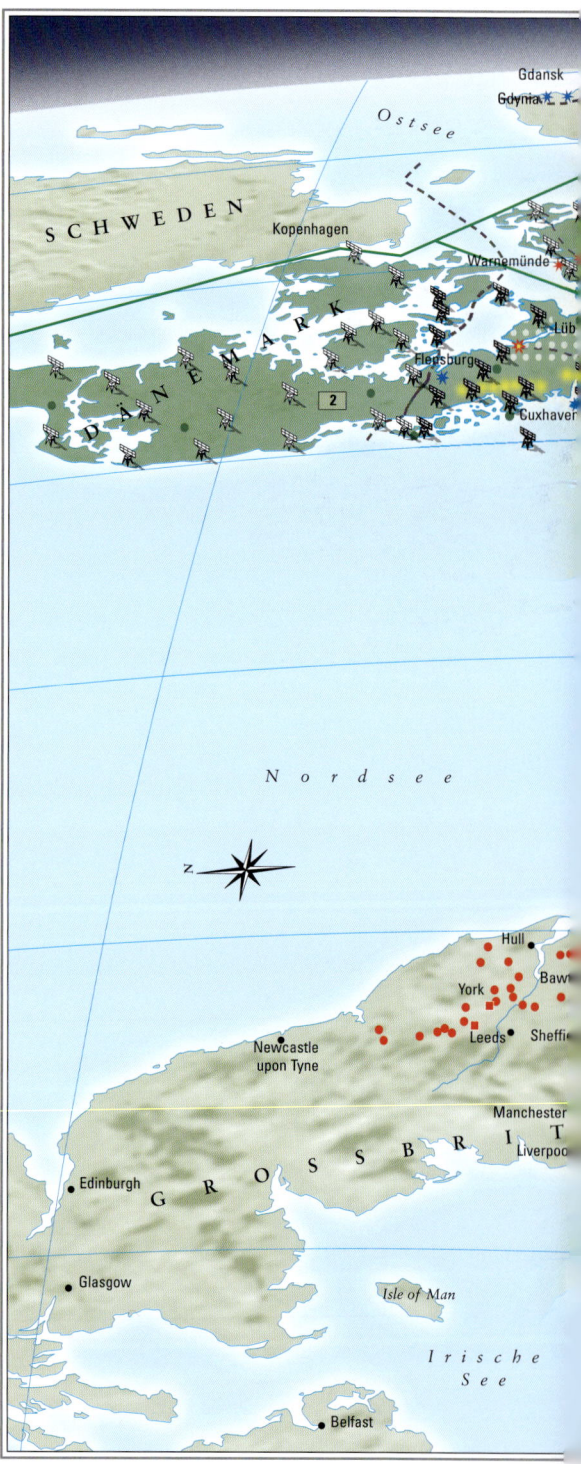

Die Bombardierung Deutschlands: 1942–44

zur Operation „Millennium", Harris' erstem „1000-Bomber-Angriff" auf Köln in der Nacht vom 30. auf 31. Mai. Man dachte, dass die Tonnen an Sprengstoff nicht nur Fabriken vernichten würden, sondern auch Arbeiter, was die zivile Kampfmoral untergraben würde. Das wollte man zur Propaganda nützen.

Von Ausbildungs- und Revisionseinheiten zog Harris zusätzliche Flugzeuge ab, sodass er insgesamt 1047 Maschinen samt Besatzungen zur Mission ausschickte. Etwa 870 davon fanden und bombardierten ihre Ziele, wobei man 43 Flugzeuge verlor. Es wurden sehr wenige Militäreinrichtungen und Fabriken getroffen; die Haupttreffer landeten in Wohngebieten, obwohl nach dem Bombardement dank der deutschen Feuerwehren und der breiten Straßen von Köln kein Großbrand ausbrach.

STRATEGISCHES BOMBARDEMENT, 1943
- Allgem. Hauptquartier
- Gruppenhauptquartier
- Flugfeld d. Bomber Command
- Flugfeld d. 8. US Air Force
- Bombenziel der RAF
- Bombenziel der USAAF
- Bombenziel von RAF u. USAAF
- Grenze d. Jagddivision
- Jagddivision
- Deutsche Radarstation
- Deutsche Nachtjägerstation
- Suchscheinwerferbatterien
- Flugabwehrbatterien

Die größten Luftkriege

AVRO LANCASTER
Die 1942 in Dienst gestellte Avro Lancaster erwies sich bald als effektivster der schweren britischen Bomber. 7377 Exemplare flogen 156 000 Einsätze, wobei sie 608 610 Tonnen Bomben abwarfen. 3249 Maschinen gingen verloren.

DAMBUSTERS-ANGRIFFE
Diese Karte zeigt Routen, Ziele und Verbleib der 19 Flugzeuge, die den Angriff am 16./17. Mai 1943 flogen.

Zwei weitere Angriffe dieser Größe fanden auf Essen in der Nacht vom 1. auf den 2. und auf Bremen vom 25. auf den 26. Januar statt. Dann führte Harris die „Pathfinder"-Einheit ein, für die handverlesene Crews des Bomber Command ausgewählt wurden, meist solche, die 20 und mehr Einsätze überlebt hatten, sowie die Navigationshilfen Oboe und H2S. (Das im Dezember 1941 eingeführte Oboe war ein Zielerfassungssystem für Flächenbombardements, das Signale von zwei Funkstationen in Großbritannien an die Funkempfänger der de-Havilland-Mosquito-Bomber übertrug. H2S, ein Radarsystem zum Identifizieren von Bodenzielen für Nacht- und Schlechtwettereinsätze, wurde 1943 eingeführt und bis in die 1990er benutzt.) Pathfinder flogen der Hauptstreitmacht voraus und warfen als Navigationshilfe Leuchtfeuer ab. „Marker" markierten dann das Zielgebiet weit sichtbar mit Brandbomben.

Die Schlacht im Ruhrgebiet

In der Nacht vom 5. auf den 6. März startete „Bomber" Harris eine seiner großen Offensiven – die Schlacht im Ruhrgebiet. In diesem Industriegebiet, das sich in Reichweite der Oboe-Zielerfassungssignale befand, gab es eine Reihe von Zielen. Alle wurden trotz des dichten Fabriksmogs, der über dem Tal hing, mit großer Genauigkeit getroffen. Ein Fünftel der Missionen, die zwischen März und Juli geflogen wurden, betraf nicht das Ruhrgebiet, sondern weit entfernte Ziele wie Stettin an der Ostseeküste und natürlich auch Berlin. Das machte es Deutschland unmöglich, seine Nachtjäger auf ein Gebiet zu konzentrieren.

In dieser Zeit wurde ein Geschwader formiert, das ausgewählte Ziele herauspicken sollte, genau das Gegenteil der Bomber-Command-Direktive. Diese 617. Squadron – später als „Dam Busters" berühmt – unterstand Wing Commander Guy Gibson, einem erfahrenen Bomberpiloten. 19 Crews trainierten sechs Wochen lang Tieffluggriffe und brachen dann auf zu den Dämmen, die das Ruhrgebiet mit Strom und Wasser versorgten. Die mit den von Barnes Wallis konstruierten Rollbomben bestückten Flieger flogen extrem tief an und rollten die Bomben über die Wasseroberfläche an den Torpedonetzen vorbei. Sie sollten auf den Damm treffen, absinken, in einer bestimmten Tiefe explodieren und dabei hoffentlich den Damm brechen. Bevor die 617. Squadron bei ihren Zielen eintraf, verlor eines der Flugzeuge die Bombe, weil es zu tief über das Wasser geflogen war; weitere fünf fielen Flak und Hochspannungsleitungen zum Opfer.

Mit vier Maschinen griff Gibson den Möhne-Damm an und zerstörte ihn. Drei weitere Flugzeuge brachen den Eder-Damm, doch die Dämme Sorpe und Schwelme blieben intakt. Durch den Bruch der Dämme, vor allem des Mähne-Damms, kamen zahlreiche Einwohner ums Leben, doch es war auch eine Beeinträchtigung der Industrieproduktion feststellbar. Viele dieser Piloten wurden hoch dekoriert, Gibson erhielt das „Victoria Cross". Er wurde bei seiner dritten Tour im September 1944 getötet.

Ab Mai 1942 flog die 8. US Air Force Kurzstreckenmissionen bei Tageslicht mit Supermarine-Spitfire-Geleitschutz. Die US-Piloten dachten, dass enge Formationen zur Verteidigung ausreichten.

Die Bombardierung Deutschlands: 1942–44

Angespornt durch relativ geringe Verluste, flog die 8. Air Force immer weiter ohne Geleitschutz, bis sie auf die deutsche Antwort auf die Großformationen traf: direkte Angriffe auf Pilot und Copilot. Die Amerikaner bauten noch mehr MGs in den Bug ein und fügten bei den Modellen Liberator und Fortress spezielle Geschützstände hinzu. Im Januar 1943 war die 8. Air Force bereit zum direkten Angriff auf Deutschland. Als Ziel wählte man die U-Boot-Buchten in Wilhelmshaven. Man verlor zwar nur drei Flugzeuge, erreichte aber nicht viel, sogar trotz des streng geheimen Norden-Bombenzielgeräts.

Operation „Pointblank"

Im Juni begann Operation „Pointblank" als Teil der kombinierten Bomberoffensive. Sie zielte auf die deutsche Flugzeugindustrie – Rumpfbau-, Reifen- und Kugellagerfabriken – ab. Die relativ erfolgreichen Angriffe richteten sich gegen Kiel, Hamburg und Warnemünde, bei geringen Verlusten. Die deutschen Streitkräfte brauchten Zeit, um neue Defensivtaktiken bei Tag zu entwickeln, wollten aber bald der mächtigen 8. Air Force das Herz herausreißen.

Regensburg, Bayern, war ein Zentrum für den Bau der Messerschmitt Me 109 und man dachte, dass in Schweinfurt die wichtigsten deutschen Kugellagerwerke lägen. So wurde ein doppelter Angriff geplant: Eine Gruppe sollte in Regensburg zuschlagen und dann nach Nordafrika fliegen. Eine zweite sollte Schweinfurt angreifen und damit die deutsche Abwehr aufspalten. Die Sache verlief jedoch nicht nach Plan. Obwohl bedeckter Himmel den Start der Schweinfurt-Gruppe verzögerte, flog die Regensburg-Gruppe los. Ab der niederländischen Küste wurde sie pausenlos angegriffen, bis die deutschen Flugzeuge zum Nachtanken und Nachladen landen mussten. In Regensburg traf die Gruppe alle sechs Messerschmitt-Werke, die daraufhin bis zu sechs Monate außer Betrieb waren. Dann drehte sie in Richtung Afrika ab, einige Maschinen mussten auf dem Weg nach Tunesien jedoch in der Schweiz, in Italien und am Mittelmeer landen. Man verlor 24 Flugzeuge; viele weitere musste man beschädigt in Tunesien zurücklassen.

Während die Regensburg-Gruppe südwärts unterwegs war, überquerte die Schweinfurt-Gruppe die niederländische Grenze. Nun war die gesamte Luftwaffe auf einen Angriff vorbereitet. Drei Stunden hinter der ersten Formation flogen 230 Bomber der 8. Air Force nach Schweinfurt, eskortiert von RAF-Spitfires und Republic P-47. Das Geleit konnte jedoch maximal bis Eupen mitfliegen, ab da waren die Bomber auf sich gestellt. Außerdem mussten sie wegen der Bewölkung tiefer als geplant fliegen, was sie noch angreifbarer machte. Die deutschen Jäger nahmen sie ins Visier und Messerschmitt Me 110 und 410 feuerten Raketen auf sie ab. Die Verluste häuften sich, doch eben als die Bomber auf ihr Ziel einschwenkten, drehten die Jäger ab.

Die Bomben trafen nicht sehr präzise und der Rauch der ersten Angriffe erschwerte das Zielen. Nachdem die Bomber ihre Ziele und Flak überflogen hatten, kehrten die deutschen Jäger zurück. Diesmal nahmen sie die Nachhut der Formation aufs Korn. Über den Niederlanden kehrte der Geleitschutz zurück und schoss einige deutsche Jäger ab, doch die Verluste waren bereits groß. Die Alliierten verloren 60 Maschinen mitsamt Besatzungen; weitere 87 waren irreparabel beschädigt. Die 8. Air Force sollte lange Zeit nicht mehr nach Deutschland zurückkehren. So zeigte sich die Bedeutung eines Geleitschutzes, der die Bomber über die gesamte Strecke eskortieren konnte. Am 14. Oktober flogen 291 B-17 einen zweiten Angriff auf Schweinfurt, doch die deutsche Abwehr war verstärkt worden und verursachte ebenso große Verluste. Bis zum Februar 1944 wurden die Luftangriffe auf das Dritte Reich ausgesetzt – dann waren die Langstreckenjäger North American P-51 Mustang einsatzbereit.

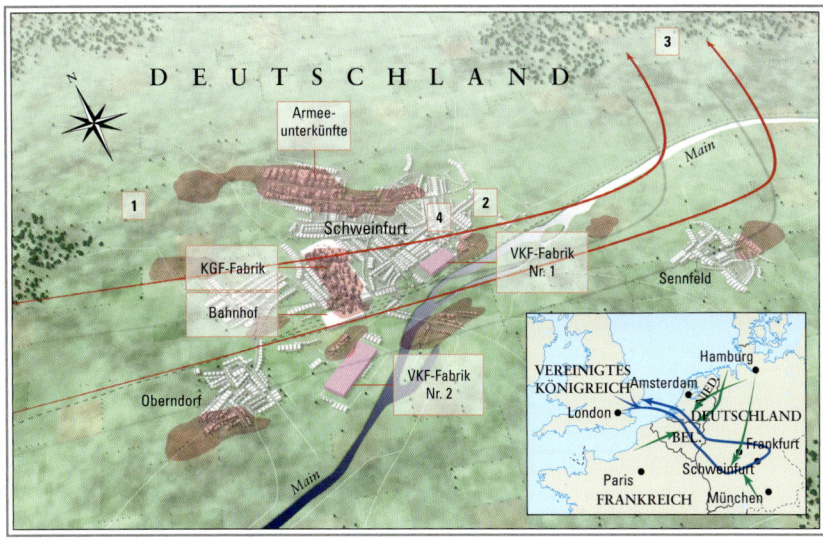

BOMBEN AUF SCHWEINFURT
17. August 1943
- Bombardierte Gebiete
- Kugellagerfabriken
- → Geplante Flugroute
- → Route der Bomber
- → Abfangwege der Deutschen

1. 198 Bomber treffen ab 15:53 Uhr lokaler Zeit über dem Zielgebiet ein.
2. Bis 16:11 Uhr werden 265 Tonnen Spreng- und 115 Tonnen Brandbomben abgeworfen.
3. 36 Flugzeuge gehen verloren, dabei sind 361 Tote zu beklagen.
4. Bei dem 12-minütigen Angriff verfehlen die meisten Bomben ihr Ziel, etwa 275 Menschen sterben.

B-17 FLYING FORTRESS
Boeing B-17G Flying Fortress der 532. Bomb Squadron, 381. Bomb Group, 8. Army Air Force. Die 381. BG war von Juni 1943 bis Juni 1945 in Ridgewell, Essex, stationiert.

Die größten Luftkriege

ZIEL BERLIN: 1944

Nach den Erfolgen im Ruhrgebiet und in Hamburg fasste Air Chief Marshal Sir Arthur Harris als Hauptziel Berlin – die „Big City", wie er sie nannte – ins Auge. Harris war der Ansicht, dass der Kampfwille der deutschen Bevölkerung zusammenbrechen würde, wenn die Hauptstadt in Schutt und Asche läge. Berlin lag jedoch im Osten Deutschlands, sodass alliierte Bomber längere Zeit über feindliches Gebiet fliegen mussten, durch Flak und Nachtjägerangriffe hindurch. Außerdem lag es außerhalb der Reichweite des neuen Zielleitsystems Oboe. Dazu kam, dass Berlin die vielleicht am stärksten befestigte Stadt in ganz Europa war – die Aussicht, mit voller Bombenlast bei Nacht dorthin zu fliegen, war also eine Herausforderung.

BOMBERTAKTIK
Während die Tagbomberoffensive fortgesetzt wurde, modifizierten die Amerikaner ihre Taktik, um die zunehmend aggressiven Jägerattacken der Deutschen abzuwehren. Im März 1943 vereinigten sie drei Gruppen zu je 18 Bombern zu einer 54 Flugzeuge starken Kampfstaffel, die massive defensive Feuerkraft bot.

Offensiv- und Gegenmaßnahmen

Zu dieser Zeit wurde das Radar-Abwehrsystem „Window" in Großbritannien eingeführt. Dieses bestand aus unzähligen Folienstreifen, die ein Bomber in regelmäßigen Abständen abwarf, um darin zu fliegen. Die Streifen sollten die deutschen Radarsysteme verwirren und überwinden. „Window" funktionierte gut, doch die Deutschen änderten einfach ihre Taktik. Anstatt einen einzelnen Jäger auf ein einziges Ziel auszuschicken, starteten die Jäger in Gruppen und griffen nach freiem Ermessen an, wenn sie sich in dem „Window-Strom" befanden. Außerdem begannen die „Wilde-Sau"-Einsätze. Mithilfe von Suchscheinwerfern stürzten sich Jäger ohne Radar von oben auf die Bombersilhouetten, häufig durch ihre eigene Flak hindurch. Dagegen schickte England Short-Stirling-Bomber, die wegen ihrer geringen Dienstgipfelhöhe und Geschwindigkeit nicht an den Bombermissionen teilnehmen konnten, in Richtung Nordsee, um die Deutschen mit dieser leichten Beute anzulocken, doch das funktionierte kaum.

Die Deutschen konnten vor einem Angriff oft ziemlich genau vorhersagen, wie viele Flugzeuge teilnehmen würden, indem sie einfach den RAF-Funk abhörten – der am Tag vor dem Angriff getestet wurde. In der Nacht vom 26. auf den 27. November starteten 443 Bomber und sieben Pathfinder Mosquitoes zum Angriff auf Berlin. 157 Handley Page Halifax und 21 Avro Lancaster wurden als Ablenkung nach Stuttgart geschickt, um die deutsche Abwehr wenigstens zu spalten. Außerdem führte die Flugroute nach Süden über Frankreich und dann erst nach Osten, bis sich die Formation über Frankfurt zu ihren jeweiligen Zielen aufteilte. Nachdem sie die Nachtjäger größtenteils umgangen hatte, erreichte die Hauptgruppe Berlin, wo das Ziel in einer selten klaren Nacht vor ihnen lag. Die Flak forderte ihre Opfer und in dem Chaos wurde der Berliner Zoo bombardiert. Auf dem Rückweg schossen Nachtjäger weitere Maschinen ab. Von den 666 ausgeschickten Flugzeugen kehrten 34 nicht zurück, eine Verlustrate von rund 5 Prozent.

Die Katastrophe von Nürnberg

Dieses Muster wurde über den gesamten Winter 1943/44 fortgesetzt und kulminierte in der schlimmsten Nacht für die RAF: Am 30./31. März flogen 795 Flugzeuge bei Vollmond und starkem Wind Richtung Nürnberg. Die deutsche Abwehr wartete bereits und schoss 82 Bomber ab, noch bevor sie ihr Ziel erreichten. Die Atempause, während die Nachtjäger nachtanken mussten, war nur kurz; weitere 13 RAF-Maschinen wurden vom Himmel geholt. Da der starke Wind die Navigation beeinträchtigte, bombardierten viele in ihrer Verwirrung Schweinfurt. In dieser Nacht verlor die RAF mehr als 10 Prozent der angreifenden Maschinen – die höchste Verlustrate der RAF in diesem Krieg.

B-17 IN DER STANDARDFORMATION „COMBAT BOX"

Ziel Berlin: 1944

Der Jäger wird zum Gejagten

Die Chancen einer Bomberbesatzung, die erforderlichen 30 Einsätze zu überleben, waren minimal. Deshalb formierte man die 100 (Bomber Support) Group (Bomberunterstützungsgruppe). In Bombern, die mit elektronischer Ausrüstung vollgepackt waren, flog sie aus, um den Funk zwischen der deutschen Bodenkontrolle und den Nachtjägern zu stören. Zur Gruppe gehörten auch Serrate Mosquitoes und Beaufighter (Serrate war ein Radarwarngerät zum Aufspüren der mit Lichtenstein-Radar ausgestatteten Nachtjäger). In der Nacht des Angriffs umkreisten sie die Heimatbasen der Nachtjäger, um anzugreifen, wenn die Nachtjäger am verwundbarsten waren: bei Start oder Landung. Die Serrate-Flugzeuge erfassten das Radar der Nachtjäger und schlugen präzise zu.

Auch die USAAF begann 1944, als Langstreckenjäger North American P-51 Mustang als Geleitschutz verfügbar waren, mit Angriffen auf Berlin. Man hoffte, die Luftwaffe über Deutschland in Kämpfe zu verwickeln, während die Bomber ihren Zielanflug fortsetzten. Die Deutschen hatten Mühe, verlorene Flugzeuge zu ersetzen, und auch die erfahrenen Piloten gingen ihnen aus. Im Grunde starb die Jagdabwehr in diesem Frühling und die Alliierten konnten mühelos in den Luftraum über dem Dritten Reich eindringen.

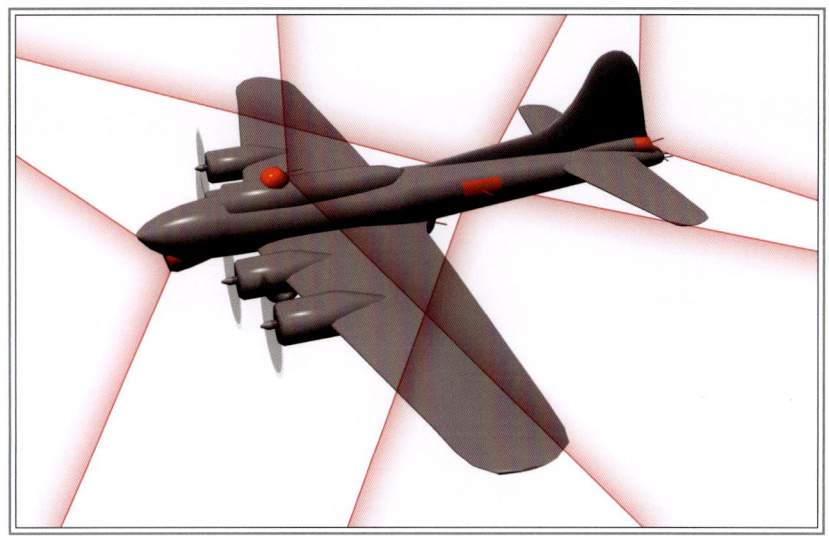

DAS SCHUSSFELD DER FORTRESS
Die Flying Fortress verfügte über ein ausgezeichnetes defensives Schussfeld, das alle Aspekte abdeckte. Die ersten B-17 hatten keinen Gefechtsstand am Bug, doch beim Modell B-17G wurde er installiert und nachträglich auch in viele B-17F eingebaut.

B-17 Flying Fortress

Besatzung: 10

Höchstgeschwindigkeit: 461 km/h

Fluggeschwindigkeit: 292 km/h

Bewaffnung: Bis zu 13 x 0,5-inch-Maschinengewehre

Bombenlast: 5805 kg

ABSCHUSSSTELLEN
Diese Grafik zeigt die von den RAF-Bomberbesatzungen gemeldeten Abschussstellen auf ihrem Weg nach Berlin in der Nacht vom 24. auf den 25. März 1944. Tatsächlich waren die Verluste noch schlimmer: 72 Flugzeuge wurden als vermisst gemeldet.

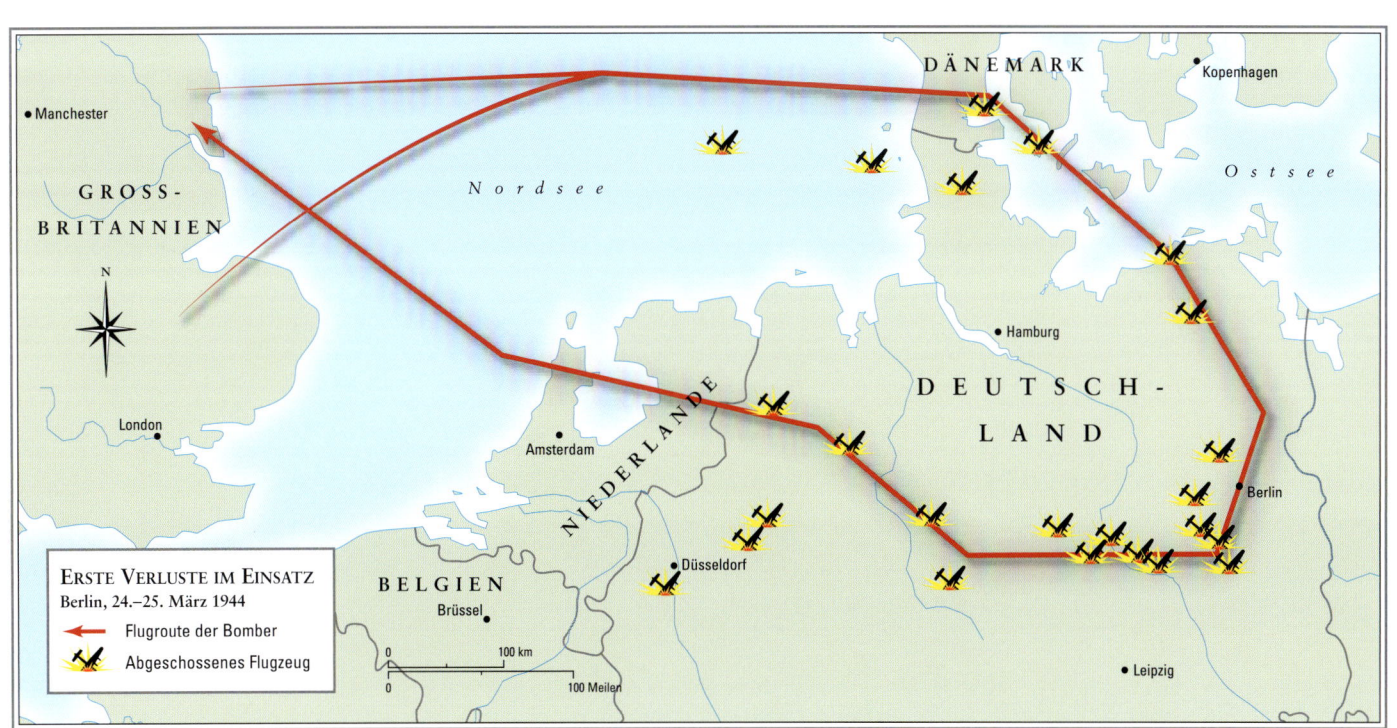

Die größten Luftkriege

NORDAFRIKA UND DAS MITTELMEER

Im Juni 1940 flog Italiens „Regia Aeronautica" Bombenangriffe auf Malta. Die einzigen zur Verteidigung vorhandenen Flugzeuge waren sechs antiquierte Gloster Seagladiators: längst überholte Doppeldecker mit Sternmotor. Trotzdem taten sie ihr Möglichstes, um die italienischen Bomber bis zum Eintreffen von zwölf Hawker Hurricanes abzuwehren, die an Bord der HMS „Argus" nach Malta unterwegs waren.

In Nordafrika marschierte Marschall Rodolfo Graziani auf Befehl von Mussolini am 13. September von der Cyrenaica im italienischen Libyen nach Ägypten ein. Doch Grazianis Übermacht am Boden und in der Luft richtete gegen den britischen Gegenangriff wenig aus; unter Army General Sir Richard Nugent O'Connor drängten die Briten die Italiener bis nach Tripolis zurück. Wenn man das Mittelmeer nicht befahren konnte, musste man die Flugzeuge verpacken und bis zur Eröffnung der Takoradi-Flugroute rund um das Kap der Guten Hoffnung fahren. Ab da konnten Flugzeuge an Afrikas Goldküste abgesetzt werden, um von dort quer über den Kontinent nach Ägypten und zu ihrer designierten Einheit zu fliegen.

In Nordafrika wendet sich das Blatt

Nach Italiens katastrophalen Versuchen, den Suezkanal zu erobern, schickte Hitler General Erwin Rommel und sein Afrikakorps mit Unterstützung des X. Fliegerkorps aus. Die „Desert Air Force" der Alliierten, die zuvor eine überlegene Luftstreitmacht im Zaum gehalten hatte, bekam es nun in der offenen Wüste mit erfahrenen Piloten in modernen Flugzeugen zu tun.

VORSTÖSSE DER ALLIIERTEN
Die alliierten Landungen in Nordafrika und die Vertreibung der Achsenmächte aus Tunesien im Mai 1943 verschaffte den Alliierten ein ideales Sprungbrett für die Invasion auf Sizilien zwei Monate später. Italien ersuchte rasch um einen Waffenstillstand, doch die erbitterten Kämpfe sollten andauern, als mächtige deutsche Verstärkungen dem alliierten Vorstoß auf der Appeninen-Halbinsel Widerstand leisteten.

Nordafrika und das Mittelmeer

Auch auf Malta machte sich die Ankunft der Luftwaffe bemerkbar. Als die Angriffe zunahmen, wurden eiligst Hurricanes als Verstärkungen angeliefert. Obwohl sie einige Erfolge erzielten, waren die Verluste der RAF groß; außerdem konnten aufgrund von Treibstoffmangel keine ständigen Patrouillen geflogen werden. Nachdem es die Stärke der RAF auf Malta reduziert hatte, konzentrierte sich das Fliegerkorps X auf die Unterstützung von Rommels Nordafrika-Feldzug. Dadurch konnte Malta seine Abwehr mit 15 Supermarine Spitfire aufstocken, denen Hunderte weitere folgten, die meisten am 9. Mai von der USS „Wasp".

Da Rommels Versorgungslinien nun ständig von den auf Malta stationierten Torpedobombern bedroht wurden, kam sein Vorstoß zum Stehen. Nach den Siegen von General Bernhard Montgomery in al-Halfa und el-Alamein begann Rommels langer Rückzug nach Tunesien. Die Alliierten hatten ihre Boden-Luft-Kommunikation ständig verbessert, sodass die Bodentruppen nun so gut wie jederzeit Jagdbomber, meist Hurricanes oder Curtiss P-40, anfordern konnten. Dieses System wurde später auch in der Normandie erfolgreich eingesetzt.

Im November 1942 landeten die Alliierten im Rahmen der Operation „Torch" in Marokko und im von Vichy-Frankreich kontrollierten Algerien. Fallschirmjäger besetzten die Flugfelder in Ostalgerien und nachdem diese gesichert waren, begannen RAF- und USAAF-Bomber einzuströmen – bald hatten sie die Luftüberlegenheit erobert. Die Deutschen zogen sich nach Tunesien zurück, wo die allgegenwärtige Junkers Ju 52 und die mächtige sechsmotorige Messerschmitt Me 323 Nachschub einflogen. Da diese Maschinen die Straße von Messina überflogen, waren sie einfache Ziele für die alliierten Jäger, die ständig in der Kampfzone patrouillierten. Bald wurde die Lage in Tunesien für die Achsenmächte unhaltbar – Italien und das deutsche Afrikakorps kapitulierten am 12. Mai 1943.

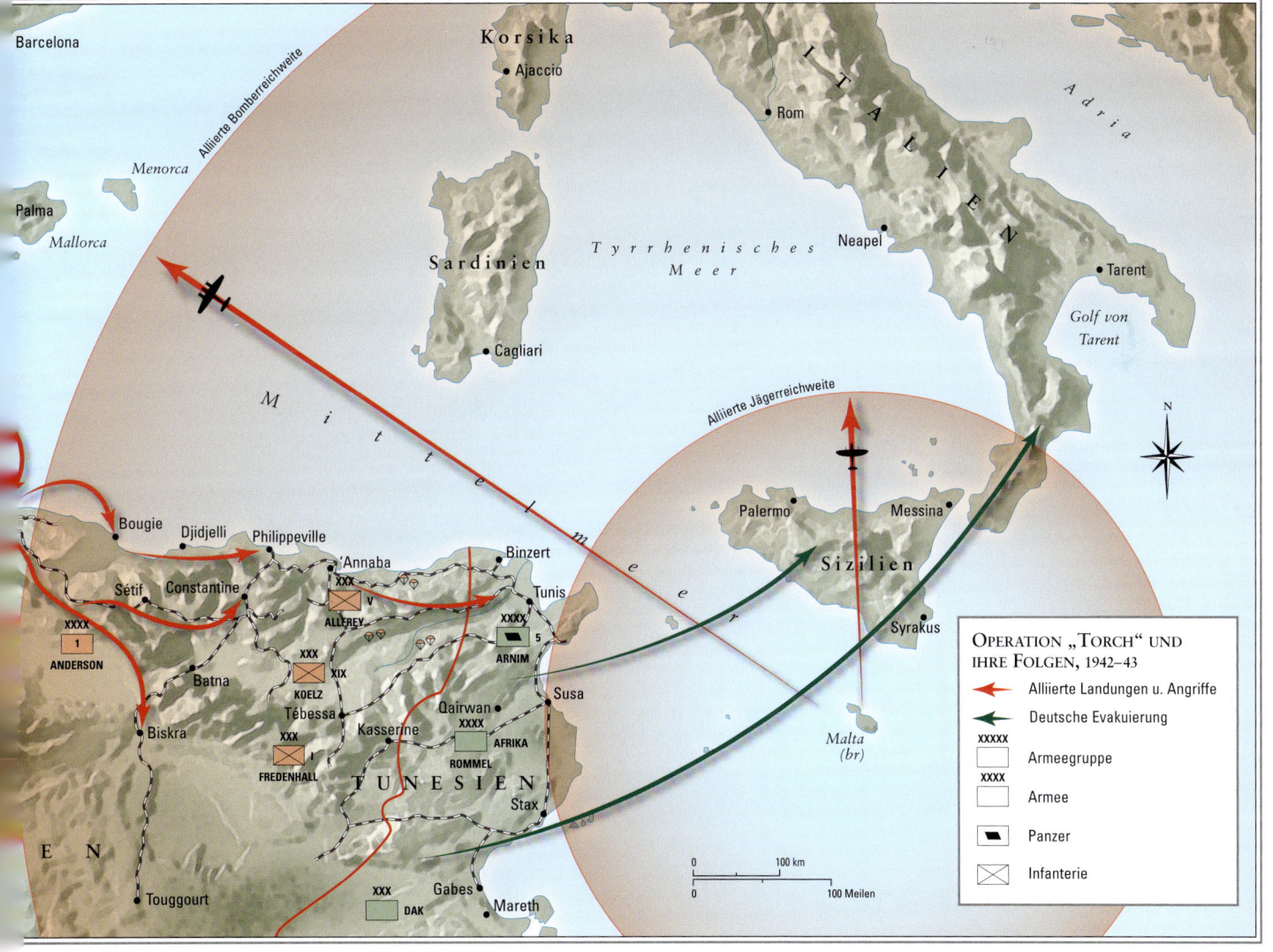

Die größten Luftkriege

SIZILIEN UND SÜDITALIEN

SIZILIEN UND SÜDITALIEN

Die Landungen der Alliierten auf Sizilien und kurz danach in Süditalien sollten ein Faustschlag in den sogenannten „Unterbauch Europas" sein. Stattdessen entwickelte sich ein erbitterter, ermüdender Kampf, zu dem auch das schreckliche Wetter im Winter 1943/44 beitrug.

Die Planung der alliierten Invasion auf Sizilien – Operation „Husky" – war überhastet und konfus. Jede Teilstreitmacht verfolgte verschiedene Pläne je nach ihren unterschiedlichen Bedürfnissen. Air Marshal Sir Arthur Tedder, der die aus RAF und USAAF kombinierte „Mediterranean Air Force" befehligte, pochte darauf, dass die Flugfelder auf der Insel sofort besetzt werden müssten, sodass sie seinen Jägern und Bombern möglichst rasch zur Verfügung stünden. Dank Field Marshal Montgomery wurde ein Kompromiss erzielt; er zwang seinen Plan den anderen Kommandanten, ohne Rücksicht auf die internationalen Beziehungen auf. Briten und Kanadier sollten an der Ostküste Siziliens in der Nähe von Syrakus landen, mit Fallschirmjägern Flugfelder und strategisch wichtige Brücken erobern und so den Brückenkopf sichern. Das amerikanische Kontingent sollte zwischen Licata und Scoglitti an der Südwestküste landen und ebenfalls mit Fallschirmjägern die Flugfelder im Hinterland besetzen. Die Luftkommandanten gaben Informationen im Planungsstadium nur spärlich weiter und arbeiteten mit Marine- und Bodenkommandanten kaum zusammen, um unabhängig von Armee und Marine zu bleiben. Dies steigerte die Animositäten zwischen den Teilstreitkräften und, noch schlimmer, bedeutete, dass die Marine- und Bodenbefehlshaber keine Ahnung von der Anzahl, den Modellen und dem Timing der alliierten Luftstreitkräfte hatten. Dieser Informationsmangel sollte schwere Folgen haben.

Operation „Husky" beginnt

In der Nacht vom 9. auf dn 10. Juli sprangen Fallschirmjäger von verschiedensten Flugzeugen, die meisten aber Douglas C-47 Skytrain des US Transport Command, hinter dem Brückenkopf ab. Vom starken Wind wurden sie extrem verstreut, doch den mit Segelfliegern eintreffenden Jägern erging es noch schlechter. Viele Piloten waren unerfahren und klinkten sich vorzeitig aus, wodurch zahlreiche Segler mitsamt Besatzung ins Meer stürzten. Trotz der Verstreuung lösten die gelandeten Fallschirmjäger so viel Verwirrung und Panik aus, dass es beim Eintreffen der Landungstruppen am Strand nur wenig Widerstand gab.

Unter Tedder hatten RAF und USAAF die gegnerischen Luftstreitkräfte auf der Insel auf wenige Flugzeuge reduziert. Diese waren bald gezwungen, sich auf das italienische Festland zurückzuziehen, wo sie ständig von mittleren und schweren Bombern der 15. USAAF beschossen wurden. Die alliierten Boden- und Seekommandanten waren von der geringen Zahl an Luftangriffen angenehm überrascht. Der einzige echte Widerstand kam von den Nachtbombern, welche die Invasionsflotte angriffen. Als diese Maschinen, meist Heinkel He 111 oder Junkers Ju 88, auftauchten, trafen sie auf eine erstaunliche Menge an Flak, aufgeboten von der Flotte. Als das 504. „Parachute Infantry Regiment" der 82. Airborne Division eingeflogen wurde, um den Brückenkopf zu verstärken, wurden sie jedoch für deutsche Angreifer gehalten und beschossen. Bei einem der schlimmsten „friendly-fire"-Zwischenfälle des Krieges wurden von

144 C-47 33 abgeschossen und 37 weitere beschädigt, wobei 318 Opfer zu beklagen waren. Dies war ein Musterbeispiel für die mangelhafte Kommunikation zwischen den Teilstreitkräften – ein Versagen das schnellstens korrigiert wurde, damit es nie wieder geschah.

Innerhalb einer Woche hatte die alliierte Air Force Jagdflugzeuge auf der Insel stationiert. Untertags wurden Luftwaffe und Regia Aeronautica gequält und nachts von mit Radar ausgerüsteten de Havilland Mosquitoes aus Malta verfolgt. Diese Flugzeuge hatten sich schon bei der Entdeckung und Vernichtung von Nachtbombern über Großbritannien als erfolgreich hervorgetan.

Nach heftigen Gefechten wurden die Achsenmächte schließlich in die Nordostecke Siziliens gedrängt. Die einzige Fluchtroute war die Straße von Messina zwischen dem Hafen Messina und dem italienischen Stiefel. Bei der Luftüberlegenheit der Alliierten hätte ein Entkommen auf diesem Weg eigentlich unmöglich sein sollen, doch irgendwie schafften es die Achsenmächte, 40 000 deutsche und 60 000 italienische Soldaten auf Fähren völlig unbehelligt durch Luftangriffe zu evakuieren. Dies stärkte die Vorbehalte der Armee und der Marine gegen die „junge" Teilstreitkraft.

Die Eroberung des Festlandes

Die ersten Landungen der Alliierten fanden am 3. September statt, als die britische 8. Armee die Straße von Messina überquerte. Die mittelschweren und schweren Bomber sollten die deutschen Versorgungslinien in Mittel- und Norditalien zerstören und Verstärkungen verhindern. Weiter im Norden hatten die Deutschen eine Verteidigungslinie vorbereitet und bis dahin begegnete den Briten nur geringer Widerstand. Als die Alliierten am 9. September in Salerno landeten, hatten die Italiener bereits Mussolini abgesetzt und sich den Alliierten ergeben. Viele Piloten der „Regio Aeronautica" boten sofort an, für die Alliierten zu fliegen, nur wenige kämpften weiterhin für die Faschisten. Das reduzierte die Luftstärke der Achse in der Region beträchtlich und Deutschland war gezwungen, Flugzeuge, die an anderen Fronten dringend gebraucht wurden, zur Verteidigung hierher zu verlegen.

Die Landungen in Salerno waren höchst riskant; Die Luftwaffe setzte Focke-Wulf Fw 190 als Jagdbomber ein, welche die Landungsstrände beschossen und die Soldaten in Angst versetzten. Außerdem verwendete Deutschland erstmals eine neue Waffe: die Fritz-X-Sprengbombe. Nach dem Abwurf zündete die Bombe einen Antrieb und konnte vom Flugzeug aus, meist einer Dornier Do 217, ferngesteuert werden. Wie effektiv das war, zeigte sich, als ein direkter Treffer die HMS „Warspite" für sechs Monate außer Gefecht setzte.

Die Landungstruppen mussten in Salerno sofort den Strand verlassen, da die Deutschen mit ständigen Gegenangriffen versuchten, die Truppen zu spalten. Daher wurde in zwei weiteren Nächten die 82. Airborne Division abgesetzt. Der Beschuss durch die Air Force und die Marineartillerie sowie die Hartnäckigkeit der Bodensoldaten verhinderte eine Katastrophe.

Nach dem Ausbruch aus dem Brückenkopf rückten die Alliierten nahezu ungehindert vor, bis sie auf die vorbereitete Verteidigungslinie zwischen Neapel und Rom trafen. In den Tälern der Region um Monte Cassino war die Navigation besonders schwierig; auf dem Gipfel lag ein Kloster, das die Gegend dominierte. Da die Alliierten dachten, dass es von den Deutschen zum Auskundschaften für ihre Artillerie benutzt würde, wurde die Abtei nach einigen erfolglosen Versuchen, sie einzunehmen, bombardiert, obwohl sich damals tatsächlich nur Mönche und Flüchtlinge darin aufhielten. Die nun eintreffenden deutschen Fallschirmjäger freuten sich, weil sie die leicht zu verteidigenden Ruinen so einfach besetzen konnten, und hielten die Stellung länger als geplant.

Im Januar erfolgte eine zweite Landung bei Anzio in der Hoffnung, die deutschen Versorgungslinien zu unterbrechen. Stattdessen kontrollierten die Deutschen den Brückenkopf trotz alliierter Luftüberlegenheit. Erst im Mai wurde der Durchbruch bei Monte Cassino im Süden erzielt, gefolgt vom Ausbruch aus dem Brückenkopf nach massivem Luftbombardement. Am 5. Juni nahmen die Alliierten Rom ein, doch die Deutschen fielen nur auf eine weitere vorbereitete Verteidigungslinie zurück. Der Kampf um die Halbinsel hielt an, während sich die Welt Nordwesteuropa zuwandte.

BRISTOL BEAUFIGHTER
Die Beaufighter wurde vor allem in Nordafrika und Italien eingesetzt und diente an diesem Kriegsschauplatz bei vier Nachtjägergeschwadern der USAAF.

Die größten Luftkriege

OSTFRONT: Sowjetische Initiative 1943

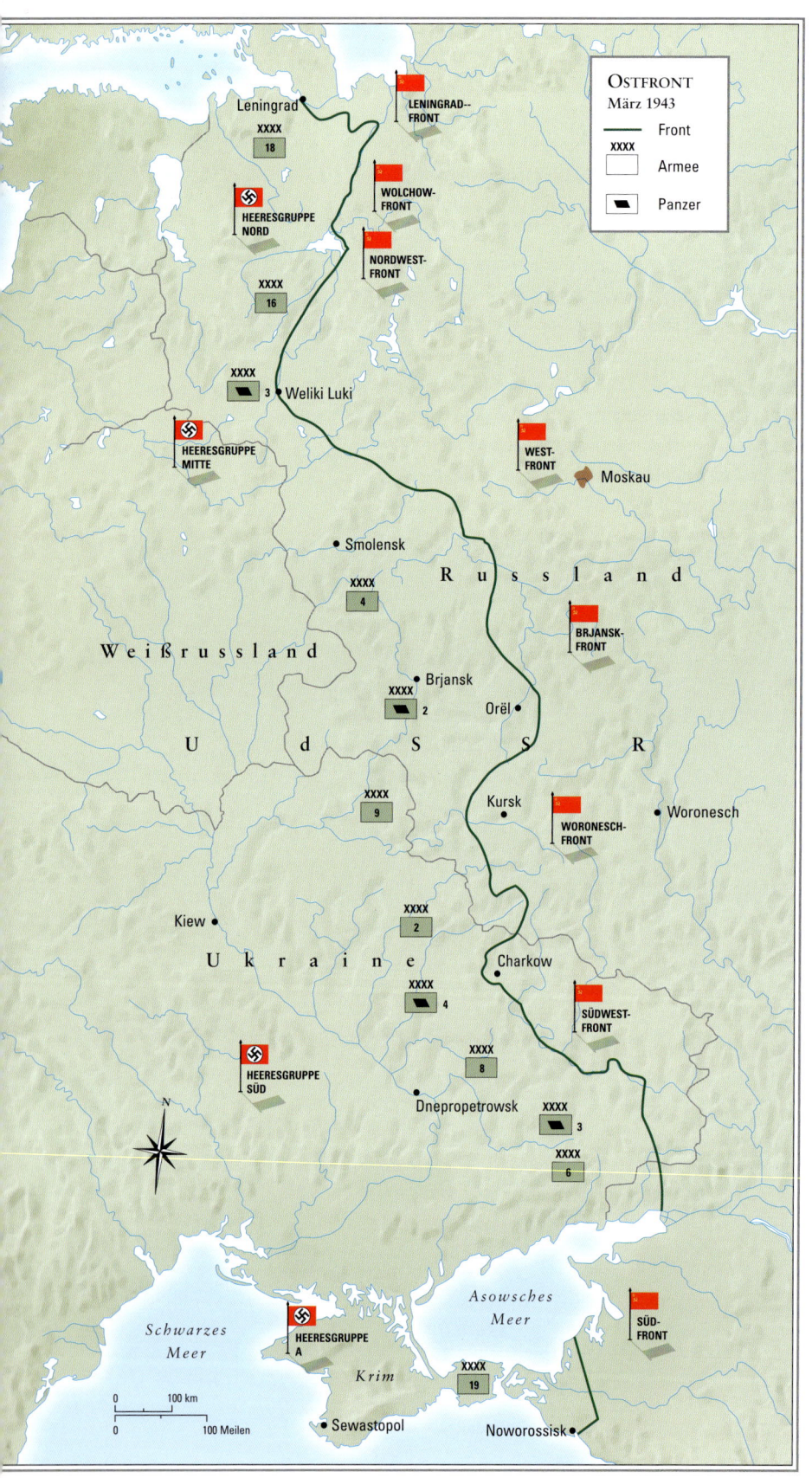

Nach der deutschen Niederlage bei Kursk begann die sowjetische Gegenoffensive als eine Serie von rollenden Angriffen an der gesamten Ostfront mit Ausnahme des äußersten Nordens. Stalins gnadenloses Vorgehen gönnte den Deutschen keine Atempause, keine Chance zum Reorganisieren oder Formieren einer schlagkräftigen Verteidigung. Sein erstes Ziel war die Befreiung der Ostukraine, an der die meisten Armeegruppen (Fronten) von der Woronesch-Front südwärts beteiligt waren. Dieser massive Vorstoß zielte auch auf die Zerschlagung der Heeresgruppe Süd unter Erich von Manstein ab, einem der fähigsten Kommandanten Deutschlands. Die Deutschen hatten 1 240 000 Mann, 12 600 Geschütze, 2100 Panzer und 2100 Flugzeuge zur Verfügung. Dagegen massierten die Sowjets 2 633 000 Mann, 51 000 Geschütze und schwere Mörser, 2400 Panzer (darunter immer mehr T-34) und nahezu 3000 Flugzeuge. Die gigantischen Schlachten fanden auf immer komplexeren Schlachtfeldern statt. Hinter den deutschen Linien standen große Gebiete unter der Kontrolle von Partisanen, die zwar anti-deutsch, aber nicht pro-sowjetisch eingestellt waren. Vor allem in der Ukraine hatten sich nationalistische Gruppierungen gebildet, die sich von der kommunistischen Herrschaft befreien wollten. Einige kämpften sogar gemeinsam mit Deutschland gegen Stalins Regime: Kosaken, Georgier, General Wlasows russische Befreiungsarmee und die „galizische 14. SS-Division" – ukrainische Division. Entgegen Hitlers Befehl, keinen Meter nachzugeben, hatten die deutschen Befehlshaber die Wotan-Verteidigungslinie errichtet, die von Estland im Norden den Dnjepr entlang bis zur Schwarzmeerküste im Süden reichte.

Die Befreiung von Charkow

1943 überflügelte die sowjetische Flugzeugproduktion die deutsche bei Weitem: 34 845 sowjetische, aber nur 25 527 deutsche Maschinen verließen die Fabriken. Immer mehr neue sowjetische Modelle kamen an die Front, darunter nicht zuletzt die robuste und zuverlässige Iljuschin Il-2 Sturmowik.

PATTSTELLUNG IM OSTEN

Als im Frühjahr 1943 das Tauwetter einsetzte, kamen alle großen Operationen an der Ostfront zum Stehen. Wie schon im Jahr zuvor ergriffen beide Seiten die Gelegenheit, ihre Streitkräfte für eine Sommeroffensive zu verstärken.

Als die Serie gewaltiger Angriffe einsetzte, wurde die Stadt Charkow befreit, von den Deutschen zurückerobert und wieder befreit. Diese massiven Offensiven sollten den Osten der Ukraine mit ihren kriegswichtigen Industriegebieten im Donezbecken sichern, um dann an den Dnjepr vorzustoßen und Kiew zurückzuerobern. Der Vorstoß fand an einer 670 km breiten Front statt und bestand aus mehreren Einzeloperationen. Das Besondere daran waren die vielen Flussüberquerungen. Die Kommandanten der Roten Armee setzten ihren Männern hart zu. An jedem Fluss erwarteten sie, dass die Soldaten improvisierten und alles verwendeten, was Auftrieb hatte, nicht nur Baumstämme und Ölfässer. Unmittelbar dahinter folgten die Pioniere, die Brückenquerungen für Versorgungsfahrzeuge und Panzer errichteten.

Ankunft am Dnjepr

Die Woronesch-Front schickte eine rasch vorrückende mobile Formation aus mit der Aufgabe, die deutsche Verteidigung zu umgehen und im Hinterland so viel Chaos und Verwirrung wie möglich zu stiften. Diese Formation erreichte in der Nacht des 21. September den Dnjepr nördlich von Kiew. Am 22./23. errichteten die Sowjets exponierte Brückenköpfe am Westufer, die von Luftlandetruppen der 1., 3. und 5. Gardeluftlandebrigade verstärkt wurden. Die sowjetische Luftunterstützung war allerdings wenig effektiv, da sie numerisch nur leicht überlegen war, was nicht ausreichte, um die leicht bewaffneten Fallschirmjäger zu schützen; von den 4500 Mann überlebte nur die Hälfte. Die zähen Überlebenden setzten jedoch die Offensive fort. In Europa war dies der letzte Einsatz sowjetischer Luftlandetruppen, doch sie sollten gegen Japan in der Mandschurei 1945 neuerlich erfolgreich sein.

Anfang Oktober erreichten die sowjetischen Truppen Saporischja, wo sie mit verlassenen Barken über den Fluss setzten. Zwei Wochen später errichteten sie einen Brückenkopf in Ljutesch. Kiew selbst wurde nach heftigen Gefechten am 6. November befreit, als bereits zahlreiche Brückenköpfe über den Dnjepr etabliert waren, teils auch gegen erbitterten Widerstand. Im Norden wurde Smolensk befreit, während im Süden eine Massierung sowjetischer Streitkräfte von Saporischja aus an der Nordküste des Asowschen Meeres vorstieß, sodass die 17. deutsche Armee und Teile der Heeresgruppe A auf der Krim eingekesselt wurden.

Ende 1943 hatten die sowjetischen Streitkräfte ihre Eroberungen an der südlichen Front gesichert und waren bereit zu weiteren Offensiven. Deutschland hoffte auf den Winter, der den Vormarsch bremsen und Zeit geben sollte, Verstärkungen und Ausrüstung anzuliefern. Die Hoffnung wurde zerschlagen.

Mit steigendem Druck auf die deutschen Landstreitkräfte wurde die Luftwaffe immer öfter als taktische „Feuerwehr" eingesetzt. Flugzeuge wie die Henschel Hs 129 „Büchsenöffner" schalteten gepanzerte Angriffsspitzen aus und hielten lange Frontabschnitte nur aus der Luft. Nach und nach machte sich die sowjetische Überzahl jedoch auch am Himmel bemerkbar und die Luftwaffe hatte auch nicht mehr die Kapazitäten, um ihre Flugzeuge nach Belieben zur Unterstützung ihrer überstrapazierten Bodentruppen einzusetzen. Es war jedoch nicht nur die Quantität der sowjetischen Flugzeuge, sondern auch die Qualität der Modelle und Besatzungen, die den Ausschlag gaben. Die Sowjets hatten ihre Lektionen aus dem deutschen Blitzkrieg gelernt und sie ihrem eigenen unnachahmlichen Stil angepasst.

PETLJAKOW PE-2
Der leichte Bomber PE-2 erwies sich von Kursk bis zum Kriegsende als wendiges und leistungsfähiges Flugzeug.

LUFTSIEGE DER LUFTWAFFE
Ein Oberfeldwebel fügt für seinen zwölften Luftsieg über ein feindliches Flugzeug ein Symbol auf dem Seitenruder seiner Me 109 hinzu.

Die größten Luftkriege

KURSK: 1943

PANZERJÄGER-STUKA
Die letzte Variante der Stuka war die Junkers Ju 87G, eine mit zwei BK-37-Kanonen unter den Tragflächen bestückte Standardversion der Ju 87D-5. Es wurden keine Sturzflugbremsen eingebaut und die Ju 87G erwies sich bei der Zerstörung russischer Panzer als überaus erfolgreich. Am erfolgreichsten war Oberst Hans-Ulrich Rudel, der an der Ostfront mehr als 500 Panzer ausschaltete.

PANZERJÄGER VON ILJUSHIN
Die Iljushin Il-2 wird meistens mit der Schlacht um Kursk in Zusammenhang gebracht. Nach einigen Experimenten wurde die Il-2 mit langläufigen Panzerabwehrkanonen bestückt, die gegen die neuen deutschen Tiger- und Panther-Panzer vernichtende Wirkung zeigten. Il-2-Piloten behaupteten, während eines 20-minütigen Angriffs auf die 9. Panzerdivision 70 Panzer zerstört zu haben.

Die Schlacht im Kursker Frontbogen hatte epische Ausmaße – Millionen Männer und Frauen, Tausende gepanzerte Fahrzeuge und Flugzeuge aller Typen waren beteiligt. Die Front zwischen Deutschen und Sowjets verlief von Leningrad im Norden bis nach Rostow am Don im Süden, wobei ein 200 km breiter und 125 km tiefer Frontbogen zwischen Orel und Charkow in das deutsche Gebiet hineinragte. Nach dem massiven Rückschlag in Stalingrad, wo eine gesamte deutsche Armee ausgelöscht und ein Drittel der Ostfront-Transportflotte vernichtet worden waren, mussten die Deutschen unbedingt wieder die Initiative übernehmen. Sie planten Angriffe im Norden und Süden des Frontbogens, um in einem Kessel große Teile der Roten Armee gefangen zu nehmen wie schon 1941.

Vorbereitung auf die Offensive

Die sowjetischen Kommandanten waren sich der deutschen Absichten wohl bewusst und errichteten unter General Georgi Schukow, dem Sieger von Stalingrad, einen massiven, tiefen Verteidigungsperimeter. Wenn die Deutschen eine Verteidigungslinie durchbrachen, konnten sich die Sowjets einfach geordnet auf die nächste Linie zurückfallen lassen. Wenn dies einige Male passierte, wären die Angreifer erschöpft, sodass Schukow sie einfach mit seinen Reservisten zurücktreiben und dabei mehr Boden wettmachen konnte. Von den Pionieren der Roten Armee bis zu Zivilisten waren alle am Aufbau der Verteidigungslinien beteiligt; man baute Bunker, grub Panzerabwehrgräben und fertigte am Fließband Tausende Panzer und Flugzeuge.

Seit den furchtbaren Tagen 1941 hatte sich das sowjetische Luftfahrtwesen entscheidend verbessert. Die Polikarpow I-16 war durch die Mikojan-Gurewitsch Mig 3 und 7 sowie Lawotschkin La-5 ersetzt worden; Letztere war der Messerschmitt Me 109 und Focke-Wulf Fw 190 ebenbürtig. Auch die Iljuschin Il-2m3 tauchte über den Schlachtfeldern auf; rund um Pilot und Motor war das robuste Bodenangriffsflugzeug schwer gepanzert. Das erhöhte die Überlebensrate, wenn sie mit dem 23-mm-Geschütz ihr Ziel im Tiefflug unter Beschuss nahm. Der Heckschütze hatte leider nur ein 12,7-mm-MG und war nicht gepanzert. Insgesamt hatte die UdSSR 4000 Kampfflugzeuge einsatzbereit.

Die Luftwaffe war mit nur 2000 Flugzeugen nicht annähernd so stark, doch was ihr an Zahlen fehlte, machte das Geschick ihrer Piloten mehr als wett, denn die Sowjetunion erwartete, dass ihre Piloten nach durchschnittlich nur 15 Flugstunden in den Kampf zogen. Das Rückgrat der Bomber- und Jagdformationen der Luftwaffe waren noch immer Heinkel He 111 und Me 109. Außerdem begann man, die Junkers Ju 87 stärker zu panzern und mit 37-mm-Panzerabwehrkanonen unter den Flügeln zu bestücken; diese hatten jedoch nur je sechs Schuss. Dazu gesellten sich die Fw-190-Jagdbomber und spezielle Henschel Hs 129, die mit einer gewaltigen PaK-40-Kanone unter dem Rumpf ausgestattet waren, die mit panzerbrechender Wolfram-Munition feuerte.

Der Angriff beginnt

Während Deutschland mit dem Aufbau seiner Streitkräfte beschäftigt war, flogen die Sowjets Störangriffe, bei denen unzählige deutsche Aufklärungsmaschinen am Boden zerstört wurden. Deshalb konnten die Deutschen keine Luftaufnahmen von den russischen Verteidigungsanlagen mehr machen.

Am Morgen des 5. Juli begann der deutsche Angriff. Russische Bomber, die gegen die Offensive ausgeschickt worden waren, trafen auf Schwärme deutscher Abfangjäger. Es entwickelten sich heftige Luftkämpfe, während die Bodentruppen dem ersten Kontakt zwischen den neuen deutschen Tiger- und Panther-Panzern und den russischen Kanonen entgegenrollten. Als die gewaltigen Armeen aufeinandertrafen, stürzten sich die Hs 129 und Ju 87 auf die sowjetischen T-34-Panzer und verursachten große Schäden. Mit dieser großartigen Luftunterstützung kam der deutsche Vormarsch gut voran und es sah so aus, als hätten die deutschen Pläne

Kursk: 1943

trotz der unzähligen sowjetischen Panzer, die ständig nachrollten, Erfolg. Womit niemand gerechnet hatte, war jedoch die Produktionskapazität der Sowjetunion. Wenn zehn Panzer zerstört waren, wurden sie durch zehn und mehr neue ersetzt oder im Feld repariert und wieder in den Kampf geschickt. Immer stärker machten sich die Sowjets auch in der Luft bemerkbar. Schukow befahl einen Gegenangriff, als der deutsche Vormarsch ins Stocken geriet, und eine völlig frische Panzerarmee fiel über die Deutschen her. Aus Angst, überrannt zu werden, ersuchten sie um Erlaubnis zum Rückzug, doch Hitler verbat jede Form des Nachgebens.

Im Tiefflug richteten die sowjetischen Il-2m3s in den Reihen der deutschen Panzer ein Chaos an. Ein Geschwader meldete die Vernichtung von 60 und die Beschädigung weiterer 30 Panzerfahrzeuge ohne eigene Verluste. Als die Deutschen begannen ungeordnet zurückzufallen, flogen die sowjetischen Piloten hinter die deutschen Linien und richteten an den Versorgungslinien noch größere Schäden an. Das war der Todesstoß für die deutschen Offensiven an der Ostfront. Ein Großteil der Luftwaffe wurde an andere Fronten abgezogen, vor allem nach der Landung der Alliierten auf Sizilien und in Italien. Und die kombinierte Bomberoffensive der Alliierten gegen das Herz des Dritten Reichs, die nun begonnen hatte und Tag und Nacht geflogen wurde, erforderte alle verfügbaren Jäger der Luftwaffe.

ENORME STÜCKZAHLEN
Im Winter 1943/44 waren enorm viele Il-2m3s im Dienst (manche Quellen sprechen von bis zu 12 000 Stück), sowohl bei den regulären sowjetischen Luftstreitkräften als auch bei denen der sowjetischen Marine.

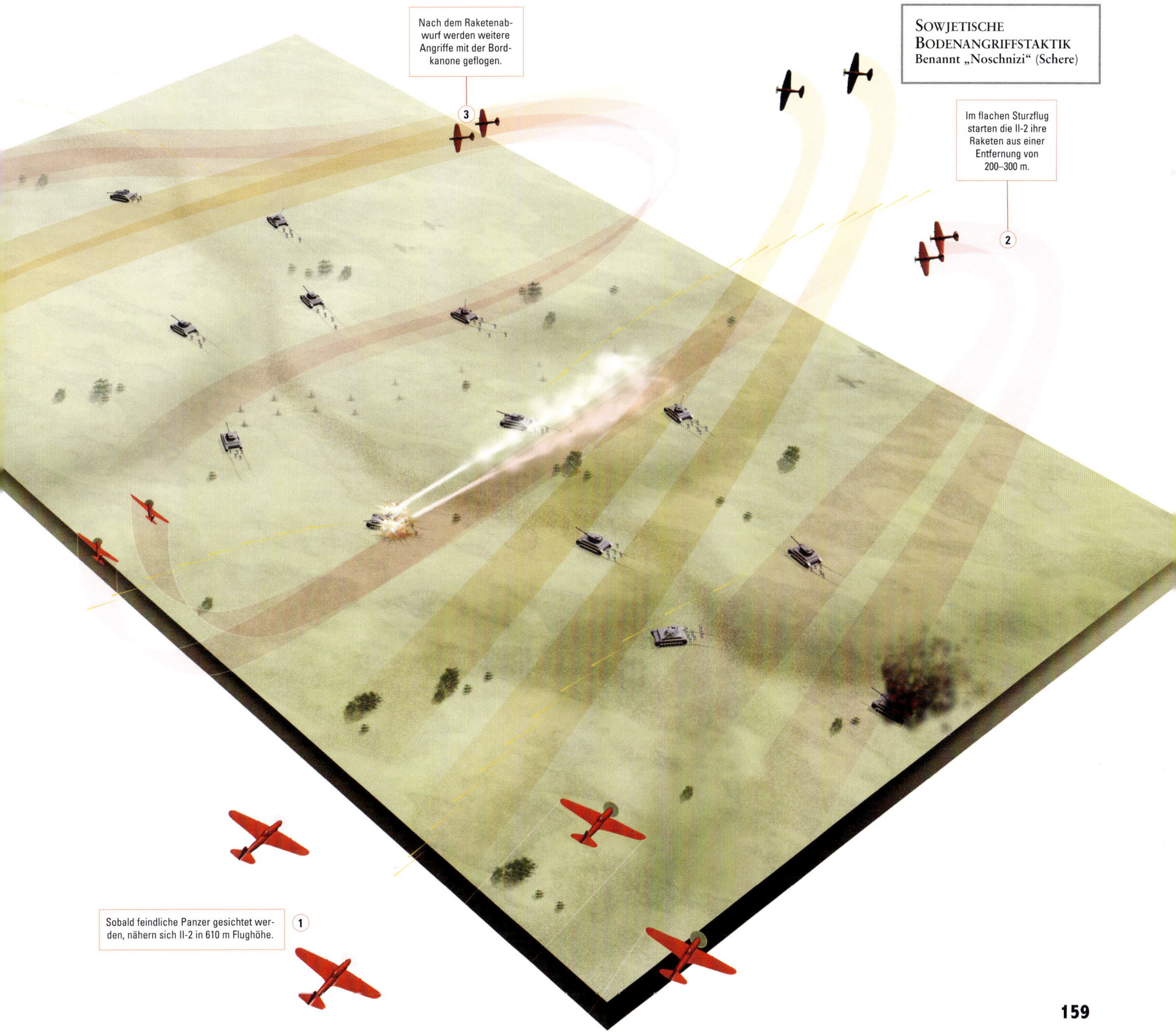

SOWJETISCHE BODENANGRIFFSTAKTIK
Benannt „Noschnizi" (Schere)

Im flachen Sturzflug starten die Il-2 ihre Raketen aus einer Entfernung von 200–300 m.

②

Nach dem Raketenabwurf werden weitere Angriffe mit der Bordkanone geflogen.

③

Sobald feindliche Panzer gesichtet werden, nähern sich Il-2 in 610 m Flughöhe.

①

Die größten Luftkriege

UKRAINE UND KRIM

Während Heeresgruppe Mitte versuchte, die Verteidigungslinie am Oberlauf des Dnjepr zu halten, fiel Heeresgruppe Süd zurück. Hitler hatte die Erlaubnis dazu erteilt und schickte nun außerdem vier Divisionen von Heeresgruppe Mitte zur Unterstützung. Die drei Armeen, aus denen Heeresgruppe Süd bestand, konnten den zahlenmäßig und an Ausrüstung überlegenen Feind auf ihrem geordneten Rückzug mit knapper Not in Schach halten.

In einem gewagten Manöver zog sich Heeresgruppe Mitte an nur fünf Punkten über den Dnjepr zurück. Hier wurden die schwindenden Ressourcen der Luftwaffe konzentriert, um die eilige Überquerung zu decken. Die Operation verlief erfolgreich, den russischen Verfolgern gelang es nicht, wesentliche deutsche Einheiten am Ostufer zu stellen. Später allerdings eroberten die Sowjets zwischen dem 21. und 25. September mit Luftlandungen Brückenköpfe bei Bukrin und Rschischer.

Von Oktober bis Dezember entwickelten sich Kämpfe um die ständig wachsende Zahl an Brückenköpfen. Im Dezember fassten die Sowjets am Westufer des Dnjepr Fuß, vor allem in der Gegend um Kiew. Mittlerweile besaß jede sowjetische Front ihre eigenen Luftstreitkräfte zur Unterstützung ihrer Operationen. Insgesamt standen der schwindenden deutschen Luftwaffe und den verbündeten Achsenmächten an der Ukraine-Front rund 5000 Flugzeuge gegenüber, am Rest der Ostfront weitere 9500 – und diese Zahl stieg ständig.

Am 23. Dezember 1943 schnitten sowjetische Truppen die Halbinsel Krim ab und schlossen die deutsche 17. Armee mitsamt einigen rumänischen Einheiten ein. Westlich von Kiew war eine neue Front entstanden und einige Stunden lang leckten die Achsenmächte ihre Wunden. Am Weihnachtsabend begannen die Sowjets eine gewaltige neue Offensive, deren Ziel es war, die Heeresgruppen A und Süd zu vernichten. Sie bestand aus insgesamt zehn Operationen an einer 1500 km langen Front. Der Feldzug sollte bis Mitte April 1944 dauern.

Vorstoß nach Westen

General Schukows machte den deutschen Frontbogen bei Tscherkassi zum Fokus von Angriffen der 1. und 2. ukrainischen Front. Elf Divisionen der deutschen 8. Armee und der 1. Panzerarmee verteidigten diese Position. Ihnen standen 27 sowjetische Divisionen gegenüber. Die ersten Angriffe gerieten trotz intensiver Luftunterstützung im früh einsetzenden Tauwetter ins Stocken. So hatten die Deutschen Zeit, um ihre Flucht zu planen. In der Nacht vom 11. auf den 12. Februar unternahmen die eingeschlossenen deutschen Truppen während eines Schneesturms einen Ausbruchsversuch, doch nur wenige Offiziere und ein paar Infanteristen entkamen. Von den 73 000 eingekesselten Soldaten wurden 18 000 gefangengenommen, der Rest kam im Schnee um. Am 17. Februar war alles vorbei und die Sowjets marschierten weiter nach Westen.

Die Deutschen verteidigten die Krim, obwohl sie im Norden von den Sowjets abgeschnitten war und im Osten aus dem Kaukasus-Kuban-Gebiet amphibische Truppen landeten. Der Krim-Feldzug begann am 8. April mit fast einer halben Million Soldaten, unterstützt von der Schwarzmeerflotte und etwa 800 Kampfflugzeugen. 150 000 deutsche und rumänische Soldaten sahen der Vernichtung ins Auge. Sie hatten keine Luftunterstützung, ihre Verteidigungslinien brachen und Fluchtversuche auf dem Seeweg standen unter heftigem Beschuss aus der Luft; einige Offiziere wurden nach Rumänien ausgeflogen. Am 12. Mai eroberten die Sowjets die Krim zurück und eliminierten damit die letzte Festung der Achse östlich der vorrückenden sowjetischen Streitkräfte.

FOCKE-WULF 190A-6
Dieses seltene Farbfoto zeigt Flugzeuge des JG 54 auf einem russischen Flugfeld im Frühjahr 1943.

VORSTOSS ANS SCHWARZE MEER
Ab Februar 1944 wurden die Offensiven der 3. und 4. ukrainischen Front von der 8. und 17. Luftflotte unterstützt. In der Anfangsphase dieser Operationen waren die Il-2 und Pe-2 des 9. kombinierten Luftkorps besonders aktiv beim Angriff auf feindliche Eisenbahnverbindungen. Der Feldzug dauerte den ganzen März an und kulminierte in einem Vorstoß auf Odessa Anfang April.

Ukraine und Krim

Die größten Luftkriege

FLUGZEUGTRÄGER IM PAZIFIK

Von den größten Seestreitkräften im Zweiten Weltkrieg besaßen nur vier Flugzeugträger: die USA, Japan, Großbritannien und Frankreich. Der Washingtoner Flottenvertrag untersagte Japan, Garnisonen auf seinen Besitzungen im Pazifik zu errichten. Daher war Japan gezwungen, zum Schutz seiner Interessen in der Region eine Trägerflotte aufzubauen.

Die USA sahen in Japan ihre größte Bedrohung im Pazifik und beschlossen daher, ebenfalls seegestützte Luftstreitkräfte zu entwickeln. Großkampfschiffe, die aufgrund des Vertrags abgewrackt werden mussten, wurden zu Flugzeugträgern umgebaut. Daher verfügten sowohl Japan als auch die USA bald über große Träger mit gut ausgerüsteten Flugzeuggruppen, deren Potenzial bis Ende der 1920er-Jahre intensiv ausgelotet wurde.

1941 besaß die US Navy sieben Flugzeugträger und einen Geleitträger. Mit ihnen schlugen und gewannen sie die entscheidenden Schlachten im Korallenmeer und bei Midway. Als die US-Kriegsindustrie in die Gänge kam, erhielt die Navy neue große Kriegsschiffe, vor allem die Träger der Essex-Klasse. Mit ihnen war die Navy in der Lage, japanische Inselstützpunkte im gesamten Pazifikraum anzugreifen, was die späteren seegestützten Großmanöver erst möglich machte. Während US Marine und Army aufgebaut wurden, führte die US-Trägerflotte einige Angriffe auf wichtige Außenposten Japans durch. Sie sollten den Krieg nach Japan tragen und die Verteidigung an jenen Orten, wo Landungen geplant waren, aufweichen.

Flugzeugträgerangriff auf Rabaul

Bei der Landung der Amerikaner auf Bougainville Anfang November 1943 näherten sich die US-Flugzeugträger USS „Saratoga" und USS „Princeton" dem großen japanischen Stützpunkt in Rabaul. Dort waren Großkampfschiffe stationiert, die den US-Landungstruppen vor Bougainville großen Schaden hätten zufügen können. Dank eines Sturms, der ihnen Deckung bot, gelangten die US-Träger unentdeckt in Reichweite von Rabaul. Dann ließen sie jedes verfügbare Flugzeug starten, insgesamt 97 – Sturzkampfbomber Douglas SBD Dauntless und Torpedobomber Grumman TBF Avenger mitsamt Jagdeskorten. Die Überraschung gelang und bei Verlust von nur zehn Flugzeugen wurden sechs japanische Kreuzer beschädigt, vier davon schwer.

Am 11. November griffen die USA Rabaul erneut an, diesmal mit 185 Flugzeugen der Träger „Essex", „Bunker Hill" und „Independence". Abermals wurde ein japanischer Kreuzer schwer beschädigt und ein Zerstörer wurde versenkt. Ein japanischer Gegenangriff wurde zurückgeschlagen, wobei die Japaner große Verluste erlitten. Danach konnte Japan Rabaul nicht mehr als große Marinebasis benutzen.

Am 19. November griffen die Vereinigten Staaten die Gilbertinseln an. Die Hauptstützpunkte der Verteidigung der unzähligen winzigen Atolle, aus denen die Inselgruppe bestand, waren Makin und Tarawa, wobei sich auf Letzterer ein größerer Luftstützpunkt befand. Der Angriff wurde unterstützt von acht Flugzeuggeleitträgern mit 216 Flugzeugen. Zuvor flogen sie zum vorbereitenden Bombardement aus, während US Marine und Army sich bemühten, den extrem hartnäckigen Widerstand, den die Japaner von aus Baumstämmen und Korallen gefertigten Bunkern leisteten, zu beseitigen.

Japan revanchierte sich mit einem Bombenangriff auf die US-Einheit, wobei ein leichter Träger von einem Torpedo beschädigt wurde. Der Geleitträger USS „Liscombe Bay" wurde von einem japanischen U-Boot versenkt. Infolge der auf den winzigen Inseln gemachten Erfahrungen wurden Landungsstrände von nun an heftiger bombardiert, manchmal schon Monate vor der geplanten Operation.

CURTISS SB-2C HELLDIVER
Die Helldiver starteten zu ihren Kampfeinsätzen am 11. November 1943 von der USS „Bunker Hill"; an diesem Tag griffen US-Flugzeuge den großen japanischen Stützpunkt in Rabaul auf den Salomoninseln an.

Flugzeugträger im Pazifik

BRUCHLANDUNG
Die Landung auf einem Flugzeugträger war stets riskant. Diese F6F Hellcat machte eine Bruchlandung auf dem Deck der USS „Enterprise" und der Offizier am Katapult, Lt Walter Chewning, klettert an der Seite hoch, um den Piloten, Ensign Byron Johnson, in Sicherheit zu bringen.

TRÄGERKRIEG IM PAZIFIK
In den Pazifikoffensiven des Jahres 1944 kamen die Flugzeugträger voll zur Geltung. Die Japaner, deren Versorgungslinien überspannt waren, wussten nie, wann und wo eine alliierte Trägereinheit auftauchen und Inselgarnisonen beschießen würde.

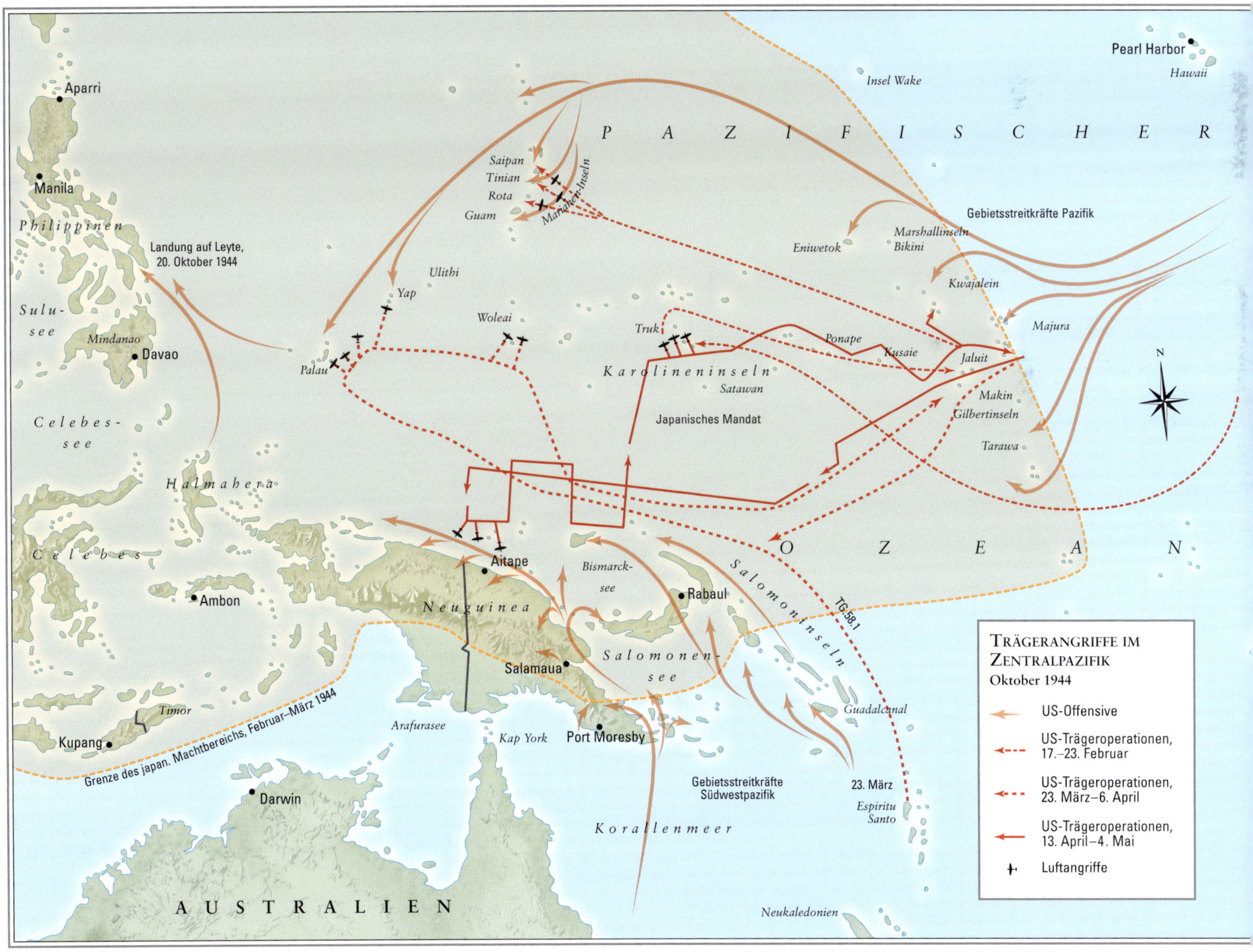

TRÄGERANGRIFFE IM ZENTRALPAZIFIK
Oktober 1944

- US-Offensive
- US-Trägeroperationen, 17.–23. Februar
- US-Trägeroperationen, 23. März–6. April
- US-Trägeroperationen, 13. April–4. Mai
- Luftangriffe

Die größten Luftkriege

„TRUTHAHNJAGD" AUF DEN MARIANEN

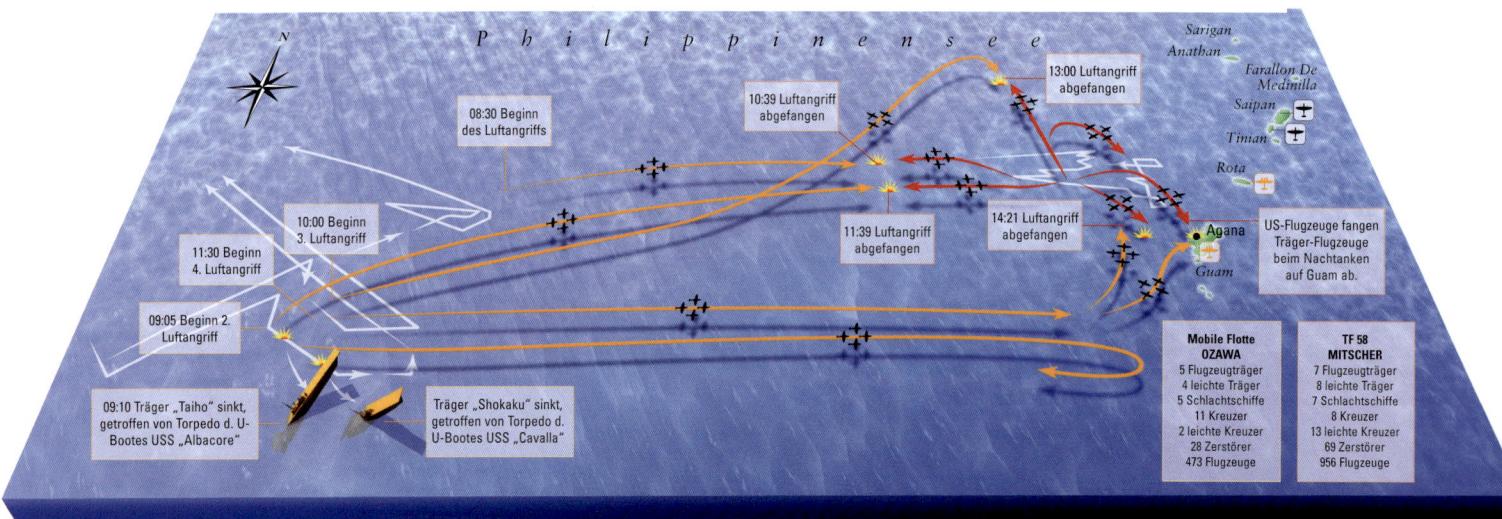

SCHLACHT IN DER PHILIPPINENSEE, ERSTE PHASE
19. Juni 1944

- Japanische Flugbewegung
- US-Flugbewegung
- Flugfeld

HELLCATS AN DECK
Die Grumman F6F Hellcat war für 75 Prozent aller Luftsiege der US Navy im Pazifik verantwortlich: 5163 Luftsiege bei einem Verlust von nur 270 Hellcats – ein Abschuss-Verlust-Verhältnis von 19 zu 1.

Zwischen 19. und 21. Juni 1944 fand vor den Marianeninseln die größte Trägerschlacht des Zweiten Weltkriegs statt, die wegen ihres einseitigen Verlaufs als „Turkey Shoot" („Truthahnjagd") in die Geschichte einging. Nachdem sie die Lücken, die Midway und Korallenmeer in ihren Reihen hinterlassen hatten, aufgefüllt hatte, war die japanische Marine wieder bereit für eine Offensive. Das Oberkommando plante Operation „A-Go", einen Angriff träger- und landgestützter Flugzeuge auf die US-Flotte, die eben ihren „Island-Hopping"-Feldzug begann.

Der Beginn der „Truthahnjagd"

Kommandant der japanischen Angriffsstreitmacht war Vizeadmiral Jisaburo Ozawa. Seine Flotte bestand aus fünf Flottenträgern, darunter das Flaggschiff „Taiho", vier leichte Träger und Geleitschiffe. Als die USA am 15. Juni mit der Invasion von Saipan begannen, ergriff Ozawa seine Chance und fuhr in die westliche Philippinensee.

Ozawas Verband wurde von US-U-Booten erspäht, und Admiral Marc Mitscher, der Kommandant der Task Force 58, welche die Invasion deckte, wollte sofort angreifen. Sein Vorgesetzter, Admiral Raymond Spruance, befahl ihm jedoch, nur defensiv zu kämpfen und alle japanischen Versuche, in das Invasionsgebiet vorzudringen, zu unterbinden. Am Morgen des 19. Juni begannen die US-Träger, mit Luftpatrouillen nach der feindlichen Flotte zu suchen; das Gleiche taten die Japaner. Als ein japanisches Flugzeug TF 58 sichtete und dessen Position an Ozawa weitergab, befahl dieser einen Angriff landgestützter Flugzeuge aus Guam. Diese Flugzeuge wurden vom US-Radar ausgemacht, worauf Grumman F6F Hellcats von der USS „Belleau Wood" zum Abfangen aufstiegen. Die Japaner waren eben erst dabei, sich zu formieren, und verloren 35 der 50 in Guam gestarteten Maschinen.

Als auf dem Radar eine größere Formation auftauchte, die sich von Westen näherte – der erste Angriff von den japanischen Flugzeugträgern –, wurden die Hellcats zu ihrem Schiff zurückbeordert. Sofort ließen die US-Träger all ihre Jäger aufsteigen, um die japanischen Torpedobomber mit ihren „Zero"-Geleitjägern abzufangen, die sich 120 km vor TF 58 neu formierten. Dies gab den US-Maschinen Zeit, sich den Höhenvorteil zu verschaffen und die Japaner anzugreifen. Sie schossen 41 der 68 Flugzeuge vom Himmel. Einige japanische Flugzeuge kamen jedoch durch und attackierten den US-Geleitschutz, wobei sie die USS „South Dakota" beschädigten, aber nicht außer Gefecht setzten.

„Truthahnjagd" auf den Marianen

Noch am gleichen Vormittag griffen die Japaner erneut an, diesmal mit 109 Flugzeugen. Dank Radarsichtung konnten die US-Jäger rechtzeitig aufsteigen und die Angreifer 100 km vor TF 58 abfangen. 70 japanische Maschinen wurden abgeschossen; einige, die durchkamen, griffen die USS „Enterprise" an. Sie verfehlten sie nur knapp, wurden jedoch selbst Opfer heftigen Flak-Feuers. Von ihren 109 Flugzeugen verloren die Japaner 97.

Ein dritter japanischer Angriff mit 47 Maschinen traf abermals auf eine starke Hellcat-Jagdstaffel. Unter geringen Verlusten wurden sie zum Umkehren gezwungen. Auch eine vierte Angriffsformation startete, konnte die Task Force wegen falscher Koordinaten jedoch nicht lokalisieren. Sie teilte sich auf, um auf den Flugfeldern auf Rota und Guam nachzutanken. Die Rota anfliegenden Piloten trafen zufällig auf die US-Träger „Bunker Hill" und „Wasp" und griffen sofort an, verursachten jedoch keinerlei Schäden. Die nach Guam fliegenden Maschinen wurden von patrouillierenden Hellcats gesichtet und in Stücke gerissen. Während dieser Luftgefechte sichtete das U-Boot USS „Albacore" Ozawas Flaggschiff „Taiho" und torpedierte es. Nach einer gewaltigen Explosion sank sie. Ein weiteres U-Boot erspähte die „Shokaku" und traf mit drei Torpedos in ihre Seite. Auch sie explodierte und sank.

TF 58 ergriff nun die Initiative und fuhr auf der Suche nach dem Rest der japanischen Flotte nach Westen. Diese wurde am Nachmittag des 20. Juni gesichtet; Mitscher befahl, sofort anzugreifen, auch wenn seine Piloten dann bei Dunkelheit zurückkehren mussten. Um 18.30 Uhr verließen 216 Flugzeuge den Verband, um die Japaner zu attackieren. Der japanische Flugzeugträger „Hiyo" wurde getroffen und versenkt, drei weitere Träger schwer beschädigt. Danach kehrten die US-Maschinen zu ihren Einheiten zurück. Da fast vollständige Dunkelheit herrschte, befahl Mitscher, alle Lichter anzuschalten, auch wenn sein Verband dann für japanische U-Boote sichtbar war. Man verlor insgesamt 80 Flugzeuge, einige davon im Kampf, andere bei Landeunfällen auf dem Deck der Flugzeugträger, einige, weil sie über das Deck hinausflogen und im Wasser landeten. Die Japaner zogen sich hastig zurück. Mitscher wollte sie unbedingt verfolgen, doch abermals überstimmte in Spruance. Er erklärte den Kampf für beendet und schickte Mitscher wieder zum Schutz der Invasionstruppen nach Saipan.

HELLCAT-PILOTEN
In den Gesichtern dieser fröhlichen Hellcat-Piloten der US Navy spiegeln sich Selbstvertrauen und Kompetenz. Bis Mitte 1944 hatte die japanische Marine ihre besten Jagdpiloten verloren; ersetzt wurden sie durch hastig ausgebildete Piloten, die mit dem Können ihrer amerikanischen Gegner in keiner Weise mithalten konnten.

SCHLACHT IN DER PHILIPPINENSEE, ZWEITE PHASE
20.–21. Juni 1944

← US-Flugbewegungen
✠ Flugfelder

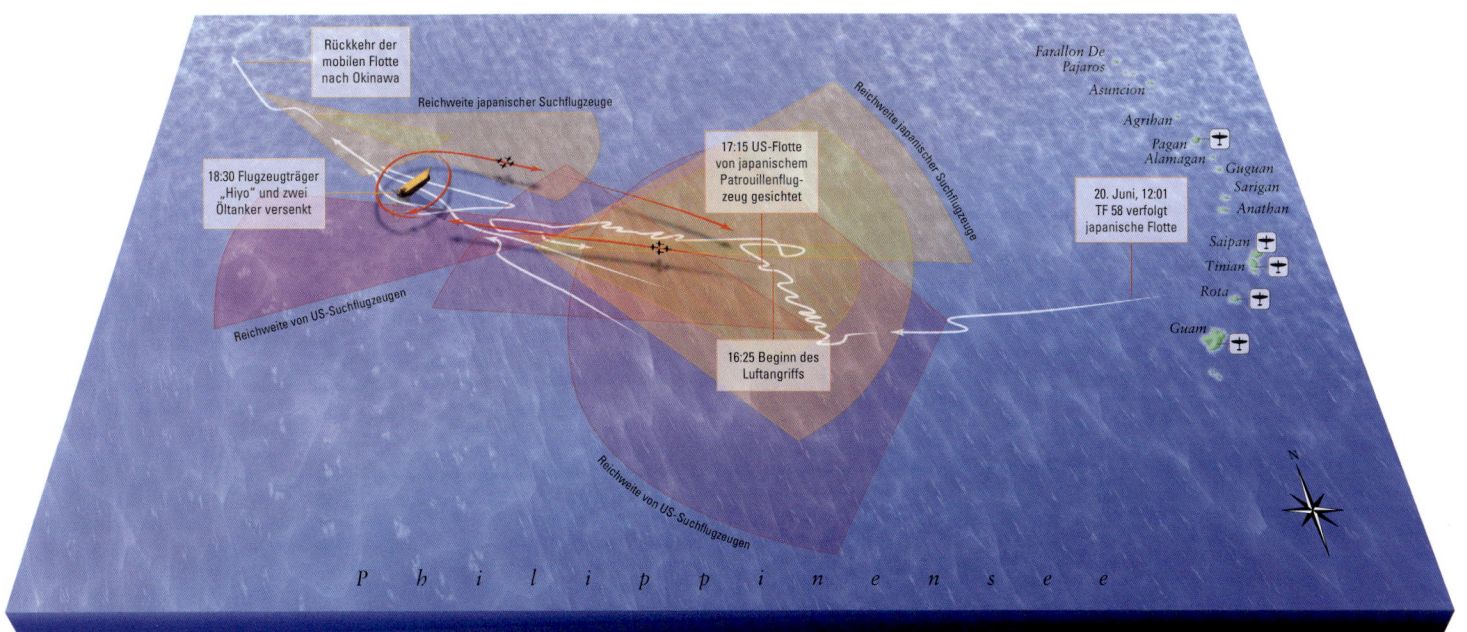

Die größten Luftkriege

DER „ISLAND-HOPPING"-FELDZUG

Nach den Luftangriffen auf den japanischen Stützpunkt in Rabaul landeten US Marines und US Army auf den Pazifikinseln, die zum äußeren Verteidigungsring Japans geworden waren. Zuerst wurden die Gilbert- und die Marshallinseln angegriffen, kleine Atolle etwa in der Mitte zwischen Pearl Harbor auf Hawaii und der Nordküste von Papua-Neuguinea, dann kamen die Marianen dran. Die heftigen Luftkämpfe, die hier stattfanden, stärkten das Selbstvertrauen der US-Piloten enorm und zeigten Japan, was es noch zu erwarten hatte. Danach wurde die Insel Palau attackiert, dann die Philippinen, wo erstmals eine neue japanische Taktik zur Anwendung kam: Kamikaze, der absichtliche Absturz eines Flugzeugs auf einem US-Schiff. Diese Methode eskalierte in der Schlacht um Iwo Jima und erreichte ihren schrecklichen Höhepunkt vor der Küste von Okinawa.

US Marines und US Army griffen im November 1943 die Inseln Tarawa und Makin an, wo sie nach dem Bombardement der Inseln aus der Luft und amphibisch landeten. Träger wurden auch als Deckung gegen einen Angriff im Nordwesten ausgeschickt. Die beiden Inseln waren rasch erobert, wobei der einzige große Verlust die Versenkung des Flugzeugträgers USS „Liscombe Bay" durch ein U-Boot am 23. November darstellte.

Mitten ins Herz der japanischen Manöver

Truk, das zu den Karolineninseln in Mikronesien gehört, war mit Flugfeldern und einem großen Hafen Japans wichtigster Stützpunkt in der Region. Hier griff der Trägerverband von Admiral Raymond Spruance an. Piloten der US Navy beschossen die Flugfelder und zerstörten den Großteil der japanischen Flugzeuge auf dem Boden. Die japanischen Verluste betrugen an die 300 Maschinen, die der USA nur 25.

Dann ergriff General Douglas MacArthur die Initiative zur Rückeroberung der Philippinen. Die US-Truppen landeten zuerst auf Leyte und rückten dann nach Luzon vor, wo sie einen großen Luftstützpunkt sichern konnten. Inzwischen starteten die Japaner die Operation „A-Go", die vorsah, dass die verbliebenen japanischen Flugzeugträger versuchten, die US-Träger von den Landtruppen wegzulocken, damit zwei andere japanische Verbände leichter angreifen konnten. Ein japanischer Verband wurde im Golf von Leyte in eine Seeschlacht verwickelt, deren gewaltige Ausmaße einzigartig blieben. Außerdem wurde die japanische Trägerflotte von Trägerflugzeugen abgefangen; die US-Piloten versenkten vier Träger, darunter die „Zuikaku", eine Überlebende des Angriffs auf Pearl Harbor.

In der Zwischenzeit hatte ein japanisches Schlachtschiff mit Kreuzergeleit die San-Bernardino-Straße durchfahren und näherte sich mit großem Tempo der Invasionsflotte. Im Weg standen ihnen nur drei „Taffy"-Einheiten, bestehend aus leichten Trägern und Zerstörern. Die gewaltigen Kanonen des japanischen Schlachtschiffs und der Kreuzer waren in der Lage, die nur leicht gepanzerten Eskortträger auszulöschen. Doch die US-Zerstörer griffen sofort an und torpedierten die japanischen Schiffe, während die Träger ein paar Bomber und sogar Grumman-F6F Wildcat-Jäger zum Angriff ausschickten. Angesichts dieses Ansturms dachten die Japaner, sie hätten es mit einer weit größeren Streitmacht zu tun, und zogen sich zurück. Dank der Tapferkeit der US-Zerstörerbesatzungen und jener Piloten, die unablässig angegriffen hatten, wurde eine scheinbar sichere Niederlage abgewendet.

Eine schreckliche neue Taktik

Am 9. Januar 1945 begann der alliierte Angriff auf Luzon. Was zunächst als isolierter Vorfall erschien, häufte sich: die absichtliche Kollision japanischer Flugzeuge mit alliierten Kriegsschiffen. Der Kreuzer HMAS „Australia" wurde fünfmal von einem Selbstmörderflugzeug getroffen und musste umfangreich repariert werden. Sie war eines der vielen Opfer dieser wahnsinnigen neuen Angriffsmethode.

Die Kamikaze-Angriffe erreichten vor Okinawa und Iwo Jima einen traurigen Höhepunkt. Japan bildete spezielle Geschwader für diese Aufgabe aus, die viele japanische Piloten mit Stolz übernahmen. Die Flugzeuge wurden zum Kampfschauplatz eskortiert, dann wählten die Piloten sorgfältig ihr Ziel aus. Im Sturzflug flogen sie durch Flak-Feuer und versuchten, das Schiff zu treffen. Wenn sie erfolgreich waren, richteten sie enorme Schäden an, die oft durch brennenden Treibstoff verschlimmert wurden. Bei Okinawa konzentrierten sich die Kamikaze zunächst auf die mit Radar ausgestattete Zerstörerkette, die der Flotte als Frühwarnsystem diente. Dann versenkten sie zahlreiche Schiffe der US-Flotte, was die Kampfmoral der Alliierten untergrub. Dies zeigte den alliierten Kommandanten, dass die Eroberung Japans sehr kostspielig sein würde.

Der „Island-Hopping"-Feldzug

Zu den heftigsten Gefechten im Rahmen des „Island-Hopping"-Feldzugs kam es im September 1944, als die „US Fast Carrier Task Force" die Landungen im Zentral- und Südwestpazifik auf Palau, Morotai, Peleliu, Angaur und Ulithi unterstützte. Viele Luftangriffe richteten sich gegen Flugfelder, militärische Einrichtungen und Schiffe im Zentralpazifik sowie Schiffe vor den Philippinen. In diesem Monat zerstörten Trägerflugzeuge 893 feindliche Flugzeuge und versenkten 67 Schiffe zu insgesamt 224.000 Tonnen.

DER „ISLAND-HOPPING"-FELDZUG 1943–45

- ← Alliierte Vorstöße
- Von Japan besetzte Gebiete
- Ungefähre Reichweite der japanischen Verteidigung

Die größten Luftkriege

DIE LÜCKE SCHLIESST SICH: Patrouillen im Atlantik

ANTI-U-BOOT-LIBERATOR Erst nach der Stationierung seegestützter Flugzeuge wie Consolidated B-24 Liberator und PBY Catalina mit extremer Reichweite, die gemeinsam mit Jägerkiller-Gruppen operierten, begann sich das Blatt im Atlantik zugunsten der Alliierten zu wenden.

Zu Beginn des Zweiten Weltkriegs war die Küstenwache der am schlechtesten ausgestattete Teil der RAF. Eifersüchtig horteten die „Bomberbarone" des Bomber Command ihre Langstreckenbomber für Einsätze in Deutschland, obwohl sie dringend als Geleitschutz für Atlantikkonvois benötigt wurden. Als die Deutschen durch Europa marschierten und Atlantikhäfen in Norwegen und Westfrankreich eroberten, besaß das Coastal Command kaum etwas, mit dem es alliierte Konvois vor der U-Boot-Gefahr beschützen konnte.

Es hatte allerdings die Short Sunderland, ein massives, robustes Flugzeug, das ziemlich viele Treffer einstecken konnte, bevor es ausfiel. Ihr zur Seite stand die Avro Anson, obwohl deren Reichweite nicht gerade groß war, sowie die Lockheed Hudson mit beeindruckender Reichweite und Waffentraglast. Letztere war ein Produkt des Lend-Lease-Vertrags zwischen Großbritannien und den USA. Diese Flugzeuge und ihre Besatzungen zeichneten sich in der Anfangszeit des Krieges durch gute Leistungen aus, doch mit ihren beschränkten Kapazitäten konnten sie nur einen winzigen Teil des riesigen Atlantiks abdecken. Immer mehr Frachtschiffe wurden versenkt und Großbritannien drohte, von seiner Versorgung abgeschnitten zu werden.

Verbesserte Reichweite

Bei den Verlusten spielte mangelnde Reichweite eine große Rolle. Da keine RAF-Maschine in der Lage war, in der Mitte des Atlantiks längere Zeit Patrouille zu fliegen, erlegten die deutschen U-Boote dort ungestraft ihre Beute. 1941 lieferten die USA endlich die Consolidated B-24 VLR (Very Long Range) Liberator aus und stärkten damit das Coastal Command. Außerdem wurden effektive Waffen zur Abwehr von U-Booten entwickelt. Wasserbomben, die auf gewöhnlichen Sprengbomben beruhten, prallten oft von der Wasseroberfläche zurück, sodass das Flugzeug getroffen wurde, von dem sie abgeworfen worden waren. Verbesserte Versionen tauchten ein und explodierten in geringer Tiefe, in der Hoffnung, ein aufgetauchtes U-Boot zu erwischen und größtmöglichen Schaden anzurichten.

Ebenfalls neu war das ASV-Radar (Luft-Schiff-Radar). Damit konnte der Operator bei jedem Wetter, Tag und Nacht, jedes aufgetauchte Schiff „sehen". In Kombination mit den nun eintreffenden ehemaligen Maschinen des Bomber Command, wie Vickers Wellington und Armstrong-Whitworth Whitley, sowie den Liberators, stellten sich nun immer mehr Siege ein: Während weniger Frachter sanken, wurden die U-Boote zu Gejagten. Mit dem Leigh-Licht, einem starken Suchscheinwerfer, der auf den Küstenbombern montiert wurde, wurde es sogar möglich, U-Boote, die nachts auftauchten, um ihre Batterien zu laden, anzugreifen. Dies galt vor allem für den Golf von Biskaya, wo die U-Boote ausliefen, um im Mittelatlantik zu jagen. Jetzt mussten sie auf Tauchfahrt bleiben, was ihre Reichweite und Effektivität verringerte.

Ein weiteres Flugzeug im Arsenal des Coastal Command war die Boeing-17C Fortress. Das RAF Bomber Command hatte mit ihr als Tagbomber experimentiert und sie als unzulänglich beurteilt. Die meisten Maschinen gingen an ihr Schwesterkommando und wurden bald von der viel effektiveren Fortress II (B-17E) ersetzt. Da Portugal den Alliierten die Benutzung der Azoren gestattete, verschmälerten die B-17, die mit dem neuesten ASV-Radar operierten, die Kluft im Atlantik noch weiter.

Im weiteren Kriegsverlauf gewannen die Alliierten im Kampf auf den Wellen langsam die Oberhand –, sodass das Coastal Command, als es Bristol Beaufighters und de Havilland Mosquitoes erhielt, begann, mehr offensive Missionen zu fliegen. Diese Flugzeuge verfügten nicht nur über Bordkanonen und Maschinengewehre, sondern führten auch acht Raketen sowie einen Torpedo (nur Beaufighter) mit. Diese Waffen erwiesen sich gegen U-Boote, die das Unglück hatten, aufgetaucht erwischt zu werden, als extrem effektiv. Beaufighters und Mosquitoes waren um Einiges schneller als die anderen Modelle; daher hatten die U-Boote nun nicht mehr viel Zeit, ihre Furcht erregende Flugabwehr in Stellung zu bringen und anzuwenden. Die Flugzeuge kamen auch gegen Schiffe zum Einsatz, vor allem gegen Küstenfrachter. Häufig flogen sie in zwei Gruppen. Während eine Gruppe gegen das Flak-Feuer vorging, indem sie die Decks mit MG-Beschuss eindeckten, formierten sich die anderen zu einem präzisen Raketen- oder Torpedoangriff.

Bis Kriegsende zeichnete das Coastal Command für die Vernichtung von 200 U-Booten sowie 500 000 Schiffstonnen der Achsenmächte verantwortlich. Das U-Boot, das einstmals in den sogenannten „Wolfsrudeln" nahezu nach Belieben gejagt hatte, war unschädlich gemacht worden.

Die Lücke schließt sich: Patrouillen im Atlantik

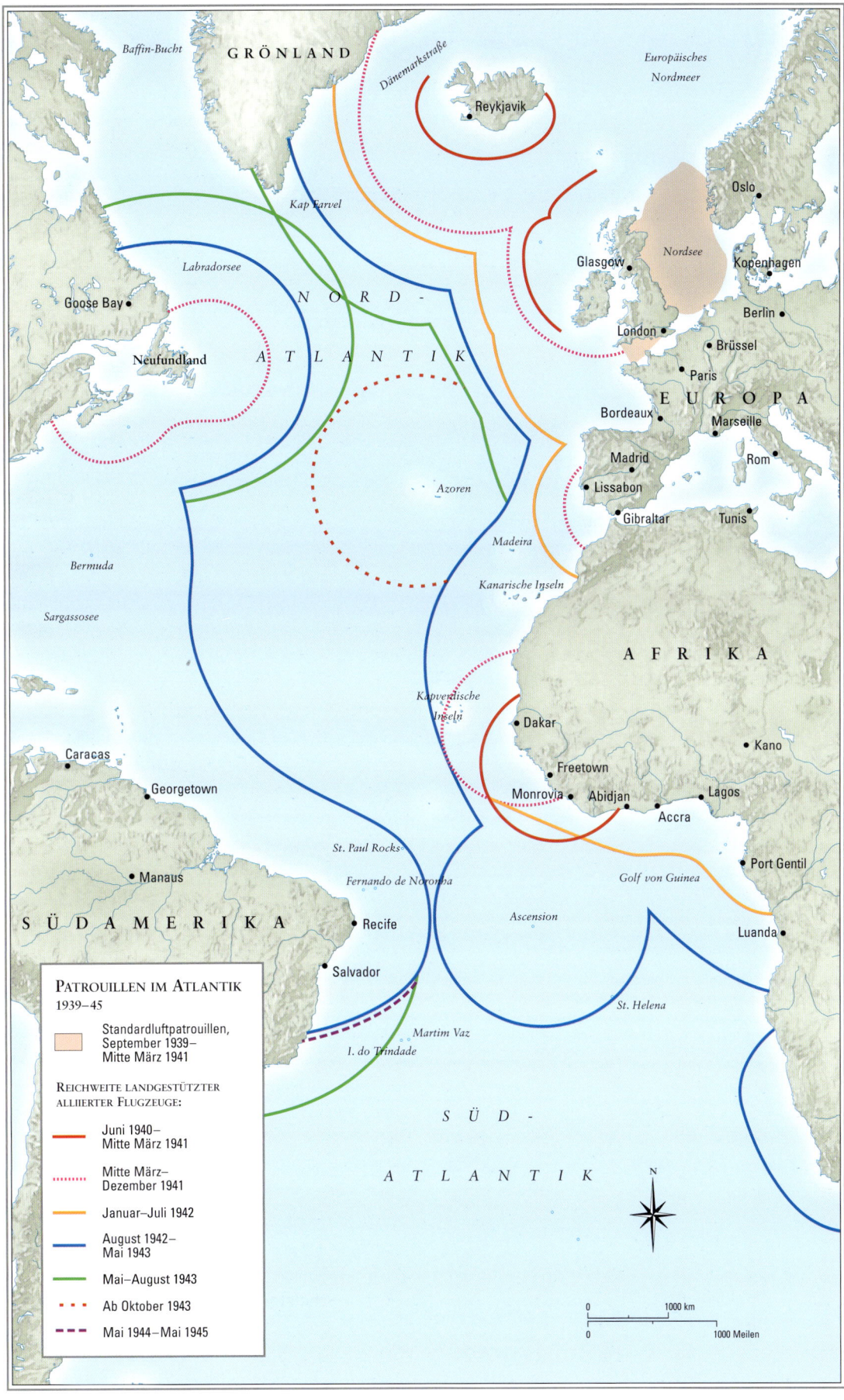

DIE LÜCKE IM ATLANTIK
In den ersten Kriegsjahren verloren die Alliierten die meisten Frachtschiffe in der Mitte des Atlantiks, wohin ihre Luftdeckung nicht reichte, sodass ein breiter, schutzloser Streifen entstand. 1943 wurde diese Lücke dank seegestützter Langstreckenflugzeuge wie Consolidated B-24 Liberator geschlossen; ab diesem Zeitpunkt sollten die U-Boote die größten Verluste verzeichnen.

Die größten Luftkriege

D-DAY: Der Angriff

*SPITFIRE MK.XVI
Diese Spitfire MK.XIV von „No. 453 Sqn Royal Australian Air Force" trägt die D-Day-Identifikationsstreifen. Das Foto stammt vom Vorabend der alliierten Landung in der Normandie.*

*HORSA GLIDER
Die Segelflugzeuge Airspeed AS.51 Horsa waren der Schlüssel zu den Luftlandungen in der Normandie. Diese hier gehörte dem „US IX Troop Carrier Command".*

Mit der Landung der Alliierten in Nordfrankreich 1944 wurden die Luftstreitkräfte erwachsen. Sie wurden eingesetzt, um feindliche Verbindungs- und Versorgungslinien zu unterbrechen, Abwehranlagen zu zerstören, Fallschirmjäger abzusetzen und Segler zu ziehen, Ablenkungsmanöver zu fliegen und U-Boot-Angriffe auf die Invasionsflotte zu unterbinden. All dies sollte stattfinden, während man versuchte, die Luftüberlegenheit zu bewahren und weiterhin taktische und strategische Bomberaufgaben zu übernehmen. Sämtliche Missionen unterstanden der „Allied Expeditionary Air Force" unter Air Chief Marshal Sir Trafford Leigh-Mallory.

Im Frühjahr 1944 wurden RAF Bomber Command und USAAF Eighth Air Force von der Aufgabe, das Herz Deutschlands und seiner Industriezentren zu bombadieren, entbunden – sehr zum Missfallen ihrer Kommandanten, Sir Arthur Travers Harris bzw. Carl Andrew Spaatz. Sie sollten an dem von Professor Solly Zuckerman entworfenen „Transportation Plan" mitwirken, indem sie von Deutschen besetzte Eisenbahnnetze, Rangierbahnhöfe und Brücken angriffen, um die Invasion vor deutschen Verstärkungen zu schützen. Es kam zu Angriffen von Westdeutschland über Nordeuropa bis in die Bretagne. Um jeden Hinweis auf die Landungszone zu vermeiden, wurden viermal mehr Bomben außerhalb der Zone abgeworfen als innerhalb. Schwere Bomber attackierten Verschiebebahnhöfe und Ersatzteillager, während mittelschwere und Jagdbomber der Ninth Air Force und der 2. Tactical Air Force Präzisionsangriffe auf Brücken und Züge absolvierten. Am D-Day waren von 2000 verfügbaren Lokomotiven 1500 zerstört oder in Reparatur. Fast alle Brücken über die Seine, über die Verstärkungen hätten anrücken können, waren zerstört.

Neben diesen Angriffen wurden Jagdbomber, meist de Havilland Mosquitoes, Hawker Typhoons oder Lockheed P-38 Lightning, gegen deutsche Radaranlagen in Nordfrankreich und Belgien ausgeschickt. Diese wurden heftig verteidigt und dem Flak-Feuer fielen zahlreiche Angreifer zum Opfer. Trotzdem war am D-Day keine einzige der Anlagen in der Invasionszone funktionsfähig.

Am Vorabend des D-Day, des 5. Juni, starteten Hunderte Transportflugzeuge; einige davon schleppten Segelflugzeuge, welche die 6. Airborne Division zum Schutz der Ostflanke der Invasion absetzten, sowie die 82. und 101. Airborne Division zum Schutz der Flanke im Westen und der Fluchtrouten von Utah Beach. Außerdem landete Großbritannien eine kleine Truppe, welche die Brücken über die Orne und den Orne-Kanal besetzen sollte. Nach dem Transport in hölzernen Horsa-Gleitern landeten die Soldaten knapp nach Mitternacht am 6. Juni in völliger Dunkelheit nur wenige Meter von ihren Zielen entfernt. Beide Brücken wurden mit minimalen Verlusten eingenommen. Andere Fallschirmjäger im Ostsektor landeten weit verstreut; dadurch wurden viele Aufgaben von sehr wenigen Männern durchgeführt. Trotzdem waren sie am Morgen, dem Tag der Invasion, alle erfüllt.

Die US-Divisionen im Westen wurden mit Douglas C-47 vom US IXth Troop Transport Command eingeflogen. Sie näherten sich vom Westen, überflogen die Halbinsel Contentin und gerieten, kaum

D-Day: Der Angriff

dass sie aufs Festland trafen, in tiefe Wolken und heftigen Flak-Beschuss. Die meisten Piloten hatten keine Kampferfahrung und brachen aus ihren engen Formationen aus, um der Flak zu entgehen und gleichzeitig nicht mit ihren Kameraden zu kollidieren. Dadurch wurden abermals zwei Divisionen weit verstreut, doch auch in diesem Fall zeigten die Fallschirmjäger ihr Können: Der Großteil der Missionen wurde trotzdem erfolgreich durchgeführt.

Während die Infanteristen auf den Schiffen die Transportfahrzeuge bestiegen, bombardierte die Ninth Air Force die Bunker, Stellungen und Stacheldrahtverhaue an den Landungsstränden. Man hoffte, die Verteidiger dadurch in Schach zu halten, während die Infanterie landete, und dass die Bombenkrater den Landenden Schutz boten. Aus Angst, die eigenen Leute zu treffen, fielen viele Bomben weit landeinwärts, verfehlten die Abwehranlagen und erzeugten keine schützenden Krater. Dieses Versagen des vorbereitenden Bombardements zeigte sich vor allem an Omaha-Beach, wo die 1. und die 29. US-Division auf eine entschlossene und nun voll aktive deutsche Abwehr trafen.

Während die Bodentruppen versuchten, an der Küste Nordfrankreichs Fuß zu fassen, wurden sie kaum aus der Luft angegriffen, auch nicht die Invasionsflotte, die vor der Küste lag. Ständige Luftpatrouillen verhinderten, dass deutsche Jäger durchkamen. Außerdem konnten die U-Boote aus Angst vor einem Angriff nicht in die Seine-Bucht einlaufen. Die Alliierten hatten die völlige Luftüberlegenheit und hielten diese auch für den Rest des Feldzugs.

LUFTDECKUNG AM D-DAY

In den 24 Stunden des D-Day flogen die alliierten Luftstreitkräfte 14 674 Einsätze und verloren dabei 113 Flugzeuge. Unmittelbar über der Invasionsflotte flogen die P-38 des „US Eighth Fighter Command" Kampfpatrouillen, wobei das Doppelheck der Lightning für die Marineschützen leicht zu erkennen war. Neun Spitfire-Geschwader deckten die Strände, während Typhoons und Mustangs der „2. Tactical Air Force" gemeinsam mit Mustangs, Thunderbolts und Lightnings des „Ninth Tactical Air Command" bewaffnete Aufklärungsflüge ins Landesinnere absolvierten.

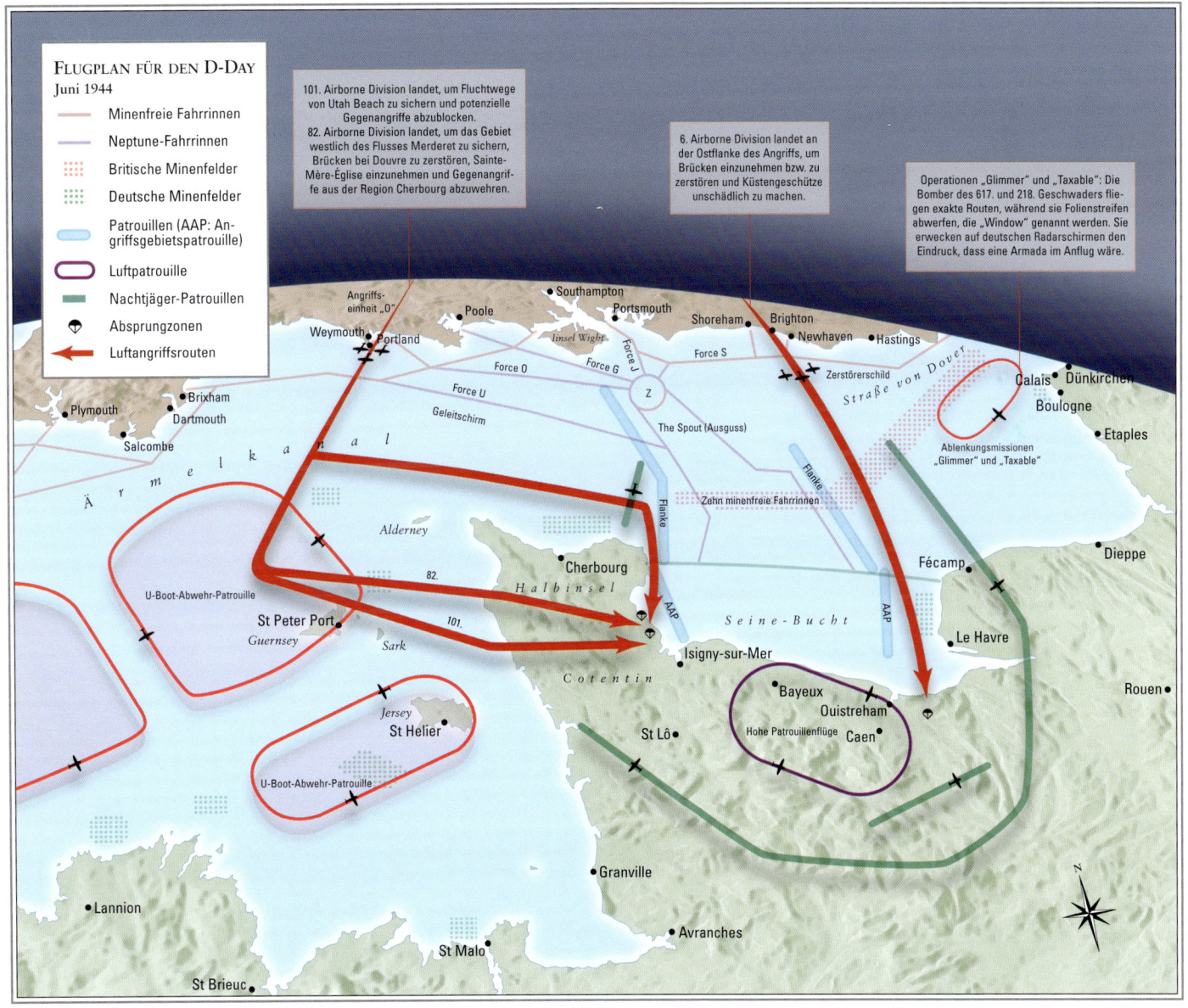

Die größten Luftkriege

D-DAY: Die Nachwirkungen

RAKETENBEWEHRTE TYPHOON
Mit Raketen bestückte Typhoons spielten bei der Unterstützung der vorrückenden Bodentruppen eine große Rolle, vor allem bei der Zerstörung feindlicher Panzereinheiten.

KRÄFTEVERTEILUNG
Die Verteilung der vorgelagerten Operationsbasen in der Normandie gestattete Jägern und Jagdbombern, längere Zeit über den Kampfschauplätzen zu verweilen.

Nun, da sie in der Normandie Fuß gefasst hatten, mussten die Alliierten die Initiative behalten und den Druck auf Deutschland verstärken. Die Flotte, die Versorgungsgüter für den Vorstoß lieferte, benötigte Schutz vor Angriffen aus der Luft und von See her, die Truppen brauchten Luftunterstützung und die Flugzeuge selbst benötigten Schutz, um nicht abgefangen zu werden. All diese Aufgaben erfüllten die Männer und Maschinen der alliierten Expeditionsluftstreitkräfte gemeinsam mit ihren Brüdern der Eighth Air Force und Bomber Command.

Angriffe der Luftwaffe zurückgeschlagen

Vom ersten Tag der Invasion an versuchte die deutsche Luftwaffe, die vor der Küste liegende Flotte anzugreifen, um Truppen und Vorräte zu vernichten. Wegen der häufigen Patrouillenflüge der Supermarine Spitfires und North American Mustangs kamen nur wenige Angreifer durch, und wer durchkam, wurde von gewaltigen Geschützbatterien empfangen. Deutschland experimentierte auch mit Gleitbomben, die man im Mittelmeer mit mäßigem Erfolg eingesetzt hatte, doch keine dieser Waffen traf; das zugehörige Flugzeug kehrte meist nicht zurück.

Die Alliierten gaben der Errichtung vorgelagerter Landestreifen Priorität, zuerst, um beschädigte Flugzeuge zu retten, die es nicht mehr über den Kanal schafften. Schließlich wurden daraus vorgelagerte Operationsbasen für mehrere Geschwader pro Flugfeld. Am 13. Juni starteten die ersten Einheiten von diesen Basen. Dadurch konnten alliierte Flugzeuge schneller, ohne den Ärmelkanal zu überqueren, auf Informationen und Angriffe reagieren und sie konnten länger am Kampfschauplatz bleiben.

Zum „Transportation Plan" gehörten auch Jagdbomber-Patrouillen, die feindliche Bewegungen hinter der Front attackierten. Besonders erfolgreich waren dabei Hawker Typhoons der RAF und Republic Thunderbolts der USAAF. Beide Modelle waren mit Bomben oder Raketen bestückt und wurden von der Wehrmacht auf den schmalen Landstraßen der Normandie gefürchtet. Wenn sie einen Konvoi sichteten, zerstörten sie das erste und das letzte Fahrzeug, sodass sie dann den Feind in der Falle nach Belieben ausschalten konnten. Außerdem flogen sie Bodenunterstützungsmissionen. Mit einer der Infanterie zugeordneten fliegenden Vorhut und einer direkten Funkverbindung zu den Piloten konnten einzelne Ziele erfasst und zerstört werden.

RAF Bomber Command und Eighth Air Force wurden erstmals zur direkten Bodenunterstützung eingesetzt. Bei Operation „Goodwood", dem Vorstoß der Briten und Kanadier nach Caen, ebneten 2000 Bomber der Infanterie den Weg. Obwohl sie zuerst wie gelähmt und viele ihrer Panzer zerstört waren, hatten sich die Deutschen gut verschanzt und waren bald wieder kampffähig. Außerdem hatten die alliierten Panzerfahrzeuge nach dem Gemetzel Probleme mit Kratern und Schutt. Noch dazu warf die Eighth Air Force bei Operation „Cobra", dem Ausbruch der US-Truppen vom Strand, einige Bomben falsch ab und tötete zahlreiche eigene Soldaten.

Trotzdem war die taktische Unterstützung der Jagdbomber hier geradezu beispielhaft, vor allem beim letzten deutschen Gegenangriff in Mortain. Die US-Soldaten riefen angesichts eines massiven Panzerangriffs die raketenbestückten Typhoons zu Hilfe, die mehr als 100 deutsche Panzer zerstörten und den Angriff stoppten. Dieselben Flugzeuge richteten noch größere Schäden an, als sich die Deutschen aus dem Kessel bei Falaise zurückzogen: Hunderte Panzer, Tausende andere Fahrzeuge und ungezählte Soldaten fielen ihnen zum Opfer.

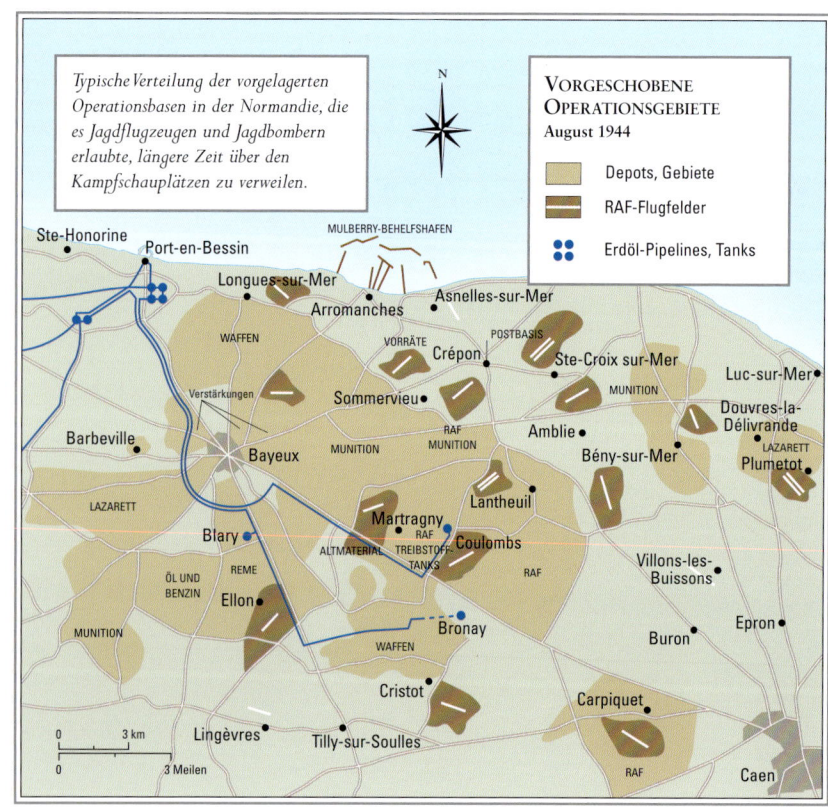

TYPHOON-ANGRIFF AUF DEUTSCHEN KONVOI

Die größten Luftkriege

„MARKET GARDEN" UND „VARSITY": 1944–45

*„MARKET GARDEN"
In den Wochen nach dem D-Day wurden in Nordwesteuropa nicht weniger als 16 alliierte Luftlandeoperationen eilig geplant und ebenso hastig verworfen. „Market Garden" war Nummer 17. Ziel war, dass die „First Allied Airborne Army" vor dem XXX. Korps einen „Luftlandeteppich" legen sollte, um die wichtigsten Fluss- und Kanalbrücken zu erobern und zu sichern. „Market" heißt der Luftlandeteil, „Garden" der Vorstoß auf dem Boden.*

Während die Alliierten quer durch Frankreich der deutschen Grenze entgegeneilten, spannten sich ihre Versorgungslinien bis zu den Stränden der Normandie und dem Hafen Cherbourg auf der Halbinsel Contentin zurück. Da die Vorräte nur für einen Vorstoß an der gesamten Front reichten, ersann Field Marshal Bernard Montgomery einen gewagten Plan. Die für Mitte September 1944 geplante Operation „Market Garden" sollte Übergänge über zahlreiche Flüsse in Südholland sichern. Dann stünde der Rhein, das Tor zur deutschen Industrie, offen.

Es war geplant, drei Luftlandedivisionen abzusetzen, die diverse Querungen besetzen sollten, wobei die letzte und am weitesten von der Front entfernte die Brücke über den Rhein bei Arnheim sein sollte. Die britische 1. Airborne Division sollte die Brücke halten, während eine Panzerkolonne auf dem Weg, der von den anderen beiden Luftlandedivisionen, der 82. und 101. US, gesichert wurde, heranrollte. Die erfahrene 82. und 101. wurden vom IX. „Troop Carrier Command" befördert, das ein paar Monate zuvor schon über der Normandie Blut geleckt hatte. Das „RAF Transport Command" übernahm die britische 1. Airborne Division und die polnische 1. Fallschirmbrigade. Beide Kommandos verwendeten Douglas C-47, doch die Briten setzten auch ehemalige Bombermodelle wie die Short Stirling ein, um Segler zu schleppen. Für das britische Kontingent waren nicht genügend Flugzeuge verfügbar, daher landete am ersten Tag nur die Hälfte der Männer. Der Rest folgte mit der polnischen Brigade am nächsten Tag. Das bedeutete, dass ein Teil der zuerst Abgesetzten in der Landezone bleiben musste, um sie zu sichern, und nur relativ wenige Soldaten auf die Brücke, das Hauptziel, vorrückten.

Schweres Geleit

Am Tag des Absprungs erhielten die Truppentransporter schweres Geleit in Form von 1200 Jägern. Supermarine Spitfires übernahmen die Deckung, während de Havilland Mosquitoes und Hawker Typhoons Flak-Stellungen unter Beschuss nahmen. Die Verluste über der Landezone waren relativ gering; die meisten Verwundeten waren schlecht gelandet

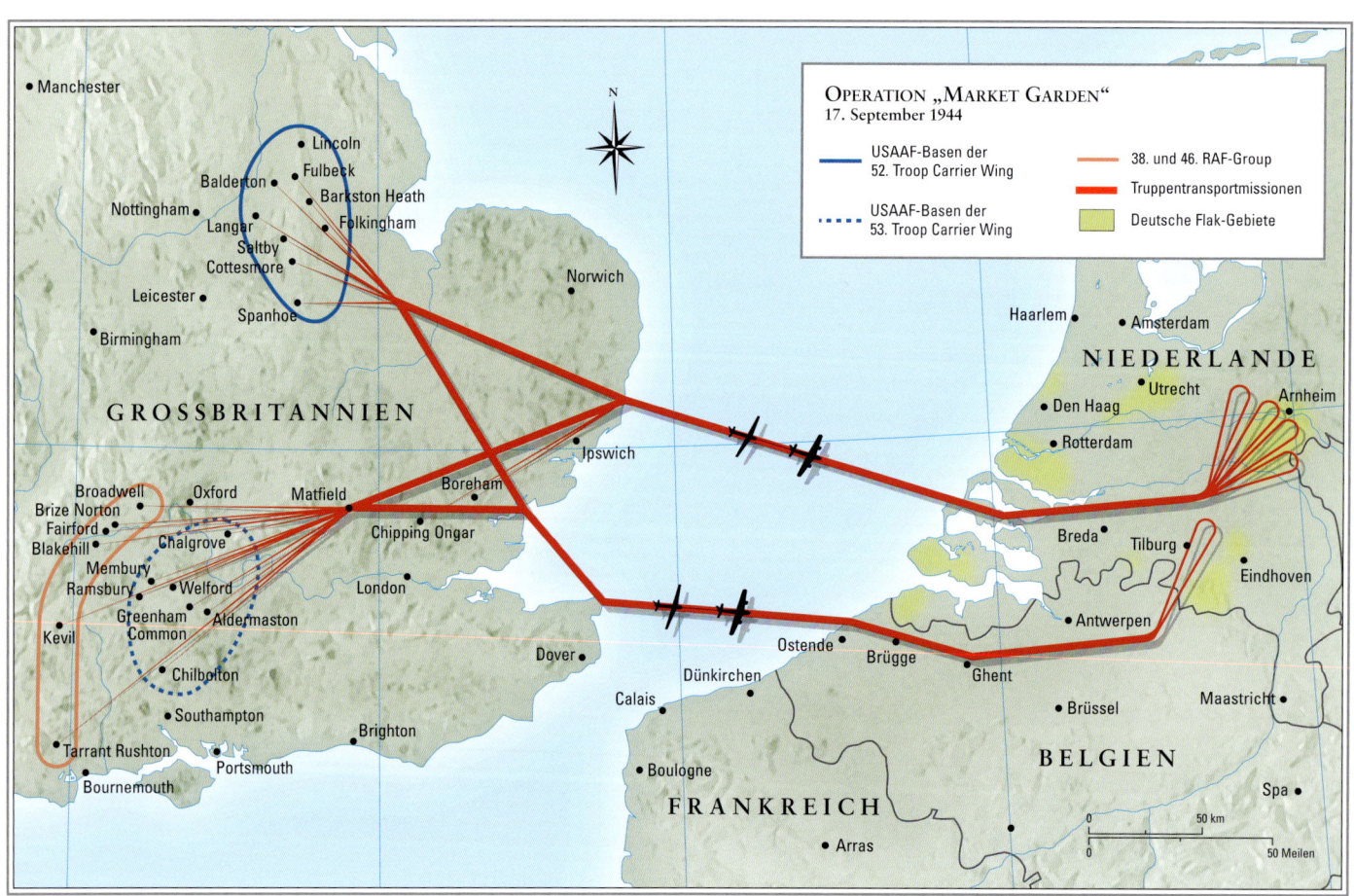

LUFTGESTÜTZTER ANGRIFF
Im Zuge der Operation „Market Garden" springen britische Fallschirmtruppen aus C-47 ab, während Horsa-Segelflugzeuge schwere Ausrüstung am Stadtrand von Arnheim absetzen.

oder Segelflieger, die eine Bruchlandung hingelegt hatten. Die 101. sicherte ihre Ziele rasch, bis auf eines – die Brücke über den Wilhelmina-Kanal wurde gesprengt. Dieses Problem löste man mit einer Bailey-Brücke, die von der vorrückenden Panzerkolonne des XXX. Korps errichtet wurde. Die 82. nahm den Großteil von Nijmegen ein, doch die beiden Hauptübergänge blieben in deutscher Hand, was den Vormarsch weiter verlangsamte.

Die Briten hatten das Nordende der Brücke erreicht, konnten aber nicht übersetzen. Die Deutschen gingen zum Gegenangriff über und überrannten zahlreiche Landezonen. Mangels funktionstüchtiger Funkgeräte konnten die Fallschirmjäger nur zusehen, wie der Nachschub in deutsche Gebiete abgeworfen wurde. Außerdem konnte man auch die Hawker-Typhoon-Bodenangriffsflugzeuge, die in der Normandie so erfolgreich gewesen waren, nicht sinnvoll dirigieren, weshalb wiederum die Fallschirmtruppen Panzerangriffe kaum mehr abwehren konnten. Das XXX. Korps wurde unmittelbar nach den Brücken in Nijmegen gestoppt – der Angriff auf den Rhein war fehlgeschlagen. Von den 10 000 rund um Arnheim abgesprungenen Männern entkamen nur 2500. 1500 fielen, der Rest wurde gefangengenommen.

Montgomerys zweite Chance

Auch bei einer weiteren Großoperation zur Überquerung des Rheins, diesmal bei Wesel, hatte Montgomery das Kommando. Doch dieses Mal gab es intensive Vorbereitungen. Nach ausgedehntem Geschütz- und Luftbombardement überquerten Tausende Soldaten in Amphibienfahrzeugen den Rhein. Während die Bodentruppen vorstießen, begann Operation „Varsity", der Luftteil der Aktion. Hier kamen die britische 6. Airborne Division, Veteranen des Normandie-Feldzugs, und die unerfahrene 17. US Airborne Division zum Einsatz. Alle landeten gut, doch die Segelflugzeuge, die schwere Ausrüstung wie Panzerabwehrgeschütze transportierten, erlitten große Verluste. Mehr als ein Viertel der Seglerpiloten fiel, doch der Erfolg war umfassend: Nun standen die Alliierten am Ostufer des Rheins.

Die größten Luftkriege

SÜDOSTASIEN: 1944–45

1944 begann sich das Blatt gegen die japanische Aggression zu wenden. Da die Alliierten nun ihre Ressourcen hier massiert und sich an den Kampf gegen einen derart entschlossenen Feind in einer so unwirtlichen Umgebung gewöhnt hatten, war es Zeit, die Japaner aus jenem Gebiet zu drängen, das sie sich zwei Jahre zuvor so einfach angeeignet hatten. Bei Imphal und Kohim unternahmen die Japaner einen letzten Versuch, nach Nordostindien vorzustoßen und ihre Flanke zu sichern, während sie in China zu einer Offensive gegen die alliierten Luftstützpunkte gezwungen waren. Auf den Philippinen bereiteten sie sich auf die unbarmherzige Macht der US Navy vor.

Die Verteidigung von Nordostindien

Japan griff Imphal und Kohima im Nordosten von Indien im März 1944 an und umstellte die indischen und britischen Truppen in der dortigen Garnison. Da die Hauptversorgungsroute abgeschnitten war, hing die Versorgung von RAF-Flugzeugen ab. Das Arbeitspferd des Zweiten Weltkriegs, die Douglas C-47, brachte fast 20 000 Tonnen Vorräte und 10 000 Soldaten heran und flog bis zum Ende der Belagerung im April Tausende Verwundete aus. Mit Bodenangriffen half die RAF, die japanischen Streitkräfte vom Kohima-Gebirge zu drängen. Als sich die Japaner nach dem Scheitern ihrer Offensive zurückzogen, wurden sie ständig von verschiedensten alliierten Flugzeugen – Bristol Beaufighters, Hawker Hurricanes, North American P-51 Mustangs und Consolidated B-24 Liberators – angegriffen.

Als die 14. Armee unter Lieutenant-General William Slim bei der Verfolgung der japanischen Streitkräfte durch Birma vorstieß, beschoss die RAF Flussüberquerungen in ganz Birma. Besonders gut in dieser Rolle fungierte die Beaufighter, von den Japanern „Flüsternder Tod" genannt. Wegen ihrer relativ leisen Motoren konnte sie sich im Tiefflug anschleichen und Ziele oft völlig überraschend mit ihren Bordgeschützen, MGs und Raketen ausschalten.

Auf ihrem Vormarsch durch Birma in der zweiten Hälfte 1944 und Anfang 1945 hatten die Alliierten die fast vollständige Luftüberlegenheit. Ähnlich wie die Hawker Typhoons in der Normandie konnten Hurricanes für spezifische Ziele herbeigerufen werden. Im Mai 1945 wurde Rangun eingenommen und die Briten beeilten sich, um nach Malaysia vorzudringen und Singapur zurückzuerobern.

China und die Philippinen

In China, wo die 14. US Air Force einen Stachel im Fleisch der Besatzungsarmee darstellte und nun die gefürchtete Boeing B-29 eintraf, startete Japan die Operation „Ichi-Go" zur Rückeroberung der Flugfelder. Ab April 1944 gab es rasche Vorstöße, doch die USAAF lieferte heftige Gegenwehr. Den Angriffen ging der Schwung aus und nach enormen Verlusten wurden sie zum Jahresende gestoppt. Die US-Flugfelder wurden nie eingenommen, waren aber für den bevorstehenden B-29-Bomberfeldzug wegen Versorgungsproblemen von geringem Nutzen.

Auf den Philippinen richteten die USA nach den Landungen auf Leyte und Luzon unter der kaiserlichen japanischen Marine ein Blutbad an. Ein tropischer Wirbelsturm fegte durch die US Third Fleet; drei Zerstörer kenterten, viele Marines kamen ums Leben und zahlreiche Flugzeuge wurden über Bord geweht. Während der Landungen wurde eine Spezialeinheit zur Abwehr möglicher Gegenangriffe ins Südchinesische Meer geschickt. Es gab keine, doch von hier konnten US-Trägerflugzeuge Ziele in Französisch-Indochina, Formosa und China angreifen. Bei ihrer Rückkehr lernte die Einheit die neue japanische Taktik kennen – Kamikaze. Es spielte keine Rolle, dass diese Piloten kaum ausgebildet waren und oft gerade mal starten konnten. Vor den Philippinen – und noch mehr vor Iwo Jima und Okinawa – erwiesen sie sich als überaus erfolgreich, wenn sie ihre mit Treibstoff gefüllten und Bomben beladenen Maschinen in alliierte Kriegsschiffe steuerten.

ROYAL AIR FORCE P-47S
RAF P-47 Thunderbolts der No. 134 Squadron wurden im Dezember 1944 zur Unterstützung der 14. Armee von Lieutenant-General Slim von Indien nach Birma verlegt.

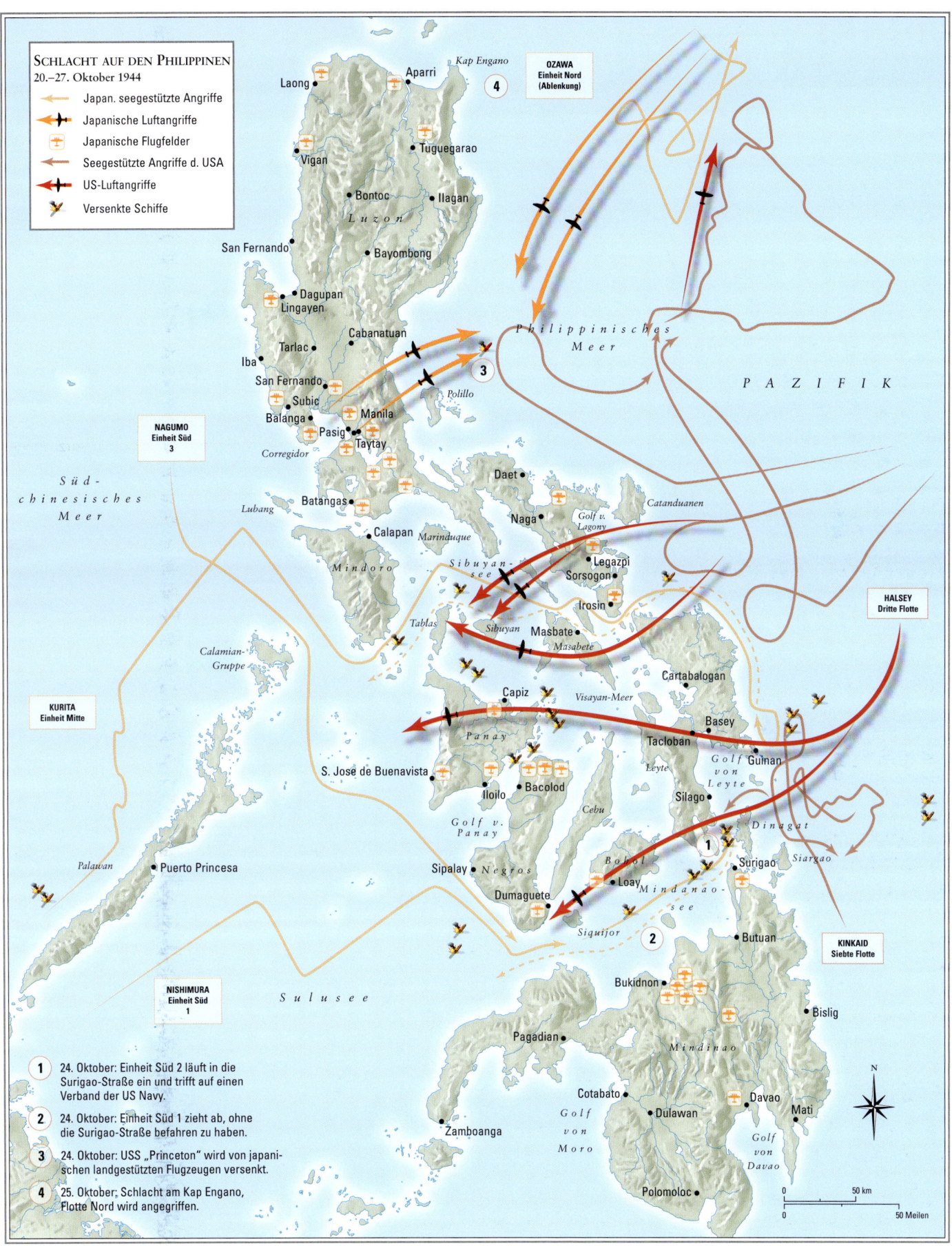

Die größten Luftkriege

CHINA: 1941–45

CURTISS C-46 COMMANDO Obwohl sie oft im Schatten der berühmten C-47 stand, war die Curtiss C-46 Commando, hier im Flug über dem Himalaya zwischen Indien und China – von den Flugbesatzungen „The Hump", der „Buckel", genannt – ein echtes Arbeitspferd für die USAAF, vor allem im Pazifikkrieg. In Europa trat die C-46 erst im März 1945 im Rahmen der Luftlandungen am Rhein in Erscheinung.

Claire Lee Chennault war ein pensionierter USAAC-Major, der schon leicht taub war, als ihn die chinesische Regierung 1937 bat, sie bei der Errichtung eines Luftverteidigungssystems zu unterstützen. Rasch sicherte er für diese Aufgabe so viele Flugzeuge wie möglich, vor allem die verbesserte Curtiss P-40 Warhawk, die man im Rahmen des Lend-Lease-Abkommens mit den USA erwarb.

Gemeinsam mit den Flugzeugen trafen freiwillige US-Piloten ein. 60 davon waren ehemalige Marines oder US-Navy-Piloten, die anderen kamen vom USAAC – und die meisten waren auf der Suche nach Abenteuern. Aus diesem Kern von mehr als 80 Piloten und über 100 Bodenleuten entstand die „American Volunteer Group", die AVG, die als „Flying Tigers" („Fliegende Tiger") bekannt wurden. Von ihrer Basis in Kunming in China aus fingen sie japanische Bomber ab und erzielten zahlreiche Erfolge. Ein Geschwader war weiter im Süden stationiert und sollte gemeinsam mit veralteten RAF-Brewster-Buffalo-Jägern und einigen Hawker Hurricanes den japanischen Vorstoß aus Birma abwehren. Hier war die Einheit weniger erfolgreich; unter dem gnadenlosen Ansturm der Japaner auf die Rohstoffe Südostasiens häuften sich die Verluste.

Wegen der isolierten Position des Geschwaders in Südzentralchina waren Treibstoff und Ersatzteile extrem wertvoll. Die Jäger konnten nur fliegen, weil man andere Flugzeuge ausschlachtete, was die Stärke und Wirksamkeit der Einheit weiter verringerte.

Eine neue Rolle in der USAAF

Nach dem Fall von Birma schickte die US-Regierung, beeindruckt von der Leistung der „Flying Tigers", modernere Versionen der P-40 und verlieh dem reaktivierten Chennault den Rang eines Major General. Offiziell wurde die AVG in die 23. „Pursuit Group" der USAAF eingegliedert. Von chinesischen Flugfeldern aus fing die Einheit weiterhin Bomber ab, flog Geleitschutz, beschoss japanische Stellungen und Versorgungslinien und gerierte sich ganz

China: 1941–45

allgemein als Ärgernis. Gegen Ende des Krieges wurden die zuverlässigen P-40 langsam durch die North American P-51 Mustang ersetzt; viele behielten die kennzeichnenden Haifischzähne am Bug bei.

Über den „Hump"

Da Birma in japanischer Hand und die Birma-Straße, die Hauptversorgungsroute für die nationalchinesischen Streitkräfte, abgeschnitten war, blieb als einzige Route die Überquerung des Himalaya mit Frachtmaschinen und umgebauten Bombern. Alles, von Munition und Treibstoff bis zu Maultieren und Jeeps, wurde über das gewaltige Gebirge transportiert. Die Route von Stützpunkten in Assam, Indien, nach Kunming war extrem gefährlich, da die Piloten bis zu 4900 m hohe Gebirgskämme überfliegen mussten. Dazu kam das unberechenbare Wetter, das für starke Turbulenzen sorgte, und während man in Tälern in dichten Nebel geraten konnte, kam es in großen Höhen zu starker Eisbildung, die ein Flugzeug lahmlegen konnte.

Die Verluste über dem „Hump" („Buckel") waren hoch. An der Route lagen die Überreste abgestürzter Flugzeuge verstreut, als düstere Warnung vor den Gefahren der Mission. Chinesische Flugfelder wurden häufig von japanischen Bombern angegriffen und wegen des Monsuns waren die Landestreifen oft unbrauchbar. Wegen der schweren Fracht kam es bei Starts und Landungen zu Unfällen und aufgrund der ständigen Belastung fielen immer mehr Maschinen aus, da Ersatzteile kaum zu bekommen waren. USAAF und RAF flogen diese gefährlichen, ruhmlosen Missionen mit der Douglas C-47, obwohl die Curtiss C-46 Commando mit ihrer größeren Traglast der Star des Feldzugs blieb.

Gegen Ende des Konflikts flogen mehr als 600 Maschinen täglich die qualvolle Strecke. Bis Kriegsende brachten sie 600 000 Tonnen Versorgungsgüter zu allen Streitkräften in der Region: Chinas Nationalisten, die US-Truppen unter General Joseph Stilwell und die B-29s vom XX. Bomber Command.

P-51 MUSTANG IN CHINA
Die North American P-51 Mustang ersetzte die P-40 bei den „Flying Tigers" von Major General Chennault in China. Diese kampferprobte P-51B trägt das traditionelle Haigebiss, das erstmals 1940 aufgetaucht war.

FLUG ÜBER DEN „HUMP"
1944–45
⟵ Transportrouten d. Alliierten

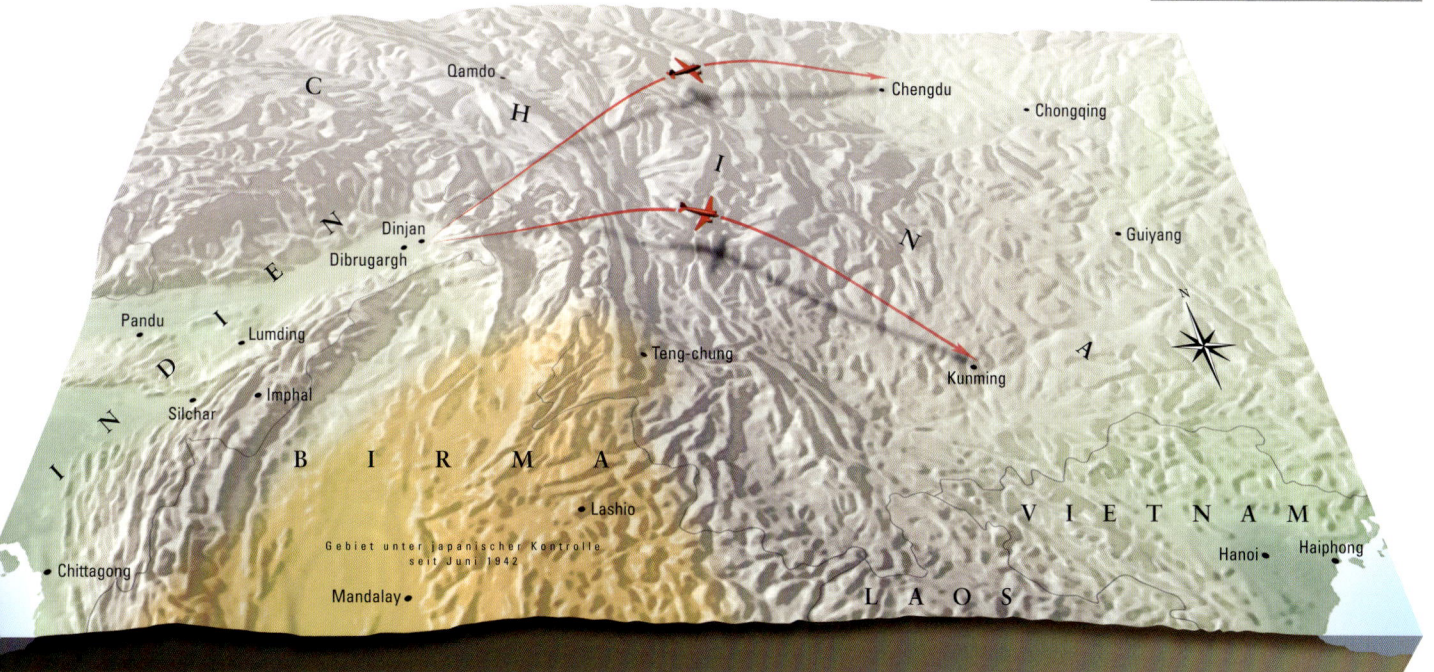

Die größten Luftkriege

„BAGRATION" UND BEFREIUNG DER WEST-UDSSR

Die Operation „Bagration", die bislang größte sowjetische Offensive, wurde von Stalin nach einem berühmten Feldmarschall und georgischen Landsmann benannt, der während des Napoleon-Feldzuges in der Schlacht bei Borodina fiel. Dabei sollte Heeresgruppe Mitte, die den Großteil Weißrusslands besetzt hielt, zerschmettert werden. Die Pläne zu diesem gewaltigen Unterfangen waren im Frühjahr 1944 fertig, als die sowjetischen Armeen durch die Ukraine vorrückten. Außerdem wurde Stalin von seinen westlichen Verbündeten informiert, dass die geplanten Landungen an der Westküste von Europa Ende Mai stattfinden würden. Sicherlich ließ der misstrauische Diktator diese Information durch seinen Geheimdienst bestätigen.

Der weißrussische Balkon

Zwischen Mitte Januar und 1. April 1944 wurde die Belagerung von Leningrad aufgehoben und Nowgorod befreit. Im Süden wurde im April und Mai die Krim zurückgewonnen und damit die Bedrohung der sowjetischen Flanke bei ihrem Vorstoß in die Westukraine beseitigt. So entstand ein gewaltiger deutscher Frontbogen von Witebsk über den Verkehrsknotenpunkt Orscha bis nach Babruisk, den die Armeen als „Weißrussischen Balkon" bezeichneten.

Das deutsche OKH erwartete eine Offensive vom Süden her, die den Erfolg an der ukrainischen Front ausnutzte – im Süden der ausgedehnten Pripjet-Sümpfe auf Moldawien und Rumänien abzielend und weit südlich des Balkons. Inzwischen vollendete das kleine sowjetische Team seine Planung und beim Abschlusstreffen beschloss das STAWKA (Hauptquartier der Roten Armee), im Norden der Sümpfe anzugreifen, mitten ins Herz der Heeresgruppe Nord, und dazu einen Ablenkungsangriff im Süden zu starten. Deutschland ließ sich ablenken.

Nach heftigen Debatten stellte man den sowjetischen Angriff auf zwei Achsen, um die zahlenmäßige Überlegenheit auszunutzen und Deutschlands Optionen zu minimieren. Im Westen begannen am 6. Juni die alliierten Landungen in der Normandie. Gemäß den Beschlüssen von Teheran ließ Stalin jetzt seine massive Offensive im Osten beginnen. Nun kämpfte Deutschland wirklich an zwei Fronten.

An der sowjetischen Front waren 2,4 Millionen Soldaten, 5300 Flugzeuge, mehr als 36 000 Geschütze und schwere Mörser sowie 5200 Panzer aufgestellt. Ihnen standen 1,2 Millionen Soldaten der Achsenmächte mit 1350 Flugzeugen, 9500 Geschützen und 900 Panzern gegenüber. Am 20. Juni 1944 begannen Partisanenangriffe auf Eisenbahnverbindungen und Versorgungsrouten hinter den deutschen Linien. Allein in der ersten Nacht entgleisten fast 150 Züge. Zur Ablenkung griffen sowjetische Truppen im Süden an und Deutschland schickte seine wenigen Reserven prompt dorthin.

Am 22. Juni kam es an der gesamten Front zu kleineren Angriffen mit Luftunterstützung. Der Hauptvorstoß begann am nächsten Tag. Einem erprobten Ablauf folgend, griff die sowjetische Infanterie hinter Artilleriesperren an. Wenn eine Lücke in den deutschen Linien aufbrach, stürmten die Panzer vorwärts, während Il-2-Angriffswellen deutsche Panzerabwehrstellungen aus der Luft ausschalteten. Luftflotte 6, die Heeresgruppe Mitte unterstützte, war in einem traurigen Zustand: nur 40 bis 60 funktionstüchtige Jagdmaschinen und zu wenig Treibstoff. Sie konnte zum Kampf wenig beitragen, die sowjetische Luftüberlegenheit war total.

Hitler bestand darauf, dass einige „feste Plätze" um jeden Preis gehalten wurden. Deshalb starben Tausende deutsche Soldaten oder gerieten in Gefangenschaft. Am 28. Juni fiel Magiljou, am 3. Juli Minsk. Am 5. Juli begann Phase 2 dieser epischen Schlacht. Schwere Artillerie stieß südlich der Pripjet-Sümpfe vor; die Offensive setzte sich nach Kowel fort und erreichte schließlich Polen, während die Front im Norden den Balkon eliminierte und mit ihm den Großteil der Heeresgruppe Mitte.

LAWOTSCHKIN LA-5
Die Lawotschkin La-5FN, hier beim Nachtanken auf einem vorgelagerten Flugfeld, feierte ihren Einstand an der Front im März 1943 und machte sich in den Händen fähiger sowjetischer Jagdpiloten bald bemerkbar. Darunter war auch Iwan Koschedub, der mit Lawotschkin-Jägern 62 Abschüsse erzielte, was ihn zum besten Fliegerass der Alliierten machte.

Die größten Luftkriege

SPEZIALEINSÄTZE: Hilfe für Partisanen

Für einzelne Flugzeuge, die nicht in Formation flogen, war es vor allem nachts möglich, unentdeckt in den feindlichen Luftraum einzudringen. So konnte man Widerstandsgruppen mit Vorräten und Anweisungen versorgen. Auch kleine Gruppen von Flugzeugen konnten spezifische Ziele herauspicken, wie die No. 617 Squadron RAF beim Angriff auf die Ruhrdämme im Mai 1943 bewiesen hatte. Diese Spezialeinsätze gab es nicht nur in Europa, sondern auch im Dschungel von Birma, wo man die Chindits absetzte, eine kleine Guerilla-artige Einheit, die hinter den japanischen Linien die Nachschublinien unterbrach. Diese Einheiten wurden aus der Luft versorgt. Mit kleinen Piper-Cub-Flugzeugen wurden auch Verwundete von Lichtungen im Dschungel evakuiert.

SPEZIALEINSÄTZE
Bei Spezialeinsätzen verloren die Alliierten viele Flugzeuge und Piloten, vor allem bei Versorgungsflügen über den Niederlanden. Zwischen Januar 1942 und März 1945 verlor No. 138 (SD) Squadron mehr als 80 Maschinen bei Missionen über Europa.

Unterstützung des Widerstands

Die Mitglieder des Widerstands im besetzten Europa, vor allem in Frankreich, waren für den Sieg über die Achsenmächte extrem wichtig. Sie lieferten Informationen über Truppenstärke und Bewegungen, sabotierten Transport- und Kommunikationswege und halfen abgestürzten Piloten, nach Großbritannien zurückzukehren und weiterzukämpfen. Special Duties Squadrons („Spezialstaffeln") der RAF, die in Großbritannien, Nordafrika und nach 1944 auch in Italien stationiert waren, belieferten Widerstandsgruppen mit unzähligen Waffen, Munition und Funkausrüstung.

Zu Beginn des Zweiten Weltkriegs arbeiteten die „RAF Special Operations Squadrons" mit übertragenen Flugzeugen des Bomber Command. Die Armstrong Whitworth Whitley fand, völlig schwarz lackiert, eine neue Aufgabe als geheimer Frachter. Ebenfalls mit diesen Einsätzen assoziiert wird die Westland Lysander. Ursprünglich als Heereskooperationsflugzeug entworfen, waren ihre Start- und Landewege extrem kurz, wodurch sie sich ideal eignete, um Agenten abzusetzen und abgestürzte Piloten zu retten, denn sie konnte auf jedem halbwegs ebenen Gelände landen. Ab Ende 1942 bildete die Handley Page Halifax die Hauptstütze der RAF-Langstreckenspezialeinsätze, als Ersatz für die Whitley. Sie war das Standard-Langstreckenmodell der RAF-Geschwader 138, 148, 161 und 624 sowie der polnischen Staffel 1586. Ab Mitte 1944 wurde sie durch die Short Stirling ersetzt.

Spezialeinsätze: Hilfe für Partisanen

Während des Warschauer Aufstands im August 1944 versuchten die westlichen Alliierten, die polnischen Kämpfer mit Waffen und Medikamenten zu versorgen. Dazu mussten sie enorme Entfernungen überwinden und die Sowjets um Landeerlaubnis in deren Einflussbereich ersuchen. Insgesamt wurden mehr als 200 Einsätze geflogen, doch das reichte nicht aus, auch weil ein Teil der abgeworfenen Güter den Deutschen in die Hände fiel. In Jugoslawien unterstützten die Alliierten Titos Partisanen, da deren Aktionen deutsche Truppen an diese Region banden, die an anderen Fronten hätten eingesetzt werden können. Die Jugoslawen erhielten im Krieg die größten Lieferungen, vor allem mit Douglas C-47 Dakotas and Halifaxes der RAF, die von Stützpunkten in Nordafrika aus flogen.

Widerstand in Südostasien

Die Chindits unter dem Kommando von Brigadier Orde Wingate in Südostasien betrachteten sich als Langstrecken-Penetrationsgruppe. Ihre Aufgabe bestand darin, japanische Verbindungswege zu unterbrechen und ganz allgemein Angst und Unsicherheit im japanischen Hinterland zu verbreiten. Sie wurden nur aus der Luft versorgt, doch nachdem ihre erste Mission mit hohen Verlusten endete, wurde diese Operation gestoppt.

Die USA erkannten den Wert solcher Einheiten und bildeten ihre eigenen, die sie nach ihrem Kommandierenden General Frank Merrill „Merrill's Marauders" („Herumtreiber") nannten. Diese Formationen wurden bei Versorgung und Infiltration von einer ganzen USAAF-Gruppe sowie von ihrem Pendant in der RAF unterstützt. 1944 landeten einige davon tief im Dschungel von Birma, wo man die Landeplätze befestigte und Trupps zu Angriffen aussandte. Dakotas flogen mehr als 9000 Soldaten ein. Es kam zu schweren Gefechten, da Japan erkannte, dass es diese Landeplätze sofort ausschalten musste, um die US-Soldaten abzuschneiden. Nach zwei Monaten heftiger Kämpfe und geringer Erfolge wurden die alliierten Soldaten abgezogen.

Manche Missionen wurden von RAF-Geschwadern mit de Havilland Mosquitos durchgeführt, darunter auch ein Angriff auf das Gefängnis in Amiens, wo die Gestapo Widerstandskämpfer exekutieren wollte. Die Mosquitos flogen im Tiefflug an und bombardierten Gefängnismauern und -gebäude. Dabei kamen auch einige Häftlinge ums Leben, doch vielen anderen gelang die Flucht.

WESTLAND LYSANDER
Die Westland Lysander erwarb sich ihren guten Ruf mit geheimen Einsätzen. Dieses große Flugzeug konnte mit Langstreckentanks bestückt werden sowie mit einer Leiter, damit ein Agent rasch aus- und einsteigen konnte.

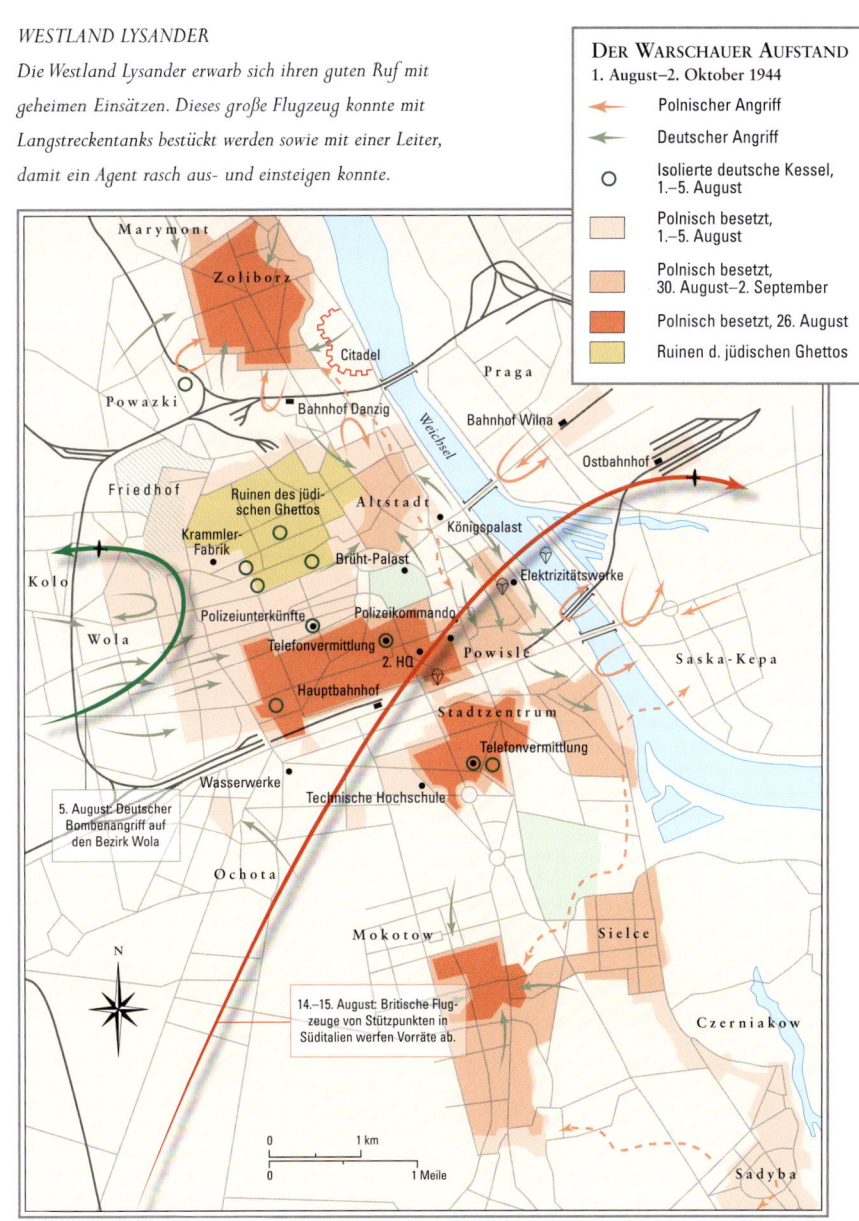

DAS ENDE DES DRITTEN REICHS

LETZTE BASTION
Die von Alexander Lippisch entworfene Me 163 hatte einen Raketenantrieb mit Flüssigtreibstoff. Sie verfügte über eine unglaubliche Steigrate und erreichte Geschwindigkeiten von über 900 km/h. Messerschmitt entwarf auch die Me 262, das erste jemals in Dienst gestellte Kampfflugzeug mit Turbojet-Antrieb.

Anfang 1945 stand Deutschland kurz vor der Niederlage. Seine Flugzeuge und Panzer dürsteten nach Treibstoff, nachdem die Alliierten Ölraffinerien bombardiert und die Transportrouten zerstört hatten. In den beschädigten Fabriken wurde noch immer Kriegsgerät hergestellt, doch ohne Treibstoff war alles nutzlos.

Trotzdem war das Oberkommando noch immer in der Lage, die letzte große Bodenoffensive zu starten: die Ardennenschlacht. Dies war der letzte verzweifelte Versuch, die vorrückenden Alliierten zu spalten und Antwerpen zu erreichen. Alles hing davon ab, dass man alliierte Treibstoffreserven erbeutete. Es hätte fast geklappt, da die alliierten Luftstreitkräfte aufgrund des schlechten Wetters zu Weihnachten auf dem Boden festsaßen. Das gleiche Schicksal ereilte jedoch auch das „Unternehmen Bodenplatte", das gleichzeitig mit dem deutschen Vorstoß stattfinden sollte. Stattdessen begann der Überraschungsangriff auf 17 alliierte Flugstützpunkte in Belgien, den Niederlanden und Frankreich am 1. Januar 1945; Ziel war, möglichst viele alliierte Flugzeuge noch auf dem Boden zu zerstören. Für diese Operation wurde jeder verfügbare Jäger und Jagdbomber der Luftwaffe nach Westen beordert.

Fataler Irrtum

Angeführt wurde der deutsche Angriff von Nachtjägereinheiten, die mit Focke-Wulf-Fw-190- und Messerschmitt-Bf-109-Jagdflugzeugen flogen. Sie sollten um neun Uhr morgens über ihren Zielen eintreffen, wenn viele der alliierten Maschinen noch nicht in der Luft waren. Um nicht vom Radar entdeckt zu werden, durchflogen sie auf Baumwipfelhöhe intensiv verteidigte deutsche Abwehrstellungen, vor allem um die Startplätze der V1 und V2. Der Angriff hatte sich zu den Flak-Einheiten durchgesprochen und da die Männer auf dem Boden bereits an die alliierte Luftüberlegenheit gewöhnt waren, eröffneten sie unwissentlich das Feuer auf ihre eigenen Kameraden. Noch dazu flogen die meisten der unerfahrenen Piloten höher und langsamer als ihre erfahrenen Kollegen. So waren sie leichte Ziele für die Flak-Schützen beider Seiten.

Die Luftwaffe spürte die Stützpunkte leicht auf und konnte Beschuss und Bomben landen. Wieder zeigten die neueren Piloten ihre Unerfahrenheit, diesmal durch mangelnde Treffsicherheit. Trotzdem wurden 500 alliierte Maschinen auf dem Boden zerstört; von den 1000 dazu eingesetzten Flugzeugen verlor die Luftwaffe 280. Taktisch war die Operation ein Erfolg, doch viele Piloten wurden getötet oder mussten über alliiertem Gebiet abspringen. Diese Verluste wogen weit schwerer als die an Maschinen. Die Alliierten ersetzten ihre Flugzeuge binnen weniger Wochen, die Luftwaffe aber hatte, bei allem Wagemut, wenig erreicht und viel verloren.

Die Bombardierung von Dresden

Die Bombardierung von Dresden erwies sich als weitere kontroverse Entscheidung des alliierten Bomberkommandos. Da der alliierte Vormarsch im Westen an der Elbe ins Stocken geriet, beschlossen RAF und USAAF, die noch unberührte Stadt anzugreifen. Man vermutete in der kulturell reichen Metropole mehr als 100 Fabriken und sie diente als wichtiger Verkehrsknoten für die Verschiebung deutscher Truppen vom Westen in den Osten, der anrückenden Roten Armee entgegen.

Den ersten Angriff sollte die Eighth Air Force fliegen, aber aufgrund von schlechtem Wetter über dem Ziel fiel diese Mission in der Nacht vom 13. Februar 1945 an das Bomber Command. Pathfinder markierten die Altstadt rund um die Rangierbahnhöfe, ein dicht bebautes, hauptsächlich aus Holz errichtetes Gelände. Die Hauptstreitkraft warf Sprengbomben ab, darunter die 1800 kg schweren „Cookie"-Bomben, welche die Dächer von den Gebäuden fegten, sodass die nun offenen Dachbalken Feuer fingen. Als die zweite Angriffswelle eintraf, war der Brand Hunderte Meilen weit sichtbar. Mit dem Eintreffen der Eighth Air Force ließ der Angriff auch am 14. Februar nicht nach. Mehr als 300 Boeing B-17 warfen ihre Last auf die bereits zerstörte Stadt. Am nächsten Tag sollte die Eight eine Synthetiköl-Anlage bei Leipzig bombardieren, die aber im Nebel lag. Stattdessen wurde abermals Dresden zum Opfer.

Am 3. Februar flogen fast 1000 B-17 zum Tagangriff auf Berlin, um die Eisenbahnverbindungen der Stadt zu zerstören. Wie Dresden galt Berlin als Knotenpunkt für Truppenverschiebungen an die Ostfront. Zwei Wochen später wurde die Stadt neuerlich angegriffen. Zur Verstärkung flog die RAF mit de Havilland Mosquitos einen Monat lang Störangriffe, bis die Rote Armee in den Vorstädten von Berlin eintraf. Ende April war Hitler tot; knapp eine Woche später war der Krieg in Europa zu Ende.

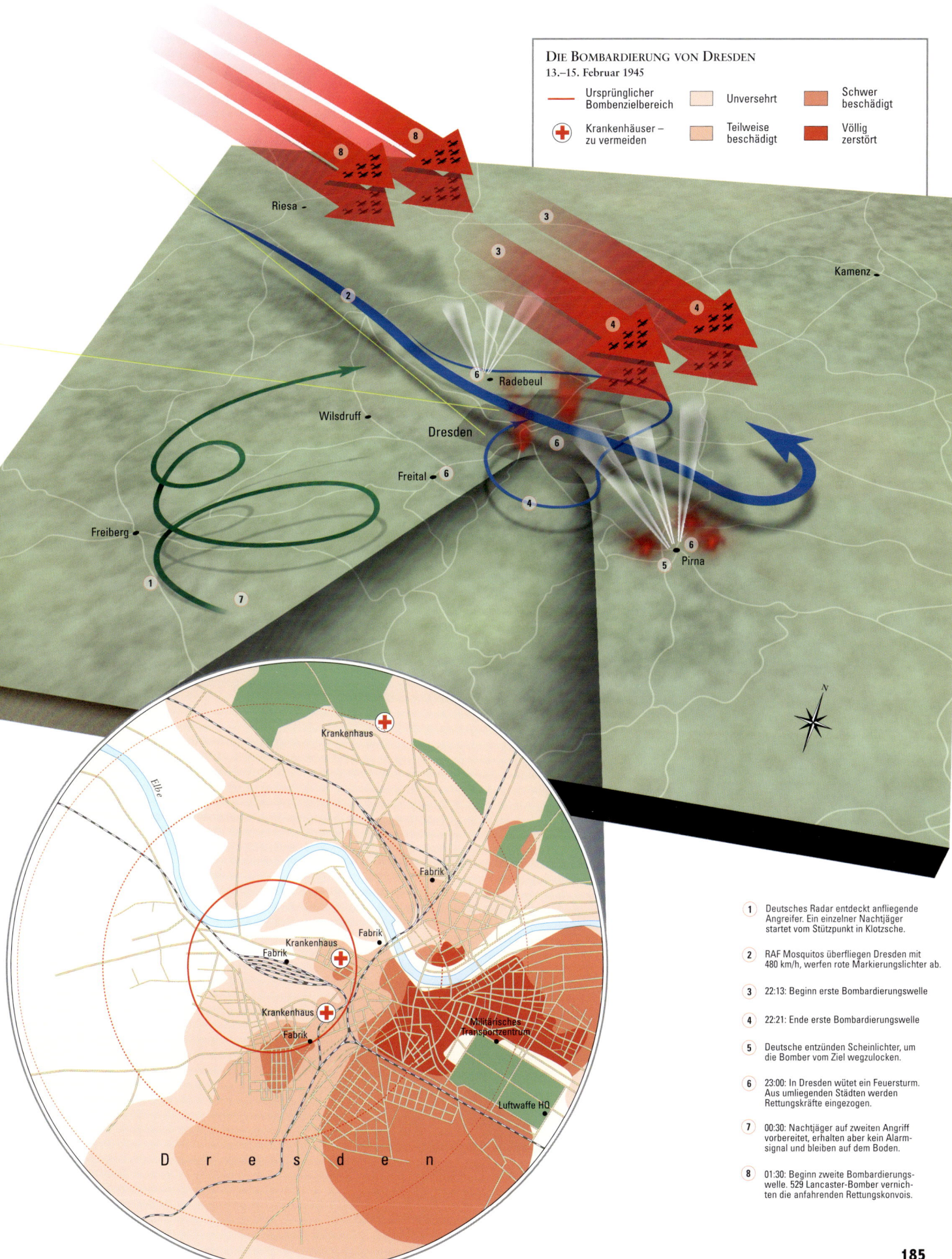

B-29: Entwicklung und Einsatz

Im Sommer 1940 schrieb die Regierung an alle größeren Flugzeugfabrikanten, dass man eine völlig neue Art von Bomber benötigte. Man suchte eine Maschine, die eine große Bombenlast mit einer durchschnittlichen Geschwindigkeit von 500 km/h über eine Distanz von 8400 km befördern konnte. Boeing übernahm sofort die Führung, da man dort bereits an Verbesserungen der bereits im Einsatz befindlichen B-17 Flying Fortress gearbeitet hatte. Boeing erfüllte alle Anforderungen der Regierung und noch dazu hatte das Flugzeug eine Druckkabine wie der kommerzielle Stratoliner-Frachter vor dem Krieg. Völlig neu war das zentrale Feuerleitsystem mit einem der ersten analogen Computer, mit dessen Hilfe Bordschützen beim Zielen Faktoren wie Windgeschwindigkeit und Angriffswinkel berücksichtigen konnten. Diese Daten wurden dann an die ferngesteuerten Geschütztürme – jeweils zwei oben und unten am Rumpf – übermittelt. Jeder Bordschütze, mit Ausnahme des Heckschützen, konnte alle Geschütztürme bedienen, um das Feuer auf einen einzigen Feind zu konzentrieren.

Kurz ergaben sich Probleme mit der Druckkabine, da ja der Bombenschacht geöffnet werden musste, was in großer Flughöhe normalerweise zum totalen Druckabfall führen würde. Die Lösung bestand schließlich in einer Verbindungsröhre zwischen Bug und Heck.

Jungfernflug des Prototyps

Der erste Prototyp der B-29 Superfortress absolvierte den Jungfernflug am 21. September 1942. Sie machte einen guten Eindruck, vor allem für ein derart großes Flugzeug, doch am 18. Februar 1943 versagten beim zweiten Prototyp beide Triebwerke. Bei dem Absturz kam die gesamte Besatzung ums Leben. Als Antrieb verwendete man den Wright R-3350, der überhastet eigens für dieses Projekt produziert worden war. Er neigte zu Überhitzung – ein Problem, das nie befriedigend gelöst werden konnte.

Die Produktion der B-29 war im ganzen Land verteilt, was bald zu Problemen führte. Da es sich um ein so fortgeschrittenes Flugzeug handelte, dessen Design ständig verändert wurde, mussten sich manche Maschinen, kaum dass sie vom Band gelaufen waren, in einer anderen Halle weiteren Verbesserungen unterziehen.

Indienststellung der B-29

Major General H. H. „Hap" Arnold, Chef der USAAF, gab General Kenneth Bonner Wolfe die Oberaufsicht über die Produktion und Indienststellung, die mit intensiven Ausbildungsprogrammen verbunden war. Weil es zuerst an Flugzeugen mangelte, trainierte man auf kampferprobten Consolidated B-24 Liberators, da die B-29-Piloten meistens aus den Besatzungen dieses Modells stammten. Obwohl sie an große Flugzeuge gewöhnt waren, war die enorme Geschwindigkeit der B-29 etwas ganz Neues.

Die Besatzung einer B-29 bestand aus elf Mann: Kommandant, Pilot, Bombenschütze, Navigator, Flugingenieur, Funker, Radaroperateur, Hauptschütze und drei weitere Schützen. Die Männer wurden getrennt auf diese Aufgaben vorbereitet und oft erst vor dem Start zu ihren Stützpunkten gruppiert.

Mit der B-29 hatten die Alliierten nun eine Waffenplattform, die Bomben bis nach Japan tragen und dort Rüstungsindustrie und Bevölkerung unter Druck setzen konnte. Der einzige Ort, von dem aus solche Angriffe gestartet werden konnten, war Zentralsüdchina, das bereits Claire Chennaults „Flying Tigers" und Chiang Kai Sheks Nationalchinesischen Streitkräften als Basis diente. Dazu musste die erste Bomberstaffel über Marrakesch, Kairo, Karatschi und Kalkutta fliegen, um ihren Stützpunkt in Ostindien zu erreichen, von wo es über den „Hump", den Himalaya, weiterging. Auf dem Weg zu seinen neuen Stützpunkten bei Chengdu baute das neu aktivierte XX. Bomber Command vor dem ersten Angriff auf Japan seine Versorgung auf. Diese war kompliziert, weil der Transport aus Indien so kraftstoffraubend war: Für die Lieferung einer Gallone Treibstoff für die B-29 über den „Hump" verbrauchte man 2–3 Gallonen. Vorräte anzulegen war sowohl zeitraubend als auch völlig unökonomisch.

BOEING B-29 SUPERFORTRESS
Die Errichtung von fünf Operationsbasen auf den Marianen im März 1945 brachte die B-29 viel näher an Japan heran. Vier Bomberstaffeln – 73, 313, 314 und 315 – wurden von ihren Stützpunkten in Indien und China hierher verlegt, später folgte die 58. Bomberstaffel. Alle B-29-Staffeln unterstanden dem XXI. Bomber Command, dessen Hauptquartier sich auf Guam befand.

B-29: Entwicklung und Einsatz

Als die chinesischen Arbeiter die Landestreifen fertiggestellt hatten und genügend Versorgungsgüter eingetroffen waren, war das XX. Bomber Command bereit für den ersten Angriff der Operation „Matterhorn". Man unternahm ein paar kurze Angriffe auf Ziele in Thailand, die enttäuschende Resultate lieferten: Wegen der unvermeidlichen Antriebsprobleme brachen beunruhigend viele Maschinen noch vor dem Erreichen ihrer Ziele ab. Am 14. Juni 1944 starteten 68 B-29, um die kaiserlichen Stahl- und Eisenwerke auf der Insel Kyushu im Süden Japans zu bombardieren. Insgesamt gelangten 47 Flugzeuge bei Einbruch der Dunkelheit ans Ziel. Dieses wurde nicht getroffen; eine Maschine wurde abgeschossen, ein halbes Dutzend fiel Unfällen zum Opfer. Das war kein guter Start für die B-29. Drei Wochen lang konnte man aufgrund von Treibstoffmangel keinen weiteren Angriff starten. Am 7. und 9. Juli kehrten die B-29 nach Südjapan zurück, richteten kaum Schäden an und erlitten Verluste.

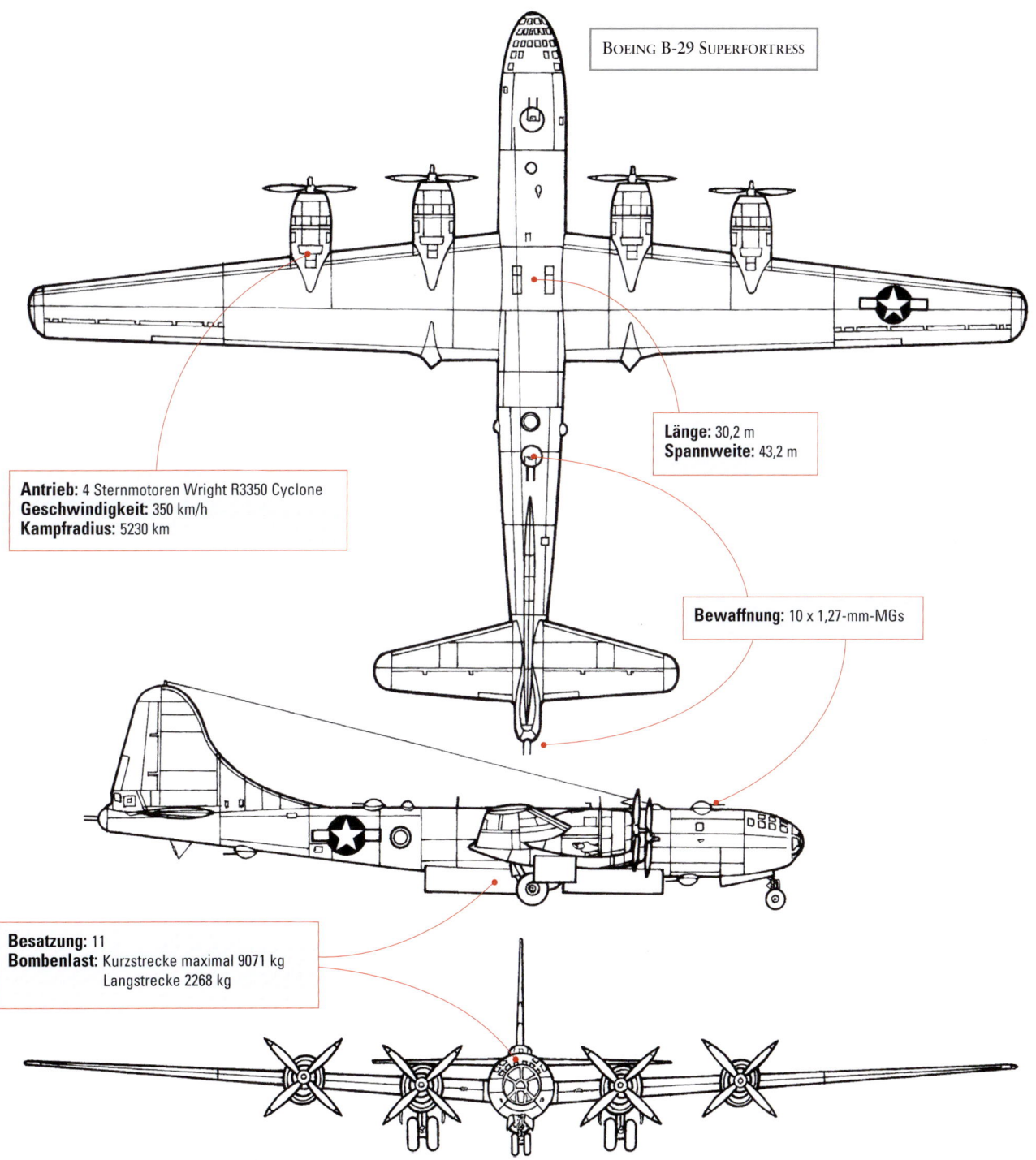

BOEING B-29 SUPERFORTRESS

Länge: 30,2 m
Spannweite: 43,2 m

Antrieb: 4 Sternmotoren Wright R3350 Cyclone
Geschwindigkeit: 350 km/h
Kampfradius: 5230 km

Bewaffnung: 10 x 1,27-mm-MGs

Besatzung: 11
Bombenlast: Kurzstrecke maximal 9071 kg
Langstrecke 2268 kg

General Wolfe, der Kommandant des XX. Bomber Command, wurde nach Washington zurückberufen und durch Major General Curtis LeMay ersetzt, der eben erst eine Bomberdivision der Eighth Air Force in Europa befehligt hatte. Sofort ordnete er Änderungen in den Formationen an, die er in Europa entwickelt hatte und welche die Präzision erhöhten. Trotzdem flog das XX. Bomber Command im Durchschnitt nur eine Mission pro Monat. Eine wichtige von LeMay eingeführte Waffe war die Brandbombe, die in den vorwiegend aus Holz errichteten Städten Asiens höchst zerstörerisch wirkte. Nach einem Angriff von 84 B-29 auf Hankow in China brannte die Stadt drei Tage lang.

Verlegung der Operationsbasis

Nach Japans Operation „Ichi-Go", dem Vorstoß in das Herz von China mit dem Ziel, alliierte Flugfelder zu erobern, und angesichts einer untragbar hohen Verlustrate aufgrund von Feindeinwirkung und Unfällen, reduzierten die USA die Operationen der B-29 von China aus. Nach der Einnahme der Marianen verfügte die USAAF nun über Flugfelder in Reichweite von Tokio. Wichtiger war aber noch, dass man diese mit Schiffen direkt aus den USA oder Australien versorgen konnte, ganz im Gegensatz zur eingeschränkten Versorgung über den „Hump".

Die Marianen bestanden aus den Hauptinseln Saipan, Tinian und Guam. In Rekordzeit waren dort riesige Flugfelder errichtet worden, wobei die „Naval Construction Battalions", oder „Seabees", den Hauptteil der Arbeit erledigten. Die ersten B-29 landeten im Oktober 1944; Ende November waren auf dem neuen Isley Field auf Saipan 100 B-29 stationiert.

Sie flogen Missionen gegen japanische Stellungen auf Truk und Iwo Jima, doch immer noch gab es Motorausfälle und Probleme mit der Präzision. Am 24. November wurden 111 B-29 nach Tokio geschickt – seit dem berüchtigten „Doolittle"-Angriff von 1942 die ersten Bomber, welche die japanische Hauptstadt überflogen. Als sich die Bomber in einer Höhe von 8200 m formierten, gerieten sie in den Jetstream, ein noch zu untersuchendes Wetterphänomen. Darin war es extrem schwierig, die Formation zu halten, weshalb nur ein Bruchteil der Bomben ins Ziel fand. Der Rest wurde weit verstreut.

In den nächsten Wochen wurden die Missionen fortgesetzt. Die B-29 flogen sehr hoch, um den Großteil des Flak-Feuers und der Jäger zu vermeiden. Die B-29 verloren mehr Männer, als sie Opfer am Boden forderten. Es musste sich rasch etwas ändern, wenn die B-29 nach all den Anstrengungen noch ihren Wert beweisen sollte.

Arnold, enttäuscht von der geringen Wirkung der B-29, übertrug LeMay das Kommando über das XXI. Bomber Command auf den Marianen. In Erinnerung an den Feuersturm nach dem Bombardement von Hankow wollte er diesen Erfolg in Japans Städten wiederholen. Im Februar 1945 fielen Brandbomben auf Tokio, doch wiederum aus einer Höhe von 8200 m oder mehr, um der japanischen Abwehr zu entgehen. Diese Angriffe richteten größere Schäden als die letzten an, doch LeMay wollte mehr. Er dachte an die Taktik der RAF in Europa: Nachtangriffe mit Brandbomben, geführt von einer Pathfinder-Einheit. Der erste dieser Angriffe fand am 9./10. März auf Tokio statt. Er löste einen gewaltigen Feuersturm aus, bei dem geschätzte 84 000 Menschen ums Leben kamen. Nun erzielte die B-29 schreckliche Wirkung.

Im Juni lagen 60 Prozent der sechs größten Städte Japans in Schutt und Asche. Doch Japans Industrie war noch lange nicht zerstört. Ebenso wie die Minenleger verhinderten die B-29 nun, dass Handelsschiffe für Japans Überleben sorgen konnten, und trugen so zur Verkürzung des Pazifikkrieges bei. Doch das riesige Flugzeug musste noch eine weitere Aufgabe übernehmen.

BASIS AUF DEN MARIANEN
Nach dem Umzug auf die Marianen änderten die B-29 ihre Taktik: Sie flogen nun großflächige Nachtangriffe mit Brandbomben auf Japans wichtigste Städte – mit verheerenden Resultaten.

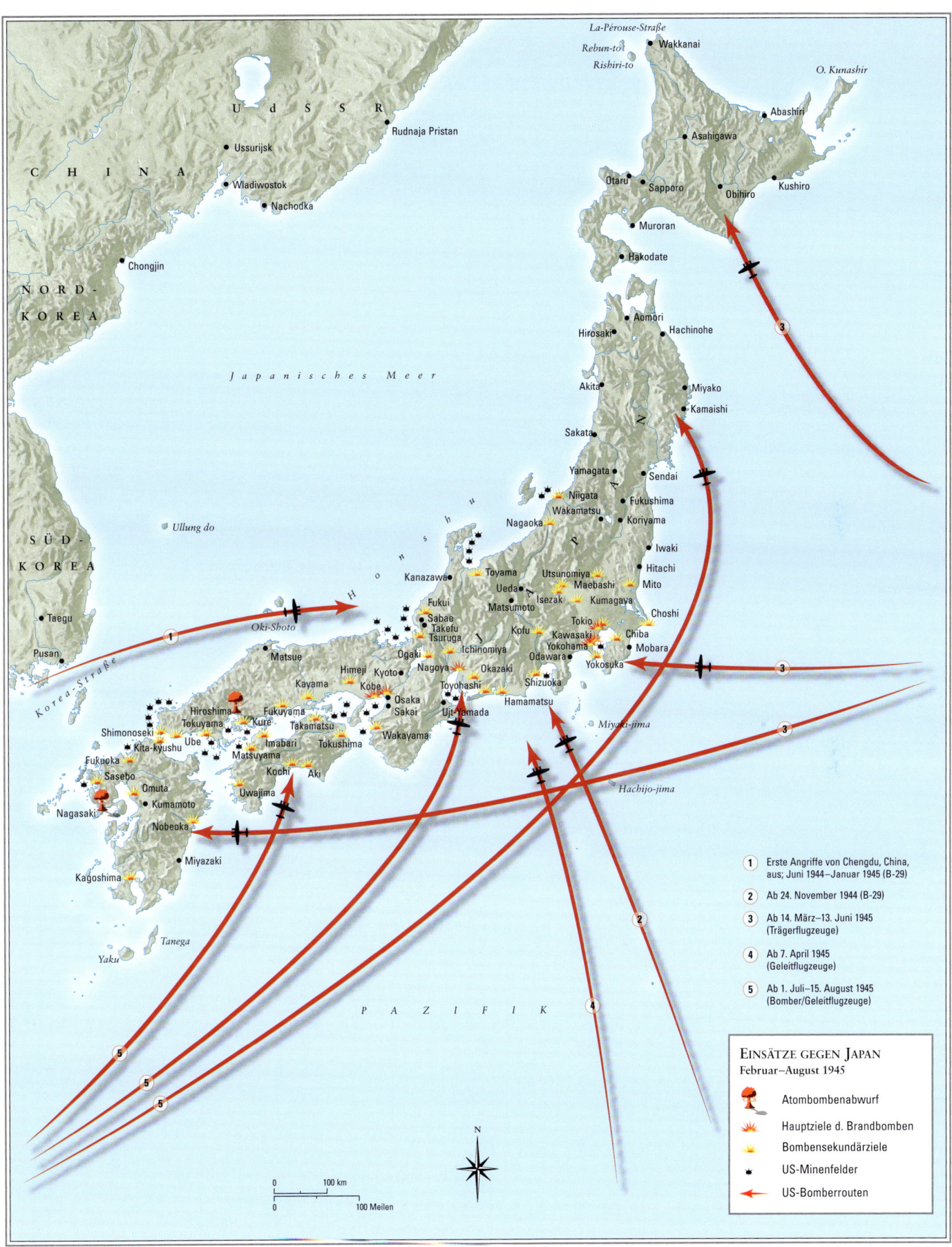

B-29: Entwicklung und Einsatz

Die größten Luftkriege

ATOMKRIEG

*BOMBEN AUF NAGASAKI
Für diesen gewaltigen Atompilz
war „Fat Man" verantwortlich, jene
Atombombe, die am 9. August 1945
in einer Höhe von etwa 550 m
über Nagasaki explodierte.*

Am 6. August 1945 wurde „Little Boy", die erste in einem Krieg eingesetzte Atombombe, auf die japanische Stadt Hiroshima abgeworfen, wobei sofort rund 70 000 Menschen ums Leben kamen. Drei Tage später forderte eine zweite Atombombe, „Fat Man", in Nagasaki einen ähnlich hohen Blutzoll. Es wurde viel diskutiert, ob die Alliierten wirklich eine derart zerstörerische Waffe einsetzen mussten. Viele waren der Ansicht, dass Japan bereits besiegt war, vor allem nachdem die Sowjetunion Japan am 9. August den Krieg erklärte und in die Mandschurei einmarschierte. Japans zivile Administration verfolgte bereits einen Friedenskurs und es war nur die Militärhierarchie, die den Kampf bis zum blutigen Ende austragen wollte.

Mit wissenschaftlicher Unterstützung aus Großbritannien und Kanada hatte die US-Regierung das „Manhattan Project" ins Leben gerufen, um die erste Atombombe zu bauen – eine Waffe von solcher Zerstörungskraft, dass derjenige, der sie besaß, die strategische Initiative innehatte. Die Alliierten vertraten das strategische Bombardement ziviler Ziele, um die industrielle Infrastruktur des Feindes zu schädigen und den Kampfwillen zu schwächen. Nun hob die Atombombe dieses Zerstörungswerk auf ein neues, schreckliches Niveau.

Die Botschaft unmissverständlich klarmachen
Viele größere Städte in Japan waren Opfer des Brandbombardements der B-29-Stratofortress-Bomber geworden. Die meisten japanischen Wohnhäuser bestanden aus Holz. Dieser Faktor sorgte zusammen mit den traditionell engen Straßen für extrem hohe Opferzahlen unter der Zivilbevölkerung; allein in Tokio waren 100 000 zivile Tote zu beklagen. Bei der Invasion auf Okinawa und Iwo Jima erlitten die US-Truppen horrende Verluste, was zu Spekulationen über noch größere Verluste bei der geplanten Invasion der japanischen Hauptinseln führte. Man hielt sogar sechsstellige Zahlen für möglich. Die Atombombe hingegen bot eine große Wirkung und geringe Verluste.

In Potsdam stellte US-Präsident Harry S. Truman Japan ein Ultimatum: Es sollte kapitulieren oder die Alternative würde „die sofortige und völlige Zerstörung Japans" sein. Japan lehnte ab und Truman gab Befehl, die Bombe abzuwerfen. Hiroshima wurde nicht aus militärischen Gründen oder wegen seiner Industrie ausgewählt, sondern wegen der hohen Einwohnerzahl – der psychologische Effekt der Bombe würde gewaltig sein. Die Stadt war bislang kaum vom Bombardement betroffen gewesen und bestand bis auf das Zentrum größtenteils aus Holzgebäuden, wodurch es sich für die neue Waffe geradezu ideal anbot.

Die von Colonel Paul Tibbets, dem Kommandaten der 509. „Composite Bomb Group", gesteuerte „Enola Gay", wurde auf ihrer Mission von zwei weiteren B-29 begleitet, welche die Ereignisse aufzeichneten. Die Bombe wurde um 8:15 Uhr abgeworfen und detonierte 580 m über Hiroshima. Die Druckwelle mit einem Radius von 1,6 km erfasste fast die gesamte Stadt, rund 70 000 Menschen wurden sofort getötet. Durch das Feuer, das danach wütete, wurde alles im Umkreis von weiteren 7 km zerstört.

Atomkrieg

Drei Tage später warf „Bockscar", gesteuert von Major Charles W. Sweeny, „Fat Man" auf Nagasaki ab, einem großen Hafen im Süden Japans, wo sich mehrere Industrieanlagen befanden. Auch diese Stadt bestand zum Großteil aus Holz. Aufgrund der Wolkendecke über dem Primärziel Kokura ließ „Bockscar" die Bombe um 11:01 Uhr auf Nagasaki fallen. Abermals starben rund 70 000 Menschen sofort. Nach dieser zweiten Machtdemonstration kapitulierte Japan bedingungslos.

Über den Einsatz dieser Waffen und ihre Zerstörungskraft gab es heftige Kontroversen. Viele sind der Ansicht, man hätte den Abwurf nicht genehmigen dürfen und stattdessen in Japan einmarschieren sollen. Andere halten sie für notwendig, weil man damit der Sowjetunion, die damals in der Mandschurei einfiel und bereits einen großen Teil Ost- und Mitteleuropas besetzt hielt, seine Macht demonstriert hatte. Die Nachwirkungen der Bombe, unter denen Zehntausende Menschen noch viele Jahre lang litten, geben Auskunft darüber, warum diese schreckliche Waffe nie wieder eingesetzt wurde – und hoffentlich nie wieder eingesetzt wird.

DIE BESATZUNG DER „ENOLA GAY"
Colonel Paul Tibbets (mit Pfeife) mit einem Teil der Besatzung der „Enola Gay", jener B-29, welche die erste Atombombe abwarf.

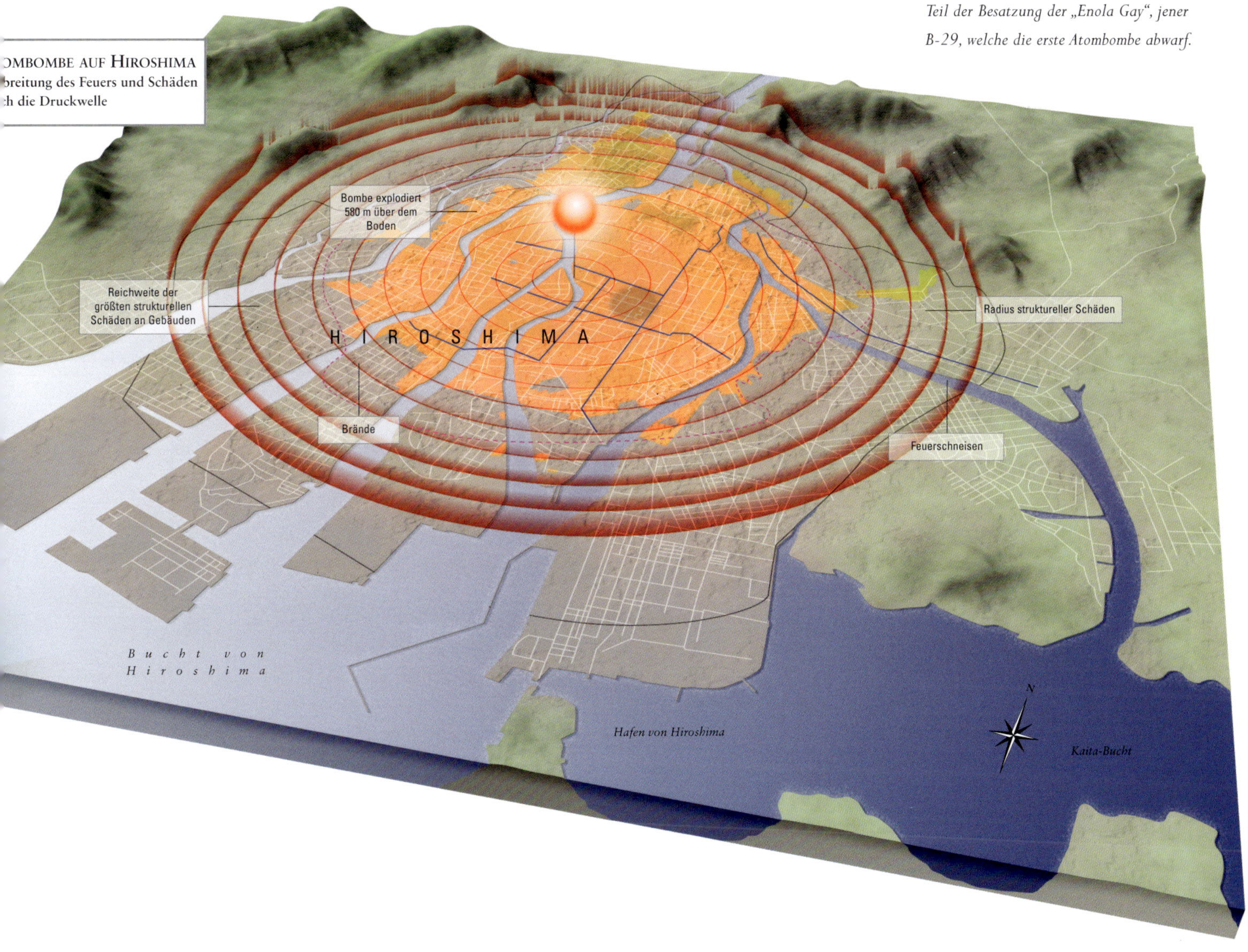

OMBOMBE AUF HIROSHIMA
breitung des Feuers und Schäden
ch die Druckwelle

- Bombe explodiert 580 m über dem Boden
- Reichweite der größten strukturellen Schäden an Gebäuden
- Radius struktureller Schäden
- HIROSHIMA
- Brände
- Feuerschneisen
- Bucht von Hiroshima
- Hafen von Hiroshima
- Kaita-Bucht

Die größten Luftkriege

DIE WELT NACH DEM KRIEG

Ende 1945 hatten die gewaltigen Streitkräfte der Alliierten die Achsenmächte vollständig besiegt. Ein Großteil von Europa und weite Gebiete Asiens lagen in Schutt und Asche; es herrschte Hunger. Der einfache Soldat, Seemann oder Flieger wollte nur nach Hause und sein „normales" Leben in Hof, Fabrik oder Büro wieder aufnehmen. Ihre politischen Führer jedoch standen vor der alten Rivalität zwischen den Mächten, aber mit einem großen Unterschied: Ideologie. Das kommunistische Regime in der Sowjetunion mit seiner scheinbar allmächtigen Roten Armee kontrollierte weite Gebiete Eurasiens, von Deutschland im Westen bis nach Wladiwostok im Osten. In China gewann die kommunistische Partei an Einfluss. Die USA und ihre Verbündeten betrachteten den neuen Staat mit einer Mischung aus Begeisterung über einen neuen Alliierten im Kriegsfall und Nervosität wegen seiner potenziellen Macht. Kommunismus galt als ideologische Alternative zum Kapitalismus, der sich in der Großen Depression wenig erfolgreich gezeigt hatte.

Winston Churchill, Großbritanniens Führer im Krieg und nun nach einer Wahlniederlage nicht mehr im Amt, warnte im März 1946 in Fulton, Missouri: „Von Stettin an der Ostsee bis Triest an der Adria hat sich ein eiserner Vorhang über den Kontinent gesenkt." Viele waren von seiner Rede schockiert, doch er hatte eine neue Dynamik in den Beziehungen zwischen den ehemaligen Verbündeten aufgezeigt. Viele setzten ihre Hoffnungen für eine friedliche Zukunft auf die neu gegründeten Vereinten Nationen, die internationale Probleme lösen sollten.

Eine neue Weltordnung

Für viele Menschen, die in den vom Krieg verwüsteten Gebieten lebten, stellte der Kommunismus eine verlockende Lösung dar. Die westlichen Führer erkannten, dass man diesem Trend und seinen Folgen für das Gleichgewicht der Mächte entgegenwirken musste. Als US-Präsident Harry Truman im August 1947 seine Doktrin von der Eindämmung des Totalitarismus verkündete, meinte er damit den Kommunismus. Der wirtschaftliche Wiederaufbau Westeuropas wurde zur entscheidenden Aufgabe, da so der „freie" Lebensstil attraktiver würde. Resultat war der nach dem US-Außenminister benannte „Marshallplan", der Milliarden in den Wiederaufbau Europas pumpte, darunter auch nach Deutschland. Daraufhin begann Stalin, der den einstigen Feind so schwach wie möglich halten wollte, einen umfassenden Propagandakrieg, der die stärker werdenden Unterschiede in der Europapolitik betonte.

Das wirtschaftlich schwer angeschlagene Großbritannien profitierte stark vom Marshallplan. Dank dem Plan konnte man ebenso wie die USA in Deutschland eine Besatzungsarmee samt Luftelement unterhalten. Auf See und in der Luft hatten die Westmächte einen klaren Vorteil gegenüber der sowjetischen „Gefahr". Man hoffte, dass die verfügbaren Bodentruppen in Europa, wenn sie der Roten Armee gegenüberstanden, zumindest die Linie Rhein-Alpen-Piave halten konnten, während man aus der Luft deren Versorgung kappen würde. Diese Verwendung der Luftstreitkräfte wurde im US-Verteidigungsplan 1949 offiziell unter dem Codenamen „Operation Dropshot" vermerkt.

Bei Kriegsende hatten sowohl die USA als auch Großbritannien eine große Zahl schwerer Langstreckenbomber im Arsenal, während die sowjetische Luftwaffe eher auf taktische Luftunterstützung ausgerichtet war. 1944–46 baute die Sowjetunion ihre Langstreckenbomberkapazitäten aus. Ironischerweise bestand die erste Manifestation in der Tupolew Tu-4, einer nachgebauten Version der Boeing B-29 Superfortress. Ab 1948 wurde dieses Modell an Langstreckenbombergeschwader ausgeliefert.

ILJUSCHIN IL-28
Die als taktischer leichter Bomber und Ersatz für die Tupolew Tu-2 entworfene Iljuschin Il-28 wurde in den 1950er-Jahren zur Hauptstütze der taktischen Angriffsstreitkräfte des sowjetischen Machtblocks. Zahlreiche Maschinen wurden in Länder im sowjetischen Einflussbereich exportiert.

Die Welt nach dem Krieg

Langstreckenfeinde

Die Nachricht über diese Entwicklung brachte die US Air Force an den Rand einer Panik. Zum ersten Mal waren die USA selbst in Reichweite feindlicher Langstreckenbomber, die von ihren Heimatbasen aus operierten. Und wie um die Bedrohung noch zu verstärken, zündete die UdSSR 1949 ihre erste Atombombe. Ein neues Gleichgewicht des Schreckens entwickelte sich und lieferte den Antrieb für die Expansion und Modernisierung des „US Strategic Air Command", das drei Jahre zuvor gegründet worden war. Neben B-29 (spätere Modelle erhielten die Bezeichnung B-50) trat die gigantische Convair B-36 Peacemaker von 1948 auf den Plan.

Wenn „Operation Dropshot" initiiert worden wäre, hätte man dafür den Großteil der Bomber des Strategic Air Command zusammen mit Avro-Lincoln- und B-29-Geschwadern des RAF Bomber Command eingesetzt. Diese Flugzeuge hätte man zur Vernichtung von 200 genau festgelegten Zielen auf sowjetischem Territorium ausgeschickt. Es gab auch Pläne, mit den Tausenden konventionellen Bomben auch 300 Atombomben abzuwerfen und so in einem Streich 85 Prozent des sowjetischen Industriepotenzials zu vernichten. Ein Viertel bis ein Drittel der Sprengladungen war zur Zerstörung sowjetischer Flugzeuge auf dem Boden bestimmt. Auf ihrem Flug in den Osten wären den alliierten Bombern sicherlich die sowjetischen Tu-4-Bomber auf ihrem Weg zum Gegenschlag begegnet.

CONVAIR B-36
Mit der riesigen Convair B-36 konnte das USAF Strategic Air Command jedes Ziel in aller Welt mit Nuklearwaffen bedrohen.

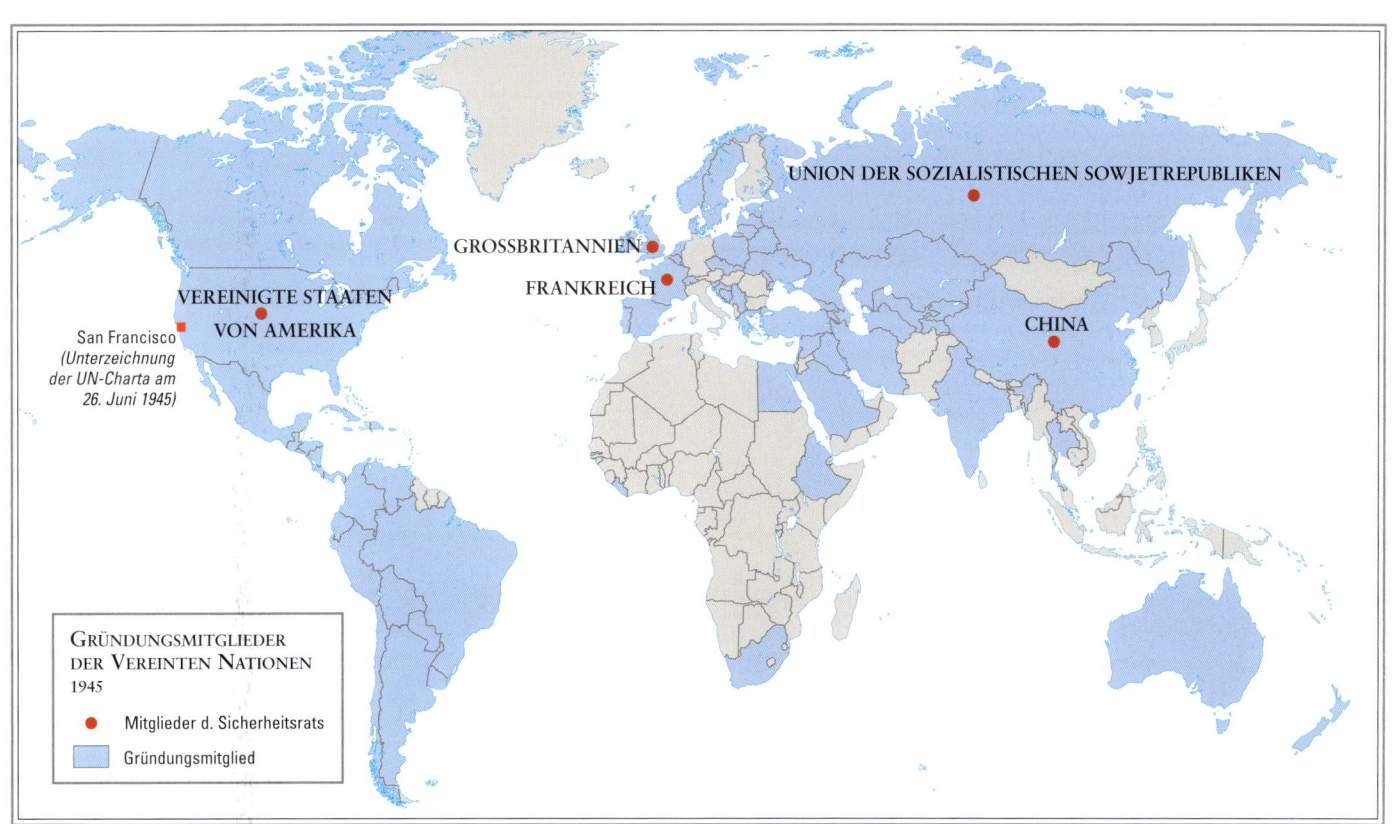

Die größten Luftkriege

DIE BERLINER LUFTBRÜCKE

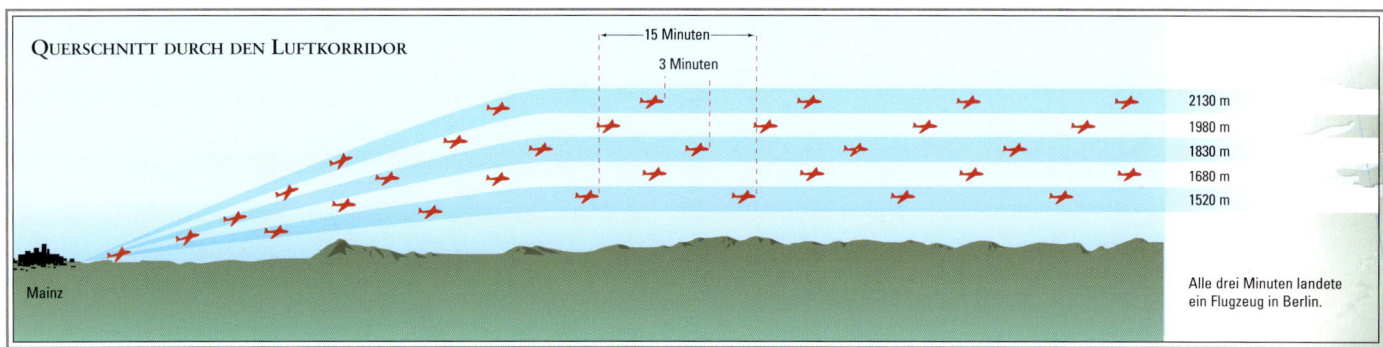

Nach dem Ende des Zweiten Weltkriegs gingen die USA, Großbritannien und Frankreich dazu über, die von ihnen besetzten Zonen als ein Gebiet zu betrachten – daraus wurde Westdeutschland. Außerdem besetzten sie die Westhälfte von Berlin. Am 21. Juni 1948 führte die westliche Hälfte Deutschlands eine neue Währung ein. Die Sowjetunion wertete dies als provokativen Akt und schloss sofort alle Land- und Wasserwege nach Berlin – die Bevölkerung war isoliert. Die Alliierten waren nicht gewillt, Berlin aufzugeben, wollten aber den Zugang nicht mit bewaffneten Konvois erzwingen. So beschlossen sie, alle Bedarfsgüter für den Alltag einzufliegen, und damit begann die größte Luftversorgungsaktion in der Geschichte der Luftfahrt.

Versorgung mit dem Notwendigsten

Die Westhälfte von Berlin benötigte rund 4500 Tonnen Versorgungsgüter täglich. Die US Air Force hatte in Europa knapp über 100 Douglas C-47 permanent stationiert; die RAF hatte eine ähnliche Zahl Avro York und C-47. Die Short-Sunderland-Langstreckenflugboote wurden in Dienst gestellt und landeten auf der Havel am Stadtrand von Berlin.

Die Luftbrücke begann am 26. Juni. Nach und nach wurden auf westdeutschen Flugplätzen immer mehr Frachtmaschinen aus aller Welt konzentriert. Darunter befand sich auch die neue viermotorige Douglas C-54 Skymaster, die eine Last von zehn Tonnen aufnehmen konnte.

In Erinnerung an die gescheiterten Versuche der Deutschen, ihre eingekesselte 6. Armee in Stalingrad zu versorgen, dachten die Sowjets, dass die Luftbrücke versagen würde. Doch zu ihrem Erstaunen wuchs deren Kapazität von Tag zu Tag an. Nach einem Monat lieferte sie genügend Güter, um die Stadt am Laufen zu halten. Als Reaktion ließen die Sowjets Jagdflugzeuge durch den Luftkorridor fliegen und gelegentlich Schüsse abgeben, aber nicht direkt auf die Frachtmaschinen. Es gab Berichte über unzählige Zwischenfälle, doch keiner konnte den Versorgungsstrom stoppen. Als der Winter bevorstand, tat man alles, um die Kapazität der Berliner Flughäfen zu erhöhen. Tempelhof erhielt zusätzliche Startbahnen, Gatow und Tegel wurden um- und ausgebaut. Zum Verladen der Fracht wurde ehemaliges Bodenpersonal der Luftwaffe angeheuert.

An Ostern, 15./16. April 1949, hob sich die Stimmung der Berliner. Das Personal arbeitete rund um die Uhr, damit auf 1383 Flügen insgesamt 12 941 Tonnen Treibstoff eingeflogen werden konnten. Nun war auch der Sowjetunion klar, dass die Luftbrücke ein riesiger Propagandaerfolg war; widerwillig hoben sie die Blockade auf. Am 12. Mai erreichte der erste Konvoi auf dem Landweg Berlin. Die Luftbrücke wurde bis zum 30. September 1949 fortgesetzt. Mit 278 288 Flügen wurden 2 326 406 Tonnen Güter geliefert; davon entfielen 76,7 Prozent auf die USAF, 17 auf die RAF und 7,6 auf britische Zivilmaschinen.

VERKEHR IN TEMPELHOF
Der „USAF Military Air Transport Service" entlädt seine Fracht im Berliner Flughafen Tempelhof. Die C-47, in der RAF als „Dakota" bekannt, war die Hauptstütze der Berliner Luftbrücke.

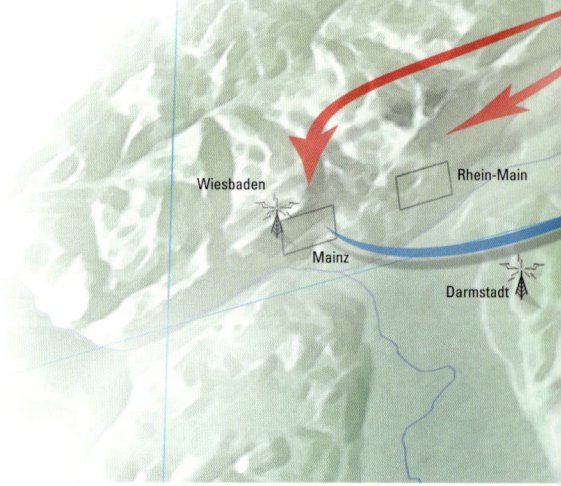

Die Berliner Luftbrücke

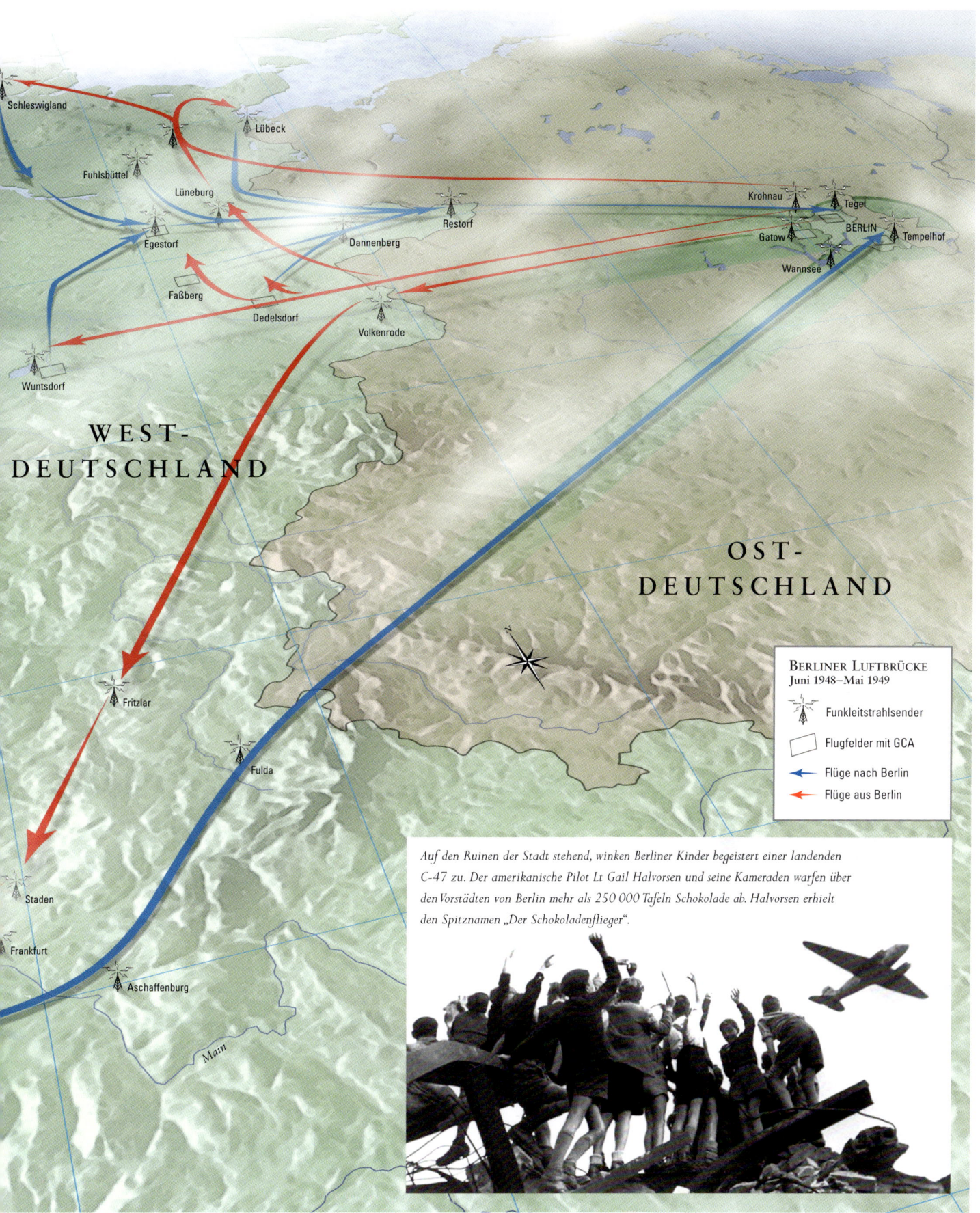

Die größten Luftkriege

KOREA: 1950–53

Am 25. Juni 1950 drangen acht Divisionen der nordkoreanischen Armee über den 38. Breitengrad vor, jener Linie, die den kommunistischen Norden vom von der UNO unterstützten Süden trennte. In Unterstützung der Bodentruppen flogen von den Russen gebaute Altflugzeuge aus dem Zweiten Weltkrieg, wie Jakowlew Jak-9 und Lawotschkin La-9, sowie der Bodenangriffsspezialist Iljushin Il-10, eine verbesserte Version der kampferprobten Il-2.

Die südkoreanische Luftwaffe besaß keine Offensivflugzeuge, nur Übungsmaschinen, und war bei der Abwehr des kommunistischen Vorstoßes keine große Hilfe. Ihre Streitkräfte wurden auf ein kleines Gebiet rund um die Hafenstadt Pusan im Südosten des Landes zurückgedrängt. Die nächsten UN-Flugzeuge waren als Besatzung in Japan stationiert. Darunter befanden sich die Nachtjäger North American F-82 Twin Mustang und die Angriffsbomber Douglas B-26 Invader. Die Twin Mustangs, die mit ihrer großen Ausdauer lange über einem Kampfschauplatz verweilen konnten, hielten die Angreifer erfolgreich in Schach, während die B-26 die nordkoreanischen Versorgungslinien mit Bomben und Raketen beschoss, was der UNO unter der Führung der USA Zeit gab, ihre Streitkräfte zu sammeln und zurückzuschlagen.

Auftritt der MiG

Die UN-Streitkräfte, darunter auch Kontingente aus Belgien, Australien, Südafrika und Großbritannien, wurden vom legendären General Douglas MacArthur kommandiert, der sofort Pläne für eine Landung bei Inchon im Rücken der nordkoreanischen Truppen entwarf. Dadurch könnte man Seoul einnehmen und die kommunistische Versorgung unterbrechen. Während die Marines an Land gegen einen völlig überraschten Feind stürmten, wurden sie von verschiedensten Propellermaschinen unterstützt – ein seltsamer Anblick im Zeitalter des Düsenjets. Chance Vought F4U Corsairs, North American F-51 Mustangs und Hawker Sea Furies flogen Bodenunterstützung, sodass Seoul binnen weniger Tage eingenommen werden konnte. Nachdem er die Kommunisten hinter den 38. Breitengrad zurückgedrängt hatte, wollte MacArthur weitermachen und ganz Korea erobern. Nun begann China, seine Streitkräfte hinter dem Yalu zu konzentrieren.

China konnte nicht nur eine gewaltige Armee einberufen, es hatte von Sowjetrussland auch den neuesten Düsenjäger, die MiG-15, erhalten. Als sie in Dienst gestellt wurde, gab es auf Seiten der Vereinten Nationen nichts, was mit ihrer Bewaffnung und Geschwindigkeit mithalten konnte. Die UN-Piloten in Düsenjets wie Grumman F9F Panther und in Kolbenmotormaschinen konnten zwar ein paar Luftsiege über die MiG erzielen, aber der wahre Retter des UN-Feldzugs in Korea war die Lockheed F-80, die gemeinsam mit den Maschinen der US Navy den Großteil der Bodenangriffe flog, bis sie 1952 von der Republic F-84 Thunderjet ersetzt wurde.

DER KOREAKRIEG

In den ersten Wochen des Koreakrieges hatte die nordkoreanische Offensive fast Erfolg; sie zwang die Alliierten, sich auf ein Gebiet um den Hafen Pusan zurückzuziehen. Flugzeuge, die von Japan aus operierten, brachten den Vormarsch zum Halten und verschafften den Alliierten Zeit, bis Verstärkung eintraf.

Korea: 1950–53

Gegen die MiG wurde der neueste Düsenjäger der US Air Force, die North American F-86 Sabre, in das Kriegsgebiet geschickt. Obwohl es zuerst nur wenige gab, wuchs das Geschwader rasch an. In den Händen der erfahrenen Piloten errang dieses Flugzeug bald die Luftüberlegenheit. Das einzige, was sie davon abhielt, die MiGs zu dezimieren, war der Befehl, dass sie nicht über den Yalu in den chinesischen Luftraum fliegen durften, was zahlreichen MiGs die Flucht aus „MiG Alley" ermöglichte.

Ein weiterer Veteran des Zweiten Weltkriegs, der im Koreakrieg mitspielte, war die Boeing B-29 Superfortress. Sie diente zum strategischen Bombardement von Industrie- und Transportzentren im Norden und flog gelegentlich auch eine taktische Mission, indem sie Truppenkonzentrationen oder Brücken bombardierte. Trotz ihrer schweren Defensivbewaffnung waren diese Maschinen für Angriffe der MiG sehr anfällig; nach größeren Verlusten wurden die B-29 daher auf Nachteinsätze beschränkt.

Eine Aufgabe für Helikopter

Obwohl sie in geringer Zahl bereits zum Ende des Zweiten Weltkriegs eingesetzt worden waren, erlebten Helikopter ihre Feuertaufe erst im Koreakrieg. Sie eigneten sich ideal als medizinische Evakuierungsplattform, mit der man Verwundete, die ihren Verletzungen ansonsten erlegen wären, in Lazarette im Hinterland transportieren konnte. Außerdem rettete man auch abgestürzte Piloten. An vorderster Front dieser neuen Art des Fliegens war der Bell H-13, erkennbar an seinem großen Plexiglascockpit und dem gerüstartigen Heck. In speziellen Tragen an der Seite konnte er zwei Verwundete befördern. Gegen Ende des Konflikts kamen größere Hubschrauber, etwa der Sikorsky H-19, in Gebrauch. Sie flogen MedEvac-Missionen ebenso wie Truppen- und Gütertransporte.

Im Verlauf des dreijährigen Konflikts herrschte größtenteils ein Patt; nach den ersten Offensiven 1950 gab es keine Vorstöße mehr. Ende Juli 1953 wurde ein Waffenstillstand vereinbart. Bis heute gibt es keinen offiziellen Friedensvertrag, was bedeutet, dass sich Nord- und Südkorea noch immer im Krieg befinden. Der Konflikt war eine Übergangszeit für Kampfflugzeuge. Obwohl man Maschinen mit Kolbenmotor noch immer für spezielle Aufgaben einsetzte, kamen nun die unglaublich schnellen Düsenjets.

MIGS AN DER STARTBAHN
Die von den Sowjets gebauten MiG-15-Düsenjäger stehen startbereit in Antung, Mandschurei. Die MiG-15 erwies sich als Furcht erregender Gegner, vor allem in den Händen der sowjetischen Piloten, welche die meisten kommunistischen Kampfeinsätze in Korea flogen.

F-86A SABRE
Die UNO-Piloten in den F-86 Sabres behaupteten, sie hätten für jede im Kampf verlorene Sabre zehn MiGs abgeschossen, doch später musste diese Zahl drastisch revidiert werden. Trotzdem eroberte die Sabre die Luftüberlegenheit über Nordwestkorea.

Die größten Luftkriege

NEUORDNUNG DER WELT

In der Zeit der Berliner Luftbrücke kristallisierten sich unter der Führung der Sowjetunion bzw. der USA die großen ideologischen Blöcke Kommunismus und Kapitalismus heraus. Die gewaltige Macht der sowjetischen Kriegsmaschinerie, die riesige Gebiete der eurasischen Landmasse kontrollierte, erregte im Westen beträchtliche Angst. Was man später den Kalten Krieg nannte, mag seine Wurzeln in den politischen Konflikten in Europa gehabt haben, doch er breitete sich rasch in alle Welt aus.

1949 gründeten die USA und ihre Verbündeten die North Atlantic Treaty Organization (NATO), gefolgt von der Southeast Asia Treaty Organization (SEATO) 1954 und der Central Treaty Organization (CENTO) 1955. Im gleichen Jahr schloss die Sowjetunion mit ihren Satellitenstaaten den Warschauer Pakt.

Die Militärmacht der Sowjetunion basierte auf gewaltigen Armeen mit Wehrpflicht und einer größtenteils taktischen Luftflotte. Der Westen, der nicht im gleichem Umfang Bodentruppen aufbieten

EINE NEUE GEFAHR
Ende des Zweiten Weltkriegs kam die neue Gefahr von aus der Luft abgeworfenen Atombomben. Sowohl die USA als auch die UdSSR entwickelten Langstreckenbomber, die eine Atombombe über Tausende Meilen transportieren konnten. Als Gegenmaßnahme wurden gewaltige Defensivarsenale aus Abfangjägern aufgebaut. Mit der Einführung von strategischen Interkontinentalraketen Ende der 1950er-Jahre wurde all das überflüssig.

Neuordnung der Welt

konnte, griff zur wirksamen Abschreckung immer stärker auf Nuklearwaffen zurück. Nachdem die UdSSR 1949 ihre erste Atombombe gezündet hatte, herrschte ein neues Klima der Angst. Der Westen besaß viel mehr Langstreckenbomber, die Ziele tief im Territorium des Warschauer Pakts treffen konnten. Auch die Sowjets verfügten über Langstreckenbomber, doch nie so viele wie die USA und ihre Verbündeten. Ab Ende der 1950er-Jahre wurden die Langstreckenbomber zunehmend durch Interkontinentalraketen (ICBM) mit Atomsprengköpfen ersetzt.

Mehr als 50 Jahre lang bereiteten sich die Großmächte auf einen Krieg vor. Strategen steckten viel Zeit, Energie und Geld in die Theorie des Atomkriegs und, wichtiger, dessen Vermeidung. Die Theorien reichten von taktischen Nukleargefechten bis zur völligen gegenseitigen Auslöschung (Mutual Assured Destruction, kurz MAD, „verrückt"). An der Peripherie, in Korea und Vietnam, testeten sie ihre Entschlossenheit, und jahrzehntelang lebte die Welt mit der Gefahr – und manchmal auch Wahrscheinlichkeit – eines Atomkrieges.

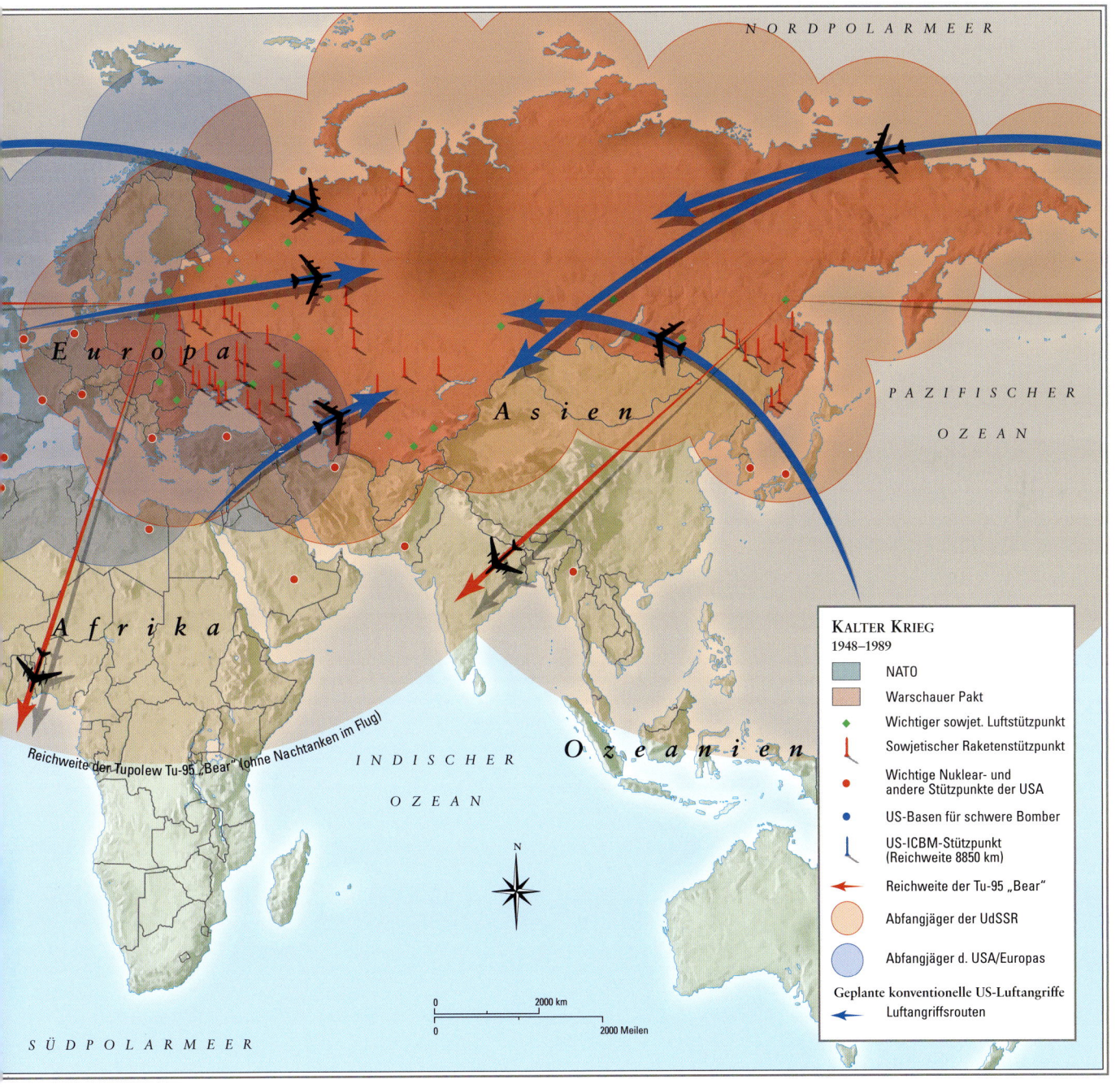

KALTER KRIEG
1948–1989

- NATO
- Warschauer Pakt
- Wichtiger sowjet. Luftstützpunkt
- Sowjetischer Raketenstützpunkt
- Wichtige Nuklear- und andere Stützpunkte der USA
- US-Basen für schwere Bomber
- US-ICBM-Stützpunkt (Reichweite 8850 km)
- Reichweite der Tu-95 „Bear"
- Abfangjäger der UdSSR
- Abfangjäger d. USA/Europas
- Geplante konventionelle US-Luftangriffe Luftangriffsrouten

DIE KUBAKRISE

Nach einem Guerillakrieg in Kuba, bei dem die proamerikanische Diktatur von Fulgencio Batista entmachtet wurde, kam einer seiner entschlossensten Gegner an die Macht: Fidel Castro. In ihren ersten Amtstagen war Castros neue Regierung mit der ernsthaften Gefahr einer US-Intervention konfrontiert, doch das hielt sie nicht davon ab, amerikanische Unternehmen auf Kuba zu verstaatlichen. Daraufhin verhängte US-Präsident Dwight Eisenhower wirtschaftliche Sanktionen über die Insel und unternahm Versuche, Castros Regime zu destabilisieren und Kubas Verwandlung in einen sozialistischen Einparteienstaat zu unterminieren.

Moskau verfolgte diese neuen Entwicklungen sehr aufmerksam. Als John F. Kennedy im Januar 1961 US-Präsident wurde, wurden die diplomatischen Beziehungen zwischen den USA und Kuba abgebrochen. Zu Castros engstem Beraterkreis gehörten Kommunisten, die eine engere Bindung an Moskau forderten. In der Sowjetunion fand Castro einen neuen Handels- und Militärpartner, mit dessen Hilfe er die US-Sanktionen umgehen konnte.

Inzwischen legte die Central Intelligence Agency (CIA) Präsident Kennedy einen Plan vor, mit Exilkubanern eine Invasion zu starten und eine Revolte gegen Castro zu entfachen. Dieser Versuch startete im

Die Kubakrise

April 1961; 1400 kubanische Rebellen landeten in der Schweinebucht. Wegen schlechter Planung und mangelnder Luftunterstützung brach die Invasion zusammen. Das war nicht nach dem Plan der CIA und brachte auch nicht die erhoffte breite Unterstützung für Kennedy in der Bevölkerung.

Das Schweinebucht-Debakel und die darauf folgende Operation „Mongoose", ein von Kennedy genehmigter Geheimplan zur Förderung eines Aufstandes in Kuba, hatten den gegenteiligen Effekt: sie trieben Castro noch mehr in die Arme der Sowjets. Der sowjetische Präsident Nikita Chruschtschow ergriff die Chance und überredete Castro, als Akt der sozialistischen Solidarität die Errichtung sowjetischer Raketenbasen auf Kuba zu gestatten. Auf diese Weise konnte die UdSSR Lücken in der Raketendeckung schließen. In den frühen 60er-Jahren konnten die USA mehr ISBMs und IRBMs stationieren als die UdSSR, außerdem stationierte sie 15 Jupiter-IRBMs in Izmir, Türkei, von wo es nur 15 Flugminuten nach Moskau waren – sehr zum Ärger der Sowjets.

Geheime Spionageflüge

Die verdeckte Stationierung sowjetischer Raketen und Einheiten auf Kuba ging weiter. Eine Schlüsselrolle bei der Enthüllung dieser Vorgänge spielte die Lockheed U-2, ein Aufklärungsflugzeug für extreme Höhen, das ab 1956 vier Jahre lang „Spionageflüge" über der Sowjetunion absolvierte und am 1. Mai 1950 bei Swerdlowsk abgeschossen wurde, was großes Medienecho hervorrief. Am 14. Oktober zeigte ein Aufklärungsfoto der U-2 Beweise für den Bau sowjetischer Raketenbasen auf Kuba. Innerhalb einer Woche verhängten die USA als Reaktion eine Seeblockade für militärische Güter nach Kuba und traf Vorbereitungen für einen größeren Krieg. Die strategischen Nuklearstreitkräfte der USA wurden in volle Alarmbereitschaft versetzt. In Regierungskreisen diskutierte man sofortige Luftangriffe, um die Raketenbasen zu zerstören. Dies wurde jedoch als zu große Eskalation verworfen und es bestand auch die Möglichkeit, dass einige sowjetische Raketen starten konnten und einen großen Krieg auslösten. Man hoffte, dass die Seeblockade den USA Zeit für eine diplomatische Lösung verschaffte.

In einer Fernsehansprache erklärte Präsident Kennedy am 22. Oktober der Nation die Position der USA. In den folgenden Tagen entwickelten sich Kommunikationskanäle mit der Sowjetunion, doch die ersten Gespräche waren wenig ergiebig. Die sowjetischen Schiffe hielten Position, als wollten sie die Blockadelinie nicht testen. In einem am 26. Oktober übermittelten Schreiben skizzierte Chruschtschow ein mögliches Abkommen und deutete die Bereitschaft zum Abzug der Raketen an, wenn die USA zusicherten, von einer Invasion Abstand zu nehmen. Eine offizielle Erklärung des sowjetischen Zentralkomitees am nächsten Tag widersprach diesem Brief teilweise. Diese brachte die US-Raketen in der Türkei mit den sowjetischen Raketen auf Kuba in Verbindung. Am selben Tag wurde eine U-2 bei der Aufklärung über Kuba abgeschossen. Nach intensiven Beratungen beschloss Kennedy, Chruschtschows Schreiben zu beantworten und die offizielle Erklärung zu ignorieren. US-Justizminister Robert Kennedy traf sich mit dem sowjetischen Botschafter in Washington; er versicherte ihm, dass es keine Invasion auf Kuba geben werde, und gab ihm das inoffizielle Versprechen, dass die USA ihre Raketen aus der Türkei abziehen würden. Doch er warnte auch, dass es bald kein Zurück mehr geben würde. Der besorgte Chruschtschow akzeptierte fast sofort. Die Krise war abgewendet.

TIEFFLUG-VOODOO
Tiefflugaufklärungsmissionen über Kuba flogen die 363. Tactical Reconnaissance Wing mit McDonnell RF-101 Voodoo vom Flugstützpunkt Shaw in South Carolina aus und das Light Photographic Squadron 26 der US Navy mit RF-8A Crusaders.

AUFKLÄRUNGSFOTO
Während der Kubakrise identifizierte der US-Geheimdienst 24 IRBM-Startrampen auf der Insel, von denen 20 einsatzbereit waren. Weitere 33 SS-4-Raketen wurden in San Cristobal und Sagua la Grande gelagert und die fortgeschrittenere SS-5 war unterwegs.

Die größten Luftkriege

INDOCHINA UND VIETNAM

Nach dem Zweiten Weltkrieg versuchen die europäischen Mächte, die Kontrolle über ihre Kolonien im Fernen Osten, die sie an Japan verloren hatten, wiederzuerlangen. In Französisch-Indochina wurde die Kommunistische Partei immer stärker und wollte Vietnam vom imperialistischen Joch befreien. Die im Norden des Landes stationierten Kommunisten wurden von der jungen Volksrepublik China unterstützt, das den Viet Minh Waffen gab und sie ausbildete. Den Franzosen standen die USA zur Seite, entschlossen, die Ausbreitung des Kommunismus zu verhindern. In der Schlacht von Dien Bien Phu wurden die Franzosen besiegt, als ein Versuch, einen Luftstützpunkt in Nordvietnam zu halten, scheiterte. Die eingekesselten französischen Fallschirmjäger, die nur aus der Luft versorgt wurden, wurden schließlich überrannt. Danach zogen sich die Franzosen aus Vietnam zurück, doch die USA unterstützten weiterhin prowestliche Kräfte im Süden Vietnams mit militärischen Beratern und Ausrüstung.

Unter anderem schickten sie Helikopter wie Piasecki CH-21 „Flying Banana" und Bell UH-I „Iroquois", damit die Armee der Republik Vietnam mobiler war. Sie kamen testweise erstmals in der Schlacht von Ap Bac zum Einsatz. Die Vietcong hatten gute Defensivpositionen und konnten trotz ihrer leichten Bewaffnung einen zahlenmäßig und technisch überlegenen Feind besiegen. Den US-Beratern wurde die Anfälligkeit der Helikopter in „heißen" Landezonen vor Augen geführt.

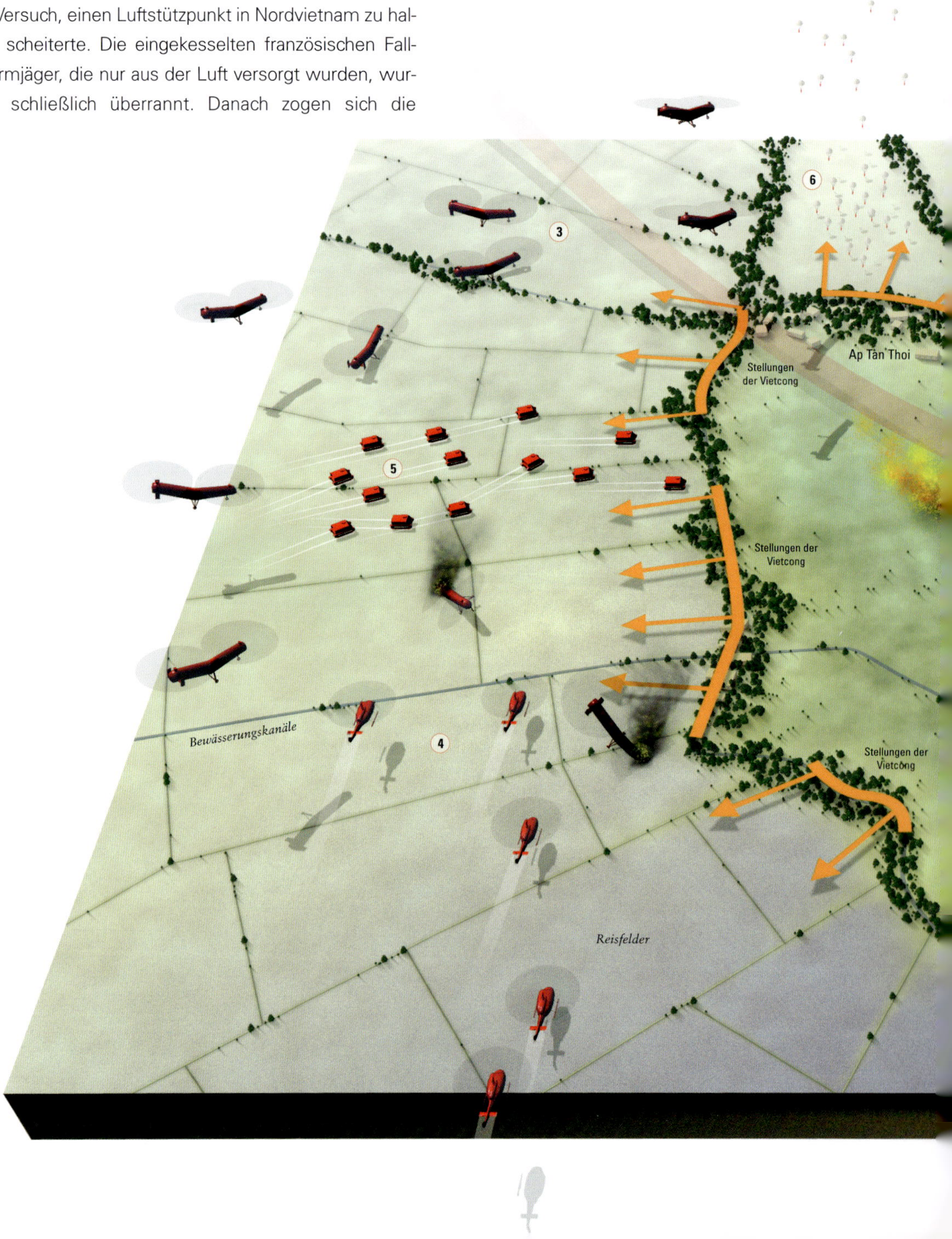

UH-1 IROQUOIS „HUEY"
Ein Soldat verwendet eine Nebelgranate als Markierung, während er einen UH-1 „Huey" auf einer Landezone in Vietnam einweist.

DIE SCHLACHT BEI AP BAC
2. Januar 1963

1. Der amerikan. Berater der AVRN, Lt. Col. John Paul Vann, umrundet den Kampfschauplatz.
2. 1. ziviles Gardebataillon nähert sich Ap Bac, wird von in den Baumreihen versteckten Vietcong festgenagelt und muss sich verschanzen.
3. CH-21 bringen das 7. Infanteriebataillon und landen 180 m westlich der Bäume. Mit kleinen Waffen werden zwei CH-21 abgeschossen und zwei weitere beim Versuch, die Besatzung zu retten, schwer beschädigt.
4. UH-1 „Hueys" beschießen die Stellungen. Ein „Huey" wird bei der versuchten Rettung von CH-21-Piloten selbst abgeschossen.
5. M113 APCs werden gerufen, um die Helikopter-Soldaten zu schützen, werden aber von den VC abgewehrt.
6. Vann befiehlt der AVRN Fallschirmlandungen östlich des Dorfes, um VC-Fluchtrouten zu blockieren. Die Fallschirmjäger landen weiter westlich und kommen unter schweren Beschuss.
7. A-1 Skyraiders werfen Napalm ab, um die Verteidiger zu vernichten, treffen aber offenes Gelände und einen leeren Weiler.
8. VC ziehen sich zurück, nachdem sie der AVRN schwere Verluste zugefügt haben.

Indochina und Vietnam

Ausgewachsener Konflikt

1964 eskalierte der Vietnamkonflikt, als die USA offiziell in den Krieg eintraten. Man hatte gelernt, dass man, wenn man Truppen in eine Landezone auf feindlichem Gebiet fliegen wollte, den Feind unter Beschuss halten musste. Dies erreichte man, indem man an den Seiten eines UH-I-Helikopters Maschinengewehre und Raketen befestigte, zunächst provisorisch, später in fixen Halterungen mit Visieren. Der Kampfhubschrauber war geboren.

Der Dschungelkampf ohne klare Front stellte die US-Kriegsmaschinerie vor enorme Probleme. Man errichtete Feuerstützpunkte und schickte von dort Patrouillen aus, um den Feind aufzuspüren und zu vernichten. Doch einen Gegner auszumachen, der in kleinen Gruppen operierte, das Gelände gut kannte und einfach mit der Bevölkerung verschmelzen konnte, sollte sich als schwierig erweisen. Man musste Soldaten schnell und über große Distanzen transportieren, und hier kam der Helikopter ins Spiel. Das charakteristische „Flap-flap" der Rotorblätter wurde zum Soundtrack des Vietnamkriegs.

Wie in Korea flogen Hubschrauber vor allem „Med-Evac"-Missionen und retteten viele Leben. Daraus entwickelten sich Rettungsmissionen. Unter dem Geleit von Kampfhubschraubern oder Douglas A-1 Skyraiders suchten Helikopter den Dschungel nach abgestürzten Piloten ab und landeten oft unter Beschuss, um sie zu retten. Skyraiders und Kampfhubschrauber gaben dabei Feuerschutz.

Ein weiterer wichtiger Aspekt im Vietnamkrieg war die Bodenunterstützung, doch im dichten Urwald war es oft schwierig zu erkennen, wo Feind und Freund standen, vor allem, wenn man in einem schnellen Flugzeug wie der North American F-100 Super Sabre oder der Republic F-105 Thunderchief saß. Hier kam der Forward Air Controller (FAC) zum Einsatz. Er flog in einer kleinen Cessna O-1 „Bird Dog" über der Kampfzone, markierte feindliche Stellungen mit Rauchraketen und dirigierte den letzten Angriff der Düsenbomber, die schnell und tief anflogen. Bodenangriffsflugzeuge setzten oft verschiedene Sprengstoffe ein, wobei Napalm im dichten Dschungel am effektivsten war.

Ab März 1965 wurden die Luftangriffe der USAF und US Navy

CESSNA O-1 „BIRD DOG"
Die Cessna O-1 wurde vor allem von Forward Air Controllern („Fliegerleitoffiziere") in Vietnam verwendet, die feindliche Stellungen mit Rauchraketen markierten, damit die schnellen Flugzeuge anfliegen und zuschlagen konnten.

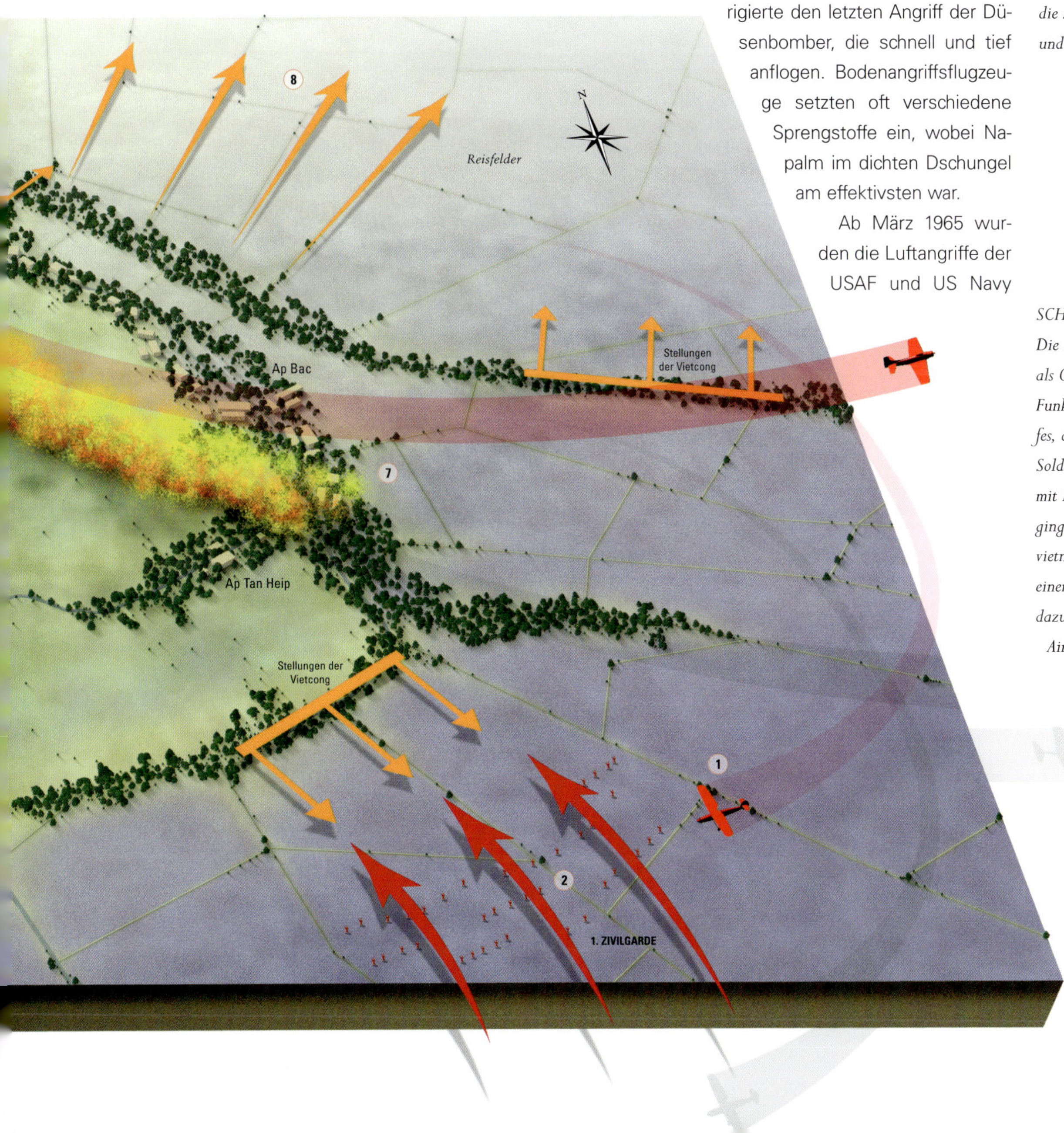

SCHLACHT BEI AP BAC
Die Schlacht bei Ap Bac begann als Operation zur Eroberung eines Funksenders in der Nähe des Dorfes, doch der Plan, in dem Gebiet Soldaten der 7. ARVN-Division mit Hubschraubern zu landen, ging furchtbar schief, da die südvietnamesischen Streitkräfte in einen Hinterhalt gerieten. Noch dazu waren die vietnamesischen Air Controller nicht in der Lage, die Luftangriffe präzise zu dirigieren. Klare Sieger in dieser Schlacht waren die Vietcong; 65 ARVN-Soldaten und drei US-Berater wurden getötet. Die Vietcong schlichen in der Nacht davon, während sich verwirrte ARVN-Soldaten gegenseitig beschossen.

Die größten Luftkriege

"ROLLING THUNDER"
In den drei Jahren und neun Monaten der "Rolling-Thunder"-Operationen flogen US-Jagdbomber 304 000 Einsätze, B-52-Bomber 2380, wobei sie insgesamt 643 000 Tonnen Bomben auf die Rüstungsindustrie, das Verkehrsnetz und den Luftverteidigungskomplex in Nordvietnam abwarfen.

auf Nordvietnam unter dem Codenamen "Rolling Thunder" koordiniert. Hauptsächlich wollte man den Nachschub an Soldaten und Waffen in den Süden unterbinden, den Kampfwillen der Nordvietnamesen schwächen und Industriezentren zerstören. Nordvietnam wurde in "Pakete" eingeteilt, jedes mit spezifischen Zielen. Das wichtigste war Nummer IV, mit Hanoi und Haiphong, dem wichtigsten Hafen Nordvietnams. Unglaublicherweise wurden die Angriffsziele nicht von Kommandanten vor Ort bestimmt, sondern oft von Politikern in Washington, was dazu führte, dass Ziele getroffen, aber nicht zerstört wurden, und Truppen weiterzogen, bevor die Mission vollendet war.

Geflogen wurden diese Missionen von F-105 Thunderchiefs und F-100 Super Sabres. Die Thunderchief, oder "Thud", konnte eine beeindruckende Bombenlast mitführen, doch da sie deshalb beim Aufstieg viel Treibstoff verbrauchte, musste sie vor dem Anflug auf Nordvietnam im Flug betankt werden. Die Maschinen wurden von einer Art Pfadfindern mit Douglas EB-66 angeführt, die mit Navigationshilfen vollgepackt waren. Auf ihr Zeichen warf die Staffel ihre Bomben ab und zog sich eilig zurück.

Die nordvietnamesische Luftabwehr bestand anfangs zum Großteil aus Flugabwehrgeschützen und ein paar Boden-Luft-Raketen (SAM). Später mussten die US-Bombermissionen gegen die wendigen MiG-17 mit immer stärkerem Geleit fliegen. Außerdem lieferten die Sowjetunion und China komplexere SAM-Systeme, was die USA dazu zwang, effektivere Gegenmaßnahmen zu ersinnen. Mit den neuen McDonnell F-4 Phantom II flog man Missionen, bei denen der Feind glaubte, es handle sich um einen gewöhnlichen Bombenangriff auf den Norden. In Wirklichkeit waren die Phantoms mit Luft-Luft-Raketen bestückt und am Himmel über Hanoi kam es zu intensiven Luftgefechten.

"Wild Weasel"

Die SAMs wurden ein immer größeres Problem. 1965 wurden sowjetische SA-2-"Guideline"-Raketen in das Verteidigungssystem Nordvietnams integriert. Ihnen fiel am 23. Juli des Jahres als erste US-Maschine eine F-4C Phantom zum Opfer. Rasch führten die USA "Wild Weasels", Flugzeuge zur Unterdrückung feindlicher Luftabwehr, ein – anfangs F-100F Super Sabres, dann F-105s, später F-4 Phantoms. Diese flogen der Bomberstaffel voraus und versuchten, SAM-Positionen auszuschalten. Sie führten elektronische Gegenmaßnahmen und "Shrike"-Antiradarraketen mit, die auf die Radarfrequenz der SAM-Stützpunkte ansprachen. Diese Missionen waren zwar erfolgreich, aber es gab so viele SAMs, dass ihnen weiter Flugzeuge zum Opfer fielen. 1968 wurde diese Operation eingestellt. Wegen schlechter Kommandostrukturen waren kaum Schäden angerichtet worden, und der Norden kämpfte weiter. Es sollte noch fast vier Jahre dauern bis zum nächsten großen Versuch, Nordvietnam aus dem Krieg zu bomben.

In Thailand stationierte Bomber der US Air Force und Flugzeuge der US Navy auf der "Yankee Station" im Golf von Tonkin flogen weiterhin Bodenunterstützungsmissionen und Einsätze gegen den Ho-Chi-Minh-Pfad. Oft fielen ihre Bomben auf das benachbarte Laos oder Kambodscha, da der Pfad von Nordvietnam in diese Länder

"ROLLING THUNDER"
2. März 1965–1. November 1968
- Typische Penetrationsroute
- US-kontrollierte Flugfelder
- 1 "Pakete" ("Packages")

Indochina und Vietnam

MIKOJAN-GUREWITSCH MIG-21
Im September 1966 erhielt die nordvietnamesische Luftflotte einige MiG-21, die mit Atoll-Infrarot-AAMs bestückt waren und von fünf Stützpunkten in der Region Hanoi aus operierten. Die Taktik der MiG-Piloten bestand darin, tief anzufliegen und dann hochzuziehen, um die schwer beladenen Jagdbomber, hauptsächlich F-105 Thunderchiefs, anzugreifen und sie dazu zu zwingen, ihre Bombenlast abzuwerfen, wenn sie selbst überleben wollten.

und dann wieder zurück nach Südvietnam führte. (Über den lebenswichtigen Ho-Chi-Minh-Pfad brachten die Nordvietnamesen Nachschub und ganze NVA-Regimenter in den Süden). In der taktischen Rolle bombardierte die Boeing B-52 Stratofortress große Dschungelgebiete, wo man Verstecke des Feindes vermutete. Die enorme Sprengkraft konnte verheerend wirken, traf aber oft nur leeren Urwald und richtete kaum Schäden an.

Im April 1972 begann Operation „Linebacker I", die Bombardierung Nordvietnams. NVA-Einheiten waren in den Süden vorgedrungen und hatten die US-Truppen zurückgedrängt. Nun war es an der US-Luftflotte und der ARVN, die Machtübernahme der Kommunisten zu verhindern. Mit der Verminung des Hafens von Haiphong wurde der Nachschub unterbunden. Dann wollte man Munitions- und Vorratslager zerstören. Nach dem Scheitern der Friedensgespräche befahl Präsident Nixon am 18. Dezember 1972 die Wiederaufnahme der Luftangriffe oberhalb des 20. Breitengrades („Linebacker II"). Daraus wurde die schwerste Bombenoffensive dieses Krieges. Nordvietnam reagierte auf die elftägige Aktion mit dem Abschuss fast all seiner Raketen, doch die elektronischen Gegenmaßnahmen beschränkten die US-Verluste auf ein Minimum. Von 26 verlorenen Flugzeugen waren 15 B-52, die SAMs zum Opfer fielen. Fast all ihrer Flugfelder beraubt, brachte die NVAF nur 32 Flugzeuge in die Luft, acht wurden abgeschossen. Während die Friedengespräche noch im Gange waren, verkündeten die USA am 15. Januar 1973 das Ende aller Offensiven gegen Nordvietnam. Am 28. Januar wurde ein Waffenstillstand unterzeichnet.

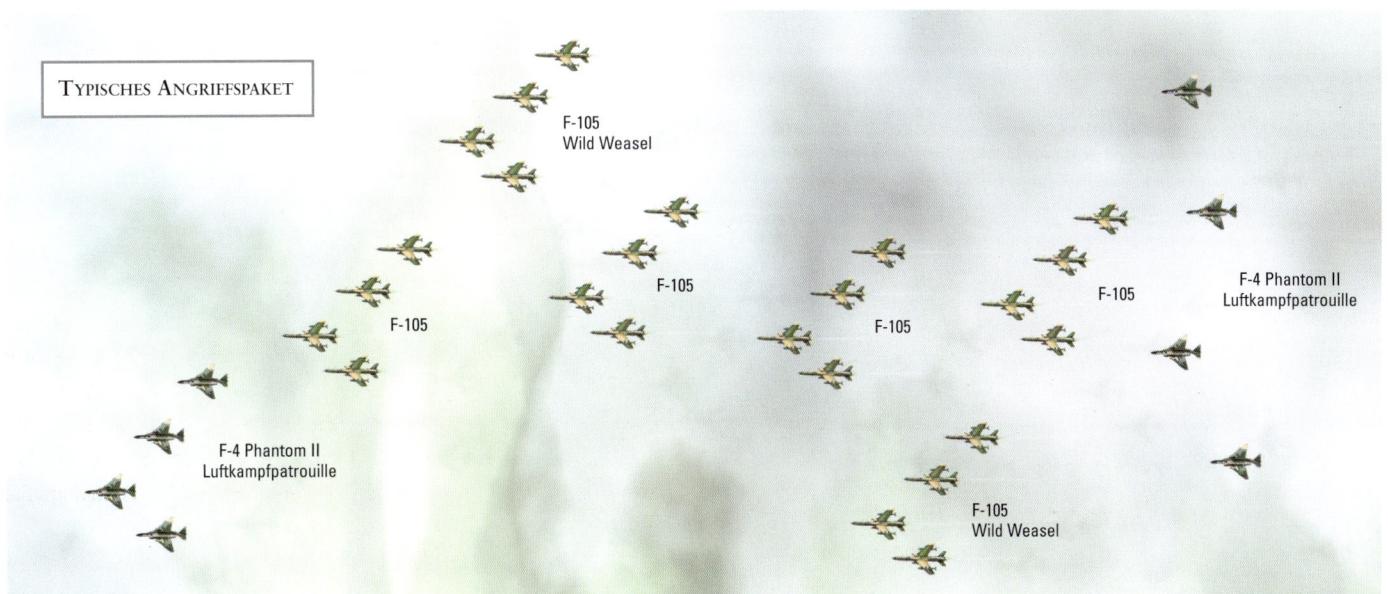

Die größten Luftkriege

ARABISCH-ISRAELISCHE KRIEGE

Im Mai 1948 endete das britische Mandat in Palästina und der Staat Israel entstand. Durch den Zustrom jüdischer Immigranten aus ganz Europa und Sowjetrussland wurden viele arabische Palästinenser in die angrenzenden Staaten Ägypten, Syrien, Jordanien und Irak abgedrängt. Das sorgte für Zwietracht und ein Konflikt war fast unvermeidbar.

Ausrüstung einer neuen Luftflotte

Sofort flog Ägypten Angriffe mit behelfsmäßig zu Bombern umgebauten Douglas-C-47-Frachtern und setzte Supermarine Spitfires zu Bodenangriffen ein. Israel war schlecht gerüstet und suchte in Europa nach einer wirksamen Abschreckung. Schließlich erwarb man einige Avia S.199, eine tschechische Version der Messerschmitt Me 109, und stellte sie sofort in Dienst. Im Oktober war die neue Israelische Luftwaffe (IAF) besser bestückt: sie verfügte über mehr als 40 Spitfire IX und ein paar Boeing B-17 für strategisches Bombardement sowie einige andere Modelle aus dem Zweiten Weltkrieg. Das zunehmend stärker werdende Israel hatte seinen ersten Konflikt überstanden. Bis zur nächsten Konfrontation sollte es fast ein Jahrzehnt dauern.

SUESKRISE
Beim englisch-französischen Einmarsch in der Sueskanalzone im Oktober 1956 kam es zu gemeinsamen Luftoperationen israelischer und französischer Jagdbomber von Stützpunkten in Israel aus, britischer und französischer Marineluftstreitkräfte und von RAF-Bombern aus Zypern und Malta.

Arabisch-israelische Kriege

1956 verstaatlichte Ägyptens Präsident Gamal Abdel Nasser die Sueskanalzone und verärgerte damit Großbritannien und Frankreich, für die der Kanal die Verbindung zu ihren Kolonien im Fernen Osten darstellte. Sofort begann die Planung zur Rückeroberung der Kanalzone; Israel bot seine Unterstützung an, da es Vergeltung für angeblich von Ägypten ausgehende Terroranschläge auf Israel üben wollte.

Die ägyptischen Luftstreitkräfte verfügten über eine beachtliche Zahl an Abfangjägern, vor allem de Havilland Vampires und Gloster Meteors, obwohl die meisten veraltet waren. Zusammen mit einigen von der Sowjetunion gelieferten Mikojan-Gurewitsch MiG-15 und Iljushin-Il-28-Jagdbombern standen sie den britischen Hawker Hunters, den französischen Republic F-84 Thunderstreaks und den israelischen Dassault Mystère IV gegenüber. Großbritannien, Frankreich und Israel waren in der Überzahl. Die RAF stationierte zehn Geschwader der mittelschweren Bomber English Electric Canberra mitsamt Geleit- und Versorgungsmaschinen auf Zypern. Vier RAF-Geschwader mit Vickers Valiants wurden nach Luqa, Malta, entsandt, dazu fuhren fünf Flugzeugträger im Mittelmeer auf. Von HMS *Albion*, HMS *Bulwark* und HMS *Eagle* starteten de Havilland Sea Venoms und Hawker Sea Hawks zu Bodenangriffen; die französischen Träger *Arromanches* und *La Fayette* setzten dazu Vought F4U Corsair ein.

Konfrontation am Sueskanal

Der Konflikt am Sueskanal begann am 29. Oktober mit dem Absprung von 1600 israelischen Fallschirmjägern östlich des Mitla-Passes im Westen der Sinai-Wüste. Diese wurden sofort von ägyptischen Vampires und MiG-15s unter Beschuss genommen. Daraufhin stellten Großbritannien und Frankreich ein Ultimatum: die ägyptischen Truppen hätten sich zurückzuziehen und die Kontrolle über den Kanal sollte sofort wieder an die Europäer übergeben werden. Ägypten lehnte ab, griff weiter an und hielt die Israelis in Schach. Es kam zu Luftgefechten über der Sinai-Halbinsel, wobei sich die israelischen Mystères meistens gegenüber den ägyptischen Maschinen durchsetzten.

Franzosen und Briten griffen ägyptische Luftstützpunkte an, zunächst nachts und mit geringem Erfolg. Dann zerstörten sie bei Tag viele Flugzeuge auf dem Boden. Danach setzten sie am 5. November Fallschirmjäger in Port Said und Port Fuad ab. In den schweren Straßenkämpfen kam der Vorstoß zum Stehen. El Kap wurde erobert, doch dann wurden die Kampfhandlungen aufgrund des internationalen Drucks eingestellt. Man hatte wenig erreicht, außer das Misstrauen der Araber in die Engländer und Franzosen – und die Israelis – zu verstärken.

1967 verstärkten sich die Spannungen im Nahen Osten wieder und ein Konflikt stand zu befürchten. Ägypten, Syrien und Jordanien unterzeichneten ein Abkommen über ein gemeinsames Vorgehen und die Vereinigung ihrer Streitkräfte, die mit dem Ankauf sowjetischer Abfangjäger Mikojan-Gurewitsch MiG-21 und Bodenangriffsflugzeuge Sukhoi Su-7 verstärkt worden waren. Auch Israel hatte aufgerüstet, vor allem mit französischen Modellen wie den Jagdbombern Super Mystère und Mirage III, beide von Dassault. Die beeindruckende Mirage mit ihren Deltaflügeln war außerordentlich schnell.

SECHSTAGEKRIEG
Der Sechstagekrieg 1967 begann mit massiven Angriffen der israelischen Luftstreitkräfte auf Ägypten, Jordanien und Syrien, wobei die arabischen Luftstreitkräfte innerhalb weniger Stunden praktisch neutralisiert wurden.

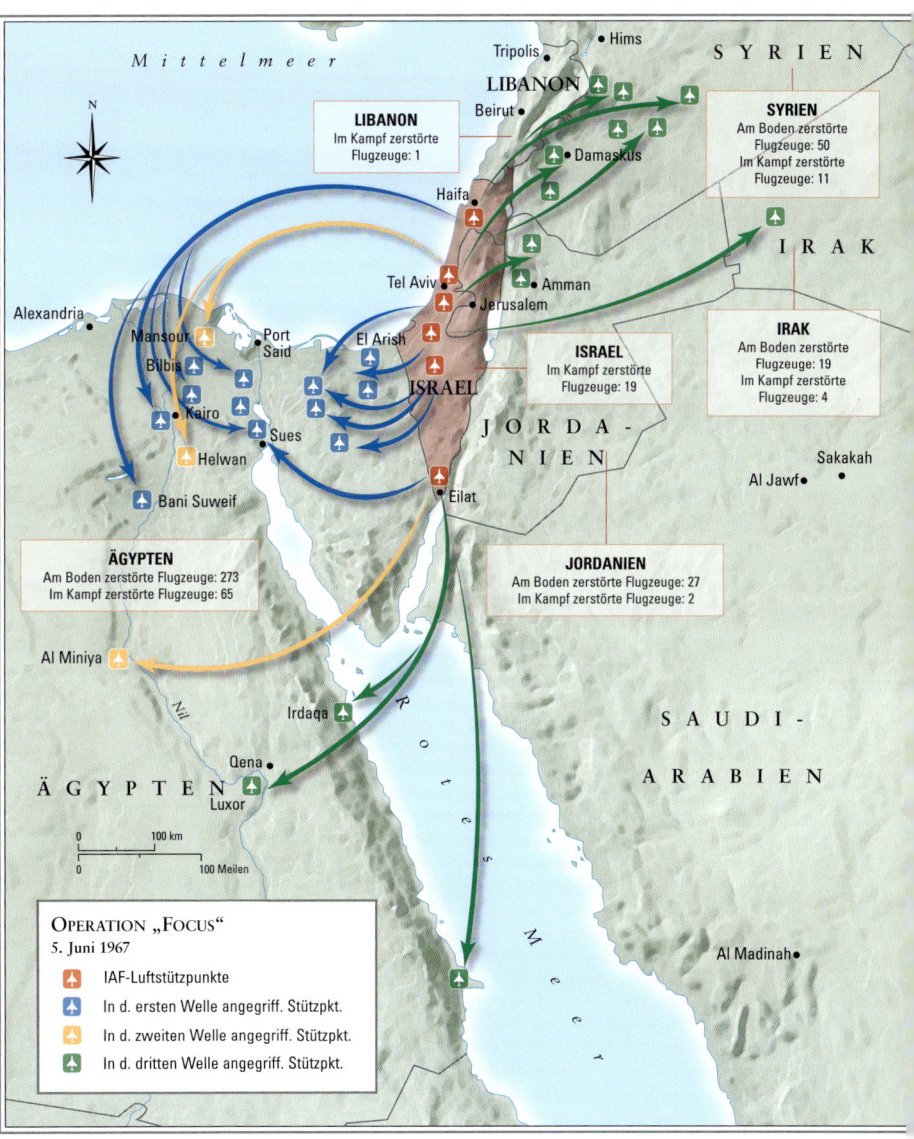

Die größten Luftkriege

Sechstagekrieg

Am Morgen des 5. Juni 1967 schickte die IAF den Großteil ihrer Angriffseinheiten zur Operation „Focus" aus. Die Einheiten starteten wie gewöhnlich und flogen in Richtung Mittelmeer. Da dies in den vergangenen Monaten ständig geschehen war, schöpften die ägyptischen Radaroperateure keinen Verdacht. Dann tauchten die IAF-Jets unter die Radarerfassung ab und wandten sich nach Ägypten. Dort teilten sie sich auf und hielten auf ihre jeweiligen Ziele zu: die ägyptischen Luftstützpunkte.

Die Ägypter waren völlig überrascht, als die israelischen Piloten ihre ordentlich geparkten Flugzeuge beschossen, wobei sie sich besonders den Tupolew Tu-16 der ägyptischen Bomberformationen widmeten, da diese in der Lage waren, die israelische Infrastruktur anzugreifen. Als ihre Munition erschöpft war, kehrten die Maschinen zu ihren

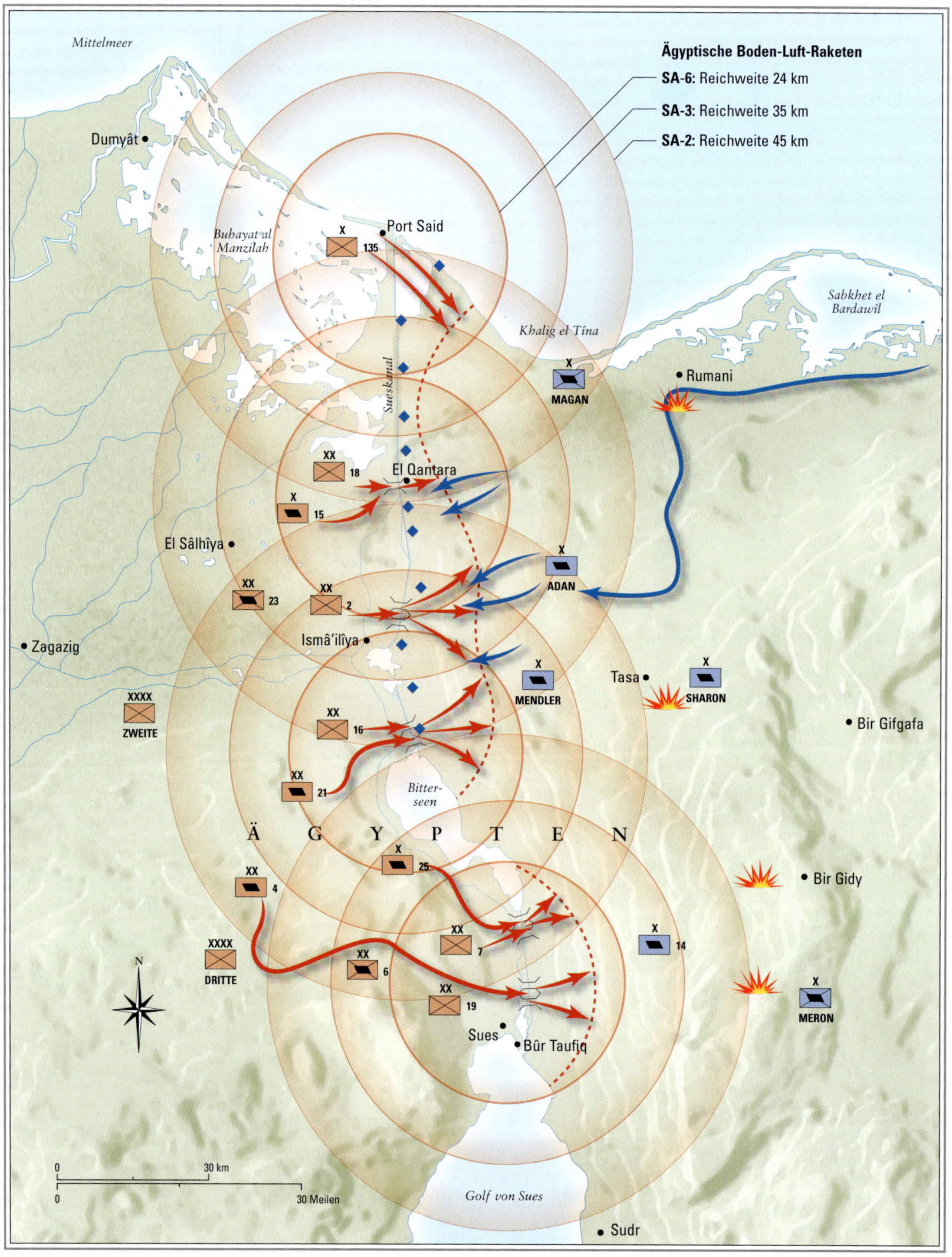

JOM-KIPPUR-KRIEG
Vom Jom-Kippur-Krieg im Oktober 1973 wurde Israel völlig überrascht. Nachfolgende Gegenmaßnahmen der israelischen Luftstreitkräfte wurden durch die starke Boden-Luft-Raketenabwehr der Ägypter am Westufer des Sueskanals unterbunden.

Arabisch-israelische Kriege

Stützpunkten zurück, wo sie betankt und neu bewaffnet wurden, um rasch zu neuen Angriffen zurückzukehren. Diesmal hatten sie es auch auf Radar- und Flak-Anlagen abgesehen. Einige ägyptische Abfangjäger konnten schnell genug starten, sodass es zu Luftgefechten kam, doch Israel war ganz klar im Vorteil. Israel setzte auch die französischen Durandel-Bomben ein, die auf den Startbahnen tiefe Krater hinterließen. Die Aktion war eine beeindruckende Machtdemonstration. An einem einzigen Morgen war die ägyptische Luftflotte fast vernichtet worden.

Danach wandte sich die IAF nach Osten und griff jordanische Luftstützpunkte an, wo sie alle bis auf vier Hunter der RJAF auf dem Boden oder im Luftkampf zerstörten. Syrien schickte in Reaktion MiG-21 gegen israelische Luftstützpunkte aus, woraufhin Vergeltungsangriffe auf Syrien und die irakische H-3-Basis erfolgten. Hier wurden jedoch kaum Schäden verursacht, da Syrien, Jordanien und der Irak nun die israelischen Absichten kannten.

Am folgenden Tag konnte die IAF nahezu ungestraft über die Sinai-Wüste fliegen und ägyptische Stellungen an der Grenze angreifen, damit die israelischen Bodentruppen dort leichter vorstoßen konnten. Nachdem mit Hubschraubern eingeflogene Fallschirmjäger hinter den ägyptischen Linien gelandet waren, begannen die Ägypter mit dem kompletten Rückzug von der Halbinsel, während ihnen die Israelis nachsetzten und IAF-Maschinen die abziehenden Ägypter angriffen. Ägypten versuchte, eine notdürftige Formation aus MiG-21 und Su-7 auszuschicken, doch diese waren für die IAF-Kampfflieger leichte Beute.

Nach Israels Sieg auf dem Sinai unterzeichnete Ägypten am 9. Juni einen Friedensvertrag. Im Osten ging der Konflikt weiter, wobei der H-3-Stützpunkt im Irak eines der Hauptziele darstellte. In den häufigen Luftgefechten dort reklamierten beide Seiten massive Siege. Israel wollte die Golan-Höhen an der Grenze zu Syrien erobern, um dort ebenso wie am Sinai eine Pufferzone zu errichten. Als dies erreicht war, trat am 10. Juni ein UN-Waffenstillstand in Kraft. Israel hatte einen umfassenden Sieg errungen und fast 300 ägyptische sowie 80 jordanische, syrische und irakische Flugzeuge zerstört. Doch der Frieden sollte nicht lange dauern.

Jom-Kippur-Krieg

Bis zum Ende des Jahrzehnts machten die arabischen Staaten ihre Verluste wieder wett. Da Frankreich die Lieferung neuerer Mirage-Versionen an Israel verweigerte, wandte sich Israel an die USA und erwarb McDonnell F-4 Phantom II und Douglas A-4 Skyhawk. Die Ägypter kauften noch weitere MiG-21 und Tupolew Tu-16 von der Sowjetunion sowie Hubschrauber und, was am wichtigsten war, Boden-Luft-Raketen (SAMs).

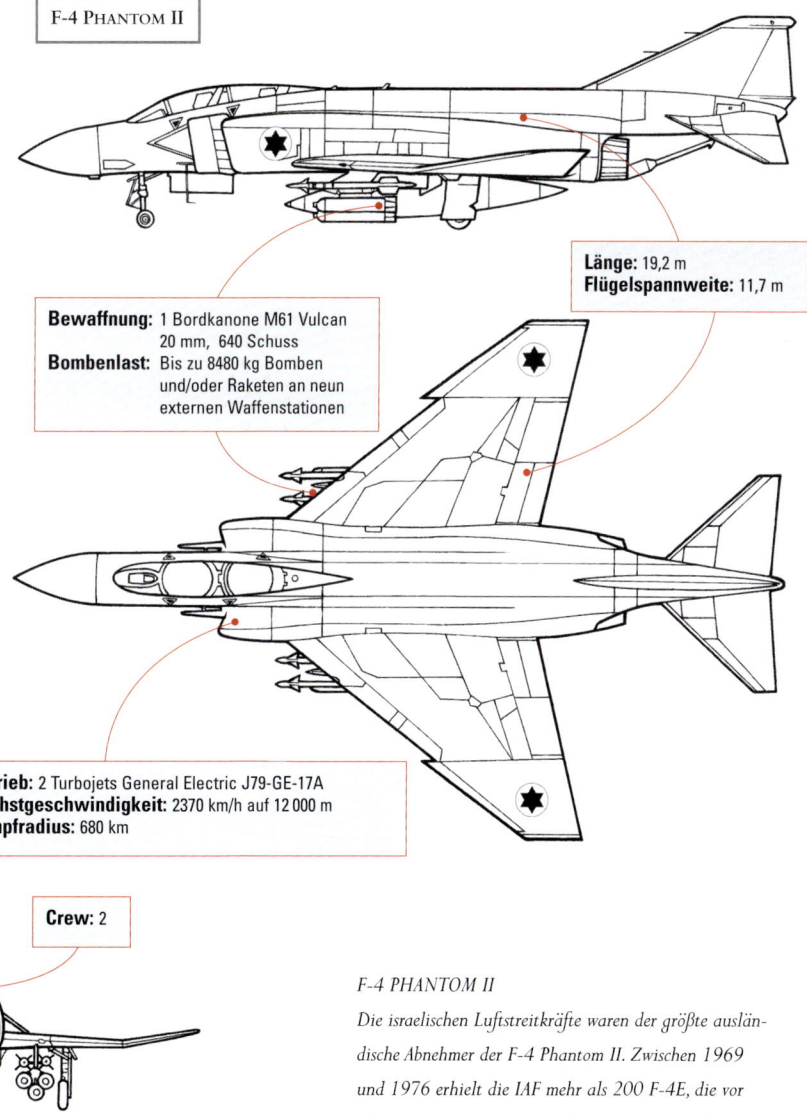

F-4 PHANTOM II
Die israelischen Luftstreitkräfte waren der größte ausländische Abnehmer der F-4 Phantom II. Zwischen 1969 und 1976 erhielt die IAF mehr als 200 F-4E, die vor allem im Jom-Kippur-Krieg 1973 zum Einsatz kamen.

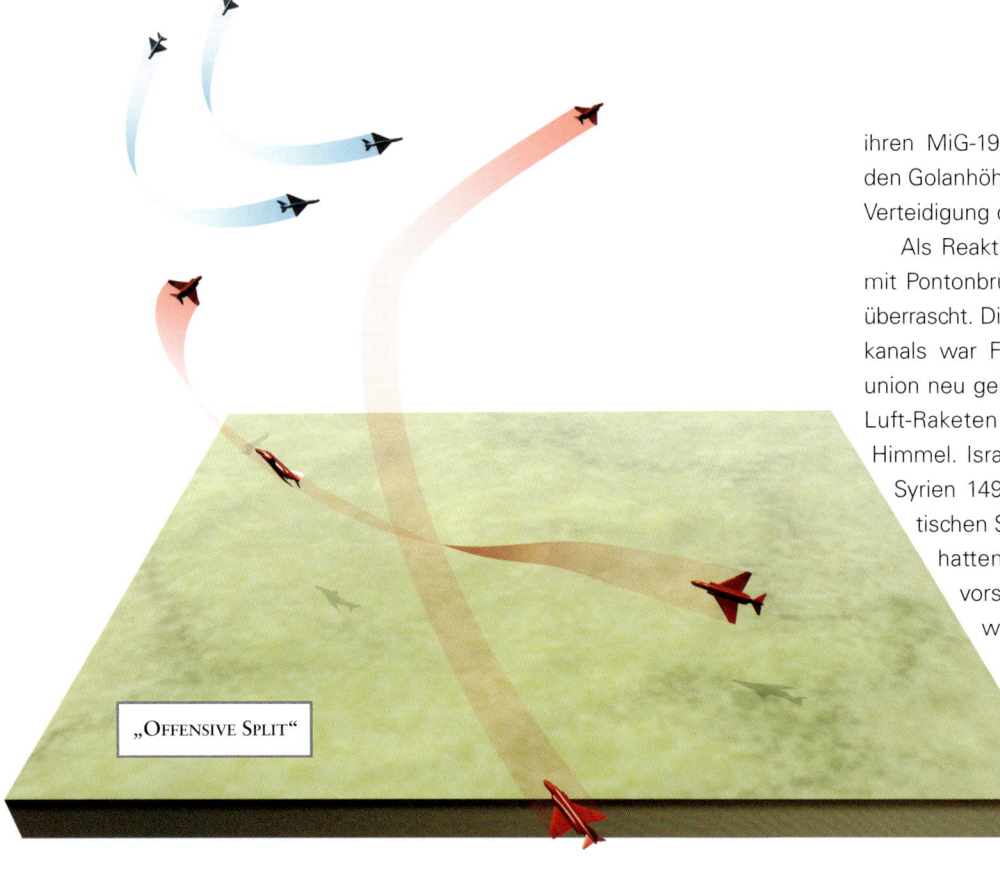

„OFFENSIVE SPLIT"
Bei der „getrennten Offensive" sollen feindliche Jäger abgelenkt werden, damit man sie von unten angreifen kann.

„HIGH-SPEED YO-YO"
Das „Hochgeschwindigkeits-Jo-Jo" soll verhindern, dass der Angreifer über ein schnelles Ziel hinausschießt, indem er den Bug des Flugzeugs nach oben dreht und durch eine Querruder-Wende Sichtkontakt hält.

Am 6. Oktober 1973 übten Ägypten und Syrien Rache für den einseitigen Konflikt von 1967. Man wählte dafür absichtlich den Jom Kippur, den jüdischen Tag der Versöhnung. Ein Großteil der israelischen Streitkräfte befand sich auf Urlaub. Als ägyptische Jagdbomber über den Sueskanal anflogen und syrische über die Golanhöhen, waren die Israelis alles andere als vorbereitet. Die Ägypter trafen Luftstützpunkte, Radaranlagen und Artilleriestellungen an der Bar-Lew-Linie, einer befestigten Grenze, die Israel nach dem Sechstagekrieg 1967 am Ostufer des Sueskanals errichtet hatte. Die syrischen Piloten flogen mit ihren MiG-19, MiG-21 und Su-7 Bodenangriffe an den Golanhöhen, sodass ihre Panzer die überraschte Verteidigung durchbrechen konnten.

Als Reaktion überquerte die IAF den Sueskanal mit Pontonbrücken, doch hier wurden sie neuerlich überrascht. Die SAM-Abwehr am Westufer des Sueskanals war Furcht erregend. Die von der Sowjetunion neu gelieferten SA-3-, SA-6- und SA-9-Boden-Luft-Raketen schossen die IAF-Maschinen vom Himmel. Israel verlor 118 Flugzeuge, Ägypten 113, Syrien 149 und der Irak 21. Nachdem die ägyptischen Streitkräfte über den Sueskanal gesetzt hatten, konnten sie jedoch nicht weiter vorstoßen, da sie außerhalb des SAM-Abwehrschirms mit konzentrierten Attacken der A-4 Skyhawks der IAF eingedeckt wurden. Mit den F-4 Phantom griffen die Israelis die SAM-Stellungen, Luftstützpunkte und Radarstationen an, doch die Verluste häuften sich derartig, dass die US Air Force nach einem Hilferuf der Israelis eilig Flugzeuge in die Kriegszone im Nahen Osten verlegte, wo sie hastig mit den Nationalabzeichen Israels bemalt und in den Kampf geschickt wurden.

Als diese Verstärkungen eingetroffen waren, war die IAF von neuem Kampfgeist beseelt. Die israelischen Truppen begannen, obwohl sie zahlenmäßig weit unterlegen waren, den Syrern standzuhalten und sie anschließend von den Golanhöhen zurückzudrängen. Auf der Sinai-Halbinsel hatten die ägyptischen Streitkräfte einen Ausbruchsversuch unternommen, doch ohne die Deckung der Boden-Luft-Raketen bildeten sie für die Skyhawks einfache Ziele. Die Israelis nutzten einen Spalt in den ägyptischen Linien und es gelang ihnen, einen Brückenkopf am Westufer des Sueskanals zu errichten und die Lage damit komplett umzudrehen. Doch dieses Mal benutzten die arabischen Nationen ihre Notfallwaffe: Saudiarabien verhängte ein Ölembargo über den Westen, worauf die USA prompt reagierten und Israel drängten, einen Friedensvertrag zu unterzeichnen. Dieser trat am Abend des 22. Oktober in Kraft.

Während dieses Konflikts und der nachfolgenden Gefechte erwiesen sich die israelischen Piloten, die hauptsächlich westliche Modelle flogen, als außergewöhnliche Jagdflieger. Es gibt Geschichten über zwei Phantom-Maschinen, die es mit 20 feindlichen Flugzeugen aufnahmen und aus dem Kampf als Sieger hervorgingen.

Arabisch-israelische Kriege

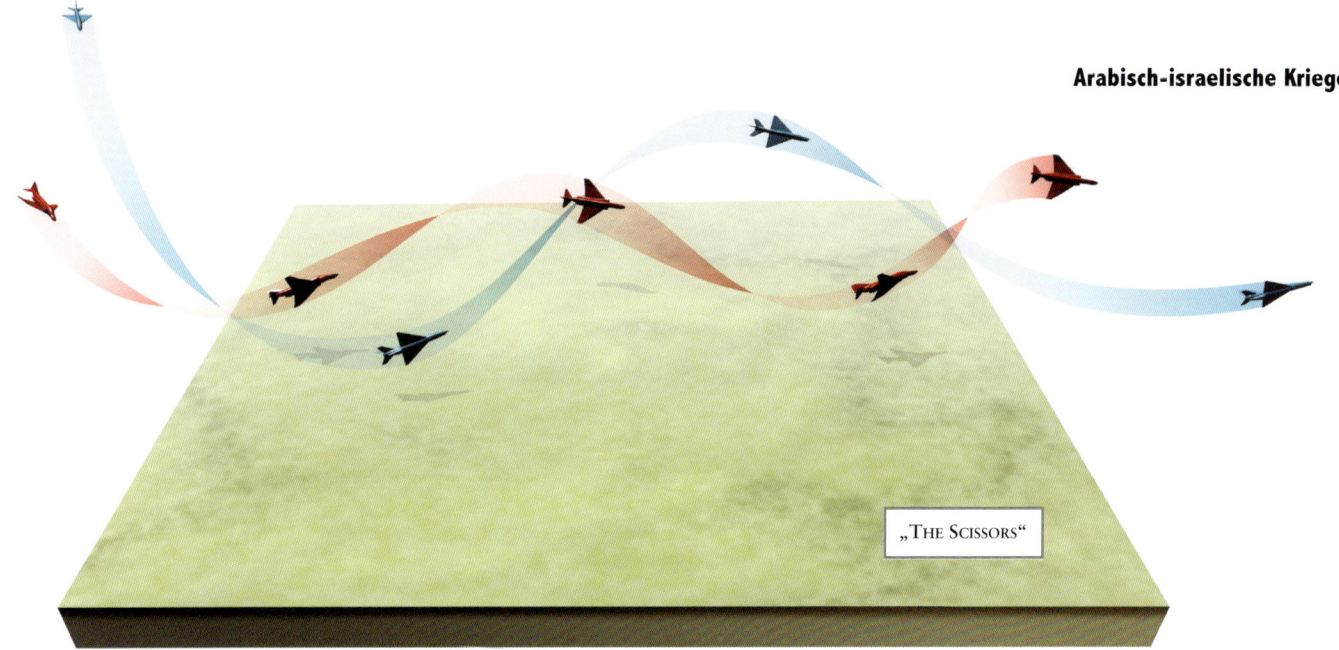

„THE SCISSORS"

Israel wird weiterhin von den USA beliefert, unter anderem mit der großartigen McDonnell Douglas (heute Boeing) F-15 Eagle; die Piloten mit den meisten Abschüssen in diesem Modell sind Israelis. Israel produziert mittlerweile auch eigene Flugzeuge, darunter die IAI Nesher (Adler), eine nicht autorisierte Kopie der Dassault Mirage V.

Überlegene Luftkampftaktik

Aufgrund der häufigen Begegnungen entwickelten israelische und arabische Piloten schnell die besten Luftkampftaktiken. Obwohl sie doppelt so schnell fliegen wie ihre Zeitgenossen, die in den Luftkämpfen des Zweiten Weltkriegs unterwegs gewesen waren, behielten sie einige Erkenntnisse aus der damaligen Zeit bei, zum Beispiel, in Paaren zu fliegen, damit Führungsmaschine und Flügelmann einander gegenseitig Schutz bieten können. Das Paar kann auch Offensivmanöver fliegen, etwa den „offensive split", bei dem der Führer die Aufmerksamkeit der feindlichen Jäger auf sich zieht, während sich der Flügelmann, hoffentlich unentdeckt, von unten nähert und die verwundbare Unterseite des gegnerischen Flugzeugs mit Raketen oder Bordgeschützen angreift.

Bei allen Manövern war es stets überaus wichtig, sich dem Feind von hinten zu nähern, da die Raketen ihr Ziel anhand der heißen Abgase erfassten. Wenn dieser Angriff scheiterte, konnte man auch mit den Bordgeschützen aus dieser Position am besten angreifen.

Auch in kleineren Konflikten bewiesen die israelischen Piloten ihr Können, etwa im Libanonkrieg 1982, als die israelische Luftstreitkräfte das gesamte libanesischen Luftabwehrsystem ausschalteten, ohne selbst ein einziges Flugzeug zu verlieren. Sie flogen auch außerordentliche Langstreckenbombenmissionen, etwa mit Lockheed Martin F-16 Flying Falcon, einem Mehrzweckkampfjet, auf den irakischen Kernreaktor in Osirak. Bei dieser Mission mussten die Piloten tief und schnell fliegen und den Treibstoffverbrauch ihrer Maschine im Auge behalten, während sie den Kernreaktor angriffen. Der Angriff war ein großer Erfolg und alle Flugzeuge kehrten zu ihrer Basis zurück.

Den großen Hebel halten

Israel setzte seine IAF weiterhin zum Schutz oder zu Angriffen ein, häufig gegen Ziele ohne Luftabwehr. Deutlich wurde das beim Einmarsch der Israelis im Libanon 2006, wo Raketenabschussanlagen der Hisbollah zerstört wurden. Diese wurden mit extremer Präzision mittels lasergelenkter Munition ausgeschaltet. Trotzdem ist eine vernünftige Aufklärung auf dem Boden weiterhin wichtig, da dieselbe Munition für den Tod zahlreicher libanesischer Zivilisten verantwortlich war, als man damit mutmaßliche Verstecke der Hisbollah-Miliz angriff.

„THE SCISSORS"
Beim „Scheren"-Manöver fliegt der Pilot möglichst langsam und ändert ständig die Flugrichtung, um damit den Gegner zum „Überschießen" zu verleiten.

„BARREL-ROLL ATTACK"
Beim „Fass-Rollen"-Angriff überfliegt der Angreifer den Wendekreis des Gegners mit einem Überschlag gegen den Uhrzeigersinn, sodass er sich am Ende des Manövers hinter das Ziel setzen kann.

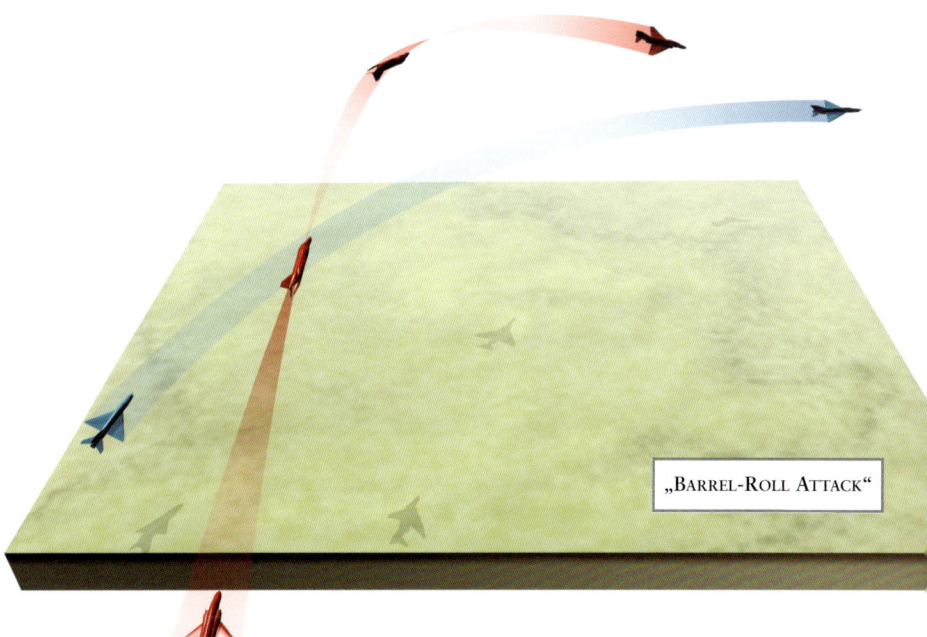

„BARREL-ROLL ATTACK"

Die größten Luftkriege

DER FALKLAND-KRIEG

HARRIER AUF DEN FALKLANDS
Eine Sea Harrier der Royal Navy kehrt während des Falklandkrieges zur HMS „Hermes" zurück. Im Vordergrund ist eine Harrier GR.3 der RAF zu sehen, welche die Bodenangriffsaufgaben der Sea Harrier übernahm, damit letztere Kampfpatrouillen (Combat Air Patrol – CAP) fliegen konnte.

Am 2. April 1982 landeten argentinische Invasionstruppen auf den Falklandinseln, einem britischen Territorium im Südatlantik, das Argentinien schon lange für sich beansprucht hatte. Die mit Royal Marines besetzte Garnison leistete kurz Widerstand, dann waren die Inseln ebenso wie South Georgia in den Händen der Argentinier. Sofort begann die britische Regierung, die damals soeben das Verteidigungsbudget stark gekürzt hatte, eine Spezialeinheit zur Rückeroberung der Inseln zu formieren.

Die Spezialeinheit ist unterwegs

Während die Kampfschiffe der Royal Navy, darunter die Flugzeugträger HMS „Hermes" und HMS „Invincible", einsatzbereit gemacht wurden, flogen auf der Insel Ascension im Zentralatlantik stationierte Hawker Siddeley Nimrod ausgedehnte Aufklärungsflüge, um für den bevorstehenden Kampf möglichst viele Informationen zu sammeln. Ascension war auch Heimat von fünf Avro-Vulcan-Bombern. Dieser gewaltige Deltaflügler war ursprünglich als Nuklearbomber entwickelt worden. Auf den Falklandinseln erfüllte er konventionellere Aufgaben, vor allem Langsteckenmissionen nach Stanley, der Hauptstadt der Insel, wo er den Flughafen bombardierte und die Luftabwehr angriff.

Argentinien hatte auf dem Flughafen Bodenangriffsflugzeuge FMA IA 58 Pucará und einige Helikopter stationiert. Am ersten Tag der Operation „Black Buck" startete eine einzelne Vulcan in Ascension, wurde von Handley Page Victor unterwegs betankt und flog direkt nach Stanley. Dort warf sie ihre 21 Bomben in einem Diagonalmuster über der Startbahn ab, richtete aber nur minimalen Schaden an. Nur eine Bombe traf die Startbahn, die rasch repariert wurde. Der Angriff bewies jedoch, dass die RAF in der Lage war, Ziele auf dem argentinischen Festland anzugreifen. Deshalb zogen die Argentinier es vor, ihre Jagdgeschwader nicht auf den Inseln zu stationieren, sondern sie auf dem Festland zu behalten.

Am 1. Mai, dem Tag der ersten „Black-Buck"-Mission, hatte sich der britische Trägerverband den Inseln so weit genähert, dass Hawker Siddeley Harrier Angriffe auf Darwin, Goose Green und Stanley fliegen konnten. Die Argentinier reagierten rasch mit Gegenangriffen, verloren jedoch vier Flugzeuge an die nun ständig patrouillierenden Sea Harriers des „Fleet Air Arm".

Am 4. Mai näherten sich zwei argentinische Dassault Super Etendards, bestückt mit den neuen Exocet-Antischiffsraketen, der Linie der britischen Zerstörer im extremen Tiefflug. Die HMS „Sheffield" wurde getroffen und sank später. Die argentinischen Piloten flogen so tief, weil sie so die zerklüftete Küste nutzen konnten, um nicht vom Radar erfasst zu werden. Am 21. Mai landeten Royal Marines und Fallschirmjäger amphibisch bei San Carlos Water, einer geschützten Bucht an der Westküste von East Falkland. Bei der Landung wurden sie von Sikorsky-Sea-King-, Westland-Wessex- und den kleineren Westland-Scout-Hubschraubern begleitet, die Versorgungsgüter einflogen.

Tiefflugtaktik

Der britische Trägerverband, der vor San Carlos Water vor Anker lag, bot den Piloten der argentinischen Luftstreitkräfte ein hervorragendes Ziel. Mit IAI Daggers und Douglas A-4 Skyhawks warfen sie Standard-„Eisen"-Bomben auf die Schiffe der Royal Navy ab, von denen viele ins Ziel fanden, obwohl die Sea Harriers rund um die Uhr Kampfpatrouillen flogen, die sich bis zum Ende des Konflikts auf insgesamt rund 1000 Patrouillen summierten. Außerdem hatten die Sea Harriers auch die AIM-9-Sidewinder-Raketen, denen viele argentinische Piloten zum Opfer fielen.

Trotzdem kamen immer wieder argentinische Flugzeuge durch. Am 21. Mai wurde die HMS „Ardent" von nicht weniger als neun Bomben getroffen, wobei drei auf dem Hubschrauberdeck am Heck explodierten. Schwer angeschlagen lief sie in die San-Carlos-Bucht ein und wurde abermals angegriffen, diesmal aber nicht getroffen. Der Schaden war jedoch angerichtet; Brände wüteten die ganze Nacht und am nächsten Tag verlor man das Schiff. Ein ähnliches Schicksal ereilte die HMS „Antelope" am 23. Mai. Sie wurde von zwei Bomben mit Zeitzünder getroffen und sank, wobei nur wenige Tote zu beklagen waren.

Eine Minute vor Mitternacht wurde am 14. Juni die Kapitulation unterzeichnet. Großbritannien hatte die Falklandinseln zurückerobert. Es gab wenige Tote, doch die Luftverteidigung der Flotte hatte sich für die Tiefflugangriffe der argentinischen Piloten als extrem verwundbar erwiesen.

Der Falkland-Krieg

DER FALKLAND-KRIEG
2. April – 15. Juni 1982

1. Am 21. Mai wird die HMS „Ardent" von vier A-4 Skyhawks angegriffen und von neun Bomben getroffen. Drei explodieren am Hubschrauberdeck.

2. Angeschlagen will die „Arden"t nach San Carlos Water fahren, wird neuerlich angegriffen, aber nicht getroffen. Brände geraten außer Kontrolle, sie sinkt tags darauf im Grantham-Sund.

3. Die HMS „Antelope", welche die Einfahrt nach San Carlos Water bewacht, wird am 23. Mai von Skyhawks angegriffen. Von zwei Bomben mit Zeitzünder beschädigt, steht sie die ganze Nacht in Flammen, wird tags darauf aufgegeben.

4. Royal Navy Sea Harriers fliegen fast ständig Kampfpatrouillen und schießen zahlreiche argentinische Flugzeuge ab.

DER FALKLAND-KRIEG
Der Falkland-Krieg zeigte, dass Schiffe durch Luftangriffe sehr verwundbar sind, vor allem durch knapp an der Wasseroberfläche anfliegende Lenkwaffen wie die Exocet.

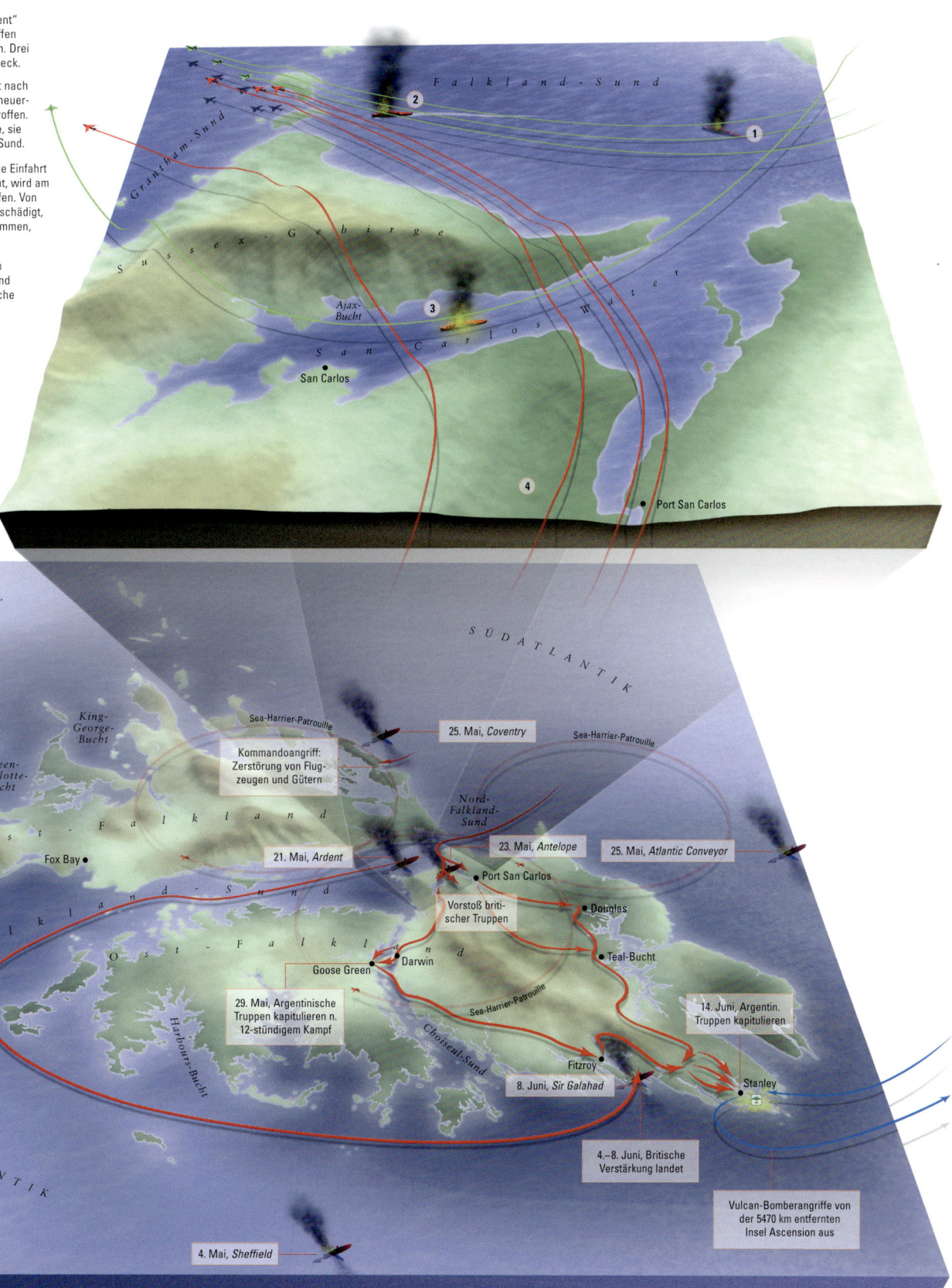

213

Die größten Luftkriege

GOLFKRISE

Als der Irak in das benachbarte Kuwait einfiel, kam es zur größten Ansammlung von Luftstreitkräften seit dem Zweiten Weltkrieg. Da die ökonomisch wichtigen kuwaitischen Ölfelder besetzt und die saudiarabischen bedroht waren, reagierte der Westen, allen voran die USA, überaus rasch.

Vorbereitung auf die Schlacht

Saddam Hussein befehligte die viertgrößte Armee der Welt. Die irakischen Streitkräfte, kampferprobt aus dem Konflikt mit dem Iran zehn Jahre zuvor, übernahmen im August 1990 relativ leicht die Kontrolle über Kuwait. Einige kuwaitische Kampfpiloten entkamen in Douglas A-4 Skyhawks nach Saudiarabien. Um die irakische Armee in Schach zu halten und einen Vorstoß nach Saudiarabien zu verhindern, wurde die Operation „Desert Shield" in Gang gesetzt. Dazu wurden rasch McDonnell-Douglas-(Boeing)-F-15-Eagle-Luftüberlegenheitsjäger der USAF in der Region stationiert, um die Panavia-Tornado-Jäger der königlichen saudiarabischen Luftstreitkräfte zu verstärken. Diese Maschinen flogen ständig Kampfpatrouillen und behielten die irakischen Bewegungen aufmerksam im Auge, damit Hunderttausende Soldaten, Fahrzeuge und Schiffe zusammengezogen werden konnten, während Politiker nach diplomatischen Lösungen suchten. Flugzeugträger der US Navy mit ihren gewaltigen Luftgruppen, bestehend aus McDonnell Douglas (Boeing) FA-18 Hornets, Grumman F-14 Tomcats und Grumman E-2 Hawkeyes, fuhren ins Rote Meer, bereit anzugreifen, sollten die Irakis die Grenze überschreiten. Zu Beginn des Konflikts waren sechs Träger mit Geleitschiffen im Roten Meer stationiert.

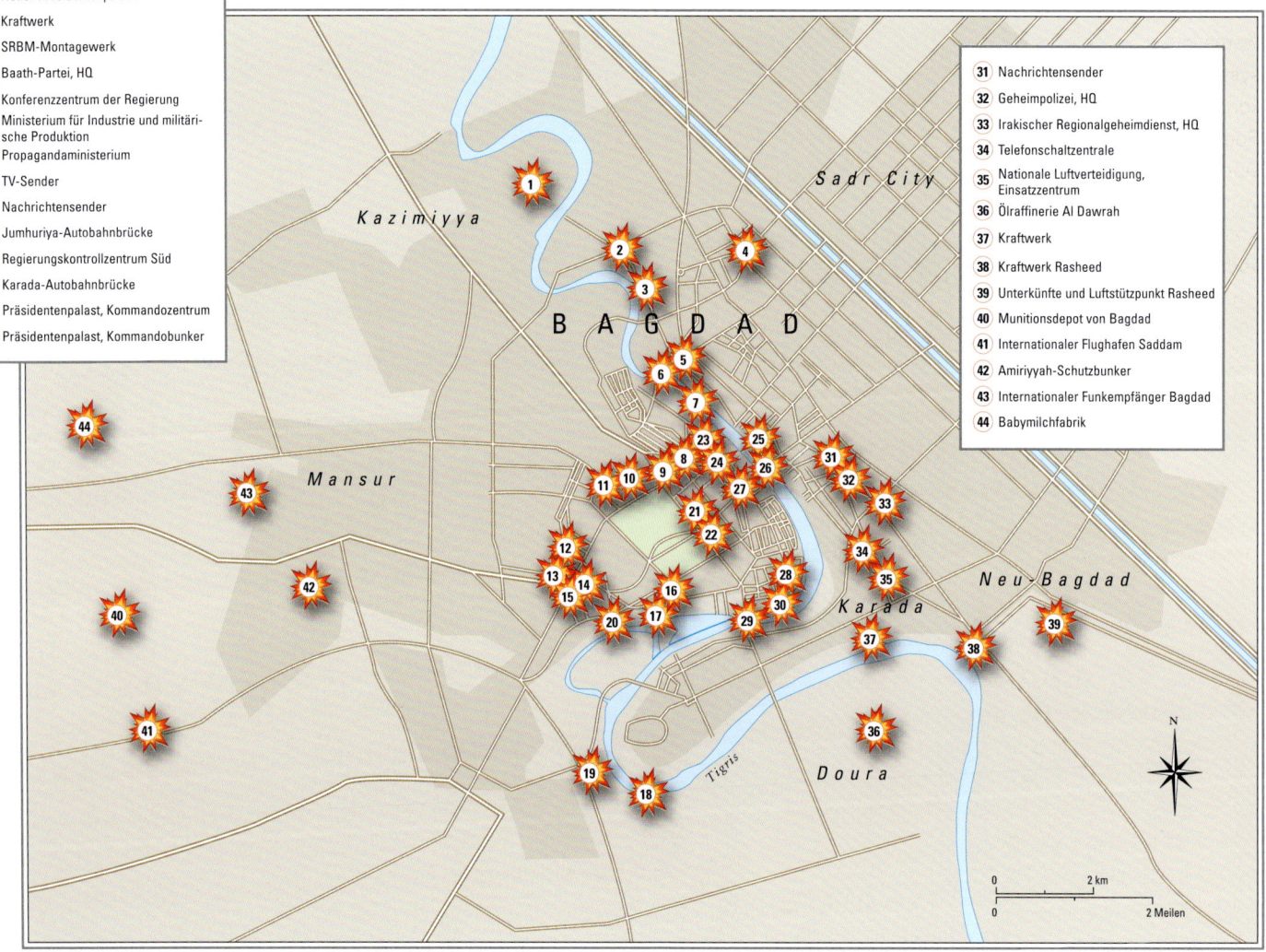

GOLFKRIEG
LUFTANGRIFFE AUF BAGDAD
17. Januar–28. Februar 1991

1. Direktorat des militär. Geheimdienstes
2. Telefonschaltzentrale
3. Ministerium für nationale Verteidigung, Computerkomplex
4. Elektrische Umschaltstation
5. Telefonschaltzentrale
6. Verteidigungsministerium, HQ
7. Ashudad-Autobahnbrücke
8. Telefonschaltzentrale
9. Rangierbahnhof
10. Muthena-Luftstützpunkt (militär. Sektion)
11. Neue Irakische Luftstreitkräfte, HQ
12. Irakischer Geheimdienst, HQ
13. Telefonschaltzentrale
14. Geheimpolizeikomplex
15. Armeelager
16. Republikan. Garde, HQ
17. Neuer Präsidentenpalast
18. Kraftwerk
19. SRBM-Montagewerk
20. Baath-Partei, HQ
21. Konferenzzentrum der Regierung
22. Ministerium für Industrie und militärische Produktion
23. Propagandaministerium
24. TV-Sender
25. Nachrichtensender
26. Jumhuriya-Autobahnbrücke
27. Regierungskontrollzentrum Süd
28. Karada-Autobahnbrücke
29. Präsidentenpalast, Kommandozentrum
30. Präsidentenpalast, Kommandobunker
31. Nachrichtensender
32. Geheimpolizei, HQ
33. Irakischer Regionalgeheimdienst, HQ
34. Telefonschaltzentrale
35. Nationale Luftverteidigung, Einsatzzentrum
36. Ölraffinerie Al Dawrah
37. Kraftwerk
38. Kraftwerk Rasheed
39. Unterkünfte und Luftstützpunkt Rasheed
40. Munitionsdepot von Bagdad
41. Internationaler Flughafen Saddam
42. Amiriyyah-Schutzbunker
43. Internationaler Funkempfänger Bagdad
44. Babymilchfabrik

Golfkrise

Aus Großbritannien trafen Tornados ein, die sowohl als Angriffs- als auch als Abfangjäger einsetzbar waren, sowie SEPECAT Jaguars, Transporthelikopter wie der Boeing CH-47 Chinook und ältere Blackburn Buccaneers. Doch obwohl sie veraltet waren, waren Letztere mit ausgeklügelten Zielbestimmungsgeräten ausgestattet; sie unterstützten die Tornados bei Bombenangriffen. Frankreich schickte Dassault Mirage 2000 und F1, Italien stellte Tornados sowie die Skyhawks der entkommenen Kuwaitis auf. Die Ansammlung von Luftstreitkräften hatte epische Ausmaße.

Um zu organisieren, wo und wann all diese Flugzeuge fliegen sollten, flogen ständig Airborne-Early-Warning-and-Control-(AWACS-)Flugzeuge vom Typ Boeing Joint Stars und E-3 Sentry über der Kampfzone. Diese mit Flugelektronik, Radar und Abhöreinrichtungen vollgepackten Maschinen hatten die ständige Kontrolle über die Luftbewegungen der Koalitionsstreitkräfte, steuerten sie zu ihren Zielen oder unterstützten sie bei Luftangriffen.

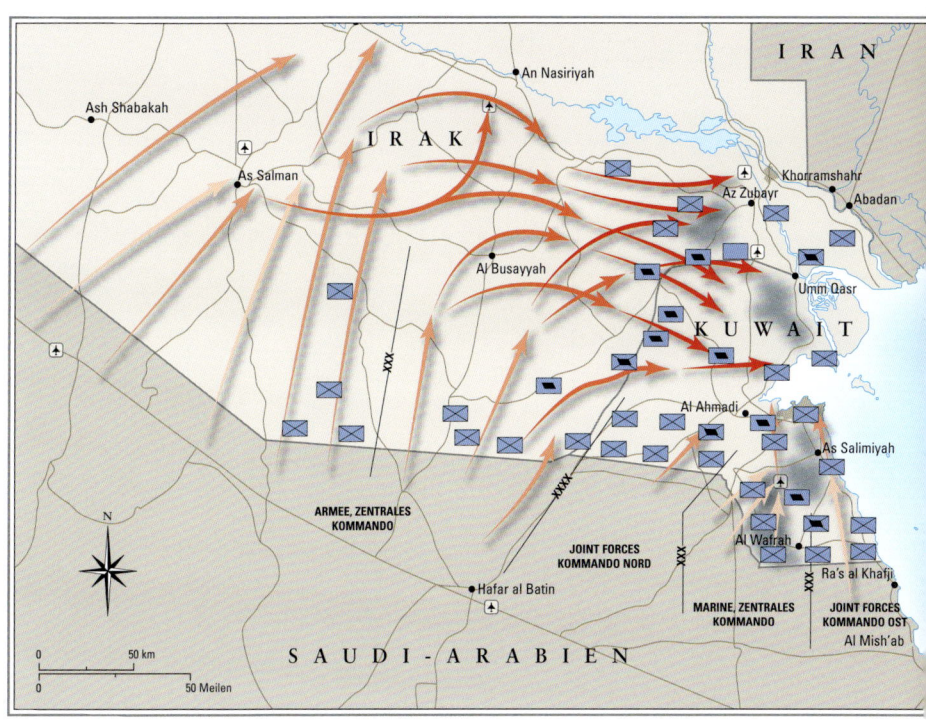

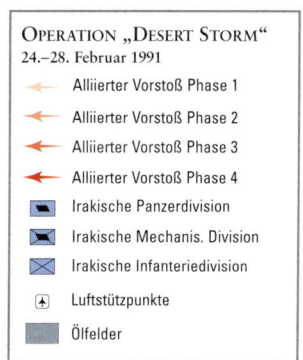

Angriffsplan

Der Angriffsplan sah vor, zuerst das irakische Frühwarnsystem auszuschalten, dann das Luftabwehrsystem sowie die irakischen Luftstreitkräfte. Dann konnte man das Kommandosystem des irakischen Regimes zerstören und die Armee würde ihren Zusammenhalt verlieren. Auch die Versorgungslinien würden unterbrochen. Zu den Zielen zählten auch Kraftwerke, die Wasserversorgung und Nachrichtenverbindungen. So würde man den Irak praktisch stilllegen. Wenn all diese Elemente zerstört wären, könnte sich die Koalition auf die Unterstützung der Bodentruppen konzentrieren, Kuwait zurückerobern und die irakische Armee in den Irak zurückdrängen.

In den Morgenstunden des 17. Januar 1991 überflogen acht AH-64-Apache-Kampfhubschrauber mit Unterstützung von Sikorksy-MH-53-Pave-Low-Helikoptern die irakische Grenze und griffen zwei Frühwarnradarstationen an. Der Krieg hatte begonnen. Diese Angriffsformation stieß die Tür auf für die Koalitionsbomber. Lockheed F-117 Nighthawks flogen in die irakische Hauptstadt Bagdad und begannen dort mit präzisem Bombardement von Regierungseinrichtungen und Infrastruktur. Dazu schickten die US-Schiffe im Persischen Golf Tomahawk-Lenkraketen aus. Die F-117 war ein bemerkenswertes Flugzeug. Sie flog mit Unterschallgeschwindigkeit; durch Design und Materialien konnte sie Radarstrahlen absorbieren und ablenken, wodurch sie für das Radar fast unsichtbar wurde. Die Iraker wussten zwar, dass ein Flugzeug in der Nähe war, doch das Radarecho war so gering oder nicht vorhanden, dass es von den Boden-Luft-Raketen nicht erfasst werden konnte. Dadurch mussten sich die F-117 weniger um Ausweichmanöver kümmern, sondern konnten sich voll darauf konzentrieren, ihre Ziele zu lokalisieren und präzise zu treffen.

Als die Nighthawks Bagdad angriffen, waren die Koalitionskampfflugzeuge mit ihrer Eskorte aus F-15 Eagles und McDonnell Douglas F4 Phantom II „Wild Weasels", bestückt mit Antiradarraketen, imstande, jede SAM-Anlage zu treffen, welche die Angriffsformationen aufs Korn nehmen sollte. Ziele waren das Luftabwehrsystem sowie irakische Flugstützpunkte, wo man Flugzeuge auf dem Boden vernichtete und

F-15E STRIKE EAGLE
Die F-15E Strike Eagle war eine potente Entwicklung der Grundform F-15; die zweiköpfige Mannschaft bestand aus dem Piloten und dem Waffen- und Abwehrsystemoperator auf dem hinteren Sitz. Sie spielte im Golfkrieg 1991 eine wichtige Rolle bei der Jagd nach irakischen Scud-Raketenwerfern.

Die größten Luftkriege

A-10 THUNDERBOLT II
Mit ihrer am Bug montierten 30-mm-Gatlingkanone sowie der Batterie an Luft-Boden-Raketen und Bomben war die „Warthog" eine Furcht erregende Bodenangriffsplattform.

Lenkwaffen in die Betonbunker steuerte. Nirgendwo war man sicher. Kraftwerke, Pumpanlagen und Dämme wurden zerstört; zurück blieb der Irak mit einem Bruchteil seiner Macht vor dem Krieg.

RAF-Tornados rissen im Tiefflug mit JP233-Munition tiefe Krater in irakische Startbahnen. Dem Irak gelang es nur selten, einen Angriff abzufangen. Manche Jäger wurden abgeschossen, ohne jemals ihren Feind gesehen zu haben, während der Rest nach einer Woche Kampf in den Iran floh, was die Koalition überraschte. Man hatte erwartet, dass sich die irakischen Luftstreitkräfte zurückziehen würden, aber nach Jordanien, nicht in den Iran.

Da die irakische Luftwaffe vor dem Aus stand und viele hochrangige Ziele getroffen waren, konnte sich die Luftflotte der Koalition nun auf die Unterstützung der Bodentruppen konzentrieren, die am 24. Januar in den Irak einmarschierten. Wenn die Soldaten auf heftigen Widerstand trafen, riefen sie Fairchild-Republic A-10 Thunderbolt II der USAF oder McDonnell Douglas AV-8 Harrier des Marine Corps zu Hilfe, die den Weg ebneten. Die A-10 „Warthog" war von Anfang an als Bodenangriffsplattform geplant. Der Pilot saß in einer gepanzerten „Wanne", die Triebwerke lagen weit auseinander, damit, wenn eines davon ausfiel, das andere weiterarbeiten konnte. Obwohl langsam, konnte sie lange Zeit über dem Kampfschauplatz verweilen und eine Menge

Treffer einstecken. Ihr gefürchtetes 30-mm-GAU-8-Gatling-Geschütz setzte panzerbrechende Geschosse mit abgereichertem Uran ein. Mit ihr kooperierte die AH-64 Apache. Als sich die irakische Armee zurückzog, vernichteten diese beiden Bodenangriffsflugzeuge die größten Truppenkonzentrationen. Nach nur fünf Tagen Bodenoffensive war der Irak auf dem Rückzug und Kuwait befreit.

Die Invasion im Irak
2003 beschloss die US-Regierung unter George W. Bush, dass der Irak Massenvernichtungswaffen hortete und Terroristen unterstützte. Im Kontext des „Kriegs gegen den Terror" war dies eine Gelegenheit, Saddams Regime abzusetzen, wenngleich unter zweifelhaften Umständen. Ohne UNO-Mandat führten US- und britische Streitkräfte den Angriff mit Unterstützung spanischer, australischer, polnischer und dänischer Truppen durch.

Am 20. März 2003 begann der Zweite Golfkrieg unter dem Titel „Operation Iraqi Freedom". Der Plan unterschied sich vom letzten insofern, als Luftbombardement und Bodenoffensive gleichzeitig begannen – eine "shock and awe" („Schock und Ehrfurcht") genannte Taktik. Damit wollte man möglichst wenig von der irakischen Infrastruktur zerstören, bis die Koalition die Kontrolle über das Land erlangt hätte; dann wollte man alles wie gewohnt weiterlaufen lassen. Abermals trafen Lenkraketen und F-117 ihre Ziele in Bagdad punktgenau, auch wenn einige „Präzisionswaffen" ihre Ziele nicht fanden.

Im Norden sicherten Fallschirmjäger rasch die Kurdengebiete und setzten dann der irakischen Armee auf ihrem Rückzug nach. Bei der Eroberung Bagdads Anfang April verlor die Koalition relativ wenige Flugzeuge. Während der anschließenden Besetzung wurde der Hubschrauber, neben dem Humvee, zum wichtigsten Gerät im Land. In den bald folgenden Aufständen konnte man kaum Kampfjets einsetzen; es war die Stunde des kleinen, flinken Kampfhubschraubers. Der Bell AH-I Cobra des Marine Corps konnte relativ kleine Ziele ausschalten und Soldaten in den Straßen der Stadt unterstützen.

Zur Aufklärung wurden immer häufiger unbemannte Fluggeräte (UVAs) eingesetzt, die man mit Hellfire-Raketen bestücken konnte. Mithilfe von Livebildern konnte der Operator ein Ziel lokalisieren und über dessen Zerstörung entscheiden, während er sich ganz woanders in der Welt befand. Das war eine neue Art des Luftkriegs; Kampfflugzeuge konnten in feindliches Gebiet fliegen, ohne dass der „Pilot", der Operator, sein Leben riskierte.

KOALITIONSFLUGZEUGE

Bezeichnung: Lockheed F-117 Nighthawk
Typ: Bomber
Antrieb: 2 GE F404-F1D2 Turbofan-Motoren
Höchstgeschwindigkeit: 993 km/h
Maximallast: 2270 kg
Dienstgipfelhöhe: 20 000 m

Bezeichnung: McDonnell Douglas F-15 Eagle
Typ: Luftüberlegenheitsjäger
Antrieb: 2 Turbofans Pratt & Whitney F100-100, -220 oder -229 mit Nachbrenner
Höchstgeschwindigkeit: Große Flughöhe: 660 km/h
    Geringe Flughöhe: 1450 km/h
Bewaffnung: 1 innen montierte 20-mm-M61A1-Bordkanone, 940 Schuss
Maximallast: 7300 kg
Dienstgipfelhöhe: 2 000 m

Bezeichnung: McDonnell Douglas/BAe Systems AV-8B Harrier II
Typ: Bodenangriffsflugzeug
Antrieb: 1 Turbofan Rolls-Royce F402-RR-408 (Mk 105) mit Vektorschub
Höchstgeschwindigkeit: 1070 km/h auf Seehöhe
Bewaffnung: 1 innen montierte 20-mm-M61A1-Bordkanone, 940 Schuss
Maximallast: 5987 kg
Dienstgipfelhöhe: 15 000 m

Bezeichnung: Tornado IDS/ECR
Typ: Luftverteidigungs-/Luftüberlegenheits-/elektronische Kriegsführungs- und Bodenangriffsflugzeug
Antrieb: 2 Turbofans Turbo-Union RB199-34R Mk 103 mit Nachbrenner
Höchstgeschwindigkeit: 2418 km/h
Bewaffnung: 1 27-mm-Mauser-BK-27-Bordkanone mit 180 Schuss
Maximallast: 9000 kg
Dienstgipfelhöhe: 15 240 m

Bezeichnung: A-10 Thunderbolt II
Typ: Nahkampfunterstützungs-/Bodenangriffsflugzeug
Antrieb: 2 Turbofans General Electric TF34-GE-100A
Höchstgeschwindigkeit: 833 km/h
Bewaffnung: 1 x 30-mm-GAU-8/A-Avenger-Bordkanone mit 1174 Schuss
Maximallast: 7260 kg
Dienstgipfelhöhe: 13 700m

Bezeichnung: AH-1W SuperCobra
Typ: Angriffshubschrauber
Antrieb: 2 Gasturbinenmotoren General Electric T700
Höchstgeschwindigkeit: 352 km/h
Bewaffnung: 1 197-20-mm-Bordgeschütz, 750 Schuss
Maximallast: 1737 kg
Dienstgipfelhöhe: 3720 m

Die größten Luftkriege

AFGHANISTAN

Nach dem Terrorangriff auf das World Trade Center und das Pentagon am 11. September 2001 begann der Krieg gegen den Terror. Die Terrororganisation Al-Kaida unter dem Kommando von Osama Bin Laden hatte Linienflugzeuge gekidnappt und sie in die beiden Ziele gesteuert. Das Ergebnis war verheerend und veränderte das Gesicht des Krieges für immer, vor allem was Angriffe auf die Zivilbevölkerung in dieser Größenordnung betraf.

Lokalisierung des Feindes

Im Monat danach brachten die USA die extremistische Taliban-Regierung in Afghanistan mit der Al-Kaida in Verbindung und warfen ersterer vor, zweitere zu beherbergen und ihr zu gestatten, Ausbildungslager zu errichten. Die USA planten, die Regierung abzusetzen und die Lager zu zerstören. Dazu setzten sie alle Arten von Flugzeugen und Waffen in ihrem Arsenal ein und griffen mit ihren schweren Stealthbombern B-1 Lancer und B-2 Spirit ebenso an wie mit dem alten „Streitross" Boeing B-52 Stratofortress. Die Maschinen starteten vom US-Stützpunkt auf Diego Garcia im Indischen Ozean und legten Bombenteppiche über weite Landstriche Afghanistans. Dadurch waren die Taliban und die Al-Kaida-Anhänger gezwungen, sich in die Berge zurückzuziehen. Den Höhlensystemen dort konnten die enormen Bombenladungen, die darauf abgeworfen wurden, nichts anhaben, doch man konnte die Eingänge bombardieren und so den Feind darin verschütten. Dem hatten die Taliban nichts entgegenzusetzen; ihre Flugabwehr bestand bloß aus schweren MGs und Antipersonenwaffen.

Gebäude der Taliban in der afghanischen Hauptstadt Kabul wurden von McDonnell Douglas (Boeing) F-15 Strike Eagles and trägergestützten McDonnell Douglas FA-18 Hornets mit Präzisionswaffen beschossen. Auch französische Dassault Mirage 2000 wurden in Afghanistan stationiert; sie warfen lasergelenkte Bomben ab. Da sich die Talibanregierung nun verstecken musste, konnte die afghanische Nordallianz in die Hauptstadt vordringen, die Regierung übernehmen und das Volk befreien.

Wo immer die Taliban eine Front errichteten, warfen spezielle Lockheed C-130 6800 kg schwere „Daisy-Cutter"-Bomben ab. Diese explodierten oberhalb des Zieles, um die Zerstörung auf dem Boden zu maximieren, Stellungen des Gegners hinwegzufegen und ihn zu demoralisieren.

Im Gebirge verfolgten britische und US-Spezialeinheiten die Bewegungen der Taliban. Wenn sie feindliche Kämpfer lokalisierten, informierten sie über ihnen befindliche Jets, die diese Ziele dann ausschalteten.

MQ-9 REAPER
Das unbemannte Fluggerät MQ-9 Reaper verfügt über beachtliche Offensivkapazitäten. Dieses hier ist mit lasergelenkten GBU-12-Paveway-Bomben und AGM-114-Hellfire-Luft-Boden-Raketen bestückt.

Afghanistan

Diese Art von Kriegsführung ist in Afghanistan noch im Gange, während Bodentruppen versuchen, Aufstände zu verhindern. Die Taliban kommen aus ihren Verstecken, schlagen zu und verschwinden wieder im Hinterland. Wenn US-Bodentruppen in Schwierigkeiten geraten oder ein feindliches Nest ausmachen, können sie einen Bombenangriff der USAF oder der RAF anfordern. Diese Flugzeuge benutzen „dumme" Waffen; daher ist die Zielbestimmung und die Lokalisierung befreundeter Streitkräfte von äußerster Wichtigkeit, um Zwischenfälle mit „friendly fire" zu vermeiden – etwas, das auf derart fließenden Kampfschauplätzen ohne klare Front leider immer wieder vorkommt.

Ein unerbittliches Gelände

In gebirgigen Regionen wie Afghanistan wird der Transport zum Problem. Fahrzeuge müssen enge Gebirgspässe überqueren, die sich für Hinterhalte der Taliban anbieten. Hier beweisen Hubschrauber wieder ihren Wert. Boeing CH-47 Chinooks können große Gruppen von Soldaten in kurzer Zeit bewegen, während AH-64 Apaches Nahunterstützung leisten und fast schon als fliegende Panzer gelten. Chinooks stellen ein langsames, verlockendes Ziel dar, das die Taliban mit Raketen erfassen können, daher müssen sie tief, schnell und kurvenreich fliegen.

Wertvoll sind auch unbemannte Fluggeräte (UAV), besonders der Predator MQ-1. Sie werden von den USA aus per Fernsteuerung bedient und liefern den Kommandanten vor Ort Livebilder vom Kampfschauplatz, sodass diese dann bei Gelegenheit Hellfire-Raketen abfeuern können. Mittels UAV wurden Konvois der Al-Kaida aufgespürt und angegriffen, wobei einige Mitglieder der Führungsebene getötet wurden. Heute werden bereits leistungsfähigere UAVs eingesetzt, etwa der Predator MQ-9.

USMC AV-8 HARRIER
Das US Marine Corps entwickelte die Harrier II zu einem gefürchteten Nahunterstützungsflugzeug. Dieses Modell wurde im Nahen Osten und in Afghanistan häufig eingesetzt.

AFGHANISTAN
Der Afghanistankonflikt, bei dem die NATO-Streitkräfte oft auf fanatischen Widerstand treffen, hat bei unzähligen Gelegenheiten gezeigt, wie wichtig rasche, wirksame Luftunterstützung ist.

Die größten Luftkriege

REGISTER

Kursive Einträge beziehen sich auf Fotografien, Illustrationen oder Karten.

A-Go, Operation, 1944 164, 166
Ader, Clement 10
Aero Club of Paris 31, *31*
Aero Club von Mailand 16
Aéronautique Militaire *18*, 68
Aéronavale 104
Afghanistan 218–19, *218*, *219*
AGM-114 Hellfire, Luft-Boden-Rakete *218*
AH-64 Apache, Angriffshelikopter 215, 217, 219
AIM-9 Sidewinder, Rakete 212
Airborne Early Warning and Control System (AWACS) 215
Airco:
  DH.2 *41*, 44, 47, 48, 49, *49*, 50, 51
  DH.4 37, 62, 64
Airspeed Horsa, Segelflugzeug 170, *170*
Ajax 115
Akagi 79, *124*, 125, *125*, *131*, 132, *133*, 134
Al-Kaida 218
Albacore, USS 165
Albanien 118
Albatros:
  C.III 51
  D.I 48, 49
  D.II 44, *50*, 51–2
  D.III 50, *50*, 55
Albion, HMS 207
Alcock, Captain John *72*, 73–4, *73*
Algerien 114–15, 153
Allied Desert Air Force 152
Allied Expeditionary Air Force 170, 172
Alliierte (Zweiter Weltkrieg) *siehe unter den einzelnen Staaten*
Alpen, erste Überquerung der 16–17
American Volunteer Group (AVG) 178
Antelope, HMS 212, *213*
Antoinette IV 14
ANZAC-Truppen 119 *siehe auch unter den einzelnen Staaten*
Anzani, Motor 14
Ap Bac, Schlacht bei, 1963 202, *202–3*
Arabisch-israelische Kriege 206–11, *206*, *207*, *208*, *209*, *210*, *211*
Abruzzi 115
Ardennenschlacht, 1944-45 184
Ardent, HMS 212, *213*
Arethusa, HMS 29
Argentinische Luftstreitkräfte 212
Argus, HMS 78, 78
Aritano, Konteradmiral Goto 130
Arizona, USS 127
Ark Royal, HMS 78
Armée de l'Air 92, 93, 94, 104 *siehe auch Frankreich*
Armee der Republik Vietnam (ARVN) 202, *202–3*, 205
Ärmelkanal, Erstüberquerung des 14–15, *14*
Armour Company of Chicago 16
Armstrong Whitworth:
  Argosy 77
  Whitley 93, *93*, 111, 146, 168, 183
Arnold, Major General H.H. 'Hap' 186
Arromanches 207
Astra-Torres 32
ASV-Radar (Luft-Schiff-Radar) 168
Atlantic Conveyor, HMS 213
Atlantik:
  Erste Überquerung des 70–5
  Patrouillen, 1939-45 168, *168*, *169*
  Schlacht im, 1939-40 112–13, *112*, *113*
Atoll, Infrarot-AAM 205
Atomkrieg/Atombomben 190–1, *190*, *191*
Australia, HMAS 166
Australien 71, 90, 115, 144, 166
Aviation Corporation of America 90
Avro:
  Anson 168
  Lancaster 146, *148*, 150
  Lincoln 192
  Vulcan 212, *213*

Bacon, Gertrude 15
BAe Sea Harrier 212, *212*, 213, *213*
„Bagration", Operation, 1944 180, *180*, *181*
Baka, bemannte Bombe 141
Balbo, Italo 74–5
Balkan 17, 118–19, *118–19*, 120
Ballon 10–11, *10*, 11, 19, 26, 49, 60, *63*, 64, 68
„Barbarossa", Operation 1941 119, 120–3, *120*, *121*, *122*, *123*
Barham, HMS 115
„Barrel-roll-attack"-Manöver 211, *211*
Batista, Fulgencio 200
Bayerische Flugzeugwerke 81
Bell:
  AH-1 Cobra 217, *217*
  H-13 197
  UH-1 „Iroquois", „Huey" 202, *202*, *203*
Belleau Wood, USS 164
Bennett, Gordon 15, 16
Berlin, Bombardierung von, 1944 150–1, *150*, *151*
Berliner Luftbrücke, 1948-49 194, *194*, *195*, 198
Beta 32
Bin Laden, Osama 218
Birma 129, 176, 178–9, 182, 183
„Black Buck", Operation, 1982 212
Blackburn:
  Buccaneer 215
  Stukas 101
Blériot:
  V 14
  XI 14, 17, 18
  XII 14, 15
Blériot, Louis 14–15, *14*
Blitzkrieg 68, 86, 96–7, *96*, *97*, 102, 157
Blücher 100
Bock, General Fedor von 102–3
Böcker, Kapitänleutnant 37
Bockscar 191
Boden-Luft-Raketen (Surface-to-Air Missile, SAM) 204, 209, 215
„Bodenplatte", Operation, 1945 184
Boeing:
  247 90
  314 *91*
  B-17 Flying Fortress 95, 129, 132, 144, 149, *149*, 150, *151*, 168, 184, 186, 206
  B-29 Superfortress 95, 176, 186–7, *186*, *187*, 188, 190, 193, 197
  B-52 Stratofortress *204*, 205, 218
  CH-47 Chinook 215, 219
  E-8 Joint Stars 215
Boelcke, Oswald 41, 43, 50, 52
Böhme, Erwin 44
Bomber:
  1916–18 56–63, *56*, *57*, *58*, *59*, *60*, *61*, *62*, *63*, 85–6
  Blitzkrieg *96*, 97, *97*
  England und Deutschland, Bombardierung von, 1940-41 110–11, *110*, *111*
  Erste 10–11, 15, 31
  Deutschland, Bombardierung von, 1942-44 146–51, *146–7*, *148*, *149*, *150*, *151*
  Langstrecken, nach dem Krieg 193, *193*
  Luftschiffe und 30, 36, 39
  Moskau, Bombardierung von, 1941 120, 121, 122–3, *122*, *123*
  Spanischer Bürgerkrieg 84, 85, *85*, 86, 87, *87*
  siehe auch unter der Bezeichnung von Flugzeug, Gebiet, Nation, Operation
Bonaparte, Napoleon 10

Borodino, Schlacht bei, 1812 180
Boulton-Paul Defiant 108
Brand, Flight Lieutenant Quintin 71
Brandenburg, Hauptmann Ernst 58, 59, 80
Breese, Lieutenant J.W. 72
Breguet Br XIV 27, *53*, 60, 68
Breguet, Oberst Louis 22
Brest-Litowsk, Vertrag von, 1918 55, 66
Bretagne 115
Brewster Buffalo 129, 178
Brindisi 115
Bristol:
  Beaufighter 151, *155*, 168, 176
  Blenheim 99, 103, 111, 118, 129, *129*
  Bulldog 99
  F2B Fighter *43*
Britisch-Französische Aufrüstung 92–3, *92*, *93*
Britische Armeeeinheiten:
  1. Airborne Division 174
  3. Army 67
  4. Army 68
  5. Army 67
  8. Army 155
  Afrikakorps 152, *153*
  Airship Section 32
  Balloon Section 32
  Militärische Luftfahrt, Geburt der 12
  siehe auch unter der Bezeichnung von Schlacht, Krieg und Operation
British Expeditionary Force (BEF) 21, 22, 100–1, 102
Brown, Captain Roy *50*, 68
Brown, Lieutenant Arthur Whitten *72*, 73, *73*, 74
Brumowski, Godwin 55
Brusilow-Offensive, 1916 54, 66
Bulwark, HMS 207
Bunker Hill, USS 162, *162*, 165
Bush, George W. 217

California, USS 127
Caproni 36, *57*, 58
  Ca.3 *55*, 56, *56*
Caproni, Gianni 56
„Cartwheel", Operation, 1942-43 144–5, *144–5*
Castro, Fidel 200
Cayley, Sir George 10
Celeste 10
Central Intelligence Agency (CIA) 200–1
Central Treaty Organisation (CENTO) 198
Cessna O-1 „Bird Dog"
Chamberlin, Clarence 72
Chance Vought F4U Corsair 196
Chávez, Jorge 16, 17
Chennault, Major Claire Lee 178, *179*, 186
Chewning, Lieutenant Walter *163*
China 10, 70, 88, 89, 95, 129, 176, 178–9, *178*, *179*, 188, 202
China Clipper 91
Chruschtschow, Nikita 201
Churchill, Winston 32, 104, 106, 109, 140, 192
Clément-Bayard 31, 32
Clippers 90, *90*, *91*
„Cobra", Operation 172
Cockburn, Sir George 10
Codbury, Major Egbert 37
Colt-Maschinengewehre 92
Commission des Communications Aériennes 11
Compagnie d'Aérostiers 10
Consolidated:
  B-24 Liberator 113, 141, *141*, 146, 149, 168, *168*, *169*, 176, 186
  PBY Catalina 168
Conté, N. J. 10
Convair B-36 Peacemaker 193, *193*
Corpo Aeronautico Militare 55, 56
Cot, Pierre 92
Courageous, HMS 101

Coutelle, Charles 10
Coventry, HMS 213
Crace, Rear Admiral John 131
Cranborne, Lord 88
Crocco-Ricaldi N1 31
Croix, Félix du Temple de la 10
Cunningham, Admiral Sir Andrew Browne 115, 116
Curtiss:
  C-46 Commando *178*, 179
  Hawk 75A 99, *99*
  Jenny 70
  NC-1/NC-2/NC-3/NC-4 70, 71–2, *72*
  P-40 Warhawk 95, 129, 153, 178, 179
  SB-2C Helldiver 162
Curtiss, Glenn 13, 15, *15*, 70
Custis, G. W. Parke 10
Cuxhaven, Angriff auf, 1914 28–9, *29*, 32

D-Day, 1944 170–3, *170*, *171*, *172*, *173*, 180
d'Arlandes, François Laurant 10
Daily Mail 14, 15, 16, 70, *73*, 74
Dambusters-Angriffe, 1943 148, *148*
Dänemark 100–1, *100*, *101*
Dassault:
  Mirage III 207
  Mirage 2000 215, 218
  Mystère IV 207
  Super Etendard 212
  Super Mystère 207
de Havilland:
  Comet racer 90
  DH 17 62
  Mosquito 148, 150, 151, 155, 168, 170, 174, 183, 184
  Sea Venom 207
de Havilland, Geoffrey 44
de Rozier, François Pilâtre 10
Delta (Luftschiff) 32
„Demoiselle", Eindecker 12
„Desert Shield", Operation 214
„Desert Storm", Operation 214–15, *214*, 215
Deutsch-de-la-Meurthe-Preis 31
Deutsche Armeeeinheiten:
  1. Panzerarmee 104, 137, 160
  2. Panzerarmee 104
  3. Panzerdivision 104
  4. Panzerarmee 138
  4. Panzerdivision 103
  6. Armee *138*, 138, 139
  8. Armee 160
  9. Panzerdivision 103, *103*, 158
  10. Gebirgsjägerdivision 119
  17. Armee 137, 157, 160
  22. Panzerdivision 139
  Fallschirmjäger 100, 103, 119, 155
  Galizische 14. SS-Division – Ukrainische Division 156
  Heeresgruppe 138, 156, 160, 180
  Heeresgruppe A 103, 136, 137, 138, 157, 160
  Heeresgruppe B 102–3, 136, 138
  Panzerwaffe 103
  Russische Befreiungsarmee 156
  Wehrmacht 97, 100, 104, 122
Deutsche Luft Hansa 81
Deutsche Luftschiffahrt-AG (DELAG) 11, 30, 70
Deutscher Luftsportverband 81
Deutschland:
  Amerikaprogramm 66
  Aufrüstung, Zwischenkriegzeit 92, 94, 95
  „Bagration" und die Befreiung Westrusslands 180, *181*
  Balkan, 1941, Rolle auf dem 118–19, *118*, 119
  „Barbarossa" und die Bombardierung von Moskau, 1941 120–1, *120*, *121*, *122*, 123
  Berliner Luftbrücke, 1948-49 194, *195*

Bombardierung durch Alliierte, 1940-4 108, 110–11, 111, *111*, 146–51, *146–7*, *148*, 149, 150, *151*, 170–2, *171*
Bomber 1916–18 57–63, *57*, *58*, *59*, 60, 61, 63
D-Day, Rolle am 170–2, *171*
Drittes Reich, Ende des 184, *184*, 185
Erster Weltkrieg 18–69
Flugzeugproduktion, Zweiter Weltkrieg 140, 141
Jagdflugzeuge 1914-18 41, *41*, 42, *43*, 43, 44, *44*, 45, 46–55, *46–7*, *48–9*, *50*, *51*, 52, *53*, *54*, 55
Kaiserliche Deutsche Luftflotte 19, *19*, 24, 67–8, *67*
Kaukasus, 1942 134–5, *134*, *135*
Krieg im Atlantik, 1940–44 112–13, *112*, *113*, 168, *169*
Kursk, 1943 158–9, *158*, *159*
Luftfahrtindustrie im Zweiten Weltkrieg 140, 141, 141
Luftfahrtindustrie, frühe 11, *11*
Luftschiffe 11, 30–9, *31*, 32, *33*, *34*, *35*, *36*, *37*, *38*, *39*
Luftstreitkräfte, erste 18–29, *19*, 24
Luftwaffe *siehe* Luftwaffe
Mittelmeer 1940-42 114–17, *114*, *115*, 116–17
Nordafrika und das Mittelmeer, 1943 152–3, *152*, *153*
Ostfront, 1943 156–7, *156*, *157*
Polen, 1939 96–7, *96*, *97*
Schlacht um England, 1940 106, *106*, *107*, 108–9, *108*, *109*
Schlacht um Frankreich, 1940 102–5, *103*, *105*
Sizilien und Süditalien 154–5, *154*
Skandinavien, 1939–40 98–101, *98*, *99*, *100*, *101*
Spanischer Bürgerkrieg, Rolle im 84–7, *87*, 94
Stalingrad 1942–43 138–9, *138*, 139
Ukraine und Krim, 1943 160, *160*, *161*
Zeppelin *siehe* Deutschland: Luftschiffe
Zwischenkriegszeit 70, 77, 80–3
Dewoitine D.520 102
„Dicta Boelcke" 43–4, 52
Dien Bien Phu, Schlacht bei, 1963 202
„Doolittle"-Angriff, 1942 188
Dornier:
  Do 17 83, 97
  Do 18 113
  Do 19 83
  Do 217 155
Douglas:
  A-1 Skyraider 203
  A-4 Skyhawk 209, 212, *213*, 214
  B-26 Invader 196
  C-47 Dakota/Skytrain 154, 155, 171, 174, *175*, *176*, 178, 179, 183, 194, *195*, 206
  C-54 Skymaster 194
  DC-1 91
  DC-2 90, *90*
  DC-3 90
  EB-66 204
  SBD Dauntless 131, *131*, *133*, 135, 142, 162
  TBD Devastator 94, 131, *133*, 134
Douglas, Lieutenant William Sholto 26
Douhet, General Giulio 55, 56–7, 59
Dowding-System 106
Dowding, Air Chief Marshal Sir Hugh 106, 109
„Dropshot", Operation 192–3
Dunkerque 114, 115
Dunning, Commander E. H. *78*, 79
Durouf, Jules 11
Duthuil & Charmers, Motor 12
Dyle-Plan 103

Register

Eagle (Ballon) 11
Eagle, HMS 207
„Edelweiß", Operation 136–7
Eindecker, erster erfolgreicher 14
Eisenhower, Dwight D. 200
El Alamein, Schlacht bei, 1942 153
Empress 28, 29
Engadine 28
England *siehe* Großbritannien
England–Australien:
  Pionierflüge 71, *71*
  Rennen, 1934 90
English Electric Canberra 207
Enola Gay 190, *191*
Enterprise, USS 131, 132, *134*, *135*, 142, *143*, *163*, 165
Erster Weltkrieg 11, 18–29, 32–69, 94, 112
  Amerika mobilisiert 64, *65*
  Bomber im 56–63
  Erste Luftstreitkräfte im 18–29
  Jagdflugzeuge im 40–55
  Letzte Schlachten, 1918 66–9
  Luftschiffe im 32–9
  siehe auch unter der Bezeichnung der Schlacht und der Operation
Essex, USS 162
Eta 32
Everett, Lieutenant R. W. H. 113
Exocet, Antischiffsraketen 212

Fairchild Republic A-10 Thunderbolt II „Warthog" 216–17, *216*, *217*
Fairey:
  Battle 93, 103, *104*
  Swordfish *114*, 115
Falkenhayn, General Erich von 46, *46*, 54
Fall Gelb 102
Fallschirme, erste *68*
Farman F.20 *21*
Farman, Henri 15, 16, *21*
Ferdinand, Erzherzog Franz 18
Fiat:
  CR.32 86, *87*
  G.50 99
Finnische Luftstreitkräfte 78, 99
Finnland 98–9, *98*, *99*, 100
Fitzmaurice, James 74
Fiume 114, *115*, 116
Fleet Air Arm, UK 101, 115, 212
Fletcher, Rear Admiral Frank Jack 131, 132, *133*, 134, 142
Fleurus, Schlacht bei, 1794 10
Flugboote 70–2, *72*, 74–5, *75*, 91, *91*, 112, 113, *113*, 115, 168, 194
Flügelverdrehung 43
Flugzeugträger:
  Erste 78–9, *79*
  Trägerangriffe im Pazifik, 1943 162, *162*, *163*
  siehe auch unter dem Namen der Flugzeugträger
„Flying Tigers" 178, 179, *179*
FMA IA 58 Pucará 212
Foch, Ferdinand 70
Focke-Wulf:
  Fw 190 155, 158, *160*, 184
  Fw 200 113, *113*
„Focus", Operation, 1967 207
Fokker 88
  D.VII 67, 68
  D.XXI 99
  DR.1 Triplane 44, 52, *52*, 53–4
  E.1 41, *43*, 51
  E.111 monoplane *41*, 44
  Eindekker 41, 43
  F.VIIB-3m 70, *70*
  FE.2D *44*
Fokker, Anthony 41
Ford, Henry 141
Forlanini, Enrico 17
Formidable, HMS 115, *115*
Frachtschiffe, Patrouillen im Zweiten Weltkrieg 112–13, *112*, *113*
Frankreich:
  1. Armee 68
  Aéronautique Militaire (Französische Armeeluftstreitkräfte) 18, *46*, *57*, 68
  Aéronavale (Französische Marineluftstreitkräfte) 92, 104
  Aufrüstung, Zwischenkriegszeit 92, 93, 94, 95

Erste Luftstreitkräfte 18, *18*, *19*, 24
Erster Weltkrieg 20, *20*, 21, 22, *22*, *23*, 24, *25*, 26, 40–1, *40*, 52, 54, 66, 68
Escadrille Lafayette 64
Flugzeugproduktion, Zweiter Weltkrieg 140
Frühe Luftfahrt 10, 11, 12, 14–15, *14*, 16–17
Jagdflugzeuge 1914–1918 44, 46–7, *46–7*
Jagdflugzeuge, erste 40, *40*
Luftschiffe 31, *31*, 32
Marine 92, 104, 112, 115
Schlacht um, 1940 94, 102–3, *102*, *103*, 104, *105*, 106
Vichy 102, *105*
Franco, Francisco 83, 84, 85, 87, 95
Französisch-Preußischer Krieg, 1870-71 11, 18
Freycinet, Charles Louis de Saulces de 11
Fritz X, Gleitbombe 155
Furnas, Charlie 13
Furious, HMS 78, 79, 117

Galland, Adolf 85
Galliéni, General Joseph-Simon 22
Gambetta, Leon 11
Gamelin, General Maurice 103
Gamma 32
Garibaldi 115
Garros, Roland 12, 40, *40*, 41
GAU-8-Gatling-Geschütz 217
Gaulle, General Charles de 104
Gavotti, Leutnant Guilio 17
GBU-12 Paveway, lasergelenkte Bombe *218*
Geisse, Oberstleutnant Hans 113
Genfer Abrüstungskonferenz, 1932 82
George V., König 36
George, David Lloyd 15, 60
Gibson, Wing Commander Guy 148
Giffard, Henri 10
Glorious, HMS 101
Gloster Gladiator 92, 99, 100, *100*, 101, 117, 118, 152
Gloucester, HMS 115
Gneisenau 101
Gnome, Motoren 16, 17, 44
Gnys, Wladyslaw 97
Golfkrieg, Erster, 1991 214–17, *214*, *215*, *216*
Golfkrieg, Zweiter, 2003 217
„Goodwood", Operation 172
Gordon-Bennett-Preis 16
Göring, Hermann 81, *82*, 104, 106, 108, 109, 139
Gort, General Lord 104
Gotha 58–60:
  G.IV bomber 58–9, *59*, 60
  G.V 59, *59*, 60
Grahame-White, Claude 16
Grand Prix de la Champagne 15
Grande Semaine d'Aviation de la Champagne 15
Graziani, Marschall Rodolfo 152
Grey, Spencer 34
Griechenland 115, *115*, 118, 118–19, 119
Großbritannien:
  Afghanistan, heutige Rolle in 219
  Aufrüstung, Zwischenkriegszeit 92–3, *92*, *93*
  Balkan, 1941, Rolle am 118–19, *118–19*
  Bombardierung von („Blitz") 1940-41 110–11, *110*, *111*
  D-Day, Rolle beim 170–2, *170*, *171*
  Deutschland, Bombardierung von, 1940-44 111, *111*, 146–9, *146–7*, 148, *149*, 150–1, *151*
  Erster Weltkrieg 18, *19*, 21, 22, 26, 27–8, 29, 32–9, *33*, *34*, *35*, *38*, *39*, 44, 49–51, 53, 57–63, *58*, *59*, 60, *61*, 62, *63*, 66–8
  Falkland-Krieg, 1982 212, *213*
  Flugzeugproduktion, Zweiter Weltkrieg 140–1, *141*

Frankreich, Schlacht um, Rolle bei der, 1940, 102, 103, 104
Golfkriege, Rolle in den 216, 217
Luftherrschaft *76*, 77, *77*
Luftschiffangriffe auf, 1914-17 28, 29, 32–9, *33*, *34*, *35*, *36*, *37*, *38*, *39*
Luftstreitkräfte *siehe* RAF
„Market Garden" und „Varsity", Rolle bei den Operationen 174–5, *174*
Mittelmeer, 1940-42, Rolle im 114–17, *114*, 116–17
Nachkriegszeit 192, 193, 194
Nordafrika, 1943, 152, 153, *152–3*
Schlacht um England, 1940 83, 85, 106–9, *106*, *107*, *108*, *109*
Seegestützte Luftfahrt, erste 78
Seepatrouillen, 1940-41 112, *112*, 113, *113*
Sizilien und Süditalien, Rolle bei der Invasion von, 1943 154, 155
Strategische Bombenoffensive, 1918 63, *63*
Unter Luftbombardement 1914-17 28, 29, 32–9, *33*, *34*, *35*, *38*, *39*, 57–63, *58*, *59*, 60, *61*, 62, *63*
Grumman:
  E-2 Hawkeye 214
  F-14 Tomcat 214
  F4F Wildcat 134, *135*, 142, *142*, 166
  F6F Hellcat 145, *163*, 164, *164*, 165
  F9F Panther 196
  TBF Avenger 162
Guadalcanal, 1943 142–4, *142*, *143*
Guderian, General Heinz 103, *103*
Guernica, Bombardierung von, 1937 86–7
Guise, Schlacht bei, 1914 21

Haakon, VII., König 100
Haegan, Oberleutnant von der 34
Haig, Field Marshal 54
Halsey, Field Admiral William 142, 144
Halvorsen, Lt Col Gail *195*
Handley Page:
  Halifax 146, 150, 182–3
  Hampden 111
  HP.42 77
  O/100 60, *63*
  O/400 62, *62*, 63, 70
  V/1500 62, 70
  Victor 212
  W8F 77
Harris, Air Marshal Sir Arthur „Bomber" 146, *146*, 147, 148, 150, 170
Hawker Aircraft 92
  Fury 92
  Hunter 207
  Hurricane 92, *92*, 93, 101, 106, 108, 110, 117, 118, 129, 152, 176, 178
  Sea Fury 196
  Sea Hawk 207
  Typhoon 170, *171*, 172, *172*, *173*, 174, 176
Hawker Siddeley:
  Harrier 212
  Nimrod 212
Hawker, Major Lance 44, 49–50, *49*, 50–1
Hearst, William Randolph 16
Heinkel 80, 141
  He 51 84, 87
  He 111 83, 87, *138*, 139, 154, 158
  He 115 113
Heldsen, Leutnant von 21
Helikopter 196, 197, 202, *202*, 203, 215, 217, *217*, 219
Henderson, Major Lofton 142
Henschel:
  Hs 123 97
  Hs 129 157, 158
Henshaw, Alex *93*
Hercule (B alloon) 10
Hermes, HMS 28, 212, *212*
„High-speed-yo-yo"-Manöver 210, *210*
Hindenburg, General Paul von 24, 82

Hinton, Lieutenant W. 72
Hiroshima, Bombardierung von, 1945 190, *191*
Hiryu 124, 125, *125*, *131*, 132, *133*, 134–5, *134*, *135*
Hisbollah 211
Hispano-Suiza Motoren 53, 92
Hitler, Adolf 81, 82, 83, 84, 100, 102, 104, 106, 109, 113, 116, 118, 119, 120, 136, 137, 138, 139, 152, 156, 159, 160, 180, 184
Hiyo 165
Ho-Chi-Minh-Pfad 205
Hoeppner, General Ernst von 58
Hornet, USS *131*, 132, *134*, *135*, 143
Hosho (Flugzeugträger) 79
Hubschrauber *siehe* Helikopter
Hughes H-4 Hercules „Spruce Goose" 61
Hughes, Howard *61*
Hünefeld, Gunther von 74
Huntziger, General Charles 104
„Husky", Operation, 1943 154–5, *154*
Hussein, Saddam 214

Iachino, Admiral Angelo 115
IAI Dagger 212
ICBM (Strateg. Interkontinentalraketen) 199
„Ichi-Go", Operation 176, 188
Iljushin:
  DB-3 99
  Il-2 Sturmowik 156, 158, *158*, 159, *159*, *160*, 196
  Il-10 196
  Il-28 192, 207
Illustrious, HMS 115
Immelmann-Manöver *42*, 43
Immelmann, Max 41, *42*, 43, *43*
Imperial Airways 70, 77, *77*
Independence, USS 162
Indien 71, 77, 129, 176, 179, 186
Indochina 89, 176, 202–5, *202*, *203*, *204*, 205
Intrepide (Ballon) 10
Invincible, HMS 212
Irak 77, 209, 214–17, *214*, *215*, 216
Irakische Luftstreitkräfte 215, 216
Iran 216
„Iraqi Freedom", Operation 217
IRBM (Strategische Mittelstreckenraketen) 200, 201, *201*
„Island-hopping"-Feldzug, 1943-45 166, *167*
Israelische Luftstreitkräfte (IAF) 206, 207, *207*, 208, *208*, 209, *209*, 210–11, *210*, *211*
Italien 17, 31, 56–7, 66
  Erster Weltkrieg, Rolle im 36, 54, 55, 56, *57*, 58
  Flotte im Mittelmeer, 1940–41 112, 115–16
  Italienisch-Türkischer Krieg, 1911 17, *17*, 31, 56
  Luftschiffe 31
  Sizilien und Süditalien, Alliierte Invasion in, Zweiter Weltkrieg 154–5, *154*, 155
  Spanischer Bürgerkrieg, 1936–39, Rolle im 85–6
  Transatlantikflüge, 1927–33 74–5, *74*
Iwo Jima 166, 176, 188, 190

Jagdflugzeuge:
  1914–18 40–55, *40*, *41*, *42*, *43*, *44*, 45, *46*, 47, *48*, *49*, 50, *51*, 52, *53*, 54, 55
  Erste 26
  Jagdgeschwader, Geburt der 48
  Taktik 68, 86, 96–7, *96*, *97*, 102, 157, 166, 210–11, *210*, *211*
  siehe auch bei der Bezeichnung von Flugzeug, Konflikt, Nation und Operation
Jakowlew Jak-9 196
James, Archibald 26
Japan 11, 88, 95
  Atombomben auf, 1945 190–1, *190*, *191*
  „Cartwheel", Operation, 1942-43 144–5, *144*, 145

China, Krieg in, 1937-45 88, *88*, *89*, 178–9, *178*, *179*
Flugzeugproduktion, Zweiter Weltkrieg 94, 95, 141
Flugzeugträger 78, 79, 162, 163 *siehe auch unter der Bezeichnung der Schlacht und des Flugzeugträgers*
Guadalcanal 142–4, *142*, *143*
„Island-hopping"-Feldzug und, USA, 1943-45 166, *167*
Korallenmeer, Schlacht im 1942 130–1, *130*, *131*, 162
Luftstreitkräfte der Armee 95
Marianen (Inseln), 1944 164–5, *164*, *165*
Marineluftstreitkräfte 95
Midway, Schlacht bei, 1942 132–5, *132*, *133*, *134*, *135*, 142, 144, 162
Pearl Harbor 124–7, *124*, *125*, *126*
Seestreitkräfte 78, 79, 95, 124, *125*, 132, *132*, *133*, 162, *163*, 164 *siehe auch unter der Gebiet, Schlacht und Bezeichnung der Operation*
Südostasien, 1942-44 128, 129, *129*, 176, *177*
US-Bombardierung 1945 186–8, *186*, *187*, *188*, 190–1, *190*, *191*
Jatho, Karl 11
JN-25, Marinecode 130–1
Joffre, General 22, 46–7, 52
„Joffres Mauer" 22, *23*
Johnson, Amy 74
Johnson, Ensign Byron *163*
Jom-Kippur-Krieg, 1973 208–11, *208*
Jordanien 209
Jugoslawien *69*, 118, 183
Junkers 80
  Ju 52 *82*, 83, 84, 87, *87*, 100, 119, *119*, 139, *139*, 153
  Ju 87 „Stuka" 80, *80*, 83, *83*, 95, *96*, 97, 103–4, 108, *121*, 138, 158, *158*
  Ju 88 109, 154
  Ju 89 83
  W.33 „Bremen" 74
Junyo 143

Kaga 79, *124*, 125, *131*, 132, *133*, *134*, 135
Kai-shek, Chiang 186
Kalter Krieg 191, 192–201
Kamikaze-Angriffe 166
Kampfpatrouillen (CAP) 212, 213, *213*
Kanada 113, 141, 154
Kap Matapan, Schlacht am, 1941 115, *115*
Kasakow, Aleksandr 54–5
Kaukasus 118, 136–7, *136*, *137*
Kawasaki 88
Kennedy, John F. 200, 201
Kensington Court 113
Kenny, Major General George C. 144
Kesselring, Albert 83
Kleist, General Ewald von 136
KLM 90
Kluck, General Alexander von 22
Knickebein-Strahlen 110, *110*
Köhl, Hermann 74
Kommerzielle Luftfahrt, Geburt der 90–1, *90*, *91*
Königl. jordan. Luftstreitkräfte (RJAF) 209
Königliche Saudi-Arab. Luftstreitkräfte 214
Königsberg 101
Korallenmeer, Schlacht im, 1942 130–1, *130*, *131*, 132, 162
Koreakrieg, 1950-53 196–7, *196*, 197
Koschedub, Iwan *180*
Krebs, Arthur 12
Kreta 115, 116, 118–19, *118*, *119*
Krieg aus der Luft, Geburt des 10–11
Krieg gegen den Terror 217
Kriegsmarine 106
Krim 160, *160*, 161
Krueger, General Walter 144
Kubakrise, 1962 200–1, *200*, *201*
Kursk, Schlacht bei, 1943 156, 158–9, *158*, 159
Kuwait 214–15
Kuwaitische Luftstreitkräfte 214, 215, *215*

221

Die größten Luftkriege

L 3 (Luftschiff) 32, 33, *33*
L 4 (Luftschiff) 32, 33, *33*
L 5 (Luftschiff) 29, 32
L 6 (Luftschiff) 29, 32, 33
L 9 (Luftschiff) 33, *33*
L 10 (Luftschiff) 33, *33*
L 11 (Luftschiff) *35*
L 13 (Luftschiff) *35*
L 14 (Luftschiff) *35*
L 16 (Luftschiff) *35*
L 17 (Luftschiff) *37*
L 21 (Luftschiff) *35*
L 22 (Luftschiff) *35*
L 23 (Luftschiff) *35*
L 24 (Luftschiff) *35*
L 30 (Luftschiff) *35*
L 32 (Luftschiff) *35*
L 33 (Luftschiff) *36*, 37
L 41 (Luftschiff) *38*
L 44–50 (Luftschiffe) *38*
L 52–55 (Luftschiffe) *38*
L 59 (Luftschiff) 39, *39*
L 70 (Luftschiff) *37*, 39
L'Entreprenant (Ballon) 10
La Fayette 207
La France 10, 11, 12
La Neptune (Ballon) 11
La Patrie 31
La République 31
Lambert, Charles de 14
Langley, Samuel P. 10, 13
Langstreckentransport, 1934–39 90–1, *90*, *91*
Lanrezac, General Charles 21
Latham, Hubert 14, 15
Lawotschkin:
  La-5 *180*
  La-9 196
Le Matin 15
Lebaudy, Gebrüder 31
Leckie, Captain Robert *37*
Leeb, General Wilhelm Ritter von 103
Legion Condor 83, 86
Leigh-Mallory, Air Chief Marshal Sir Trafford 109, 170
LeMay, Major General Curtis 186
Lend-Lease 140, 168, 178
Lewis-Gewehr 47
Lexington, USS 78, *79*, 131
Leyte 166, 176
Libanon, Invasion im, 2006 211
Liberty-Motor 64, 70
Lilienthal, Otto 10
Lindbergh, Charles A. *72*, 74, *74*, 90
„Linebacker I & II", Operationen 205
Lippisch, Alexander *184*
Liscombe Bay, USS 162
Littorio 114, 115
London-Manchester-Flugrennen, 1910 16
Lowe, Professor Thaddeus 11
Ludendorff, General Erich 24, 67, 68
Luftfahrtausbildungsstätten, erste 12
Luftfotografie 11, 26, 54, *54*, 68, 158, 201, *201*
Luftherrschaft (Douhet) 57
Luftschiff Zeppelin siehe LZ 1
Luftschiffbau Zeppelin 30
Luftschiffe 17, 28, 29, 30–9, *31*, *32*, *33*, *34*, *35*, *36*, *37*, *38*, *39*, 57
  siehe auch unter dem Namen der einzelnen Luftschiffe
Luftstreitkräfte, Anfänge der, 1914–1918 18, *19*, 20–9 siehe auch unter der Bezeichnung der einzelnen Luftstreitkräfte
Luftwaffe:
  Einsatzgebiete der Luftwaffen-Kommandos, 1939 *81*
  Fliegerkorps IV 108, *108*
  Fliegerkorps X 117, 152–3
  Geburt der 80–3, *80*, *81*, *82*, *83*
  Kommandokette i. Zweiten Weltkrieg *83*
  Legion Condor 83, 86
  Luftflotte I *96*
  Luftflotte IV *96*, 119, 136, 137, 138
  Luftflotte V *108*
  siehe auch unter der Bezeichnung von Flugzeug, Einsatzgebiet, Operation und Konflikt

Luke, Frank 68
Lusitania 64
Luzon 166, 176
LZ 1 (Luftschiff) 11, *11*, 30
LZ 2 (Luftschiff) 11, 30
LZ 3 (Luftschiff) 11, 30
LZ 4 (Luftschiff) 30
LZ 18 (Luftschiff) *32*
LZ 37 (Luftschiff) 33, *33*, 34
LZ 38 (Luftschiff) 33, *33*, 34
LZ 90 (Luftschiff) *35*
LZ 97 (Luftschiff) *37*
LZ 99 (Luftschiff) *35*

MacArthur, General Douglas 144, 166, 196
Magdeburg 28–9
MAGIC (Codeentschlüsselungssystem) 130–1, *132*, 144
Maginot-Linie 94, 102, 103
Maison Clément-Bayard 32
Makin 166
Malaysien *128*, 129, *129*, 176
Malta 115, 116–17, *116–17*, 152, *152*, 155, 207
Mandschurei 82, 88, 94, 157, 190, 191
Manhattan Project 190
Mannerheim-Linie 99
Mannerheim, Marschall Carl Gustaf von 98
Manstein, General Erich von 102, 137, 156
Maplin 113
Marianen (Inseln) 164–5, *164*, *165*, 186, 187, *187*
„Market Garden" und „Varsity", 1944-45 174–5, *174*, *175*
Marne, Schlacht an der, 1914 22, *22*, 24
Marshallplan 192
Martin:
  M-130 91
  Maryland 117
Masuranische Seen 24, *24*
Matterhorn, Unternehmen 187
Mayfly (Luftschiff) 32
McClellan, George B. 10
McDonnell Douglas:
  FA-18 Hornet 214, 218
  F-4 Phantom 204
  F-4 Phantom II „Wild Weasel" 209, *209*, 215
  F-15 Eagle 211, 214, 215, *217*
  F-15E Strike Eagle 215, *215*, 218
  RF-101 Voodoo *201*
McDonnell Douglas/BAe Systems AV-8B Harrier 216, *217*, 219
Medwecki, Kapitän Mieczyslaw 97
„Merkur", Operation 119, *119*
Merrill, General Frank 183
Mers-el-Kébir 114–15
Messerschmitt, Willi 81
Messines-Gebirge *54*
MG 17, Maschinengewehr 81, *81*
Midway, Schlacht bei, 1942 132–5, *132*, *133*, *134*, *135*, 142, 144, 162
Mikojan-Gurewitsch:
  MiG-3 *123*, 158
  MiG-7 158
  MiG-15 196, *197*, *197*, 207
  MiG-17 204
  MiG-19 210
  MiG-21 205, *205*, 207, 209, 210
Mikuma 135
Milch, Erhard 81, 82
„Millennium", Operation 147
Mitchell, General W. L. „Billy" 78, 79
Mitchell, Reginald *92*, 93
Mitsubishi 88
  A5M *88*
  A6M2 Reisen („Zero-Jäger") *124*, 125, *125*, 127, 129, 134, *142*
  A6M5 „Zero" *145*
  G3M2 129

G4M1 „Betty" 129, 142, 145
Mittelmächte siehe unter den Nationen
Mittelmeer 114–17, *114*, *115*, *116*, *117*, 152–3, *152–3*
Modena, Militärakademie in 56
Mölders, Werner 85
Mollison, Jim 74
Moltke, Helmuth von 21, 30
„Mongoose", Operation 201
Monosoupape Gnome, Motor 44
Montgomery, General Bernard 153, 154, 174, 175
Morane-Saulnier 34, 40, 47, 54, 92
  MS.406 99
  Type ‚N', *40*, 41
Morlot, General 10
Morning Post 31
Motoren 12, 14, 16, 17, 21, 44, 53, 64, 70, 73, 90, 92, 110, 186
  siehe auch unter der Firmenbezeichnung
Motorflüge, erste erfolgreiche 12–13, *12*, *13*
Mussolini, Benito 83, 118, 155
Mutual Assured Destruction (MAD, völlige gegenseitige Auslöschung) 199

Nagasaki, Bombardierung von, 1945 190–1, *190*, *191*
Nagumo, Vizeadmiral Chuichi 132, *133*, 134, 143
Nakajima 88
  B5N „Kate" *124*, 125, *125*, 127
  Ki-27 95
Nasser, Gamal Abdel 207
Nationalsozialisten 82, 141 siehe auch Deutschland
Neuordnung der Welt im Kalten Krieg 198–9, *198–9*
Nevada, USS 127
Nieuport 51
  II „Bebe" 44
  X *47*
  XI 47
  28 64
Nimitz, Admiral Chester W. 132
Nine-Eleven (9/11) 218
Nivelle, Robert Georges 52, *53*, 54, 66
Nixon, Richard 205
NKVD 136, 137
Nordafrika 152–3, *152–3*
Nordvietnamesische Luftstreitkräfte 205, *205*
North American:
  B-25 144
  P-51 Mustang 149, 151, 170, 172, 176, 179, *179*, 196
  F-82 Twin Mustang 196
  F-86 Sabre 197, *197*
  F-100 Super Sabre 203, 204
North Atlantic Treaty Organisation (NATO) 198, *219*
Northcliffe, Lord 70, 74
Northrop Grumman B-2 Spirit 218
Norwegen 100–1, 112
Nulli Secundus 32

O'Connor, General Sir Richard Nugent 152
Oberkommando des Heeres (OKH) 102a
Oboe-Zielerfassungssystem 150
„Offensive-split"-Manöver 210, *210*
Oiseau Canari 72
Okinawa 166, 176, 188, 190
Orion 115
„Ornithopter" 14
Österreich-Ungarn 10–11, 18, *19*, 36, 54, 55, 56, 66
Ostfriesland 78, 79
Ostfront, Zweiter Weltkrieg, 1943 156–61, *156*, *157*, *158*, *159*, *160*, *161*
Ozawa, Admiral Jisaburo 164, 165

P2 (Luftschiff) 17
P3 (Luftschiff) 17
PaK-Kanone 158
Palästina 206
Pan Am 90, 91
Panavia Tornado 214, 215, 216, *217*
Park, Keith 109

Patrick, Major General Mason 64
Paulhan, Louis 16, 139
Paulus, General Friedrich 138
Pazifik:
  Erste vollständige Überquerung 70–1, *70*
  Kommerz. Flugrouten über, erste 91, *91*
  Zweiter Weltkrieg von 94, 124–7, *124*, *125*, *126*, *127*, 130–5, *130*, *131*, *132*, *133*, *134*, *135*, 142–5, *124*, *143*, *144*, *145*, 162–7, *162*, *163*, *164*, *165*, *167*, 186–91, *186*, *187*, *188*, *189*, *190*, *191*
Pearl Harbor 78, 88, 115, 124–8, *124*, *125*, *126*, *127*, *128*, 132, *142*, 166
Pearse, Richard 11
„Pedestal", Operation, 1942 117
Peltier, Thérèse 15
Perth, HMAS 115, *115*
Petljakow Pe-2 *157*, 160
Peuty, Jean du 51
Philippinen, Schlacht auf den, 1944 164–5, *164*, *165*
Piasecki CH-21 „Flying Banana" 202
Pinedo, Francesco de 75
Pionierrouten:
  1921–30 70–3, *71*, *72*, 73
  1934–39 90–1, *91*
Piper Cub 182
„Plan 17" 20
Planmäßige Flüge 70
Pohl, Admiral Hugo von 32
„Pointblank", Operation, 1943 149
Pokrischkin, Aleksandr *123*
Pola 115, 116
Polen 96–7, *96*, 97, 102, 111, 174, 183
Polikarpow:
  I-15 *84*, 95, 99
  I-16 „Rata" 86, 95, *95*, 99, *120*
Popular Mechanics 12
Pour le Mérite 43
Pratt & Whitney, Motoren 90
Predator:
  MQ-1 219
  MQ-9 Reaper 218, *218*, 219
Pridham-Wippell, Admiral Sir Henry 115
Prince of Wales, HMS 129
Prince, Norman 64
Princeton, USS 162
Princip, Gavrilo 18
Prodhommeaux, Corporal *18*
PZL P11 97

Querruder 12, 43

R34 (Luftschiff) 74
Radar 93, 106, 107–9, *109*, 110, 111, 112, 125, 142, 147, 148, 150, 151, 155, 164, 165, 166, 168, 170, 184, 188, 204, 208, *209*, 210, 212, 215
Ramsay, Vice Admiral Bertram 104
Read, Lieutenant Commander A.C. *72*, 72
Regia Aeronautica 85–6, *85*, 95, 117, 152, 155
Renard, Charles 12
Renault, Motoren 21
Rennenkampf, General Paul von 24
Republic:
  F-84 Thunderjet 197
  F-84 Thunderstreak 207
  F-105 Thunderchief 202, 204, 205
  P-47 Thunderbolt *171*, 172, 176
Repulse, HMS 129
Rhoads, E.S. 72
Rice, Bernard 52
Richards, Wesley 49
Richthofen, Baron Manfred von *44*, 50, *50*, 51, 52, 54, 55, 68
Richthofen, General Wolfram von 138
Rickenbacker, Captain Eddie 64
Riviera 28
Robertson, Sir William 60
Robinson, Lieutenant Leefe 37
Rodd, Ensign H. C. 72
Rodgers, Calbraith Perry 16
„Rolling Thunder", Operation, 1965–68 203, 204
Rolls-Royce:
  Eagle VIII, Motor 73

Merlin, Motor *92*, 110
Rommel, Feldmarschall Erwin 136, 152, 153
Roosevelt, Franklin D. 75, 111, 140, 141
Roosevelt, Teddy 15
Royal Air Force (RAF) 62, 70, 77, 78, 92, 97
  41. Wing 62
  Advanced Air Striking Force 103
  AFGB (Air Defence of Great Britain) 93
  „Big Wing" 109
  Bomber Command 111, 112, 146, 148, 151, 168, 170, 172, 184, 187, 193
  Coastal Command 95, 109, 168
  Fighter Command 26, 95, 106, *106*, *107*, 171
  Königreich, Rolle im 77
  Medium Bomber Force 207
  No. 4 Group 111
  No. 10 Squadron *93*
  No. 11 Group 108, 109
  No. 12 Group 109
  No. 34 Squadron 129
  No. 46 Squadron 101
  No. 60 Squadron 129
  No. 62 Squadron 129
  No. 138 Squadron 183
  No. 148 Squadron 183
  No. 161 Squadron 183
  No. 203 Squadron 113
  No. 218 Squadron 104, *171*
  No. 230 Squadron 113
  No. 263 Squadron 101
  No. 617 Squadron 148, *171*, *182*
  No. 624 Squadron 183
  Observer Corps 106
  Sector Command 106
  Special Operations Squadrons 182–3, *182*, *183*
  Zwischenkriegszeit, Expansion i. d. 94–5
  siehe auch unter der Bezeichnung von Flugzeug, Einsatzgebiet und Konflikt
Royal Aircraft Factory:
  BE.2c 37, 41, *66*
  Re. 8 *66*
  S.E.5a 53, 64, 70
Royal Australian Air Force 170
Royal Australian Navy 115
Royal Canadian Navy 113
Royal Flying Corps (RFC) 18, 26, 34, 37, 40, 41, 43, 44, 48–9, *50*, 51, *60*, 62, *66*, 68
Royal Marines 212
Royal Naval Air Service (RNAS) 26, 28, 29, 34, 50, 52, *60*, 62
Royal Navy 28, 29, 32, 78, 92, 101, *101*, 106, 114–16, *114*, *115*, 118–19, 119, 212
  Fleet Air Arm 101, 115, 212
  Ruge, Major General Otto 100
Ruhr, Schlacht an der, 1942 148
Rumänien 118, 137, 138, *139*, 160
Rumpler Taube 21, 24, *24*
Rundstedt, General Gerd von 103
Russische Befreiungsarmee 156
Russland:
  Erster Weltkrieg 18, 19, 20, 24, 54–5, 56, 66
  Luftfahrtausbildungsstätte, erste 11
  siehe auch Sowjetunion
Ryan-Eindecker 74, *74*
Ryneveld, Lt Col Pierre von *71*

SA-2 „Guideline"-Rakete 204
Salmson 2 64
Salon de l'Automobile et de l'Aeronautique, Paris 14
Samsonow, General 24
Santa Maria 75
Santa Maria II 75
Santos-Dumont, Alberto 12, 31, *31*
Sarvanto, Leutnant Jorma 99
Saratoga, USS 78, *79*, 142, 162
Saudi-Arabien 214
Saulnier, Raymond 40
Savoia-Marchetti:
  S-55 75, *75*
  S.M.81 *85*, 85–6
Scharnhorst 101

Register

Eagle (Ballon) 11
Eagle, HMS 207
„Edelweiß", Operation 136–7
Eindecker, erster erfolgreicher 14
Eisenhower, Dwight D. 200
El Alamein, Schlacht bei, 1942 153
Empress 28, 29
Engadine 28
England *siehe* Großbritannien
England–Australien:
   Pionierflüge 71, *71*
   Rennen, 1934 90
English Electric Canberra 207
Enola Gay 190, *191*
Enterprise, USS *131*, 132, *134*, *135*, 142, *143*, *163*, 165
Erster Weltkrieg 11, 18–29, 32–69, 94, 112
   Amerika mobilisiert 64, *65*
   Bomber im 56–63
   Erste Luftstreitkräfte im 18–29
   Jagdflugzeuge im 40–55
   Letzte Schlachten, 1918 66–9
   Luftschiffe im 32–9
   siehe auch unter der Bezeichnung der Schlacht und der Operation
Essex, USS 162
Eta 32
Everett, Lieutenant R. W. H. 113
Exocet, Antischiffsraketen 212

Fairchild Republic A-10 Thunderbolt II „Warthog" 216–17, *216*, *217*
Fairey:
   Battle 93, 103, *104*
   Swordfish *114*, 115
Falkenhayn, General Erich von 46, *46*, 54
Fall Gelb 102
Fallschirme, erste *68*
Farman F.20 *21*
Farman, Henri 15, 16, *21*
Ferdinand, Erzherzog Franz 18
Fiat:
   CR.32 86, *87*
   G.50 99
Finnische Luftstreitkräfte 78, 99
Finnland 98–9, *98*, *99*, 100
Fitzmaurice, James 74
Fiume 114, *115*, 116
Fleet Air Arm, UK 101, 115, 212
Fletcher, Rear Admiral Frank Jack 131, *132*, *133*, 134, *134*, 142
Fleurus, Schlacht bei, 1794 10
Flugboote 70–2, *72*, 74–5, *75*, 91, *91*, 112, *113*, 115, 168, 194
Flügelverdrehung 43
Flugzeugträger:
   Erste 78–9, *79*
   Trägerangriffe im Pazifik, 1943 162, *162*, *163*
   siehe auch unter dem Namen der Flugzeugträger
„Flying Tigers" 178, 179, *179*
FMA IA 58 Pucará 212
Foch, Ferdinand 70
Focke-Wulf:
   Fw 190 155, 158, *160*, 184
   Fw 200 113, *113*
„Focus", Operation, 1967 207
Fokker 88
   D.VII 67, *68*
   D.XXI 99
   DR.1 Triplane 44, 52, *52*, 53–4
   E.1 41, *43*, 51
   E.111 monoplane *41*, 44
   Eindecker 41, 43
   F.VIIB-3m 70, *70*
   FE.2D 44
Fokker, Anthony 41
Ford, Henry 141
Forlanini, Enrico 17
Formidable, HMS 115, *115*
Frachtschiffe, Patrouillen im Zweiten Weltkrieg 112–13, *112*, *113*
Frankreich:
   1. Armee 68
   Aéronautique Militaire (Französische Armeeluftstreitkräfte) *18*, 46, 57, 68
   Aéronavale (Französische Marineluftstreitkräfte) 92, 104
   Aufrüstung, Zwischenkriegszeit 92, 93, *94*, 95

Erste Luftstreitkräfte 18, *18*, *19*, 24
Erster Weltkrieg 20, *20*, 21, 22, *22*, *23*, 24, *25*, 26, 40–1, *40*, 52, 54, 66, 68
Escadrille Lafayette 64
Flugzeugproduktion, Zweiter Weltkrieg 140
Frühe Luftfahrt 10, 11, 12, 14–15, *14*, 16–17
Jagdflugzeuge 1914–1918 44, 46–7, *46–7*
Luftschiffe 31, *31*, 32
Marine 92, 104, 112, 115
Schlacht um, 1940 94, 102–3, *102*, *103*, 104, *105*, 106
Vichy 102, *105*
Franco, Francisco 83, 84, 85, 87, 95
Französisch-Preußischer Krieg, 1870-71 11, 18
Freycinet, Charles Louis de Saulces de 11
Fritz X, Gleitbombe 155
Furnas, Charlie 13
Furious, HMS *78*, 79, 117

Galland, Adolf 85
Galliéni, General Joseph-Simon 22
Gambetta, Leon 11
Gamelin, General Maurice 103
Gamma 32
Garibaldi 115
Garros, Roland 12, 40, *40*, 41
GAU-8-Gatling-Geschütz 217
Gaulle, General Charles de 104
Gavotti, Leutnant Guilio 17
GBU-12 Paveway, lasergelenkte Bombe *218*
Geisse, Oberstleutant Hans 113
Genfer Abrüstungskonferenz, 1932 82
George V., König 36
George, David Lloyd 15, 60
Gibson, Wing Commander Guy 148
Giffard, Henri 10
Glorious, HMS 101
Gloster Gladiator 92, 99, 100, *100*, 101, 117, 118, 152
Gloucester, HMS 115
Gneisenau 101
Gnome, Motoren 16, 17, 44
Gnys, Wladyslaw 97
Golfkrieg, Erster, 1991 214–17, *214*, *215*, *216*
Golfkrieg, Zweiter, 2003 217
„Goodwood", Operation 172
Gordon-Bennett-Preis 16
Göring, Hermann 81, *82*, 104, 106, 108, 109, 139
Gort, General Lord 104
Gotha 58–60:
   G.IV bomber 58–9, *59*, 60
   G.V 59, *59*, 60
Grahame-White, Claude 16
Grand Prix de la Champagne 15
Grande Semaine d'Aviation de la Champagne 15
Graziani, Marschall Rodolfo 152
Grey, Spencer 34
Griechenland 115, *115*, 118, 118–19, 119
Großbritannien:
   Afghanistan, heutige Rolle in 219
   Aufrüstung, Zwischenkriegszeit 92–3, *92*, *93*
   Balkan, 1941, Rolle am 118–19, *118–19*
   Bombardierung von („Blitz") 1940-41 110–11, *110*, *111*
   D-Day, Rolle beim 170–2, *170*, *171*
   Deutschland, Bombardierung von, 1940-44 111, *111*, 146–9, *146–7*, 148, *149*, 150–1, *151*
   Erste Bomberformation 62, *62*
   Erster Weltkrieg 18, *19*, 21, 22, 26, 27–8, *29*, 32–9, *33*, *34*, *35*, *38*, *39*, 44, 49–50, 51, 57–63, *58*, *59*, 60, *61*, 62, 63, 66–9
   Falkland-Krieg, 1982 212, *213*
   Flugzeugproduktion, Zweiter Weltkrieg 140–1, *141*

Frankreich, Schlacht um, Rolle bei der, 1940, 102, 103, 104
Golfkriege, Rolle in den 216, 217
Luftherrschaft *76*, 77, *77*
Luftschiffangriffe auf, 1914-17 28, 29, 32–9, *33*, *34*, *35*, *36*, *37*, *38*, *39*
Luftstreitkräfte *siehe* RAF
„Market Garden" und „Varsity", Rolle bei den Operationen 174–5, *174*
Mittelmeer, 1940-42, Rolle im 114–7, *114*, 116–17
Nachkriegszeit 192, 193, 194
Nordafrika, 1943, 152, 153, *152–3*
Schlacht um England, 1940 83, 85, 106–9, *106*,*107*, *108*, *109*
Seegestützte Luftfahrt, erste 78
Seepatrouillen, 1940-41 112, *112*, 113, *113*
Sizilien und Süditalien, Rolle bei der Invasion von, 1943 154, 155
Strategische Bombenoffensive, 1918 63, *63*
Unter Luftbombardement 1914-17 28, 29, 32–9, *33*, *34*, *35*, 38, 39, 57–63, *58*, *59*, 60, *61*, *62*, 63
Grumman:
   E-2 Hawkeye 214
   F-14 Tomcat 214
   F4F Wildcat 134, *135*, 142, *142*, 166
   F6F Hellcat 145, *163*, 164, *164*, 165
   F9F Panther 196
   TBF Avenger 162
Guadalcanal, 1943 142–4, *142*, *143*
Guderian, General Heinz 103, *103*
Guernica, Bombardierung von, 1937 86–7
Guise, Schlacht bei, 1914 21

Haakon, VII., König 100
Haegan, Oberleutnant von der 34
Haig, Field Marshal 54
Halsey, Field Admiral William 142, 144
Halvorsen, Lt Col Gail *195*
Handley Page:
   Halifax 146, 150, 182–3
   Hampden 111
   HP42 *77*
   O/100 60, *63*
   O/400 62, *62*, *63*, 70
   V/1500 62, 70
   Victor 212
   W8F 77
Harris, Air Marshal Sir Arthur „Bomber" 146, *146*, 147, 148, 150, 170
Hawker Aircraft 92
   Fury 92
   Hunter 207
   Hurricane 92, *92*, 93, 101, 106, 108, 110, 117, 118, 129, 152, 176, 178
   Sea Fury 196
   Sea Hawk 207
   Sea Hurricane 113
   Typhoon 170, *171*, 172, *172*, *173*, 174, 176
Hawker Siddeley:
   Harrier 212
   Nimrod 212
Hawker, Major Lance 44, 49–50, *49*, 50–1
Hearst, William Randolph 16
Heinkel 80, 141
   He 51 84, 87
   He 111 83, 87, *138*, 139, 154, 158
   He 115 113
Heldsen, Leutnant von 21
Helikopter 196, 197, 202, *202*, 203, 215, 217, *217*, 219
Henderson, Major Lofton 142
Henschel:
   Hs 123 97
   Hs 129 157, 158
Henshaw, Alex 141
Hercule (B alloon) 10
Hermes, HMS 28, 212, *212*
„High-speed-yo-yo"-Manöver 210, *210*
Hindenburg, General Paul von 24, 82

Hinton, Lieutenant W. 72
Hiroshima, Bombardierung von, 1945 190, *191*
Hiryu 124, 125, *125*, *131*, 132, *133*, 134–5, *134*, *135*
Hisbollah 211
Hispano-Suiza Motoren 53, 92
Hitler, Adolf 81, 82, 83, 84, 100, 102, 104, 106, 109, 113, 116, 118, 119, 120, 136, 137, 138, 139, 152, 156, 159, 160, 180, 184
Hiyo 165
Ho-Chi-Minh-Pfad 205
Hoeppner, General Ernst von 58
Hornet, USS *131*, 132, *134*, *135*, 143
Hosho (Flugzeugträger) 79
Hubschrauber *siehe* Helikopter
Hughes H-4 Hercules „Spruce Goose" *61*
Hughes, Howard *61*
Hünefeld, Gunther von 74
Huntziger, General Charles 104
„Husky", Operation, 1943 154–5, *154*
Hussein, Saddam 214

Iachino, Admiral Angelo 115
IAI Dagger 212
ICBM (Strateg. Interkontinentalraketen) 199
„Ichi-Go", Operation 176, 188
Iljushin:
   DB-3 99
   Il-2 Sturmowik 156, 158, *158*, 159, *159*, *160*, 196
   Il-10 196
   Il-28 192, 207
Illustrious, HMS 115
Immelmann-Manöver *42*, 43
Immelmann, Max 41, *42*, 43, *43*
Imperial Airways 70, 77, *77*
Independence, USS 162
Indien 71, 77, 129, 176, 179, 186
Indochina 89, 176, 202–5, *202*, *203*, *204*, 205
Intrepide (Ballon) 10
Invincible, HMS 212
Irak 77, 209, 214–17, *214*, *215*, 216
Irakische Luftstreitkräfte 215, 216
Iran 216
„Iraqi Freedom", Operation 217
IRBM (Strategische Mittelstreckenraketen) 200, 201, 201
„Island-hopping"-Feldzug, 1943-45 166, *167*
Israelische Luftstreitkräfte (IAF) 206, 207, *207*, 208, *208*, 209, *209*, 210–11, *210*, 211
Italien 17, 31, 56–7, 66
   Erster Weltkrieg, Rolle im 36, 54, 55, 56, *57*, 58
   Flotte im Mittelmeer, 1940–41 112, 115–16
   Italienisch-Türkischer Krieg, 1911 17, *17*, 31, 56
   Luftschiffe 31

Sizilien und Süditalien, Alliierte Invasion in, Zweiter Weltkrieg 154–5, *154*, 155
Spanischer Bürgerkrieg, 1936–39, Rolle im 85–6
Transatlantikflüge, 1927–33 74–5, *75*
Iwo Jima 166, 176, 188, 190

Jagdflugzeuge:
   1914–18 40–55, *40*, *41*, *42*, *43*, *44*, *45*, *46*, *47*, *48*, *49*, *50*, *51*, *52*, *53*, *54*, 55
   Erste 26
   Jagdgeschwader, Geburt der 48
   Taktik 68, 86, 96–7, *96*, *97*, 102, 157, 166, 210–11, *210*, *211*
   siehe auch bei der Bezeichnung von Flugzeug, Konflikt, Nation und Operation
Jakowlew Jak-9 196
James, Archibald 26
Japan 11, 88, 95
   Atombomben auf, 1945 190–1, *190*, *191*
   „Cartwheel", Operation, 1942-43 144–5, *144*, 145

China, Krieg in, 1937-45 88, *88*, 89, 178–9, *178*, *179*
Flugzeugproduktion, Zweiter Weltkrieg 94, 95, 141
Flugzeugträger 78, 79, 162, 163
siehe auch unter der Bezeichnung der Schlacht und des Flugzeugträgers
Guadalcanal 142–4, *142*, *143*
„Island-hopping"-Feldzug und, USA, 1943-45 166, *167*
Korallenmeer, Schlacht im, 1942 130–1, *130*, *131*, 162
Luftstreitkräfte der Armee 95
Marianen (Inseln), Japan 164–5, *164*, *165*
Marineluftstreitkräfte 95
Midway, Schlacht bei, 1942 132–5, *132*, *133*, *134*, *135*, 142, 144, 162
Pearl Harbor 124–7, *124*, *125*, *126*
Seestreitkräfte 78, 79, 95, 124, *125*, 132, *132*, *133*, 162, *163*, 164 *siehe auch unter Gebiet, Schlacht und Bezeichnung der Operation*
Südostasien, 1942-44 128, 129, *129*, 176, *177*
US-Bombardierung 1945 186–8, *186*, *187*, 188, 190–1, *190*, *191*
Jatho, Karl 11
JN-25, Marinecode 130–1
Joffre, General 22, 46–7, 52
„Joffres Mauer" 22, *23*
Johnson, Amy 74
Johnson, Ensign Byron *163*
Jom-Kippur-Krieg, 1973 208–11, *208*
Jordanien 209
Jugoslawien *69*, 118, 183
Junkers 80
   Ju 52 *82*, 83, 84, 87, 100, 119, *119*, 139, *139*, 153
   Ju 87 „Stuka" 80, *80*, 83, *83*, 95, *96*, 97, 103–4, 108, *121*, 138, 158, *158*
   Ju 88 109, 154
   Ju 89 83
   W.33 „Bremen" 74
Junyo 143

Kaga 79, 124, 125, *131*, 132, *133*, *134*, 135
Kai-shek, Chiang 186
Kalter Krieg 191, 192–201
Kamikaze-Angriffe 166
Kampfpatrouillen (CAP) 212, 213, *213*
Kanada 113, 141, 154
Kap Matapan, Schlacht am, 1941 115, *115*
Kasakow, Aleksandr 54–5
Kaukasus 118, 136–7, *136*, *137*
Kawasaki 88
Kennedy, John F. 200, 201
Kenny, Major General George C. 144
Kensington Court 113
Kesselring, Albert 83
Kleist, General Ewald von 136
KLM 90
Kluck, General Alexander von 22
Knickerbocker-Strahlen 110, *110*
Köhl, Hermann 74
Kommerzielle Luftfahrt, Geburt der 90–1, *90*, *91*
Königl. jordan. Luftstreitkräfte (RJAF) 209
Königliche Saudi-Arab. Luftstreitkräfte 214
Königsberg 101
Korallenmeer, Schlacht im, 1942 130–1, *130*, *131*, 132, 162
Koreakrieg, 1950-53 196–7, *196*, *197*
Koschedub, Iwan 180
Krebs, Arthur 12
Kreta 115, 116, 118–19, *118*, *119*
Krieg aus der Luft, Geburt des 10–11
Krieg gegen den Terror 217
Kriegsmarine 106
Krim 160, *160*, 161
Krueger, General Walter 144
Kubakrise, 1962 200–1, *200*, 201
Kursk, Schlacht bei, 1943 156, 158–9, *158*, *159*
Kuwait 214–15
Kuwaitische Luftstreitkräfte 214, 215, *215*

Die größten Luftkriege

L 3 (Luftschiff) 32, 33, *33*
L 4 (Luftschiff) 32, 33, *33*
L 5 (Luftschiff) 29, 32
L 6 (Luftschiff) 29, 32, 33
L 9 (Luftschiff) 33, *33*
L 10 (Luftschiff) 33, *33*
L 11 (Luftschiff) *35*
L 13 (Luftschiff) *35*
L 14 (Luftschiff) *35*
L 16 (Luftschiff) *35*
L 17 (Luftschiff) *37*
L 21 (Luftschiff) *35*
L 22 (Luftschiff) *35*
L 23 (Luftschiff) *35*
L 24 (Luftschiff) *35*
L 30 (Luftschiff) *35*
L 32 (Luftschiff) *35*
L 33 (Luftschiff) *36*, 37
L 41 (Luftschiff) *38*
L 44–50 (Luftschiffe) *38*
L 52–55 (Luftschiffe) *38*
L 59 (Luftschiff) 39, *39*
L 70 (Luftschiff) *37*, 39
L'Entreprenant (Ballon) 10
La Fayette 207
La France 10, 11, *12*
La Neptune (Ballon) 11
La Patrie 31
La République 31
Lambert, Charles de 14
Langley, Samuel P. 10, 13
Langstreckentransport, 1934–39 90–1, *90*, *91*
Lanrezac, General Charles 21
Latham, Hubert 14, 15
Lawotschkin:
 La-5 *180*
 La-9 *196*
Le Matin 15
Lebaudy, Gebrüder 31
Leckie, Captain Robert *37*
Leeb, General Wilhelm Ritter von 103
Legion Condor 83, 86
Leigh-Mallory, Air Chief Marshal Sir Trafford 109, 170
LeMay, Major General Curtis 186
Lend-Lease 140, 168, 178
Lewis-Gewehr 47
Lexington, USS 78, *79*, 131
Leyte 166, 176
Libanon, Invasion im, 2006 211
Liberty-Motor 64, 70
Lilienthal, Otto 10
Lindbergh, Charles A. *72*, 74, *74*, 90
"Linebacker I & II" Operationen 205
Lippisch, Alexander *184*
Liscome Bay, USS 162
Littorio 114, 115
London-Manchester-Flugrennen, 1910 16
Lowe, Professor Thaddeus 11
Ludendorff, General Erich 24, 67, 68
Luftfahrtausbildungsstätten, erste 12
Luftfotografie 11, 26, 54, *54*, 68, 158, 201, *201*
Luftherrschaft (Douhet) 57
Luftschiff Zeppelin siehe LZ 1
Luftschiffbau Zeppelin 30
Luftschiffe 17, 28, 29, 30–9, *31*, *32*, *33*, *34*, *35*, *36*, *37*, *38*, *39*, 57
 siehe auch unter dem Namen der einzelnen Luftschiffe
Luftstreitkräfte, Anfänge der, 1914–1918 18, *19*, 20–9 siehe auch unter der Bezeichnung der einzelnen Luftstreitkräfte
Luftwaffe:
 Einsatzgebiete der Luftwaffen-Kommandos, 1939 *81*
 Fliegerkorps IV 108, *108*
 Fliegerkorps X 152–3
 Geburt der 80–3, *80*, *81*, *82*, *83*
 Kommandokette i. Zweiten Weltkrieg *83*
 Legion Condor 83, 86
 Luftflotte I *96*
 Luftflotte IV *96*, 119, 136, 137, 138
 Luftflotte V *108*
 siehe auch unter der Bezeichnung von Flugzeug, Einsatzgebiet, Operation und Konflikt

Luke, Frank 68
Lusitania 64
Luzon 166, 176
LZ 1 (Luftschiff) 11, *11*, 30
LZ 2 (Luftschiff) 11, 30
LZ 3 (Luftschiff) 11, 30
LZ 4 (Luftschiff) 30
LZ 18 (Luftschiff) *32*
LZ 37 (Luftschiff) 33, *33*, 34
LZ 38 (Luftschiff) 33, *33*, 34
LZ 96 (Luftschiff) *35*
LZ 97 (Luftschiff) 37
LZ 99 (Luftschiff) *35*

MacArthur, General Douglas 144, 166, 196
Magdeburg 28–9
MAGIC (Codeentschlüsselungssystem) 130–1, 132, 144
Maginot-Linie 94, 102, 103
Maison Clément-Bayard 32
Makin 166
Malaysien *128*, 129, *129*, 176
Malta 115, 116–17, *116–17*, 152, *152*, 155, 207
Mandschurei 82, 88, 94, 157, 190, 191
Manhattan Project 190
Mannerheim-Linie 99
Mannerheim, Marschall Carl Gustaf von 98
Manstein, General Erich von 102, 137, 156
Maplin 113
Marianen (Inseln) 164–5, *164*, *165*, 186, 187, *187*
"Market Garden" und "Varsity", 1944-45 174–5, *174*, *175*
Marne, Schlacht an der, 1914 22, *22*, 24
Marshallplan 192
Martin:
 M-130 91
 Maryland 117
Masurianische Seen 24, *24*
Matterhorn, Unternehmen 187
Mayfly (Luftschiff) 32
McClellan, George B. 10
McDonnell Douglas:
 FA-18 Hornet 214, 218
 F-4 Phantom 204
 F-4 Phantom II "Wild Weasel" 209, *209*, 215
 F-15 Eagle 211, 214, 215, *217*
 F-15E Strike Eagle 215, *215*, 218
 RF-101 Voodoo *201*
McDonnell Douglas/BAe Systems AV-8B Harrier 216, *217*, *219*
Medwecki, Kapitän Mieczyslaw 97
"Merkur" Operation 119, *119*
Merrill, General Frank 183
Mers-el-Kébir 114–15
Messerschmitt:
 Bf 109 *81*, 83, 86, 97, 108, *109*, *119*, 149, 158, 184, 206
 Bf 110 97, *100*, 119, 149
 Me 262, *184*
 Me 323 153
 Me 410 149
Messerschmitt, Willi 81
Messines-Gebirge *54*
MG 17, Maschinengewehr *81*, *81*
Midway, Schlacht bei, 1942 132–5, *132*, *133*, *134*, *135*, 142, 144, 162
Mikojan-Gurewitsch:
 MiG-3 *123*, 158
 MiG-7 158
 MiG-15 196, 197, *197*, 207
 MiG-17 204
 MiG-19 210
 MiG-21 205, *205*, 207, 209, 210
Mikuma 135
Milch, Erhard 81, 82
"Millennium" Operation 147
Mitchell, General W. L. "Billy" *78*, 79
Mitchell, Reginald *92*, 93
Mitsubishi 88
 A5M *88*
 A6M2 Reisen ("Zero-Jäger") *124*, 125, *127*, 129, 134, 142
 A6M5 "Zero" 145
 G3M2 129

G4M1 "Betty" 129, 142, 145
Mittelmächte siehe unter den Nationen
Mittelmeer 114–17, *114*, *115*, *116*, *117*, 152–3, *152–3*
Modena, Militärakademie in 56
Mölders, Werner 85
Mollison, Jim 74
Moltke, Helmuth von 21, 30
"Mongoose", Operation 201
Monosoupape Gnome, Motor 44
Montgomery, General Bernard 153, 154, 174, 175
Morane-Saulnier 34, 40, 47, 54, 92
 MS.406 99
 Type 'N' *40*, 41
Morlot, General 10
Morning Post 31
Motoren 12, 14, 16, 17, 21, 44, 53, 64, 70, 73, 90, 92, 110, 186 siehe auch unter der Firmenbezeichnung
Motorflüge, erste erfolgreiche 12–13, *12*, *13*
Mussolini, Benito 83, 118, 155
Mutual Assured Destruction (MAD, völlige gegenseitige Auslöschung) 199

Nagasaki, Bombardierung von, 1945 190–1, *190*, *191*
Nagumo, Vizeadmiral Chuichi 132, *133*, 134, 143
Nakajima 88
 B5N "Kate" *124*, 125, *125*, 127
 Ki-27 95
Nasser, Gamal Abdel 207
Nationalsozialisten 82, 141 siehe auch Deutschland
Neuordnung der Welt im Kalten Krieg 198–9, *198–9*
Nevada, USS 127
Nieuport 51
 II "Bebe" 44
 XI 47
 28 64
Nimitz, Admiral Chester W. 132
Nine-Eleven (9/11) 218
Nivelle, Robert Georges 52, *53*, 54, 66
Nixon, Richard 205
NKVD 136, 137
Nordafrika 152–3, *152–3*
Nordvietnamesische Luftstreitkräfte 205, 206
North American:
 B-25 144
 P-51 Mustang 149, 151, *171*, *172*, 176, *179*, *179*, 196
 F-82 Twin Mustang 196
 F-86 Sabre 197, *197*
 F-100 Super Sabre 203, 204
North Atlantic Treaty Organisation (NATO) 198, *219*
Northcliffe, Lord 70, 74
Northrop Grumman B-2 Spirit 218
Norwegen 100–1, 112
Nulli Secundus 32

O'Connor, General Sir Richard Nugent 152
Oberkommando des Heeres (OKH) 102a
Oboe-Zielerfassungssystem 150
"Offensive-split"-Manöver 210, *210*
Oiseau Canari 72
Okinawa 166, 176, 188, 190
Orion 115
"Ornithopter" 14
Österreich-Ungarn 10–11, 18, *19*, 36, 54, 55, 56, 66
Ostfriesland 78, 79
Ostfront, Zweiter Weltkrieg 1943 156–61, *156*, *157*, *158*, *159*, *160*, 161
Ozawa, Admiral Jisaburo 164, 165

P.2 (Luftschiff) 17
P.3 (Luftschiff) 17
PaK-Kanone 158
Palästina 206
Pan Am 90, 91
Panavia Tornado 214, 215, 216, *217*
Park, Keith 109

Patrick, Major General Mason 64
Paulhan, Louis 16, 139
Paulus, General Friedrich 138
Pazifik:
 Erste vollständige Überquerung 70–1, *70*
 Kommerz. Flugrouten über, erste 91, *91*
 Zweiter Weltkrieg im 94, 124–7, *124*, *125*, *126*, *127*, 130–5, *130*, *131*, *132*, *133*, *134*, *135*, 142–5, *124*, *143*, *144*, 145, 162–7, *162*, *163*, *164*, *165*, *167*, 186–91, *186*, *187*, *188*, *189*, *190*, *191*
Pearl Harbor 78, 88, 115, 124–8, *124*, *125*, *126*, *127*, *128*, 132, 142, 166
Pearse, Richard 11
"Pedestal", Operation, 1942 117
Peltier, Thérèse 15
Perth, HMAS 115, *115*
Petljakow Pe-2 *157*, 160
Peuty, Jean du 51
Philippinen, Schlacht auf den, 1944 164–5, *164*, *165*
Piasecki CH-21 "Flying Banana" 202
Pinedo, Francesco de 75
Pionierrouten:
 1921–30 70–3, *71*, *72*, *73*
 1934–39 90–1, *91*
Piper Cub 182
"Plan 17" 20
Planmäßige Flüge 70
Pohl, Admiral Hugo von 32
"Pointblank", Operation, 1943 149
Pokryschkin, Aleksandr *123*
Polen 96–7, *96*, 97, 102, 111, 174, 183
Polikarpow:
 I-15 *84*, 95, 99
 I-16 "Rata" 86, 95, *95*, 99, *120*
Pola 115, *116*
Popular Mechanics 12
Pour le Mérite 43
Pratt & Whitney, Motoren 90
Predator:
 MQ-1 219
 MQ-9 Reaper 218, *218*, *219*
Pridham-Wippell, Admiral Sir Henry 115
Prince of Wales, HMS 129
Prince, Norman 64
Princeton, USS 162
Princip, Gavrilo 18
Prodhommeaux, Corporal 18
PZL P11 97

Querruder 12, 43

R34 (Luftschiff) 74
Radar 93, 106, 107–9, *109*, 110, 111, 112, 125, 142, 147, 148, 150, 151, 155, 164, 165, 166, 168, 170, 184, 188, 204, 208, *209*, 210, 212, 215
Ramsay, Vice Admiral Bertram 104
Read, Lieutenant Commander A.C. *72*, *72*
Regia Aeronautica 85–6, *85*, 95, 117, 152, 155
Renard, Charles 12
Renault, Motoren 21
Rennenkampf, General Paul von 24
Republic:
 F-84 Thunderjet 197
 F-84 Thunderstreak 207
 F-105 Thunderchief 202, 204, 205
 P-47 Thunderbolt *171*, 172, *176*
Repulse, HMS 129
Rhoads, E.S. 72
Rice, Bernard 52
Richards, Wesley 49
Richthofen, Baron Manfred von *44*, 50, *50*, 51, *52*, 54, 55, 68
Richthofen, Wolfram von 138
Rickenbacker, Captain Eddie 64
Riviera 28
Robertson, Sir William 60
Robinson, Lieutenant Leefe 37
Rodd, Ensign H. C. 72
Rodgers, Calbraith Perry 16
"Rolling Thunder", Operation, 1965–68 204, 204
Rolls-Royce:
 Eagle VIII, Motor 73

Merlin, Motor *92*, 110
Rommel, Feldmarschall Erwin 136, 152, 153
Roosevelt, Franklin D. 75, 111, 140, 141
Roosevelt, Teddy 15
Royal Air Force (RAF) 62, 70, 77, 78, 92, 97
 41. Wing 62
 Advanced Air Striking Force 103
 AFGB (Air Defence of Great Britain) 93
 "Big Wing" 109
 Bomber Command 111, 112, 146, 148, 151, 168, 170, 172, 184, 187, 193
 Coastal Command 95, 109, 168
 Fighter Command 26, 95, 106, *106*, *107*, *171*
 Königreich, Rolle im 77
 Medium Bomber Force 207
 No. 4 Group 111
 No. 10 Squadron *93*
 No. 11 Group 108, 109
 No. 12 Group 109
 No. 34 Squadron 129
 No. 46 Squadron 101
 No. 60 Squadron 129
 No. 62 Squadron 129
 No. 138 Squadron 183
 No. 148 Squadron 183
 No. 161 Squadron 183
 No. 203 Squadron 113
 No. 218 Squadron *104*, *171*
 No. 230 Squadron 113
 No. 263 Squadron 101
 No. 617 Squadron 148, *171*, *182*
 No. 624 Squadron 183
 Observer Corps 106
 Sector Command 106
 Special Operations Squadrons 182–3, *182*, *183*
 Zwischenkriegszeit, Expansion i. d. 94–5
 siehe auch unter der Bezeichnung von Flugzeug, Einsatzgebiet und Konflikt
Royal Aircraft Factory:
 BE.2c 37, 41, *66*
 Re. 8 *66*
 S.E.5a 53, 64, 70
Royal Australian Air Force 170
Royal Australian Navy 115
Royal Canadian Navy 113
Royal Flying Corps (RFC) 18, 26, 34, 37, 40, 41, 43, 44, 48–9, *50*, 51, *60*, 62, *66*, 70
Royal Marines 212
Royal Naval Air Service (RNAS) 26, 28, 29, 34, 50, 52, *60*, 62
Royal Navy 28, 29, 32, 78, 92, 101, *101*, 106, 114–16, *114*, *115*, 118–19, 119, 212
 Fleet Air Arm 101, 115, 212
 Ruge, Major General Otto 100
Ruhr, Schlacht an der, 1942 148
Rumänien 118, 137, 138, *139*, 160
Rumpler Taube 21, 24, *24*
Rundstedt, General Gerd von 103
Russische Befreiungsarmee 156
Russland:
 Erster Weltkrieg 18, 19, 20, 24, 54–5, 56, 66
 Luftfahrtausbildungsstätte, erste 11
 siehe auch Sowjetunion
Ryan-Eindecker 74, *74*
Ryneveld, Lt Col Pierre von *71*

SA-2 "Guideline"-Rakete 204
Salmson 2 64
Salon de l'Automobile et de l'Aeronautique, Paris 14
Samsonow, General 24
Santa Maria 75
Santa Maria II 75
Santos-Dumont, Alberto 12, 31, *31*
Saratoga, USS 78, *79*, 142, 162
Sarvanto, Leutnant Jorma 99
Saudi-Arabien 214
Saulnier, Raymond 40
Savoia-Marchetti:
 S-55 75, *75*, *75*
 S.M.81 *85*, 85–6
Scharnhorst 101

Register

Schlieffen-Plan 18, 20, *20*, 21
Schlieffen, Feldmarschall Alfred von 20, *20*, 21
Schramm, Wilhelm 37
Schukow, General Georgi 136, 138, 158, 159, 160
Schütte-Lanz 30
Schwarm 85
Schwartz, David 30
Schweden 100
Schweinebucht, 1961 200–1
Schweinfurt, Bombardierung von, 1943 149, *149*
„Scissors"-Manöver 211, *211*
Sechstagekrieg, 1967 207–9, *207*
Seeckt, General Hans von 80, 81, 82
Seegestützte Luftfahrt 78–9, *78*, *79*
Seeluftpatrouillen 1940-41 112–13, *112*, *113*
Segelflugzeuge (Segler) 10, 12, 81, 103, 118, 119, 146, 154, 170, 174, 175
Selfridge, Thomas 13
SEPECAT Jaguar 215
Sheffield, HMS 212
Shoho 130, 131
Shokaku 124, 125, *125*, 142, 143, 165
Short:
 Seaplane No.74 *29*
 Stirling 146, *146*, 150, 174, 183
 Sunderland 112, *113*, 168, 194
„Shrike", Antiradarrakete 204
Sichelschnitt 102
Siegert, Major Wilhelm 57–8
Sikorsky:
 H-19 197
 Ilya Muromets 54, 56, *57*, 58, 183
 MH-53 Pave Low helicopter 215
 S-42 91
 Sea King 212
Sikorsky, Igor 56
Singapur *113*, 128, 129, *129*, 176
Sir Galahad, HMS 213
Sizilien 154–5, *154*, 155
SL 8 (Luftschiff) *35*
SL 11 (Luftschiff) *35*, *35*, 37
Slim, Lieutenant-General William 176
Smith, Charles Kingsford *70*, 72
Smith, Herbert 51
Smith, Keith 71
Smith, Ross 71
Smuts, General Jan 60, 62
Société Astra des Constructions Aéronautiques 32
Somme, Schlacht an der, 1916 *48–9*, 51, 67
Sopwith:
 1½ Strutter 48
 Camel 51
 Pup 50, *78*, *79*
 Snipe 92
 Triplane 51, 52
Soryu 124, 125, *125*, 130, *131*, 132, *133*, *134*, 135
South Dakota, USS 164
Southeast Asia Treaty Organisation (SEATO) 198
Southern Cross 70
Sowjetunion 137, 158, 159, 184
 1/3./5. Gardeluftlandebrigade 157
 6. Jagdfliegerkorps 123, *123*
 8. Luftflotte 160
 9. kombiniertes Luftkorps 160
 17. Luftflotte 160, *160*
 Armeegruppe Woronesch 156
 „Bagration", Operation 180, *181*
 „Barbarossa", Unternehmen, Verteidigung gegen, 1941 113, 118, 119, 120–3, *120*, *121*, *122*, *123*
 Befreiung der, im Zweiten Weltkrieg 180, *180*, *181*
 Flugzeugproduktion, im Zweiten Weltkrieg 140, 141, 156
 Kalter Krieg 192, 193, 194
 Kaukasus und Südrussland, 1942 136–7, *136*, *137*
 Kommerzielle Flugrouten, Zwischenkriegszeit 77, 81

Luftabwehr, Zweiter Weltkrieg 122, *122*, 123
Moskau, Bombardierung von, 1941 119, 120–3, *120*, *121*. *122*, *123*
Moskau, Vertrag von, 1940 99
Russische Befreiungsarmee 156
Spanischer Bürgerkrieg, Rolle im 84, 86, 87, 94
Stalingrad, 1942-43 138–9, *138–9*, 158
Stärke der Luftstreitkräfte, 1939 94
Winterkrieg, 1939-40 98–9
siehe auch Russland
Spaatz, Carl Andrew 170
SPAD XIII 53, 64
Spanische republikanische Luftstreitkräfte 84–5, *84*, *85*
Spanischer Bürgerkrieg, 1936-39 83, *84–8*, *84*, *85*, *86*, *87*, *88*, 94, 95
Sperrle, General Major Hugo 83
Spezialeinsätze, Zweiter Weltkrieg 182–3, *182*, *183*
Spirit of St. Louis 74
Spruance, Rear Admiral Raymond A. 132, *134*, *134*, 135, 164, 166
Spuy, Kenneth van der 40
Stalin, Josef 94, 136, 138, 140, 156, 180
Stalingrad, 1942-43 138–9, *138–9*, 158
„Stiller Angriff", 1917 *38*, 39
Stilwell, General Joseph 179
Stone, Lieutenant E. 72
Strasbourg 114, 115
Strasser, Korvettenkapitän Peter 32, 33, 36, *37*, 39
Stumpff, Jürgen *108*
Südostasien:
 Fall von, 1942 128–9, *129*, 129
 1944–45 176, *176*, 177
Sueskanal 114, 152, 206, *206*, 207, 210
Sueskrise, 1956 206, *206*, 207
Sukhoi Su-7 207, 210
Super-Zeppelin 36
Supermarine Spitfire 92–3, *93*, 106, 108, 110, 117, 140, 148, 149, 153, 170, 172, 174, 206
Sweeney, Major Charles W. 191
Syrien 209

Taiho 164, 165
Takeo, Vizeadmiral Takagi 130
Taliban 218, 219
Tannenberg, Schlacht bei, 1914 24, *25*, 54
Tarent, Schlacht bei, 1940 114, 115, 124
Taube, Etrich 24
Tedder, Air Marshal Sir Arthur 154
Tempelhof, Flughafen 194
Templer, Colonel James 32
Tibbets, Colonel Paul 190, *191*
Tomahawk, Rakete 215
Tonkin, Golf von 204
„Torch", Operation, 1942 138, 153, *152–3*
Transcontinental and Western Air Inc (TWA) 90, *90*
Trenchard, Sir Hugh 51, 52, 57, 59, 62, 77, *77*, 92
Trento 115
Trieste 115
Trippe, Juan 90, 91
Truman, Harry S. 190, 192
Tupolew:
 SB-2 99
 Tu-4 193
 Tu-16 208, 209

U-Boote 29, 60, 64, 112–13, *112*, *113*, 149, 168, *169*
UdSSR *siehe* Sowjetunion
Ukraine 118, 120, 122, 136, 156, *156*, 157, 160, *161*, 180
ULTRA, Geheimdienstmeldungen 115, *115*
Unbemanntes Fluggerät (UAV) *218*, 219
Undaunted, HMS 29
Union Army Balloon Corps 10, *10*, 11, 30
United Airlines 90

„Uranus, Operation, 1942 138
US Air Service 64, 68
US Marine Corps 78, 142, *143*, 144, 162, 166, 178, 216, 217, 219
US Navy 131, 143, 145, 197, 201, 204, 214, 215
 Bureau of Aeronautics 71
 Fast Carrier Task Force *167*
 Flugzeugträger 72, 78, 143, 144, 162, 164, 166, *167*, 176, 214, 215
 Light Photographic Squadron 201
 Pazifikflotte *79*, 115, 124, 132
 Seaplane Division One 72
 Südostasien 178
 Third Fleet 144, 176
 Zwischenkriegszeit 71, 78, 79
 siehe auch USA *und unter d. Bezeichnung von Einsatzgebiet, Schlacht und Konflikt*
US-Armeeeinheiten 162
 1. Army 68
 1. Division 171
 6. Airborne Division 171, 175
 6. Army 144
 8. Fighter Command 171
 14. Army 176
 17. Airborne Division 175
 29. Division 171
 51. Division 144
 82. Airborne Division 155, 170, *171*, 174
 101. Airborne Division 170, *171*, 174, 175
 504. Parachute Infantry Regiment 155
 Aviation Section 64
 Signal Corps 12
 Transport Command 154, *170*, 171, 174
 siehe auch USA *und unter d. Bezeichnung von Einsatzgebiet, Schlacht und Konflikt*
USA 113
 Afghanistan, heutige Rolle in 218–19, *218*, 219
 American Ambulance Field Service 64
 Amerikaner in den französischen Luftstreitkräften, Erster Weltkrieg 64
 Atlantik, Patrouillenflüge im, 1939-45 168, *168*, *169*
 Atombombenabwurf auf Japan, 1945 190–1, *190*, *191*
 Aviation Act, 1917 64
 Ballone, erste 10, *10*
 Berliner Luftbrücke, 1948-49 194, *194*, 195
 Bürgerkrieg, 1861-65 *10*, 11, 30
 „Cartwheel", Operation, 1942-43 144–5, *144*, 145
 China, 1941-45 178–9, *178*, 179
 D-Day 170–3, *170*, *171*, *172*, *173*
 Deutschland, Bombardierung von, 1944 150–1, *150*, *151*
 Flugboote 78–9, *79*
 Flugzeugträger, Zweiter Weltkrieg 140, 141, *141*
 Golfkriege 214–17, *214*, *215*, *216*, *217*
 Guadalcanal, 1943 142–3, *142*, *143*
 „Island-hopping"-Feldzug, 1943-45 166, *167*
 Kalter Krieg 192–3, *192*, *193*, 198–9, *198–9*
 Kommerzieller Flugverkehr, Geburt des 90–1, *90*, *91*
 Korallenmeer, Schlacht im, 1942 130–1, *130*, *131*
 Korea 1950-53 196–7, *196*, *197*
 Kubakrise 200–1, *200*, 201
 Küste-zu-Küste, erster Flug 16
 Luftfahrt, Anfänge der 10, *10*, 12–13, *12*, *13*, 15, *15*, 16, 17
 „Market Garden" und „Varsity", 1944-45 174–5, *174*, *175*
 Midway, Schlacht bei 1942 132–5, *132*, *133*, *134*, *135*
 Mobilmachung, 1917 64, *65*, 66–7
 Pearl Harbor 124–7, *124*, *125*, *126*, *127*

Sizilien und Süditalien, Invasion auf, 1943 154–5, *154*, 155
Südostasien, 1944-45 176, *176*, 177
„Torch", Operation, 1942 152–3, *152*, *153*
Trägerangriffe im Pazifik, 1943 162, *162*, *163*
„Truthahnjagd" auf den Marianen, 1944 164–5, *164*, 165
Vietnamkrieg, 1959-75 202–5, *202*, *203*, *204*, *205*
Zwischenkriegszeit 70–2, *72*, 74, *74*, 75
USAAF/USAF 129, 146, 151, 153, 154, *155*, 172, 176, 178–9, 184, 194, 204
 2. Tactical Air Force 170, *171*
 5. Air Force 144
 8. Air Force 146, 148, 149, 170, *171*, 172, 184, 188
 9. Air Force 170, *171*
 10. Bomber Command 179, 186, *187*, 188
 11. Bomber Command 188
 15. Air Force 154
 23. Pursuit Group 178–9
 52. Troop Carrier Wing *174*
 58. Bomb Wing 186
 73. Bomb Wing 186
 313. Bomb Wing 186
 314. Bomb Wing 186
 315. Bomb Wing 186
 363. Tactical Reconnaissance Wing 201
 509. Composite Bomb Group 190
 532. Bomb Squadron, 381. Bomb Group *149*
 AVG und 178–9
 „Cactus Air Force" 142, 143
 Strategic Air Command 192
 siehe auch USA *und unter d. Bezeichnung von Einsatzgebiet, Schlacht und Konflikt*
US-Post 90

V1-Rakete 184
V2-Rakete 141, 184
Valiant, HMS 115
„Varsity", Operation, 1945 175
Verdun, Schlacht von, 1916 *46–7*, 51, 54
Vickers:
 FB5 44
 Vimy 71, *73*, *73*
 Wellington 93, 111, *111*, 117, 146, 168
 Wildebeest 129
Vietnamkrieg, 1959-75 202–5, *202–3*, *204*, *205*
Vittorio Veneto 114, 115, *115*, 116
Voisin Pusher 26
Völkerbund 82
Voss, Werner 52
Vought:
 F4U Corsair 207
 RF-8 Crusader *201*

Wakamiya 78
Wallis, Barnes 111, 148
Warneford, Flight Sub-Lieutenant R. A. J. 34, *34*, 35
Warschauer Aufstand, 1944 183, *183*
Warschauer Pakt 198, 199
Warspite, HMS 115, *115*, 155
Washington (Ballon) *10*
Washingtoner Flottenvertrag 162
Wasp, USS 142, 153, 165
Weichs, General Maximilian von 136
Wells, H.G. 15, 28
Wenhan, Francis 10
West Virginia, USS 127
Westland:
 Lysander 182
 Scout 212
 Wessex 212
Wever, General 82–3
Wicker 97
Wilcockson, Bennett und Carter, Atlantiküberquerung 72
„Wilde-Sau"-Einsätze 150
Wilson, Lieutenant J. P. 34
Wilson, Woodrow 64

Window (Radar-Gegenmaßnahme) 150
Wingate, Brigadier Orde 183
Winterbotham, Frederick 18
Winterkrieg, 1939-40 98–9, *98*, *99*, 120
Wlasow, General 156
Wolfe, General 188
Wright:
 „Flyer" 10, 12, *12*, 13, *13*, 16
 „Flyer III" 12
 „Flyer, Military" 13
 R-3350, Motor 186
 Whirlwind, Motor 74
Wright, Orville 10, 12–13, *12*, 15
Wright, Wilbur 10, 12–13, *12*, 15

Yamamoto, Admiral Isoroku 124, 132, *132*, *133*, 134, *134*, 135, 144
Yamashita, General Tomoyuki 129
Yankee Clipper 91, *91*
Yorktown, USS 131, 132, *134*, 135, *135*
Ypernschlacht, Dritte, 1917 54

Z9 (Zeppelin) 28, 32
Zara 114, 115, 116
Zeppelin, Graf Ferdinand Adolf August Heinrich Graf von 11, 30
Zeppelin-Staaken R-Type bomber 58, 60, *61*
Zeppeline 11, 27, 28, 29, 30–9, *30*, *31*, *32*, *33*, *34*, *35*, *36*, *37*, *38*, *39*
Zuiho 143
Zuikaku 124, 125, *125*, 130, 131, 142, 143, 166
Zuckerman, Professor Solly 170
Zweiter Weltkrieg 11, 81
 Atlantik, Luftpatrouillen im 168, *168*, *169*
 „Bagration", Operation 180, *180*, *181*
 Balkan 118–19, *118–19*
 „Barbarossa" und die Bombardierung von Moskau 119, 120–3, *120*, *121*, *122*, *123*
 Berlin, Bombardierung von, 1944 150–1, *150*, *151*
 Bombardierung von Großbritannien und Deutschland, 1940-41 110–11, *110*, *111*, 150–1, *150*, *151*
 „Cartwheel", Operation, 1942-43 144–5, *144*, 145
 China, 1941-45 178–9, *178*, 179
 D-Day 170–3, *170*, *171*, *172*, *173*
 Dänemark und Norwegen, 1940 100–1, *100*, *101*
 Deutschland, Bombardierung von, 1942–44 146–51, *146–7*, *148*, *149*, *150*, *151*
 Drittes Reich, Ende des 184, *184*, *185*
 England, Schlacht um, 1940 106–9, *106*, *107*, *108*, *109*
 Finnland, 1939-40 98–9, *98*, *99*, 100
 Frankreich, Schlacht um, 1940 102–3, *102*, *103*, 104, *105*, 106
 Guadalcanal, 1943 142–4, *142*, *143*
 „Island-hopping"-Feldzug, 1943-45 166, *167*
 Kaukasus und Südrussland, 1942 136–7, *136*, *137*
 Korallenmeer, Schlacht im, 1942 130–1, *130*, *131*, 132, 162
 Kursk, Schlacht bei, 1943 156, 158–9, *158*, 159
 Luftfahrtindustrie im 140–1, *140*, *141*
 Maginot-Linie 94, 102, 103
 „Market Garden" und „Varsity", 1944-45 174–5, *174*, *175*
 Midway, Schlacht bei, 1942 132–5, *132*, *133*, *134*, *135*, 142, 144, 162
 Mittelmeer 114–17, *114*, *115*, *116*, *117*, 152–3, *152–3*
 Nordafrika 152–3, *152–3*

223

Die größten Luftkriege

Ostfront, 1943 156–61, *156*, *157*, *158*, *159*, *160*, *161*
Pazifikkrieg *94*, 162–7, *162*, *163*, *164*, *165*, *167*
Pearl Harbor, 1941 124–8, *124*, *125*, *126*, *127*, *128*, *132*, *166*
Polen, 1939 96–7, *96*, *97*, 102
Seeluftpatrouillen, 1940-41 112–13, *112*, *113*
Sitzkrieg, 1939-40 102
Sizilien und Süditalien 154–5, *154*, *155*
Sowjetunion, Angriffe Deutschlands auf 119, 120–3, *120*, *121*, *122*, *123*, 138–9, *138–9*
Sowjetunion, Befreiung der 180, *180*, *181*
Spezialeinsätze 182–3, *182*, *183*
Stalingrad, 1942-43 138–9, *138–9*, 158
Stärke der Luftstreitkräfte, 1939 94–5, *94*, *95*
Südostasien, 1944–45 176, *176*, *177*
Südostasien, Fall, 1942 128–9, *129*
„Truthahnjagd" auf den Marianen, 1944 164–5, *164*, *165*
Ukraine und Krim 160, *160*, *161*
Winterkrieg, 1939-40 98–9, *98*, *99*, 120
Zwischenkriegszeit 70–5

KARTENVERZEICHNIS

Admiral Yamamotos Plan zur Einnahme von Midway, Mai–Juni 1942 132–3
Afghanistan unter der NATO, 2006 219
An der Westfront stationierte Flugzeuge, 1917–18 65
Angriff auf Cuxhaven, 1914 29
Angriff auf Tarent, 1940 114
Atombombe auf Hiroshima, August 1945 191

Befreiung der Ukraine und der Krim, Januar–Mai 1944 161
Berliner Luftbrücke, 1948–49 194–5
Blériots Kanalüberquerung, Juli 1909 14
Bombardierung Moskaus, September–Dezember 1941 123
Bomben auf Nazi-Europa, 1940–42 111
Bomben auf Schweinfurt, 1943 149
Britische strategische Bombenoffensive, 1918 63
Bündnisse in aller Welt, 1950–89 198

Dambusters-Angriffe, Mai 1943 148
Dänemark und Norwegen, April–Juni 1940 101
Das Mittelmeer, Ende 1942 116–7
Das Wunder an der Marne, August–September 1914 22
Der „Blitz", 1940–41 110
Der Balkan, April 1941 118
Der erste Luftschiffangriff auf Norfolk, Januar 1915 33
Der erste Zeppelin-Angriff auf London, Mai–Juni 1915 33
Der Falkland-Krieg, April–Juni 1982 213

Der Fall Frankreichs/Aufstieg von Vichy, Juni–Juli 1940 104–5
Der Flug von L 59, November 1917 39
Der größte deutsche Luftschiffangriff, September 1916 35
Der „Island-Hopping"-Feldzug, 1943–45 167
Der Kaukasus, Juni–November 1942 136
Der Koreakrieg, 1950–51 196
Der Schlieffen-Plan, 1914 20
Der „Stille Angriff", Oktober 1917 38
Der Vertrag von Brest-Litowsk, März 1918 55
Der Warschauer Aufstand, August–Oktober 1944 183
Der Winterkrieg, 1939–40 98
Deutsche Invasion, August–September 1914 20
Deutsche Luftschiffwerften und -stützpunkte, 1918 36
Die Bombardierung von Dresden, Februar 1945 185
Die ersten erfolgreichen Motorflüge, Dezember 1903 13
Die Italien-Front, 1917–18 57
Die Kubakrise, September–November 1962 200
Die Schlacht bei Ap Bac, Januar 1963 202–3
Die Schlacht bei Midway, Juni 1942 134–5

Einmarsch in Polen, September 1939 96
Einsätze gegen Japan, Februar–August 1945 189
Einsatzgebiete der Luftwaffen-Kommandos, 1939 81
Eroberung von Singapur, Februar 1942 129

Erste Angriffe auf Tyneside, April–Juni 1915 33
Erste Verluste im Einsatz, März 1944 151
Erster Angriff auf Humber, Juni 1915 33
Europa, 1920 69

Flug über den „Hump", 1944–45 179
Flugabwehr von Moskau, September–Dezember 1941 122
Flugplan für den D-Day, Juni 1944 171

Großbritannien unter Luftbombardement, 1914–17 58
Größter Luftwaffe-Angriff, August 1940 108
Guadalcanal, August–Oktober 1942 143
Golfkrieg: Luftangriffe auf Bagdad, Januar–Februar 1991 214

Invasion Malaysias, September–Dezember 1941 128
Invasion im Irak, März–April 2003 216
Italienisch-Türkischer Krieg, 1911 17
Italienische Transatlantikflüge, 1927–33 75

Jagdkommando und Leitung, 1940 106
Japanisch-Chinesischer Krieg, 1937–41 89
Japans Angriff auf Pearl Harbor, erste Welle, Dezember 1941 124
Japans Angriff auf Pearl Harbor, zweite Welle, Dezember 1941 125

Joffres Mauer, 1914–1915 23
Jom-Kippur-Krieg, Oktober 1973 208

Kalter Krieg, 1948–89 198–9

Langstreckenbeförderung, 1934–39 91
Luftherrschaft 76
Luftschlacht um England, Juni–Oktober 1940 107
Lufttransporte im Spanischen Bürgerkrieg, 1936 85
Luftverteidigung des Vereinigten Königreichs, 1918 60

Militärische Stärke in Europa, August 1914 19

Nivelles Plan zum Sieg, 1916–17 53
Nordkaukasus, Januar–April 1943 137

Operation „Bagration", Juni–August 1944 181
Operation „Cartwheel", 1942–43 144–5
Operation „Desert Storm", Februar 1991 215
Operation „Focus", Juni 1967 207
Operation „Market Garden", September 1944 174
Operation „Merkur", Mai–Juni 1941 118–9
Operation „Torch" und ihre Folgen, 1942-3 152–3
Ostfront, März 1943 156

Panzervorstoß durch die Ardennen, Mai 1940 103
Patrouillen im Atlantik, 1939–45 169
Pearl Harbor, Lage der Schlachtschiffe, Dezember 1941 126

Pionierrouten, 1921–30 71

„Rolling Thunder", 1965–68 204

Schlacht am Kap Matapan, März 1941 115
Schlacht an der Somme, Juli–November 1916 48–9
Schlacht auf den Philippinen, Oktober 1944 177
Schlacht im Atlantik, 1939–40 112
Schlacht im Korallenmeer, April–Mai 1942 130
Schlacht in der Philippinensee, erste Phase, Juni 1944 164
Schlacht in der Philippinensee, zweite Phase, Juni 1944 165
Schlacht um Stalingrad, 1942–43 138–9
Schlacht von Verdun, Februar–Juni 1916 46–7
Sizilien und Süditalien, Juli–Dezember 1943 154
Spanischer Bürgerkrieg, 1936–38 86
Spezialeinsätze, 1941–45 182
Strategisches Bombardement, 1943 146–7
Sueskrise, 1956–57 206

Tagangriffe auf Gotha, 1917 59
Tannenberg und die Masurischen Seen, August–September 1914 25
Angriff auf Tarent, November 1940 114
Trägerangriffe im Zentralpazifik, Oktober 1944 163
Transatlantikrouten, 1919–38 72–3

Unternehmen „Barbarossa", Juni–Oktober 1941 121

Vorgeschobene Operationsgebiete, August 1944 172